essences
Seductively straight
ATARI

LES PREMIERS

BLOCKBUSTER

Les Dents de la mer (1975) de Steven Spielberg (USA) – l'histoire d'une station balnéaire terrorisée par un grand requin blanc – est considéré comme le premier blockbuster estival. Il a été **le premier film à rapporter plus de 100 millions $** et a remporté 3 oscars – meilleur montage, meilleure musique et meilleur son (il était aussi nommé pour l'oscar de la meilleure image). "Blockbuster" vient du fait que les spectateurs faisaient la queue autour de pâtés de maison ("block") pour le voir.

TENTATIVE D'ASSASSINAT

La première tentative d'assassinat a eu lieu sur la personne du pharaon Amenemhat Ier, à l'époque de la Moyenne Égypte en 2000 av. J.-C.

★ NOUVEAU RECORD
● MISE À JOUR

ANIMAL CLONÉ

Dolly, une brebis Finn Dorset, a été le premier animal cloné avec succès à partir d'une cellule adulte, comme l'a révélé le Dr Ian Wilmut (GB, en photo à droite) en février 1997, au Roslin Institute d'Écosse (GB). Née le 5 juillet 1996, Dolly a survécu jusqu'à l'âge adulte et donné naissance de façon naturelle à deux agneaux. Elle a été euthanasiée le 14 février 2003, à l'âge de 6 ans et demi, après avoir contracté une maladie pulmonaire évolutive.

ALPHABET

Le premier alphabet connu – c'est-à-dire un système d'écriture dans lequel un petit nombre de symboles est utilisé pour représenter des sons plutôt que des concepts – remonte à 1900 av. J.-C. Gravé dans du calcaire à Wadi el-Hol près de Louxor (Égypte), il a été découvert par John Darnell (USA) au début des années 1990.

BILLET DE BANQUE

En Chine, l'argent existe depuis le e siècle, mais la première banque à avoir émis un billet (ou banco-sedlar) est la banque de Palmstruch, à Stockholm (Suède), en juillet 1661. Le plus vieux billet qui ait survécu est un billet de 5 dalers, daté du 6 décembre 1662.

VOL HUMAIN

Jean-François Pilâtre de Rozier (France) est considéré comme la première personne à avoir volé. Le 15 octobre 1783, il a atteint 26 m d'altitude dans un ballon fixé au sol construit par Joseph et Jacques Montgolfier (France).

CONCOURS DE BEAUTÉ

Le premier concours national de beauté a été organisé aux États-Unis, en juin 1855, par PT Barnum (le public était juge).

FILM EN AVION

Le premier film projeté dans un avion a été la première nationale du *Monde perdu* (USA, 1925), une aventure mettant en scène des dinosaures d'après le livre éponyme de sir Arthur Conan Doyle (GB). Il a été projeté durant un vol de l'*Imperial Airways*, dans un bombardier modifié Handley-Page, qui reliait Londres (GB) à Paris (France), en avril 1925. *Le Monde perdu* est aussi **le premier long-métrage utilisant l'animation image par image**. Cette technique a été employée pour la première fois en 1908 dans le court-métrage *Humpty Dumpty Circus* (USA).

BOULET DE CANON HUMAIN

Rosa Richter, une acrobate de 14 ans portant le nom de scène de "Zazel", a été le premier boulet de canon humain. Elle a été propulsée à 6,1 m, au Westminster Aquarium de Londres (GB), le 2 avril 1877.

22,8 m : distance que parcourait en 1 min le premier escalator, installé à titre de divertissement à Coney Island (New York, USA), en 1891.

GRANDE ROUE

La première grande roue a été conçue par George Washington Gale Ferris Jr. (USA, 1859-1896), concepteur de ponts et tunnels. Construite pour l'exposition colombienne mondiale de 1893 à Chicago (Illinois, USA), la "Ferris Wheel", comme elle était appelée, atteignait une hauteur maximale de 80 m, avec un diamètre de 76 m et une circonférence de 240 m. Chacune de ses 36 nacelles pouvait transporter jusqu'à 40 passagers.

CLIMATISEUR

L'inventeur Willis Haviland Carrier (USA) a conçu et fabriqué le premier système de climatisation en 1902. Il était destiné à un imprimeur de New York (USA), pour éviter que les fluctuations de température ne déforment son papier.

LONG-MÉTRAGE

Le premier long-métrage, de plus de 1 h, est *The Story of the Kelly Gang*. Tourné à Melbourne (Australie), en 1906, ce biopic du célèbre hors-la-loi Ned Kelly (Australie, 1855-1880) a été projeté à la mairie de Melbourne le 26 décembre 1906. Il a été produit par la compagnie théâtrale locale J & N Tait pour un budget de 2 185 $ de l'époque.

★ PERSONNE TUÉE DANS UN CRASH D'AVION À MOTEUR

Le lieutenant Thomas Etholen Selfridge (USA) était observateur de l'armée sur un avion piloté par Orville Wright (USA), le 17 septembre 1908, lorsque l'hélice cassa un câble de commande du gouvernail 4 min après le début de l'essai de performance du *Wright Flyer*. L'appareil s'écrasa dans un champ. Selfridge mourut de blessures internes et d'une fracture du crâne 3 h après l'accident.

ASCENSION DU MONT EVEREST

Le sommet du mont Everest a été atteint à 11 h 30, le 29 mai 1953, par Edmund Percival Hillary (Nouvelle-Zélande) et le sherpa Tenzing Norgay (Népal).

Reinhold Messner (Italie) et Peter Habeler (Autriche) ont réalisé **la première ascension de l'Everest sans oxygène** le 8 mai 1978.

E-MAIL

En 1971, Ray Tomlinson (USA), ingénieur chez Bolt, Beranek et Newman, a envoyé le tout premier e-mail. Il essayait d'établir une communication entre deux ordinateurs. Il décida d'utiliser le symbole @ pour séparer le nom du destinataire de son adresse. Le message était "QWERTYUIOP".

★ PERSONNE TUÉE DANS UN ACCIDENT DE VOITURE

Bridget Driscoll a été la première personne tuée par une voiture (GB, en photo ci-dessus). Elle a été renversée par une voiture circulant à 6,4 km/h, sur les terrains de Crystal Palace, à Londres (GB), le 17 août 1896.

CRÉATURES DANS L'ESPACE

1940 Mouche des fruits, macaque rhésus
1950 Souris, chien, singe-écureuil
1960 Chien, chimpanzé, cochon d'Inde, grenouille, rat, chat, humain, guêpe, scarabée, tortue
1970 Crapaud-buffle, souris, poisson, rat, araignée
1980 Rat, salamandre, embryon de poulet
1990 Singe, mouche des fruits, crevette, salamandre, poisson, oursin
2000 Araignée, abeille, fourmi

PRIX NOBEL

Les premiers prix Nobel ont été décernés le 10 décembre 1901 pour des contributions à la physique (Wilhelm C Röntgen, Allemagne), à la chimie (Jacobus H van't Hoff, Pays-Bas), à la physiologie ou médecine (Emil A von Behring, Allemagne), à la littérature (Sully Prudhomme, France) et à la paix (Jean H Dunant, Suisse, et Frédéric Passy, France).

DISQUE ATTEIGNANT 1 MILLION DE VENTES

Le premier disque vendu à plus de 1 million d'exemplaires est "Vesti la giubba" d'*I Pagliacci* de Leoncavallo, enregistré en novembre 1902 par Enrico Caruso (Italie, 1873-1921). **Le premier CD à atteindre ce record** est *Brothers in Arms* de Dire Straits (GB) en 1985.

CHIEN EN ORBITE

Laïka, une chienne hybride issue d'un husky sibérien et d'un bâtard, a été le premier chien – et le premier être vivant sur terre autre que des microbes – à parcourir l'orbite terrestre, à bord du vaisseau russe *Spoutnik 2*, le 3 novembre 1957. Surnommée "Muttnik" par les médias américains, Laïka ("aboyeuse" en russe) a atteint une altitude de 3 219 km. Le vaisseau spatial n'était pas conçu pour revenir sur Terre et Laïka est morte à cause de la chaleur excessive et du stress au bout de quelques heures, ce qui n'a été révélé qu'en octobre 2002.

La liste complète des crédits et les remerciements figurent à la page 276.

Si vous souhaitez établir un record, consultez la p. 14. Contactez-nous avant de tenter de battre un record.

Rendez-vous sur notre site **www.guinnessworldrecords.com**, pour obtenir des informations sur les records, ou visionner des vidéos de tentatives de records. Vous pourrez aussi adhérer à nos services de téléphonie mobile.

Respect de l'environnement
Les arbres utilisés pour l'impression du *Mondial des records* sont soigneusement sélectionnés dans des forêts gérées de façon durable. Pour chaque arbre abattu, un autre au moins est replanté.

Le papier de cette édition est fabriqué par UPM Kymi, une société finlandaise. Son site de production a reçu l'éco-label européen, sa chaîne de contrôle est certifiée et elle fonctionne selon les normes ISO 14001 et EMAS afin de garantir une production durable.

L'éco-label européen est attribué à des produits qui répondent à des normes élevées en matière de performance et de qualité environnementale. Chaque produit auquel a été décerné l'éco-label européen a subi des tests rigoureux d'ordre environnemental, dont les résultats sont contrôlés par un organisme indépendant.

En photo ci-contre : *Brookesia minima* (en haut) est **la plus petite espèce de caméléon.** Sa longueur moyenne est de 18 mm. **Le plus grand gastéropode connu** est l'escargot géant africain *Achatina achatina* (en bas) ; le plus gros spécimen observé mesurait 39,3 cm de long et pesait 900 g.

Made of paper awarded the European Union Eco-label reg.nr FI/11/1

Pour l'édition française :
Responsable éditoriale : Anne Le Meur
Réalisation : Dédicace, Villeneuve-d'Ascq
Traduction : Stéphanie Alglave, Olivier Cechman, Cécile Giroldi, Agnès Letourneur, Anne-Marie Naboudet-Martin.
L'éditeur tient à remercier Marie Morel pour sa précieuse collaboration.

THE JIM PATTISON GROUP

ISBN : 978-2-01-236996-2 – 23-21-6996-01-5 – dépôt légal : octobre 2009

DIRECTEUR DE LA PUBLICATION
Craig Glenday

DIRECTEURS ADJOINTS
Matt Boulton, Ben Way

ÉDITEURS
Harry Boteler, Rob Cave, Rob Dimery, Carla Masson, Gary Werner, Matt White

INDEX
Chris Bernstein

CRÉATION ARTISTIQUE
Keren Turner and Lisa Garner at Itonic Design Ltd, Brighton (GB)

COUVERTURE
Yeung Poon Design
Spectratek Technologies, Inc., USA

DIRECTION DE PRODUCTION
Patricia Magill

RESPONSABLE DE PRODUCTION
Jane Boatfield

ASSISTANTS DE PRODUCTION
Erica Holmes-Attivor, Raj Kumar

CONSULTANTS TECHNIQUES
Roger Hawkins, Esteve Font Canadell, Salvador Pujol, Julian Townsend

IMPRESSION ET FAÇONNAGE
Industria Gráfica, Barcelone (Espagne)

PHOTOGRAVURE
Resmiye Kahraman, Colour Systems, Londres (GB)

ICONOGRAPHE
Michael Whitty

ASSISTANT ICONOGRAPHE
Laura Jackson

RECHERCHES ICONOGRAPHIQUES
Anna Wilkins, Fran Morales

PHOTOGRAPHIES ORIGINALES
Richard Bradbury, Rob Fraser, Paul Michael Hughes, Ranald Mackechnie, John Wright

CONSULTANTS SPÉCIALISTES

Planète Terre, sciences et technologies : David Hawksett

La vie sur Terre : Dr Karl Shuker

Corps humain : Dr Eleanor Clarke ; Robert Young (gérontologie)

Aventure/Explorations : Ocean Rowing Society, World Speed Sailing Records Council

Armes et guerre : Stephen Wrigley

Spectacles et loisirs : Dick Fiddy (TV)

Musique : Dave McAleer

Sports et jeux : Christian Marais; David Fischer (sports USA)

DIRECTION DES RECORDS

Directeur des records
Marco Frigatti (Italie)

Responsable des homologations
Andrea Bánfi (Hongrie)

Équipe des records
Gareth Deaves (GB)
Laura Farmer (GB)
Danny Girton (USA)
Ralph Hannah (GB)
Kaoru Ishikawa (Japon)
Tzeni Karampoiki (Grèce)
Olaf Kuchenbecker (Allemagne)
Carlos Martínez (Espagne)
Mariamarta Ruano-Graham (Guatemala)
Talal Omar (Yémen)
Chris Sheedy (Australie)
Lucia Sinigagliesi (Italie)
Kristian Teufel (Allemagne)
Aleksander Vipirailenko (Lituanie)
Wu Xiaohong (Chine)

GUINNESS WORLD RECORDS

Président : Alistair Richards

Contrôleur financier : Alison Ozanne

Direction de la comptabilité : Jason Curran

Assistant comptable : Neelish Dawett

Assistant financier : Jack Brockbank

Direction développement software : Katie Forde

Développement : Jai Singh

Webmaster : Aadil Ahmed

Analyste informatique : Fazal Khadbai

Ressources humaines : Kelly Garrett

Service juridique : Raymond Marshall, Tom Harris, James Howell

Gestion des contrats : Lisa Gibbs

Direction Télévision : Rob Molloy

Contenus numériques : Denise Anlander

Assistant Télévision : David Chabbi

Chercheur de talents : David Taylor

Administration : Lorna Springall (GB), Danielle Pointdujour (USA)

VENTES ET MARKETING

Vice-présidente senior ventes et marketing : Samantha Fay

Directeur du marketing GB : Paul Kenny

Directrice du marketing USA : Laura Plunkett

Directrice des ventes langue anglaise : Nadine Causey

Directeur des ventes internationales : Frank Chambers

Responsable des ventes nationales : John Pilley

Responsable des relations publiques : Amarilis Espinoza

Responsable des licences internationales : Beatriz Fernandez

Responsable des licences USA : Jennifer Gilmour

Responsables du développement commercial : Stuart Claxton (USA), Erika Ogawa (Japon)

Responsable du marketing international : Justine Bourdariat

Relations publiques : Karolina Thelin

Assistants marketing et RP : Damian Field (GB), Jamie Panas (USA)

CERTIFICATION
Guinness World Records Limited utilise des méthodes de vérification très poussées pour certifier les records. Malgré tous ses efforts, des erreurs peuvent subsister. Guinness World Records ne saurait être tenu responsable des erreurs que comporterait cette édition. Toute correction ou précision de la part des lecteurs est bienvenue.

ABRÉVIATIONS & MESURES
Guinness World Records Limited utilise le système métrique dans cette édition ; pour les données scientifiques seul le système métrique est utilisé et universellement reconnu, de même que pour certaines données à caractère sportif. En ce qui concerne la conversion des monnaies, quand une date est précisée, nous appliquons le taux de change en vigueur à l'époque. Si seule l'année est indiquée, nous appliquons le taux de change du mois de décembre. RDA (République démocratique allemande) désigne la partie Est de l'Allemagne, réunie à l'Allemagne de l'Ouest depuis 1990. Cette abréviation apparaît dans les records sportifs d'avant 1990. En 1991, l'URSS (Union des Républiques socialistes soviétiques) s'est divisée en plusieurs pays dont le plus grand est la Russie. La CÉI (Communauté des États indépendants) l'a remplacée : cette abréviation apparaît surtout dans les records sportifs remportés aux jeux Olympiques de 1992. Guinness World Records Limited déclare ne détenir aucun droit, participation ou intérêt concernant les marques apparaissant dans ce livre.

AVERTISSEMENT
Essayer de battre ou d'établir un record peut être dangereux. Il convient au préalable de prendre conseil auprès de personnes compétentes. Le candidat qui s'engage dans une tentative de record le fait à ses propres risques et périls. En aucun cas, Guinness World Records Limited ne reconnaît la moindre responsabilité en cas de décès ou de blessure survenus lors d'une tentative de record. Guinness World Records Limited conserve l'entière liberté d'inclure ou non un record dans ses ouvrages. Être le détenteur d'un record ne garantit pas nécessairement sa publication dans notre livre.

LE MONDIAL DES RECORDS 2010

GUINNESS WORLD RECORDS

100%

100%

SOMMAIRE

LE PLUS GROS hamburger : p. 143.

Le plus petit serpent : p. 52

Que de piercings ! Voir p. 63-64.

NOUVEAUTÉS EN LIGNE

Accédez à des articles plus détaillés sur notre site mis à jour. Repérez ces symboles :

100

LES 100 RECORDS DE LA DÉCENNIE
Revivez 100 des records les plus importants des 10 dernières années. Votez en ligne pour votre préféré dans chacune des 10 catégories.

VISIONNEZ DES VIDÉOS
Découvrez les vidéos exclusives d'une sélection de records.

TÉLÉCHARGEZ DES IMAGES
Téléchargez des images comme fond d'écran d'ordinateur ou de téléphone portable.

Pour accéder à ces documents, rendez-vous sur www.guinnessworldrecords.com/2010 et saisissez votre code :

9878139312

Est-ce le plus petit mammifère du monde ? Pas sûr... Découvrez la réponse p. 59.

"J'achète Le Mondial des records chaque année. Pour moi, c'est un incontournable. Je ne manque pas un rendez-vous..."
(Avis d'un lecteur sur amazon.com)

124 millions : nombre d'exemplaires vendus du *GWR*. C'est **le best-seller des livres protégés par des droits d'auteur.**

De l'argent tombé du ciel ? Pas vraiment ! Rendez-vous p. 156.

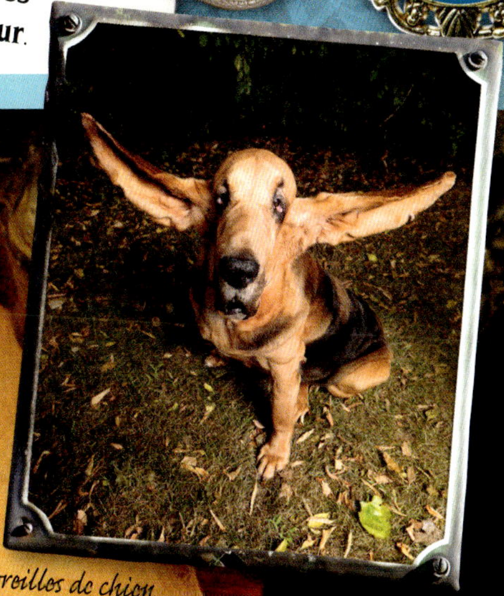

Des oreilles de chien géantes : p. 140.

Jetez un coup d'œil p. 259

Ne manquez pas les PREMIÈRES et DERNIÈRES doubles pages !

100 LES 10 CHAMPIONS DES RECORDS DE LA DÉCENNIE

	DÉTENTEUR	NB DE RECORDS*	PRÉSENTÉ...
1	Ashrita Furman (USA, ci-dessus)	164	p. 145
2	Alastair Galpin (Nouvelle-Zélande)	38	p. 137
3	Suresh Arulanantham Joachim (Canada)	36	p. 111
4	Paddy Doyle (GB)	25	p. 240
5	Rob Dyrdek (USA)	20	p. 260
6	Jim DeChamp (USA)	14	p. 261
7	Stephen Hyland (GB)	13	p. 15
8	Anthony Kelly (Australie)	12	p. 17
9	Terry Grant (GB)	10	p. 260
9	Zdenek Bradac (République tchèque)	10	p. 78

*Ces chiffres concernent les records établis entre le 1er janvier 2000 et la mise sous presse de cette édition.

Les années 2000 ont été marquées par d'étonnants records et nous avons tenu à rendre hommage aux plus grands recordmen. 10 d'entre eux figurent dans notre top 100 de la décennie. Ils apparaissent à différentes pages de ce livre, certains à plusieurs reprises. Ashrita Furman (ci-dessus), plus qu'aguerri en la matière, a réalisé une 100e prouesse le 14 avril 2009 alors qu'il était l'un des 111 participants à la tentative de **record du poème ou extrait littéraire récité dans le plus grand nombre de langues**. Pourriez-vous battre Ashrita ? La procédure à suivre est donnée p. 16.

"En feuilletant *Le Mondial des records*, on apprend toujours quelque chose !" (Avis d'un lecteur sur amazon.com)

INTRODUCTION

BONUS

Un simple livre de records ? Loin de là… Nos émissions TV, sites Internet, podcasts et autres produits dérivés en témoignent. Notre présence sur le Web n'a jamais été aussi importante. Chaque fois que nous en avons eu la possibilité, nous avons envoyé notre équipe de reporters filmer les tentatives de record, notamment la prise de mesures des van Kleefs, le ●couple marié le plus grand du monde. Le symbole VIDÉO vous invite à vous connecter sur www.guinnessworldrecords.com/2010 avec le code imprimé p. 6.

INSCRIVEZ-VOUS EN FRANÇAIS

Déposez votre candidature à un record en français grâce à notre service de demande accelerée de record Fast Track. Nous vous répondrons sous 3 jours ouvrés. Rendez-vous sur www.guinnessworldrecords.com/fr

ILS SONT DE PLUS EN PLUS GRANDS… ADOS, HOMMES, FEMMES, TOURS… C'EST UNE GRANDE ANNÉE POUR LES RECORDS ET LA FRANCE N'EST PAS PASSÉE INAPERÇUE.

Bienvenue dans cette nouvelle édition du *Mondial des records*. À l'aube d'une nouvelle décennie, revenons sur les records étonnants des années 2000 et des décennies précédentes. Comme toujours, les Français sont au rendez-vous, avec plein de records, et non des moindres. Ces quatre pages en présentent une sélection, mais il y en a bien d'autres dans le livre, notamment p. 114 dans la partie **Atlas**.

Nous avons vécu une année incroyable chez Guinness World Records, de nombreux records phares, établis de longue date, ayant été battus. Prenez, par exemple, la catégorie de l'homme le plus grand : nous avons attendu des années avant de trouver un nouveau recordman, et tout d'un coup voici 5 prétendants au titre, après l'annonce de l'invalidation de la revendication d'un Ukrainien de 257 cm, faute de preuves suffisantes.

LE PLUS LONG SCOUBIDOU

Le plus long scoubidou mesure 510 m. Il est l'œuvre de Manuela Dos Santos (France) qui l'a terminé à Brancourt (France), le 11 novembre 2008.

Presque toutes les revendications que nous avons reçues ensuite paraissaient pouvoir battre le record de Bao Xi Shun (Chine) – 236,1 cm. Toutefois, nous avons estimé que nous ne pouvions plus seulement nous fonder sur des témoignages ou des expertises médicales : une personne de Guinness World Records devait assister à chaque mesure. C'était le seul moyen d'être sûr du record.

Et nous n'en sommes pas peu fiers à Guinness World Records : personne ne met autant de professionnalisme à valider des

(suite p. 10)

LA PLUS LONGUE CHAÎNE DE POUPÉES EN PAPIER

Le 10 juin 2009, les lecteurs du magazine *Science et vie découvertes* ont réalisé une chaîne de plus de 20 000 poupées en papier, longue de 790 m, à Paris (France). Le but était de récolter des fonds pour la construction de nouvelles bibliothèques au Vietnam.

1er janv. Le cosmonaute Sergeï Avdeïev (Russie, né le 1er janvier 1956) a effectué 11 968 fois le tour de la Terre dans sa carrière. Il détient donc **le record du plus grand nombre de tours de la Terre**.

2 janv. En 2001, plus de 200 millions de personnes ont été privées d'électricité, une centrale électrique étant tombée en panne dans l'Uttar Pradesh (Inde) : c'est **la plus grande coupure d'électricité**.

2 802 : nombre de records (nouveautés et mises à jour) ajoutés à la base de données GWR au cours des 12 derniers mois.

★ NOUVEAU RECORD
● MISE À JOUR

LE PLUS DE SIFFLEURS

125 personnes ont sifflé toutes en même temps sous la houlette de Sébastien Cauet et Virgin Radio, à Paris (France), le 12 décembre 2008.

PLUS D'INFO

Vous cherchez les records de votre pays ou de votre continent ? Reportez-vous à l'Atlas (p. 102 et suivantes), ainsi qu'au chapitre La vie sur Terre (p. 30 et suivantes).

HE PINGPING & SVETLANA EN TOURNÉE DANS LE MONDE

Pour fêter le lancement de l'édition 2009, nous avons obtenu le soutien d'un couple unique : Svetlana Pankratova (Russie), **la femme qui possède les jambes les plus longues** (132 cm) et He Pingping (Chine), **l'homme le plus petit du monde**, qui mesure 74,61 cm. Ce duo a rencontré un tel succès à Londres qu'il a ensuite multiplié les reportages photos et les émissions télé dans le monde entier. Félicitations à Svetlana et Pingping !

3 janv. Ce jour de 2007, Michael Perham (GB, né le 16 mars 1992) devient **le plus jeune navigateur à avoir traversé l'Atlantique en solo**. Il était parti le 13 novembre 2006, à 14 ans et 247 jours.

4 janv. En 1991, Fu Mingxia (Chine, née le 16 août 1978) est devenue **la plus jeune championne du monde de plongeon** (10 m). Elle avait 12 ans et 141 jours lorsqu'elle a remporté le titre à Perth (Australie).

INTRODUCTION

★ NOUVEAU RECORD
● MISE À JOUR

LE DUO TRICOLORE

Peu de Françaises faisant carrière à l'étranger peuvent se targuer d'avoir un travail aussi étonnant que Justine Bourdariat, 26 ans. Parisienne de naissance, Justine est la juge française officielle de GWR et la responsable du marketing international à Londres.

Autre francophone : Frank Chambers, directeur des ventes internationales. Originaire de Southampton, de père britannique et de mère française, il a intégré avec enthousiasme l'équipe de GWR ; sa culture française est vite devenue un plus. Bien qu'il occupe une haute fonction, il échange volontiers son costume de ville pour celui de juge officiel et voyage dans le monde entier afin de vérifier des records.

records dans des domaines aussi divers. Voilà 50 ans que nous travaillons avec un tel engagement et notre réputation reste inégalée.

Quoi de neuf dans cette édition 2010 ? Nous avons sélectionné les records les plus représentatifs de l'évolution de notre monde ces 10 dernières années. Nous en avons retenu 100, dans 10 catégories, et nous les avons répartis dans le livre. Repérez-les, puis connectez-vous sur notre site Internet et votez pour votre record favori.

Du contenu, nous en avons tant pour cette édition que nous avons dû en mettre sur notre site. Utilisez le code fourni p. 6 pour y accéder : des fonds d'écran téléchargeables et des vidéos en diffusion à la demande. Repérez les icônes suivantes qui indiquent que d'autres données sont accessibles sur le Web.

Plus d'info sur le Top 100 des recordmen des années 2000…

…téléchargez des fonds d'écran…

…et des vidéos exclusives en diffusion à la demande.

DU NOUVEAU

Les sujets d'actualité sont à l'honneur dans cette édition : les problèmes environnementaux (**Planète en danger**, p. 148 ; **Éco-transports**, p. 166), l'économie globale (**Économie**, p. 150), ainsi que **le terrorisme et la guerre** (p. 154). Nous avons également fait la part belle aux grandes aventures autour du monde (voir **les récits de voyages** p. 90-101) et aux dernières découvertes scientifiques (voir **Technologie & ingénierie** p. 164-191).

Sans oublier tous vos thèmes préférés : **les animaux** (p. 46-60), **le corps humain** (p. 60-73) et **les exploits humains** (p. 74-89). **Les tableaux sportifs** (p. 266-275) et **l'atlas** (p. 102-137) viennent clore l'ouvrage.

Merci à tous ceux qui ont contribué à faire de cette édition un véritable collector. C'est une œuvre collective dont la réussite repose sur des milliers de bonnes volontés.

Craig Glenday
Éditeur en chef

LE PLUS GRAND DÉFILÉ DE ROLLERS

1 188 personnes ont parcouru les rues de Paris en rollers sur 20,4 km, le 15 juin 2008.

5 janv. En 2008, le chanteur/compositeur Josh Groban (USA) est devenu **le premier artiste à avoir 5 titres figurant simultanément au Top 30 américain des chanteurs contemporains adultes.**

6 janv. Le plus jeune réalisateur de long-métrage, Kishan Shrikanth (Inde, né ce jour de 1996) a réalisé son film C/o *Footpath* (Inde, 2006) à l'âge de 9 ans.

5 023 333 : nombre de spectateurs à avoir regardé la retransmission de la journée GWR 2008 grâce à quelque 237 émissions télé différentes !

LE PLUS GRAND DÉFILÉ DE ROBES EN CHOCOLAT

Lors du salon du Chocolat qui s'est tenu à Paris (France) le 30 octobre 2008, 23 robes en chocolat portées par des mannequins ont été présentées en défilé.

LE TOP 10 FRANÇAIS

	RECORD	DÉTENTEUR
1	La 1re transplantation partielle du visage réussie (1)	Isabelle Dinoire
2	La plus longue distance à la voile en solo en 24 h	Thomas Colville
3	Le tour du monde à la voile le plus rapide en solo (2)	Michel Desjoyeaux
4	Le train le plus rapide sur un réseau ferroviaire national	V150, TGV modifié de la SNCF
5	Le plus gros importateur de manga	France
6	Le footballeur le plus cher (coût des transferts) (3)	Nicolas Anelka
7	Le fabricant de produits de luxe le plus riche	Bernard Arnault
8	La femme la plus riche (4)	Liliane Bettencourt
9	Le plus d'arbres abattus par des orages	France
10	Le plus d'étoiles Michelin attribuées à un chef (5)	Joël Robuchon

KaZeo .com LE SAVIEZ-VOUS?

Rejoignez la communauté des bloggers sur la plate-forme Kazéo (www.kazeo.com) en lien avec le site officiel de Guinness World Records. Retrouvez tous les événements qui auront lieu en France en 2010 et partagez vos idées de records.

LE PLUS LONG CONCERT PAR UN ARTISTE SOLO

Jason Beck, plus connu sous le nom de Gonzales (Canada), a donné un concert en solo de 27 h, 3 min et 44 s, au Ciné 13 à Paris (France), le 18 mai 2009.

7 janv. En 2008, Fabio Capello (Italie) a pris les rênes de l'équipe de football nationale d'Angleterre, devenant **l'entraîneur le mieux payé du monde**, avec un salaire de 6 millions £ (7,4 millions €).

8 janv. En 2008, **le plus grand écran plasma du monde** (diagonale : 381 cm) a été présenté par Panasonic à l'International Consumer Electronics Show de Las Vegas (Nevada, USA).

Le Mondial des records 2010

Les imbattables

LA PLUPART DES RECORDS DU MONDIAL DES RECORDS PEUVENT ÊTRE BATTUS, COMME LE PROUVENT DES MILLIERS DE PERSONNES CHAQUE ANNÉE. MAIS CERTAINS RÉSISTENT À L'ÉPREUVE DU TEMPS ET NE SONT PAS PRÈS D'ÊTRE DÉTRÔNÉS. EN VOICI QUELQUES EXEMPLES.

Plus long séjour sur une colonne Siméon le Stylite (v. 386-459) a passé 37 ans sur une colonne, sur la colline des miracles (Syrie).

La plus grosse pandémie De 1347 à 1351, la forme pulmonaire de la peste, ou mort noire, a tué environ 75 millions de personnes.

La pire frénésie de danse En juillet 1374, du fait d'un accès de tarantisme, des milliers de personnes ont dansé de façon incontrôlable dans les rues d'Aix-la-Chapelle (Allemagne).

La plus grande meurtrière Entre 1585 env. et 1610, la comtesse Elizabeth Báthory (Hongrie) a tué plus de 600 vierges. Elle a été enfermée dans son château, où elle est morte en 1614.

Le plus jeune doctorant Le 13 avril 1814, Carl Witte d'Autriche est devenu docteur en philosophie à l'université de Giessen (Allemagne), alors qu'il n'avait que 12 ans.

La personne la plus légère Lucía Xarato (ou Zarate, surnommée "La liliputienne mexicaine", Mexique, 1863-1889), naine atéléiotique très maigre, ne pesait que 2,13 kg à 17 ans.

Le bruit le plus sonore Saviez-vous que l'éruption du volcan insulaire Krakatoa, à Sunda Strait (Indonésie), le 27 août 1883, était audible à 5 000 km ?

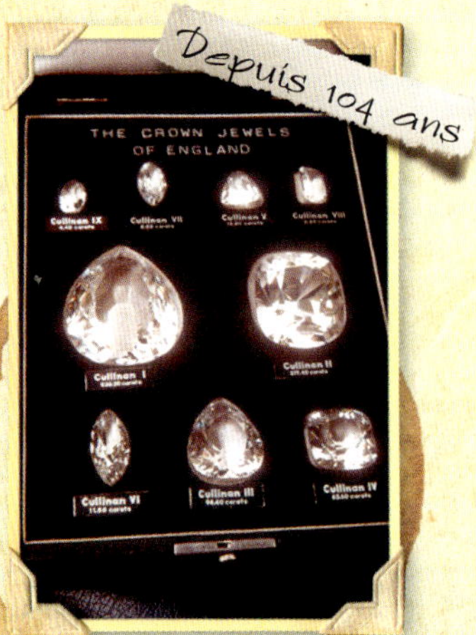

Le plus gros diamant Déterré le 26 janvier 1905, dans la mine Premier Diamond (Afrique du Sud), le Cuhan, avec 3 106 carats, est le plus gros diamant jamais découvert.

Le public le plus nombreux dans un cirque Mesdames et Messieurs, un tonnerre d'applaudissements, s'il vous plaît, pour le public le plus nombreux dans un cirque. 52 385 personnes ont assisté au spectacle du Ringling Bros & Bailey Circus, au Superdome de la Nouvelle-Orléans (Louisiane, USA), le 14 septembre 1975.

Il y a 4,5 milliards d'années

La plupart des astronomes pensent qu'à cette époque, une planète de la taille de Mars est entrée en collision avec la nôtre, causant le plus gros impact jamais subi par la Terre.

Depuis 82 ans

La plus grande voiture de série En termes de dimensions, une voiture bat aisément ses rivales. Construite en 1927, la Bugatti "Royale" type 41 mesure plus de 6,7 m de long. Son capot atteint plus de 2,13 m.

Depuis 70 ans

Le plus gros succès au box-office En tenant compte de l'inflation, *Autant en emporte le vent* (USA, 1939) a obtenu les plus grosses recettes de tous les temps, soit 5 362 000 000 $.

Depuis 62 ans

Le plus grand avion en envergure L'hydravion H4 Hercules, ou *Spruce Goose*, a une envergure de 97,51 m et mesure 66,65 m de long. Il n'a volé qu'une fois, le 2 novembre 1947.

Depuis 55 ans

Le meilleur single pour un groupe Enregistré le 12 avril 1954, *Rock Around the Clock* de Bill Haley & his Comets (USA) a été vendu à 25 millions d'exemplaires. Quel record !

LE PLUS GRAND HOMME DE TOUS LES TEMPS

Il s'agit peut-être du détenteur le plus célèbre d'un record du GWR. Robert Pershing Wadlow (USA) est **le plus grand homme**. Il atteignait 2,72 m pour un poids maximal de 199 kg. Ses mains (**les plus grandes mains** jamais mesurées) faisaient 32,3 cm du poignet à l'extrémité de son majeur et il portait une bague de taille 25 (en photo). Cet homme avait aussi **les plus grands pieds** du monde, avec une pointure européenne de 75, correspondant à 47 cm. Indirectement, c'est la taille de ses pieds qui a entraîné le décès de Wadlow. Lors d'une tournée, il s'était fait une ampoule au pied gauche. L'ampoule s'est infectée, ce qui a entraîné une détérioration de son état de santé. Wadlow est mort dans son sommeil le 15 juillet 1940, à 22 ans.

Depuis 69 ans

Depuis 61 ans

Meilleure moyenne à la batte Sir Donald Bradman (Australie) a la moyenne la plus élevée à la batte en test-matchs : 99,94 pour 52 test-matchs – ou 6 996 runs en 80 manches –, de 1928 à 1948. Il est improbable que ce record soit battu...

9 janv. La tasse la plus précieuse jamais fabriquée a été faite à partir d'or 23 carats et acquise pour 1 000 023 bahts thaïs (33 842 $) par Nestlé Thai Ltd, en 2008.

COMMENT ÉTABLIR UN RECORD

● LE PLUS LONG HOT-DOG

Le 27 septembre 2008, Empacadora Ponderosa (Mexique) a élaboré un hot-dog de 114, 32 m de long à Monterrey (Mexique). Danny Girton du GWR était présent pour mesurer ce gigantesque sandwich.

TOUTE L'ANNÉE, LES JUGES GWR ARPENTENT INFATIGABLEMENT LA PLANÈTE POUR ÊTRE TÉMOINS DES RECORDS LES PLUS SENSATIONNELS. RENCONTRE AVEC NOTRE ÉQUIPE.

1. CONTACTEZ-NOUS

Si vous souhaitez établir ou battre un record, rendez-vous sur **www.guinnessworldrecords.com**. Il vous suffit de cliquer sur "Break a Record" et de suivre les instructions. Pensez à détailler au maximum votre proposition.

2. SUIVEZ LA PROCÉDURE

Vous avez l'intention de battre un record existant ? Nous vous enverrons le guide opérationnel que le détenteur actuel a suivi. Si vous visez un record inédit qui nous plaît, nous vous ferons parvenir un guide opérationnel spécifique auquel vous devrez vous conformer. À vous de jouer !

3. ENVOYEZ-NOUS LES PREUVES

Si votre tentative de record est fructueuse, nous aurons besoin de preuves. Pensez à filmer votre exploit, à prendre des photos et demander à deux témoins indépendants d'être présents pour attester votre record. En fonction de sa nature, d'autres éléments seront peut-être nécessaires. Si c'est le cas, nous vous le préciserons dans le guide opérationnel.

4. PATIENTEZ

Voici l'épreuve la plus difficile ! Vous devez attendre que nos experts GWR examinent votre record et décident ou non de vous attribuer un certificat Guinness World Records. À moins que vous ayez déjà invité un juge lors de votre tentative de record (voir page de droite). Bonne chance à tous !

★ NOUVEAU RECORD
● MISE À JOUR

À VOTRE SERVICE

Notre équipe de juges examine, arbitre et homologue toutes les tentatives de records GWR. Tout, ou presque, se déroule dans nos bureaux de Londres (GB), même si les 10 membres de l'équipe se déplacent aux quatre coins de la planète pour homologuer certains records. De gauche à droite : Kaoru, Tzeni, Andrea, Ralph, Marco, Talal, Mariamarta, Gaz, Laura et Lucia.

10 janv. Mesurées en 2007, Ann et Claire Recht (USA) faisaient 2,01 m, décrochant ainsi **le record des jumelles les plus grandes.**

908 : nombre de tractions à la barre en 1 h réalisées par Stephen Hyland (GB) à Stoneleigh (Surrey, GB), le 2 janvier 2009.

● LES PLUS LONGS SKIS

Denise Anlander du GWR s'est rendue à Örebro (Suède) le 13 septembre 2008 pour mesurer des skis de 534 m. Ils étaient portés par 1 043 skieurs lors d'une fête de la Danske Bank.

INVITEZ UN JUGE GWR

En conviant un juge GWR à votre tentative de record, vous bénéficierez d'avantages exclusifs :

- Confirmation instantanée et officielle de votre record (en cas de succès) et remise immédiate du certificat GWR.
- Couverture médiatique internationale de votre record. À vous la une des journaux !
- Un compte-rendu détaillé de votre record sur **www.guinnessworldrecords.com/register/login.aspx**.
- Des conseils d'expert : votre tentative de record sera assignée à un membre de notre équipe d'homologation qui vous guidera dans l'organisation de cette expérience unique.
- Un de nos juges se chargera également des interviews et des conférences de presse le jour J : un moyen très efficace d'optimiser les retombées médiatiques. Notez que la présence d'un juge GWR à une tentative de record est payante. Vous trouverez de plus amples informations concernant ce service VIP sur **www.guinnessworldrecords.com/member/services_adjudications. aspx**.

Vous pouvez nous contacter dans neuf langues (allemand, anglais, arabe, espagnol, français, italien, japonais, mandarin et portugais) via notre site Internet. Cliquez sur le drapeau de votre choix en haut à droite. Enfin, pensez à l'édition Jeux vidéo du Mondial des Records. Si vous ciblez un score record, pourquoi ne pas inviter un juge GWR pour l'officialiser ?

MARCO FRIGATTI (ITALIE)

Marco est le chef de l'équipe qui, collectivement, décide de ce qui constitue ou non un record. "C'est un travail colossal", admet-il, "car nous recevons plus de 1 000 candidatures par semaine". En plus de l'italien, sa langue maternelle, Marco parle anglais, français, allemand, néerlandais et apprend le mandarin. Qu'est-ce qui lui plaît dans le poste ? "Rencontrer les candidats. Ils sont passionnés par des sujets plus variés les uns que les autres. En fait, ils m'inspirent !"

ANDREA BÁNFI (HONGRIE)

Andrea est responsable des homologations. Elle organise les tentatives de records et y assiste : "Je coordonne le service d'homologation. Si le record est exécuté devant un de nos 4 juges, vous pouvez être certains que j'aurai mon mot à dire." D'après Andrea, les homologations donnent lieu à des instants magiques : "Chaque tentative peut devenir le moment le plus merveilleux de votre existence." Sa langue maternelle est le hongrois, mais elle maîtrise parfaitement l'allemand, l'anglais et le roumain.

TALAL OMAR (GB, NÉ AU YÉMEN)

Installé à Londres, Talal est spécialisé dans les records moyen-orientaux : il est bilingue anglais-arabe. "Le Moyen-Orient est une région en pleine expansion pour les records mondiaux", révèle-t-il. "On note une véritable solidarité et un esprit d'équipe pour décrocher d'impressionnants records. Je pense notamment aux boulangers Al Jana du Qatar, qui ont fabriqué **le ★ plus long pain pita du monde** (128,5 m)." Ce que Talal préfère dans le GWR ? "Aucun jour ne se ressemble !"

CARLOS MARTÍNEZ (ESPAGNE)

C'est le sport qui a suscité l'intérêt de Carlos pour le GWR. Ses premiers souvenirs remontent aux autocollants GWR qu'il collectionnait ; les records sportifs ont toujours été ses favoris. "Ce que j'adorais, c'était de voir tous ces **records établis dans les grandes compétitions sportives** en Espagne", explique-t-il. "Tous mes héros s'y trouvaient." Notre juge, particulièrement enthousiaste, parle espagnol, anglais, italien et portugais et travaille dans nos bureaux new-yorkais.

LUCIA SINIGAGLIESI (ITALIE)

"Durant ma scolarité et mes années universitaires, je ne perdais jamais une occasion de voyager à l'étranger", raconte Lucia. Cette frénésie de voyages a conduit notre juge GWR de sa région des Marches jusqu'à Londres (GB) via une grande partie de la planète et a fait de Lucia la candidate parfaite pour rejoindre l'équipe GWR. Installée à Londres (GB), Lucia parle trois langues : italien, anglais et français.

DANNY GIRTON (USA)

"J'adore voir l'histoire se dérouler sous mes yeux et rencontrer personnellement ceux qui la font", rapporte Danny, en charge des tentatives de records du continent américain, du Canada à l'Amérique du Sud. Danny, qui a rejoint GWR il y a 18 mois, travaille dans nos bureaux de New York et parle anglais et espagnol.

11 janv. En 2005, à 18 ans, Sarah Ann McNair-Landry (Canada, née le 9 mai 1986) est devenue **la plus jeune personne à avoir fait un trek au pôle Sud sans chiens ni véhicule motorisé**.

12 janv. **La personne la plus âgée à entrer à l'école primaire** avait 84 ans. Kimani Ng'ang'a Maruge (Kenya) s'est inscrite à l'école élémentaire de Kapkenduiyo à Eldoret (Kenya), en 2004.

RECORDS TÉLÉVISÉS

GUINNESS WORLD RECORDS TV ÉTATS-UNIS

La vedette de la télé Fearne Cotton (GB, ci-dessous) s'est rendue de l'autre côté de l'Atlantique pour présenter *Guinness World Records Live – le Top 100* sur NBC. Reprenant les 100 meilleurs records inédits à la télévision, ce show a été riche en émotion. Le clou du spectacle a été la tentative du **plus long trajet de moto à travers un tunnel de feu**, soit 60,96 m, établi par le cascadeur Clint Ewing (USA, à gauche).

PASSEZ À LA TÉLÉ !

Si vous avez une aptitude ou une particularité susceptible de donner lieu à un record, filmez-vous et chargez la vidéo sur www.guinnessworldrecords.com/community.
Si nous validons votre record, nos chasseurs de talents prendront contact avec vous afin de vous décerner un certificat Guinness World Records. Alors n'attendez plus !

GUINNESS WORLD RECORDS TV ALLEMAGNE

L'émission *Guinness World Records : Die Grössten Weltrekorde* a attiré les meilleurs experts en records et une pléiade de célébrités. Ici, Markus Ferber et Clarissa Beyelschmidt (tous deux Allemagne) assistant au ★**porté le plus long d'une personne au bout d'un bras au-dessus de la tête** (59,34 s) et à une tentative infructueuse de **record d'œufs brisés avec le poignet**.

GUINNESS WORLD RECORDS TV ROYAUME-UNI

Sky1 est aujourd'hui la chaîne officielle des records britanniques, grâce à l'émission *Guinness World Records Smashed* d'Outline Production. Présenté par Steve Jones et Konnie Huq (à gauche), ce show invite le public à démontrer face à la caméra ses exploits. Posez votre candidature (vidéo incluse) en ligne et vous passerez peut-être à la télé... pour battre **le ★record de tee-shirts enfilés en 1 min** (83) de Shaeen Sadough (GB, à droite) ou **le ★record d'objets retirés du dessus de la tête en 1 min** (43) de Zara Phythian (GB, ci-dessous).

13 janv. Shigetsugu Anan (83 ans et 11 jours) et son épouse Miyoko (78 ans et 71 jours) (tous deux Japon), **le couple de marathoniens le plus âgé**, ont participé au marathon d'Ibusuki Nanohana en 2008.

14 janv. En 1996, Yogesh Sharma (Inde) a serré la main de 31 118 personnes en 8 h. C'est **le record de poignées de mains par un même individu**.

23 : nombre de balles de tennis rattrapées en 1 min, par Anthony Kelly (Australie) sur le plateau de *Zheng Da Zong Yi*, à Pékin (Chine), le 9 novembre 2008.

CHINE

Démontrant l'engouement planétaire pour les records, voici *Zheng Da Zong Yi*, l'émission Guinness World Records de la CCTV (Chine). Sur la photo, Marco Frigatti remet un certificat à Chen Yun (Chine, ci-dessus) pour **le ★record de rattrapés de Diabolo sur le dos en 1 min** (67) et chronomètre Wang Weibao (Chine, à droite) qui va décrocher **le ★record de temps en équilibre sur 4 doigts** (19,23 s).

ESPAGNE

L'émission de Guinness World Records, *El Show de los Records*, est présentée par Carmen Alcayde et Luis Muñoz qui annoncent chaque année des records toujours plus sensationnels. En photo (de bas en haut) le "cortador de jamón" (découpeur de jambon) Nico Jiménez Rodríguez (Espagne) découpant **la ★plus longue tranche de viande** (13,32 m) ; Daniel Browning Smith (USA), **l'homme le plus flexible au monde**, et Chloe Bruce (GB) réalisant **le ★record de kicks en 1 min avec une seule jambe** (192).

ITALIE

Marco Frigatti retourne vers son Italie natale pour participer à *Lo show dei Record*, une émission pour amateurs de records. S'y retrouvent des candidats de Chine, de Nouvelle-Zélande, de Finlande et de Lituanie. La présentatrice Barbara D'Urso annonce régulièrement de nouveaux records tels que **le ★plus de tonneaux en voiture en 5 min (en solo)** (7) par Franz Muellner (Autriche), ou encore **le ●plus de bols brisés avec un seul doigt en 1 min** (102) par le maître en arts martiaux Fan Weipeng.

15 janv. En 1983, Thomas Syta de Van Nuys (Californie, USA) a gardé un seul et même bonbon Lifesaver en bouche pendant 7 h et 10 min, en conservant le rond intact.

LA JOURNÉE GWR

Canada

SAUTS DE GRENOUILLES

Le 14 novembre 2008, le zoo de Toronto a accueilli plus de 800 personnes sautant comme des grenouilles pendant 5 min. Bien que cet événement n'ait pu être enregistré comme record à l'occasion de la journée GWR, il a remporté un vif succès tout en attirant l'attention sur la protection des amphibiens.

Angleterre

★ LE PLUS GRAND RASSEMBLEMENT EN SOUS-VÊTEMENTS

Pour faire parler de la campagne "Pants to Poverty" de l'association de commerce équitable Fair Trade Organization, 116 personnes se sont rassemblées à la gare de St Pancras, à Londres (GB), en sous-vêtements, à l'occasion de la journée GWR, le 13 novembre 2008.

États-Unis

★ LES PLUS LONGUES DREADLOCKS (FEMME)

Mesurées à Davenport (Floride, USA), les dreadlocks d'Asha Mandela (USA) mesuraient 2,59 m, le 13 novembre 2008.

Irlande

★ LA PLUS GRANDE IMAGE EN DEL

Tesco Ireland, Disney et Make a Wish Foundation ont réalisé une image de Donald Duck à l'aide de 26 981 diodes électroluminescentes à Dublin (Irlande), le 13 novembre 2008.

États-Unis

LE PLUS GRAND MARIAGE DE CHIENS

Organisé dans l'Illinois (USA), le 8 novembre 2008, l'événement n'a rassemblé que 87 couples de chiens, en raison du froid. Le record de 178 mariés canins n'a donc pas été battu.

Allemagne

● LE PLUS DE CHOPES PORTÉES SUR 40 M PAR UNE FEMME

Anita Schwarz (Allemagne) a porté 19 chopes sur 40 m, à Mesenich (Allemagne), le 9 novembre 2008, à l'occasion de la journée GWR.

Brésil

● LE PLUS GRAND PAIN

Joaquim Goncalves (Brésil) a confectionné une miche de pain de 1,571 t, à Curitiba/Parana (Brésil), le 13 novembre 2008.

16 janv. **Le plus grand dessert glacé**, pesant 8,750 kg, a été réalisé par la Beijing Allied Faxi Food Co., Ltd. pour le Beijing Children's Art Theater Co., Ltd. à Pékin (Chine), en 2006.

17 janv. **La transatlantique à la rame la plus rapide** a duré 33 j, 7 h et 30 min. Une équipe de 14 personnes (GB et Irlande), partie d'Espagne le 15 décembre 2007, est arrivée à La Barbade le 17 janvier 2008.

103 : le plus grand nombre de personnes déguisées en super-héros, rassemblées à Bournemouth University, à Poole (GB), pour fêter la journée GWR.

Angleterre

★ LA PLUS GRANDE TASSE À THÉ

Une tasse à thé de 1,22 m de diamètre, 1,22 m de haut et d'une contenance de 400 l a été réalisée par Lancashire Tea dans un supermarché Asda, à Preston (GB), le 13 novembre 2008.

Turquie

LES CASSEURS DE BÉTON

Dans le cadre de la journée GWR en Turquie, Ali Bahcetepe (Turquie, à gauche) a battu un nouveau record, celui du ● **plus grand nombre de blocs de béton cassés en une fois**, à Datca (Turquie), le 14 novembre 2008. Narve Laeret (Norvège, à droite) a lui battu le record du ● **plus grand nombre de blocs de béton cassés en 1 min,** avec 700 blocs (depuis, le record de Laeret a été battu par Bahcetepe, avec 888 blocs, le 9 janvier 2009).

LA JOURNÉE DE TOUS LES RECORDS

- **Le record de distance parcourue par une balle de golf, 5 835 m, a été établi par Alastair Galpin (Nouvelle-Zélande), à Auckland, le 2 novembre 2008.**
- **Avec 94 baisers, Valentin Pasquier (France) a battu le record de baisers à la minute, à Nantes (France), le 12 novembre 2008.**
- **La plus longue distance parcourue par une torche humaine tirée par un cheval est de 472,8 m. Ce record a été réalisé par Halapi Roland (Hongrie), à Kisoroszi (Hongrie), le 12 novembre 2008.**

★ NOUVEAU RECORD
● MISE À JOUR

France

★ LE SCOUBIDOU LE PLUS LONG

Manuela Dos Santos (France) a réalisé le scoubidou le plus long.

Mesuré à Brancourt, le 11 novembre 2008, il se déroulait sur 510 m.

Chine

★ LE PLONGEON LE PLUS HAUT D'UNE CASCADE

Le record de hauteur pour un plongeon depuis une cascade est de 12,19 m. Il a été réalisé par Di Huanran (Chine) du haut d'une cascade de Diaoshuilou du lac Jingbo, Mudanjiang City, le 5 octobre 2008.

Émirats arabes unis

★ LE PLUS GRAND NOMBRE D'ENFANTS LISANT AVEC UN ADULTE

3 032 enfants ont lu avec un adulte à l'école maternelle Kindergarten Starters School au Global Village, à Dubaï (Émirats arabes unis), le 12 novembre 2008.

18 janv. **La traversée du continent antarctique la plus rapide** (la première **en solo, en autonomie complète**) a été réalisée par Børge Ousland (Norvège), qui est arrivé au terme des 2 690 km, en 1997.

SOMMAIRE

●LE ROBOT DE LA NASA LE PLUS RÉSISTANT

Cette image a été prise par le robot *Opportunity* de la NASA, qui, avec son double *Spirit*, s'est posé sur Mars en janvier 2004. Les deux robots fonctionnaient encore en mars 2009, alors qu'ils n'avaient été conçus que pour durer 3 mois.

La photographie, dont les couleurs ont été modifiées pour souligner les différences entre les matériaux à la surface de la planète, montre le bord du cratère Victoria, dû à un impact. En haut du cratère, on trouve des roches disséminées ; au fond, un lit rocheux. Entre les deux s'étend une couche de roche rose. Les géologues pensent que cette roche rose constituait la surface de la planète avant que l'impact, qui est à l'origine du cratère de 730 m de diamètre, ne l'enterre sous une couche de déjections il y a des dizaines de millions d'années.

5 cm/s : vitesse maximale atteinte par les deux robots d'exploration de Mars, *Spirit* et *Opportunity*, détenteurs du **record de vitesse au sol sur Mars**.

L'ESPACE PROFOND

★ LE PLUS GROS MIROIR SPATIAL

Le premier miroir construit pour l'observatoire spatial Herschel mesure 3,5 m de diamètre. Il a été réalisé à partir d'une seule pièce de céramique en carbure de silicium, un matériau beaucoup plus léger que le verre. Le miroir permettra à l'observatoire d'étudier des objets du système solaire ainsi que l'espace profond dans le spectre infrarouge. Lancé avec succès le 14 mai 2009, Herschel est destiné à durer 3 ans. Ses instruments sont refroidis à 2 K (– 271,15 °C) grâce à de l'hélium liquide.

★ LA DISTANCE LA PLUS FAIBLE ENTRE 2 TROUS NOIRS

En mars 2009, des astronomes ont rapporté que le quasar, ou objet quasi-stellaire, SDSS J153636,22 + 044127,0, une galaxie émettant de grosses quantités d'énergie électromagnétique, semble contenir 2 trous noirs au centre. Ces trous ont des masses de 50 millions et 20 millions de soleils tout en étant séparés par un tiers d'année-lumière.

★ LE TYPE DE GALAXIE LE PLUS RÉPANDU

Sur les quelques centaines de millions de galaxies de l'Univers, les galaxies en spirale, comme la Voie lactée, représentent environ 77 % d'entre elles. Elles sont caractérisées par des bras en spirale qui s'enroulent autour d'un cœur plus brillant, environ la moitié des spirales contenant une barre d'étoiles au centre. Les galaxies en spirale comptent plusieurs centaines de millions d'étoiles et contiennent de la poussière et du gaz.

ESPACE PROFOND ?

Il existe plusieurs définitions. Certains utilisent ce terme pour décrire ce qui échappe à la gravité. De nombreux astronomes et Guinness World Records l'emploient pour décrire l'Univers situé hors du système solaire.

★ LA PLUS VIEILLE NAINE BRUNE

Les naines brunes sont des étoiles avortées, des supergéantes de gaz qui ne sont pas devenues assez grandes pour produire les pressions nécessaires à la fusion nucléaire. 2 MASS 1626+3925 est une naine brune du halo qui entoure la Voie lactée. Des mesures de la faible lumière infrarouge qu'elle émet suggèrent qu'elle a environ 10 milliards d'années : elle est 2 fois plus ancienne que notre système solaire.

★ LES GALAXIES LES PLUS DENSES

Les galaxies naines ultra-compactes ont été découvertes en 1999 par une équipe dirigée par le Dr Michael Drinkwater (Australie). Des dizaines de ces galaxies, peut-être des éléments qui formaient des plus grosses galaxies, sont connues des astronomes. Elles contiennent une centaine de millions d'étoiles dans un espace de 200 années-lumière, mais les astronomes suggèrent qu'il y a des milliards d'années, elles avaient peut-être une densité d'un million d'étoiles par année-lumière cube, soit une densité 1 million de fois supérieure à celle de la Voie lactée.

★ LA GALAXIE À LA PLUS IMPORTANTE FORMATION D'ÉTOILES

Les astronomes estiment que les étoiles de la galaxie J1148 + 5251 s'y sont formées à une cadence de 1 000 masses solaires par an, soit 1 000 fois plus vite que dans notre galaxie. J1148 + 5251 est une galaxie active considérée comme un quasar. Comme elle se trouve à 12,8 milliards d'années-lumière, la formation d'étoiles que l'on y observe se déroulait il y a 12,8 milliards d'années.

LE PLUS GROS TÉLESCOPE TERRESTRE

Les deux télescopes Keck situés au sommet du volcan Mauna Kea éteint d'Hawaï sont les plus grands télescopes optiques et à infrarouge du monde. Chacun d'eux, conçu pour observer des objets de l'espace profond, atteint une hauteur de 8 étages et pèse 272 t. Les deux possèdent un miroir de 10 m composé de 36 segments hexagonaux qui forment ensemble une surface réfléchissante unique.

★ NOUVEAU RECORD
● MISE À JOUR

19 janv. **Le record de vitesse d'un vaisseau spatial** au décollage de la Terre est de 58 338 km/h. Cette prouesse a été réalisée par le vaisseau *New Horizons* de la NASA, lancé en 2006.

20 janv. Francis Joyon (France) a navigué en solo et sans escale autour du monde du 23 novembre 2007 au 20 janvier 2008. C'est **le record de vitesse pour une circumnavigation en solo** (57 jours, 13 h, 34 min et 6 s).

299 792 458 m/s : vitesse de la lumière dans le vide, **la vitesse maximale possible dans l'Univers**. Une année-lumière est la distance que peut parcourir la lumière en 1 an.

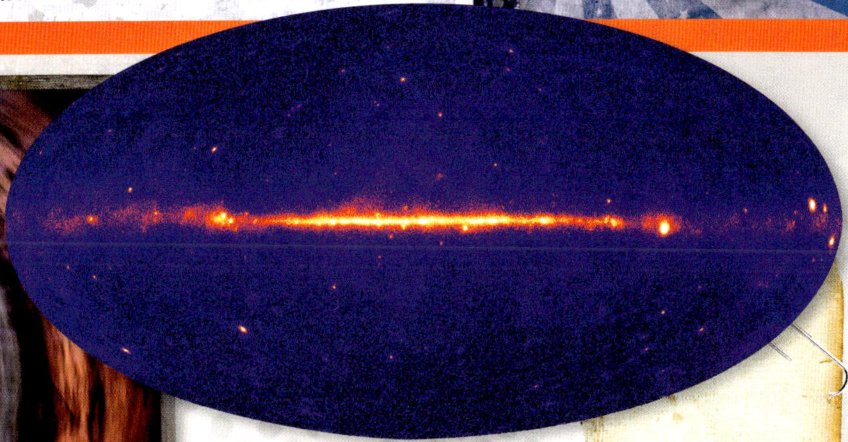

★ LES GALAXIES ACTIVES LES PLUS BRILLANTES

Les galaxies actives ont un centre d'une grande luminosité et émettent de l'énergie dans le spectre électromagnétique. On suppose que leur cœur abrite des trous noirs supermassifs. Ces trous noirs absorbent la matière qui les entoure et rejettent des gaz ionisés à une vitesse proche de celle de la lumière.

Lorsque ces rejets sont dirigés vers la Terre, la galaxie semble plus lumineuse à l'observation que les autres galaxies. Il s'agit d'un blazar. La photographie conceptuelle de la NASA ci-dessus représente le blazar PKS 2155–304.

LE SAVIEZ-VOUS ?

Si un blazar apparaît lumineux vu de la Terre, la magnitude ou le degré de sa brillance sont en fait très variables.

★ LA GALAXIE S'APPROCHANT LE PLUS RAPIDEMENT

En dépit de l'expansion de l'Univers, seul un petit nombre de galaxies s'approchent de la nôtre. M86, une galaxie lenticulaire située à environ 52 millions d'années-lumière dans l'amas de la Vierge, se déplace vers la Voie lactée à 419 km/s.

● LE TROU NOIR LE PLUS LOURD

En février 2008, des astronomes ont annoncé la découverte d'un trou noir dans la galaxie naine IC 10 dont la masse est estimée à 33 fois celle du Soleil. À l'exception des trous noirs supermassifs situés au cœur des galaxies, celui-ci atteint plus du double de la taille de n'importe quel trou noir connu.

LE PULSAR LE PLUS PROCHE

Un pulsar est une étoile à neutrons qui émet des faisceaux de rayons pendant sa rotation. Il se forme au cours d'explosions de supernovas durant lesquelles les protons et les électrons des atomes du cœur d'une étoile fusionnent en neutrons. Les neutrons constituant une grande partie de la masse d'un atome, les étoiles à neutrons sont petites et denses, de la taille d'une grande ville, mais leur masse est aussi élevée que celle du Soleil. Dans la constellation de Cetus, le pulsar PSRJ0108-1431 n'est qu'à 280 années-lumière de la Terre.

● L'OBJET LE PLUS DISTANT DANS L'UNIVERS

Le 23 avril 2009, le satellite *Swift* de la NASA a détecté une émission de rayons gamma de 10 s et une incandescence résiduelle de rayons X depuis l'étoile GRB090423. Une analyse a révélé que GRB090423 se trouvait à 13,035 milliards d'années-lumière, ce qui signifie que l'explosion s'est produite non loin du moment où l'Univers se serait formé. Cela fait de GRB 090423 **le ★ plus vieil objet de l'Univers** détecté à ce jour.

★ LES RAYONS GAMMA LES PLUS ÉNERGÉTIQUES

Lancé le 11 juin 2008, le télescope Fermi peut détecter les rayons gamma issus d'événement violents dont l'énergie est comprise entre 8 000 et plus de 300 milliards d'électronvolts. Il s'agit des longueurs d'ondes d'une énergie les plus élevées étudiées. Une carte du ciel dont les énergies en rayons gamma sont 150 millions de fois plus puissantes que la lumière visible a été présentée en mars 2009, représentant 3 mois de données de Fermi.

LA MESURE LA PLUS PRÉCISE DE L'ÂGE DE L'UNIVERS

100

La sonde Wilkinson Microwave Anisotropy Probe (WMAP, en photo ci-dessous) a été conçue pour mesurer le rayonnement micro-ondes de l'Univers, l'écho du rayonnement du Big Bang. Présentés le 11 février 2003, les premiers résultats de la sonde (en photo à droite) révèlent d'infimes différences de températures aux premiers temps de l'Univers. Cela a permis aux scientifiques d'estimer l'âge de l'Univers à 13,7 milliards d'années, avec une marge d'erreur de 1 %.

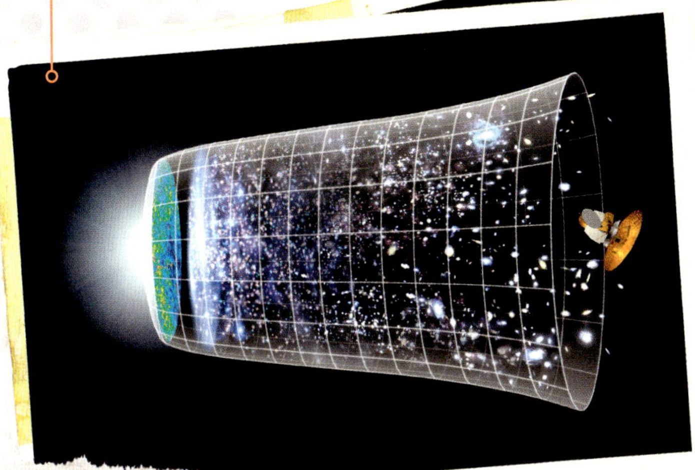

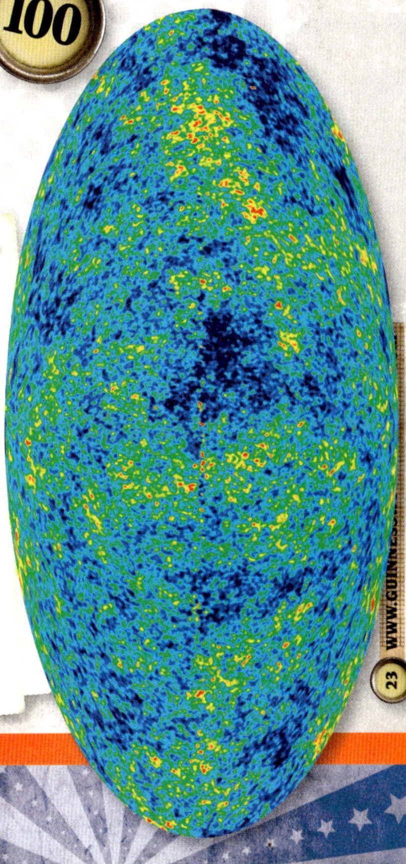

21 janv. Tommy Clowers de Ramona (Californie, USA) a réalisé **le saut le plus haut à moto** en bondissant à 7,62 m, à l'aéroport Van Nuys (Californie, USA), en 2001.

PLANÈTES EXTRASOLAIRES

★ LA PLANÈTE EXTRASOLAIRE LA PLUS PROCHE

Les planètes extrasolaires, ou exoplanètes, sont des planètes qui ne tournent pas autour du Soleil. En 2007, les astronomes utilisant le télescope spatial Hubble ont pris part au Sagittarius Window Eclipsing Extrasolar Planet Search (SWEEPS), un projet destiné à observer 180 000 étoiles durant une semaine en direction du centre de la Voie lactée. Hubble a observé l'atténuation de la lumière des étoiles dues aux planètes qui passaient devant. SWEEPS-10, une des 16 planètes ainsi découvertes, n'est située qu'à 1,2 million de km de son étoile. Elle parcourt son orbite en 10 h seulement. En comparaison, Mercure parcourt l'orbite du Soleil en 88 jours.

● LA PLANÈTE EXTRASOLAIRE LA PLUS LÉGÈRE

Gliese 581e, dont la découverte a été annoncée en avril 2009, est la 4e planète découverte à ce jour qui tourne autour de l'étoile Gliese 581. Elle pourrait avoir la masse de 19 Terres ; toutefois, cette planète rocheuse est trop proche de son étoile pour être propice à la vie.

Les planètes extrasolaires sont nommées selon l'étoile autour de laquelle elles gravitent en fonction de l'ordre de leur découverte (le "a" n'est pas utilisé car se réfère à l'étoile elle-même). La 1re planète détectée autour de Gliese 581 est donc Gliese 581b, et ainsi de suite. Il existe d'autres façons de nommer les étoiles, l'ajout d'une lettre à la fin est l'une des plus courantes.

★ L'ORBITE LA PLUS ALLONGÉE D'UNE PLANÈTE EXTRASOLAIRE

HD 80606b, la première planète extrasolaire sur laquelle des changements climatiques ont été observés, se trouve à 190 années-lumière dans la constellation Ursa Major. Son orbite est très elliptique, semblable à celle d'une comète à courte période. Au cours de chaque orbite, la planète se trouve à une distance de son étoile variant de 4,5 millions à 125 millions de km. L'année de HD 80606b, à savoir le temps que prend la planète pour tourner autour de son étoile, dure à peine 111 jours.

PLUS INFO
Les techniques de détection de planètes extrasolaires devraient bientôt permettre d'en repérer de plus petites que la Terre.

★ LA PLANÈTE EXTRASOLAIRE LA PLUS CHAUDE

HD 149026b, une planète géante gazeuse, tourne autour d'une subgéante jaune à 257 années-lumière de distance. En orbite près de son étoile-mère, elle atteint une température de 2 040 °C. Elle est probablement riche en métaux, sombre et composée de nuages foncés d'oxydes métalliques qui absorbent les rayons de l'étoile, ce qui produit cette température extrêmement élevée.

LA PLUS ANCIENNE PLANÈTE EXTRASOLAIRE

La plus ancienne planète découverte est une planète extrasolaire de l'amas globulaire M4, à 5 600 années-lumière de la Terre. Avec un âge estimé à 10 milliards d'années, cette planète distante est au moins 2 fois plus ancienne que notre système solaire. Sa découverte a été annoncée en juillet 2003.

★ LES 1ERS CHANGEMENTS CLIMATIQUES OBSERVÉS SUR UNE EXOPLANÈTE

Les observations du télescope de la géante de gaz HD 80606b ont révélé des changements climatiques lorsqu'elle est passée près de son étoile. Au cours d'une période de 8 h, le dessus des nuages de la planète est passé de 520 °C à environ 1 220° C, soit plus que la lave en fusion.

★ LA PLUS PETITE PLANÈTE EXTRASOLAIRE

En février 2009, des scientifiques travaillant avec le satellite COROT (Convection, Rotation and Planetary Transits) ont annoncé la découverte d'une planète gravitant autour d'une étoile à 456 années-lumière dans la constellation Monoceros. Appelée COROT Exo-7b, cette planète a un diamètre représentant précisément 1,7 fois celui de la Terre.

22 janv. Joyeux anniversaire à George Blair (alias Banana George, USA, né le 22 janvier 1915) ! George est **le snowboarder le plus âgé du monde**. Il pratique sa passion entre 45 et 60 jours par an.

23 janv. La profondeur record en sous-marin est de 10 911 m : Jacques Piccard (Suisse) et Donald Walsh (USA) l'ont atteinte en 1960 dans la fosse des Mariannes.

346 : nombre d'exoplanètes découvertes par les scientifiques au 24 avril 2009.

★LA 1RE DÉCOUVERTE CONFIRMÉE D'UNE PLANÈTE EXTRASOLAIRE

En 1992, des astronomes ont annoncé qu'ils avaient découvert deux planètes gravitant autour du pulsar PSR B1257 + 12. Celui-ci est une supernova située à 980 années-lumière de la Terre atteignant environ 1,4 fois la masse du Soleil, mais ne mesurant que 30 km de diamètre. Il tourne sur son axe en 6,22 millisecondes. C'était autrefois une étoile géante qui est devenue une supernova il y a environ 800 millions d'années.

★LA PLUS GROSSE ÉTOILE ASSOCIÉE À UNE PLANÈTE

En janvier 2003, des astronomes ont annoncé la découverte d'une planète tournant autour de l'étoile géante orange HD 47536. Vers la fin de sa vie, l'étoile se dilate. Elle mesure environ 33 millions de km de diamètre. HD 47536b, l'une des deux planètes détectées dans le système, se trouve à 300 millions de km de son étoile, mais se consumera dans quelques dizaines de millions d'années, car l'étoile continue de se dilater en géante rouge.

★LA 1RE CARTE D'UNE PLANÈTE EXTRASOLAIRE

En 2007, le télescope Spitzer de la NASA a été orienté vers l'étoile HD 189733 et la planète qui y est associée, HD 189733b. Il les a observées pendant 33 h. Les résultats ont été convertis en une carte des températures indiquant une variation de 700 à 940 °C. La planète a été détectée par la méthode du transit, lorsqu'elle passe entre la Terre et son étoile, réduisant la luminosité de cette dernière de 3 %.

★LA PLANÈTE EXTRASOLAIRE LA PLUS FROIDE

La planète OGLE-2005-BLG-390Lb, dont le nom fait référence au télescope OGLE (Optical Gravitational Lensing Experiment) qui a permis sa découverte en 2006, gravite autour d'une étoile naine rouge et froide située à 21 000 années-lumière de la Terre. Sa température s'explique par la faible énergie de son étoile et l'ampleur de son orbite. Elle est plus éloignée de son étoile que Mars de notre Soleil, et sa température à la surface est de – 220 °C. Sa masse est estimée à 5 fois celle de la Terre. Elle possède sans doute une surface glacée, un cœur rocheux et une atmosphère fine.

★LES EXOPLANÈTES LES PLUS VENTEUSES

HD179949b, HD209458b et 51 Pegasi b sont des géantes de gaz gravitant autour de différentes étoiles à 150 années-lumière de la Terre. Chacune gravite autour de son étoile à 8 millions de km. Des résultats publiés en janvier 2007 montrent que la différence de température entre le jour et la nuit sur ces planètes est infime. Certains scientifiques suggèrent que des vents supersoniques de 14 500 km/h transfèrent constamment de la chaleur du côté diurne vers le côté nocturne.

LA 1RE DÉTECTION DE L'ATMOSPHÈRE D'UNE EXOPLANÈTE

En novembre 2001, des astronomes ont utilisé le télescope Hubble pour détecter la lumière à travers l'atmosphère, au bord de la planète HD 209458b lorsqu'elle passait devant son étoile. Une analyse spectrale de cette lumière a révélé la présence de sodium dans l'atmosphère de cette géante de gaz desséchée, qui gravite autour de son étoile en 3,5 jours. L'observation consécutive de cette planète suggère la présence de vapeur d'eau dans son atmosphère.

★LA 1RE MISSION SPATIALE DE DÉTECTION DE PLANÈTES

Conçu par le CNES (agence spatiale française) pour détecter des planètes autour d'autres étoiles, le vaisseau COROT (Convection, Rotation and Planetary Transit) a été lancé le 27 décembre 2006 en orbite polaire à 827 km de la Terre. Le vaisseau, qui détecte les planètes extrasolaires grâce à la méthode du transit, a détecté sa première planète, COROT Exo-1b, en mai 2007.

★LA 1RE IMAGE LUMINEUSE VISIBLE DE PLANÈTES EXTRASOLAIRES

En novembre 2008, deux découvertes ont donné lieu aux premières images en lumière visible de planètes gravitant autour d'autres étoiles. Des scientifiques utilisant le télescope Hubble ont perçu un anneau de poussière autour de l'étoile Fomalhaut, à 25 années-lumière de la Terre (photographie principale), et ont découvert une planète de la taille de Jupiter au sein de cet anneau. Une autre équipe utilisant les télescopes Keck et Gemini ont obtenu des images de 3 planètes gravitant autour de l'étoile HR 8799, à 129 années-lumière de la Terre.

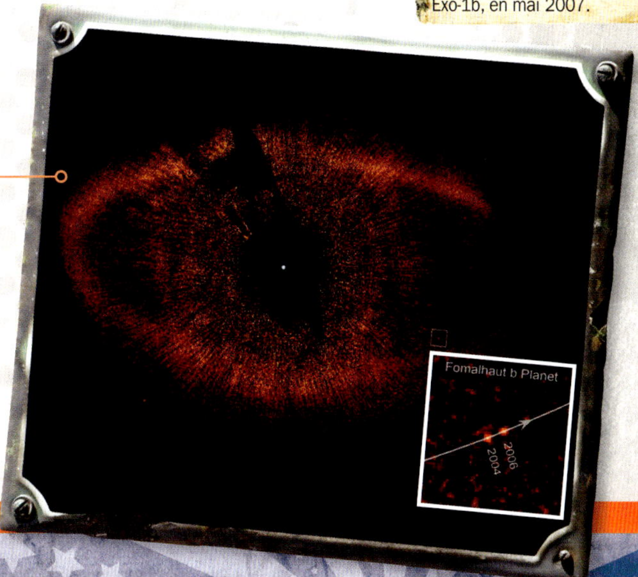

24 janv. **La plus grande danse Hora** comptait 13 828 participants, qui l'ont exécutée dans la ville de Slatina (Roumanie), en 2006.

LE SYSTÈME SOLAIRE

★ LA 1RE DÉTECTION DE LA VIE SUR UNE PLANÈTE PAR UNE SONDE

Lorsque la sonde *Galileo*, qui se dirigeait vers Jupiter, survola la Terre en décembre 1990, des scientifiques de la mission utilisèrent ses capteurs pour rechercher des signes de vie sur notre planète, comme s'il s'agissait d'une première. La sonde détecta le signal infrarouge de la chlorophylle, de l'oxygène moléculaire et du méthane dans l'atmosphère, ainsi que des signaux radio d'origine artificielle indiquant la présence de la vie.

★ LE 1ER ORAGE ENTENDU SUR UNE AUTRE PLANÈTE

Le module d'atterrissage *Venera 11* a touché le sol de Vénus le 25 décembre 1978. Parmi ses instruments figurait un détecteur acoustique capable d'enregistrer le son dans le ciel de Vénus et à sa surface. Durant sa descente en parachute, le détecteur a capté le son du vent et les bruits d'autres appareils du module juste après l'atterrissage. Environ 32 min après, un autre son d'origine inconnue d'un niveau de 82 décibels fut détecté. Un coup de tonnerre est l'explication la plus probable.

★ LA 1RE MISSION D'ÉTUDE D'UNE PLANÈTE NAINE

Le vaisseau *Dawn* de la NASA a été lancé le 27 septembre 2007. Il doit atteindre l'astéroïde Vesta situé entre Mars et Jupiter, l'étudier, puis quitter cette orbite pour rejoindre Ceres, le plus gros objet de la ceinture d'astéroïdes. Ceres, comme Pluton, a été classé parmi les planètes naines en 2006. Malgré un lancement plus tardif que ne l'espérait la NASA, Dawn atteindra Ceres en février 2015, 5 mois avant que le vaisseau *New Horizons* n'atteigne Pluton.

PLUS D'INFO

***Cassini* se trouve en orbite de Saturne depuis le 1er juillet 2004 et prend de nombreuses images, comme celle-ci composite de Titan, la plus grosse lune de Saturne.**

L'ATTERRISSAGE LE PLUS LOINTAIN SUR UNE PLANÈTE

La sonde *Huygens* de l'Agence spatiale européenne (ASE) a atterri avec succès sur Titan, la plus grande lune de Saturne, le 14 janvier 2005. Elle a fourni des données scientifiques et des images de sa surface durant sa descente en parachute et depuis le sol. *Huygens* a été transportée jusqu'à Titan, qui se trouve en moyenne à 1 433 milliards de km du Soleil, par le vaisseau spatial NASA/ASE *Cassini*.

★ LA PLANÈTE LA PLUS LOINTAINE ÉTUDIÉE DEPUIS SON ORBITE

L'exploration du système solaire par un vaisseau non habité a commencé par des missions de survol au cours desquelles une sonde se dirigeait vers une planète pour recueillir des données. Les survols sont parfois suivis de missions de véhicules orbitaux, collectant des données. En juillet 2004, approchée par *Cassini*, Saturne, à 1,43 milliard de kilomètres du Soleil, est devenue la planète la plus distante étudiée depuis son orbite.

★ NOUVEAU RECORD
● MISE À JOUR

LA PLUS GRANDE DISTANCE PARCOURUE PAR DES HOMMES DEPUIS LA TERRE

Les membres d'équipage d'*Apollo 13* (photographiés ici avec leur famille) sont parvenus à une distance de 400 171 km de la surface de la Terre, à 1 h 21 du matin, le 15 avril 1970. L'explosion d'un réservoir d'oxygène du module de service les a contraints à renoncer à l'alunissage et à adopter une trajectoire de retour libre leur permettant d'utiliser la gravité de la Lune pour revenir sur Terre grâce à l'effet lance-pierres. La manœuvre les a conduits à 254 km de la Lune, sur sa face éloignée, et à une distance représentant le record absolu d'altitude atteinte par un humain. Pour d'autres records d'altitudes, consultez les pages 92-93.

25 janv. En 2008, Luuk Broos (Pays-Bas) et son équipe ont réalisé **la plus grande fontaine de champagne**, composée de 43 680 coupes formant 63 étages, à Wijnegem (Belgique).

63 : nombre de satellites naturels découverts sur l'orbite de Jupiter, **la planète qui compte le plus de lunes**.

★ LE SURVOL LE PLUS PROCHE DE MERCURE

Le 14 janvier 2008, le vaisseau spatial *MESSENGER* a effectué un survol de Mercure assisté par la gravitation en s'approchant à 200 km de sa surface. Mercure étant situé profondément dans le puits de gravité du Soleil, il est difficile d'atteindre son orbite. *MESSENGER* a effectué deux survols de Mercure jusqu'à présent, et un troisième doit avoir lieu en septembre 2009. La trajectoire du vaisseau sera ajustée de façon qu'il atteigne l'orbite de Mercure en mars 2011.

●RECORD DE COMÈTES DÉCOUVERTES PAR UN VAISSEAU SPATIAL

Le vaisseau spatial *SOHO* (Solar and Heliospheric Observatory) de l'ASE/NASA a été lancé en décembre 1995 pour étudier le Soleil depuis le point L1 : un point situé entre le Soleil et la Terre où la gravité de deux corps s'annulent. La sonde a fourni presque en temps réel des données solaires permettant de prévoir le climat dans l'espace et a découvert des comètes accidentellement. Le 25 juin 2008, le vaisseau a ainsi découvert sa 1 500e comète.

●L'OBJET HUMAIN LE PLUS ÉLOIGNÉ

Lancée le 5 septembre 1977 (à droite), la sonde *Voyager 1* de la NASA (en photo en bas) a croisé Jupiter en mars 1979 et Saturne en novembre 1980. En les survolant, la sonde a été larguée hors du plan du système solaire. Le 1er février 2009, *Voyager 1* se trouvait à 16 247 milliards de km du Soleil. Encore en service, le vaisseau dispose d'assez d'énergie pour fonctionner jusqu'en 2025 environ.

RECORD DE VITESSE DE DÉCOLLAGE DEPUIS LA TERRE

La vitesse de décollage la plus élevée d'un vaisseau depuis la Terre est de 58 338 km/h. Elle a été atteinte par *New Horizons* de la NASA, lancé de cap Canaveral (Floride, USA), le 19 janvier 2006, pour entreprendre un voyage de 9 ans vers Pluton et ses lunes, Charon, Nix et Hydra.

●LA PLUS GRANDE STATION SPATIALE

100

La Station spatiale internationale (ISS) est en construction depuis que son premier élément, le module Zarya, a été lancé en novembre 1998. Le 31 mai 2008, des astronautes de la NASA y ont ajouté le module Kibo, fabriqué par l'Agence d'exploration spatiale japonaise (JAXA), portant la masse totale de l'ISS à 298 000 kg.

LA QUEUE DE COMÈTE LA PLUS LONGUE

La plus longue queue de comète jamais mesurée atteignait 570 millions de km de long. Elle appartenait à la comète Hyakutake. Cela représente plus de 3 fois la distance Terre-Soleil. Celle-ci a été observée par Geraint Jones de l'Imperial College de Londres (GB), le 13 septembre 1999, grâce à des données réunies par le vaisseau *Ulysses* de l'ASE/NASA qui a croisé par hasard la comète le 1er mai 1996. D'autres comètes ont sans doute de plus longues queues, mais elles n'ont pas été mesurées.

TOURISTES DE L'ESPACE

100

L'homme d'affaires Dennis Tito (USA) a été **le 1er touriste de l'espace**. Il a rejoint la Station spatiale internationale lors d'un voyage du 28 avril au 6 mai 2001.

Anousheh Ansari (Iran) est devenue **la 1re femme touriste de l'espace** le 18 septembre 2006 lorsqu'elle a séjourné 10 jours à bord de la Station spatiale internationale.

Le ★ touriste qui est allé le plus souvent dans l'espace est Charles Simonyi (USA), qui a accompli deux voyages, le 7 avril 2007 et le 26 mars 2009.

LA NOUVELLE MISSION

La NASA espère que *Voyager 1* restera opérationnelle assez longtemps pour atteindre l'héliopause et prouver son existence ; il s'agit de la limite théorique de l'influence du Soleil et du point où le vent solaire est contré par les forces interstellaires.

26 janv. **Le plus gros diamant** a été découvert dans la mine Premier Diamond près de Pretoria (Afrique du Sud), en 1905. Baptisé Cullinan, il a été évalué à 3 106 carats.

27 janv. Clint Ewing (USA) a parcouru **le plus long trajet à moto dans un tunnel en feu** (60,96 m), à Universal City (Los Angeles, Californie, USA), en 2008.

MARS

BIENVENUE SUR MARS

Quatrième planète à partir du Soleil, Mars est un univers rocheux, comme la Terre, mais est 2 fois plus petite. Son atmosphère fine de dioxyde de carbone dissimule une surface poussiéreuse rouge faite d'oxyde de fer. Dans le ciel nocturne, elle est visible à l'œil nu. Lorsque les sondes spatiales ont commencé à l'approcher dans les années 1960, elles ont révélé un univers géologique titanesque, des fleuves préhistoriques et des conditions susceptibles d'accueillir une vie primitive.

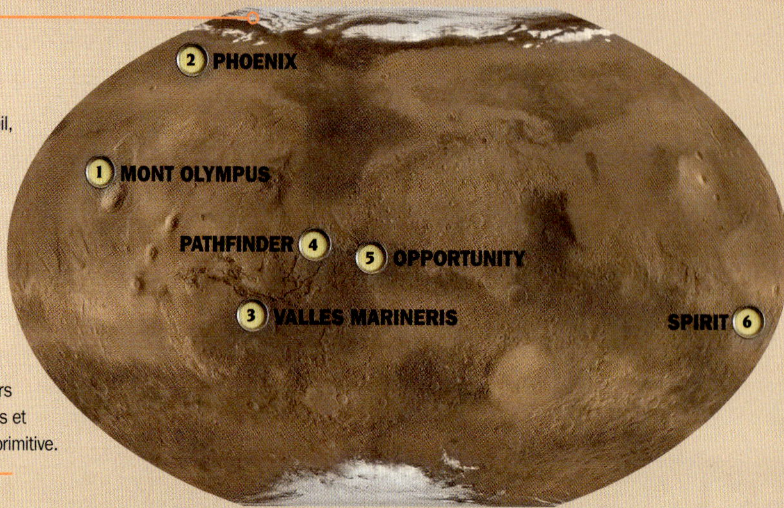

★ LA PLUS GRANDE SURFACE DE GLACE

Sur Mars, presque toute la glace est concentrée aux pôles. La calotte glaciaire méridionale est la plus grande des deux et mesure environ 420 km de large. Elle contient assez d'eau pour recouvrir la planète d'une couche de 11 m d'épaisseur.

La glace martienne se compose d'eau glacée et d'un revêtement saisonnier de glace sèche de dioxyde de carbone qui s'accumule au cours de chaque hiver polaire. La glace sèche peut éroder le terrain lorsqu'elle est sublimée (directement transformée de glace en vapeur) à chaque printemps. Les trous figurant sur l'image ci-dessus, prise par *Mars Reconnaissance Orbiter*, seraient dus à un gaz riche en poussière circulant sous la glace saisonnière.

LE ROBOT AYANT SURVÉCU LE PLUS LONGTEMPS SUR MARS

Les deux robots d'exploration de Mars, *Spirit* ***(6)*** et *Opportunity* ***(5)*** (**les plus gros robots planétaires**), ont respectivement atterri à la surface de Mars les 4 et 25 janvier 2004. Depuis, ils se sont déplacés à la surface de la planète, effectuant des mesures et prenant des images. En avril 2009, *Opportunity* avait parcouru 15 805 m à la surface, beaucoup plus que ce pour quoi il avait été initialement conçu. En mai 2009, les deux robots fonctionnaient encore.

● LE PLUS GROS CRATÈRE D'IMPACT

L'une des caractéristiques de Mars est l'important contraste qu'offrent les plaines basses de l'hémisphère Nord et les cratères élevés de l'hémisphère Sud. L'analyse des échantillons de la NASA suggère que tout l'hémisphère Nord pourrait être un vaste bassin d'impact de 8 500 km de diamètre, beaucoup plus bas que l'hémisphère Sud. Cet impact pourrait s'être produit il y a plus de 3,9 milliards d'années et n'aurait pu être causé que par un objet plus grand que Pluton.

★ LA PREUVE LA PLUS RÉCENTE DE LA PRÉSENCE D'EAU SUR MARS

Une image prise par *Mars Reconnaissance Orbiter* d'un ravin sec dans les Promethei Highlands suggère que de l'eau coulait sur Mars il y a 125 millions d'années. Le ravin se serait formé lorsque la glace a fondu, glissé et déposé des sédiments avant de s'évaporer dans l'atmosphère.

★ LA 1RE AVALANCHE OBSERVÉE SUR UNE AUTRE PLANÈTE

La caméra HIRISE de la sonde *Mars Reconnaissance Orbiter* de la NASA a pris des images d'une vallée escarpée de 700 m près du pôle Nord, le 19 février 2007. Après analyse, il a été découvert que la sonde avait accidentellement absorbé des nuages de débris se dispersant au bas de la pente, où la glace et la poussière s'étaient effondrées et étaient tombées quelques secondes auparavant.

★ LE 1ER ROBOT MARTIEN

Le vaisseau *Pathfinder* ***(4)*** de la NASA a atterri sur Mars à Ares Vallis, le 4 juillet 1997. Il a déployé un petit laboratoire mobile, *Sojourner*, capable de parcourir quelques centaines de mètres autour du vaisseau. *Sojourner* pèse à peine plus de 10,6 kg et est capable d'effectuer des expériences simples telles que la mesure de la composition chimique des roches martiennes. *Pathfinder* (en photo ci-dessous) et *Sojourner* ont fonctionné jusqu'à ce que le contact soit rompu, le 27 septembre 1997.

28 janv. À 21 ans et 155 jours, Jamal Lewis (USA, né le 26 août 1979) des Baltimore Ravens est devenu le **plus jeune joueur à apparaître dans le Super Bowl** au cours du Super Bowl XXXV, en 2001.

90-100 km : altitude des nuages martiens découverts par la sonde *Mars Express* de l'ASE, **les nuages les plus hauts du système solaire**.

★ NOUVEAU RECORD
● MISE À JOUR

★LES 1[ERS] DIABLES DE POUSSIÈRE EXTRATERRESTRES OBSERVÉS

Observés pour la première fois depuis le vaisseau *Viking* dans les années 1970, les nuages, ou tourbillons, de poussière de Mars peuvent s'élever au-dessus du paysage. Ils sont produits par le Soleil qui réchauffe la poussière, celle-ci se soulève alors sous forme de nuages dans l'air chaud. Un diable de poussière est passé sur le robot *Spirit* en 2005, balayant la poussière de ses panneaux solaires et accroissant son niveau d'énergie.

LA PLUS HAUTE MONTAGNE DU SYSTÈME SOLAIRE

Le sommet du mont Olympe ***(1)*** culmine à 25 km au-dessus de sa base, soit à peu près 3 fois l'altitude de l'Everest. Le mont Olympe est un volcan bouclier. Malgré sa grande hauteur, ses pentes sont très douces ; il est en effet 20 fois plus large que haut.

★LE 1[ER] VAISSEAU AYANT ATTERRI AU PÔLE

Le vaisseau spatial *Phoenix* de la NASA ***(2)*** a atterri dans les Vastitas Borealis, la grande plaine enveloppant la planète dans la région polaire septentrionale, le 25 mai 2008. Il a pénétré l'atmosphère de Mars après un voyage de 9 mois à 21 000 km/h, en utilisant un bouclier protecteur, puis un parachute et des fusées de freinage pour atteindre la vitesse de 8 km/h à l'atterrissage. Le contact avec *Phoenix* a été perdu le 2 novembre 2008.

★LA 1[RE] AURORE MARTIENNE

En juin 2006, l'ASE a annoncé que la sonde *Mars Express* avait détecté une aurore sur Mars. Sur Terre, les aurores boréales et australes sont causées par des particules chargées provenant du Soleil interagissant avec le champ magnétique de celui-ci, ce qui rend lumineuses des parties de l'atmosphère supérieure. Mars ne possède pas de champ magnétique ; ses aurores sont causées par l'interaction des particules solaires avec des zones de roches localement magnétiques, reste de l'ancien champ magnétique de Mars.

LE PLUS GRAND CANYON DU SYSTÈME SOLAIRE

Le Valles Marineris ***(3)*** sur Mars est le plus grand canyon du système solaire. Il fait environ 4 500 km de long. À son point le plus large, il mesure 600 km et atteint 7 km de profondeur. Son nom lui vient du vaisseau *Mariner 9* qui l'a découvert en 1971.

★LA 1[RE] IMAGE D'UN ATTERRISSAGE SUR UNE AUTRE PLANÈTE

Alors que la sonde *Phoenix* de la NASA ***(2)*** effectuait sa descente vers la surface, le vaisseau *Mars Reconnaissance Orbiter*, placé en orbite, a utilisé sa caméra haute résolution pour prendre un cliché oblique de l'événement à 310 km de la planète (ci-dessous). L'image montre la sonde suspendue sous son parachute, qui s'est ouvert 46 s plus tôt, avant que Phoenix ne se pose 52 s plus tard.

★RECORD DE VAISSEAUX SPATIAUX GRAVITANT AUTOUR D'UNE MÊME PLANÈTE

Lorsque *Mars Reconnaissance Orbiter* de la NASA est parvenu en orbite martienne en mars 2006, 3 autres vaisseaux fonctionnels gravitaient autour de la planète : *Mars Global Surveyor*, *Mars Odyssey* et *Mars Express*. En outre, il y avait aussi 2 robots en service à la surface, ce qui porte à 6 le nombre de vaisseaux explorant la planète.

LA SONDE LA PLUS RÉSISTANTE

Lancé en 1996, *Global Surveyor* de la NASA est arrivé sur l'orbite martienne le 11 septembre 1997. Il devait passer 2 ans à cartographier la planète, mais, en raison du succès de la mission et de ses qualités scientifiques, celle-ci a été prolongée. Le contact avec le vaisseau a été perdu le 2 novembre 2006, date à laquelle il avait renvoyé plus de 250 000 images de Mars vers la Terre après avoir passé plus de 9 ans en orbite.

29 janv. **Le record de loopings consécutifs à bord d'un avion** (408) a été établi par Zoltán Veres (Hongrie) au cours de l'Aerobatic Show d'Al Ain, à Al Ain (Émirats arabes unis), en 2007.

30 janv. **La plus grande perte annuelle d'une société** s'élève à 98,7 milliards $. Cette perte a été annoncée par AOL Warner en 2003.

17 000 m³/s : débit des chutes Boyoma (République démocratique du Congo), **les plus grandes chutes d'eau du monde**.

LES PLUS HAUTES CHUTES D'EAU

Situé sur un affluent du fleuve Carrao dans le parc national de Cana ma (Venezuela), le Salto Angel – littéralement "saut de l'ange" – est la chute d'eau (par opposition aux cascades en "voile de mariée") la plus haute du monde. Sa hauteur totale est de 979 m, sa plus longue cascade en ligne droite mesurant 807 m. Il a été baptisé Salto Angel en l'honneur du pilote américain Jimmie Angel (1899-1956), qui l'a mentionné dans son journal de bord le 16 novembre 1933. L'explorateur Ernesto Sánchez la Cruz (Venezuela) fut le premier, en 1910, à avoir signalé l'existence de cette chute appelée Parakupa-vena ou Kerepakupai merú par les autochtones.

SOMMAIRE

EUROPE

UN CONTINENT COMPACT

Avec ses 10,1 millions de km², l'Europe est le deuxième plus petit continent du monde derrière l'Océanie (l'Asie étant le plus grand). L'Europe occupe environ 6,8 % de la surface terrestre.

★LE PAYS LE PLUS BAS

La superficie des Pays-Bas est de 41 526 km², dont près de 27 % se trouvent au-dessous du niveau de la mer. Le pays est réputé pour l'étendue de ses digues naturelles ou créées par l'homme pour contenir la mer et les fleuves, et protéger ainsi les terres arables ou destinées à un autre usage. Les Néerlandais construisent des digues depuis près de 2 000 ans.

★ NOUVEAU RECORD
● MISE À JOUR

★L'ANIMAL TERRESTRE LE PLUS ANCIEN

Le fossile d'un mille-pattes de 1 cm de long découvert près de Stonehaven (Écosse, GB) par Mike Newman (GB), conducteur de bus et paléontologue amateur, daterait d'il y a 428 millions d'années, constituant la preuve la plus ancienne de l'existence d'une créature terrestre. Identifié sous le nom de *Pneumodesmus newmani* en 2004, l'arthropode avait des stigmates, c'est-à-dire des orifices à l'extérieur du corps permettant à l'air de circuler. Il s'agit donc de la créature respirant la plus ancienne jamais découverte.

Newman a trouvé le fossile sur la plage de Cowie Harbour en 2004 et l'a remis aux musées nationaux d'Écosse, à Édimbourg (GB).

LA PLUS GRANDE SOURCE D'EAU CHAUDE

La plus grande rivière d'eau bouillante est alimentée au rythme de 245 l/s par les sources chaudes alcalines de Deildartunguhver, à Reykholtsdalur (Islande). Chauffée par l'activité volcanique souterraine, l'eau de ces sources est acheminée en ville par une canalisation de 64 km et sert de moyen de chauffage.

LE PLUS GRAND GEYSER D'EAU FROIDE

Le geyser d'Andernach situé dans la région de Mayen-Koblenz (Allemagne) jaillit à une hauteur de 30 à 60 m.

À la différence des geysers naturels d'eau chaude, les geysers d'eau froide se forment sous la pression d'une nappe d'eau souterraine dans laquelle une grande quantité de dioxyde de carbone (provenant de fissures de la croûte terrestre) est dissoute ; cette eau jaillit d'un puits artésien.

Le puits d'Andernach a une profondeur de 350 m. Le jet le plus haut, observé le 19 septembre 2002, a atteint 61,50 m. Le volume d'eau moyen à chaque émergence est de 7 800 l. Les jets ont lieu toutes les 90 à 110 min. Il est arrivé que l'eau jaillisse pendant 7 à 8 min.

LA PLAGE LA PLUS HAUTE

Sur la haute côte de Västernorrland (Suède), une plage de galets s'élève à 260 m au-dessus du niveau de la mer. Cette altitude est due à l'élévation du sol en l'absence du poids de la glace qui le recouvrait lors de la dernière période glaciaire. La zone s'élève d'environ 1 cm par an et ce processus devrait se poursuivre pendant encore 10 000 ans.

★LA PLUS GRANDE MER D'EAU SAUMÂTRE

L'eau saumâtre a une salinité qui se situe entre celles de l'eau douce et de l'eau de mer. La mer Baltique, située en Europe du Nord et qui a une surface de 377 000 km², est la plus grande étendue d'eau saumâtre. Sa salinité varie de 0,6 à 1,5 %. À titre de comparaison, la mer contient 3,5 % de sel. La faible salinité de la mer Baltique est due au mélange d'eau de mer et d'eau douce provenant des pays limitrophes.

LA PLUS GRANDE FORÊT DE CONIFÈRES

Les vastes forêts de conifères du nord de la Russie, qui s'étendent entre la latitude 55°N et le cercle arctique, couvrent 4 millions de km².

LA PLUS GRANDE GROTTE GLACIAIRE

La plus grande grotte glaciaire artificielle mesure 5 500 m². Aménagée par le glaciologue Benedikt Schnyder (Suisse), elle se trouve au sein du glacier de Fee (Suisse). Un tunnel de 54 m de long accueille une galerie d'art, à 8 m sous la surface du glacier.

31 janv. Ce jour de 2001, il a été établi que Mehmet Ozyurek (Turquie) avait **le nez le plus long du monde**, avec 8,8 cm.

1er févr. En 1893, Thomas Edison a terminé la "Black Maria", chambre orientable couverte de papier noir qui deviendra **le premier studio de cinéma**, à West Orange (New Jersey, USA).

45 000 m³/s : débit de l'eau issue de la fonte du glacier Vatnajokul (Islande) en 1996, après une éruption volcanique. Il s'agit du **glacier qui a fondu le plus vite.**

● LA GROTTE LA PLUS PROFONDE

En septembre 2007, des spéléologues de l'Association ukrainienne de spéléologie sont descendus à 2 191 m de profondeur, dans la grotte de Krubera, sous le massif d'Arabika (Géorgie). Ils ont exploré plus de 2,5 km de nouveaux passages au cours de cette expédition de 29 jours.

Atteindre les galeries les plus profondes de la grotte revient pour les spéléologues à partir à l'assaut d'un "Éverest inversé".

LA PLUS GRANDE ÎLE VOLCANIQUE

L'Islande est l'île volcanique la plus vaste. Elle est apparue à la suite d'éruptions volcaniques le long de la dorsale médio-atlantique au-dessus de laquelle elle se trouve. Essentiellement constituée d'une partie émergée du plancher océanique, elle couvre une superficie de 103 000 km².

LE RÉSEAU VERTICAL LE PLUS PROFOND

Vrtoglavica (qui signifie "vertige") est un réseau vertical d'une profondeur de 643 m, dans les monts Kanin (Slovénie). C'est le réseau vertical naturel le plus profond, capable de contenir deux tours Eiffel.

★ LE PLUS GRAND PANACHE MANTELLIQUE

Un panache mantellique est une colonne de magma qui s'élève lentement à travers le manteau de la Terre en raison d'une diminution de sa densité. Lorsqu'il arrive en surface, la Terre perd de sa chaleur interne. Aujourd'hui, le plus grand panache mantellique est celui de l'Islande dont il est d'ailleurs à l'origine de la formation. Il a fait l'objet d'études approfondies basées sur des données sismiques. Il se caractérise par sa structure quasi cylindrique d'environ 100 à 150 km de diamètre et sa profondeur de près de 400 km, parfois davantage. Dans cette région, la température de la roche est supérieure de 150 à 250 °C à celle du manteau.

PLUS D'INFO

Vous connaissez à présent les phénomènes naturels les plus incroyables existant en Europe. Vous en saurez plus sur ses habitants p. 102.

RECORD DE TORNADES DANS UNE ZONE

Bizarrement, le Royaume-Uni est la région du monde la plus touchée par les tornades, puisqu'il y en a une tous les 7 397 km². Aux États-Unis, le rapport est d'une tornade par zone de 8 663 km².

L'ÎLE LA PLUS VASTE

Exception faite de l'Australie, considérée comme un continent, l'île la plus vaste est le Groenland, avec 2 175 600 km².

LE FJORD LE PLUS LONG

Le fjord Nordvest s'étire de la mer jusqu'à 313 km à l'intérieur des terres.

★ LE JARDIN BOTANIQUE LE PLUS SEPTENTRIONAL

Le jardin Tromsø (69°40'N 18°56'E) se trouve en Norvège, à l'intérieur du cercle polaire arctique, tout en bénéficiant du Gulf Stream. Dépendant du musée de l'université de Tromsø (**la plus septentrionale du monde**), il abrite des plantes arctiques et alpines de l'hémisphère Nord.

LA PÉRIODE D'ÉRUPTIONS VOLCANIQUES LA PLUS LONGUE

L'Etna est un stratovolcan de Sicile (Italie). Culminant à 3 329 m, il est le plus grand volcan actif d'Europe et l'un des plus actifs du monde. Il est entré en éruption à 200 reprises depuis 1500 av. J.-C.

COULÉE DE LAVE

La plus longue coulée de lave de tous les temps est due à l'éruption du Laki, dans le sud-est de l'Islande, en 1783. Constituée d'un mélange de lave *pahoehoe* (lave solidifiée en forme de corde) et de lave *aa* (bloc de lave) – deux termes hawaïens –, elle s'est étendue sur 65 à 70 km.

2 févr. En 2007, le catamaran *sun21* (Suisse) a effectué **la traversée de l'Atlantique à l'énergie solaire la plus rapide**. Il est arrivé à la Martinique après être parti des Canaries 29 jours plus tôt.

AMÉRIQUE DU NORD

1872 : année où le parc de Yellowstone (Wyoming, USA) – **le parc national le plus ancien** – a ouvert au public.

★ L'ISTHME QUI INFLUE LE PLUS SUR LE CLIMAT

Il y a 3 millions d'années environ, l'activité volcanique et les dépôts de sédiments ont comblé l'espace qui séparait l'Amérique du Nord de l'Amérique du Sud, créant l'isthme de Panamá. Cette langue de terre étroite a empêché la circulation de l'eau entre l'Atlantique et le Pacifique, entraînant la formation du Gulf Stream, ce qui a fait monter les températures hivernales en Europe d'environ 10 °C.

LES PRAIRIES LES PLUS VASTES

Les Grandes Plaines d'Amérique du Nord s'étendent sur 3 millions de km² du sud du Canada au nord du Mexique en passant par les États-Unis. Ce sont **les plus vastes plaines tempérées** de la planète : étés chauds et secs, absence de littoral.

Par comparaison, **les plaines tropicales les plus vastes** – situées plus près des côtes, avec des précipitations plus importantes et beaucoup de forêts – sont les savanes du nord de l'Australie, qui couvrent 1,2 million de km².

LES ARBRES LES PLUS RÉSISTANTS AU FROID

Les mélèzes (genre *Larix*) sont des arbres extrêmement robustes. Originaire d'Amérique du Nord et prédominant au Canada, le mélèze d'Amérique (*L. laricina*) peut supporter des températures hivernales de – 65 °C. Il est très répandu à la limite arctique des arbres, qui est le point le plus septentrional où les arbres puissent pousser.

L'ARBRE LE PLUS VIEUX DE LA PLANÈTE

Un pin de Bristlecone (*Pinus longaeva*) a été découvert par le Dr Edmund Schulman (USA) dans les White Mountains (Californie, USA). L'âge de cet arbre, baptisé Mathusalem, a été estimé à 4 600 ans en 1957. Des spécialistes affirment toutefois avoir trouvé des spécimens plus vieux. Les anneaux de croissance de ces arbres sont des indicateurs du changement climatique.

L'OURAGAN QUI A CAUSÉ LE PLUS DE DÉGÂTS

100

L'ouragan de catégorie 5 Katrina, qui a dévasté les côtes de la Louisiane (USA) le 29 août 2005, a causé 45 milliards $ de dégâts, selon la compagnie d'assurances Swiss Re.

● LE GRAND GLACIER LE PLUS RAPIDE

Des glaciologues de l'université du Colorado ont mesuré la progression du glacier Columbia, situé entre Anchorage et Valdez (Alaska, USA). Il aurait avancé de 24 m par jour en moyenne en 2005.

LES PLUS GRANDES CHUTES D'EAU DE L'HISTOIRE

Il y a 18 000 ans, vers la fin de la dernière glaciation, un immense lac s'est formé en Amérique du Nord, près de l'actuelle ville de Missoula (Montana, USA), un gigantesque glacier en mouvement ayant bloqué un fleuve et piégé une masse d'eau d'environ 2 000 km³. Quand l'eau a percé le barrage créé par le glacier, ce lac glaciaire s'est vidé, provoquant une inondation catastrophique. Une chute d'eau de 5,6 km de long et 115 m de haut s'est formée à l'endroit aujourd'hui appelé Dry Falls (chutes asséchées). Par comparaison, les chutes du Niagara mesurent 1,6 km de large et 50 m de haut.

★ LE PLUS VASTE CRATÈRE DÛ À UNE EXPLOSION HYDROTHERMALE

Lorsque l'eau souterraine est en contact avec de la roche en fusion, elle est soumise à des températures et pressions extrêmement élevées. Quand cette eau surchauffée approche de la surface de la Terre, la chute de la pression peut provoquer une transformation de l'eau en vapeur, avec un risque d'explosion, appelée explosion hydrothermale. Le cratère de Mary Bay a été créé par une série d'explosions hydrothermales il y a environ 14 000 ans dans l'actuel parc de Yellowstone (Wyoming, USA). Il mesure 1 929 x 944 m.

L'ÎLE LA PLUS VASTE

Si l'on excepte l'Australie, considérée comme une immense masse continentale, le Groenland est l'île la plus vaste du monde, avec une superficie de 2 175 600 km².

★ LA PLUS FORTE CONCENTRATION DE PLAYAS

Les playas sont des lacs asséchés à la surface dure et lisse qui se forment dans les zones arides ou semi-arides. Ils sont constitués de plaques de boue ou de sel. La plupart se transforment l'hiver en lacs peu profonds. L'est du Nouveau-Mexique et les hautes plaines du sud du Texas (USA) en comptent presque 22 000. La photo ci-dessus représente une playa de White Sands (Nouveau-Mexique, USA).

★ NOUVEAU RECORD
● MISE À JOUR

★ L'ORCHIDÉE LA PLUS PETITE

La famille des orchidées, qui compte environ 25 000 espèces, est la plus importante après celle des Composées (Astéracées). La plus petite espèce d'orchidée du monde est *Platystele jungermannioides*. On la trouve dans la partie basse de la forêt de brouillard au Mexique, au Guatemala, au Costa Rica et au Panamá entre 200 et 1 000 m d'altitude. Elle mesure environ 6,3 mm de haut et 20 mm de large. Elle fleurit au printemps et ne produit que 2 ou 3 fleurs minuscules de 2,5 mm de large.

★ LE REBOND POSTGLACIAIRE LE PLUS RAPIDE

Le poids de la glace a fait pression sur la plaque continentale dans le sud-est de l'Alaska durant le petit âge glaciaire (1300-1650), ce qui a provoqué son écrasement. Quand la glace s'est retirée, la plaque continentale a rebondi, c'est-à-dire qu'elle s'est redressée. Des relevés effectués par GPS montrent que le niveau de cette zone augmente de 32 mm par an.

L'ARBRE LE PLUS GRAND

100

Un séquoia Redwood (*Sequoia sempervirens*) de 115,5 m de haut a été découvert par Chris Atkins et Michael Taylor (tous deux USA), dans le parc national de Redwood (Californie, USA), le 25 août 2006. Il a été baptisé du nom d'un dieu grec, Hypérion.

★ LES ROCHES LES PLUS ANCIENNES

Les roches les plus anciennes que l'on connaisse ont été découvertes sur la côte orientale de la baie d'Hudson (Canada). Selon certains scientifiques, il s'agirait de vestiges de la croûte terrestre primitive qui s'est formée il y a 4,28 milliards d'années, lors du refroidissement de la planète.

★ LES TRACES DE PIERRE MOUVANTE LES PLUS LONGUES

Racetrack Playa, dans la vallée de la Mort, à la frontière Nevada–Californie, est célèbre pour ses étranges pierres mouvantes. On trouve à la surface de ce lac asséché des rochers qui semblent s'être déplacés sur le sol. Personne ne les a jamais vus bouger mais d'après certaines observations de 1996, un rocher baptisé Diane aurait laissé une trace de 880 m de long. Le phénomène serait dû à la conjugaison des vents violents (jusqu'à 145 km/h) et de l'humidité qui règne parfois à cet endroit.

AMÉRIQUE DU NORD

La liste des pays qui constituent l'Amérique du Nord ne fait pas l'unanimité. Pour Guinness World Records, elle comprend le Canada, les États-Unis, les Caraïbes, le Groenland et les pays d'Amérique centrale (Belize, Costa Rica, Salvador, Guatemala, Honduras, Nicaragua, Mexique et Panamá).

3 févr. En 1966, l'atterrisseur soviétique *Luna 9* a aluni et enregistré **les premières images de la surface de la Lune**.

4 févr. En 1990, la sonde *Voyager 1* a pris une photo de notre planète à presque 6,5 milliards de km – **la plus grande distance à laquelle une photo de la Terre** ait jamais été prise.

5 févr. En 1949, un cheval du nom de Huaso, monté par le capitaine Alberto Larraguibel Morales (Chili), a effectué un saut de 2,47 m – **le plus haut saut jamais effectué par un cheval**.

AMÉRIQUE DU SUD

★LE HAMEAU LE PLUS AUSTRAL

Mises à part les stations de recherche de l'Antarctique, l'endroit (habité en permanence) situé le plus au sud de la planète est le petit hameau de Puerto Toro (55°04'59S) sur l'île Navarino, à l'extrême sud du Chili. Au dernier recensement (2002), il comptait 36 habitants.

PLUS D'INFO
Cette photo représente le détroit de Magellan à l'endroit où il traverse le parc national de Torres del Paine (Chili). **Rendez-vous p. 44-45 pour quelques records glaciaux.**

★LA MINE DE CUIVRE LA PLUS PRODUCTIVE

Les deux mines à ciel ouvert d'Escondida et Escondida-Norte dans le désert d'Atacama, au nord du Chili, ont produit 1 483 millions t de cuivre en 2007. En septembre 2008, une étude géologique américaine a révélé qu'il pourrait y avoir encore 750 millions t de cuivre à découvrir dans les Andes.

★LE DÉTROIT LE PLUS AU SUD

Le détroit de Magellan est une voie d'eau naturelle qui sépare le continent sud-américain de la Terre de Feu. Il mesure environ 530 km de long et de 4 à 24 km de large. Il a toujours été la voie commerciale la plus importante entre l'Atlantique et le Pacifique. Malgré l'importance qu'a pris le canal de Panamá, passage créé par l'homme, le détroit de Magellan reste très utilisé par les navires qui contournent l'Amérique du Sud.

LE VOLCAN EN ACTIVITÉ LE PLUS HAUT

L'Ojos del Salado, qui culmine à 6 887 m d'altitude, à la frontière entre le Chili et l'Argentine, est le volcan en activité le plus haut du monde.

L'ENDROIT LE PLUS SEC

Entre 1964 et 2001, la moyenne annuelle des précipitations enregistrée par la station météorologique de Quillagua, dans le désert d'Atacama, était de 0,5 mm. Cette découverte a été faite pendant le tournage de la série documentaire *Going to Extremes*, réalisée par Keo Films (GB) en 2001.

LE LAC LE PLUS HAUT

Situé à 3 810 m d'altitude, dans les Andes, à la frontière entre le Pérou et la Bolivie, le lac Titicaca est le lac le plus haut permettant la navigation commerciale. Il couvre environ 8 300 km² et sa profondeur moyenne est de 140 à 180 m. Ce lac d'eau douce abrite un archipel de plus de 40 "îles" flottantes – ce sont **les plus vastes îles en jonc fabriquées par l'homme** – construites avec une espèce de jonc appelée *tortora* et sur lesquelles vit la tribu indigène des Uros. Leur taille est variable, car le pourrissement de la couche de jonc inférieure impose un renouvellement constant de la couche supérieure.

LE PLUS GROS INSECTE AQUATIQUE

Lethocerus maximus, une punaise d'eau géante, est l'insecte aquatique le plus gros du monde. Cette espèce carnivore vit au Venezuela et au Brésil. La plus grande que l'on ait mesurée faisait 11,5 cm de long. Longue et étroite, cette punaise est toutefois plus légère que certaines punaises terrestres.

LE FLEUVE LE PLUS LARGE

Quand ils ne sont pas en crue, les bras principaux (c'est-à-dire hors des zones de marnage où un estuaire/delta peut être bien plus large) de l'Amazone peuvent atteindre 11 km de large.

LA PLUS GRANDE HERBACÉE

Puya raimondii (ci-contre, à gauche) est une espèce rare appartenant à la famille des broméliacées géantes, qui pousse vers 3 960 m d'altitude dans les montagnes boliviennes. La hampe florale de cette herbacée, qui donne des milliers de fleurs et des millions de graines, peut atteindre 4 m de long. *Puya raimondii* met environ 150 ans à fleurir : c'est **la plante qui fleurit le plus lentement**. Après la floraison, elle meurt.

6 févr. En 2000, Danny Wainwright (GB) a réalisé **le ollie (figure de skateboard) le plus haut** (113 cm) et remporté le Reese Forbes Ollie Challenge de Longbeach (Californie, USA).

7 févr. En 1996, le Concorde a mis 2 h, 52 min et 59 s pour parcourir les 6 035 km qui séparent New York de Londres – c'est **le vol commercial transatlantique le plus rapide de l'histoire**.

3 631 m : altitude de La Paz, centre administratif de la Bolivie et **capitale la plus haute du monde**.

★ NOUVEAU RECORD
● MISE À JOUR

LES PLUS GRANDS DESSINS PRÉCOLOMBIENS

Les figures de Nazca sont de gigantesques dessins tracés sur le sol du désert de Nazca (Pérou). Elles représentent des plantes, des animaux, des insectes et des formes géométriques. La plupart ne sont visibles que du ciel. Elles couvrent 500 km² et mesurent en moyenne 180 m de long.

LE PLUS GRAND BASSIN-VERSANT D'UN FLEUVE

Un bassin-versant est un territoire où les eaux provenant notamment des pluies et de la fonte des neiges ou des glaces viennent alimenter une masse d'eau importante, par exemple un fleuve. Le plus grand bassin-versant est celui de l'Amazonie, qui couvre environ 7 045 000 km² – presque la taille de l'Australie. L'Amazone a de nombreux affluents, notamment le Madeira qui est, avec ses 3 380 km de long, l'affluent le plus long du monde.

LA COLONNE DE FOURMIS LA PLUS LONGUE

Les fourmis légionnaires du genre *Eciton* (présent en Amérique centrale et en Amérique du Sud), tout comme leurs cousines africaines du genre *Dorylus*, sont réputées pour leurs déplacements en colonnes organisées. Ces colonnes peuvent atteindre 100 m de long et plus de 1 m de large et compter 600 000 individus. Il leur faut souvent plusieurs heures pour franchir un point donné.

LA PLUS FORTE CONCENTRATION D'ESPÈCES ENDÉMIQUES

La plus forte concentration d'espèces endémiques s'observe dans la partie tropicale des Andes (Venezuela, Colombie, Équateur, Pérou, Bolivie et une petite partie du nord de l'Argentine). Les scientifiques ont répertorié à ce jour 20 000 plantes vasculaires, 677 oiseaux, 68 mammifères, 218 reptiles et 604 amphibiens qui appartiennent tous à des espèces vivant uniquement dans cette zone, qui couvre 1 257 957 km².

LE PAYS LE PLUS ÉTROIT

Si l'on considère le rapport longueur/largeur, le pays le plus étroit est le Chili. Il mesure en moyenne 4 345 km de long et 175 km de large. Il forme une bande de terre qui s'étire tout le long de la côte occidentale de l'Amérique du Sud.

LA CHAÎNE DE MONTAGNES LA PLUS LONGUE

Les Andes constituent la chaîne de montagnes la plus longue du monde. Elles s'étirent sur 7 600 km de long pour 300 km de large (sur presque toute sa longueur), traversent 7 pays et comprennent quelques-uns des plus hauts sommets de la planète : 50 culminent à plus de 6 000 m d'altitude.

LE MARÉCAGE LE PLUS ÉTENDU

Le Pantanal ("marais" en espagnol) se situe essentiellement au Brésil, mais il couvre aussi une petite partie de la Bolivie et du Paraguay. Il s'étend sur 150 000 km². Pendant la saison des pluies, 80 % de la zone est inondée.

● LE TAUX DE DÉFORESTATION LE PLUS ÉLEVÉ

Selon le rapport 2009 de la FAO (organisme lié à l'ONU) sur l'état des forêts du monde, le Brésil connaît le taux de déforestation le plus important. Entre 2000 et 2005, le pays a perdu chaque année 3 103 000 ha (31 000 km²), l'équivalent de la superficie de la Belgique. Le rapport révèle que, sur la même période, la planète a perdu chaque jour 745 000 ha de forêt, c'est-à-dire 200 km² – presque 2 fois la superficie de Paris.

★ LA PLUS GRANDE CIVILISATION DU NOUVEAU MONDE

Du fait de leur découverte récente par les civilisations occidentales, les Amériques et l'Océanie ont été appelées Nouveau Monde. Avant l'arrivée des Occidentaux, la civilisation la plus brillante et la plus importante était celle des Incas, fondée dans la ville de Cuzco, vers 1200. À son apogée, vers 1460, la civilisation inca regroupait plus de 10 millions de personnes sur une zone de l'Amérique du Sud aussi vaste que l'Empire romain. Cette photo représente les ruines de Machu Picchu (Pérou), célèbre cité inca.

8 févr. En 2005, les astronomes du Harvard-Smithsonian Center for Astrophysics (USA) ont découvert une étoile se déplaçant à plus de 2,4 millions de km/h : c'est **l'étoile la plus rapide jamais observée**.

AFRIQUE

★LE PLUS GRAND LAC TROPICAL

Avec une superficie de 68 800 km², le lac Victoria est le plus grand lac du monde situé entre les tropiques. Étendue de 2 750 km³ d'eau, il est le septième plus grand lac d'eau douce du monde et la principale source du Nil.

★LE PREMIER CONTINENT PEUPLÉ

Considérée comme le berceau de l'humanité, l'Afrique est le continent sur lequel nos ancêtres et les grands primates ont évolué, il y a des millions d'années. L'homme moderne, *Homo sapiens*, y est apparu il y a près de 200 000 ans.

LE PLUS GRAND DÉSERT

Le Sahara situé en Afrique du Nord est le plus grand désert aride du monde. Il s'étend sur 5 150 km d'est en ouest et couvre de 1 280 et 2 250 km du nord au sud, pour une superficie d'environ 9 100 000 km². Il abrite **les dunes de sable les plus hautes** : celles d'Isaouane-n-Tifernine au centre-est de l'Algérie s'élèvent jusqu'à 465 m.

RECORD DE TEMPÉRATURE

Le 13 septembre 1922, on a enregistré une température de 58 °C dans le Sahara, à Al'Aziziyah (Libye).

★LA PLUS FORTE CONCENTRATION DE BRUYÈRES

L'écosystème végétal du fynbos ("fin buisson" en afrikaans) propre à la région du Cap en Afrique du Sud contient plus de 600 espèces de bruyères (*Erica*, photographie ci-dessus). Dans le reste du monde, il n'en existe que 26.

★LA PLUS FORTE CONCENTRATION D'ESPÈCES BOTANIQUES EN DANGER

La plus forte concentration d'espèces risquant de disparaître se trouve dans les plaines du Cap, en Afrique du Sud. On y compte 15 espèces menacées d'extinction par km².

★LE PLUS PETIT ROYAUME FLORAL

Le royaume floral sud-africain est le plus petit parmi les six qui existent (boréal, néotropical, paléotropical, sud-africain, australien et de l'Antarctique). Il recèle **la ★plus forte concentration d'espèces**. Plus de 9 000 s'y trouvent, 6 200 étant endémiques, c'est-à-dire propres à ce territoire de 46 000 km². Il faut donc compter en moyenne 1 300 espèces pour 10 000 km². À titre de comparaison, il n'y a que 400 espèces végétales différentes pour 10 000 km² dans les forêts tropicales d'Amérique du Sud.

★LE DÉSERT LE PLUS ANCIEN

Situé en partie en Namibie et en Angola, le désert du Namib, d'une superficie de 80 900 km², est aride ou semi-aride depuis au moins 80 millions d'années. Désert côtier, il reçoit moins de 10 mm de pluie par an. Son extrême aridité est due à la présence d'un air sec qui descend et qui est rafraîchi par les eaux glaciales du courant de Benguela dans l'Atlantique Sud. Ces conditions entraînent la formation d'épais brouillards côtiers fournissant juste assez d'humidité pour assurer l'existence de formes de vie très spécifiques, comme *Welwitschia*.

WELWITSCHIA

Les feuilles de *Welwitschia mirabilis* dans le désert du Namib sont celles qui résistent le plus longtemps. Cette plante étrange vit de 400 à 1 500 ans et produit deux feuilles par siècle, qui ne tombent jamais, d'où son nom en afrikaans *tweeblarkanniedood* ("deux feuilles ne peuvent mourir").

9 févr. En 1995, Fred Hale (USA) est devenu **le conducteur le plus âgé**... Il avait 104 ans lorsqu'il a fait renouveler son permis !

3 798 994 ha : surface du parc transfrontalier de Kgalagadi (Botswana et Afrique du Sud). Il s'agit du **plus grand parc à cheval sur deux pays**.

★ LES LACS LES PLUS ALCALINS

★ NOUVEAU RECORD
● MISE À JOUR

Les lacs Magadi, Natron et Nakuru situés dans la vallée du Rift (Kenya et Tanzanie) contiennent des poches d'eau saline dont la température avoisine 50 °C et le pH se trouve entre 10 et 12, c'est-à-dire suffisamment élevé pour brûler la peau. Le caractère très corrosif de ces lacs est dû à leur forte concentration en carbonate de sodium, soufre, chlore et phosphore provoquée par les volcans du Grand Rift (voir encadré à droite). La couleur rouge foncé caractéristique du lac Natron (sur la photographie en haut à gauche) résulte des pigments produits par les algues qui prospèrent dans cet environnement très salin. Les flamants (*Phoenicopterus minor*) doivent leur plumage rose à ces algues qui constituent leur principale source de nourriture.

LE PLUS LONG RIFT

Le Grand Rift en Afrique de l'Est est une série de fossés d'effondrement de près de 6 400 km de long, d'une largeur moyenne de 50 à 65 km. Les escarpements qui bordent cette vallée ont une hauteur moyenne de 600 à 900 m. Le Grand Rift commence en Jordanie et s'étend jusqu'au Mozambique, en Afrique de l'Est. Ce long système s'est formé progressivement il y a environ 30 millions d'années, lorsque la péninsule Arabique s'est détachée de l'Afrique. La région compte de nombreux volcans, dont l'Oldoinyo Lengai (voir "La lave la moins chaude", à gauche), des sources d'eau chaudes et des lacs très alcalins.

PLUS D'INFO

Plus de 4 millions de flamants affluent dans le bassin de Magadi-Natron chaque année. Ils se sont adaptés parfaitement au pH de 10,5 à 11.

LE CONTINENT LE PLUS AFFECTÉ PAR LA DÉSERTIFICATION

La désertification – transformation de terre cultivable en désert – a plusieurs causes naturelles, comme le changement climatique ou l'érosion. Les activités humaines telles qu'une agriculture trop intensive, la déforestation et même la migration de réfugiés peuvent aussi être à l'origine de la désertification de certains lieux. La situation est catastrophique en Afrique où les deux tiers du continent sont maintenant désertiques.

LE PAYS AUX ORAGES LES PLUS FRÉQUENTS

Dans la région de Tororo (Ouganda), le tonnerre gronde en moyenne 251 jours par an. Des relevés effectués entre 1967 et 1976 montrent qu'il s'agit de la région la plus orageuse du monde.

LA LAVE LA MOINS CHAUDE

La température de la lave basaltique est comprise entre 1 100 et 1 200 °C lors d'une éruption, mais celle de la lave natro-carbonatite du volcan Oldoinyo Lengai (Tanzanie) varie entre 500 et 600 °C. Oldoinyo Lengai est le seul volcan à lave carbonatite. Semblable à du chocolat fondu lorsqu'elle jaillit, cette lave, très liquide et moins visqueuse que les autres, devient blanche en refroidissant.

LA CROÛTE TERRESTRE LA PLUS FINE

La partie la plus fine de la croûte continentale se trouve dans la grande vallée du Rift. Elle mesure seulement 15 km. C'est en certains points du Pacifique que la croûte est plus fine encore : 6 km d'épaisseur.

10 févr. En 2006, à l'université de technologie de Houghton (Michigan, USA), 3 745 personnes ont participé à **la plus grande bataille de boules de neige**.

11 févr. **Les premiers feux de signalisation** ont été testés à Wolverhampton (GB), en 1928. Un mois plus tard, ils ont été mis en service à Leeds (GB).

ASIE

LE CONTINENT LE PLUS VASTE

Les continents occupent 41,25 % de la surface de la Terre avec une superficie de 210 400 000 km². L'Asie (45 036 492 km²) est le plus vaste.

LE PAYS LE MOINS PLAT

La Chine est le pays le moins plat du monde avec une altitude de 9 002 m depuis la dépression de Turpan à 154 m au-dessous du niveau de la mer jusqu'au mont Everest qui culmine à 8 848 m.

★ LE VOLCAN LE PLUS CONIQUE

Le mont Mayon (qui culmine à 2 462 m, à 13°15'24'N et 123°41'6'E) est le volcan le plus actif des Philippines. Parfaitement conique depuis sa base qui a une circonférence de 130 km, il est qualifié de "cône parfait" par les vulcanologues. Situé à Albay, sur l'île de Luzon, le majestueux Mayon est un stratovolcan (un volcan composé de plusieurs strates de lave) doté d'un petit cratère caractéristique à son sommet et de versants abrupts. Il est entré pour la dernière fois en éruption entre juillet et octobre 2006.

LE DÉSERT CHAUD LE PLUS FROID

Dans le désert de Gobi (Asie centrale), la température peut être inférieure à – 20 °C en hiver. Ce désert, qui est le cinquième plus grand désert du monde, occupe le sud de la Mongolie et certaines parties du nord et du nord-ouest de la Chine. Il est protégé des nuages chargés de pluie par l'Himalaya. Cette photographie montre un chameau de Bactriane qui se couvre de longs poils pendant les mois les plus froids.

LE PLUS GRAND COMPLEXE HYDROÉLECTRIQUE

100

Le barrage des Trois-Gorges en Chine est le complexe hydroélectrique le plus grand du monde. Il fournit l'électricité nécessaire à un pays en constante croissance économique et contrôle le débit du Yantzé. Long de 2 309 m et haut de 185 m, il a été achevé en mai 2009.

LA TERRE LA PLUS ÉLOIGNÉE DE LA MER

Le point le plus distant d'une mer ouverte se trouve à 46°16,8'N et 86°40,2'E, dans le bassin de Djoungarie qui s'étend dans la région autonome de Xinjiang, à l'extrême nord-ouest de la Chine. Il est situé à 2 648 km de la mer ouverte la plus proche au nord, Baydaratskaya Guba (océan Arctique), de l'île Feni au sud (océan Indien) et de Bohai Wan à l'est (mer Jaune).

★ LE PLUS HAUT GLACIER

Le sommet du glacier Khumbu est situé entre les pics de l'Everest et de Lhotse-Nuptse dans l'Himalaya. Il culmine à environ 7 600 m au-dessus du niveau de la mer et s'étend sur 17 km depuis sa partie ouest jusqu'à sa partie sud, à près de 4 900 m au-dessus du niveau de la mer.

★ NOUVEAU RECORD
● MISE À JOUR

12 févr. En 2002, des paléontologues dirigés par le professeur Peter Doyle (GB) ont annoncé qu'ils avaient découvert **le plus vieux vomi**, produit il y a 160 millions d'années par un ichthyosaure, un grand reptile marin.

13 févr. Zeng Jinlian (Chine, née le 26 juin 1964) était **la femme la plus grande du monde.** À sa mort, en 1982, elle mesurait 2,48 m.

9 300 mm : la plus grande averse en un mois, à Cherrapunji (État de Meghalaya, Inde), en juillet 1861.

LE PLUS GRAND PAYS ENCLAVÉ

Le Kazakhstan (2 724 900 km²) est bordé par la Russie, la Chine, la Kirghizie, l'Ouzbékistan, le Turkménistan et la mer Caspienne qui est fermée. Il n'a aucun accès à un océan.

LE PLUS GRAND LAC

La plus grande mer ou le plus grand lac du monde est la mer Caspienne (que se partagent l'Azerbaïdjan, la Russie, le Kazakhstan, le Turkménistan et l'Iran). Elle mesure 1 225 km de long pour une superficie de 371 800 km². L'Iran en possède 38,5 %, soit 143 200 km².

Sa profondeur maximale est de 1 025 m et sa surface se situe à 28,5 m sous le niveau de la mer. Dans la partie sud de la Sibérie orientale (Russie), le lac Baïkal est **le lac le plus profond**. Il mesure 620 km de long et entre 32 et 74 km de large. En 1974, les Services hydrographiques de la marine soviétique du Pacifique ont calculé que la faille Olkhon qui le contient avait une profondeur de 1 637 m, 1 181 m se trouvant sous le niveau de la mer.

★LE PLUS IMPORTANT BIOME TERRESTRE

Les biologistes divisent le monde en zones, ou biomes, comme le désert, la toundra, la prairie et la mangrove. Le biome le plus vaste est constitué par la taïga, grande forêt de conifères longeant le nord de l'Eurasie et de l'Amérique. La taïga occupe principalement le nord de la Sibérie où elle couvre près de 5,9 millions de km², soit environ un tiers des régions boisées du monde.

★LA PLUS GRANDE ZONE DE COLLISION CONTINENTALE

Il y a 30 à 50 millions d'années, le sous-continent indien est entré en collision avec le continent eurasien. Ce processus se poursuit le long d'une zone de près de 2 400 km. Il a donné naissance à la chaîne de montagnes de l'Himalaya.

LE PLUS LONG SÉISME

100

Le tsunami qui a eu lieu le 26 décembre 2004 dans les îles Andaman de l'océan Indien constitue le plus long tremblement de terre de l'histoire. Selon les séismomètres et les données publiées dans le journal *Science* en mai 2005, il a duré entre 500 et 600 s. Sa magnitude était de 9,1 à 9,3 sur l'échelle de Richter.

★LA PLUS GRANDE TOURBIÈRE GELÉE

La région subarctique de l'ouest de la Sibérie est une vaste étendue de tourbe gelée couvrant près de 1 million de km², soit presque la superficie de la France et de l'Allemagne réunies. En 2005, des scientifiques ont découvert qu'elle commençait pour la première fois à dégeler depuis sa formation il y a 11 000 ans.

L'ARBRE LE PLUS HAUT

Les arbres qui poussent le plus haut sont le sapin argenté (*Abies squamata*) découvert à 4 600 m dans le sud-ouest de la Chine, ainsi que les bouleaux (*Betula utilis*) de l'Himalaya qui se développent à la même altitude. Des spécimens d'*A. spectabilis*, espèce proche d'*A. squamata*, croissent à 4 267 m dans l'Himalaya.

★LA PLUS GRANDE AMPLITUDE D'ALTITUDE

Les points les plus hauts et les plus bas de la Terre se trouvent en Asie. L'Everest culmine à 8 848 m au-dessus de la surface de la mer, tandis que la mer Morte, se trouve à 422 m sous le niveau de la mer. La distance entre le point le plus élevé et le point le plus bas est donc de 9 270 m.

●LE PLUS GRAND GISEMENT DE GAZ NATUREL

Le gisement de South Pars/North Field couvre 9 700 km² en sous-sol. L'Iran et le Qatar se le partagent. Ses réserves de pétrole sont capables de fournir 360 milliards de barils. Il recèle par ailleurs 51 billions de m³ de gaz naturel, suffisamment pour remplir les réservoirs de plus de 4 millions de Boeing 777.

LA PLUS GRANDE STEPPE ARIDE

La steppe est une plaine sans arbre à la végétation pauvre et herbeuse où les étés sont chauds et secs, et les hivers froids et sans neige. La steppe aride la plus vaste est celle du Kazakhstan (Asie centrale), qui couvre 804 500 km². Avant que certaines parties soient cultivées dans les années 1950, elle s'étendait sans interruption du fleuve Oural, à l'ouest, jusqu'aux contreforts de l'Altaï, à l'est.

LA ROUTE LA PLUS HAUTE

Il s'agit du défilé de Khardungla situé à 5 682 m d'altitude. C'est l'un des trois cols de la route de Leh–Manali, au Cachemire, achevée en 1976.

★LE FLEUVE LE PLUS HAUT

Le Yarlung Zangbo est l'un des grands fleuves qui coulent en altitude. Il prend sa source au Tibet et s'étire sur 2 000 km en Chine, à l'altitude moyenne d'environ 4 000 m avant d'entrer en Inde, où il prend le nom de Brahmaputra. Il se jette dans l'océan dans le golfe du Bengale en formant **le delta le plus vaste du monde**.

14 févr. Paul Gerrard et Sandra Brooke (tous deux GB) ont échangé **la plus longue étreinte** pendant 24 h et 1 min, à la gare de Paddington, à Londres (GB), les 13 et 14 février 2008.

OCÉANIE

SUPERCHERIE ?

Dans les années 1790, un gouverneur de Sydney (Australie) a envoyé un ornithorynque empaillé en Angleterre pour qu'il y soit étudié. L'animal a été considéré comme un faux réalisé par des taxidermistes chinois, même si les tentatives pour décoller son "bec de canard" ont été vaines. Des marques de ciseaux sont encore visibles sur le spécimen du Muséum d'histoire naturelle de Londres.

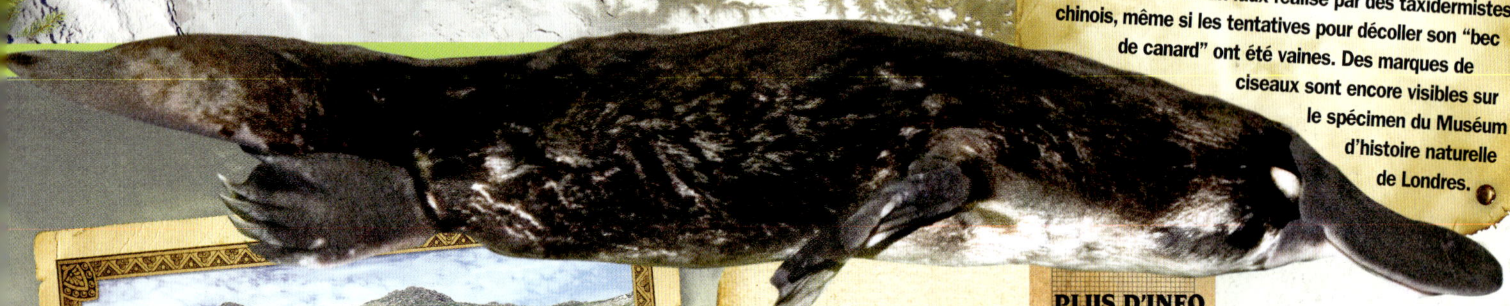

★LES MAMMIFÈRES LES PLUS RARES

L'ordre des monotrèmes comprend cinq espèces de mammifères primitifs extrêmement rares et ovipares. Il est constitué de quatre espèces d'échidnés (sortes de fourmiliers recouverts de piquants) et des ornithorynques (ci-dessus). Tous vivent exclusivement en Australie et en Nouvelle-Guinée.

PLUS D'INFO

Les ornithorynques mâles ont des aiguillons venimeux sur les pattes postérieures. Ils font donc partie des rares mammifères venimeux.

★LA ZONE HUMIDE LA PLUS MÉRIDIONALE

Abritant de nombreuses espèces rares, comme la plante *Donatia*, le lagon de Waitunu et les terres humides qui l'entourent, à la pointe sud de l'île du Sud (Nouvelle-Zélande), constituent la zone humide la plus méridionale connue. Comprenant des lagons, des étangs, des lacs, des ruisseaux, des tourbières et des plages, cette zone couvre 3 556 ha.

★LE CONTINENT LE PLUS PLAT

L'Australie est l'un des principaux continents dépourvus de chaînes montagneuses importantes. Son point le plus élevé est le sommet du mont Kosciuszko (représenté ci-dessus) situé en Nouvelle-Galles du Sud. Il se dresse à 2 229 m au-dessus du niveau de la mer. L'altitude moyenne en Australie est de 200 m au-dessus du niveau de la mer.

★ NOUVEAU RECORD
● MISE À JOUR

★LE CONTINENT COMPTANT LE MOINS DE FRONTIÈRES TERRESTRES

L'Océanie est le continent comprenant le moins de frontières terrestres. Selon les Nations unies, il n'y en a qu'une, celle séparant la Papouasie-Nouvelle-Guinée et l'Indonésie.

CHALEURS EXTRÊMES

Des relevés annuels effectués entre 1960 et 1966 signalent que la température moyenne était de 34° C à Dallol (Éthiopie) à cette période. Dans la vallée de la Mort (USA), des températures supérieures à 49 °C ont été enregistrées pendant 43 jours consécutifs, entre les 6 juillet et 17 août 1917. À Marble Bar, en Australie-Occidentale, pendant 160 jours d'affilée, la température a été égale ou supérieure à 37,8 °C (avec une pointe à 49,2 °C) entre les 31 octobre 1923 et 7 avril 1924. Enfin, à Wyndham (Australie-Occidentale), il a fait au moins 32,2 °C pendant 333 jours, en 1946.

LA TROMBE LA PLUS HAUTE

La trombe la plus haute fut celle observée le 16 mai 1898, près d'Eden (Nouvelle-Galles du Sud). Selon un relevé, elle mesurait 1 528 m de haut. Les trombes sont la conséquence des tornades qui se déclenchent au-dessus de la mer. Elles prennent la forme d'une colonne nébuleuse (vortex) qui s'étend de la masse nuageuse à la mer. Elles peuvent être dangereuses pour les bateaux, bien qu'elles soient généralement associées aux petites tornades.

LE RÉCIF LE PLUS LONG

Située au large du Queensland, dans le nord-est de l'Australie, la Grande Barrière de corail s'étend sur 2 027 km. Elle est composée de milliers de récifs distincts. Constituée de milliards de coraux morts ou vivants (ordre des Madrépores ou Scléractiniaires) de plus de 350 espèces différentes, il s'agit aussi de **la plus grande structure animale marine**. Son édification aurait pris 600 millions d'années.

LE PLUS GRAND MONOLITHE DE GRÈS EXPOSÉ

Uluru, ou Ayers Rock, est un monolithe de grès qui s'élève à 348 m au-dessus de la plaine désertique du Territoire du Nord (Australie). Mesurant 2,5 km de long et 1,6 km de large, il est sacré pour les aborigènes. Seul un tiers de la roche est visible, les deux autres sont dissimulés sous la surface du désert. Le monolithe a un volume global de 0,54 km^3, soit 215 fois celui de la Grande Pyramide de Gizeh (Égypte).

LA PLUS FORTE DENSITÉ DE CRABES

Près de 120 millions de crabes rouges (*Gecarcoidea natalis*) occupent les 135 km^2 de l'île Christmas (le seul lieu où on les trouve) dans l'océan Indien, soit une densité d'environ un crabe par m^2. Chaque année, ils quittent par millions leur terrier pour se reproduire sur le rivage. Un grand nombre d'entre eux meurent en cours de route. Ceux qui survivent retournent dans la forêt.

15 févr. Le prince Constantin (Liechtenstein, né le 23 décembre 1911) est **la personne la plus âgée à avoir descendu la piste de bobsleigh de Cresta Run (Suisse)** en 2000. Il avait 88 ans et 54 jours.

163 000 ha : superficie de l'île Fraser, **la plus grande île de sable**, qui se trouve au large du Queensland (Australie).

★LE PLATEAU SOUS-MARIN LE PLUS VASTE

Vaste étendue plate au fond du Pacifique, le plateau d'Ontong Java est une grande formation volcanique située au nord des îles Solomon. Il a une superficie d'environ 2 millions de km^2, soit à peu près la taille du Mexique. Il serait apparu il y a 125 millions d'années.

OCÉANIE

Le nombre de pays faisant partie de l'Océanie n'est pas clairement défini. Selon les Nations unies, cette partie du monde engloberait l'Australie, la Nouvelle-Zélande, la Papouasie-Nouvelle-Guinée et les archipels de Mélanésie, Micronésie et Polynésie.

★LA PLUS FORTE CONCENTRATION DE MARSUPIAUX

Les marsupiaux sont un ordre de mammifères dont le développement embryonnaire est peu avancé à la naissance. Les kangourous, les wallabys et les koalas portent leur petit dans une poche ventrale. Selon les scientifiques, il existe près de 330 espèces de marsupiaux. Plus des deux tiers vivent en Australie et dans les îles voisines.

LA PLUS GRANDE SILHOUETTE HUMAINE

La silhouette géante d'un aborigène nu, de 4,2 km de long, visible depuis les airs, est apparue à Finniss Springs, près de Marree (Australie-Méridionale), en juillet 1998. La ligne de la silhouette mesure 35 m de large et court sur 28 km. Personne n'a revendiqué la paternité de l'homme de Marree et les théories concernant sa création abondent.

LA PLUS LONGUE PISTE DE RANDONNÉE À CHEVAL

Avec ses 5 330 km, l'Australian Bicentennial National Trail est la plus longue piste balisée de randonnée à cheval. Également empruntée par des randonneurs à pied et à VTT, elle serpente de vastes étendues sauvages de Cooktown (nord du Queensland) à Healesville (État de Victoria), en suivant les pistes de transhumance, celles des chevaux de bât et des routes de campagne.

★LE PLUS GRAND CONTINENT IMMERGÉ

La Nouvelle-Zélande est la partie la plus haute d'un microcontinent. Bien qu'elle ait une superficie de près de 3 500 000 km^2, la moitié de celle de l'Australie, environ 93 % de ses terres sont situées sous l'eau et forment un plateau côtier peu profond. Un microcontinent est un fragment de terre qui s'est détaché d'un bloc continental.

LE PAYS LE PLUS BOISÉ

95,7% de la surface des îles Cook (Pacifique Sud) étaient recouverts de forêts en 2000.

LE PLUS GRAND GEYSER

En 1903, le geyser de Waimangu (Nouvelle-Zélande) a régulièrement jailli à une hauteur de 460 m toutes les 30 à 36 h. Il n'est plus actif depuis 1904.

LE PLUS GRAND NUAGE DE SOLITONS

Un nuage de solitons est un phénomène rare et isolé. Il garde sa forme en se déplaçant à vitesse constante. Le plus connu est le Morning Glory, qui apparaît dans le golfe de Carpentarie (Australie). Évoquant des rouleaux, il peut mesurer 1 000 km de long, 1 km de haut et se déplacer à 60 km/h.

LE LIEU LE PLUS ÉLOIGNÉ DE LA TERRE FERME

Il s'agit d'un point du Pacifique Sud, situé à 47°30'S, 120°O et 2 575 km des terres émergées les plus proches : les îles de Pitcairn, Ducie et Pierre Ier. Ce point correspond à une étendue circulaire d'eau de 20 826 800 km^2 qui est donc plus vaste que la Russie.

★LE PAYS LE PLUS À L'EST

Près de 100 000 personnes vivent sur les atolls du Pacifique qui font partie de la république de Kiribati. En 1995, le gouvernement a modifié la ligne de changement de jour afin que toutes les îles soient dans le même fuseau horaire. La ligne a donc été déplacée vers l'est.

16 févr. **La plaque d'immatriculation la plus chère**, sur laquelle figurait seulement le chiffre "1", a été vendue à Saeed Abdul Ghaffar Khouri (EAU) pour 52,2 millions de dirhams (14,2 millions $) en 2008.

17 févr. 72 volontaires ont construit **le plus grand igloo à dôme autoporteur** en 2008. Il a un diamètre de 7,85 m à l'intérieur et une hauteur de 4,17 m.

RÉGIONS POLAIRES

★ LA PLUS PETITE CALOTTE GLACIAIRE ENREGISTRÉE

La calotte arctique (ci-dessus) est principalement composée de glace de mer flottant sur l'océan Arctique. En raison des fluctuations de températures au cours des saisons, cette calotte rétrécit en été et grandit en hiver. Durant l'été 2007, la calotte a atteint sa plus petite surface jamais enregistrée, soit 4,11 millions km². Entre 1979 et 2000, la taille estivale moyenne de la calotte était de 6,7 millions km².

★ NOUVEAU RECORD
● MISE À JOUR

★ LE CONTINENT COMPTANT LE MOINS DE PAYS

L'Antarctique n'a aucune population indigène. Aucun pays n'est situé sous la latitude de 60°S. Même si plusieurs nations revendiquent certaines parties de l'Antarctique, le traité Antarctique signé par 45 pays en 1959 impose une neutralité et une ouverture du continent aux recherches scientifiques pacifiques et interdit toute activité militaire.

LA GLACE LA PLUS ÉPAISSE

Le 4 janvier 1975, une équipe de sismologues a mesuré l'épaisseur de glace à Wilkes Land, à l'est de l'Antarctique. Le chiffre relevé, 4 776 m (4,76 km), équivaut à 10 Empire State Buildings !

★ LE 1ER VOL AU-DESSUS DU PÔLE NORD

Le 12 mai 1926, une expédition conduite par Roald Amundsen (Norvège) a survolé le pôle Nord à bord du *Norge*, piloté par son concepteur, Umberto Nobile (Italie). L'explorateur Lincoln Ellsworth (USA), qui avait participé au financement du vol, faisait partie de l'équipe de 16 personnes.

100

★ LA 1RE EXPÉDITION À PIED AU PÔLE D'INACCESSIBILITÉ ANTARCTIQUE

Le pôle d'inaccessibilité antarctique est le centre exact de la masse antarctique. Il a été atteint pour la première fois à pied (à l'aide de kite skis) par Henry Cookson, Rupert Longsdon, Rory Sweet (tous GB) et Paul Landry (Canada), qui ont tiré leur matériel sur des luges de 120 kg, le 19 janvier 2007. L'équipe, N2i, a parcouru 1 700 km. Le pôle d'inaccessibilité est plus éloigné et plus difficile à atteindre que le pôle géographique. C'est une expédition russe qui l'a atteint pour la première fois en 1948.

LES PLUS GRANDS...

GLACIER

Découvert par un équipage australien à bord d'un avion entre 1956 et 1957, le glacier Lambert s'étend sur 1 million km². Constituant environ un cinquième de la couverture glaciaire de l'Antarctique Est, le glacier mesure 64 km de large et, en comptant son extension maritime (la barrière d'Amery), au moins 700 km de long, ce qui en fait **le plus long glacier du monde**.

★ LA PLUS GRANDE BASE ANTARCTIQUE

Située à l'extrémité Sud de l'île de Ross, McMurdo est une station de recherche permanente américaine. Établie en 1956, elle est devenue la plus grande installation permanente et habitée de l'Antarctique. En hiver, sa population compte moins de 200 habitants mais, en été, elle passe à 1 000. Les gens qui y vivent sont des chercheurs et des techniciens. La station comprend trois aérodromes, un port et plus de 100 bâtiments, sans oublier un terrain de golf 9 trous.

ÉTENDUE D'EAU DOUCE

La calotte antarctique représente environ 30 millions km² d'eau douce, soit 70 % de la réserve totale d'eau douce mondiale.

★ LA PLUS ANCIENNE STATION ANTARCTIQUE OCCUPÉE EN PERMANENCE

Gérée par l'Australian Antarctic Division, la station Mawson est située à Mac Robertson Land, dans l'Antarctique Est. Établie comme base permanente le 13 février 1954, elle accueille actuellement 20 personnes en hiver et 60 en été.

18 févr. En 2006, le gain du Powerball américain s'est élevé à 365 millions $: c'est **le gain le plus important jamais enregistré dans une loterie nationale**.

167 m : hauteur du plus haut iceberg, mesuré au large du Groenland Ouest par le brise-glace américain East Wind en 1958.

★LE PLUS GRAND LAC ÉPI-PLATEFORME

Les lacs épi-plateformes se créent quand de la glace bloque l'accès à une étendue d'eau salée (lac ou fjord). L'eau douce qui coule sur le lac s'accumule alors et forme une couche au-dessus de l'eau de mer emprisonnée, plus lourde. Le fjord canadien Disraeli était un lac épi-plateforme de 32 km de long, avec une épaisseur d'eau douce de 43 m, ceinte dans la barrière de glace Ward Hunt. Entre 2000 et 2002, en raison d'une fracture de la barrière, 3 milliards m^3 d'eau douce se sont déversés dans l'océan.

★RIVIÈRE INFRAGLACIAIRE

En avril 2006, des chercheurs des universités de Londres et de Bristol (GB) ont publié les résultats de leurs études satellites des lacs présents sous la glace antarctique. Les chiffres montrent une diminution de 3 m de la surface glaciaire recouvrant un lac infraglaciaire et font également état de bosses au-dessus de deux autres lacs 290 km plus loin. Les scientifiques expliquent ces observations par la présence d'une rivière infraglaciaire. La circulation d'un flux de 1,8 km^3 d'eau sur 16 mois serait à l'origine du phénomène.

STATIONS ANTARCTIQUES

Même si l'Antarctique n'a pas de population permanente, le continent est continuellement occupé depuis 1943 par des chercheurs qui vivent dans des bases. La population saisonnière varie et peut atteindre 4 000 âmes.

GLACE DE MER

Au cours de l'hiver, l'océan austral est recouvert de glace de mer sur 17 à 20 millions km^2. En été, cette étendue se réduit à 3 ou 4 millions km^2. En comparaison, dans l'Arctique, entre 14 et 16 millions km^2 sont recouverts en hiver, et de 7 à 9 millions km^2 en été.

LAC INFRAGLACIAIRE

Le lac Vostok (Antarctique) a été découvert en 1994 grâce à une analyse de photos radar du continent glacé. Situé en dessous de la station russe Vostok, il est enterré sous 4 km de glace de l'Antarctique Est. Il s'agit d'un des lacs les plus anciens et les plus purs de la planète, ayant été complètement isolé du reste du monde pendant au moins 500 000 ans. D'une superficie de 14 000 km^2, c'est le 18e plus grand lac du monde et sa profondeur atteint au moins 100 m.

★CHAÎNE MONTAGNEUSE INFRAGLACIAIRE

Situées à l'Est de l'Antarctique, les monts Gamburtsev s'étendent sur 1 200 km. La chaîne montagneuse dont le sommet culmine à 2 700 m, est en permanence enfouie sous plus de 600 m de glace. Découvertes par une équipe de sismologues soviétiques en 1958, on estime l'âge de ces montagnes à 500 millions d'années.

ICEBERG

100

Mesuré en avril 2005, l'iceberg B15-A de la mer de Ross, au large de l'Antarctique, faisait environ 120 x 20 km, soit une surface de 2 500 km^2.

★LES DISTRIBUTEURS DE BILLETS LES PLUS AUSTRALS

Les distributeurs automatiques les plus australs et les plus isolés se trouvent à la station McMurdo (Antarctique), à une latitude de 77°51'S. Les deux distributeurs de la banque Wells Fargo ne prennent aucune commission.

LE CONTINENT LE PLUS ÉLEVÉ

En excluant les barrières de glace, l'Antarctique se trouve en moyenne à 2 194 m au-dessus de la Géoïde OSU91A, une méthode de mesure, similaire (quoique plus précise) à celle prenant en compte le niveau de la mer. Le point le plus haut du continent est le massif Vinson, à 4 897 m au-dessus du niveau de la mer.

19 févr. En 2006, Joseph Odhiambo (USA) a décroché **le record de temps de rotation en continu sur un doigt d'un ballon de basket**, à Houston (Texas, USA), avec 4 h et 15 min.

20 févr. Le pilote de rallye Juha Kankkunen (Finlande) a atteint 321,65 km/h, **la vitesse la plus élevée enregistrée pour une voiture sur la glace**, dans le golfe glacé de Bothnia, à Kuivaniemi (Finlande), en 2007.

MONDE ANIMAL

160 t : poids moyen de la baleine bleue (*Balaenoptera musculus*), **l'animal le plus lourd** de la Terre.

SOMMAIRE

LA PLUS GRANDE BOUCHE (ANIMAL TERRESTRE)

Excusez du peu ! L'animal terrestre qui possède la plus grande bouche est l'hippopotame (*Hippopotamus amphibius*) d'Afrique : il peut ouvrir ses mâchoires à un angle de 180° environ. Chez un spécimen mâle de taille adulte, l'écart est de presque 1,20 m.

ARTHROPODES

1 933 : nombre de personnes tuées au Mexique en 1946 par des scorpions. Actuellement, les scorpions tuent environ 1 000 personnes par an.

●L'INSECTE LE PLUS LONG

Le 16 octobre 2008, le Muséum d'histoire naturelle du Royaume-Uni a annoncé qu'une nouvelle espèce détenait le record du phasme le plus long : *Phobaeticus chani*, ou super-canne de Chan, est originaire des forêts humides de Bornéo. Le plus long des trois spécimens connus (photographié ici avec George Beccaloni, le conservateur de la section Orthoptères du musée) mesure 56,6 cm pattes tendues ; son corps seul mesure 35,5 cm, ce qui est aussi un record parmi les insectes.

LA PLUS GRANDE ARAIGNÉE

En avril 1965, à Río Cavro (Venezuela), les membres de l'expédition Pablo San Martín ont ramassé une mygale de Leblond mâle (*Theraphosa blondi*) de 28 cm d'envergure, soit le diamètre d'une grande assiette.

La plus petite araignée connue à ce jour est *Patu marplesi*, des Samoa. Un mâle découvert dans la mousse à Madolelei, sur l'île d'Upolu en janvier 1965, mesurait 0,43 mm d'envergure, soit à peu près la taille d'un trait d'union. Cette espèce est considérée comme rare, mais elle est en fait simplement difficile à trouver et à ramasser.

★LA PLUS GRANDE FAMILLE D'ARAIGNÉES

La plus grande famille d'araignées est celle des Salticidae, qui comprend les araignées sauteuses. Plus de 4 400 espèces ont été répertoriées par les scientifiques. La plupart vivent sous les tropiques. Contrairement aux autres araignées, elles tissent rarement des toiles et bondissent sur leurs proies.

★LE 1ER TRAITEMENT À BASE DE VENIN D'ABEILLE

L'apithérapie (usage pharmacologique des produits issus de l'abeille pour soigner les maladies) était déjà pratiquée dans l'Antiquité par les Chinois, les Grecs et les Romains. Galien (129-200 apr. J.-C.), médecin grec, aurait utilisé du miel et du venin d'abeille pour traiter la calvitie. Les abeilles sont utilisées aujourd'hui pour pratiquer une sorte d'acupuncture. L'apithérapie est répandue comme traitement alternatif des maladies auto-immunes comme l'arthrite.

●LA PLUS GRANDE FERME DE PAPILLONS

La plus grande ferme de papillons a ouvert ses portes en Malaisie, sur l'île de Penang, en mars 1986. Elle occupe 0,8 ha et abrite plus de 4 000 spécimens vivants, appartenant à plus de 50 espèces.

LE PLUS PETIT PAPILLON

Les ailes antérieures de *Zizula hylax*, un minuscule papillon bleu, mesurent 6 mm de long. Il est gris bleu acier sur le dos et gris clair en dessous, avec des taches sombres.

L'EMBRANCHEMENT LE PLUS RÉCENT

En novembre 2006, l'étude d'un genre méconnu de petites créatures ressemblant à des vers a mis en évidence l'existence non pas d'une mais de deux espèces. *Xenoturbella*, remonté du fond de la Baltique, a été découvert et nommé par les scientifiques en 1949. Les deux espèces (*X. bocki* et *X. westbladi*) sont si différentes des autres espèces animales qu'un nouvel embranchement (catégorie la plus élevée dans la classification du règne animal) a été créé. Cela arrive rarement, peu d'embranchements nouveaux ayant été découverts au cours des 50 dernières années.

100

LES INSECTES LES PLUS LÉGERS

Le mâle d'*Enderleinellus zonatus*, une espèce de pou, et *Caraphractus cinctus*, une espèce de guêpe, pèsent chacun 0,005 mg. Les œufs de *C. cinctus* pèsent 0,0002 mg.

★LA MEILLEURE VISION DES COULEURS

Les stomatopodes, une famille de crustacés dans laquelle on classe les squilles (crevettes-mantes), ont la meilleure vision des couleurs. À titre de comparaison, les yeux de la plupart des mammifères contiennent deux types de photorécepteurs de la couleur, et ceux des primates (dont les humains) trois, tandis que les yeux des stomatopodes en présentent huit. Le spectre visible par ces habitants des récifs coralliens est donc exceptionnel et leur permet de distinguer de nombreuses nuances dans l'ultra-violet, partie du spectre complètement invisible pour l'œil humain.

★ L'ABEILLE LA PLUS PETITE

Perdita minima (photo de gauche), une espèce d'abeille solitaire, est la plus petite abeille. Elle mesure à peine 2 mm de long et ne pèse que 0,333 mg. Originaire du sud-ouest des États-Unis, elle construit son nid dans le sol des déserts de sable et se nourrit du nectar et du pollen des fleurs d'euphorbe. L'abeille géante de Wallace (*Chalicodoma pluto*), qui peut atteindre 3,9 cm de long, est **la plus grande abeille du monde**. Cette espèce, qui vit sur les îles Molluques (Indonésie), a été découverte en 1859 par le naturaliste Alfred Russel Wallace (GB). Il a fallu attendre février 1981 pour que deux autres spécimens (deux énormes femelles) soient découverts par l'entomologiste Adam Messer (USA).

LES INSECTES LES PLUS LOURDS

Les scarabées Goliath (famille des Scarabaeidae) que l'on trouve en Afrique équatoriale – *Goliathus regius*, *G. meleagris*, *G. goliathus* (*G. giganteus*) et *G. druryi* – sont les insectes les plus lourds. Plusieurs mâles (les femelles sont plus petites) ont été mesurés du bout de leurs cornes frontales à l'extrémité de leur abdomen et pesés. Ils mesuraient jusqu'à 11 cm et pesaient de 70 à 100 g.

LE PLUS GRAND CRUSTACÉ MARIN

Découvert au Japon en 1836, un spécimen de *taka-ashi-gani*, ou crabe araignée géant (*Macrocheira kaempferi*), avait une envergure de 3,69 m et pesait 18,6 kg. On pense que son espérance de vie peut atteindre 100 ans.

LE PLUS GRAND CRUSTACÉ TERRESTRE

Le crabe de cocotier (*Birgus latro*), qui vit sur les îles et les atolls tropicaux du bassin indo-pacifique, pèse jusqu'à 4,1 kg. Son envergure peut atteindre 1 m, ce qui en fait le plus grand arthropode terrestre.

L'ARAIGNÉE LA PLUS FORTE

Bothriocyrtum californicum est une mygale que l'on trouve en Californie (USA). Elle est capable de résister à une force égale à 38 fois son poids lorsqu'elle défend la porte (une structure en soie) qui ferme l'entrée de son terrier. C'est comme si un homme essayait de maintenir une porte fermée alors qu'elle est tirée de l'autre côté par un petit avion à réaction.

L'ABEILLE LA PLUS DANGEREUSE

L'abeille africaine, ou abeille tueuse (*Apis mellifera scutellata*), n'attaque que lorsqu'on la provoque, mais elle ne renonce jamais à sa proie. Son venin n'est pas plus puissant que celui des autres abeilles mais elle attaque par nuées ; les piqûres sont alors si nombreuses qu'elles provoquent la mort.

QU'EST-CE QU'UN ARTHROPODE ?

Trois animaux sur quatre, dont les araignées, les acariens, les langoustes, les crabes, les mille-pattes et les insectes, sont des arthropodes ("pied articulé"). Ils ont pour caractéristique un corps segmenté, de nombreux membres articulés et un exosquelette (squelette formant une sorte d'armure, sans colonne vertébrale).

L'ŒUF D'INSECTE LE PLUS LONG

Le plus long œuf pondu par un insecte mesure 1,3 cm. C'est celui d'*Heteropteryx dilatata*, ou phasme géant de Malaisie, un insecte de 15 cm. Cet œuf est plus gros qu'une cacahuète !

100%

100%

LE PLUS GRAND PAPILLON

L'envergure de la femelle du papillon de la reine Alexandra (*Ornithoptera alexandrae*), originaire de Papouasie-Nouvelle-Guinée, peut dépasser 28 cm. Cet insecte, qui évolue dans le feuillage des grands arbres, est si gros (la taille d'un pigeon domestique) que les hommes le chassent avec un arc et une flèche. Le premier spécimen obtenu par les scientifiques a été abattu au pistolet ! Ci-dessus : la larve mature de ce papillon.

21 févr. Née le 21 février 1875, Jeanne Louise Calment (France), **la personne la plus âgée de l'histoire**, est morte le 4 août 1997, à 122 ans et 164 jours.

22 févr. En 2006, **l'ascension-descente en solo du Kilimandjaro la plus rapide** a été effectuée en 9 h, 21 min et 47 s, par Simon Mtuy (Tanzanie).

23 févr. En 2001, 462 572 personnes dans des pubs, des restaurants, des bars et des salles de concert à travers les États-Unis ont participé au **plus grand toast porté en plusieurs endroits** à la fois.

AMPHIBIENS

52 ans : âge d'une salamandre japonaise géante (*Andrias japonicus*) trouvée à Amsterdam (Pays-Bas). **Le plus vieil âge attesté pour un amphibien.**

★ NOUVEAU RECORD
● MISE À JOUR

LA PLUS PETITE GRENOUILLE

La plus petite grenouille et le plus petit amphibien connu est la grenouille de Cuba (*Eleutherodactylus limbatus*). Adulte, elle mesure de 8,5 à 12 mm de long.

★ LA GRENOUILLE LA PLUS LOURDE

Beelzebubo ampinga, qui vivait à Madagascar à la fin du crétacé (il y a 65 à 100 millions d'années), est l'espèce de grenouille la plus lourde ayant jamais existé. Décrites en 2008 et connues d'après 75 os et d'autres fragments de fossiles découverts, les femelles pouvaient mesurer jusqu'à 40 cm de long et peser 4 kg. Étant donné la taille de leur bouche, ces grenouilles dévoraient sans doute les petits des dinosaures qui vivaient à la même époque.

PLUS D'INFO
Le triton de Californie se nourrit d'escargots, de limaces, de cloportes, de strongles, de vers de terre et de larves de moustiques.

LE PLUS LONG SAUT DE GRENOUILLE

Une grenouille au nez pointu d'Afrique du Sud (*Ptychadena oxyrhynchus*) nommée Santjie a effectué un triple saut de 10,3 m – soit environ la moitié d'un terrain de basket –, lors d'une course de grenouilles qui s'est déroulée au spa de Lurula Natal à Petersburg (Afrique du Sud), le 21 mai 1977.

★ LE PLUS DE SAUTS CONSÉCUTIFS EFFECTUÉS PAR UNE GRENOUILLE

Une rainette crucifère (*Hyla crucifer*) capturée sur une pelouse dans l'est des États-Unis a réalisé 120 bonds consécutifs comme l'a attesté en 1952 le biologiste Stanley A. Rand (USA). Ses sauts étaient bien sûr de moins en moins puissants, mais cela reste un prodigieux exemple d'endurance.

L'AMPHIBIEN QUI PLANE LE PLUS LOIN

Certaines espèces de grenouilles volantes peuvent effectuer des bonds de 15 m en planant grâce aux larges membranes de leurs pattes palmées qui soutiennent leur vol.

★ LE TRITON LE PLUS VENIMEUX

L'espèce de triton la plus venimeuse est le triton de Californie (*Taricha torosa*), dont la peau, les muscles et le sang contiennent de la tétrodotoxine, un poison neurotoxique très dangereux. Le triton est immunisé contre les effets de ce dernier, dont une minuscule goutte suffit pourtant à tuer plusieurs milliers de souris.

LA PLUS GROSSE GRENOUILLE

Le corps de la grenouille Goliath africaine (*Conraua goliath*) qu'Andy Koffman de Seattle (Washington, USA) a capturée en avril 1889 dans la rivière Sanaga (Cameroun) mesurait 36,83 cm de long. Le spécimen atteignait 87,63 cm pattes étirées. Le 30 octobre 1889, il pesait 3,66 kg. Cette espèce mesure environ 30 cm de long, soit la taille moyenne d'un lapin.

★ L'AMPHIBIEN LE PLUS FERTILE

La femelle du crapaud géant (*Bufo marinus*) peut pondre 35 000 œufs chaque année.

QUI SONT LES AMPHIBIENS ?

Dérivé du grec, leur nom signifie "double vie", car les petits naissent sous forme de larves aquatiques avant de devenir des adultes qui respirent. Ces animaux à sang froid ont généralement quatre membres et pondent dans l'eau. La grenouille, le crapaud, le triton, la salamandre et les céciliens sont des amphibiens.

L'AMPHIBIEN QUI RÉSISTE LE MIEUX AU FROID

La grenouille des bois (*Rana sylvatica*) est le seul amphibien capable de survivre après avoir été gelé. Elle vit au nord du cercle polaire arctique et survit des semaines dans un état de congélation. Le glucose de son sang fait office d'antigel. Il se concentre dans ses organes vitaux qu'il protège.

LE PLUS PETIT CRAPAUD

La sous-espèce *Bufo taitanus beiranus* d'Afrique est le plus petit crapaud. Le plus gros spécimen mesurait 24 mm de long.

LE PLUS GROS CRAPAUD

Il s'agit du crapaud géant (*Bufo marinus*) des tropiques d'Amérique du Sud et du Queensland, (Australie) où il a été introduit. Un spécimen de taille moyenne pèse 450 g. Le plus grand était un mâle nommé Prinsen qui appartenait à Håkan Forsberg (Suède). En mars 1991, il pesait 2,65 kg et mesurait 38 cm pattes non comprises et 53,9 cm pattes comprises.

★ L'HABITAT LE PLUS EXIGU POUR UN AMPHIBIEN

Plethodon hubrichti est une espèce endémique vivant sur une étendue de forêt tempérée de 19 km de long dans les Blue Ridge Mountains de Virgine (USA). Il s'agit de l'espèce dont l'habitat est le plus réduit.

L'AMPHIBIEN LE PLUS RARE

Le crapaud doré (*Bufo periglenes*) est reconnaissable à sa couleur voyante, différente selon qu'il s'agit d'un mâle ou d'une femelle. La peau des mâles est orange vif ; celle des femelles va du jaune verdâtre au noir. Ce crapaud vit dans un petit territoire de moins de 10 km² dans la réserve de forêt pluviale de Monteverde, dans la cordillère de Tilarán (Costa Rica). Sa population a mystérieusement diminué : le dernier spécimen a été aperçu entre 1988 et 1989.

★ LA PREMIÈRE GRENOUILLE SANS POUMONS

L'existence d'une espèce de grenouille sans poumons a été confirmée en 2008. Jusqu'alors uniquement connue par deux spécimens, *Barbourula kalimantanensis* est une grenouille aquatique de Bornéo qui absorbe l'oxygène qui lui est nécessaire par la peau et n'a donc pas besoin de poumons. Cela a été vérifié par des études qui ont suivi la récente découverte de deux nouvelles populations de cette espèce, à Kalimantan (Bornéo).

★ LE PLUS GROS TRITON

Découvert dans la péninsule Ibérique et au Maroc, le pleurodèle de Waltl, ou triton espagnol (*Pleurodeles waltl*), mesure de 15 à 30 cm. Les femelles sont plus longues et plus grosses que les mâles et ont une queue plus petite par rapport à la taille de leur corps. La salamandre mexicaine (*Bolitoglossa mexicana*) est **le plus petit triton**. Adulte, elle mesure 2,54 cm queue comprise.

LE PLUS GRAND CÉCILIEN

Les céciliens sont des amphibiens sans membres que l'on confond souvent avec des vers. Le plus grand, le cécilien de Thompson (*Caecilia thompsoni*) qui vit en Colombie, mesure 1,5 m de long pour 3 cm de large.

Le ★ plus petit cécilien, *Idiocranium russeli*, qui vit en Afrique de l'Ouest, mesure de 98 à 104 mm de long.

★ LA PLUS LONGUE GESTATION

La plus longue période de gestation pour un amphibien – et **★ pour tout vertébré terrestre** – est comprise entre 37 et 38 mois. C'est celle de la salamandre noire (*Salamandra atra*), originaire des Alpes suisses. Elle dure 1 an de plus que celle de l éléphant d'Asie, qui est au maximum de 25 mois, **la plus longue gestation pour un mammifère**.

24 févr. 32 681 personnes ont participé **au plus grand tea-time** organisé par Dainik Bhaskar (Inde), au stade Nehru d'Indore (Inde), en 2008.

25 févr. Christopher Eddy (USA) a marqué un panier à 27,49 m, en 1989. C'est **le plus long lancer jamais effectué en basket**.

26 févr. William Silver d'Asheville (Caroline du Nord, USA) a mangé **le plus de crevettes en 3 min** (272,1 g), en 2003, au Calabash West Restaurant.

REPTILES

★LE PLUS PETIT SERPENT

Une espèce de serpent fil (*Leptotyphlops carlae*) a récemment été découverte à La Barbade. Ce minuscule serpent qui n'est pas venimeux mesure à peine 10 cm de long et est aussi fin qu'un spaghetti. On pense qu'il s'agit du plus petit serpent.

LE SERPENT LE PLUS LOURD

Le grand anaconda (*Eunectes murinus*) des régions tropicales d'Amérique du Sud et de l'île de la Trinité a une longueur moyenne comprise entre 5,5 et 6,1 m. Une femelle tuée au Brésil vers 1960 mesurait 8,45 m pour une circonférence de 111 cm. Elle aurait pesé 227 kg.

★LE PLUS GRAND RASSEMBLEMENT DE TORTUES

Le plus grand rassemblement de tortues ou de chéloniens (tortues terrestres et aquatiques) a eu lieu sur une plage de 10 km de long à Gahirmatha (Orissa, Inde), en 1991. 610 000 tortues olivâtres (*Lepidochelys olivacea*) y ont été dénombrées. Chaque année, en février, elles sortent de l'eau la nuit pour pondre leurs œufs (plus de 50 millions) sur la plage et regagnent la mer à l'aube.

★LE PLUS GRAND SERPENT DE TOUS LES TEMPS

Le plus grand serpent ayant jamais existé est *Titanoboa cerrejonensis*, un boa préhistorique connu d'après les fossiles de 28 spécimens trouvés dans les mines de charbon de Cerrejón à La Guajira (Colombie). Une équipe internationale de scientifiques menée par Jonathan Bloch, paléontologue à l'université de Floride, a réalisé cette découverte annoncée officiellement en 2009. Les fossiles ont révélé que *Titanoboa*, qui a vécu il y a 58 à 60 millions d'années, au Paléocène, avait une longueur maximale comprise entre 12 et 15 m, mesurait environ 1 m de diamètre à l'endroit le plus épais et pesait près de 1 135 kg. Il était donc plus grand que le python réticulé, **le serpent le plus long**, et que l'anaconda, **le serpent le plus lourd**.

LE LÉZARD LE PLUS RAPIDE

Un iguane à queue épineuse d'Amérique centrale (*Ctenosaura*) a atteint 34,9 km/h, un record pour un reptile.

LE SERPENT TERRESTRE LE PLUS VENIMEUX

Le taïpan du désert (*Oxyuranus microlepidotus*), qui mesure 1,7 m et vit dans les bassins des fleuves Diamantina et Cooper Creek dans le Queensland et dans l'ouest de la Nouvelle-Galles du Sud (Australie), est le serpent le plus venimeux. Une seule morsure lui permet d'injecter 60 mg de venin à sa victime, ce qui est suffisant pour tuer un petit marsupial en quelques secondes, et même des hommes. La dose moyenne de venin injectée est de 44 mg, mais un spécimen en a produit 110 mg, soit assez pour tuer 250 000 souris ou 125 hommes. *O. microlepidotus* vit uniquement dans les déserts du centre et de l'est de l'Australie et aucun homme n'a jamais succombé à ses morsures.

LE REPTILE LE PLUS EN DANGER

100

Aux Galápagos, il ne reste qu'un spécimen de la tortue terrestre de l'île d'Abingdon (*Geochelone elephantopus abingdoni*), un mâle âgé surnommé George le Solitaire : c'est **le reptile le plus rare**.

LE PLUS GROS SERPENT...

Les biologistes et le personnel de la station de recherches El Frío de Los Llanos (Venezuela) portent un grand anaconda de 5,3 m, une taille moyenne pour un adulte de cette espèce.

27 févr. En 2004, Tomas Lundman (Suède) a fait rebondir un ballon de football sur sa tête sans s'arrêter pendant 8 h, 32 min et 3 s, au Gångsatrahallen, à Lidingo (Suède).

28 févr. En 1983, 125 millions de téléspectateurs américains ont regardé le dernier épisode de *M*A*S*H*, soit **le plus fort taux d'audience pour une série télévisée** (77 %).

★LES CAMÉLÉONS LES PLUS PETITS ET LES PLUS GRANDS

Le caméléon de Parson (*Chamaeleo parsonii*, à droite), originaire de petites étendues de forêt tropicale dans l'est et le nord de Madagascar, est **le plus grand caméléon**. Il mesure jusqu'à 68 cm de long.

Le caméléon nain de Madagascar (*Brookesia minima*, ci-dessous) est **le plus petit caméléon**, avec une longueur moyenne de 18 mm du museau à l'orifice anal.

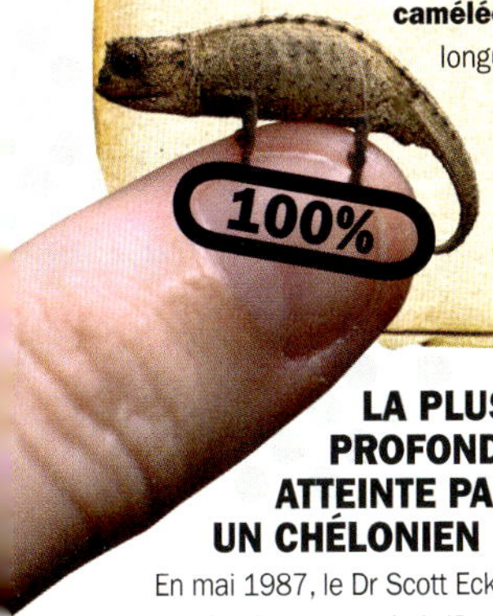

CHANGEMENT DE COULEURS

On pense souvent que les caméléons changent de couleur pour se fondre dans leur environnement, c'est faux ! Cette modification de leur couleur de peau n'est pas une tentative de camouflage, mais une forme de communication.

LA PLUS GRANDE PROFONDEUR ATTEINTE PAR UN CHÉLONIEN

En mai 1987, le Dr Scott Eckert (USA) a indiqué qu'une tortue luth (*Dermochelys coriacea*) équipée d'un dispositif permettant de mesurer la pression de l'eau était descendue à 1 200 m de profondeur au large des îles Vierges.

LE PLUS PETIT CROCODILE

Le caïman nain (*Paleosuchus palpebrosus*), qui vit dans le nord de l'Amérique du Sud, est le plus petit crocodile du monde. Les femelles excèdent rarement 1,2 m de long et les mâles 1,5 m.

LE CROCODILE LE PLUS RARE

Moins de 200 alligators de Chine (*Alligator sinensis*) vivent encore à l'état sauvage (ils ne seraient en fait que 130). Cette espèce, qui est l'une des plus menacées, se rencontre dans les zones humides du cours inférieur du Yangtsé (Chine). Les alligators de Chine peuvent mesurer 2 m de long et peser 40 kg. Ces dernières années, leur nombre a nettement diminué car leur habitat est détruit et les fermiers les tuent.

★ NOUVEAU RECORD
● MISE À JOUR

★UN NOUVEL IGUANE

En 2009, on a annoncé qu'une nouvelle espèce d'iguane rose (*rosada*) pouvant mesurer 1,75 m avait été découverte sur les flancs du volcan Wolf sur l'île Isabela aux Galápagos. Des tests génétiques ont confirmé qu'il s'agissait d'une espèce à part entière qui aurait divergé il y a plus de 5 millions d'années. Cet iguane rose baptisé *Conolophus rosada* avait été aperçu pour la première fois en 1986 par des gardes forestiers, mais il avait alors été pris pour un iguane jaune, l'iguane terrestre des Galápagos (*Conolophus subcristatus*), qui est fréquent dans la région.

29 févr. **Le premier oscar décerné à titre posthume** est revenu à Sidney Howard pour le scénario d'*Autant en emporte le vent* (USA, 1939), en 1940.

100% LE POISSON LE PLUS PETIT

Selon les travaux du professeur Theodore Pietsch (USA) de l'université de Washington (USA), publiés le 25 août 2005, le plus petit poisson – qui est aussi **le plus petit vertébré** – est un *Photocorynus spiniceps* mâle adulte pêché en mer des Philippines à une profondeur de 1 425 m. Il ne mesurait que 6,2 mm. Bien plus grandes, les femelles peuvent atteindre 46 mm de long.

LE PLUS PETIT HIPPOCAMPE

Un hippocampe nain (*Hippocampus denise*) mesure 16 mm de long, soit moins que l'ongle d'un homme. C'est le plus petit hippocampe connu. Il peut rivaliser avec les plus petits poissons du monde. Maître du camouflage, il a été découvert en 2003 parmi les coraux les plus profonds de la mer de Flores, au large de l'Indonésie.

LE PLUS GROS POISSON

Le requin-baleine (*Rhincodon typus*) est **le poisson cartilagineux le plus grand**, ainsi que **le plus grand poisson vivant**. Le plus gros spécimen connu mesurait 12,65 m et son corps avait une circonférence maximale de 7 m. Pesant de 15 à 21 t, il a été capturé en 1949, près de Karachi (Pakistan). Les poissons cartilagineux (Chondrichthyes) ont un squelette fait de cartilage. C'est le cas des requins, des raies et des chimères. Le poisson-lune de l'océan (*Mola mola*) est **le poisson osseux le plus lourd**. Un spécimen de 2 t mesurait 3 m de haut du bout d'une nageoire à l'autre. Parmi les poissons osseux (Osteichthyes) caractérisés par leur squelette en grande partie calcifié figurent les esturgeons et la plupart des poissons communs.

★LA PLUS FAIBLE ESPÉRANCE DE VIE

Les poissons dont l'espérance de vie est la plus courte sont les diverses espèces de cyprinodontes, parmi lesquelles figurent des espèces sud-américaines du genre *Nothobranchius* qui ne vivent que 8 mois dans la nature. Ces petits poissons prospèrent dans des flaques d'eau, voire des empreintes d'animaux remplies d'eau de pluie. Dès qu'elles sont asséchées, ils meurent, mais leur frai survit dans la boue. Quand elles sont à nouveau remplis d'eau, les œufs éclosent, les petits poissons croissent rapidement et se reproduisent avant que leur habitat ne se tarisse à nouveau.

LE POISSON AYANT LE PLUS D'YEUX

Découvert en 1958, *Bathylychnops exilis*, qui vit entre 91 et 910 m de profondeur dans le Pacifique Nord-Est, a 6 yeux. Cette espèce au corps fin de 45 cm de long ressemblant à un brochet a deux gros yeux principaux et deux autres plus petits (appelés globes secondaires). Chacun de ces globes oculaires possède un cristallin et une rétine. Enfin, derrière les globes secondaires, se trouve une troisième paire d'yeux dépourvus de rétine qui permettent de diriger la lumière captée vers les yeux principaux du poisson.

PLUS D'INFO
Le camouflage de l'hippocampe nain est si efficace que l'espèce ne fut découverte qu'après l'examen en laboratoire du corail mou qui l'abritait. Pouvez-vous le discerner sur la photographie ci-dessus ?

LE POISSON VIVANT LE PLUS EN PROFONDEUR

L'abadèche (famille Ophidiidae) appelé *Abyssobrotula galatheae* mesure 20 cm de long. Il a été découvert dans la fosse de Porto Rico à 8 370 m de profondeur.

●LA MORSURE LA PLUS FORTE

Le poisson préhistorique *Dunkleosteus terrelli* vivait il y a 360 à 415 millions d'années et pouvait mesurer jusqu'à 11 m de long. Il était capable d'infliger une morsure d'une force estimée à 5 300 N, soit l'équivalent d'une pression exercée par une charge de 540 kg. D'après les fossiles de ses mâchoires, les scientifiques Philip SL Anderson et Mark W Westneat (tous deux USA) travaillant au Muséum d'histoire naturelle de Field ont mis au point par image de synthèse un modèle de son crâne et ont publié leurs mesures, le 28 novembre 2006.

★LE POISSON QUI MANGE LE PLUS VITE

Les poissons crapauds, ou antennaires (famille des Antennariidés), peuvent engloutir leur proie en moins de 6 millisecondes. Ce sont les poissons qui mangent le plus vite. Cela a été confirmé par une analyse, cadre par cadre, de cinématographie à grande vitesse (800 à 1 000 cadres par seconde) menée en partie par Theodore Pietsch et David Grobecker (tous deux USA).

LE PLUS GRAND POISSON ÉTERNUEUR

La seule espèce de poisson capable d'éternuer est la myxine du Nord (*Myxine glutinosa*), une espèce d'anguille primitive à la bouche dépourvue de mâchoires qui ne possède pas de véritables nageoires ou d'écailles. La plus grande espèce connue est *Eptatretus goliath*, un spécimen de 127 cm. La myxine du Nord s'immisce à l'intérieur des autres poissons pour les vider de leurs organes, elle s'extrait ensuite en sécrétant de grandes quantités de lubrifiant visqueux. Pour ne pas s'étouffer avec cette substance, elle s'en débarrasse par ses ouïes primitives en éternuant.

1er mars En 1987, Marie-José Houle (Canada) a fait **un saut en patins à glace au-dessus du plus grand nombre de tonneaux**, en réalisant un bond de 6,84 m, au-dessus de 13 tonneaux, à Lasalle, Québec (Canada).

2 mars À 13 h 47, en 1958, une équipe de 12 hommes menée par sir Vivian Ernest Fuchs (GB) a effectué **la première traversée terrestre du continent antarctique**.

450 : nombre d'espèces marines importées de 60 pays différents présentes sur le marché central de Tokyo (Japon), **le plus grand marché au poisson**.

★ LE PLUS GRAND POISSON

Le plus grand poisson ayant jamais existé est un spécimen d'une espèce marine fossile *Leedsichthys problematicus*, découverte dans des argilières près de Peterborough (GB), en 2008. Datant d'il y a 155 millions d'années, ce spécimen (représenté ci-dessus) mesurait 22 m, soit presque 2 fois la longueur du requin-baleine (*Rhincodon typus*), **le plus gros poisson vivant** (voir ci-contre). *Leedsichthys problematicus* est connu des scientifiques depuis les années 1800. Il appartient à un groupe de poissons à arêtes ayant disparu appelés pachycormides, mais on pense qu'il se nourrissait de plancton comme les requins pèlerins et les baleines à fanons.

LES POISSONS À L'ODORAT LE PLUS DÉVELOPPÉ

Les requins ont un odorat plus développé que les autres poissons. Ils sont capables de repérer la présence de sang à de grandes distances et d'en détecter une partie dans seulement 100 parties par million d'eau.

★ LE PLUS GRAND PLACODERME

Les placodermes forment une classe de poissons préhistoriques dotés d'une carapace osseuse que l'on connaît aujourd'hui uniquement grâce à leurs fossiles. Ils ont vécu du milieu et de la fin du silurien jusqu'au dévonien, il y a 360 à 430 millions d'années. Ils se caractérisaient par les plaques épaisses et articulées qui recouvraient leur tête et leur corps. Étant de loin la plus grande espèce, et souvent considéré comme le premier grand prédateur vertébré du monde, *Dunkleosteus telleri* mesurait 8 à 11 m de long et peuplait presque la terre entière.

LE POISSON LE PLUS ABONDANT

La cyclothone à petites dents (*Cyclothone microdon*), une espèce abyssale, mesure 64 mm de long. Elle est présente par milliards dans de nombreuses régions du monde. 900 cyclothones à petites dents ne pèsent que 450 g.

LE POISSON LE PLUS VENIMEUX

Le poisson le plus venimeux est la synancée (famille des Synanceiidés), en particulier *Synanceia horrida*, que l'on trouve dans les eaux de l'Indo-Pacifique. Les épines de ses nageoires contiennent un poison neurotoxique mortel.

LE PLUS GRAND POISSON D'EAU DOUCE

Le poisson-chat géant du Mékong (*Pangasius gigas*) et *P. sanitwongse* de la Chao Phraya en Asie du Sud-Est, mesurent 3 m pour 300 kg. *Arapaima giga* d'Amérique du Sud peut mesurer jusqu'à 4,5 m, mais ne pèse que 200 kg.

★ LA PLUS PETITE LAMPROIE

Lampetra minima mesure moins de 10 cm à l'âge adulte. Cette espèce endémique, qui vivait à l'origine uniquement au fond du lac Miller (Oregon, USA), semblait avoir disparu après 1958. Heureusement, on en a redécouvert en petits nombres dans le fleuve Upper Williamson (Oregon) et dans d'autres fleuves situés à proximité depuis le début des années 1990.

★ NOUVEAU RECORD
● MISE À JOUR

★ LA PREMIÈRE NAISSANCE DE POISSON

Un fossile de placoderme très bien conservé de 25 cm de long (poisson préhistorique à carapace) découvert dans la formation de Gogo (Australie-Occidentale) montre la présence d'un embryon relié à sa mère par un cordon ombilical. On voit ici le docteur John Long, chef du département scientifique du Muséum Victoria (Australie), inspecter le spécimen d'il y a 380 millions d'années. Ci-dessus un dessin de l'embryon. Ce fossile a été baptisé *Materpiscis attenborough* en l'honneur de sir David Attenborough, présentateur d'une émission sur la faune et la flore.

3 mars Avec 16 buts, les Montreal Canadiens ont marqué **le plus de buts dans un match de la National Hockey League**, contre les Quebec Bulldogs, sur le score de 16 à 3, en 1920.

OISEAUX

LE PLUS PETIT OISEAU

Le colibri d'Hélène mâle (*Mellisuga helenae*), qui vit à Cuba et sur la Isla de la Juventud, mesure tout juste 57 mm de long, du bec à la queue, et ne pèse que 1,6 g. Il s'agit du poids le plus faible pour un animal à sang chaud.

ANIMAUX EN DANGER

La liste rouge publiée chaque année par l'Union internationale pour la conservation de la nature (UICN) constitue le rapport le plus sérieux et le plus fiable sur les espèces animales menacées. De nombreuses organisations s'y appuient pour cibler leur action.

★ NOUVEAU RECORD
● MISE À JOUR

★ L'APPRENTISSAGE DU VOL LE PLUS LONG

Le record du plus long intervalle entre l'éclosion d'un œuf et l'envol de l'oisillon est détenu par l'albatros hurleur (*Diomedea exulans*). Les petits mettent en moyenne 278 à 280 jours avant de s'essayer à leur premier vol. En raison de ce long apprentissage, les adultes ne se reproduisent que tous les 2 ans.

★ LA PLUS LONGUE MIGRATION SANS ESCALE

Une barge rousse femelle (*Limosa lapponica baueri*) appelée "E7" a été suivie par satellite. Mi-septembre 2007, elle a traversé le Pacifique de l'Alaska jusqu'en Nouvelle-Zélande en 9 jours, sans aucune escale, soit 11 500 km non-stop. Cette découverte s'est faite dans le cadre d'une étude sur la migration des échassiers (depuis leur lieu de reproduction en Alaska) dirigée par le US Geological Survey, le PRBO Conservation Science (USA) et des chercheurs de l'université de Massey (Nouvelle-Zélande).

★ LA PLUS VASTE COLLECTION D'ŒUFS

Le Muséum d'histoire naturelle de Londres (GB) abrite la plus vaste collection d'œufs d'oiseaux du monde – avec plus de 1 million de spécimens différents.

★ RECORD D'ESPÈCES ENDÉMIQUES REPRODUCTRICES (PAR NATION)

La Colombie abrite plus de 1 700 espèces d'oiseaux endémiques et reproducteurs. Le Canada et les États-Unis, pourtant d'une superficie largement supérieure à celle de la Colombie, recensent moins de 600 espèces.

★ LE MOINS D'ESPÈCES ENDÉMIQUES REPRODUCTRICES (PAR NATION)

L'Antarctique est la région géographique la moins peuplée en oiseaux. La région comprise entre l'Antarctique et les îles au sud de la convergence antarctique ne compte pas plus de 3 espèces d'oiseaux endémiques reproducteurs. En comparaison, la région néotropicale, comprenant le Mexique, les Caraïbes, l'Amérique centrale et l'Amérique du Sud, en accueille plus de 3 400, bien plus que tout autre région du globe.

● L'OISEAU DE PROIE LE PLUS RARE

Selon un rapport 2006 de BirdLife International et la liste rouge des espèces menacées 2007 de l'UICN, le condor de Californie (*Gymnogyps californianus*) est en voie d'extinction. Un programme de conservation lancé en 1987 a toutefois permis une reproduction en captivité, puis une récente réintroduction dans la nature de quelques spécimens.

LES OISEAUX LES PLUS RAPIDES

- L'albatros à tête grise (*Thalassarche chrysostoma*) est **l'oiseau le plus rapide en vol horizontal**. Un spécimen suivi par satellite a maintenu une vitesse de croisière de 127 km/h pendant 8 h, alors qu'il retournait vers son nid situé sur l'île Bird (Georgie du Sud), en plein milieu d'une tempête antarctique.
- Le faucon pèlerin (*Falco peregrinus*) est **l'oiseau qui plonge le plus vite**. On estime sa vélocité à près de 300 km/h, lorsqu'il plonge (c'est l'animal le plus rapide au monde).
- **Sur terre, l'oiseau le plus rapide** est l'autruche d'Afrique (ratite) (*Struthio camelus*), qui peut atteindre 72 km/h, soit 7 m par pas. **L'oiseau le plus rapide en vol** est le grand géocoucou, ou géocoucou de Californie (*Geococcyx californianus*), qui peut atteindre 42 km/h.
- **L'oiseau qui nage le plus vite** est le manchot papou (*Pygoscelis papua*) dont la vitesse pointe à 27 km/h.

★ LE PREMIER OISEAU BAGUÉ

Le premier spécimen d'oiseau bagué est un héron cendré (*Ardea cinerea*). Bagué au début du ^{e} siècle en Turquie (alors Empire ottoman), il a été identifié en 1710 en Allemagne. Plus récemment, Óskar J Sigurösson (Islande), le bagueur de l'Institut d'histoire naturelle islandais, a établi **le record d'oiseaux bagués par un même individu**. Depuis 1953, Sigurösson, gardien de phare de Stórhöfði, à Heimay, dans les îles Westmann, a bagué 65 243 oiseaux – chiffre arrêté au 26 février 1997.

4 mars Après avoir remporté en 1943 l'oscar de la meilleure actrice pour *Mrs Miniver* (USA, 1942), Greer Garson (GB) a présenté **les remerciements les plus longs des oscars**, soit 5 min et 30 s.

3,63 m : envergure d'un mâle albatros hurleur (*Diomedea exulans*). C'est **l'envergure la plus large de toutes les espèces d'oiseaux existantes**.

★ LA ROTATION DE TÊTE LA PLUS AMPLE

Plusieurs espèces de chouettes peuvent tourner leur tête d'un côté à 280° avant de la tourner du côté opposé, créant alors l'impression d'une rotation à 360°. En dépit de nombreuses croyances populaires, aucune espèce ne peut tourner la tête à 360°.

LES GRANDS OISEAUX

- Aujourd'hui éteint, le gigantesque oiseau-éléphant (*Aepyornis maximus*) vivait à Madagascar et pesait 450 kg : 3 fois le poids d'une autruche de même corpulence. C'est **l'oiseau le plus grand de l'histoire**.
- **L'oiseau du monde le plus grand** est l'autruche d'Afrique (*Struthio camelus camelus*). Certains mâles de cette sous-espèce ratite (qui ne vole pas) mesurent jusqu'à 2,75 m de haut pour un poids de 156,5 kg.
- **L'oiseau volant le plus lourd** est une outarde kori mâle (*Ardeotis kori*) qui pesait 18,2 kg lorsqu'elle a été découverte en 1936.
- *Anthropornis nordenskjöldi* est **la plus grande espèce de pingouins**. Debout, ce pingouin, qui vivait il y a plus de 24 millions d'années, aurait mesuré de 1,5 à 1,8 m, pour un poids de 90 à 135 kg.

RECORD D'ALTITUDE POUR UN OISEAU

Un vautour de Rueppell (*Gyps rueppellii*) volant à 11 300 m d'altitude est entré en collision avec un avion au-dessus d'Abidjan (Côte d'Ivoire), le 29 novembre 1973. L'impact a endommagé un des moteurs mais l'avion a pu atterrir sans heurt. Il restait assez de plumes dans l'appareil pour que le Muséum d'histoire naturelle américain identifie l'oiseau, qui dépasse pourtant rarement 6 000 m d'altitude.

L'OISEAU LE PLUS PROLIFIQUE

La population reproductrice adulte du travailleur à bec rouge (*Quelea quelea*), un tisserin du Sub-Sahara africain qui se nourrit de graines, se chiffre à 1,5 milliard. Au moins 200 millions de ces oiseaux, surnommés "criquets à plumes", sont tués chaque année sans qu'il y ait un réel impact sur leur population globale.

★ LE RÉGIME ALIMENTAIRE LE PLUS ÉTRANGE

L'autopsie d'une autruche d'Afrique (*Struthio camelus*) pensionnaire du zoo de Londres (GB) a révélé qu'au cours de sa vie, elle avait avalé (entre autres) un réveil, un franc belge, deux petites pièces de monnaie, une pellicule, 3 gants, un mouchoir et un crayon !

LE PLUS GROS NID

Un couple reproducteur de pygargues à tête blanche (*Haliaeetus leucocephalus*) a construit un nid de 2,9 m de large et 6 m de profondeur, près de St Petersburg (Floride, USA). Découvert en 1963, ce nid a été estimé à plus de 2 t.

L'AIGLE LE PLUS GRAND

Tirant son nom du botaniste Georg Steller (Allemagne), l'aigle le plus grand du monde est le pygargue de Steller (*Haliaeetus pelagicus*). Il pèse de 5 à 9 kg pour une envergure de 2,2 à 2,45 m. Bien qu'il se reproduise principalement en Russie, où il est protégé, on peut également l'observer en Corée, en Alaska (USA) et au Japon, où il est un symbole national. L'Union internationale pour la conservation de la nature classe cet oiseau parmi les espèces vulnérables, car il n'en reste que 5 000 spécimens.

5 mars Ken Edwards (GB) a mangé 36 cafards – **le record de cafards avalés en 1 min** –, sur le plateau de *The Big Breakfast* (C4, GB), à Londres (GB), en 2001.

6 mars **Le crâne humain le plus cher au monde** est celui du philosophe Emanuel Swedenborg (Suède, 1688-1772). Il a été acquis par l'Académie royale des sciences suédoise pour 10 664 $, en 1978.

MAMMIFÈRES

★ LE PLUS GRAND ÉCUREUIL

L'écureuil géant d'Inde (*Ratufa indica*), qui vit uniquement dans les forêts d'arbres à feuilles caduques ou persistantes d'Inde, peut mesurer jusqu'à 1 m, soit environ la taille d'un gros rat. Sa longue queue touffue constitue les deux tiers de sa longueur. Quittant rarement les hauteurs de la canopée, il peut faire des bonds de 6 m de long d'un arbre à l'autre.

★ LA PLUS GRANDE INVASION D'ANIMAUX

Pablo Escobar (Colombie) avait peuplé son domaine de centaines d'animaux exotiques, parmi lesquels 4 hippopotames d'Afrique. Après son assassinat en 1993, sa propriété a été remise au gouvernement. À part les hippopotames, tous les animaux ont disparu. Ils sont actuellement 19 à errer la nuit dans la région à la recherche de nourriture.

★ LA PREMIÈRE CHIMÈRE HOMME-MOUTON

En mars 2007, le professeur Esmail Zanjani de l'université du Nevada (USA) a annoncé que son équipe avait créé la première chimère de l'homme et du mouton, constituée à 85 % de cellules de mouton et à 15 % de cellules humaines. (Dans la mythologie, une chimère est un monstre à tête de lion, ventre de chèvre et queue de dragon.) Il devrait être possible dans le futur de greffer des organes d'animaux sur l'homme. Pendant 7 ans, Zanjani et son équipe ont amélioré la technique qui a permis d'élaborer cette chimère et qui consiste à injecter des cellules humaines dans un fœtus de mouton. Cette expérience a coûté 7 millions $.

★ LE PLUS GRAND SQUELETTE DE MAMMOUTH

Le squelette de mammouth le plus grand et le plus complet est celui du mammouth des steppes (*Mammuthus trogontherii*), ou éléphant de West Runton. Découvert à Cromer (Norfolk, GB), en 1990, l'animal de 4 m de haut au garrot a vécu il y a environ 600 000 ans.

★ LA PLUS LONGUE MIGRATION D'UN MAMMIFÈRE

La baleine à bosse (*Megaptera novaeangliae*) parcourt jusqu'à 8 200 km pour se reproduire dans les eaux chaudes situées près de l'équateur, puis pour revenir dans les eaux froides, riches en nourriture, de l'Arctique et de l'Antarctique.

PLUS D'INFO

Sur la photographie ci-dessus, une baleine à bosse nage sur le dos. Cette espèce aime plonger et donner de grands coups de queue. Elle est aussi réputée pour son chant mélodieux.

● LE PLUS GRAND RONGEUR PRÉHISTORIQUE

Le plus grand rongeur est *Josephoartigasia monesi*, une espèce fossile qui a 2 millions d'années. D'après la taille gigantesque (53 cm de long) de son crâne, seul élément découvert à ce jour, les chercheurs pensent qu'il devait peser 1 t. Apparenté au pacarana (*Dinomys branickii*), plus petit, il vivait sur la côte de l'Uruguay qui était alors un zone marécageuse à la végétation luxuriante. Il se nourrissait probablement de végétaux tendres, car bien qu'énormes ces mâchoires n'étaient pas très puissantes.

● LE PLUS VIEUX COCHON

Hoofer avait 18 ans, 8 mois et 23 jours lorsqu'il est mort le 2 mars 2008. Il a passé toute sa vie chez ses propriétaires, Shawn Burton et Allen Wygrys (tous deux USA), à Sugar Land (Texas, USA).

AVIS DE RECHERCHE

Les hippopotames d'Escobar constituent un danger car ils quittent régulièrement le domaine pour se rendre vers d'autres lacs de la campagne colombienne. L'un d'eux a récemment été abattu par un fermier à plusieurs kilomètres de son lieu d'origine.

★ NOUVEAU RECORD
● MISE À JOUR

7 mars Roy Makaay (Pays-Bas) a marqué un but pour le Bayern de Munich contre le Real Madrid au bout de 10 s de jeu, à Munich (Allemagne), en 2007 : **le but marqué le plus vite dans un match de la Ligue des champions.**

8 mars En 2008, Freeport a réalisé **le plus grand œuf de Pâques peint**, à Alochete (Portugal). Il mesurait 14,79 m de long pour un diamètre de 8,40 m.

31 : nombre de petits de la portée d'un mammifère sauvage (30 ont survécu), celle d'une tangue (*Tenrec ecaudatus*).

★LE PREMIER RHINOCÉROS ISSU D'UNE INSÉMINATION ARTIFICIELLE

Le 23 janvier 2007, un petit rhinocéros est né au zoo de Budapest (Hongrie) à la suite d'une insémination artificielle. Lulu – sa maman – avait déjà donné naissance à un petit dans les mêmes conditions en 2005. Les vétérinaires ont eu recours à une insémination artificielle car les rhinocéros du zoo étaient frère et sœur.

QUI SONT LES MAMMIFÈRES ?

Les mammifères constituent une classe de vertébrés. Leur nom fait référence aux glandes mammaires qui leur permettent d'allaiter leurs petits. Ils ont des glandes sudoripares, des poils, trois os dans l'oreille moyenne et un néocortex subdivisé en plusieurs régions dans le cerveau.

★LA PLUS VIEILLE CHAUVE-SOURIS

Il s'agit de la roussette géante d'Inde (*Pteropus giganteus*) qui avait 31 ans et 5 mois quand elle est morte au zoo de Londres (GB), le 11 janvier 1979. Dans la nature, une petite chauve-souris brune (*Myotis lucifugus*) retrouvée morte dans une grotte du mont Aeolus (Vermont, USA), le 30 avril 1960, avait au moins 24 ans ; elle avait en effet été relâchée dans la nature le 22 juin 1937.

★L'ÉLÉPHANT LE PLUS RARE

L'éléphant le plus rare ayant jamais existé est Motty, un éléphanteau mâle né au zoo de Chester (Cheshire, GB), le 11 juillet 1978. Il s'agit du seul spécimen d'éléphant hybride issu du croisement entre un éléphant d'Afrique (*Loxodonta africana*) et un éléphant d'Asie (*Elephas maximus*). Son père, Jumbolino, était un éléphant d'Afrique et sa mère, Sheba, un éléphant d'Asie. Il a vécu 10 jours avant de mourir d'une entérocolite nécrotique et d'une septicémie *E. coli*.

Motty possédait un ensemble fascinant de caractéristiques propres aux deux espèces. L'animal empaillé se trouve au Muséum d'histoire naturelle de Londres (GB). Jusqu'à sa naissance, il semblait impossible qu'un hybride de cette sorte puisse exister. Il n'y en a pas eu d'autre depuis.

●LE PLUS VIEUX PONEY

Issu du croisement entre un poney Exmoor et un poney Shetland, Sugar Puff (1951-2007) appartenait à S. Botting (GB) de Chichester (West Sussex, GB).

★LA PLUS GRANDE RÉSERVE D'ORANGS-OUTANS

La plus grande réserve d'orangs-outans (*Pongo pygmaeus*) est le centre de réhabilitation des orangs-outans de Sepilok, à Sabah (Malaisie), au nord de Bornéo. Depuis son ouverture en 1964, elle a permis de relâcher dans la nature plus de 100 orangs-outans orphelins.

Le centre sensibilise le public à la sauvegarde des orangs-outans et contribue à la protection d'autres espèces en danger. Il emploie plus de 37 personnes, dont le chef de la réserve, un vétérinaire et des gardes.

★LE PLUS GROS TAPIR

Le plus gros des 4 espèces de tapir, le tapir de Malaisie, mesure de 1,8 à 2,4 m de long, de 90 à 107 cm de haut et pèse entre 250 et 320 kg, mais on a déjà vu des spécimens de 500 kg.

★LE TAPIR LE PLUS RÉCENT

Pendant plus d'un siècle, seules 4 espèces de tapir étaient connues des scientifiques (voir encadré à droite), mais une cinquième espèce a été identifiée en 2008. *Tapirus pygmaeus* a été découvert dans les plaines d'Amazonie (Brésil), par le zoologue Marc van Roosmalen (Pays-Bas). Il se distingue du tapir commun par sa petite taille, sa dentition exceptionnelle et l'absence de marques blanches sur le bord des oreilles.

LE PLUS GROS RONGEUR

Le capybara, ou carpincho (*Hydrochoerus hydrochaeris*, à gauche), qui vit en Argentine, au Brésil et en Uruguay, mesure de la tête aux pattes entre 1 et 1,3 m et peut peser jusqu'à 79 kg. Un spécimen en cage a atteint le poids exceptionnel de 113 kg. Plusieurs espèces sont en compétition pour le titre de **plus petit rongeur** : la souris pygmée du Nord (*Baiomys taylori*, à gauche), qui vit au Mexique, ainsi qu'en Arizona et au Texas (USA), et le rat sauteur nain (*Salpingotus michaelis*) du Baluchistan (Pakistan). Tous deux mesurent 3,6 cm de la tête aux pattes et ont une queue de 7,2 cm.

100%

9 mars Wang Yan (Chine, née le 9 avril 1971) est **la plus jeune championne du monde d'athlétisme**. Elle a parcouru le 5 000 m dames en 21 min et 33,8 s, à l'âge de 14 ans et 334 jours, en Chine, en 1986.

1952 : Shridhar Chillal (Inde) ne s'est pas coupé les ongles de la main gauche depuis lors. Elle possède donc **les plus longs ongles sur cette main**.

SOMMAIRE

LES PLUS LONGS ONGLES

C'est avec tristesse que nous avons appris qu'en février 2009, Lee Redmond (USA), **la femme aux ongles les plus longs du monde (longueur cumulée des deux mains),** avait eu un accident de voiture qui lui avait coûté ses ongles de 8,65 m. Quelques mois avant l'accident, elle avait rejoint l'équipe du Guinness World Records dans le Michigan (USA), pour aider à mesurer les ongles de 9,05 m de Melvin Boothe (USA, **plus longs ongles, longueur cumulée des deux mains pour un homme**). Les saisissantes photographies prises à cette occasion sont un bel hommage à ces détenteurs d'un des records les plus populaires.

DES HOMMES INCROYABLES

● LE POIL D'OREILLE LE PLUS LONG

Dans le pavillon de l'oreille, Antony Victor (Inde) a des poils de 18,1 cm (taille maximale). Cadre supérieur à la retraite, Victor habite à Madurai (Tamil Nadu ; Inde). Il a battu son propre record en 2008, après l'avoir initialement réalisé en 2002, son poil d'oreille le plus long mesurant alors 11,5 cm, soit une croissance de 6,6 cm en 6 ans.

● LA BARBE LA PLUS LONGUE

Humidifiée et soigneusement peignée, la barbe de Sarwan Singh (Canada) mesurait 2,33 m de la pointe du menton à l'extrémité du poil le plus long, le 11 novembre 2008. Pour exhiber sa barbe dans toute sa splendeur, Singh a dû monter sur une caisse !

★ RECORD DE KILOS PERDUS DANS UNE VIE (HOMME)

100

Les multiples régimes de Michael Hebranko (USA) ont provoqué une perte de poids cumulée estimée à 2 268 kg. Sa première grande perte de poids attestée – 321 kg – date de 1990. Il a repris tous ces kilos et même davantage pour atteindre 500 kg de masse corporelle en 1999, battant son propre record. Son régime actuel lui a permis de perdre 291 kg. Le poids perdu par Hebranko équivaut au poids moyen de 35 hommes !

LE PLUS GRAND PIED

Robert Wadlow (USA, 1918-1940), **le plus grand homme de tous les temps**, chaussait du 37AA (soit du 75 en taille européenne). Wadlow avait également **les plus grandes mains de tous les temps** – 32,3 cm du poignet à l'extrémité du majeur. *Voir p. 13.*

Sultan Kösen (Turquie, voir p. 72-73), **le ● plus grand homme du monde**, possède **les ● plus grandes mains** (27,5 cm du poignet à l'extrémité du majeur), ainsi que **les ● plus grands pieds** (36,5 cm du talon à l'extrémité du gros orteil).

● LES PLUS LONGUES MOUSTACHES

Ram Singh Chauhan (Inde), fonctionnaire de tourisme au Rajasthan, laisse pousser ses moustaches depuis 1982. Mesurées en novembre 2008, elles atteignaient 3,50 m de long.

QUI DIT MIEUX ?

Si vous pensez que vos moustaches sont plus longues que celles de Ram Singh Chauhan, voici comment procéder pour nous soumettre votre record :

1. **Les mesures doivent être prises par une personne qualifiée, comme un professionnel du corps médical.**
2. **Les moustaches doivent être mesurées d'une extrémité à l'autre.**
3. **Prenez une photo de vos moustaches à côté d'un mètre.**
4. **Envoyez un courrier signé confirmant les mesures, contresigné par deux témoins indépendants.**

Pour plus d'informations sur la certification, reportez-vous à la p. 14.

10 mars **La publicité radio la plus courte** durait 0,954 s. Elle fut diffusée pour la première fois sur BBDO Oslo Reklamebyrå AS (Norvège), en 2006.

11 mars Stephanie Gardiner (GB) fut **la plus jeune personne à porter un pacemaker**. Elle avait 4 ans lorsqu'elle s'est fait poser un pacemaker de la taille d'un timbre, en 1995.

8,4 cm : diamètre de la bouche ouverte de J. J. Bittner. Il détient le record du monde de **la plus grande ouverture de bouche**.

L'HOMME (POUVANT SE DÉPLACER) LE PLUS PETIT DU MONDE

He Pingping (Chine, né en 1988) est le plus petit adulte vivant capable de se déplacer. Mesuré par une équipe de médecins à Hohhot (Mongolie-Intérieure, Chine), il faisait 74,61 cm, le 22 mars 2008.

★ LA LANGUE LA PLUS LARGE

La langue de Jay Sloot (Australie) mesurait 7,9 cm de large lorsqu'elle fut examinée sur le plateau de *Guinness World Records*, à Sydney (Australie), le 23 août 2005.

En janvier 2009, Arnau Salarich (Espagne) a battu le record de **la ● langue la plus longue**, avec 9,7 cm.

RECORD DE TOUR DE TAILLE

À son poids maximal (545 kg), Walter Hudson (USA, 1944-1991) avait un tour de taille de 302 cm.

● RECORD DE PIERCINGS DE CALIBRE 18

Robert Jesus Rubio (USA) avait 900 piercings de calibre 18, de 1,2 cm de long, sur le corps, lorsque son record a été enregistré au Texas (USA), le 29 mai 2008. Rubio a battu le précédent record de 745 piercings, détenu par Benjamin Drucker (USA), depuis 2003.

L'HOMME LE PLUS TATOUÉ

Il a fallu plus de 1 000 h à des tatoueurs pour tatouer le corps de Lucky Diamond Rich (Australie), avaleur de feu, monocycliste et jongleur de tronçonneuses. Son corps a été entièrement tatoué à l'encre noire, paupières et gencives comprises. À présent, ce fond noir est en cours de tatouage de motifs blancs et colorés.

100

POILS LES PLUS LONGS

- **Téton** : le poil de téton le plus long, 12,9 cm, a été mesuré sur Douglas Williams (USA), à New York (USA), le 26 mai 2007.
- **Jambe** : le poil de jambe le plus long, 16,51 cm, appartient à Wesley Pemberton (USA). Il a été mesuré sur le plateau de *El Show de los records* à Madrid (Espagne), le 9 février 2008.
- **Bras** : Robert Starrett (USA) avait un poil de bras de 13,5 cm lorsqu'il a été mesuré à Mequon (Wisconsin, USA), le 7 décembre 2006.
- **Buste** : le poil de buste le plus long, 22,8 cm, appartient à Richard Condo (New Jersey, USA), le 29 avril 2007.
- **Sourcil** : le poil de sourcil le plus long, 15,1 cm, appartient à Toshie Kawakami (Japon). Il a été mesuré au musée Guinness World Records de Tokyo (Japon), le 22 janvier 2008.
- **Cil** : Stuart Muller (USA) possédait sur la paupière supérieure gauche un cil de 6,99 cm lorsqu'il a été mesuré le 7 décembre 2007.

LE PLUS GRAND NEZ

L'arête du nez de Mehmet Ozyurek (Turquie) mesure 8,8 cm. Ce record a été attesté à Artvin, sa ville natale, le 31 janvier 2001.

Le plus long nez de tous les temps est celui de l'artiste de cirque Thomas Wedders (GB, vers 1770) : il mesurait 19 cm.

★ NOUVEAU RECORD
● MISE À JOUR

● RECORD MASCULIN DE PIERCINGS

John Lynch (GB), âgé de 78 ans, arborait 241 piercings, dont 151 sur la tête et dans le cou, quand il a été examiné à Londres (GB), le 17 octobre 2008. Ancien cadre de la banque Barclays, Lynch a commencé à se faire percer dans les années 1990, après avoir lu un livre sur les piercings.

PLUS D'INFO

John Lynch (GB, né le 9 novembre 1930), banquier pendant 30 ans, s'est fait percer le nez après son départ en retraite. Détestant le conformisme du monde bancaire, Lynch a développé une passion pour les modifications corporelles. Son objectif ? Sortir de l'anonymat. Y pensait-il déjà quand, à la quarantaine, il se fit tatouer ?

12 mars En 2005, 50 Cent (USA) pouvait se targuer d'afficher 3 singles – *Candy Shop, How We Do* et *Disco Inferno* – au Top 5 américain. C'est **le record de hits d'un même artiste classés simultanément**.

DES FEMMES INCROYABLES

★ NOUVEAU RECORD
● MISE À JOUR

DAME DE FER

Elaine Davidson (Brésil), ancienne infirmière, affirme ne jamais retirer ses anneaux et ses clous, dont le poids total est de 3 kg. Elle prétend qu'ils ne la gênent absolument pas pour dormir.
Elle peut aussi dormir sur un matelas de clous, marcher sur du feu et s'allonger sur des tessons de verre. Elle a obtenu sa ceinture noire de judo au Japon. Elle est très connue à Édimbourg (GB), où elle tient une boutique d'aromathérapie, de piercing, de tatouage et de tresses africaines.

LES JAMBES LES PLUS LONGUES

Svetlana Pankratova (Russie) a les jambes les plus longues du monde. Mesurées officiellement à Marbella (Espagne), le 3 février 2008, elles font 132 cm. Aujourd'hui agent immobilier à Torremolinos (Espagne), Svetlana a joué dans l'équipe de basket de l'université américaine de Virginia Commonwealth de 1992 à 1995.

LA FEMME LA PLUS PETITE DU MONDE

Madge Bester (Afrique du Sud, née le 26 avril 1963) ne mesure que 65 cm. Comme elle souffre d'ostéogénèse imparfaite (une maladie qui fragilise les os et déforme le squelette), elle est immobilisée dans un fauteuil roulant. C'est aussi le cas de sa mère Winnie, à peine plus grande, puisqu'elle mesure 70 cm.

LA FEMME LA PLUS PETITE DE L'HISTOIRE

Pauline Musters (Pays-Bas, née le 26 février 1876) mesurait 30 cm à la naissance. À 9 ans, elle ne mesurait que 55 cm pour 1,5 kg. Elle est morte à New York le 1er mars 1895, à l'âge de 19 ans. Une autopsie a permis d'établir qu'elle mesurait exactement 61 cm – son corps s'était allongé après sa mort.

LA TAILLE LA PLUS FINE DU MONDE

Voilà longtemps que Cathie Jung (USA), 1,72 m, fait tout pour atteindre un tour de taille de 38,1 cm avec un corset. Elle veut ressembler aux femmes du XIXe siècle, quand la mode était à la taille de guêpe.

LA TAILLE LA PLUS FINE DE L'HISTOIRE

Ethel Granger (GB, 1905-1982) avait la taille la plus fine de l'histoire pour une personne de taille normale. Son tour de taille était de 33 cm, record également revendiqué à son époque par l'actrice Émilie Marie Bouchaud (France, 1874-1939).

LA FEMME LA PLUS LOURDE DE L'HISTOIRE

Rosalie Bradford (USA, 1943-2006) aurait atteint un poids de 544 kg en janvier 1987. En août 1987, elle a été transportée à l'hôpital pour insuffisance cardiaque œdémateuse. Mise au régime, avec une surveillance très stricte, elle ne pesait plus "que" 128 kg, en février 1994.

★ LES DREADLOCKS LES PLUS LONGUES

Asha Mandela (USA) possède les dreadlocks les plus longues du monde. Mesurées à Davenport (Floride, USA), le 13 novembre 2008, elles mesuraient 2,59 m de long.

RECORD FÉMININ DE PIERCINGS

Depuis son premier piercing en janvier 1997, Elaine Davidson (GB) s'en est fait poser tellement sur et dans le corps qu'elle a arrêté de les compter. La dernière fois que Guinness World Records a pu l'examiner, en octobre 2004, elle avait 2 520 piercings.

13 mars **Le concert le plus court** de l'histoire a eu lieu en 2007, à Tampa (Floride, USA). Le groupe The Who (GB) s'est arrêté de jouer au bout de 13 s, le chanteur Roger Daltrey s'étant rendu compte qu'il était trop malade pour chanter.

104,75 dB : Jodie Parks (USA) a émis **le rot féminin le plus sonore**, le 16 février 2008. À titre de comparaison, une perceuse à percussion ne dépasse guère 100 dB.

★LA FEMME LA PLUS ÂGÉE À FAIRE DU BODY-BUILDING EN COMPÉTITION

Ernestine Shepherd (USA, née le 16 juin 1936), 73 ans et 4 mois, est la femme la plus âgée à faire du body-building en compétition. Elle a commencé à 56 ans pour se maintenir en forme et retarder le processus de vieillissement.

LA PERSONNE LA PLUS LÉGÈRE DE L'HISTOIRE

Lucía Xarate (Mexique, 1863-1889), qui souffrait d'atéliose (une forme de nanisme dans laquelle le corps est bien proportionné) mesurait 67 cm (debout) et pesait 2,13 kg à 17 ans. À 20 ans, elle avait atteint un poids de 5,9 kg.

LA FEMME LA PLUS GRANDE DE L'HISTOIRE

Zeng Jinlian (Chine, née le 26 juin 1964) qui vivait dans un village de la province du Hunan (Chine), mesurait 2,48 m à sa mort, le 13 février 1982. Elle souffrait de scoliose (déformation de la colonne vertébrale) grave et ne pouvait pas se tenir debout droite. 2,48 m correspond à la taille qu'elle aurait atteinte avec une cambrure de la colonne vertébrale normale.

LES JUMELLES LES PLUS GRANDES

Ann et Claire Recht (USA, nées le 9 février 1988) ont été mesurées horizontalement (couchées) et verticalement (debout) à 3 reprises au cours de la journée du 10 janvier 2007. Chacune mesurait en moyenne 2,01 m.

LE MANNEQUIN LE PLUS LOURD

Le mannequin Teighlor (USA), de son vrai nom Debra Perkins, pesait 326,14 kg, son poids maximal, au début des années 1990. Elle a tourné au cinéma, posé pour des cartes de vœux et des campagnes publicitaires.

PLUS D'INFO

Au début, Ernestine faisait de la marche chaque jour, puis elle s'est mis à courir ; aujourd'hui, elle participe régulièrement à des épreuves de course à pied de 5 et 10 km.

LA BARBE DE FEMME LA PLUS LONGUE

À la mort de sa mère en 1990, Vivian Wheeler (USA) a arrêté de s'épiler le visage et a laissé pousser sa barbe. En 2000, le poil le plus long mesurait 27,9 cm. Vivian préfère la relever et l'attacher pour ne pas être gênée dans sa vie quotidienne. Elle y accroche souvent des rubans.

Janice Deveree (USA, née en 1842), célèbre femme à barbe, a eu la barbe la plus longue de l'histoire : elle mesurait 36 cm en 1884.

LES YEUX LES PLUS EXORBITÉS

Kim Goodman (USA) arrive à sortir de 12 mm les yeux de ses orbites – un "don" qu'elle a découvert en baillant ! Cette performance a été mesurée pour la dernière fois le 2 novembre 2007, à Istanbul (Turquie).

LES ONGLES D'ORTEILS LES PLUS LONGS

Louise Hollis (USA) laisse pousser ses ongles d'orteils depuis 1982. En 1991, à leur taille maximale, ses 10 ongles d'orteils réunis atteignaient une longueur totale de 220,9 cm.

LES CHEVEUX LES PLUS LONGS

Xie Qiuping (Chine) a les cheveux les plus longs du monde. Ils mesuraient 5,627 m, le 8 mai 2004. Elle les laisse pousser depuis 1973, l'année de ses 13 ans.

LE PLI DU VENTRE LE PLUS LOURD

En mars 2006, les chirurgiens de l'hôpital Cruces, à Barakaldo (Espagne), ont retiré un tablier de graisse de 60 kg, soit le poids moyen d'une jeune fille de 17 ans et l'équivalent de 462 000 calories, sur une femme obèse. Ils ont utilisé de petits appareils de levage pour soulever la chair, qui retombait jusqu'aux genoux de la patiente.

LA POUSSÉE DENTAIRE LA PLUS TARDIVE

La canine supérieure droite de Mária Magdolna Pozderka (Hongrie, née le 19 juillet 1938) a percé sa gencive en mars 2007.

★LA SENIOR LA PLUS TATOUÉE

Isobel Varley de Stevenage (Hertfordshire, GB) a le corps tatoué sur à peu près 76 % de sa surface. Seuls les mains, le visage, le cou et la plante des pieds sont vierges. En 10 ans, elle s'est fait tatouer plus de 200 dessins sur la peau, dont une chouette sur la jambe et des tigres sur le ventre. Le seul qu'elle regrette est une grenouille "pas très réaliste" sur le ventre. Apparemment, le tatouage des orteils a été le plus douloureux !

14 mars **L'arc-en-ciel le plus long** (dans le temps) a été observé pendant 6 h, de 9 h à 15 h, au-dessus de Wetherby (GB), en 1994.

15 mars En 2005, dans le Queensland (Australie), David Schummy (Australie) a lancé un boomerang à 427,20 m : c'est **la plus grande distance parcourue par un objet lancé à la main.**

CHOC CULTUREL

● LA TRIBU LA PLUS MENACÉE

Il ne reste que 6 membres de la tribu Akuntsu dans l'État du Rondônia, à l'ouest du Brésil (5 d'entre eux figurent sur la photo de droite). Ils forment une communauté unique, ne partagent que deux malocas (maisons communautaires) en paille et cultivent un petit jardin de maïs et de manioc. Ils chassent aussi volontiers le cochon sauvage, le tapir et l'agouti. La disparition de cette tribu est due à son massacre par des éleveurs, qui ont dévasté la forêt et presque causé un génocide de la population indigène dans les années 1980.

★ NOUVEAU RECORD
● MISE À JOUR

★ LE LANGAGE COMPORTANT LE PLUS DE SONS

Le !Xóõ (ou Ta'a), une langue parlée par environ 4 000 Khomani en Afrique du Sud, contient 74 consonnes, 31 voyelles et 4 timbres (hauteurs).

LE SAVIEZ-VOUS ?

Les Akuntsu ont été découverts en 1995, alors qu'ils n'étaient plus que 7. Depuis, l'un d'entre eux est mort, écrasé lors de la chute d'un arbre sur la maison de la tribu durant un orage.

★ LA PREMIÈRE PREUVE DE CANNIBALISME

Sur les contreforts de la Sierra de Atapuerca, au nord de l'Espagne, des grottes préhistoriques abritaient *Homosapiens antecessor*, il y a 800 000 ans. Parmi les restes d'hominidés, des os et des crânes présentent divers trous et cicatrices qui suggèrent qu'un outil a été utilisé pour extraire la moelle. Des traces similaires sont présentes sur des ossements animaux trouvés à proximité.

★ LA PLUS GRANDE FRATRIE MARCHANT À QUATRE PATTES

Cinq des 19 frères et sœurs de la famille Ulas (Turquie) – 4 filles et 1 garçon – marchent sur leurs pieds et la paume de leurs mains. Leur démarche, baptisée "démarche d'ours", leur est spécifique et se distingue de la démarche sur les jointures des grands singes. Ces frères et sœur souffrent en outre d'un handicap mental congénital et ont des difficultés à rester en équilibre sur leurs jambes. D'après des professeurs de l'université turque de Çukurova, qui ont commencé à étudier cette famille en 2005, ils souffrent du syndrome d'Uner Tan.

★ LA TRIBU LA PLUS ISOLÉE

Survival International, association consacrée à la protection des sociétés tribales, considère que les habitants de l'île Sentinelle du Nord (72 km^2), de l'archipel des Andaman, dans la baie du Bengale, forment la tribu la plus isolée. Ces habitants – qui ne souhaitent pas avoir de contact avec le reste du monde – habitent leur île depuis plus de 60 000 ans. Des images prises après le tsunami de 2004, qui a détruit une grande partie de l'archipel d'Andaman, montrent que la tribu poursuit son existence.

★ LE PLUS GRAND FESTIVAL VAUDOU

Le jour du vaudou, célébré au plus fort de la fête annuelle du vaudou, qui dure 10 jours à Ouida (Bénin) – berceau de cette ancienne religion en Afrique occidentale –, plus de 10 000 fidèles se rassemblent pour des sacrifices, des bénédictions et des prières. Environ 60 % de la population du Bénin pratiquent le vaudou (vodun) : il s'agit d'entrer en contact avec des dieux, des ancêtres et des esprits (loa) par des danses et des chants.

LES PLUS GROS PLATEAUX LABIAUX

Le peuple Suma (Éthiopie) se pare de plateaux labiaux en signe de richesse. L'insertion des plateaux (faits avec de l'argile par les femmes) débute 1 an avant le mariage ; la dimension finale du plateau indique le nombre de bêtes que le futur époux doit offrir à sa belle-famille. Le diamètre d'un plateau est en général de 15 cm, soit 50 têtes de bétail.

LABRETS

Les piercings et plateaux labiaux sont appelés labrets. La lèvre supérieure ou inférieure est percée et un bâtonnet en bois y est inséré. Une fois que la blessure est guérie, des bâtonnets de plus en plus gros sont introduits jusqu'à ce que la lèvre soit assez étirée pour pouvoir y placer un plateau.

16 mars En 2000, Wim Hof (Pays-Bas) a parcouru 57,5 m sous la glace d'un lac près de Kolari (Finlande), soit **la plus longue distance à la nage sous la glace sans appareil respiratoire**.

1,3 million : nombre estimé de personnes ayant fêté le Thaipusam dans les grottes de Bátu, près de Kuala Lumpur (Malaisie), en 2007.

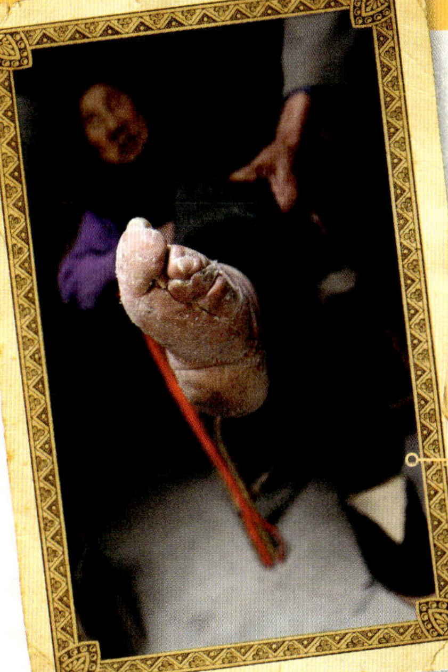

LE PLUS FORT POURCENTAGE DE FEMMES AUX PIEDS BANDÉS

Initiée en Chine au e siècle, la pratique consistant à se bander les pieds a été interdite en 1911 : elle empêchait les pieds de se développer au-delà de 10 cm. Une étude menée à Pékin en 1997 sur 193 femmes (93 avaient plus de 80 ans, 100 avaient entre 70 et 79 ans), par l'université de Californie (San Francisco, USA), a montré que 38 % des femmes de plus de 80 ans et 18 % des femmes plus jeunes, avaient les pieds déformés par cette pratique.

★LA PLUS LONGUE CÉRÉMONIE RELIGIEUSE

Tous les 60 ans environ, les Dogons (Mali) célèbrent le Sigui, un festival du masque destiné à transmettre les secrets du culte d'une génération à l'autre. La cérémonie dure plusieurs années : le dernier Sigui a eu lieu de 1967 à 1973, et le prochain est prévu en 2032. Les initiés (uniquement les hommes) doivent apprendre une langue secrète et graver un Grand Masque de plusieurs mètres de long. Chaque initié porte son propre masque et accomplit une série de danses de village en village.

★ DERNIÈRE TRIBU CONFRONTÉE AU MONDE MODERNE

Parmi les tribus connues, une centaine n'a jamais eu de contact avec le reste de l'humanité. Ce n'est que récemment que les Ayoreo-Totobiegosode ont été frappés par le choc des civilisations. En mars 2004, ce groupe de 17 Indiens (5 hommes, 7 femmes et 5 enfants) a été chassé de la forêt de Chaco (Paraguay) sous la pression des éleveurs qui colonisaient leur territoire et leurs points d'eau.

LA TRIBU DE PLUS PETITE TAILLE

Les Pygmées Mbutsi du Zaïre ont une taille moyenne de 1,37 m pour les hommes et 1,35 m pour les femmes. Dans certains groupes, la moyenne n'est même que de 1,32 m pour les hommes et 1,24 m pour les femmes.

LA TRIBU DE PLUS GRANDE TAILLE

Les Tutsi, ou Watussi, du Rwanda, du Burundi et d'Afrique centrale, dont les jeunes hommes adultes mesurent en moyenne 1,83 m, forment la tribu de plus grande taille.

LE COU LE PLUS LONG

Le cou humain le plus long mesure 40 cm. Il a été étiré grâce à l'ajout successif d'anneaux en cuivre. C'est un signe de beauté pour les femmes des tribus Padaung ou Karen (Myanmar). Leur cou finit par devenir si long et fragile qu'il ne peut plus soutenir leur tête sans les anneaux.

LE MOINS D'ORTEILS

Des membres de la tribu Wadomo de la vallée du Zambèze (Zimbabwe) et de la tribu Kalanga dans l'est du Kalahari (Botswana) ne comptent que deux orteils. Il s'agit d'une mutation héréditaire d'un gène unique.

★LA PLUS GRANDE FÊTE DU THAIPUSAM

Très populaire chez les Tamils, la fête hindoue du Thaipusam célèbre Murugan, fils de Shiva et Parvati. Les adeptes pratiquent la mortification de la chair en empalant leurs joues sur des broches. La fête la plus importante débute au temple Sri Mahamariamman de Kuala Lumpur (Malaisie) et attire jusqu'à 1 million de fidèles.

17 mars **Le plus gros sandwich** pesait 2 467,5 kg. Il a été confectionné par Wild Woody's Chill and Grill, à Roseville (Michigan, USA), en 2005.

18 mars Le lieutenant-colonel (devenu général) Alekseï Arkhipovich Leonov (ex-URSS) a accompli **la première sortie extravéhiculaire dans l'espace** depuis *Voskhod 2*, en 1965.

MIRACLES DE LA MÉDECINE

★ LA PREMIÈRE QUINTUPLE GREFFE DE REINS

La première chaîne de 5 greffes de reins s'est déroulée à l'hôpital Johns Hopkins de Baltimore (USA), en novembre 2006. Conduite par le chirurgien Robert Montgomery (USA, photographié devant un tableau indiquant l'itinéraire des 5 reins entre donneurs et patients), cette transplantation a nécessité 12 chirurgiens, 6 salles d'opération, 5 donneurs et 5 receveurs. *Voir l'encadré sur la greffe de reins (à droite) pour plus de détails.*

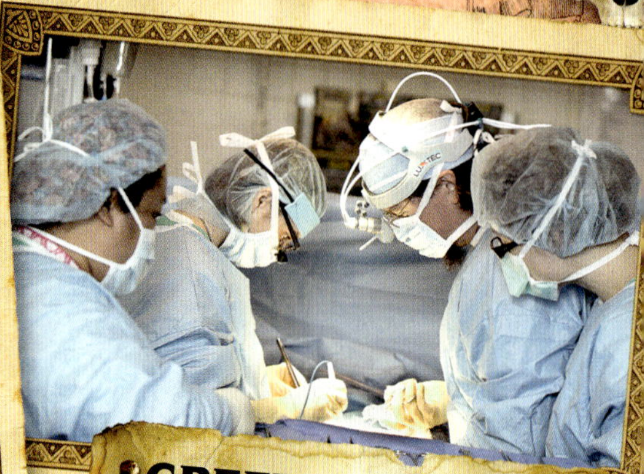

GREFFE DE REINS

Quatre des 5 patients avaient un parent disposé à donner un rein (le 5e figurait sur une liste d'attente pour recevoir le rein d'un donneur décédé). Dans chaque cas, le rein du donneur était incompatible avec le patient. Grâce à un 5e donneur, les combinaisons compatibles ont été trouvées pour réaliser cette chaîne de 5 greffes simultanées.

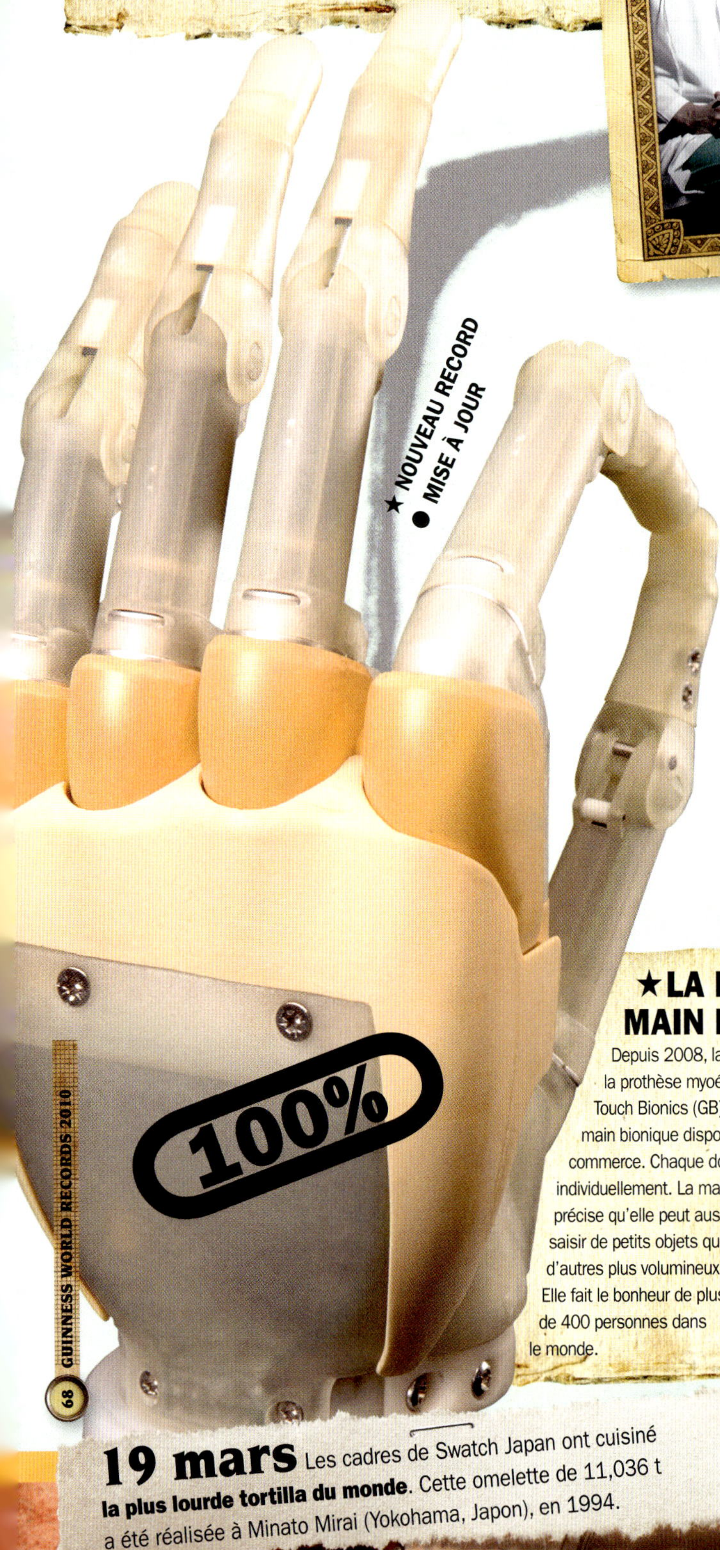

★ NOUVEAU RECORD
● MISE À JOUR

★ LA PREMIÈRE OPÉRATION DE CHIRURGIE ESTHÉTIQUE

Walter Yeo (GB), soldat qui a combattu lors de la Première Guerre mondiale, fut le premier à subir une opération de chirurgie esthétique. Des prélèvements de peau ont été effectués sur son épaule pour remplacer ses paupières perdues en maniant les canons du *HMS Warspite* en 1916, lors de la bataille du Jutland. Cette opération a été réalisée par sir Harold Gillies (Nouvelle-Zélande), considéré comme le père de la chirurgie esthétique.

LE CALCUL RÉNAL LE PLUS CHER

Le 18 janvier 2006, William Shatner (USA), qui jouait dans la série *Star Trek*, a vendu un calcul rénal qui lui avait été retiré l'année précédente, 25 000 $ sur le site GoldenPalace.com. L'acteur a fait don des fonds récoltés à l'œuvre de charité Habitat for Humanity.

● LE CALCUL RÉNAL LE PLUS LOURD

Wazir Muhammand Jagirani (Pakistan) s'est fait retirer du rein droit un calcul rénal (ci-dessous) de 620 g, au Nephro-Urology Chandka Medical College Hospital, à Sindh (Pakistan), le 24 juin 2008.

★ LA PREMIÈRE MAIN BIONIQUE

Depuis 2008, la "i-Limb Hand", la prothèse myoélectrique de Touch Bionics (GB), est la première main bionique disponible dans le commerce. Chaque doigt est motorisé individuellement. La main est si précise qu'elle peut aussi bien saisir de petits objets que d'autres plus volumineux. Elle fait le bonheur de plus de 400 personnes dans le monde.

19 mars Les cadres de Swatch Japan ont cuisiné **la plus lourde tortilla du monde**. Cette omelette de 11,036 t a été réalisée à Minato Mirai (Yokohama, Japon), en 1994.

20 mars Robert G. Davis (USA) a achevé **le plus long périple en motoneige**, totalisant 19 574,45 km, sur sa Yamaha RS Venture, en 2008.

560 kg : poids de Manuel Uribe (Mexique) – **l'homme le plus lourd de la décennie** – en janvier 2006.

100

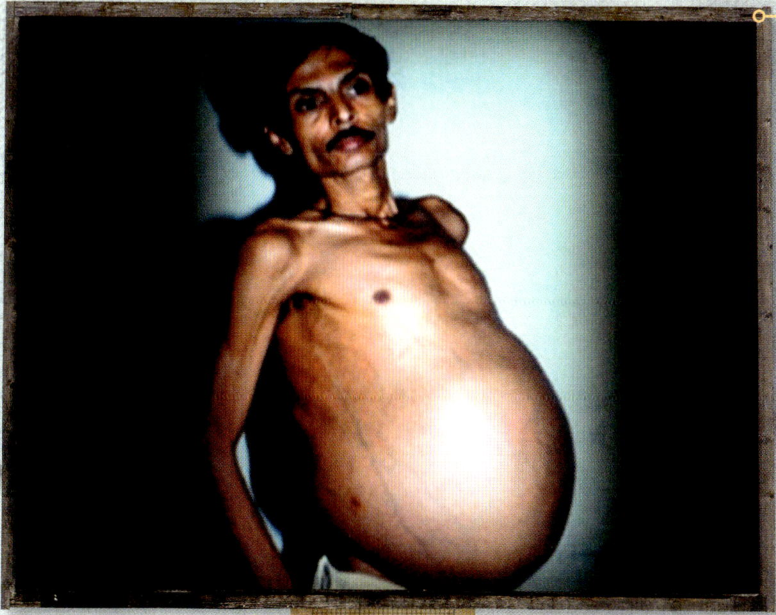

★ LE JUMEAU CACHÉ LE PLUS ÂGÉ

Sanju Bhagat de Nagpur (Inde) a vécu 36 ans avec un ventre particulièrement rebondi, sans raison apparente. En juin 1999, son état de santé s'est détérioré : son abdomen écrasait son diaphragme, lui causant une gêne respiratoire. Une opération réalisée par le Dr Ajay Mehta de l'hôpital Tata Memorial de Mumbai (Inde) a révélé la présence du jumeau de Bhagat, niché dans son abdomen à l'état de fœtus. Le jumeau avait continué à grandir en parasite dans le ventre de son frère. Le fœtus pesait 4 kg dont 1 kg de poils et de cheveux.

★ LE PLUS IMPORTANT DON DE SANG

Donneur particulièrement motivé, Anthony Davis (GB) avait donné 601 unités de sang et de composants sanguins au 3 juillet 2008.

★ LE CALCUL SALIVAIRE LE PLUS LONG

Les calculs salivaires sont des dépôts minéraux se développant dans les canaux salivaires. Un calcul de 37 mm a été extrait d'un patient de 43 ans par le docteur Kyprianos Kakouris, au Evangelistria Medical Centre de Nicosie (Chypre), le 20 novembre 2006.

PLUS D'INFO

Des jumeaux aux octuplés, des très jeunes aux très âgés : tournez la page pour découvrir d'autres histoires surprenantes...

★ RECORD DE TEMPS PASSÉ DANS UN FAUTEUIL ROULANT

Le 21 novembre 2008, William Borrelli (USA, né le 4 mars 1925) avait passé 76 ans et 173 jours dans un fauteuil roulant. Renversé par un bus à l'âge de 7 ans, il a néanmoins mené une vie normale et a eu 4 enfants.

LA PREMIÈRE GREFFE PARTIELLE DU VISAGE RÉUSSIE

100

Défigurée par les morsures de son chien, Isabelle Dinoire (France) a subi une greffe partielle du visage à l'hôpital universitaire d'Amiens (France), le 27 novembre 2005. Les chirurgiens ont œuvré toute une nuit pour prélever la peau, la graisse et les vaisseaux sanguins du donneur, les placer sur le crâne et les muscles de la patiente avant de reconnecter les vaisseaux sanguins.

BANQUE DE SANG

La Croix-Rouge américaine est le plus grand fournisseur de sang, plasma et tissus avec plus de 4,5 millions de donneurs au service de 3 000 hôpitaux.

● LE PLUS FORT TAUX DE BRÛLURES NON MORTELLES

Deux personnes ont survécu à des brûlures à 90 % de leur corps. David Chapman (GB) a été brûlé suite à l'explosion d'un bidon d'essence qui l'a aspergé de combustible enflammé, le 2 juillet 1996. Les chirurgiens ont eu besoin de 36 h pour extraire les peaux mortes. Tony Yarijanian (USA) a subi 25 opérations chirurgicales, dont de nombreuses greffes de peau, après avoir connu des blessures similaires suite à une explosion dans le salon de beauté de son épouse en Californie (USA), le 15 février 2004.

● RECORD DE TUMEURS EXTRAITES

Le Dr Charitesh Gupta (Inde) a extrait 9 tumeurs du cerveau d'un individu de 78 ans, HS Agarwal (Inde), au cours d'une seule opération, effectuée à l'Himalayan Institute of Medical Sciences de Dehradun (Inde), le 9 décembre 2006.

★ LES PLUS GROSSES AMYGDALES EXTRAITES

Justin Dodge (USA) possédait des amygdales de 3,2 cm de long, 2,6 cm de large et 2,1 cm d'épaisseur lors de leur extraction au St Francis Hospital de Milwaukee (Wisconsin, USA), le 18 décembre 2008.

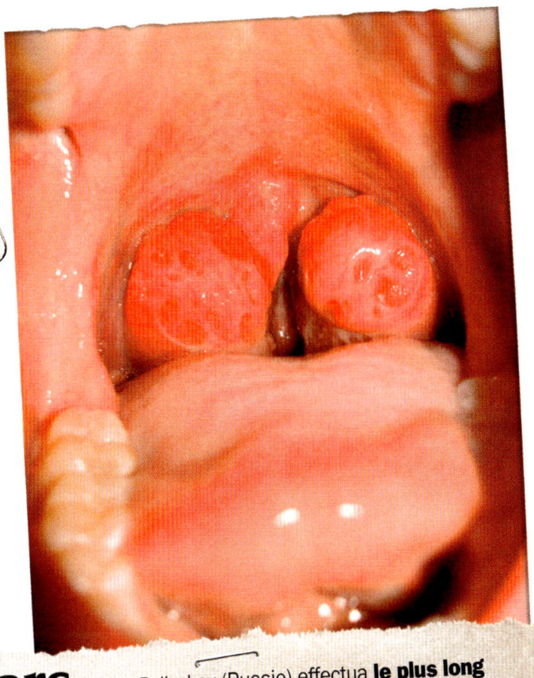

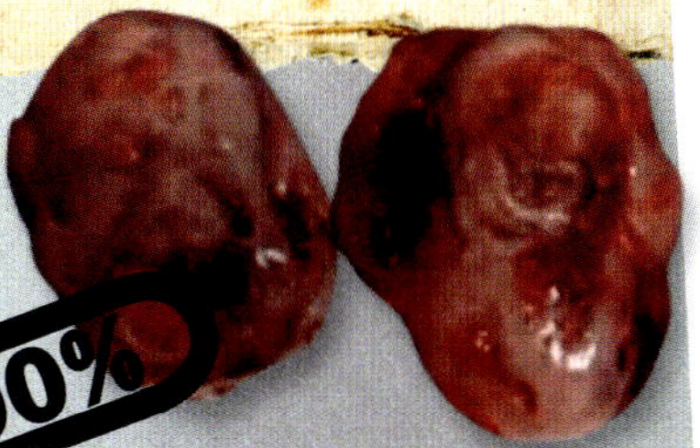

★ LA PLUS GROSSE BOULE DE CHEVEUX HUMAINS

La tricophagie est un trouble du comportement consistant à s'arracher les cheveux pour les manger. Cela peut engendrer chez le patient des troubles des intestins où l'on retrouve des cheveux emmêlés. La plus grosse boule de cheveux jamais extraite d'un corps humain mesurait 37,5 x 17,5 x 17,5 cm pour 4,5 kg. Elle se trouvait dans l'estomac d'une jeune fille de 18 ans, traitée au Rush University Medical Center de Chicago (Illinois, USA), en novembre 2007.

100%

21 mars Le record de gains à la machine à sous est de 39 713 982,25 $. Cette somme a été gagnée au Megabucks de l'hôtel-casino *Excalibur*, à Las Vegas (Nevada, USA), en 2003.

22 mars Valeriy Poliyakov (Russie) effectua **le plus long vol habité** après avoir quitté la station *Mir* le 8 janvier 1994 pour se poser sur Terre le 22 mars 1995, après 437 jours, 17 h, 58 min et 16 s.

HISTOIRES VÉCUES

★LA PLUS GRANDE FRATRIE NÉE EN MÊME TEMPS

Nadya Suleman (USA) a fait la une des journaux du monde entier le 26 janvier 2009 en donnant naissance à 6 garçons et 2 filles, au centre médical Kaiser Permanente de Bellflower (Californie, USA). Les bébés ont été conçus par fécondation *in vitro* (FIV). La maman était à 9 semaines du terme quand elle a accouché par césarienne.

Le record de bébés nés au cours d'un même accouchement et dûment enregistrés est de 9. Ils ont été mis au monde par Geraldine Brodrick (Australie), au Royal Hospital for Women de Sydney (Australie), le 13 juin 1971, mais aucun n'a survécu plus de 6 jours.

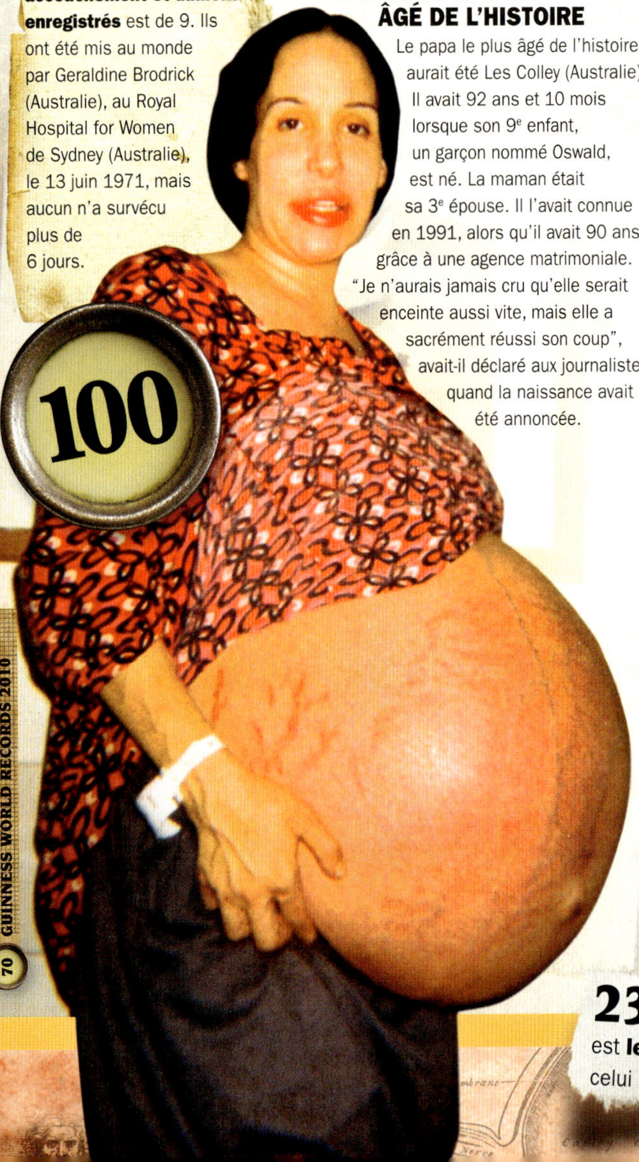

100

★LE PREMIER BÉBÉ MIS AU MONDE PAR UN HOMME

Thomas Beatie (USA) était une femme à la naissance. Grâce à une décision officielle des autorités de l'Oregon (USA), où il vit, il est aujourd'hui un homme. Il a subi une opération pour changer de sexe en 2002 tout en conservant son appareil génital féminin. En tant qu'homme, il a officiellement épousé en 2003 Nancy, qui avait auparavant subi une hystérectomie. Comme ils voulaient des enfants, c'est Thomas qui a conçu le bébé grâce au sperme d'un donneur anonyme et qui l'a porté. Susan, la petite fille du couple, est née le 29 juin 2008.

Le ★premier cas déclaré de bébé mis au monde par un homme est celui de Matt Rice (USA). Rice, qui était aussi une femme à la naissance, a eu recours à l'insémination artificielle et a mis au monde un petit Blake en 1999.

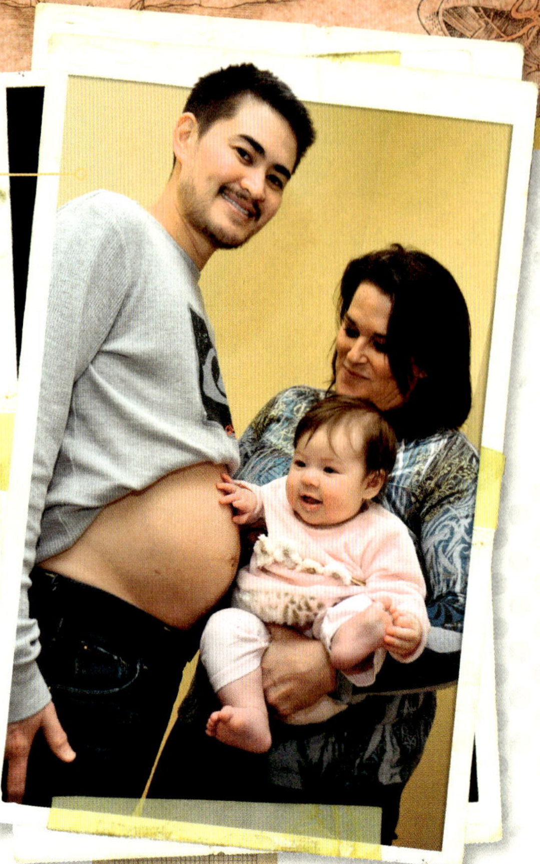

★SUPERCENTENAIRES DE MÈRE EN FILLE

On appelle supercentenaires les personnes qui dépassent l'âge de 110 ans. Mary P Romero Zielke Cota (USA, 1870-1982) est morte à 112 ans et 17 jours ; sa fille, Rosabell Zielke Champion Fenstermaker (USA, 1893-2005), est morte à 111 ans et 344 jours.

★LE PAPA LE PLUS ÂGÉ DE L'HISTOIRE

Le papa le plus âgé de l'histoire aurait été Les Colley (Australie). Il avait 92 ans et 10 mois lorsque son 9e enfant, un garçon nommé Oswald, est né. La maman était sa 3e épouse. Il l'avait connue en 1991, alors qu'il avait 90 ans, grâce à une agence matrimoniale. "Je n'aurais jamais cru qu'elle serait enceinte aussi vite, mais elle a sacrément réussi son coup", avait-il déclaré aux journalistes quand la naissance avait été annoncée.

★LA MAMAN LA PLUS ÂGÉE (GROSSESSE NATURELLE)

Le 20 août 1997, Dawn Brooke (GB) est devenue la plus vieille maman d'un enfant conçu naturellement. Elle a accouché par césarienne à l'âge de 59 ans. La grossesse était un accident : Dawn a ovulé alors qu'elle était ménopausée.

LE BÉBÉ LE PLUS LOURD À LA NAISSANCE

Anna Bates (Canada, 1846-1888), qui mesurait 2,27 m, a donné naissance à un petit garçon de 10,8 kg chez elle, à Seville (Ohio, USA), le 19 janvier 1879, mais le bébé est mort 11 h plus tard. **Le bébé le plus lourd ayant survécu** est un petit garçon mis au monde par Carmelina Fedele (Italie), à Aversa (Italie). Il pesait 10,2 kg lorsqu'il est né, en septembre 1955.

PLUS D'INFO

Le 13 novembre 2008, Thomas Beatie a annoncé une seconde grossesse, moins de 5 mois après avoir accouché de son premier enfant.

LE PLUS GRAND PRÉMATURÉ ENCORE VIVANT

La durée normale de gestation se situe autour de 280 jours (environ 40 semaines). James Elgin Gill, fils de Brenda et James Gill (Canada), est né 128 jours avant terme, le 20 mai 1987, à Ottawa (Canada). Il ne pesait que 624 g et son développement – notamment sa peau, ses mains, ses oreilles et ses pieds – n'était pour l'essentiel pas achevé quand il est né. Ses paupières étaient soudées et il a dû être opéré juste après la naissance pour fermer une artère reliant le cœur aux poumons.

●LA FEMME LA PLUS ÂGÉE AYANT DONNÉ NAISSANCE À SES PROPRES PETITES-FILLES

A 56 ans, Jacilyn Dalenberg (USA) a servi de mère porteuse à sa fille, Kim Coseno (USA). Elle a mis au monde ses 3 petites-filles après les avoir portées. Elizabeth Jacilyn, Carmina Ann et Gabriella Claire sont nées par césarienne à 9 semaines du terme, à l'hôpital Hillcrest de Cleveland (Ohio, USA), le 11 octobre 2008. Elles pesaient entre 900 g et 1, 296 kg.

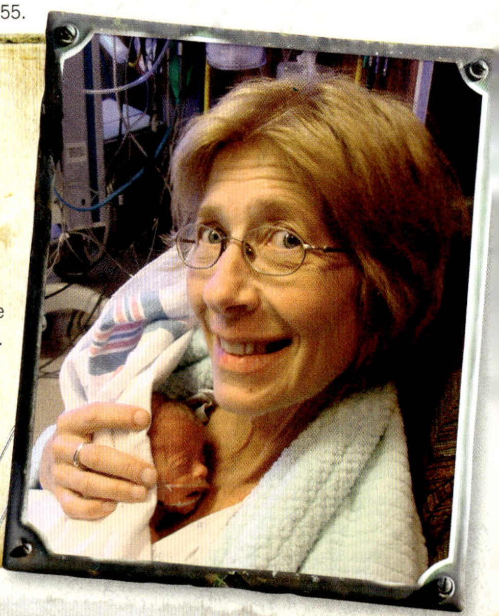

23 mars *Le Voyage de Chihiro* (Japon, 2001) est **le premier dessin animé à avoir remporté un oscar**, celui du meilleur film d'animation, en 2003.

7,2 millions : nombre de personnes décédées d'ischémie myocardique, d'après un rapport de l'ONU sur la santé de 2004, ce qui en fait **la maladie la plus mortelle**.

100

★ NOUVEAU RECORD
● MISE À JOUR

★LES PLUS ÂGÉS DU MONDE

Au 16 avril 2009

	NOM/NATIONALITÉ	SEXE	DATE DE NAISSANCE	ÂGE
1	Gertrude Baines (USA)	F	6 avril 1894 (1)	115 ans et 10 j.
2	Kama Chinen (Japon)	F	10 mai 1895	113 ans et 341 j.
3	Mary Josephine Ray (USA)	F	17 mai 1895	113 ans et 334 j.
4	Olivia Patricia Thomas (USA)	F	29 juin 1895	113 ans et 291 j.
5	Neva Morris (USA)	F	3 août 1895	113 ans et 256 j.
6	Chivo Shiraishi (Japon)	M	6 août 1895	113 ans et 253 j.
7	Tomoji Tanabe (Japon)	M	18 septembre 1895 (2)	113 ans et 210 j.
8	Maggie Renfro (USA)	F	14 novembre 1895	113 ans et 153 j.
9	Eugénie Blanchard (France)	F	16 février 1896	113 ans et 59 j.
10	Lucia Lauria Vigna (Italie)	F	4 mars 1896	113 ans et 43 j.

★LA MAMAN DE TRIPLÉS LA PLUS ÂGÉE

En septembre 2008, une femme d'origine asiatique – dont on ne connaît pas le nom – a donné naissance à des triplés, à 59 ans, à la maternité de Port-Royal (Paris, France). Les triplés, 2 garçons et 1 fille, pesaient 2,3, 2,1 et 2,4 kg.

LE PREMIER BÉBÉ-ÉPROUVETTE

Conçue par fécondation *in vitro* le 10 novembre 1977, Louise Brown (GB), fille de Lesley Brown (GB), est née par césarienne à l'hôpital général d'Oldham (Lancashire, GB), à 11 h 47, le 25 juillet 1978. Elle pesait 2,6 kg.

LA MAMAN LA PLUS PROLIFIQUE DE L'HISTOIRE

Le record officiel de bébés nés d'une même mère est de 69. Ils ont été mis au monde par l'épouse de Feodor Vassilyev (1707- 1782), un paysan de Shuya (Russie). Cette femme détient en outre **le record de quadruplés** (4) **et de jumeaux** (16 paires) **mis au monde**. Elle a aussi donné naissance à 7 fratries de triplés, mais **le record de triplés** est de 15, mis au monde par Maddalena Granata (Italie, 1839-1886).

LA MAMAN LA PLUS ÂGÉE

100

La maman la plus âgée (dont l'âge soit attesté) est María del Carmen Bousada Lara (Espagne, née le 5 janvier 1940). Le 29 décembre 2006, à 66 ans et 358 jours, elle a donné naissance après une FIV à des jumeaux, Christián et Pau, à Barcelone (Espagne).

★LA JUMELLE SURVIVANTE LA PLUS ÂGÉE

Depuis le 27 janvier 2009, Leona Adams Gleed (USA, née le 28 mars 1900), qui vit à Norfolk (Nebraska, USA), est la jumelle survivante la plus âgée. Son jumeau Leo est mort en 1990, à 89 ans, mais Leona, aujourd'hui âgée de 108 ans, se porte bien.

★LES PERSONNES LES PLUS ÂGÉES DE L'HISTOIRE NÉES À UNE MÊME DATE

Camille Loiseau (France) et Toyo Endo (Japon) sont nés le 13 février 1892 et furent les personnes les plus vieilles de l'histoire à être nées à la même date. Toyo est mort à 112 ans et 325 jours le 3 janvier 2005. Camille avait 114 ans et 180 jours quand elle est morte le 12 août 2006.

★LE PAPA ENCORE EN VIE LE PLUS ÂGÉ

En août 2007, à 90 ans, Nanu Ram Jogi (Inde) a fêté la naissance de celui qu'il pense être son 21e enfant – une fille baptisée Girija. Il est donc désormais le papa le plus âgé du monde. Il a été père pour la première fois en 1943 et espère continuer à avoir des enfants jusqu'à 100 ans. Sa femme, la quatrième, était auparavant mariée à l'un de ses fils, mort en 1997.

24 mars **Le plus grand château gonflable**, qui mesure 12 m de haut et couvre 19 m² au sol, a ouvert ses portes au public à la Roundhouse de Camden, à Londres (GB), en 1997.

QUESTION DE TAILLE

ÊTES-VOUS À LA HAUTEUR ?

- **Les personnes cherchant à établir un record de taille doivent se préparer à être mesurées 3 fois en une journée (le matin, le midi et le soir, en position debout).**
- **Les mesures doivent être faites en présence d'un juge de Guinness World Records.**
- **Seules les revendications dépassant le record actuel (associées à une confirmation médicale écrite) donneront lieu à des mesures.**

272 CM : L'HOMME LE PLUS GRAND DE L'HISTOIRE

Pesant 3,85 kg à la naissance, Robert Wadlow (USA, voir p. 13) a grandi anormalement à partir de 2 ans, après l'opération d'une double hernie. Voici sa courbe de croissance jusqu'à 22 ans :

ÂGE	TAILLE
5	163 cm
8	183 cm
10	199 cm
12	210 cm
14	226 cm
16	240 cm
18	253 cm
20	261 cm
22,4	272 cm *

La croissance s'est poursuivie durant sa maladie.

Wadlow est mort à 1 h 30 le 15 juillet 1940 des suites d'une ampoule infectée causée par une attelle mal posée une semaine plus tôt.

★208 CM : LA PLUS GRANDE ADOLESCENTE

Malee Duangdee (Thaïlande, née le 22 décembre 1991) mesure 208 cm. Elle est la plus grande jeune fille de moins de 18 ans. Sa taille est due à une tumeur de la glande pituitaire. Elle est ici photographiée à côté de notre directeur de la publication, Craig Glenday (170 cm), qui l'a mesurée à l'hôpital Chulalongkom de Bangkok (Thaïlande), le 16 janvier 2009. Un traitement médicamenteux pourrait ralentir voire stopper sa croissance, mais il est trop onéreux pour les moyens de sa famille.

248 CM : LA PLUS GRANDE FEMME DE L'HISTOIRE

Zeng Jinlian (Chine, 1964-1982) mesurait 248 cm à sa mort. Ce chiffre correspond à sa taille si la courbure de sa colonne vertébrale avait été normale. Souffrant d'une grave scoliose, elle ne pouvait en effet pas se tenir droite.

Zeng commença à grandir anormalement à l'âge de 4 mois et mesurait 2,17 m à 13 ans.

118-234 CM : LA TAILLE LA PLUS VARIABLE

Adam Rainer (Autriche, 1899-1950) ne mesurait que 118 cm à 21 ans, mais commença brusquement à grandir rapidement. En 1931, il avait atteint 218 cm. Il devint si faible qu'il dut rester alité le reste de sa vie. À sa mort, il mesurait 234 cm et était la seule personne au monde à avoir été à la fois un nain et un géant.

228,6 CM : LE PLUS GRAND JOUEUR DE LA NBA

Depuis que Gheorghe Muresan (Roumanie) s'est retiré, Yao Ming (Chine) des Houston Rockets (USA) est le plus grand joueur de la National Basket Association. Il mesure 228,6 cm. Ses débuts professionnels datent de 1997.

223,5 CM : LES PLUS GRANDS JUMEAUX

Les jumeaux monozygotes Michael et James Lanier (USA, nés le 27 novembre 1969) de Troy (Michigan, USA) mesurent tous deux 223,5 cm. Les deux garçons ont joué au basket à l'université : Michael à Denver (Colorado) et James à Los Angeles (Californie).

213 CM : LE PLUS GRAND CHAMPION POIDS LOURD WBA

Nicolay Valuev (Russie), qui mesure 213 cm et pèse 150 kg, est le plus grand champion poids lourd de la World Boxing Association. Surnommé la bête de l'Est, Valuev est un ancien joueur de basket qui, à 16 ans, mesurait déjà 201 cm. Sa grande taille est due à un dysfonctionnement de la glande pituitaire.

●404,7 CM : LE PLUS GRAND COUPLE MARIÉ

Wilco (Pays-Bas) et Keisha van Kleef-Bolton (GB) ont une taille combinée de 404,7 cm. Ils sont donc le plus grand couple marié du monde. Ils se sont rencontrés dans un club pour personnes de grande taille en Grande-Bretagne alors que Keisha cherchait un partenaire de danse. Peu après, le couple s'est marié en présence du révérend Brian Shipsides (également en photo), à All Saints Church (Forest Gate, Londres, GB).

73 cm : différence de taille entre Don Koehler (USA), qui mesure 248 cm, et sa (fausse) jumelle. Il s'agit de **la plus grande différence de taille entre des jumeaux**.

★ NOUVEAU RECORD

● MISE À JOUR

●236,2 CM : LA PLUS GRANDE FEMME

Yao Defens (Chine) doit mesurer 236,2 cm, ce qui ferait d'elle la plus grande femme du monde. Guinness World Records doit cependant confirmer sa taille. Plusieurs tentatives pour la mesurer ont été abandonnées en raison de sa mauvaise santé. Très récemment, Yao Defens a en effet été blessée au cours d'une chute et ne peut se tenir debout.

204 CM : LE PLUS GRAND JOUEUR DE LA NHL

Mesurant 204 cm, Zdeno Chara (Slovaquie) des Boston Bruins (USA) est le plus grand joueur de l'histoire de la National Hockey League.

194 CM : L'ACTEUR LE PLUS GRAND

Deux acteurs détiennent ce record. Ils mesurent 1,94 m : il s'agit de Christopher Lee (GB), qui joue principalement dans des films d'horreur depuis 1958 ; et Vince Vaughn (USA), qui a endossé son premier rôle principal dans *Loin du paradis* (USA, 1998). **Le plus grand acteur de l'histoire**, Matthew McGrory (USA, 1973-2005), mesurait 229 cm lorsqu'il a joué dans *Big Fish* de Tim Burton (USA, 2003).

211 CM : LE PLUS GRAND JOUEUR DE L'AFL

Aaron Sandilands (Australie), qui mesure 211 cm, est le plus grand joueur de l'Australian Football League. Il a joué pour Freemantle de 2003 à 2005. Il partage ce record avec Peter Street (Tasmanie) de St Joseph.

201 CM : LES PLUS GRANDES JUMELLES

Ann et Claire Recht (USA, nées le 9 février 1988) ont été mesurées à 3 reprises, en position horizontale et verticale, le 10 janvier 2007, dans l'Oregon (USA). Chacune mesurait en moyenne 201 cm.

182 CM : L'ACTRICE LA PLUS GRANDE

Margaux Hemingway, Sigourney Weaver, Geena Davis (toutes USA) et Brigitte Nielsen (Danemark, voir p. 207) mesurent 182 cm.

208 CM : LE PLUS GRAND TENNISMAN À WIMBLEDON

Ivo Karlovic (Croatie) mesurait 208 cm lorsqu'il a participé au tournoi de tennis de Wimbledon.

★225,1 CM : LE PLUS GRAND ADOLESCENT

À 13 ans, Brenden Adams (USA, né le 20 septembre 1995) mesurait 225,1 cm. Il était plus grand que Robert Wadlow (**le plus grand homme de l'histoire**) au même âge. Brenden souffre d'une maladie chromosomique dont il est le seul cas connu. Aujourd'hui, il ne grandit plus que de 0,5 cm par an.

DOULEURS DE CROISSANCE

Sultan souffre de gigantisme pituitaire, une affection résultant d'une surproduction d'hormone de croissance. L'hormone de croissance est libérée dans le cerveau par la glande pituitaire ; si celle-ci est affectée par une tumeur, elle peut produire trop (ou trop peu) d'hormones. Lorsque la production d'hormones est trop importante, la personne a de grandes mains, ses os épaississent et ses articulations deviennent douloureuses.

●246,5 CM : LE PLUS GRAND HOMME

Sultan Kösen (Turquie) est le plus grand homme vivant. Il mesurait en moyenne 246,5 cm lorsqu'il a été mesuré par les services de GWR à Ankara (Turquie), en février 2009. Kösen est né le 10 décembre 1982 à Kiziltepe Köyü, dans la province de Mardin à l'est de la Turquie. Lorsqu'il était adolescent, il a été dispensé du service militaire en raison de sa taille, mais a attiré l'attention des sélectionneurs de l'équipe de basket de Galatasaray. Il s'est engagé comme joueur mais, trop malhabile, n'a pas eu de résultats sur le terrain.

EXPLOITS HUMAINS

SOMMAIRE

●LE VÉHICULE LE PLUS LOURD TRACTÉ SUR 30,48 M

100

Après s'être lancé dans la compétition en 1996, le pasteur luthérien Kevin Fast (Canada) a établi son premier record mondial en 1998. Aujourd'hui, le révérend Fast détient le record du véhicule le plus lourd, 57 243 kg, tracté sur 30,48 m. Ce record a été établi dans le cadre de l'émission télévisée *Live with Regis & Kelly*, à New York (USA), le 15 septembre 2008.

7 710 kg : poids du camion tiré par Kevin Fast (Canada) à la force d'un seul bras, le 25 février 2008.

DÉMONSTRATIONS DE FORCE

★ NOUVEAU RECORD ● MISE À JOUR

★RECORD DE TEMPS D'UNE ÉCHELLE HUMAINE

Jessica et Hartmut Held (Allemagne) ont tenu la difficile position de l'échelle humaine pendant 38,5 s, sur le plateau de *Guinness World Records : Die Großten Weltrekorde* (Allemagne), le 18 décembre 2008.

★RECORD DE TEMPS POUR TIRER UN BUS À SOUFFLET SUR 50 M

Pascal Laloux (Belgique) a tiré un bus à soufflet sur 50 m, en 43,09 s, à Namur (Belgique), le 13 avril 2008.

●LE CAMION LE PLUS LOURD TIRÉ PAR LES BRAS

Le révérend Kevin Fast (Canada) a tiré un camion de 7 710 kg à la seule force de ses bras, à Cobourg (Ontario, Canada), le 25 février 2008. *Voir p. 74 pour une autre démonstration de force hallucinante de Fast.*

★LE VÉHICULE LE PLUS LOURD TIRÉ PAR LES PAUPIÈRES

À l'aide de cordes attachées à des crochets eux-mêmes fixés à ses paupières inférieures, Dong Changsheng (Chine) a tiré une voiture de 1 500 kg sur 10 m, à Changchun (Chine), le 26 septembre 2006.

LE VÉHICULE LE PLUS LOURD TIRÉ PAR LES CHEVEUX

Le véhicule le plus lourd à avoir été tiré par les cheveux sur 30 m est un bus à étage de 7 874 kg. Ce record a été établi par Letchemanah Ramasamy (Malaisie), à Bruntingthorpe Proving Ground (Leicestershire, GB), le 1er mai 1999.

●RECORD DE POIDS SOULEVÉ AVEC LA LANGUE

Thomas Blackthorne (GB) a porté 12,5 kg fixé à sa langue par un crochet, sur le plateau d'*El Show Olímpico*, à Mexico (Mexique), le 1er août 2008.

★RECORD DE POIDS SOULEVÉ AVEC LES TÉTONS

Sage Werbock (USA), alias "The Great Nippulini", a porté 21,9 kg au bout de ses tétons percés, pendant 5 s, au Tritone Bar, à Philadelphie (Pennsylvanie, USA), le 20 mai 2003.

★RECORD DE TEMPS À PORTER UNE PERSONNE AU-DESSUS DE SA TÊTE

Markus Ferber a porté Clarissa Beyelschmidt (Allemagne) au-dessus de sa tête pendant 59,34 s, à Cologne (Allemagne), le 13 septembre 2008.

●RECORD DE POIDS PORTÉ SUR LES ÉPAULES

Franz Muellner (Autriche) a porté 560 kg sur ses épaules pendant 30 s, alors qu'un hélicoptère atterrissait sur un plateau qu'il supportait en partie. Ce record a été réalisé sur le plateau d'*El Show Olímpico*, à Mexico (Mexique), le 31 juillet 2008.

●RECORD DE POIDS PORTÉ SUR LE CORPS

Eduardo Armallo Lasaga (Espagne) a porté 71 blocs de béton et 4 personnes – 1 459 kg – sur son corps, à Madrid (Espagne), le 30 janvier 2009.

RECORD DE POIDS EN ÉQUILIBRE SUR LA TÊTE

L'athlète et détenteur de records John Evans (GB) a porté 5 180,09 kg en équilibre sur la tête, pendant 1 h, à Lowestoft Seafront (Suffolk, GB), le 23 juillet 2000.

★RECORD DE LEVER DE 100 KG AVEC UNE DENT EN 1 MIN

À l'aide d'une seule dent, Georges Christen (Luxembourg) a porté 24 fois un poids de 100 kg en 1 min, sur le plateau de *L'Été de tous les records*, à Bénodet (France), le 22 août 2005.

RECORDS DE BRIQUES PORTÉES

Fred Burton (GB) a porté 20 briques pesant au total 102,73 kg à hauteur de poitrine pendant 2 s, le 5 juin 1998, à Cheadle (Staffordshire, GB).

●ENROULÉS DE POÊLES

Scott Murphy (USA) a enroulé sur elle-même une poêle à frire en aluminium de 30 cm de diamètre pour former un tube de 17,46 cm de circonférence en 30 s. L'événement s'est produit au NXB Team Training Center de Myrtle Beach (Caroline du Sud, USA), le 30 juillet 2007.

La ★plus petite circonférence atteinte pour deux poêles en aluminium enroulées ensemble à la main en 30 s est de 30,5 cm. Ce record a été réalisé par Jon Pritikin (USA), au Rectory Road Park de Sittingbourne (Kent, GB), le 11 juillet 2007.

25 mars Peggy Ashcroft (GB) est **l'actrice la plus âgée à avoir reçu un oscar de la meilleure actrice dans un second rôle**, pour *A Passage to India* (GB/USA, 1984) en 1985. Elle avait 77 ans et 93 jours.

580 : nombre de soulèvement de l'arrière d'une voiture en 1 h. Ce record a été réalisé par Mark Anglesea (GB), le 3 octobre 1998.

★ RECORD DE BLOCS DE BÉTON CASSÉS EN UNE FOIS AVEC LA TÊTE

Le record de blocs de béton cassés en une seule fois avec la tête est de 7. Il a été réalisé par Narve Laeret (Norvège), à Horten (Vestfold, Norvège), le 3 juillet 2008. À cette occasion, Laeret a battu son propre record de 5 blocs, réalisé en 2007.

★ LE POIDS LE PLUS LOURD PORTÉ AVEC LES ORBITES

Chayne Hultgren (Australie) a tiré un pousse-pousse chargé de 5 personnes, pesant au total 399,2 kg, à l'aide de cordes fixées à des hameçons eux-mêmes attachés à ses orbites, à Madrid (Espagne), le 16 janvier 2009.

● RECORD DE ROTATIONS DE HULA HOOPS GÉANT EN 1 MIN

À Jamaica (New York, USA), le 30 avril 2008, Ashrita Furman (USA) a fait tourner un cerceau de hula hoops de 3,5 m de diamètre 64 fois en 1 min.

● RECORD DE BLOCAGE D'UNE VOITURE

Sur le plateau d'*El Show Olímpico*, à Mexico (Mexique), le 28 juillet 2008, Franz Muellner (Autriche) a bloqué pendant 13,84 s une Ferrari 360 Modena lancée à plein régime.

● RECORD DE DÉVELOPPÉS-COUCHÉS EN PORTANT UN INDIVIDU

Fernando Saugar (Espagne) a effectué des développés-couchés en portant une personne assise sur un banc conçu à cet effet, pour un poids total de 106,28 kg, 111 fois en 1 min. Saugar a réalisé ce record sur le plateau de *Guinness World Records – El Show de los records*, à Madrid (Espagne), le 25 mai 2006.

★ RECORDS DE LANCER D'APPAREILS ÉLECTROMÉNAGERS EN 1 MIN

Poussant l'art du lancer électroménager un peu plus loin, Oliver Gratzer (Autriche) a lancé 24 appareils différents en 1 min, sur le plateau de *Guinness World Records – Die Größten Weltrekorde*, à Cologne (Allemagne), le 13 septembre 2008.

LE LANCER DE LAVE-LINGE LE PLUS LONG

Bill Lyndon (Australie) a lancé un lave-linge de 45,3 kg à 3,36 m, à Sydney (Australie), le 26 juin 2005.

● RECORD DE TEMPS POUR RÉALISER LE DÉFI GWR FITNESS

Robin Simpson (GB) a effectué 3,218 km à la nage, 177 km à vélo, une course à pied de 19,3 km, une marche de 19,3 km, 32,18 km à la rame et 32,18 km sur un vélo elliptique, il a porté 136 080 kg, fait 1 250 pompes, 3 250 abdominaux, 1 250 levers de jambe et 1 250 sauts de départ, en 18 h, 25 min et 40 s, au complexe sportif Fitness First de Leeds (GB), le 28 novembre 2008.

RECORD DE VÉHICULES ROULANT SUR LE VENTRE D'UN INDIVIDU

Huit véhicules ont roulé sur le ventre de Tom Owen (USA), à Phoenix (Arizona, USA), le 17 octobre 2008. Le poids total des véhicules était de 32 658 kg.

● RECORD DE BLOCAGE DE 2 AVIONS CESSNA

Chad Netherland (USA) a empêché le décollage de 2 Cessna progressant dans 2 directions opposées, pendant 1 min et 0,6 s, à l'aéroport Richard I. Bong, à Superior (Wisconsin, USA), le 7 juillet 2007.

26 mars **Le règne papal le plus court** fut celui du pape Étienne II. Élu le 24 mars 752, après la mort du pape Zacharie, il mourut 2 jours plus tard.

27 mars Diffusée par la chaîne Yorin (Pays-Bas), en 2005, **la publicité télévisée la plus longue** durait 24 min. Elle vantait les mérites de Lipton Ice Tea Green.

BIZARRE BIZARRE...

●LE ROT LE PLUS BRUYANT (HOMME)

Paul Hunn (GB) a fait un rot de 107,1 dB, sur le plateau de *The New Paul O'Grady Show*, à Londres (GB), le 24 septembre 2008.

●LE JEU DE CARTES REMIS DANS L'ORDRE LE PLUS RAPIDEMENT

Zdenek Bradac (République tchèque) a remis dans l'ordre un jeu de 52 cartes (as jusqu'à dix, puis valet, reine et roi de carreau, trèfle, cœur et pique) en 36,16 s, au Sheffield Castle College (GB), le 15 mai 2008.

●RECORD POUR S'EXTRAIRE D'UNE VALISE

Après s'être "glissée" dans une valise, la contortionniste Leslie Tipton (USA) s'en est extraite en ouvrant la fermeture Éclair en 7,04 s, le 31 mai 2008, à Los Angeles (USA).

●LE PLUS DE TORCHES AVALÉES

Hubertus Wawra (Allemagne), alias le "maître des flammes de l'enfer", a éteint 68 torches enflammées avec sa bouche en 1 min, sur le plateau de l'émission *Guinness World Records – Die Größten Weltrekorde*, à Cologne (Allemagne), le 13 septembre 2008.

●LA PLUS GRANDE DISTANCE PARCOURUE AVEC UNE QUEUE DE BILLARD SUR LE MENTON

Ashrita Furman (USA) a parcouru 1 668 m avec une queue de billard de 500 g posée en équilibre (côté cuir vers le bas) sur le menton, sur le terrain Joe Austin, à New York (USA), le 6 juillet 2008.

●LE CORPS LE PLUS LONGTEMPS IMMERGÉ DANS LA GLACE

Wim Hof (Pays-Bas) est resté en contact direct avec la glace pendant 1 h, 42 min et 22 s, sur le plateau de l'émission de *Guinness World Records*, à Madrid (Espagne), le 23 janvier 2009. Hof pratique depuis plus de 20 ans des sports extrêmes, ainsi que la technique de yoga appelée "feu intérieur" qui lui permet de maintenir son corps à 37 °C même quand il fait très froid.

★LE 100 M HAIES LE PLUS RAPIDE AVEC DES PALMES (FEMME)

Maren Zänker (Allemagne) a mis 22,35 s pour courir un 100 m haies avec des palmes, sur le plateau de *Guinness World Records – Die Größten Weltrekorde*, à Cologne (Allemagne), le 13 septembre 2008. À titre de comparaison, le record détenu par Yordanka Donkova (Bulgarie) pour un 100 m haies "normal" est de 12,21 s, en 1988.

BATTEZ UN RECORD !

Si vous avez un talent ou une particularité méritant de figurer dans *Le Mondial des records*, rendez-vous sur guinnessworldrecords.com. Vous y trouverez le règlement à respecter au cours de votre tentative de record. Si vous battez un record, votre nom apparaîtra peut-être dans notre prochaine édition !

28 mars Mort d'une crise cardiaque le 14 janvier 1977, Peter Finch (GB) est **le seul acteur à avoir reçu l'oscar du meilleur acteur à titre posthume** pour son rôle dans *Network* (USA, 1976), en 1977.

21 : nombre de balles de tennis tenues dans une main par Rohit Timilsina (Népal), pendant 14,32 s, à Kathmandou (Népal), le 14 juin 2008.

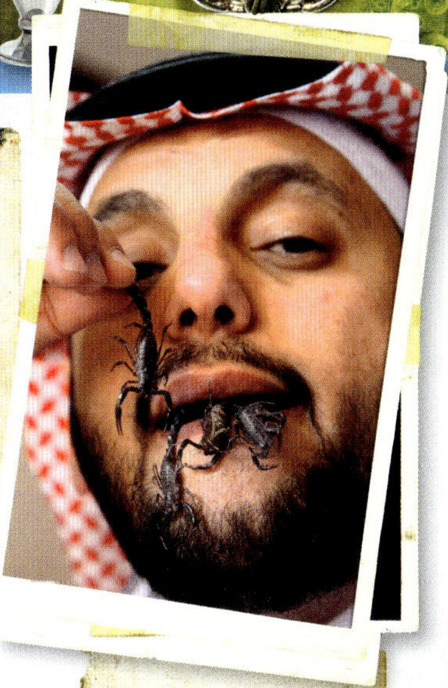

★RECORD DE TEMPS POUR GONFLER 3 BOUILLOTTES

À la seule force de ses poumons, Brian Jackson (USA) a gonflé 3 bouillottes jusqu'à ce qu'elles éclatent en 1 min et 8 s, sur le plateau de *Lo Show Dei Record*, à Milan (Italie), le 19 avril 2009.

●LE POIDS LE PLUS LOURD SOULEVÉ PAR UN AVALEUR D'ÉPÉES

100

Chayne Hultgren (Australie), alias "Spacecowboy", a gardé en bouche pendant 5 s une épée non rétractable de 40,5 cm de long sur laquelle étaient attachées deux bonbonnes de gaz de 22,4 kg, lors de la Crusty Demons Night of World Records, au Calder Park de Melbourne (Australie), le 29 mars 2008.

●RECORD DE BOUGIES ÉTEINTES D'UN SEUL COUP

V Sankaranarayanan (Inde) a éteint une rangée de 151 bougies espacées de 1 cm en soufflant dessus une seule fois, au club de la presse de Ramnathapuram (Inde), le 18 janvier 2008.

●TEMPS RECORD POUR SKIER À L'ENVERS SUR 100 M

Fan de sports d'hiver, Andy Bennett (GB) a skié à l'envers sur 100 m en pente, dans une course avec 4 portes de slalom. Son temps ? 9,48 s. C'était au SNO!zone de Milton Keynes (GB), le 27 avril 2009.

★LE PLUS DE VERS DÉPLACÉS AVEC LA BOUCHE EN 1 H

Charlie Bell (GB) a fait passer 17 kg de vers d'un contenant à l'autre placés à 1 m de distance, en 1 h, sur le plateau de *Guinness World Records Smashed*, dans les studios Pinewood de Londres (GB), le 7 avril 2009. Sous la chaleur des projecteurs, les vers se sont bientôt transformés en papillons, ce qui n'a pas facilité la tâche de Charlie !

●JONGLAGE AVEC LE PLUS DE TRONÇONNEUSES

Aaron Gregg (Canada) a rattrapé 88 fois les tronçonneuses avec lesquelles il jonglait, sur le plateau d'*El Show Olímpico* à Mexico (Mexique), le 28 juillet 2008.

●LE PLUS DE M&MS AVALÉS EN 1 MIN

John Muller (USA) a avalé 27 M&Ms en 1 min, à l'aide de baguettes, à New York (USA), le 14 novembre 2008. Le record a été établi lors de la journée GWR 2008 et enregistré en direct.

●JONGLAGE LA TÊTE EN BAS

Ashrita Furman (USA) a rattrapé 601 fois les 3 balles avec lesquelles il jonglait, suspendu la tête en bas grâce à des bottes antigravitation, à Jamaica (New York, USA), le 6 mai 2008.

●LE PLUS DE CUILLÈRES EN ÉQUILIBRE SUR LE VISAGE

Joe Allison (GB) a fait tenir simultanément 16 cuillères en équilibre sur son visage. Il a établi ce record à Totnes (Devon, GB), le 1er avril 2008.

★LE PLUS DE PASTÈQUES ÉCRASÉES AVEC LE POING

Sur le plateau de l'émission britannique *Guinness World Records Smashed*, le 2 avril 2009, Ricky O'Brien (GB) a écrasé 45 pastèques en 1 min, en direct des studios Pinewood de Londres (GB).

●LE PLUS DE SCORPIONS DANS LA BOUCHE

Maged Elmalke (Arabie saoudite) a mis 22 scorpions dans sa bouche, à Riyadh (Arabie saoudite), le 1er septembre 2008. Selon le règlement, tous les scorpions devaient rester dans la bouche pendant au moins 10 s.

★ NOUVEAU RECORD
● MISE À JOUR

100

●LE PLUS DE SERPENTS À SONNETTE DANS LA BOUCHE

Jackie Bibby (USA) a mis dans sa bouche 11 serpents à sonnette et les y a gardés sans aucune aide pendant 10 s, lors de l'émission *Guinness World Records : Die Größten Weltrekorde* (Allemagne), le 20 décembre 2008. Né au Texas (USA) en 1950, il manipule des serpents depuis 1968. Il est actuellement président du Heart of Texas Snake Handlers.

29 mars Henry Fonda (USA) est **l'acteur le plus âgé à avoir reçu l'oscar du meilleur acteur**. Il avait 76 ans et 317 jours, en 1982, lorsqu'il a été récompensé pour *La Maison du lac* (USA, 1981).

30 mars **La plus grosse somme payée par chèque** est de 3 971 821 275 $. Elle a été réglée par Glaxo plc à l'ordre de Wellcome Trust Nominees Ltd.

CASCADES EN FOLIE

★ LE PLUS RAPIDE POUR LANCER 10 COUTEAUX AUTOUR D'UNE CIBLE HUMAINE

Le 29 juillet 2008, sur le plateau d'*El Show Olímpico*, à Mexico (Mexique), David R Adamovich, alias le Grand Throwdini (USA), a mis 4,29 s pour planter 10 couteaux de 35 cm de long autour de sa partenaire, Tina Nagy, alias "Target Girl" (USA).

★ LE VÉHICULE LE PLUS LOURD TRACTÉ PAR UNE ÉPÉE EN BOUCHE

Le 28 octobre 2008, lors de l'émission *Guinea Pig*, enregistrée à Las Vegas (Nevada, USA), Ryan Stock (Canada) a avalé une épée de 43,18 cm de long. Il l'a ensuite attachée à une Audi A4 de 2002 de 1 696,44 kg avec des cordes et a tiré le véhicule sur 6,38 m en 20,53 s.

★ LA DISTANCE LA PLUS FAIBLE ENTRE UN AVION ET UNE MOTO PENDANT UN SAUT SUR UNE RAMPE

La distance la plus courte ayant séparé un avion d'une moto pendant un saut sur une rampe est 2,42 m. Le 7 septembre 2008, à Etvek (Hongrie), Veres Zoltán (aux commandes d'un Extra 300) et Gulyás Kiss Zoltán (pilotant une Yamaha YZ250F) (tous deux Hongrie) se sont croisés en l'air, à mi-course, lors d'une cascade.

● LE PLUS HAUT PLONGEON DANS 30 CM D'EAU

100

Le 12 septembre 2008, à Los Angeles (Californie), Darren Taylor (USA) a battu son propre record en faisant un plongeon de 10,81 m de haut dans 30 cm d'eau.

★ LE PLUS DE PLANCHES DE PIN CASSÉES AVEC LA TÊTE

Le 30 juillet 2008, sur le plateau d'*El Show Olímpico*, à Mexico (Mexique), Kevin Shelley (USA) a cassé 32 planches de pin sur son front en 30 s.

★ LE PLUS GRAND SAUT À L'ÉLASTIQUE À L'ENVERS

Ben Shephard (GB) a été catapulté lors d'un saut à l'élastique à l'envers à 54,25 m, le 3 octobre 2008, à Londres (GB).

★ LE PLUS RAPIDE POUR FRANCHIR 10 PORTES VERROUILLÉES EN FEU

Le 18 décembre 2008, sur le plateau de *Guinness World Records : Die Größten Weltrekorde*, en Allemagne, Sandra Kier (Allemagne) a franchi 10 portes verrouillées en feu en 23 s – une épreuve qui nécessite d'être en forme et... un peu fou.

ÇA MONTE...

Dans le saut à l'élastique à l'envers, on s'amarre au sol et on s'harnache à un élastique, qui est ensuite étiré au maximum vers le haut (en général avec une grue). À ce moment précis, la corde est relâchée et on est propulsé dans les airs (voir photos ci-dessus).

★ NOUVEAU RECORD
● MISE À JOUR

31 mars Martina Hingis (Suisse) est devenue **la plus jeune joueuse de tennis à être n° 1 du classement WTA**, à 16 ans et 182 jours, en 1997.

201 : record du monde de sauts en chute libre effectués en 24 h, réalisé par Dan Schilling (USA), à Twin Falls (Idaho, USA), les 7 et 8 juillet 2006.

★LA PLUS LONGUE DISTANCE À VÉLO SUR UNE CORDE RAIDE

Nik Wallenda (USA), qui appartient à la 7e génération d'une famille d'acrobates de cirque, les Flying Wallendas, a parcouru 71,63 m à vélo sur une corde raide, à Newark (New Jersey, USA), le 15 octobre 2008.

PLUS D'INFO
La corde était tendue entre deux grues à 41,15 m du sol, soit la hauteur d'un immeuble de 13 étages !

LE PLUS GRAND SAUT À SKI FILMÉ

Dans une scène de *L'Espion qui m'aimait* (GB, 1977), James Bond – doublé par le cascadeur Rick Sylvester (USA) – dévale la montagne à skis et saute d'une falaise de 609,6 m de haut (Asgard Peak, sur l'île de Baffin, au Canada), avant d'ouvrir un parachute à l'effigie de l'Union Jack.

LE SAUT DE LA MORT LE PLUS RISQUÉ

Robert Gallup (Australie) a été menotté (pieds et mains), enchaîné et enfermé dans un sac postal, puis dans une cage métallique avant d'être jeté d'un avion, à 5 486 m au-dessus du désert de Mojave (Californie, USA). Moins de 1 min avant de toucher le sol, à 240 km/h, il s'est extrait du sac et de la cage et a pu endosser un parachute attaché à l'extérieur de la cage. Il l'a déployé assez haut pour atterrir sans risque.

LE PLUS GRAND SAUT SANS PARACHUTE FILMÉ

Lors du tournage de *Hooper* avec Burt Reynolds, qu'il doublait, le cascadeur A J Bakunas (USA, 1950-1978) a sauté sans parachute d'une hauteur de 70,71 m avant d'atterir sur un matelas pneumatique.

LA PLUS HAUTE CHUTE DANS UN FILM

Cascadeur dans le film *Highpoint* (Canada, 1979), Dar Robinson (USA) a fait un saut de 335 m du haut de la tour CN de Toronto (Canada). Son parachute s'est ouvert à 91 m seulement du sol, après 6 s de chute libre.

★LE PLUS DE VOITURES CHARGÉES DANS UN AVION

Le 23 octobre 2008, à l'aéroport de Liège (Belgique), une équipe de 7 personnes représentant la société de transport de colis TNT et l'émission de télévision *TopGear* (Italie) a eu 1 h pour charger des Smart dans un Boeing 747. Elle en a finalement fait entrer 30 dans la soute en 35 min et 45 s.

●LA PLUS LONGUE DESCENTE DE RAPIDES EN KAYAK

Tyler Bradt (USA) a réalisé la plus longue descente de rapides en kayak aux chutes d'Alexandra, sur la rivière Hay, dans les territoires du Nord-Ouest (Canada), le 7 septembre 2007. Pour réussir cet exploit, Bradt devait rester en permanence dans son embarcation, un Dagger Nomad.

...ET ÇA DESCEND

Tyler a réalisé sa descente historique (ces clichés ont été réalisés en rafale) en restant complètement à gauche de la cascade et en se réceptionnant dans une zone de sécurité – son "matelas de mousse douillet" –, une zone éloignée du point de chute de la cascade. "L'arrivée s'est faite bien plus en douceur que prévu", a-t-il déclaré.

1er avr. Construit par Bio Tec-Klute GmbH (Allemagne), **le plus grand piège à souris** a été présenté en 2007. Il mesure 4,25 m de long sur 2,10 m de large et fonctionne parfaitement.

2 avr. En 1995, Emilio Scotto (Argentine) a achevé **le plus long voyage en moto** de l'histoire. Son périple de plus de 735 000 km avait commencé le 17 janvier 1985.

PARTICIPATION RECORD 1

●LE PLUS GRAND RASSEMBLEMENT DE SUPERMAN

Le 15 juin 2008, Steven Kirk (USA) a organisé une fête à laquelle ont assisté 122 personnes habillées en Superman. Cette fête a été organisée à Metropolis (Illinois, USA), autoproclamée "ville natale de Superman".

●BATTANT DES ŒUFS

1 162 personnes du Skagway Convention & Visitors Bureau (USA) ont battu des œufs à Skagway (Alaska, USA), le 4 juillet 2008.

★TAPOTANT LEUR TÊTE ET FROTTANT LEUR ESTOMAC

159 participants se sont réunis à la Windmill Public House de Clapham Common à Londres (GB), le 27 octobre 2007. Ils ont tapoté leur tête et frotté leur estomac en même temps.

★MAQUILLÉES AUX COULEURS DE LEUR ÉQUIPE

29 688 personnes se sont réunies au Stade de France (Paris, France), le 7 juin 2008, pour être maquillées aux couleurs du club de rugby du Stade français, en bleu et rose. Ce record a été organisé en collaboration avec les maquillages Fanbrush, le Stade français de Paris et le Stade de France.

●RECORD DE PERSONNES HABILLÉES EN SCHTROUMPFS

Le 18 juillet 2008, au festival Muckno Mania de Castleblayney (comté de Monaghan, Irlande), 1 253 personnes habillées en Schtroumpfs ont défilé dans les rues de la ville.

★RECORD DE BALLONS SAUTEURS

Le 4 juillet 2008, au cours d'un événement organisé par le partenariat sportif de l'école de Shepway au terrain de sport de Cheriton Road à Folkestone (Kent, GB), 1 008 personnes se sont réunies pour bondir sur des ballons sauteurs.

Inventé en Italie à la fin des années 1960, ce jouet en plastique gonflable n'a pas de réel intérêt : il ne permet pas de sauter plus haut ou d'aller plus vite qu'à pied !

RECORD DE PERSONNES...

●BATAILLE DE TARTES À LA CRÈME

120 personnes se sont lancé des tartes à la crème pendant le tournage du clip du titre *Trouble Maker* du groupe Weezer, à Los Angeles (Californie, USA), le 21 août 2008.

PLUS D'INFO
En 1979, Superman fut le 1er superhéros à avoir son propre jeu vidéo. D'autres records autour des jeux vidéo, p. 218-219.

★ JOUANT AUX DOMINOS

Au cours du 6e tournoi annuel mondial de dominos, organisé par la fédération internationale de dominos et la fédération nationale de dominos (toutes deux USA), au Walt Disney World d'Orlando (Floride, USA), le 10 juillet 2008, 332 personnes ont joué simultanément aux dominos.

●ASSISES SUR UNE CHAISE

1 058 personnes se sont assises sur une chaise, au club de sport Tampines West Constituency de la Springfield Secondary School (Singapour), le 16 août 2008. Pour établir ce record, une personne s'asseoit sur une chaise, une autre s'asseoit sur ses genoux, et ainsi de suite...

3 avr. Inventé par Martin Cooper (USA) pour Motorola, **le premier téléphone portable**, ou téléphone mobile, a été utilisé pour la première fois en 1973.

●1 752 : personnes présentes à la fête Wave for Wales dans le parc de Margam County (GB), qui ont dansé sur *Locomotion*, le 24 juin 2007.

★RECORD DE PERSONNES DANSANT AVEC UN HULA HOOP

Le 12 avril 2008, pour fêter la sortie du DVD *Alvin et les Chipmunks* (USA, 2007), la Twentieth Century Fox a organisé un événement au parc World of Adventures (Surrey, GB), au cours duquel 342 personnes ont dansé avec un hula hoop !

★RÉSOLVANT DES MOTS CROISÉS SIMULTANÉMENT

Le 28 septembre 2008, 443 personnes ont résolu des mots croisés simultanément pour Gewista Werbeges. m. b. H., au cours du “Vienna Recordia” organisé à Vienne (Autriche).

★DANSANT LA VALSE

242 couples ont dansé la valse au cours d'une fête organisée par l'association Rueff sous le patronage du comité des professeurs de danse autrichien (VTÖ) (Autriche), au centre autrichien de Vienne (Autriche), le 26 avril 2008.

★SAUTANT SUR DES ÉCHASSES À RESSORT

L'école d'arts martiaux Shao Lin Tagou de Dengfeng City (province du Henan, Chine) a fait sauter simultanément 103 personnes sur des échasses à ressort, le 17 septembre 2008.

★JOUANT AU MAH-JONG SIMULTANÉMENT

492 personnes ont joué simultanément au mah-jong dans le Hall 2 du Centre international de commerce et d'exposition de Hong Kong (Chine), le 20 juillet 2008.

★JOUANT DU BLOC CHINOIS

240 participants ont établi le record du nombre de personnes jouant du bloc chinois (instrument de percussion) en même temps au cours de la fête célébrant l'anniversaire du Bouddha à Ngong Ping (Hong Kong, Chine), le 11 mai 2008.

★SE FAISANT MASSER LES PIEDS

1 000 personnes ont bénéficié d'un massage de réflexologie plantaire de 40 min au cours d'un événement organisé par le bureau du tourisme de Taïwan à Taipei Arena (Taïwan), le 1er juillet 2008.

★JOUANT AU DIABOLO

Environ 223 étudiants et employés de l'école primaire de Manor Field à Burgess Hill (GB) ont joué au diabolo le 13 juillet 2008. Un diabolo est une pièce de jonglage ressemblant à un yo-yo que l'on maintient en l'air à l'aide d'une ficelle reliée à deux bâtons tenus chacun dans une main.

● PRENANT UNE LEÇON DE GOLF

John Roethling (Allemagne) s'est vraiment montré un bon professeur en donnant une leçon de golf à 562 personnes à Baustert (Rhénanie-Palatinat, Allemagne), le 8 juin 2008.

●LA PLUS GRANDE RÉUNION DE “CHARLIE”

Si vous avez récemment joué à “Où est Charlie ?”, vous auriez dû assister à la tentative de record organisée par la compagnie d'assurance ACUITY dans les locaux de son siège à Sheboygan (Wisconsin, USA), le 10 décembre 2008. 577 personnes y étaient habillées comme l'insaisissable personnage des livres d'enfants (dont le nom anglais est “Wally”, mais aussi Waldo, Walter, Efi ou Holger dans d'autres pays).

★ NOUVEAU RECORD
● MISE À JOUR

4 avr. **La plus grande foule à assister à un match de basket** comptait 80 000 personnes pour la finale de la coupe d'Europe à Athènes, entre l'AEK Athènes (89) et le Slavia Prague (82), en 1968.

5 avr. **La personne adoptée la plus âgée**, Jo Anne Benedict Walker (USA), avait 65 ans et 224 jours lorsqu'elle a été adoptée par Frances Ensor Benedict (USA), en 2002.

PARTICIPATION RECORD 2

●LA PLUS GRANDE LEÇON DE BALLET

Le 24 août 2008, 989 danseurs du ballet du Cap et de 65 écoles et cours de ballet ont pris part à une leçon organisée par Andrew Warth (Afrique du Sud), au centre commercial de Canal Walk, au Cap (Afrique du Sud).

●DÉMONSTRATION D'AÉROBIC AQUATIQUE

Le 5 avril 2008, 273 personnes ont participé à la plus grande démonstration d'aérobic aquatique dans les locaux de Life Center Plus à Hudson (Ohio, USA). Cette opération était destinée à collecter des fonds pour la lutte contre le diabète.

●OVATION

Le 23 avril 2008, quelques mois avant les jeux Olympiques de Pékin, au stade olympique, ou Nid d'oiseau, 1 200 pom-pom girls habillées en rouge ont participé à une ovation de 5 min en clamant "J'aime que la Chine soit victorieuse".

★DANSE DE BOLLYWOOD

278 danseurs ont exécuté une danse de Bollywood à Trafalgar Square, à Londres (GB), le 6 juillet 2008, au cours d'une fête de la danse, *Big Dance 2008*, organisée par l'école de danse Sapnay (GB).

●COURS DE SKI

594 skieurs ont pris un cours avec Hansjürg Gredig (Suisse) de l'école des sports de neige suisse, à Sarn-Heinzenberg (Grisons, Suisse), le 23 février 2008.

★NUMÉRO DE DANSE

Un numéro de danse simultané impliquant 100 participants a permis d'établir un nouveau record au théâtre LA Live de Nokia, à Los Angeles (Californie, USA), durant l'émission de la chaîne FOX *So You Think You Can Dance* (USA).

DE NOMBREUX DANSEURS

1 217	●*Head, Shoulders, Knees and Toe*, chant collectif à Taïwan, **le 1er juill. 2008**
221	**★Yowla dance (EAU), 22 févr. 2008**
186	**★Danse longsword (GB), 26 sept. 2003**
146	**●Danse maypole (GB), 21 mai 2008**

★ NOUVEAU RECORD
● MISE À JOUR

LES PLUS GRANDS EN NOMBRE...

★SPEED-DATING (À PLUSIEURS ENDROITS)

À l'occasion du 10e anniversaire de l'association de rencontre RSVP, 1 240 célibataires de toute l'Australie ont participé à un speed-dating le 14 février 2008 afin de réunir des fonds pour lutter contre la sécheresse.

★ENSEMBLE D'AIR GUITAR

Un ensemble d'air guitar réunissant 318 participants a "joué" *I Believe in a Thing Called Love* de Justin Hawkins (GB), sur le plateau du *Guinness World Records – Smashed*, à Londres (GB), le 3 octobre 2008.

●CHASSE AU TRÉSOR

183 personnes ont participé à une chasse au trésor au centre commercial Hanashobu d'Osue-Chou Hikone-Shi (Japon), le 22 juin 2008.

●LE PLUS GRAND DÉFILÉ DE PATINEURS EN LIGNE

Le 15 juin 2008, 1 188 patineurs en ligne sont sortis ensemble dans les rues de Paris (France). Les participants – organisés et dirigés par Rollers & Coquillages (France) – ont patiné sur 20,4 km, en suivant un circuit dont le point de départ et d'arrivée était la place de la Bastille.

●RECORD DE VÉLO STATIQUE

Lors de leur congrès annuel, 412 employés des clubs de fitness Esporta (Gloucester, GB) ont fait simultanément du vélo statique durant 45 min, le 19 février 2009.

6 avr. **Le plus long combat de boxe**, entre Andy Bowen et Jack Burke (tous deux USA), s'est déroulé en 1893 à La Nouvelle-Orléans (Louisiane, USA). Ses 110 rounds ont duré 7 h et 19 min !

3 264 : nombre de personnes qui ont participé au plus grand Haka, à Ngaaruawaahia (Waikato, Nouvelle-Zélande), le 16 février 2008.

●LA PLUS GRANDE RÉUNION DE PÈRES NOËL

En 2007, Noël est arrivé plus tôt que prévu pour les habitants de Derry City (Irlande), lorsque 13 000 personnes habillées en père Noël se sont réunies à Guildhall Square, le 9 décembre.

POUVEZ-VOUS MIEUX FAIRE ?

Chaque année, des milliers voire des millions de personnes prennent part à des événements qui permettent de recueillir de grosses sommes d'argent pour des associations. Pour organiser un tel événement, voici quelques règles :

1. Utilisez une méthode précise pour compter les personnes.

2. Chaque personne doit écrire son nom sur un registre.

3. Des organisateurs – au moins 1 pour 50 personnes – doivent s'assurer que chacun prend réellement part à l'événement. Pour une liste complète des règles, consultez www.guinness-worldrecords.com

★LA PLUS GRANDE DANSE BANGHRA

Le 31 août 2008, 763 danseurs de la Nachdi Jawani Association et de la Punjabi Arts and Culture Academy (toutes deux Canada) ont participé à une danse Banghra au centre Powerade à Brampton (Ontario, Canada).

●RASSEMBLEMENT DE ZOMBIES

1 227 personnes se sont déguisées en zombies, à Nottingham (GB), dans le cadre du Game City, le festival du jeu vidéo de la ville, le 31 octobre 2008.

●JEU DE DODGEBALL

Deux équipes de 50 personnes se sont affrontées durant le tournage du clip *Troublemaker* de Weezer, à Los Angeles (Californie, USA), le 21 août 2008.

PLUS D'INFO

Le 13 avril 2008, Ian Sharman (GB) a couru le marathon de Londres en 3 h, 12 min et 27 s… déguisé en père Noël.

★RASSEMBLEMENT DE TORTUES NINJA

Le 10 avril 2008, 786 personnes déguisées en tortues Ninja se sont rassemblées à la Rutgers University (New Jersey, USA).

★RÉUNION DE FEMMES ENCEINTES

Le spectacle *Your Baby* à Johannesbourg (Afrique du Sud) a réuni 1 164 femmes enceintes, le 17 mai 2007.

★DÉGUSTATION DE VIN

En Grande-Bretagne, une dégustation de vin organisée par les pubs *JD Wetherspoon* a rassemblé 17 540 personnes dans 409 pubs, le 21 mai 2008.

●LE PLUS GRAND COURS DE RCP

Une séance de formation à la réanimation cardio-pulmonaire réunissant 3 692 participants a été organisée par les ambulances aériennes de Norvège au stade de Valhall à Oslo (Norvège), le 26 mai 2008.

7 avr. **Le titre le plus court pour un film ayant remporté un oscar** est Z (Algérie/France, 1969), de Costa-Gavras (Grèce), qui a obtenu deux oscars en 1970.

8 avr. David Holleran (Australie) a achevé **le plus long triathlon** – une nage de 42 km, une course cycliste de 2 000 km et une course à pied de 500 km, en 17 jours, 22 h et 50 min, en 1998.

EN 1 HEURE

●RECORD DE FABRICATION DE PANCAKES PAR UN SEUL INDIVIDU

Bob Blumer (Canada), cocréateur et animateur de la série télévisée d'aventures *Glutton for Punishment*, a confectionné 559 pancakes en 1 h, au Rope Square de Calgary (Alberta, Canada), le 10 juillet 2008.

★RECORD DE POIDS SOULEVÉ DU SOL (INDIVIDUEL)

Le record de poids soulevé du sol en 1 h est de 31 500 kg. Il a été réalisé par Eamonn Keane (Irlande), au club de sport Powerhouse Gym de Dublin (Irlande), le 29 septembre 2007. Celui-ci a également soulevé en développé-couché 138 480 kg en 1 h, au club de sport World Gym de Marina del Ray (Californie, USA), le 22 juillet 2003 – c'est **le ★record de poids soulevé en développé-couché en 1 h par un individu**.

●RECORD DE FLEXIONS SUR UN BALLON DE GYMNASTIQUE

Le 13 novembre 2008, Stephen Buttler (GB) a réalisé 1 502 flexions sur un ballon de gymnastique à Hope House, à Shropshire (GB).

●RECORD DE DISTANCE EN MOON-WALK

Krunoslav Budiselic (Croatie) a parcouru 5,255 km en moon-walk en 1 h, à l'Athletic Stadium Mladost de Zagreb (Croatie), le 10 septembre 2006.

●RECORD DE DISTANCE SUR VÉLO STATIQUE

Holden Comeau (USA), de l'équipe New York Sports Clubs/Cadence Cycling Team, a parcouru 65,48 km en 1 h, au cours de la manifestation "Saints & Spinners – The 24-Hour Spin Party and Benefit", à New York (USA), le 18 janvier 2008.

●RECORD DE DISTANCE À RECULONS À VÉLO

Markus Riese (Allemagne) a parcouru 29,1 km à vélo à reculons en 1 h, au vélo-club VC Darmstadt 1899 e.V. de Darmstadt (Allemagne), le 24 mai 2003.

●LE PLUS DE MARCHES MONTÉES

Le 21 février 2009, Arran McLellan (Canada) a monté 1 805 marches en 1 h avec 18 kg sur le dos. Il s'est aidé d'un banc de 38,1 cm de haut au Club Phoenix Gym de Victoria (Colombie-Britannique, Canada).

LE PLUS DE...

●BALLONS GONFLÉS PAR LE NEZ

Andrew Dahl (USA) a gonflé 308 ballons avec son nez en 1 h, dans le cadre de l'émission télévisée *Live with Regis & Kelly*, à New York (USA), le 16 septembre 2008.

●TÊTES RASÉES

Anne Armstrong (GB) a rasé 44 têtes en 1 h, au Maginns of Castlewellan, à Castlewellan (Down, GB), le 25 avril 2008.

●TRACTIONS

Stephen Hyland (GB) a effectué 908 tractions en 1 h, à Stoneleigh (Surrey, GB), le 2 janvier 2009.

PLUS D'INFO

Bram Zwiers d'Almere (Pays-Bas) a lancé et retourné 405 crêpes, le 24 octobre 2008.

★SAUTS À L'ÉLASTIQUE

Veronica Dean (Afrique du Sud) a effectué 19 sauts à l'élastique en 1 h, au Bloukrans River Bridge (Afrique du Sud), le 9 mai 2003. La corde utilisée mesurait environ 36 m.

★DOUBLES-PAS AU BASKET-BALL (ÉQUIPE)

L'équipe de garçons de moins de 18 ans d'UBALL (Utrecht BASKET-BALL) a enregistré 2 640 doubles-pas au basket-ball en 1 h, au Sporthal Galgenwaard d'Utrecht (Pays-Bas), le 24 mai 2008.

●PANIERS À 3 POINTS AU BASKET-BALL

Vladislav Raiskiy (Russie) a réalisé 835 paniers à 3 points en 1 h, au Tauras-Fitness Ltd de Saint-Pétersbourg (Russie), le 23 novembre 2008.

●LANCERS FRANCS AU BASKET-BALL

Sur le plateau de l'émission *Unbelievable*, dans les studios de Fuji TV de Tokyo (Japon), Fred Newman (USA) a réalisé 1 663 lancers francs en 1 h, le 17 septembre 2008.

★PIZZAS CONFECTIONNÉES

Donald Mark Rush (USA) a réalisé 142 pizzas en 1 h, chez Domino's Pizza, à Gulfport (Mississipi, USA), le 2 août 2008.

9 avr. Le plus ancien enregistrement de voix est celui d'une femme chantant *Au clair de la Lune*. Il a été réalisé en 1860 par Édouard-Léon Scott de Martinville (France).

38 632 km : distance couverte par Mauro Guenci (Italie) sur des rollers en ligne en 1 h, à Senigallia (Italie), le 11 juin 2005.

● LE PLUS DE JAMBES ÉPILÉES À LA CIRE EN 1 H

L'esthéticienne Susanne Baird (GB) a épilé à la cire 40 paires de jambes au Grange Cricket Club de Stockbridge (Édimbourg, GB), le 14 avril 2008. En réalité, elle en a épilé 42 paires, mais 1 a été éliminée en raison de poils restants.

● LE PLUS D'INVERSIONS ASSIS SUR UN HYDROFOIL

Greg Gill (Australie, à gauche) a effectué 589 inversions en 1 h, sur la Maroochy River, à Maroochydore (Queensland, Australie), le 26 juin 2008. Gill a effectué des rotations backside et des sauts périlleux au cours de cette session.

★ NOUVEAU RECORD
● MISE À JOUR

● COUPES DE CHEVEUX SOUS L'EAU

David Rae (GB) a réalisé 27 coupes de cheveux sous l'eau en 1 h, au London School of Diving de Londres (GB), le 12 novembre 2007.

● PLAQUAGES AU RUGBY

Des étudiants (Australie) du Scots College de Sydney (Nouvelle-Galles du Sud, Australie) ont effectué 4 130 plaquages en 1 h, le 15 mars 2007.

SUR LA VAGUE

Un hydrofoil à siège est tracté par un hors-bord. Lorsqu'il se déplace sur l'eau, l'hydrofoil soulève la planche et le planchiste au-dessus de l'eau. L'équilibre est capital pour rester debout car le moindre mouvement du corps a un effet important sur la position de l'hydrofoil.

VISAGES PEINTS

Gary Cole (USA) a peint 217 visages en utilisant au moins 3 couleurs sur chacun. C'était au centre commercial d'Almondvale à Livingstone (West Lothian, GB), le 1er septembre 2007.

★ POIDS SOULEVÉ EN DÉVELOPPÉ INCLINÉ AVEC HALTÈRES

27 890 kg ont été soulevés en développé sur banc incliné par Eamonn Keane (Irlande) en 1 h, au club de forme de Lough Lannagh (Mayo, Irlande), le 22 mai 2008. Eamonn (Irlande) a également réalisé **le ★ record de poids soulevé aux haltères en 1 h**, le 10 juin 2008, soit 18 485 kg.

● RUBIK'S CUBES TERMINÉS

David Calvo (Espagne) a terminé 185 Rubik's cubes en 1 h, sur le plateau de l'émission télévisée *Donde estás corazón* (Espagne), le 14 novembre 2008.

★ POMPES SUR LE DOS DE LA MAIN AVEC CHARGE DE 18 KG

L'athlète et multiple recordman Paddy Doyle (GB) a effectué 663 pompes sur le dos des mains en portant 18 kg sur son dos, au club Stamina's Boxing Martial Arts Club de Birmingham (GB), le 13 mai 2008.

● POIDS SOULEVÉ EN FLEXION DES BRAS AVEC HALTÈRES

Robin Simpson (GB) a soulevé 45 000 kg en flexion des bras avec haltères en 1 h, à Manchester (GB), le 25 octobre 2008.

● RECORD D'ACCOLADES PAR UN INDIVIDU EN 1 H

Lors d'un événement organisé au stade de Boardman (Ohio, USA), Jeffrey Ondash (USA) a donné l'accolade à 1 205 personnes afin de lever des fonds pour la fondation américaine contre le cancer, le 16 mai 2008.

10 avr. Andrzej Makowski (Canada) a obtenu son permis de conduire en 1974, à Namyslow (Pologne), à 14 ans et 235 jours – c'est **le plus jeune conducteur du monde**.

11 avr. **Le plus grand tournoi de pierre-papier-ciseaux** rassemblait 793 joueurs lors d'un événement organisé par Renee Tomas, à l'université Brigham Young, de Prove City (Utah, USA), en 2008.

EN 1 JOUR

★RECORD AU VOLANT D'UNE AUTOTAMPONNEUSE

Le 30 septembre 2007, Sebastian Bösch (Autriche) a passé 24 h au volant d'une autotamponneuse, lors du Vienna Recordia à Vienne (Autriche). C'est le plus long marathon en autotamponneuse.

RECORD DE DISTANCE...

★À POUSSER UNE VOITURE (INDIVIDUEL)

Le recordman des records Ashrita Furman (USA) a poussé une voiture sur 27,45 km en 24 h, à l'Old Bridge Township Raceway Park, à Englishtown (New Jersey, USA), le 6 mars 2008.

EN SKATE-BOARD

James Peters (USA) a parcouru 296,12 km sur un skate-board en 24 h, le 11 mai 2007. Ce record stupéfiant a été réalisé sur la piste cyclable du Greenlake, à Seattle (Washington, USA).

●EN CHAISE ROULANTE

Mario Trindade (Portugal) a parcouru 182,4 km en chaise roulante en 24 h, dans le stade de Vila Real Stadium, à Vila Real (Portugal), les 3 et 4 décembre 2007.

DANS UN VÉHICULE PROPULSÉ PAR UN HOMME

En 24 h, Greg Kolodziejzyk (Canada) a parcouru 1 041,24 km au guidon de son Critical Power, un véhicule propulsé par l'énergie humaine conçu par ses soins, au Redwood Acres Raceway, à Eureka (Alberta, Canada), le 18 juillet 2006.

CROISIÈRE EN BAIGNOIRE

145,6 km, c'est la distance la plus longue parcourue dans une baignoire propulsée à la rame en eau calme en 24 h, par 13 membres du club Aldington Prison Officers Social Club, près d'Ashford (Kent, GB), les 28 et 29 mai 1983.

★COURSE SUR TROIS JAMBES

Steven et Suzanne Eltis (Australie) ont parcouru 100,13 km, en 24 h, sur trois jambes – ils étaient reliés par une cheville. Ils ont établi ce record à l'école Eatons Hill State School d'Eatons Hill, à Brisbane (Queensland, Australie), les 24 et 25 octobre 2008. Parents d'une fille épileptique, ils souhaitaient récolter des fonds pour l'organisme Epilepsy Queensland.

●LA PLUS LONGUE DISTANCE SUR UN MONOCYCLE

Sam Wakeling (GB) a parcouru 453,6 km en 24 h sur un monocycle, à Aberystwyth (pays de Galles, GB), les 29 et 30 septembre 2007.

●RECORD D'ARBRES PLANTÉS PAR UNE ÉQUIPE

La CONAFOR (Comisión Nacional Forestal) et des habitants de l'État de Durango à Predio San Manuel (Durango, Mexique) ont planté 348 492 arbres en 24 h, les 29 et 30 août 2008. Ralph Hannah (à gauche sur la photo), juge de Guinness World Records, était sur place pour établir le certificat.

12 avr. **La voiture la plus chère**, une Bugatti Type 41 Royale Sports Coupé de 1931 dessinée par Kellner, a été vendue 15 millions $ en 1990.

9 088 : nombre de révolutions d'une roue de la mort en 24 h, réalisées par Joey Kelly et Freddy Nock (GB), le 24 novembre 2006.

★ DISTANCE LA PLUS LONGUE PARCOURUE PAR UNE EMBARCATION À PÉDALES

Greg Kolodziejzyk (Canada) a parcouru 245,16 km en 24 h, "aux pédales" de son bateau le *Critical Power 2*, sur le lac Whitefish (Montana, USA), les 8 et 9 septembre 2008. Son prochain objectif : traverser le Pacifique !

RECORD DE...

DONS DE CHEVEUX

48,72 kg – le poids d'un garçon de 14 ans – est le don de cheveux le plus important. Dans le cadre d'une journée caritative, 881 personnes ont donné leur queue de cheval au Mississippi Institute for Aesthetics, Nail and Cosmetology de Clinton (Mississippi, USA), le 21 mai 2007. L'événement a été organisé pour soutenir la campagne Pantene Beautiful Lengths, visant à offrir des perruques aux femmes ayant perdu leurs cheveux suite à une chimiothérapie.

● TROUS DE GOLF MINIATURE JOUÉS (INDIVIDUEL)

David Pfefferle (USA) a joué 4 729 trous de golf miniature en 24 h, au Westerville Golf Center, à Westerville (Ohio, USA), les 28 et 29 mai 2008. En 24 h, Pfefferle – propriétaire du terrain de golf – a parcouru environ 88 km et récolté plus de 6 000 $ pour des œuvres de charité.

● INTERVIEWS RADIO (À DEUX)

Le 31 octobre 2008, Patrick Stump et Pete Wentz (tous deux USA) du groupe Chicago Fall Out Boy ont discuté avec 72 stations de radio américaines. Au cœur de la discussion, le nouvel album du groupe, *Folie à Deux*, sorti le 15 décembre 2008.

★ TATOUAGES PAR UNE SEULE PERSONNE

John McManus (USA) du Joker's Tattoo Studio de West Monroe (Louisiane, USA) a tatoué 775 étoiles bicolores en 24 h, le 31 octobre 2008. Il a battu le record de 726 établi la semaine précédente par Derek Kastning (USA), au Rat-A-Tac-Tat Tattoos, à Tyler (Texas, USA).

★ RECORD DE SÉANCES DE MAQUILLAGE PAR UNE ÉQUIPE

856 séances de maquillage ont été réalisées en 24 h par une équipe de maquilleurs, au cours d'un événement organisé par la société Alpha Marketing Company, à Hong Kong (Chine), le 3 mai 2008.

★ VISITEURS D'UN SITE WEB LE JOUR DE SON LANCEMENT

483 424 personnes ont visité le site MySkip.com, les 24 premières heures de son ouverture, le 30 avril 2008. Ce site est une benne virtuelle permettant de déposer des objets dont on veut se débarrasser et de les récupérer pour une réutilisation.

★ POIDS SOULEVÉ PAR UNE PERSONNE

Le 6 novembre 2008, Kevin Machate (USA) a soulevé 45 999,71 kg en 24 h, au Gold's Gym, à Garland (Texas, USA).

● COUPES DE CHEVEUX CONSÉCUTIVES

Ivan Zoot (USA) a réalisé 340 coupes de cheveux consécutives, au Men's Grooming Center, à Austin (Texas, USA), les 22 et 23 août 2008. Zoot a également fait **la ● coupe la plus rapide** (8 fois de suite, avec un record de 55 s) et **le ★ plus de coupes en 1 h** (34).

★ NOUVEAU RECORD
● MISE À JOUR

● DISTANCE LA PLUS LONGUE À VÉLO À MAIN

Keane West (USA) a parcouru 518,85 km en 24 h à vélo à main, au cours du Bike Sebring 12/24 Hours, à Sebring (Floride, USA), les 16 et 17 février 2008.

13 avr. Paula Radcliffe (GB) a effectué **le marathon le plus rapide** jamais réalisé par une femme, à Londres (GB), en 2003, en 2 h, 15 min et 25 s.

14 avr. En 1991, 20 tableaux d'une valeur de 500 millions $ ont été volés au Van Gogh Museum d'Amsterdam (Pays-Bas). C'est **le plus important vol d'œuvres d'art** de tous les temps.

●CYCLISME AU PLUS PROFOND DES MERS

Le cyclisme sous-marin ? Cela existe. Vittorio Innocente (Italie) a fait du vélo à 65,5 m de profondeur, à Santa Margherita Ligure (Ligurie, Italie), le 21 juillet 2008. Il détient aussi le record de **la plus longue distance parcourue à vélo sous l'eau** : il a pédalé sur 2 km au fond du canal Naviglio à Milan (Italie), le 4 mai 2003, en 36 min et 38,15 s. Vittorio est ici en photo en train d'exécuter un wheelie dans l'aquarium de Londres (GB), en bonne compagnie...

205 jours : âge auquel Vaidehi Thirrupathy (GB, née le 6 mai 2008) est devenue **la plus jeune personne à visiter les 7 continents**. Elle a achevé son voyage le 26 novembre 2008 en Antarctique.

SOMMAIRE

★ NOUVEAU RECORD
● MISE À JOUR

DES HAUTS & DES BAS

6 245 m : altitude atteinte sans assistance par une moto du North Calcutta Disha Motorcycle Club, le 29 août 2008.

LES PLUS HAUTS...

ALTITUDE (HOMME) : 400 171 KM
L'équipage d'*Apollo 13* – Jack Swigert, Jim Lovell et Fred Haise (tous USA) – a atteint l'altitude de 400 171 km au-dessus de la Terre, distance jamais atteinte auparavant par un humain. Rendez-vous p. 26 pour en savoir plus sur ce vol extraordinaire.

AVION : 37 650 M
Le record officiel FAI (Fédération aéronautique internationale) d'altitude pour un avion est de 37 650 m. Il a été établi par Alexandr Fedotov (ex-URSS) à bord d'un MIG-25 Foxbat modifié (nom de code E266M) depuis l'aérodrome de Podmoskovnoe (Russie), le 31 août 1977.

PLANEUR : 15 460 M
Steve Fossett (USA), détenteur de multiples records, a établi le record d'altitude absolu en planeur en volant à 15 460 m d'altitude au-dessus d'El Calafate (Argentine), le 29 août 2006.

VOL EN HÉLICOPTÈRE : 12 442 M
Le 21 juin 1972, Jean Bouletan (France) a effectué un vol à 12 442 m d'altitude à bord d'un hélicoptère SA315B Lama de l'Aérospatiale au-dessus d'Istres (France).

CONCERT : 12 192 M
Le 27 mars 2007, le groupe norvégien Magnet (alias Even Johansen) a fêté le lancement de son album *The Simple Life !* en donnant un concert à 12 192 m d'altitude lors d'un vol Oslo (Norvège)–Reykjavik (Islande).

PARCOURS À VÉLO : 7 008 M
Siegfried Verheijke, Luc Belet (tous deux Belgique) et Martin Adserballe (Danemark) ont enfourché leur mountain-bike à 7 008 m d'altitude, sur les pentes du pic Muztagata (Xinjiang, Chine), le 11 août 2000.

RECORD D'ALTITUDE EN MONTGOLFIÈRE : 21 027 M
Le 26 novembre 2005, au-dessus de Mumbai (Inde), le Dr Vijaypat Singhania (Inde) a atteint l'altitude de 21 027 m à bord d'une montgolfière Cameron Z-1600.

SAUT EN PARACHUTE : 17 100 M
Le 9 avril 1958, J. de Salis et P. Lowe (tous deux GB), membres de la RAF, ont sauté en parachute d'un bombardier English Electric Canberra volant à 17 100 m d'altitude au-dessus de Monyash (Derby, GB).

LE PLONGEON DE HAUT-VOL (TÊTE LA PREMIÈRE) LE PLUS HAUT : 35 M
Les plongeurs professionnels affluent vers La Quebrada, falaise de 35 m de haut à Acapulco (Mexique), pour démontrer leurs talents. Ils doivent plonger en s'écartant de 8,22 m de la falaise pour éviter les rochers qui se trouvent au pied de celle-ci, et faire coïncider leur entrée dans l'eau, qui n'a que 3,65 m de profondeur, avec l'arrivée d'une vague.

DÎNER : 6 805 M
Le maître d'hôtel Joshua Heming (GB) a servi un vrai repas à Henry Shelford, Thomas Shelford, Nakul M. Pathak, Robert Aitken, Robert Sully (tous GB) et Caio Buzzolini (Australie), à 6 805 m d'altitude, sur le Lhakpa Ri (Tibet), le 3 mai 2004.

BASE JUMP : 6 640 M
Glenn Singleman et Heather Swan (tous deux Australie) ont participé à un saut en base-jump équipés d'une combinaison à ailes depuis une corniche située à 6 604 m d'altitude sur le mont Meru dans l'Himalaya, au Garwahl (Inde), le 23 mai 2006.

SAUT À L'ÉLASTIQUE : 6 632 M
Le 5 mai 2002, Curtis Rivers (GB) a effectué un saut à l'élastique depuis une montgolfière, à 4 632 m d'altitude, au-dessus de Puertollano (Espagne). Après avoir rebondi 5 fois, il s'est détaché lui-même de la corde et a rejoint le sol en parachute.

HABITATION : 6 600 M
En avril 1961, une habitation de trois pièces qui daterait de la fin de la période précolombienne (vers 1480) a été découverte à 6 600 m sur le Cerro Llullaillaco (6 723 m), à la frontière entre l'Argentine et le Chili.

RECORD D'ALTITUDE (FEMME) : 611,16 KM
Kathryn Thornton (USA) a atteint 611,16 km d'altitude au cours de la mission Endeavour STS 61, le 10 décembre 1993, après la mise à feu d'un moteur de manœuvre orbitale. Thornton était la seule femme de l'équipage de STS 61, première mission de maintenance de la navette spatiale sur le télescope spatial Hubble.

RECORD DE PLONGÉE AVEC BOUTEILLE POUR UN CHIEN : 4 M

Dwane Folsom (USA) emmène régulièrement son chien Shadow faire de la plongée au large de l'île de Grand Cayman. La profondeur maximale à laquelle ils plongent ensemble avec bouteille est d'environ 4 m. Shadow porte une tenue de plongée spéciale, constituée d'un casque, d'un gilet lesté et d'un tuyau de respiration relié à son propre réservoir d'oxygène. Shadow est un bâtard retriever noir que son maître a adopté tout petit dans un refuge de Boynton Beach (Floride, USA).

★ NOUVEAU RECORD
● MISE À JOUR

LES PLUS PROFONDS...

PARCOURS À VÉLO : 66,5 M

Vittorio Innocente (Italie) a fait du vélo à 66,5 m de profondeur, à Santa Margherita (Ligurie, Italie), le 21 juillet 2008.

PLONGÉE (FEMME) : 221 M

Verna van Schaik (Afrique du Sud) a plongé à 221 m dans la grotte de Boesmansgat (Cap-du-Nord, Afrique du Sud), le 25 octobre 2004. La plongée a duré 5 h et 34 min, dont 12 min de descente.

PLONGÉE (HOMME) : 318,25 M

Nuno Gomes (Afrique du Sud) a plongé à 318,25 m dans la mer Rouge, au large de Dahab (Égypte), le 10 juin 2005. Le 23 août 1996, Nuno a battu **le record de plongée avec bouteille dans une grotte d'eau douce** : il a plongé à 282,6 m de profondeur, à Boesmansgat (Afrique du Sud).

ÉMISSION DE TV EN DIRECT : 2 400 M

Le 29 septembre 2002, *Abyss Live* (BBC, GB) a été retransmise en direct, à 2,4 km de profondeur. Présentée par Alastair Fothergill (GB), l'émission a été diffusée depuis un sous-marin MIR, immergé le long de la dorsale médio-atlantique, au large de la côte Est des États-Unis. Le principal intérêt était de montrer des sources hydrothermales (fissures du plancher océanique d'où s'échappe une eau chauffée par la roche en fusion, formant des nuages noirs).

RECORD DE PROFONDEUR POUR UN RENFLOUEMENT FINANCÉ PAR DES FONDS PRIVÉS : 4 500 M

Le 20 juillet 1999, le vaisseau spatial américain *Liberty Bell 7* a été renfloué grâce à des fonds privés. Il reposait au fond de l'Atlantique, à 4 500 m de profondeur, depuis son amerrissage, le 21 juillet 1961. Il a été remonté par le navire *Ocean Project*. L'opération a été financée par Discovery Channel.

ÉMISSION SUR INTERNET EN DIRECT : 2 800 M

Le 24 juillet 2001, une émission a été diffusée en direct sur Internet depuis le *HMS Hood*, à 2 800 m de profondeur, dans le détroit du Danemark, où ce navire a coulé en 1941. Réalisée grâce à un véhicule commandé à distance, l'émission a fait suite à la découverte de l'épave par David Mearns (GB) de Blue Water Recoveries Ltd (GB).

RENFLOUEMENT : 5 258 M

Les restes d'un hélicoptère qui s'est écrasé dans le Pacifique en août 1991, faisant 4 morts, a été remonté depuis une profondeur de 5 258 m par l'équipage de l'*USS Salvor* et le personnel de l'Eastport International (USA), le 27 février 1992. Un record pour une opération de renflouement réussie.

PLONGÉE EN BATHYSCAPHE : 10 911 M

Le 23 janvier 1960, le Dr Jacques Piccard (Suisse) et le Lt Donald Walsh (USA) sont descendus à 10 911 m de profondeur à bord du *Trieste*, un bathyscaphe de la marine américaine construit en Suisse. Cette descente a eu lieu dans la partie de la fosse des Mariannes appelée Challenger Deep. Situé à 400 km au sud-ouest de Guam, dans l'océan Pacifique, Challenger Deep est considéré comme **l'endroit le plus profond de la Terre**.

RECORD DE PROFONDEUR POUR UN CONCERT : 303 M

Katie Melua (GB) a donné un concert à 303 m sous le niveau de la mer, dans l'un des piliers de la plate-forme pétrolière Troll A de Statoil, au large de Bergen (Norvège), le 1er octobre 2006. Elle a donné 2 concerts de 30 min devant 20 employés de la plate-forme.

RECORD DE PROFONDEUR POUR UNE MONTRE : 6 000 M

La montre 20 000 feet de CX Swiss Military Watch est une montre-poignet mécanique de plongée fabriquée par Charmex SA (Suisse). Comme son nom l'indique, elle peut fonctionner à 20 000 pieds (6 000 m) de profondeur. Sa résistance à l'eau a été testée à l'Institut océanographique de l'université de Southampton (GB), le 5 janvier 2009, un test brillamment réussi.

15 avr. En 1990, au Castle Mona Pub de Newcastle (GB), une équipe de 12 joueurs a renversé 116 047 quilles de table, marquant **le meilleur score jamais réalisé en quilles de table** en 24 h.

16 avr. En 1976, le vaisseau spatial non habité *Helios 2* s'est approché à 43,5 millions km du Soleil. Aucun autre vaisseau spatial ne s'était jamais approché aussi près du Soleil.

17 avr. En 2003, aux Arcs (France), Romuald Bonvin (Suisse) a établi **un record de vitesse en skibob** (véloski), en atteignant 201,79 km/h.

DOMPTER LES OCÉANS

●LA TRANSATLANTIQUE LA PLUS RAPIDE

En juillet 2007, Franck Cammas (France) a traversé l'Atlantique d'ouest en est, à bord du trimaran *Groupama 3*. Il a relié Ambrose (New York, USA) à Lizard Point (Land's End, GB), en 4 jours, 3 h, 57 min et 54 s, à une vitesse moyenne de 29,26 nœuds (54,1 km/h). L'équipage a également établi **le ●record de distance parcourue en 24 h** : 794 miles marins (1 470 km).

LA PLUS JEUNE PERSONNE À TRAVERSER L'ATLANTIQUE EN SOLITAIRE

Michael Perham (GB, né le 16 mars 1992) a quitté Gibraltar sur son bateau *Cheeky Monkey* le 18 novembre 2006. Il avait 14 ans et 247 jours. Il a traversé l'Atlantique pour arriver à Nelson's Dockyard (Antigua), le 3 janvier 2007.

★RECORD POUR TRAVERSER L'OCÉAN INDIEN

Gouverné par Steve Fossett (USA), *Cheyenne* a traversé l'océan Indien dans sa partie la plus large en 9 jours, 20 h et 29 min, du 25 février au 6 mars 2004. Avec une longueur de 38 m et un barrot de 18 m, *Cheyenne* est **le plus grand catamaran de course du monde**.

★RECORD POUR TRAVERSER L'OCÉAN PACIFIQUE

Olivier de Kersauson (France) a relié Los Angeles (Californie, USA) à Honolulu (Hawaï, USA) – soit une distance de 2 925 miles marins (5 417,1 km) –, en 4 jours, 19 h, 31 min et 37 s, en novembre 2005. Son trimaran *Geronimo* naviguait à une vitesse moyenne de 19,17 nœuds (35,5 km/h).

★RECORD DE VITESSE ENTRE HONG KONG ET LONDRES

En septembre 2008, Lionel Lemonchois (France) et ses 9 hommes d'équipage ont relié Hong Kong (Chine) à Londres (GB), à bord du *Gitana 13*, en 41 jours, 21 h, 26 min et 34 s. Ils ont parcouru 12 948 miles marins (23 979,6 km), à une vitesse moyenne de 12,88 nœuds (23,8 km/h).

RECORD DE LA TRAVERSÉE À LA RAME DE L'ATLANTIQUE

La traversée la plus rapide de l'Atlantique toutes directions confondues, est de 33 jours, 7 h et 30 min. Ce record est détenu par les 14 marins de *La Mondiale*, dirigés par Leven Brown (GB). Ils ont quitté Puerto Mogan (Canaries, Espagne) le 15 décembre 2007 et sont arrivés à Port St Charles (Barbade), le 17 janvier 2008.

LE PLUS JEUNE RAMEUR EN OCÉAN

Membre de l'équipage du *Silver Cloud*, Rachel Flanders (GB, née le 3 septembre 1990) est la plus jeune personne à avoir traversé l'océan à la rame. Elle avait 17 ans et 91 jours lorsqu'elle a quitté La Gomera (Canaries), le 2 décembre 2007, pour traverser l'Atlantique et atteindre Antigua le 14 février 2008.

●RECORD DE LA TRAVERSÉE DE LA MANCHE PAR VÉHICULE AMPHIBIE

Le professeur Hans Georg Näder (Allemagne) et le capitaine Henry Hawkins (GB) ont traversé la Manche entre Douvres (GB) et Calais (France), à bord d'un véhicule amphibie baptisé *Tonic*, le 1er juillet 2008. Cet exploit a été réalisé en 1 h, 14 min et 20 s et a battu le précédent record qui avait été établi par sir Richard Branson (GB) en juin 2004, avec 1 h, 40 min et 6 s.

18 avr. Merryl Thelma Fudel (Australie) est **la femme la plus âgée à avoir accouché de quadruplés**. Elle a donné naissance à 3 filles et 1 garçon en 1998, à l'âge de 55 ans et 286 jours.

★RECORD DE DISTANCE EN SOLITAIRE EN 24 H

Thomas Colville (France) a parcouru 628,5 miles marins (1 163,9 km) à bord de son trimaran de 32 m *Sodebo*, le 7 décembre 2008. Colville a battu son propre record établi l'année précédente avec 619 miles marins (1 146 km).

LE PLUS JEUNE RAMEUR EN OCÉAN (EN SOLITAIRE ET EN AUTARCIE)

Oliver Hicks (GB, né le 3 décembre 1981) est le plus jeune à avoir traversé l'Atlantique à la rame, en solitaire et en autarcie. Il a ramé d'ouest en est, du 27 mai au 28 septembre 2005, à bord de *Miss Olive*, *Virgin Atlantic*, à l'âge de 23 ans et 175 jours (au début de la traversée). Il a relié à la rame Atlantic Highlands (New Jersey, USA) à St Mary's (îles Scilly, GB), en 123 jours, 22 h et 8 min. Il est ainsi devenu **la première personne à relier à la rame les États-Unis au Royaume-Uni en solitaire et en autarcie** et **la plus jeune personne à traverser un océan à la rame en solitaire et en autarcie**.

100

PLUS D'INFO
Si tous ces records marins vous ont donné le goût de l'eau, pourquoi ne pas tenter un plongeon dans les sports aquatiques **page 258 ?**

●RECORD DE VITESSE EN KITE-SURF (FEMME)

Sjoukje Bredenkamp (Afrique du Sud) a atteint 45,20 nœuds (83,7 km/h) en kite-surf, lors du Lüderitz Speed Challenge 2009, à Lüderitz (Namibie), en octobre 2008. C'est la troisième année consécutive que Bredenkamp établit un record mondial de kite-surf, son premier record datant de 2006.

★ NOUVEAU RECORD
● MISE À JOUR

●VITESSE À LA VOILE

Le record de vitesse à la voile sur plus de 500 m est de 49,84 nœuds (92,3 km/h). Robert Douglas (USA) l'a établi à Lüderitz (Namibie), sur un kite-surf, le 19 septembre 2008. C'est la première fois qu'un kite-surfer décroche un record de vitesse à la voile.

●LE PLUS LONG TRAJET EN JETSKI

Adriaan Marais et Marinus du Plessis (tous deux Afrique du Sud) ont longé la côte Ouest nord-américaine vers le sud, jusqu'au canal de Panamá sur des jetskis Yamaha FX Cruisers. Partis d'Homer (Alaska, USA), ils ont rejoint la ville de Panamá (Panamá) après 95 jours de mer. Naviguant en moyenne 10 h par jour, ils ont parcouru 9 323 miles marins (17 266 km), du 16 juin au 19 septembre 2006.

●RECORD DE DISTANCE EN MONOCOQUE EN 24 H

À bord de son monocoque *Ericsson 4*, Torben Grael (Brésil) a couvert 589 miles marins (1 090 km) en 24 h, au cours de la première étape (Alicante–Le Cap) de la course océane Volvo dans le sud de l'Atlantique, le 29 octobre 2008. Ce record dépasse d'environ 34 miles marins (63 km) celui établi lors de la course Volvo de 2006-2007.

À L'ASSAUT DES SOMMETS

★LE PLUS RAPIDE (ESCALADE SUR GLACE)

Pavel Gulyaev (Russie, ci-dessous) a escaladé un mur de glace de 15 m de haut en 8,748 s, lors de la coupe du monde d'escalade sur glace, à Bustemi (Roumanie), le 8 février 2009. Les participants avaient droit chacun à 6 essais.

●LA PERSONNE LA PLUS ÂGÉE AU SOMMET DE L'EVEREST

Selon Nepal's Senior Citizen Mt Everest Expedition (SECEE), Min Bahadur Sherchan (Népal, né le 20 juin 1931) a atteint le sommet le plus haut du monde le 25 mai 2008, à 76 ans et 340 jours.

●RECORD D'ASCENSIONS DE L'EVEREST

Apa Sherpa (Népal) a atteint le sommet de l'Everest pour la 18ᵉ fois en 2008. C'est le record d'ascensions de la plus haute montagne du globe.

100 L'ASCENSION DE L'EVEREST ET DU K2 LA PLUS RAPIDE

En 2004, Karl Unterkircher (Italie) a été le premier alpiniste de l'histoire à gravir les 2 plus hauts sommets du monde, l'Everest et le K2, au cours de la même saison, sans oxygène. Il ne lui a fallu que 63 jours, du 24 mai au 26 juillet 2006.

●RECORD FÉMININ DE SOMMETS DE PLUS DE 8 000 M

Trois femmes alpinistes se partagent le record de 8 000 gravis. Nives Meroi (Italie, photo), Gerlinde Kaltenbrunner (Autriche) et Edurne Pasaban (Espagne) en ont chacune 11 à leur actif.

Le terme de "8 000" fait référence aux sommets de plus de 8 000 m d'altitude.

●L'ASCENSION DES 7 SOMMETS (LISTE CARSTENSZ) LA PLUS RAPIDE (HOMME)

Henrik Kristiansen (Danemark) a gravi le plus haut sommet de chaque continent (liste Carstensz) en 136 jours, du 21 janvier 2008 (ascension du massif Vinson, Antarctique) au 5 juin 2008 (ascension du mont McKinley en Alaska, USA, point culminant de l'Amérique du Nord).

●ALTITUDE RECORD EN MOTO

Le 19 mars 2008, Roland Hess (Chili/Suisse), German Hess (Chili/Suisse), Johann Janko (Chili/Autriche) et Giovanni Sanguedolce (Argentine/Italie) ont conduit une moto (une Honda 4RT 2007) à 6 220 m d'altitude, sur les pentes de l'Ojos del Salado, dans le désert d'Atacama (Chili).

21 avr. En 1952, la reine Elizabeth II (GB, née le 21 avril 1926) est montée sur le trône, succédant à son père, le roi George VI. Elle est **la reine qui a régné le plus longtemps**.

7 000-8 000 m : cette zone est appelée **zone mortelle**, car aucun être humain ne peut s'acclimater à ces altitudes. L'organisme consomme l'oxygène plus vite qu'il ne le produit naturellement.

★ L'ASCENSION D'EL CAPITÁN LA PLUS RAPIDE

En septembre 2002, Hans Florine (USA, à droite) et Yuji Hirayama (Japon, à gauche) ont gravi le "nez" d'El Capitán, une montagne de 1 095 m de haut dans le parc national de Yosemite (Californie, USA), en 2 h, 48 min et 50 s. Le 30 juillet 2005, Florine a gravi seul la face verticale d'El Capitán en 11 h et 41 min ; c'est **l'★ascension en solo la plus rapide**.

●L'ASCENSION LA PLUS RAPIDE DES 7 SOMMETS (2 LISTES) PAR UN COUPLE MARIÉ

Rob et Joanne Gambi (tous deux GB) ont réalisé l'ascension la plus rapide (et **la ●première**) des 7 sommets. Ils ont gravi le plus haut sommet de chaque continent en 404 jours (liste Kosciuszko, selon laquelle le mont Kosciuszko est le point culminant de l'Océanie). Le couple a ensuite gravi la pyramide de Carstensz (ou Puncak Jaya, point culminant du continent si on y inclut l'Indonésie), soit 799 jours. Joanne détient **le record féminin de l'ascension la plus rapide des 7 sommets**.

LA PREMIÈRE PERSONNE À GRAVIR TOUS LES SOMMETS DE PLUS DE 8 000 M

En parvenant au sommet du Lhotse (8 501 m), à la frontière entre le Népal et le Tibet, le 16 octobre 1986, Reinhold Messner (Italie) est devenu le premier alpiniste à avoir gravi les 14 sommets de plus de 8 000 m. Il a commencé ses ascensions en juin 1970.

L'ASCENSION LA PLUS RAPIDE DE TOUS LES SOMMETS DE PLUS DE 8 000 M

Jerzy "Jurek" Kukuczka (Pologne) a gravi les 14 sommets de plus de 8 000 m en 7 ans, 11 mois et 16 jours, entre le 4 octobre 1979 (date de son arrivée au sommet du Lhotse, à 8 501 m) et le 18 septembre, date à laquelle il a atteint le sommet du Shisha Pangma (8 012 m) au Tibet.

★RECORD DE MORTS SUR LE K2 EN 1 JOUR

Pour ExplorersWeb, le 1er août 2008 a été la journée la plus mortelle sur le K2, une avalanche sur la face sud-est ayant fait 11 morts (originaires du Pakistan, de Norvège, de Corée du Sud, du Népal, d'Irlande et de France). Un sérac – gigantesque bloc de glace – s'est effondré sur un glacier près du sommet, tuant un alpiniste et coupant les cordes d'un groupe qui était en train de redescendre le K2. D'autres chutes de séracs ont fait de nouvelles victimes au cours de la nuit, auxquelles se sont ajoutés des alpinistes ayant tenté de récupérer les corps.

★LA 1RE PERSONNE À RÉUSSIR LE CHALLENGE DES 3 PÔLES

Erling Kagge (Norvège) est la première personne à réussir le Challenge des 3 pôles : pôle Nord, pôle Sud et Everest. Il a achevé son périple le 8 mai 1994. Antoine de Choudens (France, 1969-2003) est **la ★première** (et seule) **personne à avoir réussi le challenge en effectuant l'ascension de l'Everest sans oxygène**, entre le 25 avril 1996 et le 10 janvier 1999.

★ NOUVEAU RECORD
● MISE À JOUR

★LA MONTAGNE LA PLUS DANGEREUSE

Annapurna I, dans le massif de l'Annapurna long de 55 km, est la montagne la plus dangereuse. Il a été gravi par 130 personnes, dont 53 ont péri, soit un taux de mortalité de 41 %. La dernière victime, Iñaki Ochoa de Olza (Espagne), est morte tout près du sommet, en 2008, d'un œdème pulmonaire d'altitude.

Le 28 octobre 2007, Tomaž Humar (Slovénie, encadré ci-dessous) est devenu **le ★premier alpiniste à gravir l'Annapurna I en solo**. Il a ouvert une nouvelle voie le long du côté droit de la face Nord, en style alpin (ce qui signifie qu'il a transporté sa nourriture et son équipement, contrairement à une expédition, où l'alpiniste est aidé de porteurs et de cordes déjà installées).

TENTATIVES MORTELLES

L'Annapurna I est le sommet le plus dangereux, mais, en valeur absolue, c'est sur le mont Blanc (4 810 m), dans les Alpes, que l'on recense le plus de décès. Six personnes y sont mortes en janvier 2009, 58 en 2008 (10 sont disparues, leur corps n'ayant pas été retrouvé) et 30 durant l'été 2007.

22 avr. En 1993, NCSA Mosaic, **le premier moteur de recherche sur Internet**, était lancé.

23 avr. En 1988, **le plus long vol effectué par un avion propulsé par un homme** a été accompli par Kanellos Kanellopoulos (Grèce), qui a fait voler son Daedalus 88 sur 115,11 km, d'Heraklion (Crète) à Santorin (Grèce).

CIRCUMNAVIGATION

LE PREMIER TOUR DU MONDE EN AVION, EN SOLITAIRE

Wiley Post (USA) a réussi le premier vol autour du monde en solitaire entre les 15 et 22 juillet 1933, à bord d'un Lockheed Vega nommé *Winnie Mae*. Ce voyage de 25 089 km avait pour point de départ et d'arrivée Brooklyn, à New York (New York, USA). Post portait une combinaison sous pression expérimentale : le *Winnie Mae* ne pouvant être pressurisé, le pilote avait adapté un casque et une combinaison de plongée à trois épaisseurs pour son voyage en altitude.

●LA DERNIÈRE PERSONNE À AVOIR FAIT LE TOUR DU MONDE PAR L'OUEST SANS ESCALE EN SOLO

Tomasz Lewandowski (Pologne) est le 6e navigateur à avoir fait le tour du monde par l'ouest en solo – la navigation d'est en ouest est particulièrement difficile car face aux vents contraires. À bord de *Luka*, son Mikado 56, Lewandowski quitta Ensenada (Mexique), le 6 mars 2007 pour y revenir le 1er avril 2008. Wacek, un jack russell, fut son seul compagnon au cours des 28 710 miles nautiques (53 170 km).

LES PREMIERS...

TOUR DU MONDE EN AVION SANS ESCALE

Richard G. "Dick" Rutan et Jeana Yeager (USA) ont fait le tour du monde au départ de la base militaire d'Edwards (Californie, USA). Ce voyage sans escale a duré 9 jours, du 14 au 23 décembre 1986. Ils doivent leur succès à *Voyager*, un avion particulier conçu et construit par le frère de Dick, Burt Rutan, propriétaire de la société Scaled Composites, qui a effectué **le premier voyage spatial privé** en 2004.

TOUR DU MONDE EN VOITURE AMPHIBIE

Ben Carlin (Australie) a réalisé le premier, et unique, tour du monde en véhicule amphibie, au volant d'une Ford GPA modifiée, surnommée *Half-Safe*. Il a traversé la manche le 24 août 1951 et est arrivé à Montréal (Canada), le 8 mai 1958, après avoir parcouru 62 765 km sur la terre ferme et 15 450 km via les mers et les fleuves. Au cours de son voyage transatlantique, il était accompagné de son ex-épouse Elinore (USA). Dans sa traversée du Pacifique – de Tokyo (Japon) à Anchorage (Alaska, USA) –, Boye Lafayette De Mente (USA) lui a tenu compagnie.

TOUR DU MONDE EN SOLITAIRE EN BALLON

100

Steve Fossett (USA) a fait le tour du monde à bord du *Bud Light Spirit of Freedom*, une montgolfière mixte à gaz, du 19 juin au 2 juillet 2002. Il est le premier à avoir réalisé cet exploit en solo. Il a décollé de Northam (Australie-Occidentale, Australie) pour atterrir à Eromanga (Queensland, Australie), après avoir parcouru 33 195 km.

TOUR DU MONDE À PIED

Il est difficile d'attester les tours du monde à pied. George Matthew Schilling (USA) est connu pour avoir fait le tour du monde à pied entre 1897 et 1904. Toutefois, le premier tour du monde à pied véritablement attesté est celui de David Kunst (USA), qui a parcouru 23 250 km en traversant 4 continents, du 20 juin 1970 au 5 octobre 1974.

★LE PLUS GRAND BATEAU DE CROISIÈRE À AVOIR FAIT LE TOUR DU MONDE

Le *Queen Mary II*, 148 528 t, est le plus grand bateau de croisière à avoir fait le tour du monde. Ce paquebot de grande ligne (par opposition au navire de croisière), aussi haut qu'un immeuble de 23 étages, a levé l'ancre pour sa première croisière de 81 jours autour du monde le 10 janvier 2007 de Fort Lauderdale (Floride, USA).

24 avr. Chad Fell (USA) a réalisé **la plus grosse bulle de chewing-gum** d'un diamètre de 50,8 cm, à Double Springs High School, Winston County (Alabama, USA), en 2004.

50 jours, 16 h, 20 min et 4 s : durée du **tour du monde à la voile en équipage le plus rapide**, réalisé par Bruno Peyron (France) et son équipage de 14 marins, à bord du maxi-catamaran *Orange II*, en 2005.

★ NOUVEAU RECORD
● MISE À JOUR

100

★ LA PREMIÈRE FEMME À FAIRE LE TOUR DU MONDE À LA VOILE SANS ESCALE DANS LES DEUX SENS

Le 16 février 2009, l'ancienne professeur d'éducation physique Dee Caffari (GB) est arrivée 6e du Vendée Globe. Elle est la première femme – et la 4e personne – à faire le tour du monde à la voile, en solo, dans les deux sens et sans assistance. La première partie de son double tour du monde a été réalisée de novembre 2005 à mai 2006, faisant d'elle **la première femme à faire le tour du monde en solitaire par l'ouest**.

100

★ LA PLUS JEUNE PERSONNE À FAIRE LE TOUR DU MONDE EN SOLO PAR LES AIRS

Barrington Irving (Jamaïque, USA), étudiant en aérospatiale à l'université Florida Memorial University (USA), a fait le tour du monde à bord d'*Inspiration*, un avion fabriqué et assemblé par Columbia Aircraft Manufacturing Company, du 23 mars au 27 juin 2007. Il a réalisé cet exploit à l'âge de 23 ans et 227 jours. Son vol de 97 jours est aussi le premier tour du monde en solo d'un pilote noir.

LES PLUS RAPIDES...

TOUR DU MONDE EN HÉLICOPTÈRE EN SOLO (FÉMININ)

À bord de son hélicoptère Robinson R44, Jennifer Murray (GB) a fait le tour du monde en solitaire en 99 jours, du 31 mai au 6 septembre 2000. L'aérodrome de Brooklands (Surrey, GB) était le point de départ et d'arrivée de son périple qui la fit traverser 30 pays. Murray et Colin Bodill (GB) détiennent également **le record du premier – et plus rapide – tour du monde en hélicoptère via les 2 pôles**, en 170 jours, 22 h et 47 min, le 23 mai 2007.

TOUR DU MONDE EN VOITURE

Le record du premier et plus rapide tour du monde en voiture par un homme et une femme sur les 6 continents, selon les règles en vigueur en 1989 et 1991, pour un trajet dépassant la longueur de l'équateur (40 075 km), est détenu par Saloo Choudhury et son épouse Neena Choudhury (tous deux Inde). Leur voyage a duré 69 jours, 19 h et 5 min, du 9 septembre au 17 novembre 1989. Ils conduisaient une Hindustan "Contessa Classic" de 1989. Delhi (Inde) fut leur point de départ et d'arrivée.

● TOUR DU MONDE À LA VOILE EN MONOCOQUE EN SOLO (MASCULIN)

Le tour du monde le plus rapide à la voile en solo à bord d'un monocoque a duré 84 jours, 3 h et 9 min. Il a été réalisé par Michel Desjoyeaux (France), vainqueur du Vendée Globe 2008-2009. Ce périple, qui a commencé et s'est achevé aux Sables-d'Olonne (France), a duré du 9 novembre 2008 au 1er février 2009. Pour la 2e fois, Desjoyeaux a remporté cette course (devenant le premier à la remporter 2 fois). Il a battu le record de temps lors de ses 2 victoires.

100

TOUR DU MONDE À VÉLO

Mark Beaumont (GB) a fait le tour du monde à vélo en 194 jours et 17 h, couvrant 29 445,81 km (transferts compris). Son voyage a débuté à Paris (France), le 5 août 2007, pour s'y terminer le 15 février 2008. Il a traversé l'Europe, le Pakistan, la Malaisie, l'Australie, la Nouvelle-Zélande et les États-Unis.

CHAMPAGNE !

Près de 500 passagers ont fait le tour du monde à bord du *Queen Mary II*, certains déboursant jusqu'à 100 000 $. 6 000 bouteilles de champagne sont "sacrifiées" à chaque voyage ! Avec 8 000 volumes, le *Queen Mary II* possède aussi la plus grande bibliothèque flottante, qui sert également de piste de danse.

25 avr. **Le record de têtes rasées en 1 h** est de 44. Cette performance a été réalisée par Anne Armstrong (GB), à Maginns of Castlewellan, à Castlewellan (Down, GB), en 2008.

26 avr. **La plus grande valse** a rassemblé 242 couples de danseurs, à l'Austria Center Vienna de Vienne (Autriche), en 2008.

VOYAGES ÉPIQUES

★LE VOYAGE LE PLUS LONG EN FAUTEUIL ROULANT MOTORISÉ COMMANDÉ PAR LA BOUCHE

Chang-Hyun Choi (Corée du Sud) a parcouru 28 000 km dans un fauteuil roulant motorisé commandé par la bouche, du 10 mai 2006 au 6 décembre 2007. Atteint d'une paralysie cérébrale qui l'immobilise des pieds à la nuque, Chang-Hyun Choi a traversé 35 pays d'Europe et du Moyen-Orient à la vitesse maximale de 13 km/h.

●LE PLUS LONG VOYAGE EN MOTONEIGE

Robert G. Davis (USA) a parcouru 19 574 km sur sa motoneige Yamaha RS Venture, au cours d'un périple de 60 jours, du 11 janvier au 11 mars 2008.

●RECORD DE DISTANCE EN TRAIN (24 H)

Corey Pedersen et Michael Kim (USA) ont parcouru 2 901,4 km en train entre Kanazawa et Sendai (Japon), sans passer deux fois au même endroit, du 6 au 7 octobre 2008.

●LE VOYAGE AU PÔLE SUD LE PLUS RAPIDE EN SOLITAIRE ET SANS ASSISTANCE

Todd Carmichael (USA) a effectué un trek en solitaire au pôle Sud en 39 jours, 7 h et 49 min. Il est arrivé à destination le 21 décembre 2008. Carmichael est le premier Américain à atteindre le pôle en solitaire et sans assistance.

QUADS...

Le record de vitesse sur un quad (ATV) est de 249,51 km/h. Il a été réalisé par Terry Wilmeth (USA) sur l'AlbaAction/Fullbore/Powroll Rocket Raptor version 5.0, à l'aéroport de Madras (Oregon, USA), le 16 juin 2007.

★RECORD DE PAYS VISITÉS AU COURS D'UN VOYAGE CONTINU EN VOITURE

Jim Rogers et Paige Parker (tous deux USA) ont parcouru 111 pays et 3 territoires (Sahara occidental, Polynésie française et Gibraltar) en voiture du 1er janvier 1999 au 5 janvier 2002. Ils ont couvert plus de 245 000 km en traversant 6 continents à bord de leur Mercedes off-road et trailer personnalisée.

★LE VOYAGE LE PLUS RAPIDE SANS ASSISTANCE VERS LE PÔLE SUD

Ray Zahab (photo), Kevin Vallely et Richard Weber (tous Canada) ont atteint le pôle Sud depuis le Hercules Inlet, le 7 janvier 2009, au terme d'un périple de 33 jours, 23 h et 30 min.

LE PLUS LONG VOYAGE EN TONDEUSE

Gary Hatter (USA) a parcouru 23 487,5 km en 260 jours sur sa tondeuse. Parti de Portland (Maine, USA) le 31 mai 2000, il a traversé tous les États américains (excepté l'Alaska et Hawaï), ainsi que le Canada et le Mexique, avant d'arriver à Daytona Beach (Floride, USA), le 14 février 2001.

★LA PREMIÈRE EXPÉDITION AU PÔLE NORD EN HIVER

Matvey Shparo et Boris Smolin (tous deux Russie) ont réalisé l'expédition en hiver vers le pôle Nord la plus précoce. Partis le 22 décembre 2007, jour du solstice d'hiver, d'Arktichesky Cape, à l'extrémité nord de l'archipel Zevernaya Zemlya, ils ont atteint le pôle Nord le 14 mars 2008, 8 jours avant l'équinoxe de printemps, début officiel du jour polaire. Les explorateurs voyageaient avec pour seule source de lumière leur lampe frontale.

★LE VOYAGE LE PLUS LONG SUR UN QUAD (ATV)

Josh et Anna Hogan (USA) ont parcouru 27 141 km sur 2 quads 1 450 (ATV), du 24 août 2007 au 27 mars 2008. Partis de Mombassa (Kenya), ils sont arrivés à Elche (Espagne) après avoir traversé 17 pays.

27 avr. **Le record du mile (1 609 m) le plus rapide en tenant un œuf dans une cuillère** est de 7 min et 8 s. Il a été réalisé par Ashrita Furman (USA), à Jamaica (New York, USA), en 2007.

28 avr. **Le record de participants à une course de relais** est de 7 841. Il a été atteint à la 35e course Batavierenrace de Nijmegen, à Enschede (Pays-Bas), en 2007.

735 000 km : distance couverte par **le voyage à moto le plus long** effectué par Emilio Scotto (Argentine), qui a parcouru 214 pays, du 17 janvier 1985 au 2 avril 1995.

● LE PLUS LONG VOYAGE À LA NAGE

Du 10 juin au 30 juillet 2004, Martin Strel (Slovénie) a parcouru à la nage le Chang Jiang, ou fleuve Bleu (Chine), soit 4 003 km.

PLUS D'INFO

Pour d'autres records de natation, rendez-vous p. 258-259 !

LE PREMIER TANDEM MÈRE-FILS À ATTEINDRE LE PÔLE

À 21 h 15 heure locale (5 h du matin GMT), le 2 mai 2007, Jan Meek (GB) et son fils Daniel Byles ont atteint le pôle Nord magnétique (N 78° 35,724', O 104° 11,940'), à l'issue d'un voyage de 24 jours à pied et à ski, au départ de Resolute Bay (Canada), soit un voyage de 560 km.

LE PREMIER À ATTEINDRE LE PÔLE NORD (SOLITAIRE)

Jean-Louis Étienne (France) est le premier à avoir atteint le pôle Nord en solitaire et sans chiens le 11 mai 1986, au terme d'un périple de 63 jours. Il a été réapprovisionné plusieurs fois en cours de route.

★ RECORD DE VOYAGES DE JOHN O'GROATS À LAND'S END

Le périple favori des Britanniques relie John O'Groats à Land's End. Ce voyage a été effectué 19 fois par John Taylor (Australie), à pied, à vélo ou en voiture, du 14 janvier 1980 au 29 novembre 2007. Ce record a été certifié par la Land's End–John O'Groats Association.

★ LE PLUS VIEUX COUPLE MARIÉ À SE RENDRE AU PÔLE NORD

Heinz G. Fischer (USA, né le 10 mars 1929) et son épouse Linda G. Burdet (USA, née le 29 novembre 1931) se sont rendus ensemble à ski au pôle Nord, alors qu'ils étaient respectivement âgés de 79 et 76 ans, le 12 avril 2008. Le couple a été déposé par hélicoptère au camp de Barneo (1° au sud du pôle). Ils ont parcouru 6,39 km pour atteindre le pôle.

★ RECORD POUR PARCOURIR DES ÉTATS SOUVERAINS

Résident de Dubaï, l'homme d'affaires Kashi Samaddar (Inde) s'est rendu dans 194 pays membres de l'ONU, en 12 ans, 8 mois et 13 jours, du 15 septembre 1995 au 27 mai 2008. Samaddar le globe-trotter, qui a parcouru 205 pays, voyage avec un passeport indien, ce qui a souvent retardé l'obtention des différents visas. Il espère toutefois atteindre le record de 250 pays avant 2010.

LE PLUS LONG VOYAGE EN CANOT DE SAUVETAGE

Leur bateau *Endurance* ayant été pris dans les glaces de l'Antarctique, sir Ernest Shackleton (GB) et les 28 membres d'équipage sont montés à bord de 3 canots de sauvetage et ont mis le cap sur Elephant Island, à 160 km de là. À leur arrivée, Shackleton a sélectionné 5 de ses meilleurs hommes pour prendre le plus grand canot et se rendre à la station baleinière en Géorgie du Sud. Au terme d'un périple considéré comme l'un des plus extraordinaires de l'histoire, sir Ernest a atteint l'île le 19 mai 1916, après 17 jours !

● LE PLUS LONG VOYAGE AVEC DES ROLLERS EN LIGNE

Khoo Swee Chiow (Singapour) a couvert 6 088 km chaussé de rollers en ligne. Parti d'Hanoï (Vietnam), le 20 octobre 2007, il est arrivé à Singapour le 21 janvier 2008.

LA PERSONNE LA PLUS ÂGÉE À AVOIR SKIÉ AUX DEUX PÔLES

Norbert H. Kern (Allemagne, né le 26 juillet 1940) est la personne la plus âgée à avoir skié aux deux pôles. Il s'est rendu au pôle Sud à ski le 18 janvier 2007 et au pôle Nord le 27 avril 2007, réalisant cet exploit à l'âge de 66 ans et 275 jours.

★ NOUVEAU RECORD
● MISE À JOUR

29 avr. Andre Agassi (né le 29 avril 1970, USA) est **le joueur de tennis le plus âgé à avoir été n° 1 du classement ATP**. Il est devenu tête de série n° 1 le 11 mai 2003, à l'âge de 33 ans et 13 jours.

100

★ LE PREMIER PRÉSIDENT AFRO-AMÉRICAIN DES ÉTATS-UNIS

Barack Hussein Obama II (USA) a été investi 44e président des États-Unis le 20 janvier 2009, après une campagne caractérisée par de nombreux records. Au cours du mois de septembre précédant les élections, il a collecté 150 millions $ en un mois, ce qui a porté le total de ses fonds à 605 millions $. Une grande partie a été consacrée à la publicité – 250 millions $ ont été investis dans des spots télévisés, une première, en l'espace de 5 mois. Plus de 136 millions d'électeurs ont voté – la plus forte participation depuis 1960 – et plus de 2 millions de personnes se sont assemblées près du Capitole à Washington lors de l'investiture (photo ci-contre).

5,3 milliards $: montant collecté et dépensé durant la course à la Maison Blanche en 2008 – il s'agit de **l'élection la plus chère de l'histoire**.

SOMMAIRE

ÉTATS-UNIS

★LE PLUS DE SAPINS DE NOËL ABATTUS EN 2 MIN

Erin Lavoie (USA) a abattu 27 sapins de Noël à la hache en 2 min, sur le plateau du *Guinness World Records : Die Großten Weltrekorde* en Allemagne, le 19 décembre 2008.

QUELQUES CHIFFRES

- **SUPERFICIE :** 9 826 630 km^2
- **POPULATION :** 303,8 millions
- **FOYERS :** 113,9 millions
- **EN BREF :** l'apport calorique journalier moyen y est de 3 774,1. C'est **l'apport calorique journalier le plus élevé**. Le pays a aussi le record du **taux de détention d'armes à feu**. Une enquête de 1999 révèle que 40 % des ménages en possèdent une.

★LA PLUS GRANDE TOURNÉE DES PUBS

Le 14 mars 2009, plus de 4 000 personnes ont participé à la 11e tournée des pubs organisée par SaintPathys.com à l'occasion de la Saint-Patrick, à New York (USA). Seuls 3 163 participants ont respecté le règlement, en faisant tamponner leur carte dans chacun des 98 pubs de l'itinéraire de 8 km dans l'East Side (Manhattan). Tous portaient un vêtement vert en l'honneur de saint Patrick, le saint patron de l'Irlande. Il était possible de consommer des boissons sans alcool.

★RECORD À LA VOILE NEW YORK-SAN FRANCISCO

Barré par Lionel Lemonchois (France), *Gitana 13* a parcouru la route de l'or avec ses 9 membres d'équipage, de New York à San Francisco via le cap Horn, en 43 j, 3 min et 18 s, du 16 janvier au 28 février 2008.

LE 1ER VOL SPATIAL PRIVÉ

100

Le 21 juin 2004, *SpaceShipOne*, un vaisseau spatial piloté par Mike Melvill (Afrique du Sud) et construit par Scaled Composites (USA), a décollé de l'aéroport de Mojave (Californie, USA) pour monter à 100 124 m d'altitude, soit au-delà des 100 000 m de la limite de l'atmosphère terrestre définie par la Fédération aéronautique internationale (FAI). En octobre 2004, le constructeur de *SpaceShipOne* a reçu l'Ansari X-Prize, une somme de 10 millions $, pour avoir permis le premier vol d'un vaisseau spatial habité financé par des fonds privés.

★LA TONDEUSE LA PLUS RAPIDE

Le record de vitesse sur une tondeuse non modifiée est de 98 km/h, record réalisé par Tommy Passemante (USA), au Miller Motorsports Park à Tooele (Utah, USA), le 18 novembre 2008. Le record a été filmé dans le cadre de l'émission *Nitro Circus* sur MTV.

★LE PLUS GRAND ACHAT DE PROPRIÉTÉS

Le 22 novembre 2006, le fonds d'investissement américain Blackstone a déboursé 20 milliards $ pour acheter 580 immeubles de bureaux aux États-Unis, à Equity Office Property Trust (USA) – elle-même faisant partie du plus grand rachat d'entreprises par endettement de l'histoire avec 36 milliards $.

LE 1ER DESSIN ANIMÉ PARLANT

Dinner Time (USA, 1928) de Paul Terry (USA) est sorti sur les écrans au Mark Strand Theater, New York (USA), le 1er septembre 1928. Ce film a précédé d'un mois *Steamboat Willie* (USA, 1928) de Disney.

LA 1RE BANDE DESSINÉE

Parue pour la 1re fois, le 18 octobre 1896, dans le *New York Journal*, *The Yellow Kid* est la 1re bande dessinée imprimée.

★LE 1ER DARK SKY PARK

En avril 2007, l'International Dark Sky Association a labellisé le Natural Bridges National Monument (Utah, USA) premier Dark Sky Park, ou « réserve de ciel étoilé », un endroit où le ciel nocturne peut être observé sans pollution lumineuse.

★LE PLUS GRAND SOUCI

Cultivé par Rebecca Shanks (USA), à Berlin Heights (Ohio, USA), le plus grand souci mesurait 3,07 m, en décembre 2007.

●LA PLUS IMPORTANTE ÉCONOMIE

En termes de produit intérieur brut (PIB), les États-Unis représentent la plus importante économie, avec 13,8 milliards $ en 2007, selon le Fonds monétaire international.

30 avr. **Le plus grand feu de joie** faisait 1 715,7 m^3. Il a été mis en place par ŠKD mladi Boštanj et allumé en 2007, à Boštanj (Slovénie), pour célébrer la fête du Travail.

1er mai **Le plus grand mât du Premier Mai** a été érigé par la municipalité d'Eicherloh (Allemagne) en 2005. Il mesurait 50,35 m de haut.

79,28 millions : nombre de passagers transportés aux États-Unis par Delta, **la compagnie aérienne dont les vols intérieurs sont les plus fréquentés au monde.**

★ NOUVEAU RECORD
● MISE À JOUR

100

LES MONTAGNES RUSSES LES PLUS RAPIDES

Inauguré au printemps 2005, *Kingda Ka* du Six Flags Great Adventure près de Jackson (New Jersey, USA) atteint 206 km/h. Ce sont **les montagnes russes les plus hautes** : 139 m.

●LE BUDGET DE LA DÉFENSE LE PLUS ÉLEVÉ

Les États-Unis ont le budget gouvernemental le plus élevé pour la défense, avec 622 milliards $ validés pour l'année 2007.

LE PLUS GROS HAMBURGER

Loran Green and Friends de Hi Line Promotions ont réalisé un hamburger de 2,74 t, au Sleeping Buffalo Resort (Montana, USA), le 5 septembre 1999. Ce hamburger n'a pas été vendu.

RECORD DE TEMPS AU MARATHON DE NEW YORK (HOMME)

Tesfaye Jifar (Éthiopie) a couru le marathon de New York en 2 h, 7 min et 43 s, le 5 novembre 2001. Margaret Okayo (Kenya) détient **le record de temps au marathon de New York par une femme**, avec 2 h, 22 min et 31 s, le 2 novembre 2003.

★ANNÉE DE CHIFFRE D'AFFAIRES RECORDS POUR LES THÉÂTRES DE BROADWAY

Selon la League of American Theatres and Producers, 2006 serait la meilleure année en termes de chiffre d'affaires pour les théâtres de Broadway (New York, USA), avec 910 millions $ de vente de billets. Les chiffres de fréquentation correspondent à ceux de 2005, soit plus de 12 millions de personnes.

RECORD D'INTERPRÉTATIONS DU MÊME RÔLE

Entre le 18 avril 1987 et le 1er décembre 2008, la comédienne Catherine Russell (USA) a interprété 8 820 fois le rôle de Margaret Thorne Brent dans la pièce *Perfect Crime* sur la scène de plusieurs théâtres new-yorkais.

LE 1ER ASCENSEUR DANS UN IMMEUBLE

Le 23 mars 1857, le 1er ascenseur du monde entrait en service dans un grand magasin de New York (USA). Il a été installé par Elisha Otis, qui, grâce à l'invention de l'ascenseur, a permis aux immeubles de plus de 5 étages de devenir des lieux de vie pratiques pour leurs occupants et a ainsi contribué au développement des gratte-ciel modernes.

RECORD D'ÉTOILES SUR LE WALK OF FAME

Acteur, compositeur et parolier, Gene Autry (USA, 1907-1998) possède 5 étoiles sur la promenade de la Gloire d'Hollywood – au 6384, 6520, 6644, 6667 et 7000 Hollywood Boulevard –, pour la musique, le cinéma, la télévision, la radio et le théâtre.

★LA PLUS LONGUE QUEUE DE CHEVAL

Mesurée le 23 août 2007, la queue de la jument JJS Summer Breeze, appartenant à Crystal et Casey Socha (USA), d'Augusta (Kansas, USA), mesurait 381 cm de long, ce qui en fait la plus longue queue de cheval du monde.

LE PLUS GRAND CHEVAL VIVANT DU MONDE

Né dans l'Iowa (USA), en 1998, le plus grand cheval vivant s'appelle Radar. Ce cheval de trait belge mesurait 202 cm au garrot, le 27 juillet 2004, lors du North American Belgian Championship de London (Ontario, Canada). Radar appartient à Priefert Manufacturing, Inc., de Mount Pleasant (Texas, USA).

HISTOIRE DE TAILLE

Le plus grand cheval de l'histoire s'appelait Sampson. Élevé par Thomas Cleaver de Toddington Mills, à Bedfordshire (GB), ce cheval né en 1846 mesurait 219 cm au garrot en 1850. Son poids aurait été de 1 524 kg.

2 mai **Le plus grand pique-nique du monde** rassemblait 8 000 personnes, sur la Plaza de España, à Santa Cruz (Tenerife, Espagne), en 1999.

QUELQUES CHIFFRES

- **SUPERFICIE :** 1 972 545 km²
- **POPULATION :** 108,3 millions
- **FOYERS :** 25,1 millions
- Le Mexique détient **le record du plus gros taco du monde** (750 kg). Sistema Sac Actun est **la plus grande grotte immergée jamais explorée** (153 km de long).

LA FAMILLE LA PLUS POILUE

Victor "Larry" et Gabriel "Danny" Ramos Gómez (Mexique) font partie d'une famille de 19 personnes sur 5 générations souffrant d'une pathologie rare, l'hypertrichose congénitale généralisée, caractérisée par un excès de poils sur le visage et le torse. Les hommes sont recouverts à 98 % de poils épais, à l'exception des pieds et des mains ; les femmes portent un duvet plus léger.

LA PLUS GRANDE STALACTITE IMMERGÉE

Localement connue sous le nom de Tunich Ha, la plus grande stalactite immergée du monde mesure 12,8 m. Elle se trouve dans le réseau souterrain Sistema Chac Mol (Mexique). L'eau salée des Caraïbes infiltre le calcaire, créant de surprenants effets visuels lorsqu'elle rencontre l'eau douce ruisselant dans la grotte.

RECORD D'AFFLUENCE DE L'HISTOIRE DE LA BOXE

132 274, c'est le record d'entrées payantes de l'histoire de la boxe, à l'occasion d'un quadruple championnat mondial, au stade aztèque, à Mexico (Mexique), le 20 février 1993. Julio César Chávez (Mexique), le champion du monde, poids super-léger WBC, y a battu Greg Haugen (USA).

★ LE PLUS VASTE TERRAIN DE JEU DE BALLE

Le plus vaste terrain de jeu de balle de la civilisation précolombienne se trouve à Chichén Itzá (Mexique). À l'époque précolombienne, il y a plus de 3 000 ans, on y jouait un jeu de balle, tenant à la fois du sport et de la cérémonie (une version moderne, l'Ulama, se pratique encore de nos jours). Le terrain mesure 166 x 68 m et les murs, 12 m de haut. Sur les murs se dressent des anneaux sculptés de serpents enlacés.

★ NOUVEAU RECORD
● MISE À JOUR

● LE PLUS GRAND TOURNOI DE FOOTBALL (JOUEURS)

La Copa Telmex, qui s'est déroulée de février à novembre 2008, a permis à 10 457 équipes de se rencontrer, soit 172 692 joueurs.

★ LA PLUS GRANDE EXPOSITION DE PIÑATAS

Une exposition de 504 piñatas a été organisée par l'Union de Locatarios del Mercado Municipal, à Hermosillo (Sonora, Mexique), le 27 avril 2008.

● LE PLUS GRAND DESSIN

Artistic Electrocardiogram 411, une œuvre réalisée par Filemón Trevino Berlanga de Monterrey (Mexique), le 13 mars 2008, couvre 205,5 m² !

● RECORD DE PARTIES D'ÉCHECS JOUÉES SIMULTANÉMENT

13 446 parties d'échecs ont été jouées simultanément au même endroit, le 21 octobre 2006, à l'occasion du 3e festival d'échecs de Mexico (Mexique).

RECETTES RECORD AU BOX-OFFICE POUR UN FILM MEXICAIN

Dirigé par Guillermo del Toro (Mexique), *El Laberinto del Fauno* (*Le Labyrinthe de Pan*, Mexique/Espagne/USA, 2006) a enregistré une recette mondiale de 42,6 millions $, à sa sortie.

3 mai **Le premier spam** a été envoyé en 1978. Gary Thuerk (USA) l'a expédié à 397 comptes e-mail sur l'ARPAnet du ministère de la Défense américain.

4 mai *L'Oiseau dans l'espace* (1923) de Constantin Brancusi (Roumanie) est **la sculpture vendue le plus cher aux enchères**. Elle a été adjugée 27 456 000 $, en 2005, chez Christie's, à New York (USA).

AMÉRIQUE CENTRALE & CARAÏBES

QUELQUES CHIFFRES

- **SUPERFICIE : Amérique centrale : 523 780 km² ; Caraïbes : 127 753 km²**
- **POPULATION : Amérique centrale :** 44 934 014 ; **Caraïbes :** 22 636 621 (estimation 2007)
- **PAYS : Amérique centrale :** Belize, Costa Rica, Guatemala, Honduras, Nicaragua, Panamá, Salvador ; **Caraïbes :** Anguilla, Antigua-et-Barbuda, Aruba, Bahamas, La Barbade, îles Caïmans, Cuba, Dominique, République dominicaine, Grenade, Guadeloupe, Haïti, Jamaïque, Martinique, Montserrat, Antilles néerlandaises, Porto Rico, Saint-Barthélemy, Saint-Kitts-et-Nevis, Sainte-Lucie, Saint-Martin, Saint-Vincent-et-les Grenadines, Trinité-et-Tobago, Turks et Caicos, îles Vierges américaines et britanniques.

PRÉSIDENTS LE PLUS ÂGÉ ET LE PLUS JEUNE

Joaquin Balaguer (1906-2002, ci-dessus à gauche) fut président de la République dominicaine de 1960 à 1962, de 1966 à 1978 et de 1986 à 1996. Lorsqu'il quitta son poste, à 89 ans, Balaguer était **le président le plus âgé du monde**. Il a occupé cette fonction plus de 23 ans. Jean-Claude Duvalier (né le 3 juillet 1951, ci-dessus à droite) succéda à son père en tant que président d'Haïti le 22 avril 1971, devenant **le plus jeune président**, à 19 ans et 293 jours. Il a occupé ce poste jusqu'en 1986.

RECORD DE PERSONNES SE BROSSANT LES DENTS

Le 5 novembre 2005, 13 380 personnes se sont brossé les dents simultanément au stade Cuscatlán, à San Salvador (Salvador), au cours d'un événement organisé par Colgate Palmolive (Amérique centrale) Inc.

LE PLUS FAIBLE TAUX DE SUICIDE

Selon les derniers chiffres de l'Organisation mondiale de la santé, de mai 2003, Antigua-et-Barbuda (1995), la République dominicaine (1994), Saint-Kitts-et-Nevis (1995) et Saint-Vincent-et-les-Grenadines (1986) avaient le taux de suicide le plus faible, aucun suicide n'ayant été enregistré les années indiquées.

LE PIRE DES CYCLONES

Suite à l'ouragan Mitch, qui a frappé l'Amérique centrale (Honduras et Nicaragua) du 26 octobre au 4 novembre 1998 et détruit 93 690 habitations, 2,5 millions de personnes se seraient retrouvées sans abri, sans l'aide internationale.

LA PLUS GRANDE MARÉE NOIRE

Suite à la collision de l'*Atlantic Empress* et de l'*Aegean Captain* au large des côtes de Tobago, dans la mer des Caraïbes, le 19 juillet 1979, 287 000 t de pétrole se sont déversées dans la mer.

LE PLUS VIEUX JOUEUR DE MLB À RÉUSSIR UN HOME RUN

À 48 ans et 254 jours, Julio Franco (Rép. dominicaine, né le 23 août 1958) est devenu le plus vieux joueur de l'histoire de la MLB à réussir un home run. Il a sorti Randy Johnson (USA) en frappant un home run en 2 fois, permettant ainsi aux New York Mets (USA) de gagner 5 à 3 contre les Arizona Diamondbacks (USA), au Chase Field de Phoenix (Arizona, USA), le 4 mai 2007.

RECORD DE PROFONDEUR PAR UN MAMMIFÈRE

Le cachalot *Physeter macrocephalus* détient le record de profondeur pour un mammifère. Il a été observé au large des côtes de la Dominique (Caraïbes), en 1991. Les scientifiques de l'institut Woods Hole Oceanographic Institute ont enregistré 2 000 m de profondeur pendant 1 h et 13 min.

★ LES PLUS GROSSES BOULES DE PIERRE ANCIENNES

Connues sous le nom de Las Bolas Grandes ("les boules géantes"), des boules de granit façonnées par une civilisation précolombienne inconnue sont éparpillées dans le delta de Diquis (Costa Rica). La plus grosse de ce millier de boules mesure 2,5 m de diamètre et pèse plus de 16 t.

HISTOIRE DE CACHALOT

La plus grande mâchoire de mammifère est celle d'un cachalot. Avec ses 5 m de long, cette mâchoire inférieure massive appartenait à un mâle de 25,6 m de long. Les cachalots sont en outre les cétacés dotés des plus grandes dents.

5 mai *Le Garçon à la pipe* (1905) de Pablo Picasso est **la peinture vendue le plus cher aux enchères**. Elle a été acquise pour 104 millions $ par un acheteur anonyme, en 2004, chez Sotheby's, à New York (USA).

AMÉRIQUE DU SUD

★ NOUVEAU RECORD ● MISE À JOUR

QUELQUES CHIFFRES

- **SUPERFICIE :** 17 840 000 km²
- **POPULATION :** 371 millions
- **DENSITÉ :** 20,8 personnes/km²
- **EN BREF :** le continent sud-américain (qui n'inclut pas l'Amérique centrale) couvre 3,5 % de la surface terrestre.
- **PAYS :** l'Argentine (**le changement de présidents le plus rapide** : 5 en 2 semaines en décembre 2001), la Bolivie (**la gare la plus haute**, Cóndor, se trouve à 4 786 m d'altitude), le Brésil, le Chili (**l'endroit le plus aride** est Quillagua où il est tombé 5 mm de pluie entre 1964 et 2001), la Colombie, l'Équateur, la Guyana, la Guyane, le Paraguay, le Pérou, le Surinam, l'Uruguay et le Venezuela.

LE PLUS GRAND ENSEMBLE DE TROMPETTISTES

Le 19 février 2006, un concert organisé par Napoleón Gómez Silva à Oruro (Bolivie) a réuni 1 166 trompettistes.

● LE PLUS DE BALLONS CREVÉS EN 1 MIN

Pour la journée de la Femme, le fabricant de yaourts Activia – Argentine a réuni des milliers de femmes pour crever autant de ballons que possible en 1 min au parc Tres de Febrero de Buenos Aires (Argentine), le 8 mars 2009. Résultat ? 9 768 ballons crevés.

★ LE PLUS GRAND CHARANGO

Le plus grand charango (guitare sud-américaine) jamais fabriqué mesure 6,13 m de long et 1,13 m de diamètre. Présenté le 15 janvier 2004, l'instrument a été réalisé à la demande de la mairie de Belisario Boeto, Villa Serrano, à Chuquisaca (Bolivie).

● LA PLUS GRANDE PARADE À CHEVAL

Le 29 juillet 2006, une parade a réuni 8 233 chevaux et leurs cavaliers, à Medellín (Antioquia, Colombie).

LE COLÉOPTÈRE LE PLUS LONG

Si on ne considère que la taille de son corps, le titan (*Titanus giganteus*) d'Amérique du Sud est le coléoptère le plus long, avec ses 15 cm. Cependant, si on prend en compte la corne qui se trouve dans le prolongement de la tête et celle qui part du thorax, le dynaste Hercule (*Dynastes hercules*, ci-dessus), également originaire d'Amérique du Sud, est encore plus long, avec ses 17,7 cm.

● LE PÉAGE LE PLUS ÉLEVÉ POUR TRAVERSER LE CANAL DE PANAMÁ

Le 25 septembre 2003, le bateau de croisière *Coral Princess* a payé 226 194,25 $ pour traverser le canal de Panamá (voie navigable artificielle ouverte en 1914 et reliant l'Atlantique au Pacifique). Le *Coral Princess* mesure 294 m de long et peut accueillir jusqu'à 1 974 passagers.

6 mai Souleymane Mamam est **le plus jeune joueur ayant disputé la coupe du monde de football**. Il avait 13 ans et 310 jours quand il a participé à un match de qualification avec le Togo contre la Zambie, en 2001.

7 mai Tiago Alberto de Quadros (Brésil), alias Tiago Della Vega, est **le guitariste le plus rapide.** Il a joué *Le Vol du bourdon* sans commettre d'erreur à la vitesse de 320 accords par minute à São Paulo (Brésil), en 2008.

14 : nombre de titres détenus par l'Argentine et l'Uruguay dans le championnat sud-américain de football (Copa America) depuis 1975.

★ LA PLUS GRANDE FÊTE DE COCHONS D'INDE

Lors du festival annuel qui se tient à Huacho (Pérou), diverses compétitions permettent de désigner le cochon d'Inde le plus gros, le plus rapide et, même, le mieux habillé. Les enjeux sont élevés et seuls les vainqueurs auront l'honneur d'être dégustés farcis, rôtis, fumés et grillés. Un jury élit alors le plus savoureux. Dans les Andes, le cochon d'Inde est une source traditionnelle (et presque inépuisable) de protéines, pauvre en matières grasses.

LA PLUS GRANDE PISCINE

La plus grande piscine est la piscine d'eau de mer San Alfonso del Mar, à Algarrobo (Chili). Mesurant 1 013 m de long, elle a une superficie totale de 8 ha. Elle est donc plus vaste que 15 terrains de football réunis. Cette piscine prodigieuse a été achevée en décembre 2006.

★ LA TOURTE AUX POMMES DE TERRE LA PLUS LOURDE

La plus grosse tourte aux pommes de terre pesait 5,37 t. Préparée par la municipalité de Carmen de la Legua Reynoso, elle a été exposée sur la principale place de Miguel Grau Seminario, à Carmen de la Legua Reynoso, Callao (Pérou), le 16 juillet 2004.

LA ROUTE LA PLUS DANGEREUSE

La route des Yungas est considérée comme la plus meurtrière. Longue de 69 km, elle relie La Paz à Coroico (Bolivie) et cause chaque année la mort de 300 personnes – soit 4,3 victimes par km ! Cette route boueuse d'une seule voie (mais empruntée dans les deux sens) est en pente sur la majorité de son parcours et dépourvue de parapet. Avec son dénivelé de 4 700 m, elle est très dangereuse pendant la saison des pluies.

LE CONCERT À LA PLUS HAUTE ALTITUDE

Le Musikkapelle Roggenzell, groupe de 10 musiciens originaires d'Allemagne et de Bolivie, a donné un concert à 6 069 m sur le mont Acotango (Bolivie), le 6 août 2007.

RECORD POUR TRAVERSER À VÉLO L'AMÉRIQUE DU SUD DU NORD AU SUD

Giampietro Marion (Italie) a parcouru à bicyclette la partie sud de la route panaméricaine. Parti de Chigorodo (Colombie), la ville la plus proche de la frontière avec le Panamá, il est arrivé à Ushuaia (Argentine), après un voyage de 59 jours effectué entre les 17 septembre et 15 novembre 2000.

★ LA PLUS GRANDE COLLECTION DE BOUTEILLES DE CACHAÇA

Originaire de Pernambuco (Brésil), José Moisés de Moura collectionne depuis 1986 les bouteilles de cachaça, l'alcool traditionnel le plus consommé au Brésil. Confectionnée avec du sucre de canne, la cachaça rappelle le rhum blanc.

● LE PLUS GRAND CEVICHE

Un ceviche (plat de fruits de mer crus marinés dans du jus d'agrume) de 6 791,3 kg a été servi au Coliseo Cerrado Miguel Grau del Callao, à Callao (Pérou), le 7 décembre 2008. Sa préparation a nécessité 5 t de poisson cru (du perroquet royal ou de la dorade), 500 kg de citrons, 400 kg d'oignons, 100 kg de poivrons et 100 kg de sel.

LE CAMÉLIDÉ SAUVAGE VIVANT LE PLUS HAUT

La famille des Camélidés inclut entre autres les chameaux, les lamas et les dromadaires. La vigogne (*Vicugna vicugna*) est l'espèce sauvage qui vit à l'altitude la plus élevée puisqu'on la trouve à 4 800 m dans les Andes d'Amérique du Sud, tout comme l'alpaga, qui fait aussi partie des camélidés mais a été domestiqué.

8 mai Reinhold Messner (Italie) et Peter Habeler (Autriche) ont été **les premiers à gravir l'Everest sans oxygène**, en 1978.

CANADA

QUELQUES CHIFFRES

- **SUPERFICIE :** 9 984 670 km²
- **POPULATION :** 33 212 696 habitants
- **FOYERS :** 12,3 millions

EN BREF :
Le Canada et les États-Unis partagent **la frontière la plus longue du monde**. Elle s'étend sur 6 416 km (en comptant les Grands Lacs). Le Canada possède aussi **les côtes les plus longues du monde** : en comptant les îles, elles s'étendent sur 243 798 km.

★ NOUVEAU RECORD
● MISE À JOUR

LA RUE LA PLUS LONGUE

Yonge Street est la rue baptisée la plus longue du monde. Elle traverse le nord-ouest de Toronto (Canada). Achevé le 16 février 1796, le premier tronçon mesurait 55 km. Aujourd'hui, elle se poursuit jusqu'au fleuve Rainy, à la frontière entre l'Ontario et le Minnesota, et mesure officiellement 1 896,3 km.

★LA PREMIÈRE PLATE-FORME D'ATTERRISSAGE POUR OVNI

Construite à Saint Paul (Alberta), la première plate-forme officielle d'atterrissage pour ovni a été inaugurée le 3 juin 1967. Un panneau à proximité indique "…que tous les voyages dans l'espace seront désormais sans danger pour les êtres intergalactiques ; tous les visiteurs, qu'ils viennent de la Terre ou d'ailleurs, sont les bienvenus sur ce territoire et dans la ville de Saint Paul".

●LA RELIGIEUSE LA PLUS ÂGÉE

Le 5 mai 2003, à 112 ans et 67 jours, sœur Anne Samson (Canada, 27 février 1891-29 novembre 2004) est devenue la religieuse la plus âgée du monde, battant le record établi par sœur Julia, née Augustine Teissier (France, 1869-1981). Sœur Anne est morte à 113 ans et 276 jours à la maison provinciale des filles de Jésus, à Moncton (Nouveau-Brunswick, Canada).

LE RÉSEAU TÉLÉPHONIQUE INTERNATIONAL LE PLUS ENCOMBRÉ

Selon TeleGeography, le réseau téléphonique international le plus encombré est celui qui relie le Canada aux États-Unis. En 2002, le trafic (dans les deux sens) a totalisé 10,9 milliards de minutes.

●LE MILE LE PLUS RAPIDE EN RAMPANT

Suresh Arulanantham Joachim (Canada) a rampé sur 1 mile en 23 min et 45 s, à Toronto (Ontario, Canada), le 23 janvier 2007.

L'ÉMISSION DE RADIO LA PLUS SOUTERRAINE

Le 24 mai 2005, Dan Lessard (Canada) de CBC Radio Points North a animé une émission de 2 h comprenant des séquences enregistrées, de la musique et des interviews, depuis la mine de Creighton, à Sudbur (Ontario, Canada), à une profondeur de 2 340 m.

RECORD DE LONGEVITÉ APRÈS UNE GREFFE DU REIN

Johanna Leanora Rempel (Canada, née le 24 mars 1948) a reçu un rein de sa jumelle Lana Blatz le 28 décembre 1960. L'opération a eu lieu à l'hôpital Peter Bent Brigham de Boston (Massachusetts, USA). Depuis, les deux sœurs sont en parfaite santé, tout comme les enfants qu'elles ont eus.

LA GLYCÉMIE LA PLUS ÉLEVÉE

Travis Maynard (Canada, né le 13 mai 1960) a survécu à une glycémie (taux de sucre dans le sang) de 141 mmol/L (2 538 mg/dl), taux enregistré à son admission au Chalmers Regional Hospital de Fredericton (Canada), le 6 février 2003, alors qu'il était dans le coma. Le taux normal se situe entre 4,4 et 6,6 mmol/L (80-120 mg/dl).

●LA PLUS GRANDE CROSSE DE HOCKEY

Commandée par le gouvernement fédéral pour le pavillon canadien de l'Exposition universelle de 1986, organisée à Vancouver (Canada), la plus grande crosse de hockey mesure 62,48 m de long et pèse 28,12 t. Depuis le 21 mai 1988, elle est exposée devant le centre communautaire Cowichan de Duncan, sur l'île de Vancouver.

9 mai Les Chicago White Sox et les Milwaukee Brewers (USA) ont joué **le match de baseball le plus long** – 8 h et 6 min –, en 1984. Les Chicago White Sox ont fini par gagner 7 à 6.

10 mai En 2003, 20 membres du Paraclub Flevo (Pays-Bas) ont battu **le record de sauts simultanés en parachute** en sautant tous ensemble à 2 000 m d'altitude.

1 025 : record de pompes faites en 1 h (sur un bras, avec le dos de la main) par Doug Pruden (Canada), le 8 novembre 2008.

L'OBJET D'UNE STAR DE LA POP LE PLUS CHER

Le 29 juin 1985, Jim Pattison (Canada, ci-dessus), président de l'Exposition universelle de 1986 de Vancouver (Canada), a acheté aux enchères la Rolls Royce Phantom V de 1965 de John Lennon (GB) pour 2 229 000 $, chez Sotheby, à New York (USA).

●RECORD DE VITESSE EN MARCHE ARRIÈRE SUR PLUS DE 800 KM

Le 22 août 2004, à Calgary (Canada), Rob Gibney (Canada) a parcouru 807,39 km en marche arrière à une vitesse moyenne de 66,67 km/h, dans une Ford Crown Victoria.

LE LOCUTEUR LE PLUS RAPIDE

Sean Shannon (Canada) a récité "Être ou ne pas être", 260 mots, en 23,8 s (soit 655 mots à la minute), à Édimbourg (Écosse), le 30 août 1995.

●LA DISTANCE LA PLUS LONGUE EN MOTONEIGE SUR L'EAU

Le 3 septembre 2005, Kyle Nelson (Canada) a parcouru 69,28 km en motoneige sur le lac Cowan, à Saskatchewan.

LE PLUS GRAND FESTIVAL DE JAZZ

Le 25e anniversaire du Festival international de jazz de Montréal (Québec, Canada), en juillet 2004, a attiré 1 913 868 personnes.

LA MARÉE LA PLUS HAUTE

Une marée de 16,6 m a été enregistrée dans le bassin de Leaf, dans la baie d'Ungava (Québec, Canada), en 1953.

LA TRAVERSÉE DU CANADA EN COURSE À PIED LA PLUS RAPIDE (FEMME)

Ann Keane (Canada) a couru les 7 831 km qui séparent Saint John (Terre-Neuve) de Tofino (Colombie-Britannique) en 143 jours, du 17 avril au 8 septembre 2002. Elle ne s'est arrêtée que 3 jours en tout.

●LE MARATHON DE STREET-HOCKEY LE PLUS LONG

Le marathon de street-hockey le plus long a duré 105 h et 17 min. Ce record a été établi lors du Hockey for Life, organisé à Lethbridge (Alberta), du 20 au 24 août 2008.

RECORD DE DEMOISELLES D'HONNEUR À UN MARIAGE

Christa Rasanayagam a épousé Arulanantham Suresh Joachim (tous deux Canada) à l'église catholique du Christ-Roi de Mississauga (Ontario, Canada), le 6 septembre 2003. Elle était entourée de 79 demoiselles d'honneur, âgées de 1 à 79 ans.

RECORD DE LETTRES AU PÈRE NOËL EN UNE SAISON

En 2006, le père Noël a reçu 1,06 million de lettres et 44 166 courriels. 11 000 volontaires, employés de la poste canadienne, y ont répondu dans 11 langues, dont le braille.

LE SPOT PUBLICITAIRE TÉLÉVISÉ LE PLUS COURT

Le spot publicitaire télévisé le plus court correspond à une demi-image (une trame) et dure 1/60e de seconde. Douze versions ont été produites, toutes pour MuchMusic – une chaîne consacrée à la musique et à la vidéo. La première a été diffusée le 2 janvier 2002.

LE PONT EN PORTE-À-FAUX LE PLUS LONG

La travée centrale indépendante du pont de Québec, sur le Saint-Laurent (Canada), est la plus longue du monde. Elle mesure 549 m entre les piliers et 987 m en tout. Le pont supporte une voie ferrée et deux voies de circulation.

11 mai En 2007, à Leicestershire (GB), Marek Turowski (GB) a atteint 148 km/h au volant d'un canapé motorisé, battant **le record de vitesse pour un meuble.**

ROYAUME-UNI & IRLANDE

QUELQUES CHIFFRES

- **SUPERFICIE :** **Royaume-Uni** 244 820 km² **Irlande** 70 280 km²
- **POPULATION :** **Royaume-Uni** 60,9 millions d'habitants **Irlande** 4,2 millions d'habitants
- **FOYERS : Royaume-Uni** 27,6 millions **Irlande** 1,4 million
- Le drapeau du Royaume-Uni, Union Jack, ou Union Flag, réunit la croix de Saint-André (écossaise), la croix de Saint-Patrick (irlandaise) et la croix de Saint-Georges (anglaise). Curieusement, il n'est reconnu par aucune loi britannique.

● LE PLUS GRAND RASSEMBLEMENT DE ROBINS DES BOIS

Malgré les vents violents et le froid, 1 119 personnes déguisées en Robin des Bois se sont rassemblées à Castle Green, à Nottingham (GB), le 8 mars 2008, pour fêter le lien que la ville entretient avec la légende de Robin des Bois, le héros qui volait les riches pour donner aux pauvres.

● LA PLUS GRANDE DANSE DE MAI

La danse de Mai est une danse traditionnelle qui aurait pour origine un rite destiné à favoriser la fertilité. Chaque danseur tient un ruban attaché au sommet d'un poteau et l'enroule autour de celui-ci au fur et à mesure qu'il danse. La plus grande participation à une danse de Mai a réuni 146 personnes à Congleton (Cheshire, GB), le 21 mai 2008.

● RECORD DE STYLES DE DANSES SUR UNE MÊME MUSIQUE

Lors d'un événement organisé par One Leicester et le conseil municipal de Leicester au Humberstone Gate de Leicester (GB), le 5 octobre 2008, 48 styles de danses ont été réalisés simultanément sur une même musique.

★ LE PACEMAKER LE PLUS ANCIEN EN ÉTAT DE MARCHE

Le pacemaker le plus ancien toujours en fonctionnement a été posé sur Lesley Iles (GB) le 15 janvier 1982. Cette femme en pleine forme est toujours aussi active ; elle a même couru le marathon de Londres.

★ LE 1ER OVNI VU PAR UN PILOTE

Le 31 janvier 1916, près de Rochford (Essex, GB), un pilote britannique dit avoir vu une rangée de lumières ressemblant aux vitres éclairées d'un train s'élever dans le ciel et disparaître. De telles apparitions d'ovni sont courantes, mais celles dont sont témoins des pilotes sont plus crédibles car ils sont habitués à distinguer des objets dans le ciel nocturne.

LE 1ER SERVICE DE BUS

Le premier service municipal d'omnibus à moteur a été inauguré le 12 avril 1903. Il reliait la gare d'Eastbourne à Meads (Sussex, GB).

LES MEILLEURES VENTES POUR UN ALBUM (GB)

Greatest Hits (sorti les 2 novembre 1981) de Queen (GB) s'est vendu à 5,75 millions d'exemplaires, soit les meilleures ventes pour un album au Royaume-Uni.

PLUS D'INFO

On doit la représentation de Robin des Bois (collant, chapeau à plume et tunique verte) à Errol Flynn (Australie), qui incarna le personnage dans les années 1930.

RECORD DE TRACTEURS LABOURANT EN MÊME TEMPS

Le 5 août 2007, 4 572 tracteurs de plus de 30 ans provenant de plus de 30 pays (dont l'Afrique du Sud et l'Australie) ont labouré le même champ en même temps, à Cooley (Louth, Irlande). Des dizaines de Massey Ferguson de 1977 et un Ivel de 1903 étaient présents.

LE GARDE-CHASSE LE PLUS JEUNE

Le plus jeune garde-chasse est Robert Mandry (GB, né le 1er janvier 1994) qui a dirigé sa première partie de chasse sur la propriété familiale d'Holdshott Farm (Hampshire, GB), le 9 novembre 2005, à 11 ans et 312 jours. Il en a dirigé 3 autres la même saison (octobre 2005-février 2006). Il a pris la suite de Colin Parsons (GB), parti en retraite.

★ NOUVEAU RECORD ● MISE À JOUR

12 mai En 1997, **le record du prix de vente d'une maison** a été battu par Eric Hotung au 6-10 Black's Link, à Hong Kong (Chine). Elle s'est vendue 778,88 millions HK$ (74 761 866 €).

13 mai En 2007, **le plus petit bateau à rames à avoir traversé l'Atlantique** – le *Puffin*, un bateau de 4,65 m manœuvré par Graham Walters (GB) – a terminé sa traversée de l'Atlantique d'est en ouest débutée le 3 février.

14 min et 34,69 s : temps mis pour grimper la tour Canary Wharf sur 3 jambes – l'immeuble le plus haut du Royaume-Uni –, par Heather Derbyshire et Karen Fingerhut (GB), le 6 avril 2008.

LA PHOTO MOSAÏQUE LA PLUS GRANDE

La plus grande photo mosaïque mesure 860,83 m². Elle contient 112 896 petites photos données par le public. Créée dans le cadre du projet Big Picture, elle a été présentée au Thinktank du Millennium Point, à Birmingham (GB), le 23 août 2008.

★LE PREMIER HÔTEL DE SABLE HABITABLE

Pendant l'été 2008, les vacanciers de la plage de Weymouth (Dorset, GB) ont pu passer la nuit dans un hôtel entièrement en sable. 600 h ont été nécessaires pour construire cet hôtel de plein air de 15 m². La nuit dans une chambre familiale avec lit double et lit simple, et vue sur la mer (mais sans toilettes) coûtait 10 £ (12 €). Cet hôtel a été imaginé par le sculpteur Mark Anderson (GB), missionné par le site Internet LateRooms.com.

LE 1ER DISTRIBUTEUR DE BILLETS DE BANQUE

Le premier distributeur de billets (DAB) a été installé à la Barclays Bank d'Enfield (Middlesex, GB), le 27 juin 1967. Le système n'acceptait que des jetons à usage unique que la machine avalait en échange d'enveloppes de 10 £. L'acteur Reg Varney (GB) a été **le premier utilisateur de ce GAB**.

LE LAURÉAT DU BOOKER PRIZE QUI S'EST VENDU LE PLUS VITE

Paddy Clarke Ha Ha Ha de Roddy Doyle (Irlande), qui a reçu le Booker Prize en 1993, s'est vendu à 27 000 exemplaires dans les 30 min qui ont suivi l'ouverture des librairies le lendemain de l'attribution du prix.

★LE PLUS GRAND BATEAU DE PÊCHE

Atlantic Dawn, un chalutier irlandais de 145,6 m d'une jauge de 14 055 tonneaux, est le plus grand bateau de pêche. Lancé en 2001, il a été construit en Norvège pour 72 millions $. Ses 60 membres d'équipage traitent 300 t de poisson par jour. Il peut transporter 7 000 t de produits congelés.

LE JOUEUR D'ACCORDÉON LE PLUS RAPIDE

Le 8 novembre 2006, à Dublin (Irlande), Liam O'Connor (Irlande) a joué *Tico Tico* au rythme de 11,67 notes/s, lors du Rick O'Shea show.

●LE PLUS GROS HOT CROSS BUN

Les hot cross buns – brioche aux fruits épicée marquée d'une croix (censée représenter un crucifix) – se dégustent à Pâques. Confectionné par Allied Bakeries Ireland dans son usine de Belfast (Irlande), le 16 mars 2005, le plus gros hot cross bun pesait 81,62 kg. Il a nécessité 37,5 kg de farine, 16,8 l d'eau, 7 kg de groseilles et 6,3 kg de raisins secs.

●RECORD DE FRÈRES ET SŒURS DANS UN MÊME MARATHON

Les 15 frères et sœurs de la famille O'Donoghue – Willie, Kieran, Teresa, Joseph, Pat, Robert, Mary, Margaret, Noel, Adelaide, James (Jim-bob), Brenda, Kevin, Louise et Cronan (tous Irlande) – ont couru le marathon de Dublin (Irlande), le 29 octobre 2007.

ROYAUME-UNI & IRLANDE

Le Royaume-Uni comprend la Grande-Bretagne (Angleterre, pays de Galles et Écosse) et l'Irlande du Nord (un sixième de la superficie de l'Irlande). L'Irlande (Eire) occupe le reste de l'île.

★LE MARATHON DE CAMOGIE LE PLUS LONG

La partie de camogie – variante féminine du hurling, un jeu celtique – jouée par le Croydon Camogie Club (GB), au Emerald GAA Grounds de Ruislip (GB), les 23-24 août 2008, a duré 24 h et 7 min.

14 mai En 2002, **le steak le plus long** a été découpé par Jean-Yves Renard (France) et des bouchers d'Evron (Mayenne, France). Il mesurait 27,68 m de long.

FRANCE

QUELQUES CHIFFRES

- **SUPERFICIE :** 543 965 km²
- **POPULATION :** 60,7 millions d'habitants
- **FOYERS :** 25,5 millions
- **EN BREF :** Selon les chiffres de 2006, la France est **le pays le plus touristique**, avec 79,1 millions de touristes sur les 842 millions dans le monde. Paris est également **la ville la plus touristique** : 31 touristes sur 150 visitent la capitale française.

★ NOUVEAU RECORD
● MISE À JOUR

L'ÉVÉNEMENT SPORTIF RASSEMBLANT LE PLUS GRAND PUBLIC

On estime à plus de 10 millions le nombre de spectateurs présents durant les 3 semaines que dure chaque année le tour de France.

LE DÉFILÉ DE MODE AYANT RASSEMBLÉ LE PLUS DE SPECTATEURS

Organisé à Cannes (Alpes-Maritimes, France) le 18 mai 2000 dans un but caritatif, le défilé de Victoria's Secret a été vu par plus de 2 millions d'internautes connectés sur VictoriasSecret.com. Grâce aux top-modèles Tyra Banks (ci-dessus), Karen Mulder et Stephanie Seymour, plus de 2 millions $ ont été récoltés.

★RECORD DE BAISERS EN 1 MIN

Valentin Pasquier (France) a embrassé 94 personnes en 1 min à Nantes (France), le 12 novembre 2008. Le même jour, au même endroit, Solène Oudet (France) a battu **le ●record de baisers reçus en 1 min**, soit 108.

★LE PAPIER PEINT LE PLUS CHER

Le papier peint le plus cher, un panoramique baptisé *Les Guerres d'indépendance*, valait 36 350 € en janvier 2006. Chacun des 32 lés qui le composent mesure 3,80 m de haut et 0,47 m de large, ce qui représente un prix au m² de 632 €. La production de cette scène militaire réalisée à partir des planches de bois originales gravées au e s. nécessite plus de 1 an. Fabriqué chez Zuber, à Rixheim (Haut-Rhin, France), ce papier peint est exporté essentiellement aux États-Unis.

★LE SAUT PÉRILLEUX LE PLUS HAUT

Jerry et Jary Souza (tous deux France) ont réalisé un triple saut périlleux arrière à 10,5 m de haut, dans les studios de *L'Émission des records*, à Paris (France), le 30 novembre 2001.

LE PONT LE PLUS HAUT

100

Le viaduc de Millau, qui traverse la vallée du Tarn (France), mesure 2 460 m de long. Soutenu par 7 piliers en béton, dont le plus haut mesure 333,88 m, le pont dessiné par Foster and Partners (GB) a été inauguré en décembre 2004. Sa hauteur maximale – de son point le plus élevé au point le plus bas de la vallée – est de 343 m.

LE VOL EN HÉLICOPTÈRE LE PLUS HAUT

Le 21 juin 1972, Jean Bouletan (France) est monté à 12 442 m d'altitude au-dessus d'Istres (Bouches-du-Rhône, France), à bord d'un hélicoptère Aérospatiale SA315B Lama.

LA PLUS GRANDE COLLECTION DE CHASSEURS À RÉACTION

Michel Pont (France) possède 110 chasseurs à réaction. Il a commencé sa collection, qui comprend des MIG russes, des Jaguars anglais et des Mirage français, en 1985. Il les achète aux gouvernements étrangers mais l'espace aérien français leur est interdit.

15 mai Composé de 6 452 musiciens et étudiants en musique venus de toute la Colombie-Britannique (Canada), **le plus grand orchestre** s'est produit à Vancouver (Canada), en 2000.

ITALIE

QUELQUES CHIFFRES

- **SUPERFICIE :** 301 245 km²
- **POPULATION :** 58,1 millions d'habitants
- **FOYERS :** 22,6 millions
- **EN BREF : Le plus grand zootrope** de l'histoire a été présenté en Italie le 4 décembre 2008. Cet appareil de 9,9 m de diamètre crée l'illusion d'images en mouvement. La capitale, Rome, abrite **le plus grand dôme en maçonnerie** : le Panthéon. Avec 43 m de diamètre, c'est le dôme en maçonnerie qui possède la plus grande envergure.

★ LE JAMBON CUIT LE PLUS GROS

Fabriqué par Magri SRL à Ancona (Italie), le 23 avril 2008, le plus gros jambon cuit pesait 25,82 kg.

★ LE PINZINO LE PLUS GROS

Le plus gros pinzino (pain frit fabriqué avec de la farine, de l'eau et du lard) a été réalisé par les habitants de Vigarano Pieve (Italie), le 22 juin 2002. Il pesait 18 kg.

★ LE SALAMI CUIT LE PLUS LONG

Un salami cuit de 11,55 m de long a été fabriqué par la Pro Loco Association of Viguzzolo (Italie), le 22 février 2009.

LA CANTATRICE LA PLUS JEUNE

Ginetta Gloria La Bianca (USA, née le 12 mai 1934) a tenu le rôle de Gilda dans *Rigoletto*, à Velletri (Italie), le 24 mars 1950, à 15 ans et 316 jours. Elle a aussi tenu celui de Rosina dans *Le Barbier de Séville* au Teatro dell'Opera de Rome (Italie), le 8 mai 1950, 45 jours plus tard.

L'ACCORDÉON LE PLUS GRAND

Le plus grand accordéon (en état de marche) mesure 2,3 m de haut, 1,9 m de large et 85 cm de profondeur, et pèse environ 200 kg. Fabriqué par Giancarlo Francenella (Italie), l'instrument a été baptisé Castelfidardo, du nom de la ville de la région d'Ancône (Italie) où il a été réalisé.

LE PLUS GRAND RASSEMBLEMENT PACIFISTE

Le 15 février 2003, des rassemblements pacifistes ont eu lieu à travers le monde. Le plus grand s'est tenu à Rome (Italie), où 3 millions de personnes ont protesté contre l'invasion américaine en Iraq. Ils ont été des millions dans près de 600 villes.

RECORD DE POINTS EN 1 SAISON DE FORMULE 1 (CONSTRUCTEUR)

Durant la saison 2004 de Formule 1, l'équipe Ferrari (Italie) a engrangé 262 points en championnat du monde. Les pilotes étaient Michael Schumacher (Allemagne, 148 points) et Rubens Barrichello (Brésil, 114 points). L'équipe a gagné 15 courses sur 18, avec 13 victoires pour Schumacher et 2 pour Barrichello.

LA PORCHETTA LA PLUS LONGUE

Nicola Genobile (Italie) et son équipe ont réalisé une porchetta (cochon de lait farci) de 31,08 m de long, pesant 1 214 kg. Elle a été présentée au public à l'hypermarché Auchan de Pescara (Italie), le 17 janvier 2009.

LA PLUS GRANDE SCULPTURE EN CHOCOLAT

Le 15 mars 2009, à Limana, Mirco Della Vecchia (Italie) a réalisé une sculpture en chocolat représentant les Dolomites. Elle pesait 3,55 t et mesurait 2,4 m de haut, 6,39 m de large et 1 m de profondeur.

16 mai En 1929, **les premiers oscars** ont été décernés à l'hôtel Hollywood Roosevelt de Los Angeles (Californie, USA). Ils récompensaient les films des années 1927-1928.

17 mai En 1995, **le diamant le plus cher du monde** a été adjugé 16 561 171 $ lors d'une vente aux enchères. Ce diamant poire incolore de pureté dite Flawless pèse 100,10 carats.

ESPAGNE

QUELQUES CHIFFRES

- **SUPERFICIE :** 504 782 km^2
- **POPULATION :** 40,4 millions
- **FOYERS :** 15,3 millions
- **EN BREF :** le dernier mercredi du mois d'août, la ville de Buñol, près de Valence, est le théâtre de la fête annuelle de la tomate, la Tomatina, qui donne lieu à **la plus grande bataille alimentaire**. En 2004, environ 38 000 personnes se sont lancé 124,96 t de tomates en 1 h.

LE PEINTRE LE PLUS PROLIFIQUE

Pablo Diego José Francisco de Paula Juan Nepomuceno de los Remedios Crispín Cipriano de la Santísima Trinidad Ruíz y Picasso (Espagne, 1881-1973) fut le peintre professionnel le plus prolifique en 75 ans de carrière. Il serait l'auteur de 13 500 tableaux et dessins, 100 000 estampes et gravures, 34 000 illustrations de livres et 300 sculptures et céramiques d'une valeur estimée à 788 millions $.

●RECORD DE MARTÈLEMENTS DE TALONS EN 1 MIN (FEMME)

La danseuse de flamenco Rosario Varela (Espagne) a frappé le sol 1 274 fois du talon en 1 min sur le plateau de *Guinness World Records*, à Madrid (Espagne), le 23 janvier 2009.

LA PLUS GRANDE BOÎTE DE NUIT

D'une superficie de 6 500 m^2, la boîte de nuit *Privilege* de San Rafael, à Ibiza (Espagne), peut accueillir jusqu'à 10 000 personnes. Elle est la principale attraction de l'île depuis 1994.

★RECORD POUR FAIRE UN RUBIK'S CUBE D'UNE MAIN

Avec une seule main, David Calvo (Espagne) a résolu 5 Rubik's Cubes en 2 min et 27,78 s sur le plateau de *Guinness World Records* à Madrid (Espagne), le 16 janvier 2009. Il est capable d'en résoudre un avec une seule main en seulement 28 s !

★LE PLUS GRAND NOMBRE DE DANSEURS DE SÉVILLANE

La sévillane est une danse exécutée sur une musique folklorique originaire de Séville. Le 11 mai 2008, 492 personnes l'ont dansée dans le cadre d'un événement organisé par Embrujo Andaluz (Espagne) sur la place Luis Mariano, à Irún (Espagne).

★LE PLUS RAPIDE POUR CASSER 5 BOUTEILLES

Le 23 février 2008, Alberto Delgado (Espagne) a cassé 5 bouteilles en verre avec la paume d'une main en 40,46 s, sur le plateau de *El Show de los Records*, à Madrid (Espagne).

LE MAIRE LE PLUS LOURD

José Manuel Barros González, maire de Porriño (Espagne), pesait 179,330 kg en juillet 1999.

LE PLUS ANCIEN RESTAURANT

Le restaurant *Botín*, Calle de Cuchilleros, à Madrid, a été ouvert en 1725 par Jean Botín (France) et sa femme originaire des Asturies. Il est maintenant tenu par la famille González depuis trois générations. L'intérieur du ^{e} siècle et le four à bois ont été conservés.

RECORD DE VICTOIRES EN COUPE D'EUROPE DE FOOTBALL

Le Real Madrid (Espagne) a remporté 9 fois la coupe d'Europe de football en 1955-56, 1956-57, 1957-58, 1958-59, 1959-60, 1965-66, 1997-98, 1999-2000 et 2002. C'est aussi **le ●club de football le plus riche**. Selon le cabinet d'audit Deloitte, il a rapporté 577,9 millions $.

LA PLUS GRANDE CHAISE

Mesurant 26 m de haut et dotée d'un siège de 10 m de large, cette chaise a été fabriquée par l'entreprise de mobilier Grupo Hermanos Huertas à des fins publicitaires en avril 2005. Le meuble trône à l'extérieur de l'usine, à Lucena (Espagne).

18 mai En 1980, l'éruption volcanique du mont Saint Helens (Washington, USA) a déclenché **l'avalanche la plus rapide** : la neige a dévalé les pentes à 402,3 km/h.

19 mai **La plus grande revue** mesure 90,5 x 102,1 cm. Créée par Bayard Revistas S.A., elle a été présentée au Palacio de Congresos, à Madrid (Espagne), en 2007.

PORTUGAL

QUELQUES CHIFFRES

- **SUPERFICIE :** 92 391 km²
- **POPULATION :** 10,6 millions
- **FOYERS :** 3,9 millions
- **EN BREF :** Alphonse Ier Enriquez du Portugal est le monarque européen qui a régné le plus longtemps. Il est monté sur le trône le 30 avril 1112 et est mort le 6 décembre 1185 après un règne de 73 ans et 220 jours, d'abord en tant que comte, puis en tant que roi (après le 25 juillet 1139).

★ **NOUVEAU RECORD**
● **MISE À JOUR**

HISTOIRE

Aux XVe et XVIe siècles, le Portugal était une puissance internationale qui rivalisait avec l'Angleterre et la France. Cependant, les guerres contre Napoléon, le séisme qui détruisit Lisbonne et la perte du Brésil en 1822 l'affaiblirent. En 1910, une révolution mit fin à la monarchie régnante à laquelle succédèrent des gouvernements autoritaires au cours des 60 années qui suivirent. En 1974, un coup d'État militaire fomenté par les forces de gauche permit l'instauration d'un régime plus démocratique. Le Portugal a rejoint la Communauté européenne (actuelle Union européenne) en 1986.

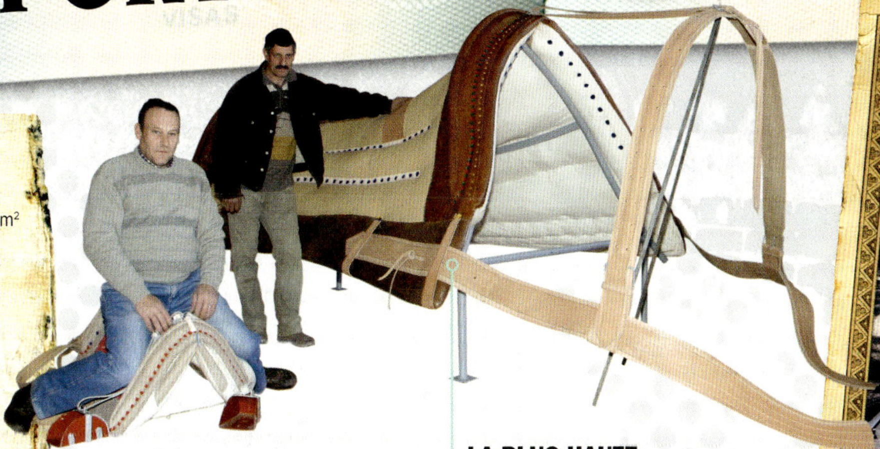

★ LA PLUS GRANDE SELLE

Carlos Almeida et Manuel Nogueira (tous deux Portugal) ont fabriqué une selle de 2,92 m de long, de 1,20 m de haut sur le devant et de 1,55 m de haut à l'arrière. Elle a été présentée et mesurée à Torre de Dona Chama (Portugal), le 3 février 2008.

LA PLUS HAUTE MONTAGNE SOUS L'EAU

Le mont Pico, aux Açores (Portugal), se dresse à 2 351 m au-dessus du niveau de la mer, mais descend aussi à 6 098 m sous la surface de l'océan, possédant ainsi le versant immergé le plus long.

LA PLUS GRANDE PEINTURE

Le Círculo Artístico e Cultural Artur Bual et la ville d'Amadora (Portugal) ont réalisé une peinture de 4 001,8 m de long, le 15 septembre 2007.

LE PLUS GRAND LOGO HUMAIN

Le 24 juillet 1999, 34 309 personnes se sont rassemblées au stade national de Jamor, à Lisbonne (Portugal), pour former le logo de l'Euro 2004, organisé cette année-là au Portugal.

● LE PLUS GROS ŒUF DE PÂQUES

Un œuf de Pâques géant a été créé et décoré par Freeport, à Alcochete (Portugal), en mars 2008. Il mesurait 14,79 m de long et 8,40 m de diamètre.

★ LA PLUS LONGUE CHAÎNE DE NŒUDS PLATS

Le 14 avril 2007, 224 participants ont réalisé 8 841 nœuds plats en 5 min, obtenant une chaîne de 7 848 m. L'événement a été organisé par l'Agrupamento 626 – Corpo Nacional de Escutas (Portugal), au stade national de Linda-a-Velha (Portugal).

LA PLUS GRANDE CHAÎNE DE MONTRES

Une chaîne de 1 382 montres Swatches a été exposée à Oeiras Parque, à Lisbonne (Portugal), le 2 décembre 2003.

LE PLUS LONG PAIN

Mesurant 1 211,6 m, le pain le plus long a été confectionné à Vagos (Portugal), par la Município de Vagos, Ferneto, Máquinas e Artigos Para a Indústria Alimentar, Lda. et le comité des fêtes de Vagos, à l'occasion de la fête du pain et des boulangers, le 10 juillet 2005. Plus de 100 boulangers, principalement originaires de Vagos, ont pétri la pâte plus de 60 h.

LE PLUS GRAND CANIF

Le plus grand canif mesure 3,9 m lorsque sa lame est tirée et pèse 122 kg. Son manche en bois pèse 97 kg et mesure 1,95 m. Sa lame en acier a aussi une longueur de 1,95 m, mais ne pèse que 25 kg. Ce canif a été conçu par Telmo Cadavez de Bragança (Portugal) et réalisé à la main par Virgílio, Raúl et Manuel Pires (tous Portugal), le 9 janvier 2003.

20 mai Né en 1987, à Ottawa (Ontario, Canada), James Elgin Gill (Canada), fils de Brenda et James Gill, est **le plus grand prématuré**. Il ne pesait que 624 g à sa naissance, 128 jours avant terme.

PAYS SCANDINAVES

QUELQUES CHIFFRES

SUÈDE
- **SUPERFICIE :** 449 964 km²
- **POPULATION :** 9,2 millions d'habitants
- **FOYERS :** 4,2 millions

FINLANDE
- **SUPERFICIE :** 338 145 km²
- **POPULATION :** 5,3 millions d'habitants
- **FOYERS :** 2,4 millions

NORVÈGE
- **SUPERFICIE :** 323 802 km²
- **POPULATION :** 4,7 millions d'habitants
- **FOYERS :** 2 millions

ISLANDE
- **SUPERFICIE :** 103 000 km²
- **POPULATION :** 319 355 habitants
- **FOYERS :** 116 000

DANEMARK
- **SUPERFICIE :** 43 094 km²
- **POPULATION :** 5,5 millions d'habitants
- **FOYERS :** 2,5 millions

GROENLAND (rattaché au Danemark)
- **SUPERFICIE :** 2 166 086 km²
- **POPULATION :** 57 600 habitants

★ **NOUVEAU RECORD**
● **MISE À JOUR**

★RECORD DE TEMPS POUR ASSEMBLER UN PLANEUR

Le 10 juillet 2001, à l'aéroport de Selänpää, à Valkeala (Finlande), l'association Kouvola's Glider (Finlande) a mis 1 min et 40 s pour assembler un planeur et le lancer à 400 m d'altitude.

★LE FAST-FOOD LE PLUS SEPTENTRIONAL

Le Red Polar Bear, le kebab de Kazem Ariaiwad (Iran), est le fast-food le plus septentrional. Il se trouve au Spitzberg, dans l'archipel du Svalbard, bien au-delà du cercle polaire arctique, à 482 km au large de la pointe nord de la Norvège.

★LE PLUS VIEIL ARBRE

Découvert dans la province de Dalarna (Suède) en 2004, un épicéa de 4 m de haut aurait 9 550 ans.

★LE PAYS LE PLUS PACIFIQUE

D'après le Global Peace Index de 2008 (qui mesure l'intensité des troubles à l'intérieur et à l'extérieur de chaque pays, comme les conflits et les crimes avec violence, afin d'évaluer la paix qui y règne), l'Islande est le pays le plus pacifique du monde. Le Danemark est au 2ᵉ rang et l'Irak au dernier.

★LE MEILLEUR INDICE DE DÉVELOPPEMENT HUMAIN

L'Indice de développement humain de l'ONU, basé sur le niveau des revenus, le taux d'alphabétisation des adultes, la durée de la scolarisation et l'espérance de vie, est un indicateur du niveau de vie. La dernière étude, qui date de 2008, place l'Islande et la Norvège à égalité au 1ᵉʳ rang, avec un indice de 0,968 (sur 1). La Sierra Leone est dernière, avec 0,329.

●LES SKIS LES PLUS LONGS

La paire de skis la plus longue du monde mesure 534 m – à peu près 300 fois la taille d'un ski normal. 1 043 skieurs l'ont chaussée en même temps, lors d'un événement organisé par la Danske Bank de Drottninggatan, à Örebro (Suède), le 13 septembre 2008. Compte tenu de la chaleur qu'il faisait, les participants ont dû skier sur de la neige artificielle.

LE MORCEAU DE BANQUISE LE PLUS PRODUCTIF

La baie de Disko, dans le nord du Groenland, à 300 km au nord du cercle polaire arctique, produit en moyenne 18,14 millions de tonnes de glace et d'icebergs par jour. Ce glacier avance d'environ 25 à 30 m par jour et produit des icebergs sur un front de 10 km de long.

21 mai Au départ du stade national de Singapour, **la plus grande marche du monde** – la New Paper Big Walk 2000 – a réuni 77 500 participants, en 2000.

22 mai Le sherpa Ming Kipa (Népal), 15 ans, est devenu **le plus jeune alpiniste à atteindre le sommet de l'Everest**, en 2003.

0 $: somme dépensée par l'Islande pour sa défense en 2009, ce qui correspond au **budget militaire le plus faible par habitant** du monde.

● LE TREK LE PLUS RAPIDE SANS ASSISTANCE AU PÔLE NORD PAR UNE FEMME

Le trek le plus rapide effectué sans assistance par une femme jusqu'au pôle Nord a duré 48 jours et 22 h. Cecilie Skog a quitté l'île de Ward-Hunt dans l'océan Arctique, avec ses coéquipiers Rolf Bae et Per Henry Borch (tous Norvège), le 6 mars 2006. Elle a atteint le pôle Nord le 24 avril 2006.

★ LE PLUS GRAND CHAT AILÉ

Les "chats ailés" sont des chats domestiques souffrant d'asthénie cutanée, une maladie rare qui rend la peau très élastique. Lorsque le chat fait sa toilette ou se frotte contre un objet, la peau s'étire et forme de longues extensions poilues qui ressemblent à des ailes. Ces "ailes" contiennent parfois des tissus musculaires que le chat arrive à faire bouger.

Le plus grand chat ailé vraiment observé a été découvert dans le nord de la Suède en juin 1949. Mesurées au Muséum national d'histoire naturelle, ses "ailes" faisaient 58 cm d'envergure. Le chat ailé photographié ici est un cas plus récent (2008), découvert dans le Sichuan (Chine).

● LE PAYS LE MOINS CORROMPU

En 2008, les pays les moins corrompus étaient le Danemark, la Nouvelle-Zélande et la Suède, avec un score de 9,3 sur l'indice de perception de la corruption établi par l'ONG Transparency International. Cet indice mesure les abus de biens sociaux dans plus de 180 pays en se basant sur la perception qu'en ont les hommes d'affaires et les analystes. La Finlande est 5e avec un score de 9,0, et la Somalie dernière avec 1,0.

★ RECORD DE PRIX NOBEL PAR HABITANT

Selon la fondation Nobel, l'Islande a 3,36 prix Nobel par million d'habitants. La Suède suit de près, avec 3,33 lauréats par million d'habitants. Créée en 1900, la fondation respecte les dernières volontés d'Alfred Nobel (Suède, 1833-1896), inventeur de la dynamite, et récompense les découvertes en physique, chimie, médecine, littérature et les actions pour la paix.

● LE TAUX D'IMPOSITION LE PLUS ÉLEVÉ

Au Danemark, le taux d'imposition sur le revenu peut atteindre 52 % (chiffres de 2009). L'impôt sur le revenu représente 50 % du PIB du pays.

LA PLUS LONGUE PORTÉE ENTRE DEUX PYLÔNES DE LIGNE AÉRIENNE À HAUTE TENSION

La plus longue portée entre deux pylônes d'une ligne aérienne à haute tension se trouve près de Nuuk (Groenland). Cette ligne traverse le fjord d'Ameralik, qui mesure 5,37 km de large.

LE CONCERT LE PLUS SOUTERRAIN

Le 4 août 2007, Agonizer (Finlande) a donné un concert à 1 271 m sous le niveau de la mer, dans la mine de Pyhäsalmi, à Pyhäjärvi (Finlande).

LA MARCHE NORDIQUE...

... est un exercice physique qui consiste à marcher avec des bâtons spéciaux qui font travailler le haut du corps. Le record de participants à une même marche est de 1 026. Celle-ci a eu lieu le 22 septembre 2006 en Suède. Les participants devaient parcourir au moins 3 km.

LE DRAPEAU NATIONAL LE PLUS ANCIEN (ET QUI N'A JAMAIS CHANGÉ)

Le motif du drapeau national du Danemark, une croix blanche sur fond rouge, a été adopté en 1625. Sa forme carrée date de 1748. Les Danois le connaissent sous le nom de Dannebrog, ce qui signifie "drapeau des Danois".

23 mai **Le numéro de téléphone portable le plus cher**, le 666-6666, a coûté 10 millions de QAR (2,62 millions €) à un acheteur anonyme, lors d'une vente de charité organisée au Qatar, en 2006.

ALLEMAGNE

QUELQUES CHIFFRES

- **SUPERFICIE :** 357 021 km²
- **POPULATION :** 82,3 millions
- **FOYERS :** 39,4 millions
- **EN BREF :** en 1999, l'Oktoberfest de Munich, **la plus grande fête de la bière**, a attiré 7 millions de visiteurs. Nation très sportive, l'Allemagne a remporté **le plus de médailles aux J.O. d'hiver**, soit 35, lors des XIXᵉ J.O. d'hiver de Salt Lake City (Utah, USA), en 2002.

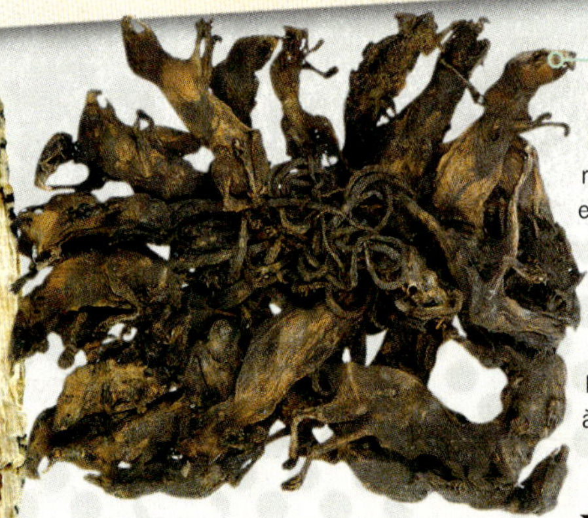

LE ROI DE RATS

Il s'agit du regroupement de plusieurs rats dont les queues se sont emmêlées et soudées. Quand les rats cherchent à s'éloigner, ils tirent dessus et le nœud se resserre. Piégés, ils ne peuvent plus se nourrir et meurent. 32 rats ont ainsi été retrouvés liés par la queue dans la cheminée d'un meunier, à Buchheim (Allemagne), en mai 1828.

★ LE PLUS GRAND ZOO

Situé à Duisburg (Allemagne), le zoo Zajac, détenu et géré par Norbert Zajac (Allemagne), couvrait une superficie de 8 070,26 m² en septembre 2005.

★ LE PLUS GRAND ARBRE ORNÉ D'ŒUFS DE PÂQUES

Le 8 avril 2007, au zoo de Rostock (Allemagne), un arbre a été orné de 76 596 œufs peints.

LA TOUR LA PLUS PENCHÉE

Le clocher de l'église de Suurhusen avait un angle d'inclinaison de 5,1939 degrés lorsqu'il a été mesuré le 17 janvier 2007.

100

● LE PLUS GRAND PARC AQUATIQUE COUVERT

Occupant un ancien hangar de dirigeables, le parc *Les Îles tropicales* situé près de Berlin (Allemagne) mesure 360 m de long, 210 m de large et couvre 66 000 m². Il comprend une grande étendue d'eau appelée la mer du Sud, un petit lagon, un bout de forêt tropicale et quelques grandes plages.

★ RECORD DE JUS DE RAISIN PRESSÉ EN 1 MIN

Il a fallu 1 min à Martina Servaty (Allemagne) pour obtenir 5,4 l de jus en pressant du raisin. Elle a accompli cet exploit à Mesenich (Allemagne), le 9 novembre 2008, à l'occasion de la journée Guinness World Records.

★ LE VIOLONISTE LE PLUS RAPIDE

Le 20 décembre 2008, David Garrett (Allemagne) a joué *Le Vol du bourdon* en 1 min et 5,26 s sur le plateau de *Guinness World Records : Die Größten Weltrekorde* en Allemagne.

● LE PLUS GRAND BRETZEL

Un bretzel de 382 kg, 8,20 m de long et 3,10 m de large a été confectionné par Olaf Kluy et Manfred Keilwerth (tous deux Allemagne) de Müller-Brot GmbH à Neufahrn (Allemagne), le 21 septembre 2008.

● RECORD DE TEMPS EN APNÉE

100

Tom Sietas (Allemagne) a retenu son souffle sous l'eau pendant 17 min et 33 s sur le plateau de *Guinness World Records*, à Madrid (Espagne), le 30 décembre 2008. Il a battu le record de l'illusionniste David Blaine (USA) qui était de 17 min et 4,4 s et avait été établi sur le plateau de l'*Oprah Winfrey Show*, à Chicago (Illinois, USA), le 30 avril 2008.

★ RECORD DE LAIT TIRÉ EN 2 MIN

Le 19 décembre 2008, Gunther Wahl (Allemagne) a mis 2 min pour recueillir 2 l de lait en trayant une vache sur le plateau de l'émission *Guinness World Records: Die Größten Weltrekorde*.

24 mai Kåre Walkert (Suède), qui souffrait d'apnée du sommeil – un trouble de la respiration – a émis **le ronflement le plus sonore**, à 93 dB, à l'hôpital régional d'Örebro (Suède), en 1993.

25 mai Paolo Maldini (Italie) a marqué **le but le plus rapide,** au bout de 52 s de jeu, lors de la finale de la Ligue des Champions opposant son équipe, l'AC Milan, à Liverpool, en 2005.

PAYS-BAS

QUELQUES CHIFFRES
- **SUPERFICIE :** 41 526 km²
- **POPULATION :** 16,6 millions
- **FOYERS :** 7,2 millions
- **EN BREF :** couvrant 8 586 m², **la plus grande peinture** (une marine) a été réalisée par ID Culture à l'Arena d'Amsterdam, le 14 août 1996. **La plus grande toiture productrice d'énergie solaire** recouvrait le hall d'exposition de la Floriade 2002, à Haarlemmermeer. Elle mesurait 26 110 m² et pouvait produire 2,3 MW d'électricité.

● RASSEMBLEMENT DE RAMEURS
Le 14 août 2008, 165 personnes ont fait simultanément de l'exercice sur des rameurs d'appartement, lors d'un événement organisé par le cabinet d'avocats et de notaires Boekel De Neree au Gustav Mahlerplein, à Amsterdam (Pays-Bas).

★ LA PERGOLA LA PLUS LONGUE
Lidy et Niek Reijnen (Pays-Bas) ont construit une pergola de 40,42 m de long et l'ont recouverte de vignes. Elle a été mesurée à Noord Beveland (Pays-Bas), le 22 août 2005.

LE PLUS GRAND MOULIN EN ACTIVITÉ
De Noord Molen, moulin à vent situé à Schiedam (Pays-Bas), mesure 33,33 m de haut. Il en existe de plus grands au Pays-Bas, mais ils ne sont plus en service.

LE SAVIEZ-VOUS ?
Selon les scientifiques, les Néerlandais seraient très grands car ils consomment beaucoup de lait et de fromage, des aliments favorisant la croissance.

★ NOUVEAU RECORD
● MISE À JOUR

LA PLUS GRANDE DANSE DE SABOTS
Une danse de sabots organisée par Introdans Education et Dance and Child International a réuni 475 personnes au Spuiplein de La Hague (Pays-Bas), le 8 juillet 2006.

PLUS D'INFO
En 1990, Rob Bryant, originaire de Fort Worth (Texas, USA), a parcouru la plus longue distance sur un rameur d'appartement, soit 5 278,5 km.

LE PLUS GRAND VOL D'ŒUVRES D'ART
Le 14 avril 1991, 20 peintures estimées à 500 millions $ ont été volées au musée Van Gogh, à Amsterdam (Pays-Bas).

LA TRICOTEUSE LA PLUS RAPIDE
Le 26 août 2006, Miriam Tegels (Pays-Bas) a tricoté 118 mailles en 1 min, à la mairie de Swalmen (Pays-Bas).

● RECORD DE DOMINOS RENVERSÉS
4 345 027 dominos ont été renversés sur le plateau du *Jour du Domino 2008*, à Leeuwarden (Pays-Bas), le 14 novembre 2008.

Au cours du même événement, **la ● plus grande mosaïque de dominos**, 1 011 732 pièces, pour une superficie de 500 m², a été créée.

LA PREMIÈRE PERSONNE À AVOIR DÉCOUVERT *HOMO ERECTUS*
Eugène Dubois (Pays-Bas) a découvert *Homo erectus*, l'ancêtre direct d'*Homo sapiens*, à Trinil (Java, Indonésie), en 1891. Le squelette a été daté à 1,8 million d'années en 1994.

★ LES PLUS GRANDS
Les Néerlandais sont les plus grands, avec une taille moyenne de 1,84 m. Selon des études, celle-ci devrait atteindre 1,86 m pour les hommes et 1,72 m pour les femmes, en 2012. Au début de l'an 2000, des citoyens ont demandé au gouvernement que la hauteur réglementaire des plafonds soit augmentée de 20 cm.

26 mai En 1969, l'équipage du module de commande *Apollo 10* s'est déplacé à 39 897 km/h, **la plus grande vitesse jamais atteinte par l'homme.**

EUROPE CENTRALE & DE L'EST

QUELQUES CHIFFRES

- **SUPERFICIE :** 3 554 034 km²
- **POPULATION :** 216,8 millions
- **PAYS :**

Europe centrale : Autriche, Hongrie, Lichtenstein, Pologne, République tchèque, Slovaquie, Slovénie et Suisse.
Europe de l'Est : Biélorussie, Estonie, Lettonie, Lituanie, Moldavie, Roumanie et Ukraine.
Europe du Sud-Est : Albanie, Bulgarie, Bosnie-Herzégovine, Croatie, Grèce, Kosovo, Macédoine, Monténégro, Serbie et une partie de la Turquie.

★LE PLUS GRAND PANNEAU MURAL EN ÉMAIL

Susanne Zemrosser (Autriche) a réalisé un panneau mural en émail de 50,63 m de long et 2,61 m de haut. L'œuvre a été installée dans la station de métro Praterstern, à Vienne (Autriche), le 10 mai 2008.

●LE VOL LE PLUS LOINTAIN EN PARAPENTE (FEMME)

Partie de Quixada (Brésil), Petra Krausova (République tchèque) a parcouru 302,9 km en parapente, le 18 novembre 2005.

★LA PLUS GRANDE CAFETIÈRE

La société alimentaire Vispak d.d. a fabriqué une cafetière de 1,24 m dont la base avait un diamètre de 95 cm, à Visoko (Bosnie-Herzégovine), en juin 2004.

★LE PORTEUR DE LA FLAMME OLYMPIQUE LE PLUS ENDURANT

Pandelis Konstantinidis (Grèce) a pris part au relais de la flamme olympique en 2008, 72 ans après avoir participé à celui de 1936.

★LE PLUS GRAND FEU D'ARTIFICE DE CHOCOLATS

Nestlé a créé un feu d'artifice de chocolats de 3 m de haut et 1,5 m de diamètre en projetant 60 kg de chocolats Cailler. L'événement a eu lieu le 31 décembre 2002 au-dessus de la Hechtplatz de Zürich (Suisse).

PLUS D'INFO
La serviette a été découpée en plusieurs morceaux qui ont été distribués aux participants en souvenir.

●LA PLUS GRANDE SERVIETTE DE PLAGE

Pour lancer la saison estivale à Chypre, l'agence de voyages Bookcyprus.com & Aeolos Travel a commandé la fabrication d'une serviette de 64,2 x 31 m. Celle-ci a été étendue sur la plage de la baie du Figuier, à Protaras (Chypre), le 1er juin 2008.

★LA PLUS GRANDE MOSAÏQUE EN BOUCHONS DE LIÈGE

Saimir Strati (Albanie) a créé une mosaïque sur le thème de la Méditerranée de 12,94 x 7,1 m, à l'hôtel Sheraton de Tirana (Albanie), du 8 août au 4 septembre 2008. La mosaïque de 91,87 m² a été réalisée avec 229 675 bouchons.

27 mai En 1990, Arie Luyendyk (Pays-Bas) a terminé **l'Indianapolis 500 le plus rapide**, en 2 h, 41 min et 18,404 s.

28 mai En 2000, **la plus grande parade de Rolls-Royce** a réuni 420 véhicules qui ont parcouru 3,2 km sur l'A 55 menant à Chester (GB).

15,52 m : taille de la craie la plus longue fabriquée par Vladimír Micenke et le personnel de sa société, Amice Košice, à Košice (Slovaquie).

★ LE PLUS GRAND TAMPON

Le 6 juin 2002, un tampon en caoutchouc de 1,3 m de haut et 1 m de diamètre a été dévoilé à Kiev (Ukraine), à l'occasion de la remise du prix "La marque de l'année". Le tampon qui pesait 102,6 kg était constitué de caoutchouc, de bois de noyer et de cerisier.

● RECORD DE FUSÉES ARTISANALES (MENTOS-SODA)

Des étudiants de l'école de commerce Turiba à Riga (Lettonie) ont fêté le 15e anniversaire de leur école le 19 juin 2008, en faisant exploser en même temps 1 911 fusées constituées d'un mélange de mentos et de boisson gazeuse.

★ NOUVEAU RECORD
● MISE À JOUR

● LA PLUS GRANDE PARADE DE CAMIONS DE POMPIERS

La société Vogt Ltd de véhicules et accessoires de pompiers a organisé une parade qui a réuni 159 camions de pompiers, à Oberdiessbach (Suisse), le 28 avril 2006.

★ RECORD DE VITESSE EN EISSTOCK

L'eisstock est un sport d'hiver semblable au curling. Il consiste à lancer un disque le plus près possible d'un palet. Bernhard Patschg (Autriche) a fait glisser le sien à 67,16 km/h, sur le lac de Stubenberg (Autriche), le 30 janvier 2005.

● LA DANSE QUI A RÉUNI LE PLUS DE COUPLES

1 635 couples ont dansé le cha-cha-cha pendant 5 min, sur la place du marché à Cracovie (Pologne), dans le cadre de l'émission de télévision *Vous pouvez danser*, le 31 août 2008.

● LA PLUS LONGUE CHAÎNE DE PAILLES

Petru Pognaru, Marcu Cristi et 27 étudiants (tous Roumanie) ont réalisé une chaîne de 11,29 km avec 58 469 pailles, sur la place Dacia, à Buzau (Roumanie), le 10 juillet 2008. Elle recouvrait presque toute la place.

● LE PLUS FORT TAUX DE CHÔMAGE (PAYS)

Selon la définition du chômage donnée par l'Organisation internationale du travail, la Macédoine est le pays où le taux de chômage est le plus élevé : 36 % de la population active est sans emploi.

★ LE PLUS GRAND DOCUMENT JURIDIQUE

Il s'agit d'une police d'assurance de 9 x 6 m établie par ING Asigurari de Viata (Roumanie). Elle a été signée à Varna (Bulgarie), le 15 mars 2008.

29 mai À 11 h 30, en 1953, Edmund Percival Hillary (Nouvelle-Zélande) et le sherpa Tenzing Norgay (Népal) ont été **les premières personnes à atteindre le sommet de l'Everest.**

RUSSIE

QUELQUES CHIFFRES

- **SUPERFICIE :** 17 075 200 km²
- **POPULATION :** 140,7 m
- **FOYERS :** 53 m
- **EN BREF :** la Russie connaît une crise démographique, avec un taux de croissance de 0,08 % en 2008. Les avortements sont supérieurs aux naissances, le taux de mortalité est plus élevé que dans le reste de l'Europe (l'espérance de vie moyenne des hommes est de 61,5 ans, soit 10 ans de moins que la moyenne européenne).

●LE MÉTRO LE PLUS FRÉQUENTÉ

Le métro de Moscou qui compte 177 stations transporte jusqu'à 9 millions de passagers par jour (comparés aux 4,5 millions du métro de New York et aux 3,9 millions de celui de Paris). 9 915 trains circulent sur 12 lignes totalisant 292,2 km de voies.

●LE PLUS GRAND PAYS

La Russie est le plus grand pays du monde. Sa superficie de 17 075 200 km² représente 11,5 % de la surface totale des pays du monde. Elle est 31 fois plus grande que la France et sa population était de 140 702 096 habitants en juillet 2008.

LA VICTOIRE POLITIQUE LA PLUS ÉCRASANTE

Au cours des élections parlementaires organisées en Union soviétique le 26 mars 1989, Boris Nikolaïevitch Eltsine (1931-2007), le candidat adjoint du peuple pour Moscou, a battu ses adversaires avec 4 726 112 voix d'avance. Il a obtenu 5 118 745 votes sur 5 722 937 pour la circonscription de Moscou, alors que son plus proche rival n'obtenait que 392 633 votes.

★LA PLUS GRANDE FORCE AÉRIENNE DE LUTTE CONTRE LES INCENDIES

Créée en 1931, l'Avialesookhrana est la plus grande force aérienne de lutte contre les incendies et a été la première de ce type dans le monde. Elle compte actuellement 4 000 intervenants, qui couvrent une zone forestière de 809 millions ha.

LE PLUS LONG VOYAGE EN TRACTEUR

Vasilii Hazkevich (Russie) a parcouru 21 199 km sur un tracteur, du 25 avril au 6 août 2005. Il est parti de Vladimir (Russie) et y est revenu.

RECORDS DE TANKS POUR UNE ARMÉE

En 2006, la Fédération de Russie détenait au moins 22 831 tanks MBT, son armée possédant ainsi le plus grand nombre de tanks au monde. La Chine en possède environ 7 580 et les États-Unis quelque 7 620.

●LE PLUS GRAND TOURNOI D'ÉCHECS

1 214 personnes ont joué aux échecs dans le parc central de Krasnoïarsk (Sibérie, Russie), le 2 juin 2007. Un tir a marqué le début de la première manche et les 32 semi-finalistes ont participé à un éblouissant tournoi composé d'éliminatoires. L'événement a été organisé par le département d'éducation de la ville.

L'HORLOGE LA PLUS HAUTE

Placée à 229 m au-dessus du niveau de la rue, en haut de la tour "Ouest" de la Fédération à Moscou (Russie), l'horloge la plus haute a été mise en service le 24 avril 2008.

LA PLUS FORTE VARIATION DE TEMPÉRATURE SUR TERRE

Les plus fortes variations de température sont enregistrées aux environs du "pôle froid" de la Sibérie, à l'est de la Russie. Verkhoïansk (67°33'N, 133°23'E) a subi un écart de température de 105 °C, entre – 68 °C et 37 °C.

★ NOUVEAU RECORD ● MISE À JOUR

30 mai Ray Harroun (USA), qui conduisait la Marmon Wasp, a été **le premier vainqueur de la course des 500 miles d'Indianapolis** (alors appelée "International Sweepstakes"), en 1911.

31 mai En 1991, **la fiancée la plus âgée**, Minnie Munro (Australie), 102 ans, a épousé Dudley Reid, 83 ans, à Point Clare (Nouvelle-Galles du Sud, Australie).

ISRAËL

QUELQUES CHIFFRES

- **SUPERFICIE :** 20 770 km²
- **POPULATION :** 6,8 m
- **FOYERS :** 2,1 m
- **EN BREF :** Israël possède **le ★ plus fort taux d'armement** du monde, avec 2 546 600 armes pour 1 million de personnes. Selon le Center for International Policy, le pays est aussi **le ★ premier destinataire des exportations militaires américaines**, 259,83 $ environ étant dépensés pour 1 000 personnes.

★ LA PLUS GRANDE SCULPTURE EN PAPIER MÂCHÉ

La plus grande sculpture en papier mâché atteint 2,10 m de haut et une circonférence de 6,60 m. La maquette du globe a été présentée à la Meshulam School de Rehovot (Israël), le 5 mai 2008.

LE PLUS LONG ISOLEMENT POUR UN PRISONNIER

Mordechai Vanunu (Israël) a passé près de 12 ans en isolement total – la plus longue durée d'isolement de l'époque moderne. Né en 1954, Vanunu a été accusé de trahison pour avoir fourni des informations sur le programme nucléaire israélien au *Sunday Times* (GB). Il a été condamné à 18 ans de prison et a subi un isolement complet de 1986 à mars 1998. Il est resté en prison jusqu'au 21 avril 2004, même s'il a été arrêté plusieurs fois depuis pour avoir violé les conditions de sa libération.

★ LE PLUS FORT TAUX D'ALPHABÉTISATION MASCULIN

Parmi les 15-24 ans, le taux d'alphabétisation masculin atteint 100 %. Selon des indicateurs du développement de 2006, l'alphabétisation est la capacité d'une personne à "lire et écrire un texte bref et simple relatif à son quotidien". Le taux d'alphabétisation des Israéliennes du même âge est de 99,6 % (à Cuba, il atteint 100 %).

★ LE PLUS GROS TABOULÉ

Un saladier de taboulé de 2 170 kg a été préparé par les habitants de Majdal Shams (Israël), le 21 mars 2008.

★ RECORD DE BLESSÉS LORS D'ATTAQUES TERRORISTES

Entre 1968 et 2006, les Israéliens ont souffert du terrorisme plus que tout autre peuple : 1 165,73 blessés pour 1 million d'habitants, selon le Memorial Institute for the Prevention of Terrorism (MIPT). Viennent ensuite les Irakiens, avec 706,49 blessés pour 1 million d'habitants et les Cisjordaniens (653,39).

LA PLUS FORTE CONSOMMATION DE PROTÉINES (PAYS)

Israël est le pays où l'on mange le plus de protéines. Selon les Nations unies, chaque Israélien consomme environ 128,6 g de protéines par jour. La moyenne mondiale est de 75,3 g.

LE CITRON LE PLUS LOURD

Le citron le plus lourd pesait 5,265 kg, le 8 janvier 2003. Il a été cultivé par Aharon Shemoel (Israël) dans sa ferme de Kefar Zeitim (Israël). Sa circonférence était de 74 cm et sa hauteur de 35 cm. Ce fruit exceptionnel a grandi aux côtés d'un autre gros citron.

1er juin Herbert Fisher et Zelmyra Fisher (tous deux USA) détiennent depuis 2008 le record du **plus long mariage pour un couple encore en vie**. Ils étaient alors mariés depuis 84 ans et 50 jours !

MOYEN-ORIENT

QUELQUES CHIFFRES

- **SUPERFICIE :** 7 158 624 km²
- **POPULATION :** 340,7 millions
- **PAYS :** Arabie Saoudite, Bahreïn, Égypte, Émirats arabes unis, Irak, Iran, Jordanie, Koweït, Liban, Oman, Qatar, Syrie, Turquie et Yémen.

(NB : le Moyen-Orient n'est pas une région aux contours définis ; nous y avons inclus les pays du Golfe et l'Égypte. Pour Israël, voir p. 125.)

HORS-PISTE

Hesham Nessim est parti le 5 mars 2009, à 6 h 45, du plateau d'El Gilf, au sud du Sahara. Lorsqu'il a atteint la ligne d'arrivée à 12 h 18, il avait parcouru 650 km en 5 h et 33 min. Les juges de Guinness World Records étaient tenus informés de son avancée toutes les heures par GPS.

●LA PEINTURE LA PLUS ANCIENNE SUR UN MUR BÂTI

Le 2 octobre 2006, la mission archéologique française (dirigée par Éric Coqueugniot, ci-contre) de Dja'de al-Mughara – un site néolithique situé sur l'Euphrate, près d'Alep (Syrie) – a mis au jour les murs d'une maison présentant une série de peintures géométriques polychromes. Mesurant 2 x 2 m, ce mur daterait de 9 000 ans av. J.-C.

LE TAUX D'IMPOSITION LE PLUS FAIBLE

Bahreïn et le Qatar sont les pays souverains au taux d'imposition le plus faible. Quel que soit le niveau de revenus, ce taux est nul.

●LE TAUX DE MORTALITÉ LE PLUS BAS

Les Émirats arabes unis affichent le taux de mortalité le plus faible, avec 1,4 pour mille entre 2005 et 2010.

LE TAUX DE DIABÈTE LE PLUS HAUT

Les Émirats arabes unis ont le taux de diabète de type II le plus élevé (20 % des individus entre 20 et 79 ans). Deux autres États du Golfe figurent parmi les 10 pays au plus fort taux de diabète : le Koweït (12,8 %) et Oman (11,4 %). Cuba et Porto Rico arrivent 2e ex æquo, avec 13,2 %.

●LES RÉSEAUX ROUTIERS LES PLUS ENGORGÉS

En 2007, le Qatar comptait 283,6 véhicules motorisés par km de route. Ses routes sont donc en théorie les plus embouteillées du monde.

★LE PLUS GRAND PLATEAU EN ACIER

Un plateau en acier de 10,06 x 2,03 m a été réalisé à Liwa (EAU), le 31 juillet 2008, dans le cadre du 4e Festival de Liwa. Le plateau a été garni de 2 t de dattes.

★LE PLUS GRAND PANNEAU EN ACRYLIQUE

Le plus grand panneau en acrylique est une paroi d'aquarium se trouvant au centre commercial *The Dubai Mall* (Dubaï, EAU). Réalisé le 25 juillet 2008, il mesure 32,88 x 8,3 m.

PLUS D'INFO

Le mur peint le plus ancien représente un motif géométrique rouge (hématite brûlée), blanc (calcaire) et noir (charbon), présentant des similitudes avec l'art du tapis persan.

LA PLUS GRANDE OPÉRATION HUMANITAIRE

La plus grande opération humanitaire du monde et la plus coûteuse a été entreprise par le programme de l'ONU pour l'alimentation afin de venir en aide aux 27,1 millions de personnes déplacées par la guerre en Irak. Cette opération d'aide alimentaire a commencé le 1er avril 2003 pour se terminer fin octobre de la même année. 2,2 millions de tonnes d'aliments ont été distribuées, soit un budget de 1,3 milliard €.

LA TRAVERSÉE LA PLUS RAPIDE DU SAHARA PAR UN VÉHICULE

La traversée la plus rapide du désert du Sahara par un véhicule a duré 5 h et 33 min. Elle a été réalisée par Hesham Nessim (Égypte) entre le plateau Gilf Kebir et l'oasis Siwa (Égypte), le 5 mars 2009.

2 juin En 2005, Lakpa Sherpa (Népal) a atteint le sommet de l'Everest pour la 5e fois – **le record d'ascensions de l'Everest par une femme.**

2 600 000 km² : superficie du désert d'Arabie. Recouvert au tiers de sable, c'est **le désert le plus sablonneux du monde.**

★ LA PLUS GRANDE TOQUE UNIVERSITAIRE

Une toque universitaire carrée, noire, à pompon, a été créée par HQ Link et Bahrain Convention & Exhibition Bureau. Mesurant 6 x 6 m, le couvre-chef a été présenté à l'exposition Career, Education and Training Middle East 2006, à Manama (Bahreïn), le 18 avril 2006.

● LE PLUS LONG PAIN PITA

Le pain pita est consommé dans de nombreux pays du Moyen-Orient et du pourtour méditerranéen. Le plus long pain pita jamais réalisé mesure 128,5 m – plus de 2,5 fois la longueur d'une piscine olympique. Il a été fabriqué par une équipe de Jana Bakers LLC de Doha (Qatar), le 4 décembre 2008.

★ LE NOM LE PLUS ANCIEN

Le nom le plus ancien est celui d'un roi prédynastique de Haute-Égypte, datant de 3050 av. J.-C. Symbolisé par le hiéroglyphe du scorpion, il se lirait "Sekhen".

LE PLUS GROS PLAT AU MENU

La spécialité la plus imposante figurant sur un menu est le chameau grillé. Préparé notamment à l'occasion de mariages bédouins, ce mets élaboré est fait de poissons farcis d'œufs durs, placés dans des poulets cuits, eux-mêmes logés dans un mouton grillé. Le mouton est ensuite placé dans le ventre du chameau.

LES FUNÉRAILLES QUI ONT RASSEMBLÉ LA PLUS FORTE PART D'UNE POPULATION

D'après les estimations des autorités iraniennes, 10 200 000 personnes ont assisté aux funérailles de l'ayatollah Ruhollah Khomeyni. Massées le long des 32 km menant au cimetière Behesht-e Zahra de Téhéran (Iran), le 11 juin 1989, elles représentaient 1/6ᵉ de la population iranienne.

LES MURS LES PLUS ÉPAIS

Détruits en 2006 av. les murs de la ville d'Ur-nammu à Ur (actuel Muqayyar, Irak) mesuraient 27 m d'épaisseur. Ils étaient faits en briques d'argile.

LE CAVIAR LE PLUS CHER

L'Almas est le caviar le plus coûteux ainsi que l'aliment le plus cher du monde. Un kilo de cet "or noir" se vend environ 34 500 $. L'Almas provient des œufs d'un esturgeon iranien albinos très rare, âgé de 60 à 100 ans.

LA MOSQUÉE À LA PLUS HAUTE ALTITUDE

100

Achevée le 5 juillet 2004, la mosquée King Abdullah, au 77ᵉ étage du Kingdom Centre de Riyad (Arabie Saoudite), se situe à 183 m d'altitude.

LA PLUS ANCIENNE PLANTE CULTIVÉE POUR UNE BOISSON

La vigne (*Vitis vinifera*) est l'une des plus anciennes plantes cultivées pour préparer des boissons. La première attestation de sa culture en vue de la vinification remonte à 6000 av. J.-C., en Mésopotamie (actuel Irak). La preuve la plus ancienne de stockage de vin a été apportée par des vestiges mis au jour en 1968 en Iran et remontant à environ 5000 ave sont toutefois les Égyptiens qui, en 3000 avant notre ère, ont mis au point le processus de vinification.

★ LE PLUS GRAND LIVRE

Le plus grand livre du monde mesure 3,85 x 2,77 m, pèse 1 060 kg et compte 304 pages. Il s'agit d'une reproduction de l'album de photos best-seller, *Beirut's Memory*, qui illustre la face changeante de la capitale libanaise entre 1991 et 2002. Réalisé par le photographe Ayman Trawi (Liban) – photographe personnel de l'ancien Premier ministre Rafic Hariri –, ce livre a été exposé à Beyrouth le 27 février 2009.

★ **NOUVEAU RECORD**
● **MISE À JOUR**

● LE MÉDAILLON LE PLUS LOURD

Un médaillon de 1 m de diamètre et 2,3 cm d'épaisseur pesait 185,88 kg le jour de la validation du record, le 15 décembre 2008. Il a été réalisé par Damas Jewellery (EAU), un des plus grands bijoutiers du Moyen-Orient, pour célébrer le 10ᵉ anniversaire du prix Sheikh Hamdan Al Maktoum dans le domaine médical. Ce médaillon coûte 1 million de dirhams EAU (207 323 €). 85 bijoutiers ont travaillé pendant 30 jours pour réaliser cette pièce unique en argent massif plaqué d'or 22 carats.

3 juin En 2005, Fu Haifeng (Chine) a renvoyé un volant de badminton à 332 km/h, **le record de vitesse pour un volant.**

4 juin Frankencycle est **le plus grand vélo en état de marche.** Enfourché par Steve Gordon (USA), en 1989, il mesurait 3,4 m de haut pour un diamètre de roue de 3,05 m.

AFRIQUE

QUELQUES CHIFFRES

- **SUPERFICIE :** 31 107 983 km²
- **PAYS :** Afrique du Sud, Algérie, Angola, Bénin, Botswana, Burkina Faso, Burundi, Cameroun, Cap-Vert, Comores, République démocratique du Congo, Côte d'Ivoire, Djibouti, Érythrée, Éthiopie, Gabon, Gambie, Ghana, Guinée, Guinée-Bissau, Guinée-Équatoriale, Kenya, Lesotho, Liberia, Libye, Madagascar, Malawi, Mali, Maroc, île Maurice, Mauritanie, Mozambique, Namibie, Niger, Nigeria, Ouganda, République centrafricaine, Réunion, Rwanda, Sainte-Hélène, São Tomé et Principe, Sénégal, Seychelles, Sierra Leone, Somalie, Soudan, Swaziland, Tanzanie, Tchad, Togo, Tunisie, Zambie, Zimbabwe.

★ NOTRE ANCÊTRE LA PLUS ANCIENNE

"Selam", *Australopithecus afarensis* de 3 ans, de sexe féminin, ancêtre de l'espèce humaine, vivait il y a 3,3 millions d'années. Ses restes ont été découverts le 10 décembre 2000 par une équipe dirigée par Zeresenay Alemseged (Éthiopie), à Dikika (Éthiopie). Ont été mis au jour un crâne, un torse complet, des doigts et un pied.

★ LA PLUS FORTE CROISSANCE ÉCONOMIQUE (PAYS)

Au cours de la période 1996-2006, la Guinée-Équatoriale (Afrique centrale) a connu la plus forte hausse annuelle en pourcentage de son produit intérieur brut (PIB), soit 33,7 %. Le PIB est l'indicateur le plus fréquemment utilisé pour définir la santé d'une économie. Il correspond à la somme totale produite par les secteurs économiques générateurs de richesses.

● LE PLUS FAIBLE TAUX DE MOTORISATION

Sur les 7 pays dotés du plus bas taux de motorisation du monde, 5 sont africains. Le Burundi, la République centrafricaine, l'Éthiopie, le Rwanda et la Tanzanie ont un taux de motorisation de 1 voiture pour 1 000 habitants, selon les dernières statistiques. Le Bangladesh est le 7e pays. Ce taux est de 647 voitures pour 1 000 habitants au Luxembourg, soit 1 pour 1,5 personnes.

● LE RATIO PATIENTS-MÉDECIN LE PLUS ÉLEVÉ

Selon *The Economist*, les médecins du Malawi ont chacun 49 624 patients.

● LE TAUX DE MORTALITÉ LE PLUS ÉLEVÉ

Au Swaziland, le taux de mortalité projeté est de 22,1 morts pour 1 000 habitants pour la période 2005-2010. Ce royaume enclavé d'Afrique du Sud a l'espérance de vie la plus basse du monde – 39,6 ans en moyenne pour les hommes – et le plus fort taux de décès lié au sida, avec 1 455 morts pour 100 000 habitants.

● LE TAUX DE NATALITÉ LE PLUS ÉLEVÉ

Selon des chiffres de 2007, la République démocratique du Congo et la Guinée-Bissau partagent un taux record de natalité brut, soit 50 naissances pour 1 000 habitants. L'Allemagne et Macao ne comptent que 8 naissances pour 1 000 habitants.

LE PLUS GROS JEU DE MIKADO

Des élèves de l'école primaire privée Saint John de Harare (Zimbabwe) ont joué au mikado avec des baguettes de 9,10 m de long et 14,5 cm de diamètre, le 21 juillet 2007.

LE PLUS GRAND JARDIN PARFUMÉ

Le jardin botanique national de Kirstenbosch situé sur les pentes de la Montagne de la Table au Cap (Afrique du Sud) couvre 36 ha. Son Fragrance Garden (jardin des senteurs) comprend un parcours en braille et compte de nombreuses plantes aromatiques permettant aux personnes aveugles ou souffrant d'un handicap visuel d'apprécier l'expérience.

PREMIÈRE DAME DE DEUX PAYS

Graca Machel a été l'épouse de Samora Machel (1933-1986), le président du Mozambique, de 1975 à 1986. Le président Machel est mort dans un accident d'avion le 19 octobre 1986. Le 18 juillet 1998, Graca a épousé Nelson Mandela (assis), le président de l'Afrique du Sud, devenant ainsi la première femme à occuper la fonction de première dame de deux pays différents.

5 juin En 1966, N. William Kennedy (Canada) a largué les amarres du navire *Orient Trader* au tonnage de 10 639 t de port en lourd. Il s'agit du **plus gros objet volé par un individu**.

6 juin Minoru Saito (Japon) avait 71 ans lorsqu'il a effectué une circumnavigation sans escale en solo sur son yacht *Shuten-doji II* en 2005, devenant **la personne la plus âgée à naviguer autour du monde**.

160 000 ans : âge des **plus anciens restes d'*Homo sapiens***. Ils ont été découverts en Éthiopie par une équipe de scientifiques dirigés par Tim White (USA).

● LE BUDGET DE L'ÉDUCATION LE PLUS ÉLEVÉ

Le Lesotho, pays enclavé en Afrique du Sud, a consacré 13 % de son PIB à l'éducation selon les derniers chiffres annuels disponibles en 2003-2007, soit plus que tout autre pays. **Le ● budget de l'éducation le plus bas** est celui de la Guinée-Équatoriale, avec 0,6 % selon les derniers chiffres disponibles.

LA DESCENTE EN RAPPEL PAYANTE LA PLUS LONGUE

Les chutes de Maletsunyane à Semonkong Lodge (Semonkong, Lesotho) permettent d'effectuer une descente en rappel de 204 m. Cette descente est exploitée commercialement de façon quotidienne. En raison de l'entraînement requis, seules 4 personnes peuvent l'effectuer chaque jour.

AFRIQUE DU SUD

★ LE PLUS LONG KEBAB

Un kebab mesurant 22,047 km a été confectionné près des usines Arcelor Mittal de Newcastle (Afrique du Sud), à l'occasion du Community Day annuel de la société, le 11 octobre 2008.

LA PLUS GRANDE CAVE À VIN

Les caves à vin de la Koöperatiewe Wijnbouwers Vereniging à Paarl (province du Cap), au cœur du secteur viticole de l'Afrique du Sud, occupent 22 ha, soit assez pour produire 121 millions de litres de vin.

● LA PLUS GRANDE PYRAMIDE DE BOÎTES EN CARTON

La plus grande pyramide de boîtes en carton était faite de 21 345 boîtes d'Air Wick Freshmatic empilées en 20 couches et mesurait 4,3 m. Elle avait été réalisée par deux équipes de 10 au cours d'un événement organisé par Air Wick au centre commercial de l'East Rand de Boksburg (Afrique du Sud), le 18 septembre 2008.

★ RECORD DE PRÉPARATION DE FRUITS DE MER

1 739,56 kg de gros poissons de mer, de sardines, crevettes, moules et calmars ont été cuisinés par les organisations South Coast Tourism et Wozani Africa Events (toutes deux sud-africaines), à Silver Beach (Port Edward, Afrique du Sud), le 19 juillet 2008. L'événement a attiré 7 200 personnes.

★ LA POPULATION LA PLUS JEUNE

En Ouganda, l'âge médian – âge en dessous et au-dessus duquel on compte le même nombre de personnes – est de 14,8 ans. Selon *The Economist*, les pays africains ont les populations les plus jeunes. L'Ouganda est suivi par le Niger, dont l'âge médian est de 15,5 ans et par le Mali (15,8 ans).

★ NOUVEAU RECORD
● MISE À JOUR

● LE PLUS FORT TAUX DE FÉCONDITÉ (PAYS)

Le taux de fécondité est déterminé par le pourcentage d'enfants par femme adulte. Il est le plus élevé au Niger, avec 6,88 enfants par femme, selon les moyennes projetées en 2010-2015. Le Niger possède par ailleurs la plus forte croissance de population, avec une augmentation prévue de 41 millions, la faisant passer de 12 millions (2004) à 53 millions (2050).

7 juin En 2003, Donald Hayes (USA) a obtenu **le score le plus élevé au jeu *Space Invaders***, soit 55 160 points – c'est aussi le score maximum possible à ce jeu.

ASIE CENTRALE & DU SUD

QUELQUES CHIFFRES

- **SUPERFICIE :** 3 600 292 km²
- **POPULATION :** 1,619 milliard*
- **PAYS :** Afghanistan, Bangladesh, Bhoutan, Inde, Kazakhstan, Kirghizistan, Maldives, Népal, Ouzbékistan, Pakistan, Sri Lanka, Tadjikistan, Territoires britanniques de l'océan Indien et Turkménistan.

***Le chiffre de la population est une estimation de juillet 2008 ; les statistiques de l'Iran se trouvent avec celles du Moyen-Orient** **(voir p. 126–127)**.

★RECORD DE FONTAINES

Ashgabat, la capitale du Turkménistan, est la ville dotée du plus grand nombre de fontaines publiques. Un carrefour majeur près de l'entrée de l'aéroport compte 27 fontaines synchronisées, illuminées et entièrement programmables sur 14,82 ha.

★LA PLUS GRANDE IMAGE FAITE DE BOUGIES

30 500 bougies ont été disposées en croix au cours d'un événement organisé à Irinjalakuda au Kerala (Inde), le 8 septembre 2008, par l'association Mar Sleev, qui assiste les habitants des zones rurales.

●LA PLUS GRANDE CULTURE D'OPIUM

Des officiels des Nations unies en Afghanistan espèrent que 2008 constitue un tournant en matière de production d'opium dans le pays. La production y a en effet baissé de 6 %, atteignant 7 700 t. Certes, il s'agit encore de la plus grande culture d'opium du monde – rapportant 3,4 milliards $ dans le cadre du trafic d'héroïne. Mais sous les pressions gouvernementales et militaires (ainsi que celles des forces du marché et du climat), le nombre de personnes impliquées dans la culture et la vente du pavot diminue. Il est estimé que 1 million d'agriculteurs de moins ont cultivé le pavot en 2008, préférant le blé et le maïs, plus lucratifs.

●LE PLUS LONG MARATHON DE PERCUSSIONS MANUELLES

Kuzhalmannam Ramakrishnan (Inde) a joué du mridangam (un tambour à deux faces frappé avec les mains et les doigts) durant 301 h, à l'auditorium Nada Layaa de l'université Nehru d'Aéronautique et de Sciences appliquées, à Coimbatore (Tamil Nadu, Inde), du 1er au 13 août 2008.

●LE PLUS GRAND DON DE SANG

Une campagne de don du sang organisée par Dera Sacha Sauda (Inde) a eu lieu au village de Bapu Ji (Sriganganagar, Inde), le 10 octobre 2004. Elle a attiré 17 921 donneurs.

★LE PLUS LONG DOSA

Un dosa est une galette de farine de riz. Le plus grand jamais confectionné a été préparé par les chefs du restaurant Sankalp à Andheri (Bombay, Inde), le 12 février 2006. Il mesurait 9,14 m.

●LE PLUS GRAND TEA-TIME

32 681 personnes ont participé au tea-time préparé par Dainik Bhaskar (Inde), au stade Nehru d'Indore (Inde), le 24 février 2008.

PLUS D'INFO

D'abord établi en Suisse en 2002, le record de la plus grande image faite de bougies a ensuite été réalisé au Pakistan, à Singapour, au Japon, en Inde et en Belgique.

●LE PLUS GRAND COURS DE YOGA

29 973 étudiants issus de 362 écoles ont simultanément exécuté une séance de kriyas, des exercices de yoga appelés Suryanamaskar ("Salut au soleil"), pendant 18 min sous la direction de Vivekanand Kendra (Inde), à Gwalior (Inde), le 19 novembre 2005.

●RECORD D'ACCUEIL DE RÉFUGIÉS (PAYS)

Le Pakistan accueille plus de réfugiés qu'aucun autre pays. Selon le Haut-commissariat des Nations unies pour les réfugiés (HCR), il a reçu 1 044 500 réfugiés en 2006.

LE PAYS LE PLUS PLAT

Les Maldives présentent le point d'élévation le plus bas, soit 2,4 m.

8 juin En 2006, Papa John a livré 13 500 pizzas sur le chantier naval Nassco de San Diego (Californie, USA), soit **la plus grosse livraison de pizzas**.

9 juin En 2006, Nick Watson (GB) a réalisé **le meilleur temps pour taper l'alphabet**, soit 7 s exactement, au siège de Guinness World Records à Londres (GB).

161,3 km/h : le joueur de cricket Shoaib Akhtar (Pakistan) a réalisé **le fast bowling le plus rapide**, contre le Royaume-Uni, le 22 février 2003.

● LE PLUS GRAND ÉQUIPAGE DE CANOË

Le "bateau serpent" *Arics Punnamada Urukku Chundan* d'Alleppey (Kerala, Inde) de 43,7 m de long possède un équipage de 143 personnes, dont 118 rameurs, 2 hommes marquant le rythme, 5 timoniers et 18 chanteurs. Cet équipage a manœuvré le bateau le 1er mai 2008, au Kerala. Le plus long canoë mesure 45,44 m ; il appartient aux étudiants de la Regional High School de Nokomis, à Newport (Maine, USA).

● LE PLUS GRAND QUIZ

1 566 personnes ont participé au plus grand quiz organisé en un seul endroit au cours d'une étape du "TIME Aqua Regia", un quiz scientifique organisé par TIME (Triumphant Institute of Management Education Pvt. Ltd), à Hari Hara Kalabhavan (Hyderabad, Inde), le 3 décembre 2007.

● LE PLUS GRAND RANGOLI

Nilesh Rajaram Naik (Inde) a réalisé un rangoli – image artistique faite de sables colorés – de 70 x 70 m sur le terrain de Murda à Tiswadi (Goa, Inde), le 22 mai 2008. Ce rangoli représentait Shivaji (1627-1680), le fondateur de l'Empire marathe.

RECORD D'ALTITUDE POUR UN BÂTIMENT HABITÉ

Situés à 6 000 m d'altitude, les bâtiments du fort frontalier de Basisi au col de Mana (lat. 31°04'N, long. 79°24'E) sont occupés par la police des frontières indo-tibétaine (Inde). En raison de la basse pression liée à l'altitude et à la raréfaction de l'oxygène, beaucoup de personnes ont le mal de l'altitude au-delà de 2 500 m. Il faut plusieurs jours pour s'acclimater à l'altitude de Basisi et la plupart des personnes y sont malades si elles s'y rendent directement.

★ LA PLUS GRANDE TUNIQUE

Ariel Pakistan (Pakistan) a fabriqué une kurta – chemise traditionnelle portée par les hommes et les femmes en Afghanistan, au Bangladesh, en Inde et au Pakistan – de 30,78 m de long et 18 m de large, à Karachi (Pakistan). Celle-ci a été exposée le 3 janvier 2008.

★ LA PLUS LONGUE CORNE DE MOUFLON

La plus longue corne de mouflon mesurait 191 cm. Elle appartenait à un mouflon Marco Polo (*Ovis ammon polii*), une espèce indigène du Pamir, massif montagneux bordant le Tadjikistan, l'Afghanistan, le Pakistan et la Chine.

LE DÉPLACEMENT LE PLUS RAPIDE D'UN GLACIER

En 1953, le glacier de Kutiah (Pakistan) s'est déplacé de plus de 12 km en 3 mois, soit une moyenne de 112 m par jour. Il s'agit du déplacement le plus rapide jamais enregistré d'un glacier.

LE PLUS GRAND PAYS ENCLAVÉ

Le Kazakhstan (2 724 900 km²) est le plus grand pays sans façade maritime. Il est entouré par la Russie, la Chine, le Kirghizistan, l'Ouzbékistan, le Turkménistan et la mer Caspienne, également enclavée.

★ LE PLUS GRAND CHEVALET

En avril 2008, Rajasekharan Parameswaran (Inde) de Meenachal (Tamil Nadu, Inde) a présenté un chevalet de 17,22 m de haut et 9,45 m de large.

LA PLUS GRANDE SOCIÉTÉ D'AMBULANCES BÉNÉVOLE

Abdul Sattar Edhi (Pakistan) a créé son service d'ambulances en 1948. Aujourd'hui, sa flotte d'ambulances dotées d'une radio compte 500 véhicules et intervient dans tout le Pakistan.

● RECORD D'ENTRÉES AU CINÉMA

L'Inde – qui produit davantage de longs métrages que tout autre pays, avec 1 164 films sortis en 2007 – a enregistré 3,29 milliards d'entrées au cinéma en 2007, plus du double des chiffres américains et 20 fois plus qu'au Royaume-Uni. Shilpa Shetty (Inde, ci-dessous) est une star de Bollywood.

★ NOUVEAU RECORD
● MISE À JOUR

10 juin En 1989, Alain Ferté (France) a réalisé **le tour de circuit le plus rapide des 24 heures du Mans** : 3 min et 21,27 s (à une vitesse moyenne de 242,093 km/h), au volant d'une Jaguar XJR-9LM.

ASIE DU SUD-EST

QUELQUES CHIFFRES

• **SUPERFICIE :** 3 600 292 km^2
• **POPULATION :** 585 millions
• **PAYS :** Brunei, Cambodge, Indonésie (**le plus grand temple bouddhiste**, d'une superficie de 60 000 m^2), Laos, Malaisie (**la plus lourde mangue du monde**, soit 3,1 kg), Myanmar (pays de la cloche de Mingun, **la plus lourde cloche du monde**, qui pèse 92 t), Philippines, Singapour, Thaïlande, Timor-Oriental et Vietnam.

RECORD DE PERSONNES DANS UNE MINI COOPER

Voici un grand classique, qui consiste à faire entrer le plus de personnes possible dans une Mini Cooper. 21 étudiants de l'université INTI Subang Jaya ont réalisé cette prouesse sur le campus de Selangor (Malaisie), le 17 juin 2006. Les règles de ce record veulent qu'à la fin, tous les participants soient dans la voiture avec les portes et les fenêtres fermées.

LE PLUS GROS BUFFET POUR SINGES

Situé dans la province de Lopburi (Thaïlande), le temple de Kala (ou Temple des singes) fournit annuellement à la population locale de singes (plus de 2 000 spécimens) 3 000 kg de fruits et de légumes.

★RECORD DE PAYS DANS UNE PARADE MILITAIRE

Les forces armées de 13 pays ont participé à la parade internationale du Brunei Darussalam en 2006, organisée par le ministère de la Défense et les forces armées royales du Brunei, au stade national Hassanal Bolkiah, du 29 juillet au 1er août 2006.

★LE BUDGET DE LA DÉFENSE LE PLUS ÉLEVÉ

En 2006, le gouvernement militaire du Myanmar a consacré 18,7 % de son PIB au financement de la défense.

LE PLUS GRAND BILLET DE BANQUE LÉGAL

Le 22 mai 1998, la banque centrale de Manille (Philippines) a émis un billet de 22 x 33 cm. Seuls 1 000 billets, commémorant le centenaire de la première déclaration d'indépendance des Philippines, ont été imprimés.

★LE JICAMA LE PLUS LOURD

Le jicama, ou pois patate, est un légume-racine comestible apprécié dans la cuisine d'Asie du Sud-Est. Cultivé par Leo Sutisna à Bandung dans la partie occidentale de Java (Indonésie), le plus lourd pesait 21 kg, le 25 janvier 2008.

●LE MONARQUE LE PLUS RICHE

Selon Forbes.com, Haji Hassanal Bolkiah, 29e sultan du Brunei, dont la fortune est estimée à 22 milliards $, est le monarque le plus riche depuis août 2007. Il dirige cet État riche en pétrole et a en outre hérité d'une grande partie de sa fortune.

11 juin **Le plus gros lingot d'or pur jamais fabriqué** pèse 250 kg. Il a été réalisé le 11 juin 2005 par Mitsubishi Materials Corporation.

121 352 608 : population de Java (Indonésie), **l'île la plus peuplée du monde,** d'après le recensement de 2000.

● LE PLUS GROS AUTOCOLLANT

Le 5 septembre 2008, Focal Point Advertising et Golden Touch Imaging ont créé un autocollant destiné à faire la publicité des jeans Levi Strauss sur la tour ESL de Makati City (Philippines). L'autocollant mesurait 61 x 71,26 m et couvrait 4 366,46 m².

● LA PLUS GRANDE ROUE D'OBSERVATION

À Marina Bay (Singapour), la roue d'observation Singapore Flyer affiche un diamètre de 150 m. Construite sur un bâtiment de 3 étages, elle a une hauteur totale de 165 m.

● LE PLUS LONG BARBECUE

Réalisé par la municipalité de Santo Tomas au Pangasinan (Philippines), le 11 février 2008, le plus long barbecue mesurait 3 803,96 m et a nécessité l'intervention de 3 500 cuisiniers.

★ LE PLUS GROS EXPORTATEUR DE RIZ

Selon l'organisation des Nations unies pour l'alimentation et l'agriculture (FAO), la Thaïlande a exporté 8 094 000 t de riz en 2007, ce qui représente une part de 27 % du marché mondial du riz.

★ NOUVEAU RECORD
● MISE À JOUR

★ LA PLUS GROSSE BOÎTE DE COLLECTE DE DONS

Une boîte de collecte de dons de 6 m de haut et 4 m de large a été présentée par l'union des étudiants de l'université technologique de Nanyang et y.e.s. 93.3 fm, sur la Civic Plaza, à Ngee Ann City (Singapour), le 10 juillet 1998. Elle a été exposée 3 jours afin de recueillir des fonds pour des œuvres locales.

LE SAVIEZ-VOUS ?
Makati, ci-dessus, est le principal centre financier, commercial et économique des Philippines.

★ LE PLUS FORT TAUX DE PROPRIÉTAIRES OCCUPANTS

Depuis 1998, selon les données de UN-Habitat, le programme des Nations unies sur l'installation des populations, 95,3 % des Cambodgiens sont propriétaires des maisons qu'ils occupent.

LA PLUS GRANDE RÉSERVE DE PERCE-OREILLES

La plus vaste, et unique, réserve de perce-oreilles se situe dans la Grande Grotte de Niah à Sarawak, au nord de Bornéo. L'espèce protégée est le perce-oreille *Arixenia esau*. Les insectes vivent dans un seul et même bloc de bois depuis le début des années 1960.

● LE SMS LE PLUS RAPIDE

Jeremy Sng Gim (Singapour) a tapé un sms déterminé de 160 caractères sur son téléphone mobile en 41,40 s, durant le SingTel SMS Shootout 2008, organisé à Clarke Quay (Singapour), le 24 février 2008.

★ RECORD DE MESURES DU DIABÈTE

Le record de mesures du diabète effectuées en 24 h est de 503, une prouesse accomplie à l'AlleluYAH Prayer Mountain for All Nations, à San Mateo (Rizal, Philippines), le 15 mars 2008, par Grace Galindez-Gupana, présidente d'HalleluYAH Prophetic Global Foundation (Philippines), et sponsorisée par ABS Gen Herbs International Corporation.

★ LE PLUS RAPIDE À LA MARELLE

Ashrita Furman, détenteur de multiples records, a effectué le jeu de marelle en 1 min et 23 s, au centre de culture physique de l'hôtel et spa d'Awana Kijal à Kijal (Malaisie), le 19 janvier 2006.

★ UN DÉVELOPPEMENT RECORD

Naypyidaw, la nouvelle capitale du Myanmar, a été construite dans la brousse de la Birmanie centrale, à 460 km au nord de Rangoon, l'ancienne capitale. La plupart des ouvriers qui y travaillent ont de grandes distances à parcourir pour atteindre le centre. Naypyidaw devrait se développer de 57,8 % au cours de la période 2005-2010, devenant la conurbation au développement le plus rapide, avec plus de 750 000 habitants.

12 juin **Le plus long saut effectué par un lapin** est de 3 m. Ce record a été réalisé par Yabo, à Horsens (Danemark), en 1999. Yabo appartenait à Maria Brunn Jensen (Danemark).

13 juin **Le record d'enfants nés au cours d'un même accouchement** est de 9. Geraldine Brodrick (Australie) les a mis au monde au Royal Hospital for Women, à Sydney (Australie), en 1971.

ASIE DU NORD-EST

QUELQUES CHIFFRES

- **SUPERFICIE :** 11 795 031 km²
- **POPULATION :** 1,63 milliard*
- **PAYS :** Chine (**le ●pays le plus peuplé,** avec 1,3 milliard d'habitants), qui compte deux régions administratives spéciales : Macao (**le plus grand casino**, le Venetian Macau – 51 100 m² consacrés aux jeux d'argent) et Hong Kong (**le plus grand port de containers**, qui a traité 22 millions de containers en 2004), Corée du Nord, Corée du Sud, Japon, Mongolie et Taïwan (où a eu lieu le plus grand défilé de bicyclettes – 2 284 bicyclettes – le 21 février 2009).

*inclut les chiffres de la Chine, de Hong Kong, du Japon, de la Corée du Sud et de Taïwan.

★ NOUVEAU RECORD
● MISE À JOUR

★LE PLUS JEUNE GUITARISTE PROFESSIONNEL

Le 4 août 2008, Yuto Miyazawa (Japon), 8 ans et 165 jours, a joué au cours de nombreux engagements rémunérés sur des chaînes de télévision nationales du monde entier. Il a commencé à apprendre la guitare à 3 ans et a joué avec de nombreux musiciens, dont le légendaire guitariste de jazz Les Paul.

●LE VÉHICULE LE PLUS LOURD TIRÉ AVEC DES BOUCLES D'OREILLES

Gao Lin (Chine) a attaché une Volkswagen de 1 562 kg à ses boucles d'oreilles avec une corde et l'a tirée sur 10 m. Cette démonstration de force a été accomplie sur le plateau de *Zheng Da Zong Yi – Guinness World Records Special* à Pékin (Chine), le 19 décembre 2006.

★LE PLUS GRAND ENSEMBLE DE TAMBOURINS

9 902 personnes ont joué du tambourin au cours d'un événement organisé par le gouvernement du comté de Taipei (Taïwan), le 1er janvier 2008.

●LE PLUS GRAND TERMINAL DE FRET

D'une superficie de 280 500 m², le SuperTerminal1 de Hong Kong Air Cargo Terminals Limited (HACTL) est le plus grand terminal de fret couvert. Il peut accueillir 2,6 millions de tonnes de marchandises par an. Hong Kong possède aussi **le plus grand terminal de transport aérien de passagers**, une structure de 1,3 km de long couvrant 550 000 m².

PLUS D'INFO

Vous connaissez le plus jeune guitariste, mais qui est le plus âgé ? Découvrez des histoires fascinantes p. 70-71.

★LE PLUS DE UNES DE MAGAZINE

En juillet 2008, Keizo Tsukamoto (Japon) avait réalisé 1 937 couverture de *Shukan Manga Times*. En 38 ans et 5 mois, il n'en a manqué aucune.

14 juin John William Alcock et Arthur Whitten Brown (tous deux GB) ont effectué **le premier vol sans escale au-dessus de l'Atlantique** en 1919, à bord d'un biplan Vickers Vimy, en 16 h et 12 min.

3 063 : nombre de sources chaudes où s'est rendu Takashi Kasori (Japon) du 1er novembre 2006 au 31 octobre 2007, c'est le record des sources chaudes visitées en 1 an.

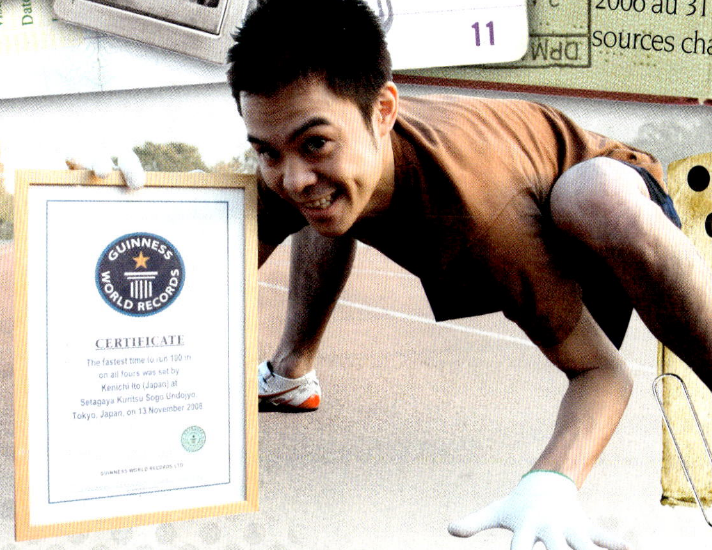

●LE PLUS LONG CONTRAT DE MANNEQUINAT

L'actrice et mannequin Shima Iwashita (Japon, née le 3 janvier 1941) est le mannequin attitré de la société de cosmétiques japonaise Menard. Elle a signé son premier contrat avec la société en 1972, lequel a depuis été renouvelé chaque année.

★LE 100 M LE PLUS RAPIDE À QUATRE PATTES

Kenichi Ito (Japon) a réalisé le 100 m le plus rapide à quatre pattes. Il a accompli cet exploit en 18,58 s, à Setagaya Kuritsu Sogo Undojyo, à Tokyo (Japon), le 13 novembre 2008. Il a eu cette idée en observant des singes dans un zoo et s'est entraîné quotidiennement pendant 5 ans pour relever ce défi, ce qui a rendu ses mains aussi dures que ses talons.

●LE PLUS HAUT ÉDIFICE INOCCUPÉ

L'hôtel Ryugyong de Pyongyang (Corée du Nord) avait déjà atteint une hauteur de 330 m lorsque sa construction fut interrompue en 1992. En 2008, le groupe égyptien Orascom a ajouté des panneaux de verre et a installé des antennes. S'il est achevé, l'hôtel Ryugyong sera l'hôtel le plus haut du monde. Selon certaines estimations, son achèvement et sa mise en conformité avec les normes de sécurité coûteraient 2 milliards $, soit 5 à 10 % du PIB annuel de la Corée du Nord.

●RECORD DE COMBATS REMPORTÉS PAR UN SUMO AU COURS D'UNE ANNÉE CIVILE

En 2005, Yokozuna Asashoryu Akinori (Mongolie, nom de baptême : Dolgorsuren Dagvadorj) a remporté 84 combats sur les 90 réglementaires que mènent les meilleurs sumos, ou rikishi, chaque année.

★RECORD DE COUPLES S'ÉTREIGNANT

1 451 couples se sont étreints simultanément au cours d'une fête caritative organisée durant la Journée mondiale de l'enfance par les restaurants McDonald de Taïwan, au Taipei Arena (Taipei, Taïwan), le 18 novembre 2007.

★RECORD DE LIVRES ÉCRITS PAR UN INDIVIDU EN 1 AN

Shinichi Kobayashi (Japon) a écrit et publié 6 romans entre le 1er octobre 2007 et le 15 septembre 2008.

●LE PLUS GROS PRODUCTEUR D'ÉNERGIE (PAYS)

La Chine est le plus gros producteur d'énergie, avec 1 641 millions t équivalent pétrole à compter de 2005.

★LE PLUS GRAND TOURNOI DE MAH-JONG

Le First Super Cup Mahjong Tournament organisé par Gi Tiene International Co. Ltd (Taïwan), du 8 décembre 2007 au 3 février 2008, est le principal tournoi de mah-jong. Cette compétition a réuni 14 886 joueurs venus de tout le pays.

●LA PLUS LONGUE CASCADE EN FEUX D'ARTIFICE

Les "Chutes du Niagara" : 3 517,23 m de feux d'artifice allumés le 23 août 2008, lors du Festival du feu d'artifice de la baie d'Ariake à Fukuoka (Japon).

★LE PLUS GROS CONSTRUCTEUR NAVAL

Hyundai Heavy Industries Co., Ltd d'Ulsan (Corée du Sud), qui représentait en 1999 13 % de la production navale mondiale, est le plus gros constructeur naval. En 2000, il a construit 59 navires ayant une charge en lourd brut de 4,2 millions t et une valeur de 3,8 milliards $. Le chantier de Hyunday compte 9 cales sèches, dont la plus grande mesure 640 m et peut accueillir plusieurs navires à la fois.

●LA POPULATION LA PLUS ÂGÉE

Selon les dernières statistiques démographiques, l'âge médian au Japon – c'est-à-dire l'âge sous lequel et au-dessus duquel on compte le même nombre de personnes – était de 42,9 en 2007. Le Japon se distingue par cet âge médian exceptionnellement élevé ; il est le seul pays non européen à figurer parmi les 10 premiers. L'Italie arrive en 2e position, avec un âge médian de 42,3 ans.

15 juin **Le plus grand ensemble de violons** a réuni 4 000 enfants en 1925. Ils ont joué des extraits choisis de *Recollections of England* au Crystal Palace, à Londres (GB).

16 juin Valentina Tereshkova (ex-URSS) fut **la première femme dans l'espace** en 1963. Née le 6 mars 1937, elle avait alors 26 ans et 102 jours, devenant aussi **la femme la plus jeune dans l'espace**.

AUSTRALIE

QUELQUES CHIFFRES

- **SUPERFICIE :** 7 686 850 km²
- **POPULATION :** 21 millions
- **FOYERS :** 7,7 millions
- **EN BREF :** l'Australie est **le plus grand producteur mondial de laine brute**, avec 327 000 t en 2006. La Chine arrive en 2ᵉ position et la Nouvelle-Zélande en 3ᵉ, avec 168 000 t.

●LA PLUS GRANDE COURSE DE BROUETTES HUMAINES

Avec 1 044 participants répartis en 522 équipes de 2, la plus grande course de brouettes humaines a été organisée au campus sportif de Carey Baptist Grammar School, à Melbourne (Victoria, Australie), le 9 septembre 2008.

LE PLUS LONG CONVOI ROUTIER

Le 18 février 2006, un convoi routier de 1 474,3 m a été constitué pour un événement sponsorisé par Hogs Breath Café à Clifton (Queensland, Australie). Un seul et unique Mack Titan, conduit par un ancien routier de 70 ans, John Atkinson (Australie), a tracté les 113 remorques pesant 1 299 986 kg sur environ 150 m.

★LA BATTE DE CRICKET LA PLUS CHÈRE

La batte de cricket utilisée par Sir Donald Bradman lors de son premier test-match s'est vendue 145 000 A$ (74 866 €), au Leski Auctions, à Melbourne (Australie), le 24 septembre 2008. Considéré comme le plus grand joueur de cricket du monde, Bradman a commencé sa carrière aux Ashes en 1928-1929. Il a marqué 18 runs au cours du 1ᵉʳ innings et 1 run au 2ᵉ innings.

★LA PLUS GRANDE STATUE DE MOUTON

Une statue géante de mérinos de 15 m de haut, 18 m de long et 4 m de large domine l'autoroute à Goulburn (Nouvelle-Galles du Sud, Australie). En acier et béton armé, "Big Merino", plus connu sous le nom de "Rambo" (*ram* signifie "bélier" en anglais), pèse 97 t. Il abrite une boutique de souvenirs et une exposition de laine. Cet édifice a ouvert ses portes au public le 20 septembre 1985.

●RECORD DE TEMPS POUR GRAVIR L'ÉQUIVALENT DE 8 EVEREST SUR UNE MACHINE (HOMME)

Richard Pemberton (Australie) a gravi l'équivalent de 8 Everest (8 848 m), sur la machine "Versaclimber", en 2 h, 53 min et 47 s, au club sportif Executive Fitness Management, à Adelaïde (Australie-Méridionale), le 25 novembre 2006.

★RECORD DE TEMPS POUR TONDRE UN MÉRINOS

Dwayne Black (Australie) a tondu un mouton mérinos en 53,88 s, sur le plateau de *Zheng Da Zong Yi – Guinness World Records Special*, à Pékin (Chine), le 20 septembre 2007.

★TOUR DE L'AUSTRALIE EN JET-SKI LE PLUS RAPIDE

Paul Fua, Randall Jones et Lynden Parmenter (Australie) ont fait le tour de l'Australie en jet-ski en 106 j. Ils sont partis de la baie de Sydney le 20 août 2000 pour couvrir 16 500 km dans le sens des aiguilles d'une montre avant de regagner Sydney le 3 décembre 2000.

★RECORD DE PERSONNES SOUFFLANT DANS UN SIFFLET

Le 5 septembre 2008, 37 552 personnes ont soufflé simultanément dans un sifflet au cours d'un événement organisé par la fondation contre l'asthme du Queensland, au Suncorp Stadium de Brisbane.

●RECORD AU 100 M BROUETTE

Otis Gowa (Australie) a poussé Stacey Maisel (50 kg) dans une brouette sur 100 m en 14 s. La course de brouettes a été filmée pour le Guinness World Records, au Davis Park, à Mareeba (Queensland), le 15 mai 2005.

17 juin **La première transplantation de reins réussie** a été réalisée par RH Lawler (USA) à l'hôpital Little Company of Mary, à Chicago (Illinois, USA), en 1950.

NOUVELLE-ZÉLANDE

QUELQUES CHIFFRES

- **SUPERFICIE :** 268 680 km^2
- **POPULATION :** 4,1 millions
- **FOYERS :** 1,5 million
- **EN BREF :** selon les derniers chiffres, ceux de 2006, la Nouvelle-Zélande disposerait du **plus grand nombre de lecteurs de CD par personne**, avec 88,5 appareils pour 100 personnes. Le Royaume-Uni arrive en 2e position avec 88,4 lecteurs pour 100 personnes.

★ LANCER DE PIÈCE DE MONNAIE – RECORD DE DISTANCE

Le recordman néo-zélandais Alastair Galpin a fait sauter une pièce de 0,10 NZ$ à 10,64 m, à la Old Homestead Community House, à Auckland (Nouvelle-Zélande), le 2 novembre 2008.

● RECORD DE VICTOIRES AU TOURNOI DES TROIS NATIONS

Le Tournoi des trois nations, le tournoi de rugby annuel entre l'Australie, la Nouvelle-Zélande et l'Afrique du Sud, a été remporté 9 fois par la Nouvelle-Zélande, en 1996, 1997, 1999, 2002, 2003 et tous les ans de 2005 à 2008.

★ CLAQUETTES – RECORD DE CLAQUEMENTS À LA MINUTE

Tony Adams (Nouvelle-Zélande) a claqué 602 fois du pied en 1 min (plus de 10 claquements par seconde) en direct à la télévision néo-zélandaise, au *Good Morning Show*, au Studio 11, à Wellington (Nouvelle-Zélande), le 4 août 2008.

● RECORD DE PELLETÉES DE CHARBON PAR UNE ÉQUIPE DE 2

Brian Coghlan et Piet Groot (tous deux Nouvelle-Zélande) ont rempli un wagon-trémie de 508 kg à l'aide d'une pelle en 14,8 s, à l'entrée de Brunner Bridge (île du Sud, Nouvelle-Zélande), le 27 mars 2004.

● SAUT À L'ÉLASTIQUE LE PLUS HAUT D'UN IMMEUBLE

AJ Hackett (Nouvelle-Zélande) a effectué un saut de 199 m du haut d'une plate-forme située à 233 m, sur la Macau Tower, à Macao (Chine), le 17 décembre 2006.

PLUS GRAND DERBY DE DÉMOLITION

Un derby de démolition comptant 123 participants s'est tenu sur le Todd & Pollock Speedway, à Mount Maunganui (Nouvelle-Zélande), le 16 mars 2002. Il a fallu 47 min pour désigner le vainqueur – la dernière voiture à pouvoir rouler.

PLUS D'INFO

Vous voulez d'autres records de rugby ? Consultez le thème Rugby p. 254-255 !

● SMS LE PLUS VITE ÉCRIT, LES YEUX BANDÉS

Elliot Nicholls (Nouvelle-Zélande) a écrit un SMS de 160 caractères, les yeux bandés en 45,09 s, à la boutique Telecom shop de Filluel Street, à Dunedin (Nouvelle-Zélande), le 17 novembre 2007.

LE CALMAR COLOSSAL LE PLUS LOURD

100

Le 22 février 2007, on a annoncé la capture au large de l'Antarctique, dans la mer de Ross, d'un calmar colossal mâle adulte (*Mesonychoteuthis hamiltoni*) de près de 450 kg et 10 m de long. Le mollusque a été expédié en Nouvelle-Zélande afin d'y être étudié. Il est rare d'attraper des calmars de ce type, généralement moins longs, mais plus lourds que les calmars géants.

● APNÉE – POIDS CONSTANT SANS PALMES (HOMMES)

William Trubridge (Nouvelle-Zélande) a atteint 86 m dans la catégorie poids constant sans palmes, dans le cadre de la compétition Vertical Blue 2008 Invitational Freediving, organisée à Dean's Blue Hole, à Long Island (Bahamas), le 10 avril 2008. La catégorie poids constant sans palmes consiste en une descente et une remontée non assistées.

★ NOUVEAU RECORD ● MISE À JOUR

18 juin En 2005, Phil Naylor (GB) a joué le 1er trou du Devlin Course du golf de St Andrews Bay Golf Resort and Spa, à St Andrews (GB), en 1 min et 52 s, soit **le trou le plus rapide de l'histoire du golf**.

19 juin Pelé est **le plus jeune marqueur de Coupe du monde**. Il avait 17 ans et 239 jours lorsqu'il a marqué un but pour le Brésil contre le pays de Galles, à Gothenburg (Suède), en 1958.

SOCIÉTÉ MODERNE

SOMMAIRE

★ LA PLUS GRANDE COLLECTION DE PELUCHES DE WINNIE L'OURSON ET DE SES AMIS

Deb Hoffmann (USA) possédait 4 405 peluches de Winnie l'ourson et de ses amis le 23 février 2009. Elle a commencé sa collection en 1967.

182 550 $: prix de l'ours en peluche le plus cher au monde. Il a été vendu aux enchères, le 14 octobre 2000, chez Christie's (Monaco).

ILS ONT DU CHIEN !

LE CHIEN PRÉFÉRÉ

Le 21 janvier 2009, l'American Kennel Club (AKC) a annoncé que pour la 18e année consécutive, le labrador Retriever était **le chien de race pure le plus populaire aux États-Unis**. Deux fois plus de labradors sont en effet enregistrés que toute autre race. Le Labrador est aussi dans les 4 premiers en France.

LE CHIEN AUX PLUS LONGUES OREILLES

Tigger, le limier de Bryan et Christina Flessner de St Joseph (Illinois, USA), possède des oreilles plus longues que celles de tout autre chien. Mesurée le 29 septembre 2004, l'oreille droite de Tigger atteignait 34,9 cm de long, tandis que son oreille gauche était légèrement plus courte : 34,2 cm.

★RECORD DE CHIENS SAUTANT À LA MÊME CORDE

Le 23 mai 2007, le "Super Wan Wan Circus" d'Uchida Geinousha a fait accomplir par 12 chiens l'incroyable prouesse de sauter ensemble à la même corde, au cours d'une fête organisée pour la société Sanyo Bussan Co. Ltd (Japon).

RECORDS DE SAUTS

EN 1 MIN

Sweet Pea, un croisement de berger australien et de border collie, a effectué 75 sauts à la corde en 1 min, sur le plateau de *Live with Regis and Kelly*, à New York (USA), le 8 août 2007. Alex Rothaker (USA), le propriétaire de Sweet Pea, faisait tourner la corde.

●RECORD DE VITESSE POUR CREVER 100 BALLONS

Anastasia, le terrier Jack Russell de Doree Sitterly (USA), a crevé 100 ballons en 44,49 s, sur le plateau de *Live with Regis and Kelly*, à Los Angeles (USA), le 24 février 2008. Il s'agissait de ballons de fête classiques gonflés jusqu'à un diamètre d'au moins 20 cm.

UN BON ÉQUILIBRE

Sweet Pea (ci-dessous) détient aussi **le record de marches montées par un chien avec un verre d'eau sur le museau**. Elle a gravi 17 marches sur le plateau de *Live with Regis and Kelly*, à New York (USA), le 8 août 2007.

●LA PLUS GRANDE BALADE

10 272 chiens ont été promenés en laisse au cours de la Butchers Great North Dog Walk, un événement organisé par Anthony Carlisle (GB). La promenade a eu lieu à South Shields (GB), le 17 juin 2007.

●LA PLUS GRANDE CÉRÉMONIE DE MARIAGE

Une cérémonie de "mariage" rassemblant 178 couples de chiens a eu lieu lors de la fête "Bow Wow Wows" organisée par l'Aspen Grove Lifestyle Center à Littleton (USA), le 19 mai 2007. Les partenaires ont scellé leur union par un aboiement sur la marche nuptiale.

20 juin Bertha Wood (GB) est devenue **la personne la plus âgée à publier un premier livre** lorsque *Fresh Air and Fun : The Story of a Blackpool Holiday Camp* est sorti le 20 juin 2005, pour son 100e anniversaire.

21 juin Jean Bouletan (France) a atteint 12 442 m, soit **la plus haute altitude à bord d'un hélicoptère**, un SA315 B "Lama" de l'Aérospatiale, au-dessus d'Istres (France), en 1972.

15,2 cm : longueur du museau à la queue du **plus petit chien vivant (en longueur)**, un chihuahua du nom de Heaven Sent Brandy (USA).

LES RACES DE CHIEN LES PLUS LOURDES

Les races les plus lourdes du chien domestique *Canis familiaris* sont le mastiff (en photo, à droite) et le saint-bernard, les mâles de ces deux espèces pesant fréquemment de 75 à 90 kg. Le Kennel Club (GB) affirme que le mastiff idéal a "une ossature large, puissante et affiche à la fois noblesse et courage".

●LE PLUS VIEUX DU MONDE

Chanel, le teckel de Karl et Denise Shaughnessy (tous deux USA) de Port Jefferson Station (New York, USA), a fêté ses 20 ans, le 6 mai 2008.

LE PLUS VIEUX DE L'HISTOIRE

Bluey, le berger australien des Les Hall de Rochester (Australie), a vécu 29 ans et 5 mois. Acquis en 1910 alors qu'il était un chiot, Bluey a travaillé avec des troupeaux pendant près de 20 ans avant d'être piqué, le 14 novembre 1939.

LE PLUS PETIT CHIEN POLICIER

Midge, un croisement chihuahua/terrier de 28 cm de haut et 58 cm de long, travaille comme chien d'application de la loi (ou "Police K9") avec sa propriétaire, le shérif Dan McClelland (USA), au bureau du shérif du comté de Geauga (Ohio, USA). Midge a passé son certificat de chien détecteur de drogue le 7 novembre 2006. Elle peut être utilisée pour des arrestations, des mandats de recherche et des saisies de drogue.

100

●RECORD DE VITESSE POUR SE FAUFILER ENTRE DES POTEAUX

Alma, qui appartient à Emilio Pedrazuela Cólliga (Espagne), s'est faufilée entre 24 poteaux en 5,88 s, sur le plateau de l'émission *Guinness World Records*, à Madrid (Espagne), le 16 janvier 2009. Trois chiens ont tenté le record, chacun ayant droit à 2 essais. Durant son premier essai, Alma a réalisé un temps de 6,10 s. Les meilleurs temps des deux autres chiens, Yuna et King, ont été respectivement de 6,79 et 6,66 s.

PLUS D'INFO

Simba et Jorden, les mastiffs en photo ci-dessus, sont apparus en 2008 au cours d'une émission du GWR en Allemagne, présentant les races de chiens les plus lourdes du monde.

LA PLUS GRANDE PORTÉE

Tia, la chienne mâtin de Naples de Damian Ward (GB) et Anne Kellegher (Irlande) de Manea (Cambridgeshire, GB), a donné naissance à 24 chiots, le 29 novembre 2004.

LA TRUFFE DE LA LOI

Murphy, un springer anglais, a été **le ★premier limier dressé à localiser les téléphones mobiles illégaux**. Il a été entraîné par l'équipe Eastern Area Drug Dog (GB) afin d'identifier l'odeur particulière émise par les téléphones mobiles. Murphy a commencé à travailler avec son dresseur, Mel Barker (GB), à l'automne 2006, afin de détecter ce type d'objets de contrebande auprès de prisonniers de la prison de Norwich (Norfolk, GB). Murphy peut même faire la différence entre les téléphones des employés de la prison et ceux des prisonniers, et localiser des téléphones cachés dans les murs, dans des trous ou enveloppés dans des sacs plastique.

★ NOUVEAU RECORD
● MISE À JOUR

22 juin Le producteur de hip-hop Irv Gotti (USA) a produit le single n° 1 au hit-parade US Hot 100 pendant 19 semaines consécutives, du 23 février au 22 juin 2002.

CUISINE EXTRÊME

LE PLUS GROS SCONE

Mary, Nick et Amy Lovering de la boulangerie Sandford ont confectionné un scone de 49,89 kg et 1 m de diamètre, à Torrington (Devon, GB), le 21 janvier 2009. Ils ont utilisé 26,3 kg de farine, 15,87 kg de crème fraîche et 5,44 kg de confiture de fraises.

★ NOUVEAU RECORD
● MISE À JOUR

● LE PLUS GROS SCOTCH EGG

Un "Scotch egg" est un œuf dur enveloppé de chair à saucisse épicée et panée. Confectionné par Clarence Court (GB) et Lee Streeton (GB, photographié avec son œuvre), au Rocco Forte Brown's Hotel de Londres (GB), le 30 juillet 2008, le plus gros Scotch egg pèse 6,2 kg. Il a nécessité plus de 8 h de cuisson, dont 90 min pour l'œuf d'autruche. Cette spécialité écossaise a été inventée par l'épicerie londonienne de Fortnum & Mason en 1738.

LES PLUS GRANDS...

★ BIRYANI

Un biryani (préparation épicée à base de riz) de 14,06 t a été préparé par Kohinoor Foods Ltd (Inde), à Delhi (Inde), le 1er mars 2008.

★ BOUGATSA

Le bougatsa est une pâtisserie grecque fourrée à la crème pâtissière. Le plus grand bougatsa – 182,2 kg – a été servi à Serres (Grèce), le 1er juin 2008.

★ GASPACHO

La ville de Campohermoso (Espagne) a réalisé un gaspacho (potage glacé à base de tomates) de 4 520 l, le 2 août 2008.

★ JAMBALAYA

Au cours du Jambalaya Festival (USA), un jambalaya (plat de riz accompagné de viande et de légumes) de 1 379,3 kg a été préparé à Gonzales (Louisiane, USA), le 24 mai 2008.

● BOULETTE DE VIANDE

Une boulette de viande de 32,93 kg a été préparée et cuite chez Meatball Mike's à Cranston (Rhode Island, USA), le 6 juin 2008.

● PIZZA

La plus grande pizza en vente mesure 1,3 m². On peut l'acheter chez *Mama Lena's Pizza House*, à McKees Rocks (Pennsylvanie, USA), depuis le 20 mars 2006.

La plus grande pizza jamais confectionnée pesait 12,19 t. Elle avait été préparée à Norwood (Afrique du Sud) en 1990.

LES PLUS HAUTS...

● PILE DE POPPADOMS

Nahim et Fayaz Aslam (GB) ont réalisé une pile de poppadoms de 1,48 m, au restaurant *Indian Ocean* d'Ashton-Under-Lyne (Lancashire, GB), le 9 octobre 2007.

● TOUR DE BISCUITS

Le Mt Wilson Vista Council Girl Scouts a érigé une tour de biscuits de 1,62 m de haut, à Paseo Colorado (Pasadena, Californie, USA), le 29 février 2008.

● LE PLUS GRAND RESTAURANT

Le restaurant Bawabet Dimashq ("La Porte de Damas") à Damas (Syrie) offre 6 014 places et emploie jusqu'à 1 800 personnes en haute saison. "Dans cette région du monde, les gens traitent bien leur estomac", explique le gérant, Muhannad Samman, "il faut donc que la nourriture soit de qualité".

● PILE DE CRÊPES

Krunoslav Budiselic (Croatie) a réalisé une pile de 627 crêpes (de 23 à 25 cm de diamètre) tenant en équilibre sans aide, au *Grand Hotel Toplice* de Terme Catez (Slovénie), le 26 août 2008. Cette tour de 74 cm a nécessité 22 h de travail.

● PYRAMIDE DE FLÛTES DE CHAMPAGNE

Luuk Broos (Pays-Bas) et son équipe ont réalisé une fontaine de champagne de 43 680 verres sur 63 étages, au centre commercial de Wijnegem (Belgique),le 25 janvier 2008.

● SCULPTURE EN CHOCOLAT

Un arbre en chocolat de 6,5 m a été créé par le chef pâtissier Justo Almendrote (Espagne) et dévoilé à Madrid (Espagne), le 10 décembre 2008. Environ 300 kg de chocolat blanc ont été utilisés !

INGRÉDIENTS...

- 1 œuf d'autruche de 1,7 kg
- 4 kg de chair à saucisse
- 940 g de haggis (panse de brebis farcie)
- 800 g de chapelure

23 juin **La première transplantation de cellules cérébrales** a été réalisée par une équipe de médecins du centre médical de l'université de Pittsburgh (Pennsylvanie, USA), en 1998.

11 340 litres : volume du plus grand verre de soda, réalisé au Coca-Cola Museum d'Atlanta (Géorgie, USA), en mai 2007… soit l'équivalent de 75 baignoires !

●LE PLUS GROS CHEESECAKE

Philadelphia Kraft Foods Mexico a réalisé un cheesecake de 2 133,5 kg, à l'Universidad del Claustro de Sor Juana (Mexico, Mexique), le 25 janvier 2009. Le cheesecake mesurait 2,5 m de diamètre et 56 cm de haut pour 800 kg de fromage, 100 kg de fraises et 800 kg de yaourt !

LES PLUS LONGS…

●HOT DOG

Un hot-dog de 114,32 m a été confectionné par Empacadora Ponderosa (Mexique), à Monterrey (Mexique), le 27 septembre 2008.

★ALIGNEMENT DE SANDWICHS

Un alignement de sandwichs de 1 545,3 m a été réalisé par le centre commercial Serravalle Scrivia, à Alessandria (Italie), le 8 mars 2009.

●LA PLUS GRANDE BOUTEILLE DE VIN

La plus grande bouteille de vin mesure 2,40 m pour une contenance de 480 l. La production de cette bouteille de 68 cm de diamètre et 630 kg a été organisée par Emil Eberle (Suisse) et Weinlaubenhof Kracher (Autriche). Elle a été remplie de Grande Cuvée TBA NV no.7 2005, à Rehetobel (Suisse), le 9 octobre 2007.

★BÂTON DE RÉGLISSE

La Junee Licorice and Chocolate Factory (Australie) a confectionné un bâton de réglisse de 244 m, à Junee (Nouvelle-Galles du Sud, Australie), le 8 mars 2008.

●ALIGNEMENT DE PIZZAS

Chicago Town Pizzas (GB) a réalisé un alignement de pizzas de 353,9 m, à Preston (GB), le 10 décembre 2008.

LE PLUS LOURD…

100

Joseph Jutras (USA) a présenté une citrouille de 766,12 kg, le 29 septembre 2007, au concours de cultivateurs de citrouilles géantes, à Topsfield (Massachusetts, USA).

●LE PLUS GROS HAMBURGER DISPONIBLE DANS LE COMMERCE

Un hamburger de 74,75 kg figure au menu de Mallie's Sports Grill & Bar, à Southgate (Michigan, USA). Le 29 août 2008, il coûtait 399 $. Il est recommandé de passer commande auprès du restaurant 24 h à l'avance !

100

24 juin Wazir Muhammand s/o Abbass Ali Jagirani (Pakistan) possédait **le calcul rénal le plus lourd du monde**. Ce calcul de 620 g lui a été retiré du rein droit, à Sindh (Pakistan), en 2008.

25 juin Avec 1 049 points, Phil Appleby (GB) a réalisé **le meilleur score au scrabble**, en 1989, à Wormley (Hertfordshire, GB).

BON APPÉTIT !

★ LE GRILLE-PAIN VOLTIGEUR

Freddie Yauner (GB) a conçu et fabriqué un grille-pain capable de griller une tranche de pain puis de la projeter à 2,60 m de haut. Ce record a été vérifié dans les bureaux de Guinness World Records, à Londres (GB), le 13 juin 2008. Pour un petit déjeuner de haut vol !

●LA LIVRAISON DE CURRY LA PLUS LOINTAINE

Deux journalistes, Jon Wise et James Crisp (GB, respectivement à gauche et à droite), ont commandé un biryani végétarien et un riz pilaf au restaurant Raj Mahal de Christchurch (Nouvelle-Zélande) et ont demandé à être livrés aux bureaux du *Daily Sport* de Manchester (GB) où ils travaillent. À vol d'oiseau, le curry a traversé plus de 18 830 km avant d'arriver à destination le 29 février 2008.

LES PLUS GROS FESTINS

★ Viande cuisinée : un banquet pantagruélique à base de poulet, agneau, porc et bœuf, de 26 145 kg a été préparé par La Pastoral Social y Amigos, lors d'un gala de bienfaisance de l'Asociación rural de Paraguay de Mariano Roque Alonso (Paraguay), le 26 octobre 2008.

★ Ceviche : voir p. 108-109

★ Poisson cuisiné : la Polish Union of America et les visiteurs du Polish Heritage Festival (USA) ont dégusté 2 552 poissons cuisinés, tous fournis par le Krolick's Bar-B-Q de Hamburg (New York, USA), le 30 mai 2008.

★ Fruits de mer : le South Coast Tourism et le Wozani Africa Events (Afrique du Sud) ont cuisiné 1 739 kg de fruits de mer, sardines, moules et calamars qu'ils ont servis aux 7 200 participants d'une fête donnée à Silver Beach (Port Edward, Afrique du Sud), le 19 juillet 2008.

●LE PLUS GRAND ÉTIREMENT DE CURLY-WURLY

Helen Weddle (GB) a étiré un curly-wurly, un ruban de caramel enrobé de chocolat, sur 156,8 cm, au Magna Science Centre de Rotherham (GB), le 26 juillet 2007. La confiserie de Cadbury mesure en vrai 19-20 cm, même si la publicité annonce "des kilomètres de toffee à mâcher..." !

★ RECORD DE COCKTAILS PRÉPARÉS EN 1 H

Matthias Knorr (Allemagne) a préparé 389 cocktails en 1 h, au salon de la gastronomie de Hoga à Nuremberg (Allemagne), le 20 janvier 2009.

★ RECORD DE PORTIONS DE NOUILLES PRÉPARÉES EN 3 MIN

Le chef spécialisé dans les nouilles chinoises, Fei Wang (Chine), de l'Inn Noodle (Londres), a préparé 8 portions de nouilles en 3 min, au Borough Market de Londres (GB), le 10 octobre 2008.

★ RECORD POUR PLUMER 3 DINDES

Paul Kelly (GB) de Kelly Turkey Farms a plumé 3 dindes de sa ferme en 11 min et 30,16 s, à Little Claydon Farm (Essex, GB), le 13 novembre 2008.

★ RECORD POUR LEVER DES FILETS DE SAUMON

Darren Matson (GB) de H Forman & Son a levé les filets d'un saumon puis les a tranchés en 1 min et 24,18 s, au Borough Market (Londres, GB), le 10 octobre 2008.

★ RECORD POUR LEVER LES FILETS D'UN POISSON DE 18 KG

Il a fallu 4 min et 25,31 s à Duncan Lucas (GB) pour lever les filets d'un poisson de 18 kg, au M & J Seafood (Londres, GB), le 1er octobre 2008.

★ LA PLUS GRANDE MOSAÏQUE DE FRUITS

Le gouvernement du comté de Pingyuan et le comité local du Parti communiste chinois ont créé une mosaïque avec 372 525 fruits, dans le comté de Pingyuan (Guangdong, Chine), le 1er décembre 2008. Conçue à l'occasion du quatrième festival de tourisme Navel Orange, la mosaïque couvrait 2 220 m² et représentait les fleurs du comté et des pictogrammes commémorant les exploits de ses cultivateurs.

26 juin Jennifer Capriati (USA, née le 29 mars 1976) avait 14 ans et 89 jours lors de son premier match de tennis en 1990. Elle est **la plus jeune joueuse à avoir remporté un match à Wimbledon.**

20 : record d'œufs dans une main, décroché par Zdenek Bradac (République tchèque), au collège de Sheffield Castle, à Sheffield (South Yorkshire, GB), le 20 décembre 2007.

★ LE GÂTEAU LE PLUS HAUT

Le personnel et les étudiants de l'école de cuisine Hakasima-Nilasari ont confectionné un gâteau de 33 m de haut pour célébrer l'Amazing Christmas ("Noël fabuleux") qui s'est tenu à Senayan City (Jakarta, Indonésie), du 28 novembre au 8 décembre 2008. Le gâteau de 18,14 t a nécessité :

- 1 620 kg de sucre
- 1 620 kg de margarine
- 162 kg de lait en poudre
- 243 kg de cacao en poudre
- 3 240 kg d'œufs
- 100 l de sucre liquide.

LES MANGEURS LES PLUS RAPIDES

★ Orange chocolatée : une orange chocolatée est une boule de chocolat mélangée à de l'huile d'orange puis divisée en 20 segments. Robert Jones (GB) a déballé et mangé une orange chocolatée en 4 min et 34,25 s, au Balham Bowls Club de Londres (GB), le 29 novembre 2008.

●Citron (1) : Ashrita Furman (USA) a pelé et avalé un citron en 10,97 s, au Panorama Café de Jamaica (New York, USA), le 24 août 2007.

●Citron (3) : Gekidan Hitori (Japon) a pelé et mangé 3 citrons en 1 min et 33 s, sur le plateau de *Waratte Iitomo ! Zokango*, au Studio Alta (Tokyo, Japon), le 28 avril 2008.

★Œufs en gelée (3) : Jonathan Armstrong (GB) a mangé 3 œufs de poule moyens en gelée en 2 min et 27,02 s, le 19 août 2008, dans le bar Jeremy Bentham à Londres (GB).

★Hamburgers (3 min) : le record de hamburgers avalés en 3 min est de 5. Il a été décroché par Sean Durnal (USA), à Fort Scott (Kansas, USA), le 11 juillet 2008.

Crackers : voici un des records classiques de GWR qui jusque-là avoisinait les 3 min. Ambrose Mendy (GB) l'a pulvérisé en mangeant 3 crackers en 34,78 s, dans les studios de la radio LBC, à Londres (GB), le 9 mai 2005.

100

●LA PLUS LONGUE BROCHETTE DE SATAY

Le personnel du groupe Kopitiam (Singapour) a concocté une brochette de poulet satay de 140,02 m, au Lau Pa Sat de Singapour, le 21 juillet 2007. Plus de 150 kg de poulet et 700 pics en bambou ont été nécessaires.

★LA PLUS LONGUE BARRE DE CHOCOLAT

La Pasticceria Beddini a créé une barre de chocolat de 6,98 m de long et de 1,01 m de large pour le centre commercial Piazza Umbra de Trévise (Italie), le 5 avril 2009.

★LA PLUS GRANDE SCULPTURE EN SUCRE

La plus grande sculpture de sucre a été créée en 11 h mesure 4,97 m. Elle a été réalisée par Régis Courivaud (France), à Minneapolis (Minnesota, USA), le 21 avril 2006, durant la semaine de Guinness World Records sur la chaîne de télévision Food Network.

★RECORD DE MEULES DE PARMESAN FENDUES

Le personnel de 176 magasins Whole Foods Market d'Amérique du Nord et du Royaume-Uni ont fendu simultanément 176 meules de parmigiano reggiano, le 12 avril 2008.

●RECORDS DE SAUTS DE CRÊPES

405 personnes ont fait sauter des crêpes dans le défi présenté par Bram Zwiers, lors de l'émission télévisée *Mooi ! Weer de Leeuw*, à Almere (Pays-Bas), le 24 octobre 2008.

●LA PLUS FORTE CONSOMMATION DE BIG MAC

Donald Gorske (USA) a consommé son 23 000e Big Mac, le 17 août 2008. Cela fait 37 ans qu'il se nourrit quotidiennement de Big Mac.

●RECORDS D'ŒUFS CASSÉS AVEC LA TÊTE EN 1 MIN

Le multi-recordman Ashrita Furman (USA) a cassé 80 œufs avec sa tête en 1 min, au Panorama Café de Jamaica (New York, USA), le 10 décembre 2008. Ce n'est qu'un de ses multiples exploits, Furman détient en effet **le record absolu de Guinness World Records**, avec 164 records établis, battus ou renouvelés.

27 juin Le premier distributeur automatique de billets de banque a été installé dans une agence de la Barclays, à Enfield (Middlesex, GB), en 1967.

28 juin Le plus grand groupe musical jamais constitué comptait 20 100 membres, issus de groupes du Norges Musikkorps Forbund. C'était en 1964, au stade d'Ullevaal à Oslo (Norvège).

LE PLUS CHER...

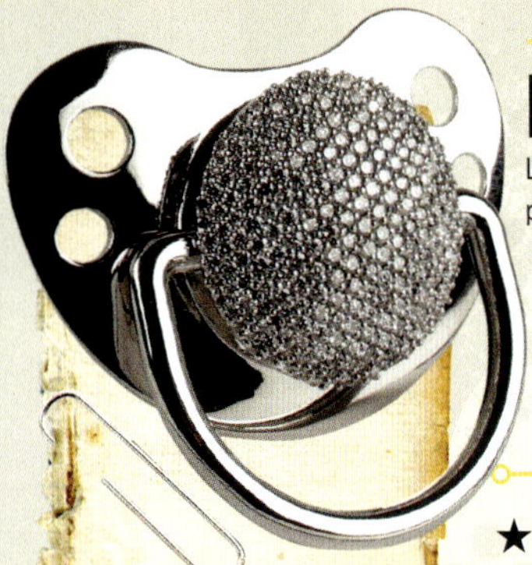

BICYCLETTE

La société de design Aurumania (Danemark) produit une bicyclette recouverte d'or 24 carats, ornée de cristaux de Swarovski et dotée d'une selle cousue main. Ce vélo de 80 000 € est le plus onéreux disponible dans le commerce. Il sera réalisé en 10 exemplaires seulement.

★ TÉTINE

Incrustée de 278 diamants, une tétine en or blanc massif de 17 000 $ est disponible à la vente auprès de la société américaine www.personalizedpacifiers.com. Bien qu'elle ne soit pas recommandée pour son usage initial, cette tétine comporte un embout en silicone et un anneau.

★ ORDINATEUR

Achevé en mai 2002, l'*Earth Simulator* japonais a coûté la somme extravagante de 400 000 000 $. S'il n'est plus aujourd'hui l'ordinateur le plus puissant du monde, le *New York Times* disait, à sa sortie, qu'il était « si performant qu'il développe la puissance de calcul des 20 meilleurs ordinateurs américains ». L'*Earth Simulator* est disponible pour des projets internationaux simulant les conditions atmosphériques, climatiques et océanographiques.

★ NOUVEAU RECORD
● MISE À JOUR

LA VOITURE HISTORIQUE LA PLUS CHÈRE AUX ENCHÈRES

Un collectionneur britannique a déboursé 3 521 500 £ (3 774 141 €) pour la plus ancienne Rolls-Royce, aux enchères, chez Bonhams, à Londres (GB), le 3 décembre 2007. Cette voiture à deux places, de 10 chevaux, a été construite à Manchester (GB), en 1904, ce qui la place dans la catégorie "vétérans" (antérieure à 1905).

● NOM DE DOMAINE INTERNET

Selon *Forbes*, Gary Kremen (USA) a vendu le nom de domaine www.sex.com 12 millions $ en 2005. Les droits sur cette adresse lucrative ont été disputés pendant des années devant la justice.

★ RENDEZ-VOUS POUR UN DÉJEUNER MIS AUX ENCHÈRES

Un investisseur de Hong Kong a déboursé 2,1 millions $ pour déjeuner avec l'investisseur milliardaire Warren Buffett. Zhao Danyang (Hong Kong) s'est régalé avec 7 amis et Buffett au restaurant de grillades Smith & Wollensky à New York (USA). Les bénéfices de cette vente ont été versés à des œuvres de bienfaisance.

PLUS D'INFO
Une version moins onéreuse de ce vélo, sans cristaux, mais avec les jantes, le guidon, les roues et la chaîne en aluminium poli à la main, est disponible pour 20 000 €.

● COSTUME DE POP STAR AUX ENCHÈRES

Le costume de scène blanc figurant un paon, dit "Peacock", d'Elvis Presley (USA), a été acheté 300 000 $ au cours d'une vente sur le site GottaHaveIt.com, le 7 août 2008. Ce costume était l'un des préférés d'Elvis. Il l'a d'ailleurs fréquemment porté au cours d'une tournée de 5 mois en 1974.

29 juin 212 323, c'est **le nombre de pièces record pour un puzzle**. Ce puzzle couvrait 10,8 x 11,68 m, lorsqu'il a été mesuré à Singapour en 2002.

30 juin Jean-François Gravelet, alias Charles Blondin (France), a traversé les chutes du Niagara sur une corde de 76 mm de diamètre et longue de 335 m, à 47,75 m au-dessus des chutes, en 1859.

15 000 £ (16 076 €) : prix de 340 g de thé de Puerth Hong Yin Yuan. Une tasse coûte 85 £ (91 €) – c'est **la tasse de thé la plus chère** – chez Harrods, à Londres (GB).

★BOUTEILLE D'EAU VENDUE AUX ENCHÈRES

Une bouteille d'Évian de 1 litre s'est vendue 23 000 $, à Shazzie Hoss (Émirats arabes unis), au cours d'enchères tenues à Dubaï (Émirats arabes unis), le 12 novembre 2008. La bouteille réalisée à la main par le designer français Christian Lacroix a été vendue pour récolter des fonds pour le centre de l'autisme de Dubaï.

★PLATINE

La platine vinyle Continuum Caliburn, fabriquée par Continuum Audio Laboratories (Australie), coûte environ 112 000 $, suivant les options. Pour le bras, il faut ajouter 12 000 $ supplémentaires. Le plateau en magnésium repose sur un bain d'huile pressurisée ce qui lui permet de léviter et de tourner sans être affecté par les vibrations.

VIN

Le vin le plus onéreux disponible dans le commerce est un sauternes Château Yquem de 1787, un vin blanc liquoreux du Bordelais, d'une valeur d'environ 60 000 $, en fonction du détaillant.

OBJET DE COLLECTION BATMAN AUX ENCHÈRES

La Batmobile de *Batman Forever* (USA, 1995) a été vendue aux enchères, au Kruse International de Las Vegas (USA), en septembre 2006 pour 335 000 $. John O'Quinn (USA), avait déjà déboursé 690 000 $ pour la Ford Escort GL de 1975 de Jean-Paul II, au Kruse, en 1995.

★LIVRE

Le livre intitulé *Michelangelo La Dotta Mano* coûte 100 000 € l'exemplaire. Chacun est fait à la main – 6 mois de réalisation pour un poids de 28,1 kg, la première de couverture étant en marbre blanc.

INSECTE

Un lucane géant de 80 mm (*Dorcus Hopei*) aurait été vendu 10 035 000 yens (855 989 €) dans une boutique de Tokyo (Japon), le 19 août 1999.

★ASPIRATEUR

Electrolux, le fabriquant d'aspirateurs, a fêté le succès de son modèle ErgoRapido en s'alliant à Gronowalski Crystal Fashion et au designer Lukasz Jemiol (Pologne) pour créer un aspirateur paré de cristaux Swarovski : 3 730 cristaux pour 15 000 €.

★SOURIS D'ORDINATEUR

Le fabriquant suisse Pat Says Now fabrique la souris d'ordinateur la plus chère du monde. Coulée dans de l'or blanc 18 carats et décorée de 59 diamants, cette souris coûte 24 180 $.

★CLAVIER D'ORDINATEUR

Fabriqué par une filiale de Fujitsu, le clavier Happy Hacking Keyboard Professional HP Japan coûte 4 240 $. Son prix se justifie en partie par ses touches laquées à la main à la laque japonaise urushi, puis couvertes de poudre d'or.

PIZZA

Garnie de purée d'oignons, de pâte de truffe blanche, de fromage fontina, de mini-mozzarellas, de pancetta, de cèpes, de pousses sauvages de mizuna et de copeaux frais d'une truffe blanche italienne rare, cette pizza de luxe coûte 100 £ (107 €) au restaurant Maze de Gordon Ramsey, à Londres (GB).

TABLEAU D'UN ARTISTE VIVANT AUX ENCHÈRES

Peinte en 1995, la toile *Benefits Supervisor Sleeping* de Lucian Freud (né en 1922, GB) s'est vendue 33,64 millions $ aux enchères, chez Christie's, à Manhattan (USA), le 13 mai 2008. C'est le record de prix de vente d'un tableau d'artiste encore en vie. L'acheteur est Roman Abramovich, un milliardaire russe.

1er juill. À 5 ans et 103 jours, Soona Lee-Tolley (USA) est **la plus jeune golfeuse à réussir un hole-in-one.** Elle a réalisé cet exploit au 7e trou par 3, au Manhattan Woods de West Nyack (New York, USA), en 2007.

PLANÈTE EN DANGER

★LE PAYS QUI COMPTE LE PLUS DE MAMMIFÈRES MENACÉS

On estime à 667 le nombre d'espèces de mammifères vivant en Indonésie (un record). 146 d'entre elles sont considérées comme menacées par les Nations unies. L'International Union for Conservation of Nature and Natural Resources a recensé 1 104 espèces de mammifères confrontées à un risque extrêmement élevé d'extinction au niveau planétaire ; environ 13 % d'entre elles vivent en Indonésie.

★LE PAYS AYANT L'INDICE DE PAUVRETÉ EN EAU LE PLUS FAIBLE

L'indice de pauvreté en eau (WPI) mesure l'impact de la rareté de l'eau et des ressources en eau des populations humaines. Il se traduit par un chiffre situé entre 0 et 100, un indice faible signifiant un manque d'eau et un indice élevé des ressources en eau suffisantes. D'après la FAO, le Niger possède l'indice le plus faible (35,2), suivi de près par l'Éthiopie (35,4). Le WPI est basé sur 5 facteurs : les ressources, l'accès, la capacité, l'utilisation et l'environnement. La Finlande a l'indice le plus élevé (78,0), le Canada occupant la 2e place (77,7).

●LE PLUS GROS CONSOMMATEUR D'ÉLECTRICITÉ

La consommation d'électricité des États-Unis en 2007 est estimée à 3 892 milliards de kw/h, ce qui représente environ un quart de la consommation mondiale, qui a atteint 17 480 milliards de kw/h cette année-là. La Chine arrive en 2e position, avec 3 271 milliards de kw/h.

●LE PLUS GROS PRODUCTEUR DE CO_2 PAR HABITANT

Les citoyens du Qatar ont été à l'origine de l'émission de 51,17 t de dioxyde de carbone par habitant en 2004. Cette année-là, les États-Unis ont été le pays plus gros producteur de CO_2, leur production ayant atteint 5,88 milliards de t. Le CO_2 est un gaz à effet de serre produit par la combustion de carburants solides, liquides et gazeux.

●LES TAUX DE CO_2 LES PLUS ÉLEVÉS

D'après la World Meteorological Organization, la concentration en dioxyde de carbone (un gaz à effet de serre très nocif) dans l'atmosphère s'est élevée à 383,1 ppm (parties par million) en 2007. Ce chiffre représente une augmentation de 37 % depuis le milieu du XVIIIe siècle.

★LE PLUS GROS PRODUCTEUR DE DIOXYDE DE SOUFRE

La Chine est le plus gros producteur de dioxyde de soufre qui est le premier responsable des pluies acides, avec des émissions s'élevant à plus de 34,2 millions de t par an.

Le dioxyde soufre est issu de la combustion de carburants contenant du soufre (comme le charbon et le pétrole), du raffinage du pétrole ou de l'extraction des métaux.

★LE PAYS AYANT LA PLUS GRANDE SURFACE D'AIRES PROTÉGÉES

D'après le PNUE-WCMC (programme des Nations unies pour l'environnement-Centre de surveillance de la conservation de la nature), 34,2 % des terres du Venezuela sont protégées. Une aire protégée est "une portion de terre et/ou de mer vouée spécialement à la protection et au maintien de la diversité biologique, ainsi que des ressources naturelles et culturelles associées, et gérée par des moyens efficaces, juridiques ou autres".

DES ESPÈCES DE PLUS EN PLUS RARES...

Le binturong (*Arctitis binturong*, en haut), également connu sous le nom de chat-ours, l'orang-outan de Bornéo (*Pongo pygmaeus*, au centre) et le rhinocéros de Java (*Rhinoceros sondaicus*, en bas, dont il reste à peine 60 spécimens) font partie des espèces indonésiennes menacées.

2 juill. En 2002, Steve Fossett (USA) a terminé **le tour du monde en solitaire en montgolfière le plus rapide**, à bord du *Bud Light Spirit of Freedom*, en 13 jours, 8 h et 33 min.

3 juill. En 1928, **la première transmission télévisée en couleurs** a eu lieu dans les studios de John Logie Baird (GB), à Long Acre, à Londres (GB).

26 127 km² : superficie de forêt tropicale défrichée en 2004 au Brésil, pays qui détient **le taux record de déforestation annuel**.

★ NOUVEAU RECORD
● MISE À JOUR

100

LE PRODUIT DE CONSOMMATION LE PLUS RÉPANDU

Le nombre de sacs en plastique fabriqués dans le monde est estimé à plusieurs milliers de milliards, ce qui en fait le produit de consommation le plus abondant. Aux États-Unis, les consommateurs jettent 100 milliards de sacs en plastique par an. Ces sacs étant des produits dérivés du pétrole, cela équivaut à rejeter environ 12 millions de barils de pétrole chaque année.

★LA PLUS GRANDE ÎLE EN BOUTEILLES

La plus grande île entièrement faite de bouteilles en plastique est l'œuvre de Richard Sowa, un Anglais installé au Mexique. Elle se trouve au large des côtes mexicaines. Constituée de 100 000 bouteilles en plastique vides emballées dans des filets de pêche, cette construction flottante mesure actuellement 14,6 x 12,8 m. Elle s'agrandit tous les jours dans un mouvement de spirale, Sowa faisant quotidiennement la navette en canoë entre son île artificielle et le continent pour ajouter des bouteilles. L'île dispose même d'une plage de sable, d'une cabane et de toilettes sèches.

●LE MEILLEUR TAUX DE RECYCLAGE DU VERRE

En 2007, les Suisses ont recyclé 320 000 t de verre, soit 95 % des 336 000 t de verre qu'ils avaient consommées. C'est le taux de recyclage du verre le plus élevé. À titre de comparaison, sur la même période, l'Allemagne a recyclé 87 % de son verre et la France 61 %.

LA REFORESTATION LA PLUS IMPORTANTE

100

En mai 2002, l'administration chinoise en charge des forêts a annoncé le démarrage d'un projet de reforestation s'étalant sur 10 ans, destiné à reboiser une surface de la taille de la Suède, soit 5 % de la masse continentale de la Chine (environ 440 000 km²). Ce projet devrait permettre de contrebalancer certains problèmes environnementaux causés par la déforestation en Chine.

★LE PLUS GROS POLLUANT DU MILIEU MARIN

Selon l'ONU, les sacs en plastique représentent plus de 50 % des déchets présents dans la mer, avec une moyenne de 46 000 morceaux de plastique pour 2,5 km² d'océan. D'après les spécialistes, ils provoqueraient chaque année la mort de plus de 1 million d'oiseaux et de 100 000 mammifères marins.

L'ANNÉE LA PLUS CHAUDE

100

D'après un rapport de la NASA de janvier 2008, 2005 a été l'année la plus chaude. Les 14 années les plus chaudes ont été enregistrées depuis 1990.

●LA PART DE DÉCHETS MUNICIPAUX EN PLUS FORTE AUGMENTATION

Selon le World Resources Institute, les déchets électroniques représentent la part des déchets municipaux qui connaît la plus forte croissance, avec 20 à 50 millions de t chaque année. Aux États-Unis, de 14 à 20 millions de PC sont mis à la poubelle chaque année.

4 juill. En 1982, le baron Arnaud de Rosnay (France) a battu **le record de vitesse de la traversée de la Manche en planche à voile**, en 1 h, 4 min et 33 s.

ÉCONOMIE

●LES GRANDES FORTUNES

Le 5 mars 2008, Warren Buffett (USA, en photo) est devenu l'homme le plus riche devant Bill Gates (USA) qui occupait depuis 13 ans la première place du classement Forbes. Sa fortune était estimée à 62 milliards $, celle de Gates à 58 milliards $. Avec la crise, elle a diminué et n'est plus "que" de 37 milliards $. Bill Gates s'en étant mieux sorti, il est redevenu **l'homme le plus riche**, en avril 2009, avec une fortune estimée à 40 milliards $.

FTSE 100

Le Financial Times Stock Exchange (FTSE) 100 est l'indice des 100 entreprises britanniques cotées à la bourse de Londres. C'est le principal indicateur de la santé économique britannique.

- **La ●plus forte hausse du FTSE 100** s'est produite le 24 novembre 2008, quand son cours est passé de 372,00 à 4 152,96, soit une augmentation de 9,84 %. Celle-ci a suivi l'annonce par le Trésor américain d'une aide de plus de 13 milliards $ au géant bancaire Citigroup.
- Fin 2008, le FTSE 100 a clôturé à 4 423,34, alors qu'il était à 6 456,90 au début de l'année.

●BAISSE DE POINTS HISTORIQUE DU DOW JONES

Le 29 septembre 2008, ou "lundi noir", le Dow Jones a perdu 777,68 points en une seule journée, 114 ans après sa création. Cette baisse historique de plus de 700 points a été enregistrée peu après 14 h, quand le Congrès américain allait statuer sur un projet de loi du gouvernement fédéral préconisant le versement de 700 milliards $ pour protéger les marchés financiers et les contribuables.

Ce recul de plus de 30 % a constitué **la ●plus forte baisse annuelle en pourcentage**. 2008 a été **la ●plus mauvaise année pour l'indice** qui existe depuis 24 ans. L'indice FTSE All-Share avait toutefois subi une baisse de 55,3 % en 1974.

- Après les attentats du 11 septembre 2001 aux États-Unis, le FTSE 100 a perdu 287,70 points, accusant **la baisse la plus importante en une journée**.

●L'INDICE DOW JONES

L'indice Dow Jones permet de surveiller la santé du marché boursier américain. Il est fondé sur le prix des actions des 30 plus grandes entreprises du pays.

- Le 10 octobre 2008, le Dow Jones est passé de 7 882,51 à 8 901,28, ce qui constitue **la ●variation la plus importante**. Il a clôturé à 8 451,19. Les dix plus fortes variations de l'indice ont eu lieu pendant les crises financières de 2008.
- Le Dow Jones a clôturé le 13 octobre 2008 à 9 387,61, après une hausse de 936,42 points, **la ●plus forte augmentation jamais enregistrée en une journée**.
- Le 9 octobre 2007, le Dow Jones a terminé la séance au cours de 14 164,53, **la ●plus haute valeur de clôture**. Deux jours plus tard, il était dans la journée à 14 198,10, mais à la fin de la séance, il était à nouveau inférieur au cours du 9 octobre.

●LA PLUS GROSSE DETTE PUBLIQUE

Pour la première fois, le 30 septembre 2008, la dette publique américaine a dépassé la barre des 10 billions $, rendant l'horloge de la dette nationale, Durst National Debt Clock, de Times Square, à New York (USA), inutile. En effet, le dispositif qui affichait le montant de la dette à chaque seconde a dû être révisé rapidement car il ne disposait pas de suffisamment de chiffres.

100

ÉCONOME...

Warren Buffett est un investisseur et le directeur général du conglomérat Berkshire Hathaway. Malgré son immense fortune, il passe pour être économe. Il vit toujours dans la modeste maison d'Omaha (USA) qu'il a achetée en 1958. Lorsqu'il a épousé en secondes noces, Astrid, en 2006, il a acheté leurs alliances dans une bijouterie de vente au rabais.

5 juill. En 2001, six convives ont réglé une addition de 61 941 $ au restaurant Petrus de Londres (GB), soit **le repas le plus cher par personne**. Cette note élevée serait due aux 5 bouteilles de vin commandées.

787 milliards $: la ★ plus importante aide publique approuvée par le Congrès américain en février 2009, afin de stimuler l'économie américaine fragilisée.

★ LE COÛT DE LA VIE LE PLUS ÉLEVÉ

La conversion des monnaies nationales en une monnaie commune et la parité de leur pouvoir d'achat permettent de comparer le coût de la vie dans le monde entier. Selon l'indice du niveau des prix de l'OCDE, les prix sont les plus élevés en Suisse (l'indice est de 135, la valeur 100 étant égale au prix moyen). Cela signifie qu'un panier de produits d'un prix moyen de 100 $ coûte 135 $ en Suisse.

● LE PAYS QUI COMPTE LE PLUS DE MILLIARDAIRES

D'après le classement Forbes, 42 % des milliardaires vivent aux États-Unis. Sur les 1 125 milliardaires connus, 469 sont originaires des États-Unis.

★ LE PLUS IMPORTANT DÉFICIT BUDGÉTAIRE

Selon des estimations de la Maison Blanche parues en juillet 2008, le déficit du budget fédéral américain atteindra 482 milliards $ à la fin de 2009. Le budget d'un pays est déficitaire lorsque ses dettes sont supérieures à ses recettes. Entre 1998 et 2001, le budget des États-Unis était excédentaire, mais le ralentissement économique a entraîné une augmentation de la dette publique.

★ LES PLUS PAUVRES

Selon le rapport du World Resources Institute, pour la période de 1989 à 2004, 70,8 % des habitants du Nigeria vivaient avec moins de 1 $ par jour (soit l'équivalent actuel de 1,55 $). Ce sont les personnes les plus pauvres du monde.

Cependant, si l'on se fonde sur la somme des biens et services produits annuellement et qu'on la divise par le nombre d'habitants d'un pays, c'est-à-dire sur le PNB, la nation la plus pauvre est le Burundi en Afrique. Avec 120 $ en 2006, il affiche **le ● plus faible PNB par habitant**. Le Luxembourg affiche **le ● PNB le plus élevé par habitant** : 87 490 $.

★ LE PRIX DU CARBURANT LE PLUS BAS

Le Venezuela possédant d'importantes réserves pétrolières, 1 l de carburant y est vendu 0,037 $. À Paris, les automobilistes payaient 1,27 € le litre de carburant en avril 2009.

★ LE PAYS BÉNÉFICIANT DE LA PLUS GRANDE LIBERTÉ ÉCONOMIQUE

Selon l'indice de la liberté économique 2009, les habitants de Hong Kong (Chine) jouissent de la plus grande liberté économique. Celle-ci est définie comme "le droit fondamental de chaque être humain de contrôler son travail et ses biens… de travailler, produire, consommer et investir de l'argent comme bon lui semble, cette liberté étant protégée et ne pouvant être limitée par l'État". Depuis 15 ans consécutifs, Hong Kong est le lieu où la liberté économique est la plus grande.

LES PAYS LES PLUS CHERS

Les 10 autres pays où l'indice est élevé sont :

2. Japon	**127**
3. Norvège	**123**
4. Danemark	**117**
5. Islande	**112**
6. Suède	**110**
7. États-Unis	**109**
8. Grande-Bretagne	**107**
9. Irlande	**105**
10. Finlande	**101**

★ NOUVEAU RECORD
● MISE À JOUR

● RECORD DE ZÉROS SUR UN BILLET DE BANQUE

Le billet de banque à la valeur faciale la plus élevée est un billet de 100 milliards $ sur lequel figurent 11 zéros. Il a été émis au Zimbabwe, le 22 juillet 2008. À l'époque, en raison de l'inflation, il permettait d'acheter 3 œufs.

6 juill. Martina Navratilova (USA) est **la championne de tennis la plus âgée à avoir remporté Wimbledon**. Elle avait 46 ans et 261 jours lorsqu'elle a gagné le double mixte avec Leander Paes (Inde), en 2003.

7 juill. Le colonel Ernest Loftus (Zimbabwe) a tenu **le plus long journal intime**, à partir du 4 mai 1896, à l'âge de 12 ans, jusqu'à sa mort, 91 ans plus tard, en 1987, à l'âge de 103 ans et 178 jours.

CRIME

★RECORD D'ACTES DE PIRATERIE (PAR ANNÉE)

Selon le Bureau maritime international, les actes de piraterie et d'attaques armées contre les navires ont considérablement augmenté en 2008, avec 293 incidents : une recrudescence de 11,4 % par rapport à l'année précédente et un record jusqu'ici inégalé.

★LA PLUS GROSSE FRAUDE PONZI

La chaîne de Ponzi consiste à créer un investissement frauduleux dans lequel les retours sont payés par les investisseurs nouvellement arrivés et non par les profits obtenus des investissements réels. Cette chaîne tire son nom de Charles Ponzi (Italie/USA, ci-dessus à droite) qui a créé ce concept en 1920.

À ce jour, la plus grosse fraude Ponzi est attribuée à Bernard Lawrence Madoff (USA, ci-dessus à gauche), ancien directeur du NASDAQ et responsable d'un fonds d'investissement spéculatif. D'après la plainte déposée en décembre 2008 par le ministère de la Justice américain et le FBI, Madoff aurait confié à trois employés au moins qu'il avait lancé une gigantesque chaîne de Ponzi qui avait coûté 50 milliards $ à ses investisseurs.

★LE PLUS GROS DÉTOURNEMENT DE BATEAU

Le 15 novembre 2008, des pirates se sont emparés d'un des plus grands pétroliers du monde, le MV *Sirius Star* (EAU), au large des côtes somaliennes. Le bateau de 330 m et d'un tonnage brut de 162 252 t faisait route vers les États-Unis, avec à son bord un équipage de 25 personnes et une cargaison de pétrole d'une valeur de 110 millions $. Le pétrolier a été détourné vers le port somalien de Haradheere. Il a été restitué le 9 janvier 2009 après le paiement d'une rançon dont le montant n'a pas été dévoilé.

★LA PREMIÈRE UTILISATION D'UNE NINTENDO DANS UNE ENQUÊTE CRIMINELLE

La police japonaise s'est servie de la Wii Channel de Nintendo pour diffuser le signalement d'un chauffard suspecté de délit de fuite. Habituellement, les autorités utilisent un logiciel dédié, mais pour ce cas, ils ont préféré la Wii de Nintendo qui permet de personnaliser les portraits en choisissant une palette de visage, de coupes de cheveux, d'oreilles et autres détails. La police a ainsi pu créer un portrait précis qui a été affiché près du lieu de l'accident à côté d'une photographie de la voiture incriminée.

★LA PREMIÈRE ASSIGNATION EN JUSTICE REMISE SUR LE NET

En décembre 2008, deux avocats, Mark MacCormack et Jason Oliver (tous deux Australie), ont créé un précédent légal et multimédia en se servant de Facebook pour remettre une assignation en justice à un couple accusé de ne plus payer les traites de leur maison. Un juge de la Cour suprême australienne a confirmé la valeur juridique du document remis sur le site. Les avocats avaient établi le contact avec le couple en s'inscrivant sur Facebook. Ils avaient alors pu vérifier certaines informations et les comparer au dossier des traites impayées.

LA RANÇON LA PLUS ÉLEVÉE POUR UN DÉTOURNEMENT

Le MV *Faina* (photographié à gauche), un vaisseau ukrainien chargé de tanks russes, a été détourné au large de la Somalie par des pirates somaliens le 25 septembre 2008. Les pirates ont rendu le vaisseau après paiement d'une rançon de 3,2 millions $, le 5 février 2009.

EXÉCUTIONS EN 2008

	PAYS	NOMBRE	MÉTHODE
1	Chine	1 718*	Injection, fusillade
2	Iran	346*	Pendaison
3	Arabie saoudite	102*	Décapitation
4	États-Unis	37	Injection, électrocution
5	Pakistan	36*	Pendaison
6	Iraq	34*	Pendaison
7	Vietnam	19*	Fusillade
8	Afghanistan	17	Fusillade
9	Corée du Nord	15*	Fusillade
10	Japon	15	Pendaison

*Chiffres confirmés, les chiffres réels pouvant être supérieurs.
Source : Amnesty International
Au total, 2 390 personnes ont été exécutées en 2008 et au moins 8 864 personnes ont été condamnées à mort.*

8 juill. Avec 132 cm de long, Svetlana Pankratova (Russie) a **les jambes les plus longues du monde**, ce qui a été vérifié à Torremolinos (Espagne), le 8 juillet 2003.

841 : record de bicyclettes immatriculées en 1 jour, dans le cadre d'un programme de prévention initié par le Lancashire Constabulary du College Beaumont (Lancaster, GB), le 16 avril 1994.

★LA PREMIÈRE COUR PÉNALE INTERNATIONALE

La Cour pénale internationale (CPI) a vu le jour le 1er juillet 2002 et constitue l'unique cour pénale internationale permanente. La CPI gère les crimes contre l'humanité, comme les génocides et les crimes de guerre. Elle siège à La Haye (Pays-Bas, extrême gauche).

Le ★premier dossier a été traité le 26 janvier 2009, lorsque le seigneur de guerre Thomas Lubanga (République démocratique du Congo, à gauche) a comparu pour crimes de guerre en raison de son rôle dans la guerre civile en République démocratique du Congo.

★PREMIÈRE INCULPATION POUR UN MEURTRE VIRTUEL

En octobre 2008, une professeur de piano de 43 ans a été interpelée à Miyazaki (Japon), après avoir assassiné son époux virtuel qui venait de demander le divorce, dans le jeu *Maple Story*, où les avatars (photo ci-dessus) peuvent se marier. Elle a été emprisonnée pour avoir accédé illégalement à un ordinateur et manipulé des données en se servant du mot de passe de son partenaire de jeu pour l'"assassiner". En cas d'inculpation, elle pourrait aller en prison ou écoper d'une amende allant jusqu'à 5 000 $.

★LA NATION COMPTANT LE PLUS DE MEURTRIERS

Selon le 10e rapport des Nations unies sur la criminalité et les opérations du système de justice, l'Inde, avec 32 481 cas, détenait le record d'homicides volontaires en 2006, année des dernières statistiques. Les États-Unis arrivaient en 2e place avec 17 034 cas. À savoir : certaines nations n'ont pas répondu à l'enquête.

LE SAVIEZ-VOUS ?
Même si le siège officiel de la CPI se trouve à La Haye, ses sessions peuvent avoir lieu n'importe où.

★LA PLUS GROSSE PRISE D'ECSTASY

La plus grosse prise d'ecstasy interceptée comprenait 15 millions de pilules importées en Australie dans 3 000 boîtes de tomates en conserve. L'information a été révélée le 8 août 2008. La cargaison de 4,4 t provenait vraisemblablement d'Italie et sa valeur marchande se montait à 440 millions $.

●LE PLUS GROS CASSE

Un gang de 6 à 10 individus "travaillant" comme paysagistes dans un bâtiment attenant au Banco central de Fortaleza (Brésil) a creusé un tunnel de 78 m de long à 4 m sous terre qui se terminait directement sous la banque. Le week-end du 6-7 août 2005, les cambrioleurs ont percé le béton en acier renforcé de 1,1 m d'épaisseur et sont entrés dans le coffre où ils se sont emparés d'un butin estimé à 164 755 150 réaux brésiliens (58 665 445 €).

★LE DEALER LE PLUS RICHE

À la tête du cartel de Sinaloa, Joaquín Guzmán Loera (Mexique) est l'homme le plus recherché du Mexique. Sa fortune est estimée à 1 milliard $. Le gouvernement américain offre une récompense de 5 millions $ pour la capture de Loera, un monsieur d'à peine 1,52 m, qui s'est échappé d'une prison mexicaine à bord d'une camionnette de la blanchisserie en 2001. C'est le second trafiquant de drogue présumé classé dans la liste annuelle *Forbes* des milliardaires (en 1989, Pablo Escobar (Colombie) était le 7e homme le plus riche).

★LA TECHNIQUE DE SÉCURITÉ BIOMÉTRIQUE LA PLUS SOPHISTIQUÉE

Conçu par Hitachi (Japan), un nouveau système biométrique capable d'identifier les personnes à partir des veines de leurs doigts a fait son apparition dans certains systèmes de sécurité européens et japonais. Il s'agit de la méthode d'identification biométrique la plus rapide et la plus fiable du marché.

★LA PLUS GROSSE PRISE DE HASCHISCH

Le 9 juin 2008, 237 t de haschisch ont été saisies à Khandahar (Afghanistan), par une brigade britannique secondée par des commandos locaux. La prise valait 338 millions $.

★LA PLUS FORTE RÉCOMPENSE ANTITERRORISTE

Oussama ben Laden, le chef terroriste d'Al-Qaida, compte parmi les dix terroristes les plus recherchés par le FBI depuis 1999. Sa tête est mise à prix 25 millions $. En juillet 2008, craignant un renforcement d'Al-Qaida, le sénat américain a doublé la récompense pour la mort ou la capture de Ben Laden, soit 50 millions $.

★LE PLUS GROS PIRATAGE DE RÉSEAU INFORMATIQUE MILITAIRE

En 2002, Gary McKinnon (GB) a été accusé d'avoir piraté 97 ordinateurs de l'armée américaine et rendu 300 ordinateurs de l'US Navy inutilisables après les attaques du 11 Septembre. En 2005, les États-Unis ont demandé son extradition, affirmant qu'il avait causé des dégâts évalués à 800 000 $. McKinnon a reconnu que sa piraterie constituait un délit au Royaume-Uni, mais jusqu'en mars 2009, il contestait la demande d'extradition devant la justice britannique.

★ NOUVEAU RECORD ● MISE À JOUR

9 juill. **Le plus grand rassemblement de danseurs de limbo** a compté 1 150 participants, lors du Music Under the Stars World Festival 2006, au Chamizal National Memorial d'El Paso (Texas, USA), en 2006.

10 juill. Lorsque Willie Jones (USA) a été admis à l'hôpital d'Atlanta (Géorgie, USA) en 1980, sa température atteignait 46,5 °C, **la température corporelle la plus élevée** jamais enregistrée.

TERRORISME & GUERRE

★LA RÉSISTANTE LA PLUS ÂGÉE

Le 3 février 2009, Andrée Peel (France) a célébré son 104e anniversaire, devenant ainsi la résistante française la plus âgée. Connue sous le nom d'Agent Rose, elle a aidé à sauver 102 pilotes alliés durant ses trois années de participation au réseau de résistance français, pendant la Seconde Guerre mondiale.

LE TERRORISTE LE PLUS RECHERCHÉ

Oussama ben Laden (Arabie saoudite), tête de proue de l'organisation terroriste Al-Qaida, est recherché par de nombreuses nations pour ses activités terroristes. On le soupçonne d'être à l'origine des attaques terroristes qui ont frappé les États-Unis le 11 septembre 2001. Selon un rapport officiel, 2 749 personnes ont péri dans ces attaques, un triste **record de victimes dans un acte terroriste**. 157 personnes ont trouvé la mort à bord des avions qui ont percuté les tours jumelles et 233 autres ont péri dans les deux autres avions détournés le même jour.

100

★LA PREMIÈRE MISSION DE LA FORCE OPÉRATIONNELLE EUROPÉENNE

Face à la recrudescence de la piraterie au large de la Somalie, les 27 États-membres de l'Union européenne ont voté le déploiement de forces navales dans la région à partir du 15 décembre 2008. Il s'agit de la première force opérationnelle maritime déployée par l'UE. Elle veille au bon acheminement de l'aide humanitaire en Somalie et assure la sécurité dans les eaux somaliennes.

★LA PREMIÈRE FEMME PILOTE DE COMBAT

Sabiha Gökçen (Turquie, née le 21 mars 1913) a rejoint l'école d'aviation militaire d'Eskisehir (Turquie) en 1936 et y a reçu son entraînement dans le premier régiment de l'air. Elle a ensuite piloté des avions de combat et des bombardiers, devenant la première aviatrice turque et la première femme pilote de combat du monde.

★LA PLUS GRANDE CONTRIBUTION AUX FORCES DE L'ONU

En 2008, avec un effectif de 11 135 membres, le Pakistan a le plus contribué en termes de police, d'observateurs militaires et de soldats aux missions de maintien de la paix des Nations unies. Il devance ainsi le Bangladesh (9 567) et l'Inde (8 693).

●LE BUDGET DE LA DÉFENSE LE PLUS ÉLEVÉ

Selon l'International Institute for Strategic Studies, en 2007, les États-Unis avaient le budget de la défense le plus élevé du monde, avec 622 milliards $. La prévision du budget 2009 montre une continuité puisque la Maison-Blanche prévoit un budget de 711 milliards $. Les dépenses d'armement américaines représentent 48 % des dépenses mondiales d'armement – leur budget dépasse à lui seul ceux des 44 pays suivants additionnés.

PLUS D'INFO

En 2004, l'Agent Rose a été décorée de la Légion d'honneur, la plus haute distinction française. Elle a également reçu la Croix de guerre avec palme, la Croix de guerre avec étoile et la Médaille de la Résistance.

★RECORD DE MISSIONS DE L'ONU (PAR CONTINENT)

L'Afrique est le théâtre de 7 opérations de maintien de la paix des Nations unies : République de Centrafrique et Tchad ; Darfour ; Soudan ; Côte d'Ivoire ; Liberia ; République démocratique du Congo ; Sahara occidental. L'Europe et le Moyen-Orient en connaissent 3 chacun, et on en compte 2 en Asie et 1 dans les Amériques.

Sur la photo, des soldats du maintien de la paix nigériens lors d'une mission au Darfour.

11 juill. **Le record de hamburgers avalés en 3 min** est de 5. Détenu par Sean Durnal (USA), il a été établi à Fort Scott (Kansas, USA), en 2008.

500 000 : nombre d'heures de vol enregistrées par le drone (UAV) *Predator* au 18 février 2009. C'est **le ●drone (UAV) militaire le plus déployé au monde**.

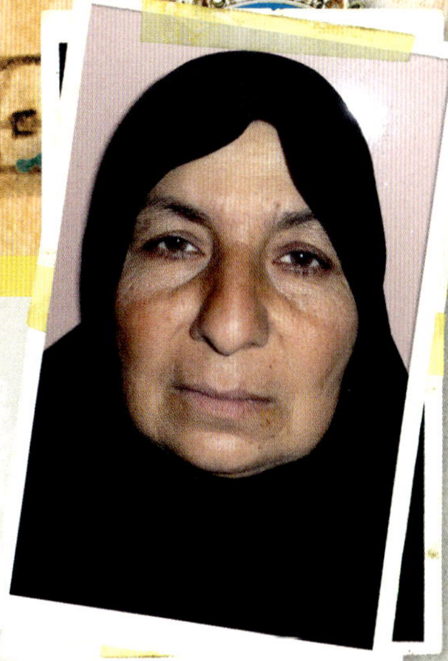

★LA PREMIÈRE FEMME GÉNÉRAL 4 ÉTOILES

Le vendredi 14 novembre 2008, après 33 années de service dans l'armée américaine, à l'âge de 55 ans, Ann E Dunwoody (USA) a été promue général 4 étoiles : la première dans l'histoire des forces armées américaines.

★LA PLUS GRANDE MISSION DE L'UE

Le 9 décembre 2008, l'Union européenne a initié sa plus grande mission, EULEX, en déployant ses premiers effectifs – sur un total de 1 900 hommes – chargés de prendre le relais de la police, des douanes et de la justice jusqu'alors assurées par les Nations unies au Kosovo.

Les effectifs européens seront secondés par 1 100 employés locaux. L'objectif n'est pas de gouverner mais de veiller au respect des cours de justice, de la police et des douanes et d'aider les autorités à combattre le crime organisé.

★LES PIRES EFFETS DU CLIMAT SUR UNE GUERRE

L'hiver 1941-1942 durant la Seconde Guerre mondiale, alors que l'Allemagne envahissait la Russie, a été le pire de l'histoire. Les troupes n'étaient pas équipées pour affronter des températures de – 40 °C. Les chiffres des pertes pour la campagne allemande et le siège de Stalingrad fluctuent, mais au début de 1943, les deux pays avaient vraisemblablement perdu plus de 250 000 hommes, les troupes mourant de froid, de maladie, de faim, d'épuisement et au combat.

★LE PLUS GRAND RAID MARITIME

Le 28 mars 1942, durant la Seconde Guerre mondiale, la marine nationale britannique a lancé son *Operation Chariot* pour détruire le port normand de Saint-Nazaire (France), la plus importante cale sèche du monde à cette époque. HMS *Campbeltown*, un destroyer obsolète de 1 090 t, avait été dénudé pour réduire sa calaison à travers les eaux peu profondes du port, tandis que la proue était bourrée de 4,5 t d'explosifs reliés à des détonateurs différés. À 1 h 34, le navire a gagné l'entrée du port et a été inspecté par des soldats allemands ; à 11 h 35, les explosifs ont éclaté, tuant les soldats, détruisant le port et le rendant hors d'usage jusqu'en 1948.

★LE SYSTÈME DE SURVEILLANCE AÉRIEN LONGUE PORTÉE LE PLUS SOPHISTIQUÉ

Grâce au 5e et dernier nouveau Sentinel R1 (jet espion) qui a rejoint la Royal Air Force le 10 février 2009, l'armée britannique dispose de l'outil de surveillance et d'espionnage longue portée le plus sophistiqué au monde dans sa catégorie. Affecté à la Royal Air Force de Waddington (Lincolnshire, GB), l'esquadron No. 5 (armée de coopération) possède à présent 5 avions Bombardier Global Express équipés du radar Raytheon Airborne Stand-off Radar (ASTOR). Ce système fournit des images radar de zones survolées avec une très haute précision, tandis que le Moving Target Indicator (MTI) détecte des véhicules en mouvement dans la zone ciblée.

★RECORD DE RECRUTEMENTS DE FEMMES KAMIKAZES

Le 21 janvier 2009, à Bagdad (Iraq), Samira Ahmed Jassim (Iraq) a été arrêtée pour avoir recruté plus de 80 femmes kamikazes. Dans des aveux enregistrés, Jassim – surnommée "mère des croyants" – a confirmé qu'au moins 28 de ses recrues avaient mené des attaques kamikazes.

★LE BOURREAU LE PLUS ACTIF

Nommé personnellement en 1926 par Staline, Vasili M Blokhin (ex-URSS) est devenu bourreau en chef du NKVD (Commissariat populaire des affaires internes), où il dirigeait une équipe de bourreaux. La plupart des exécutions ordonnées par Staline ont eu lieu sous sa direction. Il a lui-même exécuté les principaux opposants au régime et bien d'autres encore. En 1940, il a également tué 7 000 officiers polonais au camp de prisonniers d'Ostachkov, en 28 nuits – soit 250 exécutions par nuit. Le bourreau le plus actif du monde est mort en 1955.

★ NOUVEAU RECORD
● MISE À JOUR

★LA PIRE ANNÉE DE L'INSURRECTION AFGHANE

Avec 294 morts parmi les soldats de la coalition, 2008 a été l'année la plus meurtrière de l'insurrection afghane. Selon les médias, 4 800 à 7 000 civils seraient morts depuis octobre 2001. 3 000 autres civils auraient péri dans les opérations des insurgés. Ces chiffres ne comprennent pas les pertes des talibans qui seraient supérieures à 10 000. Depuis 2001, la coalition a perdu 1 073 personnes, dont 647 pour les États-Unis, 143 pour le Royaume-Uni et 108 pour le Canada, les 3 nations les plus touchées.

AFGHANISTAN

L'Afghanistan a contribué à environ 87 % de la production mondiale d'opium en 2005. Plus de 90 % de l'héroïne britannique en provient.

12 juill. Avec une vitesse estimée à 322 km/h, Ron Cook (USA) a établi **le record de vitesse d'un crash à moto** (sans victime), à El Mirage Dry Lake (Californie, USA), en 1998.

13 juill. Le funambule Henri Rochetain (France) détient **le record de la plus longue marche sur corde raide**, avec 3 465 m. La corde a été tendue au-dessus d'une gorge de Clermont-Ferrand (France), en 1969.

OR

LA PIÈCE LA PLUS CHÈRE VENDUE AUX ENCHÈRES

La pièce de monnaie la plus chère du monde est le Double Aigle de 1933. En or et d'une valeur faciale de 20 $, elle a été vendue aux enchères chez Sotheby's, à New York (USA), le 30 juillet 2002, pour 7 590 020 $, commission de l'acheteur incluse.

★ NOUVEAU RECORD
● MISE À JOUR

★ LES BASKETS LES PLUS CHÈRES

Ken Courtney (USA), créateur de la marque *Ju$t Another Rich Kid*, a créé ces baskets Dunks trempées dans de l'or 18 carats et portées lors d'un défilé à New York (USA) en 2007. Cinq paires coûtant 4 035 $ pièce ont été fabriquées.

L'ÉLÉMENT LE PLUS MALLÉABLE

L'or est un métal précieux exceptionnellement malléable. Il peut être étiré en un fil utilisable en broderie. Un gramme d'or peut produire un fil de 2,4 km et une once (environ 30 g) un fil de 69,2 km.

LA PLUS GROSSE PÉPITE D'OR

La pépite Holtermann, de 235,14 kg, a été découverte le 19 octobre 1872 dans la mine Star of Hope de Beyers Holtermann (Nouvelle-Galles du Sud, Australie). Elle contenait environ 82,11 kg d'or.

LE PLUS GROS LINGOT

Le plus gros lingot d'or pur manufacturé pèse 250 kg. Il a été fabriqué par la Mitsubishi Materials Corporation, le 11 juin 2005, à la fonderie et raffinerie Naoshima (préfecture de Kagawa, Japon).

LA MINE LA PLUS PROFONDE

Depuis 2005, la mine Savuka (Afrique du Sud), qui se trouve à 3 777 m de profondeur, est la mine d'or la plus grande et la plus profonde au monde. Les mineurs y extraient des roches qui contiennent environ 20 cm d'or par m³.

●LE PLUS GROS PRODUCTEUR

La Chine a extrait 276 t d'or en 2007, soit 1/10ᵉ des réserves mondiales. Pour la première fois depuis 1905, l'Afrique du Sud n'a pas été le plus gros producteur.

Barrick (Canada) est **la ●plus grosse société productrice d'or**, avec 27 mines sur 5 continents et plus de 20 000 employés. C'est aussi la société ayant **les ●plus grosses réserves d'or**, soit 124,6 millions d'onces (une once représente 31,103 g).

●LA PLUS GROSSE RÉSERVE

Le Trésor américain détient 8 133,5 t d'or d'une valeur de 241 milliards $ selon le cours de juillet 2008, soit la plus grosse réserve d'or de tous les pays.

LA SALLE DE BAINS LA PLUS CHÈRE

En octobre 2008, Lam Sai-wing, grand bijoutier autodidacte, est mort à 53 ans. Il était connu pour avoir dépensé 27 millions $ HK pour de somptueuses toilettes dans son magasin de Hong Kong. Les toilettes, les lavabos, les cadres des miroirs, le sol et les portes y sont en or pur 24 carats. Toutefois, tout un chacun n'est pas admis dans ce sanctuaire – les clients doivent dépenser une certaine somme dans son magasin !

14 juill. Richard Presley (USA) a passé 69 jours et 19 min dans un module sous l'eau – soit **le plus long séjour sous l'eau** –, dans un lagon de Key Largo (Floride, USA), du 6 mai au 14 juillet 1992.

15 juill. **Le plus gros feu d'artifice**, "Univers I partie II", organisé à Hokkaïdo (Japon), en 1988, comportait une bombe de 700 kg et de 139 cm de diamètre.

145 000 t : poids de l'or extrait depuis 2001. Celui-ci pourrait former un cube de 20 m de côté et, selon le cours d'octobre 2008, atteindre un montant de 3,39 trillions $!

LA PLUS GROSSE PIÈCE

Il faudrait une grande poche pour contenir la plus grosse pièce du monde. Elle pèse 100 kg, mesure 50 cm de diamètre et 3 cm d'épaisseur. Elle est faite d'un lingot d'une pureté de 99,999 %. Cette monnaie légale a été introduite le 3 mai 2007 par le Royal Canadian Mint et a une valeur nominale de 1 million $ CAN (900 375 $).

LA PLUS GROSSE BAGUE EN OR

La Najmat Taiba, ou "Étoile de Taiba", a été créée par Taiba (Émirats arabes unis) pour la Gold and Jewellery Co. Ltd d'Arabie Saoudite. Cette bague mesure 70 cm de diamètre – plus ou moins la taille d'un cerceau – et pèse 63,8 kg. Elle se compose de 5,17 kg de bijoux précieux incrustés sur une bague en or de 21 carats pesant 58,68 kg. Sa réalisation a nécessité 45 jours de travail et la participation de 55 ouvriers.

★LE PLUS GRAND DÉPÔT

La Réserve fédérale de New York, au 33 Liberty Street à Manhattan, détient selon des estimations 5 000 t de lingots d'or d'une valeur de 160 milliards $, au cours de mars 2008. La chambre forte qui se situe à 26 m sous le niveau de la mer est le plus grand dépôt connu. Les banques suisses pourraient en détenir davantage.

LA PLUS GROSSE TRANSACTION D'UN OBJET NUMISMATIQUE

La plus grosse transaction d'un objet numismatique (monnaies, devises ou médailles) a eu lieu le 7 novembre 2001. Un lingot d'or de 30 kg provenant du SS *Central América*, qui a coulé en 1857, a été acquis pour 8 millions $.

LE TRÉSOR LE PLUS PROFOND

Le croiseur britannique *Edinburgh* a coulé le 2 mai 1942 au large de la Norvège, à 245 m de profondeur. Du 7 septembre au 7 octobre 1981, 12 plongeurs ont travaillé par deux dans l'épave et récupéré 460 lingots d'or.

LE SAVIEZ-VOUS ?

La plus grosse pièce a une valeur faciale de 1 million, mais selon le cours de l'or de décembre 2008, elle vaudrait 3,60 millions $ CAN à l'achat. Ce sont la masse et la pureté de l'or d'une pièce qui importent et non sa valeur faciale.

LE TRÉSOR LE PLUS LOURD

Le 25 janvier 1917, le paquebot *Laurentic* de la White Star a coulé à 40 m de profondeur après avoir heurté une mine au large de Malin Head, Donegal (Irlande). 43 t de lingots d'or valant 23,8 millions $ de 1917 ont été récupérées peu à peu dans l'épave.

L'ÉPAVE LA PLUS PRÉCIEUSE

Mel Fisher (USA), célèbre chasseur de trésors du e siècle, a découvert le *Nuestra Señora de Atocha* en Floride (USA), le 20 juillet 1985. Lorsque le bateau a sombré au cours d'un ouragan en 1622, il transportait une cargaison valant des centaines de millions de dollars, dont 40 t d'or et d'argent, 31,75 kg d'émeraudes, 20 canons en bronze, 525 balles de tabac et d'innombrables objets non déclarés. La cargaison était si importante qu'il avait fallu 2 mois pour la charger ; tout a coulé en quelques minutes.

L'OBJET RELIGIEUX LE PLUS PRÉCIEUX

Le bouddha en or du e siècle du temple de Wat Trimitr à Bangkok (Thaïlande) mesure 3 m de haut et pèserait 5,5 t. Selon le cours de décembre 2008, atteignant 821,48 $ par once d'or pur à 99,5 %, sa valeur intrinsèque était supérieure à 159 millions $. L'or ne fut découvert sous une couche de plâtre qu'en 1954.

★LA TASSE LA PLUS CHÈRE

Une tasse en or de 23 carats réalisée par Yoo Long Kim Gold Store (Thaïlande) a été payée 1 000 023 baht thaï (33 842 $) par Nestlé Thai Ltd, le 9 janvier 2008.

LA PLUS GROSSE QUANTITÉ DE PLOMB TRANSFORMÉE EN OR

En 1980, le scientifique Glenn Seaborg (USA) a transformé des milliers d'atomes de plomb en or dans le laboratoire Lawrence Berkeley (Californie, USA). Sa technique expérimentale, s'appuyant sur la physique nucléaire pour éliminer les protons et les neutrons des atomes de plomb, est bien trop coûteuse pour être exploitée. Pourtant, les travaux de Seaborg sont ceux qui évoquent le plus la pierre philosophale – un objet mythique censé transformer le métal en or.

★LA PREMIÈRE PORSCHE PLAQUÉE OR

En 2005, la société allemande Visualis a chargé un artiste de plaquer une Porsche Boxster avec de l'or 22 carats. Il est désormais envisagé d'en réaliser un modèle en édition limitée et de plaquer 9 autres Porsche, même si le prix de cet ultime symbole de richesse et de luxe n'a pas été fixé.

16 juill. Le match de coupe du monde Brésil-Uruguay, à Rio (Brésil), en 1950, a rassemblé 199 854 personnes, soit **le public le plus nombreux à un match de football**.

17 juill. Le cascadeur Ted A. Batchelor (USA) a supporté **la plus longue inflammation du corps entier (sans oxygène)** durant 2 min et 38 s, sur une île de Ledges Quarry Park, à Nelson (Ohio, USA), en 2004.

JEUX ET JOUETS

●LA PLUS GRANDE EXPOSITION DE LEGO STAR WARS CLONE TROOPERS

La plus grande construction et exposition du monde de Lego Star Wars Clone Troopers compte 35 210 pièces. Elle a été réalisée par Lego, à Slough (GB), le 27 juin 2008.

●RECORD DE HULA HOOPS

Jin Linlin (Chine) a fait tourner 105 cerceaux autour de sa taille, sur le plateau de *Zheng Da Zong Yi – Guinness World Records Special*, à Pékin (Chine), le 28 octobre 2007. Les directives imposaient 3 tours complets entre les épaules et les hanches.

●LE PLUS GRAND TOURNOI DE BILLES

Le plus grand tournoi de billes a rassemblé 677 participants au cours d'un événement organisé par le Toy & Miniature Museum de Kansas City (Missouri, USA), le 23 août 2008.

●LA PLUS GRANDE MOSAÏQUE DE PELUCHES

Une mosaïque de peluches de 57,04 m² a été réalisée par la Chelsea Teddy Bear Company de Chelsea (Michigan, USA), le 26 juillet 2008. L'objectif était de créer un grand symbole de paix en mosaïque sur le parking de la société.

●LA MASCOTTE AYANT LE PLUS VOYAGÉ

Rex Lancaster, un ours en peluche appartenant à Rex Travel Organization Inc. (USA), a parcouru 453 056 km du 9 novembre 2005 au 5 mai 2006. Il a traversé 7 continents et 30 pays.

★LA PETITE VOITURE LA PLUS RAPIDE

Une miniature de Scalextric Honda F1 a atteint 1 583,4 km/h (vitesse proportionnelle à son échelle), lorsqu'elle a été contrôlée par Dallas Campbell (GB), au Chatsworth Rally Show (Chatsworth, GB), le 6 juin 2008.

●LA PETITE VOITURE LA PLUS CHÈRE

Achetée 0,10 £ (0,11 €) dans les années 1930, une camionnette miniature verte et bleue, portant la mention W. E. Boyce, s'est vendue 19 975 £ (22 300 €) en mars 2008, à Teeside (GB).

LA PLUS GRANDE IMAGE EN LEGO

Une image composée de 1,2 million de briques de Lego, recouvrant 80,84 m², a été validée comme record le 24 octobre 2007. Réalisée par le Toy Museum, en août 2007, à Bellaire (Ohio, USA), cette image de 13,61 x 5,95 m, qui a nécessité 2 000 h de travail, représente un camion.

●RECORD DE PELUCHES

Les Girl Scouts of Southeast Florida (USA) ont amassé 5 884 peluches, au Roger Dean Stadium de Jupiter (Floride, USA), le 6 septembre 2008.

MAIN DANS LA PATTE

La plus longue chaîne hommes/peluches a réuni 2 623 personnes, chacune tenant une peluche. Ce record a été réalisé lors d'un événement organisé par l'école primaire JJ van der Merwe d'Ermelo (Afrique du Sud), le 29 août 2008.

21 600 : nombre de pièces du **plus grand puzzle du monde**, occupant 5 428 m², lorsqu'il a été mesuré à Hong Kong (Chine), le 3 novembre 2002.

● LE PLUS GRAND TWISTER

Un twister de 39 m de long sur 36,2 m de large a été assemblé à l'université de Tulsa (Oklahoma, USA), le 23 octobre 2008. Au total, 600 twisters standard ont été utilisés, occupant une surface totale de 1 415,1 m².

★ NOUVEAU RECORD
● MISE À JOUR

● LE ROBOT LE PLUS RAPIDE POUR FAIRE UN RUBIK'S CUBE

Inventé par Peter Redmond (Irlande), Rubot2 a terminé un Rubik's cube en 1 min et 4 s, à la BT Young Scientist & Technology Exhibition (Dublin, Irlande), le 8 janvier 2009.

PLUS D'INFO
Ron van Bruchem (Pays-Bas) a terminé un Rubik's cube en 9,55 s, le 24 novembre 2007.

● LE PETIT SOLDAT LE PLUS CHER AUX ENCHÈRES

Le petit soldat le plus cher du monde est le prototype de G.I. Joe de 1963. Son créateur, Don Levine, l'a vendu à l'homme d'affaires Stephen A. Geppi (USA) pour 200 000 $, lors d'enchères chez Heritage Comics Auctions de Dallas (Texas, USA), le 7 août 2003.

● LE PLUS GRAND OURS EN PELUCHE (COUSU)

Dana Warren (USA) a fabriqué un ours en peluche cousu de 16,86 m de haut. Elle l'a été terminé le 6 juin 2008, puis l'a exposé sur l'Exploration Place, à Wichita (Kansas, USA).

● LE PLUS LONG CIRCUIT DE TRAIN MINIATURE

Un circuit de train miniature en bois de 1 650,14 m a été réalisé par Friends of Thomas "Team Japan", en collaboration avec Fuji Television Network Inc., Fuji Television Kids Entertainment Inc. et Sony Creative Products Inc., à Mediage/Aqua City Odaiba (Japon), le 23 août 2006.

● RECORD D'ADVERSAIRES SIMULTANÉS AU SCRABBLE

Le 7 novembre 2007, Ganesh Asirvatham (Malaisie) a fait une partie de scrabble contre 25 adversaires simultanément, remportant 21 parties sur 25. Organisé par Mattel Toys Pvt. Ltd (Inde), cet événement s'est déroulé à Mumbai (Inde).

LE PREMIER PRODUIT DÉRIVÉ D'UN DESSIN ANIMÉ

Félix le Chat de Pat Sullivan (USA), qui s'est imposé sur les écrans dès 1919 comme "le chat qui marche", est non seulement le premier personnage de BD à avoir accédé à la notoriété, mais aussi le premier dont l'image a été utilisée sur un emballage, en 1924. Félix a aussi été commercialisé avec succès sous forme de peluche, 2 ans plus tard.

● LA PLUS GRANDE STRUCTURE EN LEGO

La structure en lego la plus haute mesurait 29,48 m. Elle a été réalisée par Per K. Knudsen, Finn Flou Laursen et Karsten Niebuhr (Danemark) par Lego CE, en collaboration avec Die Kinderfreunde sur la place Rathausplatz de Vienne (Autriche), du 2 au 5 octobre 2008. La tour compte plus de 450 000 briques, de 8 pitons pour la plupart. Les briques ont été assemblées par de jeunes Viennois. Des architectes ont réuni les différentes parties pour en faire une tour.

18 juill. Michael O'Shaughnessy (USA) a réalisé **la traversée de la Manche la plus rapide en paddleboard**, en 5 h et 9 min, en 2006.

19 juill. **Le plus grand cheval à bascule** mesure 4,8 x 4,8 x 2,7 m. Les habitants de Hanno (Saitama, Japon) l'ont terminé en 2004.

BIEN HABILLÉ...

★RECORD DE SLIPS PORTÉS SIMULTANÉMENT

Carl Saville (GB, à l'extrême gauche) a enfilé 137 slips simultanément sur le plateau de *Guinness World Records – Smashed*, à Londres (GB), le 3 octobre 2008.

Jef Van Dijck (Belgique, à gauche) détient **le ●record de tee-shirts portés en même temps** – soit 227. Sa tentative a été organisée par Unizo, à Brecht (Belgique), le 24 avril 2008.

LES PLUS GRANDS...

CHEMISE HAWAÏENNE

En mars 1999, Hilo Hattie (USA), vendeur de vêtements à Hawaï (USA), a créé une chemise ayant un tour de poitrine de 4,26 m, un tour de taille de 3,5 m et un tour de cou de 1,53 m.

PANTALON

Un pantalon de 10,83 m de long avec un tour de taille de 6,4 m a été confectionné par Value Planning CO. Ltd, le 27 décembre 2006.

★TABLIER

Un tablier de cuisine de 17,6 m de long et 15,4 m de large – pesant 50 kg – a été réalisé par Ignacio Rodríguez (Espagne), à Saint-Sébastien (Espagne), le 15 janvier 2007.

PAIRE DE CHAUSSETTES

Une paire de chaussettes en nylon de 114 cm du haut jusqu'à l'orteil et 25 cm de large a été fabriquée par Michael Roy Laine (USA), en octobre 1986. Elle a été exposée devant l'hôtel de ville de Boston (USA) pour fêter l'entrée de l'équipe de baseball des Red Sox dans la World Series.

SOUTIEN-GORGE

En septembre 1990, Triumph International Japan Ltd a conçu un soutien-gorge correspondant à un tour de dos de 24 m et un tour de poitrine de 28 m.

●SLIPS

Des slips géants représentant un tour de taille de 17,75 m et mesurant 11,82 m de la ceinture à l'entrejambe ont été fabriqués par Angajala Venkata Girl (Inde). Ils ont été présentés et mesurés à Jeypore (Inde), le 15 décembre 2007.

TEE-SHIRT

Fabriqué par OMO Safe Detergent, un tee-shirt de 57,19 m de long et 40,88 m de large a été exposé à Hô Chi Minh-Ville (Vietnam), le 9 mars 2006.

★DÉTAILLANT DE COSTUMES

La société Aoyama Trading Company (Japon) est la plus grande société de confection de costumes pour hommes. De janvier à décembre 2007, elle a vendu 2 725 359 costumes.

★ NOUVEAU RECORD
● MISE À JOUR

●LA PLUS GRANDE CHAUSSURE DE MARCHE

Une chaussure de marche de 7,1 m de long, 2,5 m de large et 4,2 m de haut a été fabriquée par Schuh Marke (Allemagne). Exposée à Hauenstein (Allemagne), le 30 septembre 2006, elle pèse 1 500 kg ; 300 kg de cuir et 35 m de lacets ont été utilisés. Les juges de Guinness World Records, Kristian (en haut) et Andrea, sont photographiés en train de mesurer la chaussure.

LA BOTTE DE COW-BOY

La ★plus grande botte de cow-boy mesure 2,50 m de haut et 2,38 m de long. Fabriquée par Tola Buta (Éthiopie), elle a été mesurée à Addis Abeba (Éthiopie), le 24 janvier 2008.

20 juill. Fabriquée par Raf Frateur de Frateur Events, **la plus grosse boule à facettes** – 7,35 m de diamètre – a été exposée au Studio 54, à Anvers (Belgique), en 2007.

21 juill. Une température de – 89,2 °C a été enregistrée à Vostok (Antarctique), en 1983, soit **la température la plus basse jamais mesurée sur Terre**.

20 : nombre de slips enfilés par Joel Nathan (Australie) en 1 min, à Perth (Australie), le 27 juillet 2007. Il partage ce record avec Alistair Galpin (Nouvelle-Zélande).

●LE PLUS GRAND JEAN

Des ouvriers de la société de textiles Corporación Wama Piers (Pérou) ont fabriqué un jean de 40 m de long, 30 m de large et pesant plus de 2 t. Taillé dans 3 000 m de tissu, le jean a été exposé à Lima (Pérou), le 30 octobre 2008.

PLUS D'INFO

Fabriqué par Escada, le jean le plus cher est orné de cristaux de Swarovski. Il était vendu dans les boutiques Neiman Marcus en 2006 pour 10 000 $.

LE JEAN LE PLUS CHER

Un jean original de Levi Strauss & Co. (USA) 501 datant de 115 ans a été vendu par Randy Knight (USA) à un collectionneur anonyme japonais pour 60 000 $ sur eBay, le 15 juin 2005.

★LE PLUS DE PAIRES DE CHAUSSETTES TRIÉES EN 1 MIN

Kristina Ilieva (Bulgarie) a trié des chaussettes en les réunissant en 16 paires au pavillon du GWR du Global Village de Dubaï (Émirats arabes unis), le 24 novembre 2008.

●LE PLUS DE GANTS ENFILÉS SUR UNE MAIN

Alastair Galpin (Nouvelle-Zélande) a enfilé 24 gants sur une main à l'Old Homestead Community House d'Auckland (Nouvelle-Zélande), le 2 novembre 2008.

LE PLUS GRAND COSTUME

Du 14 février au 7 mars 2001, des tailleurs de Raymond Ltd ont confectionné le plus grand costume dans leur usine de Mumbai (Inde). Des épaules de la veste à l'ourlet du pantalon, le costume mesurait 19,5 m de long.

LE PLUS DE CHAUSSETTES SUR UN PIED

Alistair Galpin (Nouvelle-Zélande) a passé 74 chaussettes sur un pied au cours de la journée Guinness World Records, à Auckland (Nouvelle-Zélande), le 7 novembre 2006.

LA ROBE LA PLUS CHÈRE VENDUE AUX ENCHÈRES

La robe couleur chair Jean-Louis (France) ornée de perles portée par Marylin Monroe (USA) lorsqu'elle a chanté *Happy Birthday* au président John F. Kennedy, le 19 mai 1962, a été adjugée chez Christie's, à New York (USA), le 27 octobre 1999, 1 267 000 $. Elle a été vendue aux New-Yorkais Robert Schagrin et Peter Siegel de la société d'objets de collection Gotta Have It ! La vente de plus de 100 effets de Marylin a rapporté 13 405 785 $.

LES CHAUSSURES DE FILM LES PLUS CHÈRES VENDUES AUX ENCHÈRES

Les chaussures de rubis portées par Judy Garland (USA) dans *Le Magicien d'Oz* (USA, 1939) ont été vendues 666 000 $ chez Christie's, à New York (USA), le 24 mai 2000. Fabriquées par Innes Shoe Co., elles sont en faille de soie rouge ornée de crêpe georgette et doublées de chevreau blanc.

★LE PLUS DE JARRETIÈRES ENLEVÉES AVEC LES DENTS

Ivo Grosche (Allemagne) a ôté 26 jarretières en 2 min des jambes de participantes volontaires en n'utilisant que ses dents. Il a accompli cet exploit sur le plateau de *Guinness World Records : Die größten Weltrekorde* (Allemagne), le 18 décembre 2008.

AUTRES RECORDS

●LE COSTUME DE FILM LE PLUS CHER

Une robe de cocktail noire dessinée par Hubert de Givenchy (France) et portée par Audrey Hepburn (Belgique) dans *Diamants sur canapé* (USA, 1961) a été vendue 467 200 £ (924 401 $) à un acheteur anonyme par Dominique Lapierre (France), chez Christie's, à Londres (GB), le 5 décembre 2006.

LA VESTE LA PLUS CHÈRE VENDUE AUX ENCHÈRES

La veste qui a fait monter les enchères appartenait à Jimi Hendrix (USA). Elle a été vendue à la chaîne de restaurants Hard Rock Café, le 19 septembre 2000, pour 49 185 $. La vente a été organisée par Sotheby's auprès de la succursale londonienne (GB) des Hard Rock Café.

22 juill. En 1999, Dudu, **le panda le plus âgé vivant en captivité**, s'est éteint à l'âge de 37 ans. Né en 1962, il a vécu une grande partie de sa vie au zoo de Wuhan, à Chengdu (Chine).

COLLECTIONS

FEREZ-VOUS MIEUX ?

Votre collection est-elle digne d'un record ? Contactez-nous si :

1. **Vous avez réuni les objets au fur et à mesure (sans les avoir hérités ni achetés en lot).**
2. **Chaque objet est différent.**
3. **Vous possédez un registre où les objets sont décrits.**

Pour plus d'informations sur les records, consultez la p. 14 ou le site www.guinnessworldrecords.com

★POKÉMON

Le 1er avril 2008, Belle Starenchak (USA) de Dunnellon (Floride, USA) avait réuni 5 456 objets Pokémon depuis plus de 10 ans. Son pokémon préféré est Pikachu. Sa collection comporte l'une des coccinelles Pikachu officielles de Volkswagen, qu'elle a baptisée "Pikabug".

●BADGES

Le 19 juin 2008, Seppo Mäkinen (Finlande) avait réuni 30 105 badges provenant de plus de 50 pays.

★OBJETS DONALD DUCK

La plus vaste collection d'objets liés à Donald Duck appartient à Mary Brooks (USA), qui en possédait 1 285, le 28 mai 2008. Elle a commencé cette collection il y a plus de 30 ans.

★TASSES À EXPRESSO

Le 11 mars 2008, Paul Pisasale (Australie) possédait 650 tasses à expresso différentes. Il les collectionne depuis 1993.

★ÉLÉPHANTS

Janet Mallernee-Briley (USA) – surnommée Elephant Lady – possède une collection sur le thème des éléphants qui comptait 5 779 pièces, le 8 avril 2008. Ce record était auparavant détenu par Sandy Rosen-Hazen (USA), décédée en mai 2007, qui détenait une collection de 4 233 objets. Les deux femmes s'étaient rencontrées dans le cadre d'une communauté en ligne de collectionneurs d'éléphants.

★CHAISES MINIATURES

Barbara Hartsfield (USA) collectionne les chaises miniatures depuis plus de 10 ans. Elle en possédait 3 000, le 13 mars 2008.

★TÉLÉPHONES MOBILES

Carsten Tews (Allemagne) avait réuni 1 260 téléphones mobiles différents le 12 avril 2008. L'objet le plus ancien de sa collection est un téléphone de voiture TeKa De BSA 31.

100

★TAPIS DE SOURIS

Le 19 avril 2008, Daniel Evans (GB) avait réuni depuis 2001 une collection de 3 673 tapis de souris. Le premier est un cadeau de sa mère, qui l'avait gagné dans un concours.

●PINGOUINS

Birgit Berends (Allemagne) possédait le 12 mars 2008 une collection de 5 098 pingouins. Elle a commencé sa collection en 1990, inspirée par la série d'animation Pingu. Son pingouin préféré est un spécimen vivant appelé Alfred, qu'elle a adopté au Kurpark de Cuxhaven (Allemagne).

●PANNEAUX "NE PAS DÉRANGER"

Depuis 1985, Jean-François Vernetti (Suisse) a réuni 8 888 étiquettes de porte "Ne pas déranger" différentes venant d'hôtels de 189 pays. Jean-François a commencé sa collection en constatant une faute d'orthographe sur le panneau d'un hôtel de Sheffield (GB).

23 juill. **Le plus lourd poids combiné gardé en équilibre sur la tête durant 1 h** est de 5 180,09 kg. Cet exploit a été accompli par John Evans (GB), à Lowestoft (Suffolk, GB), en 2000.

24 juill. Effectué par Joann Osterud (Canada) entre Vancouver et Vanderhoof (Canada), en 1991, **le plus long vol inversé** a duré 4 h, 38 min et 10 s.

20 202 : nombre de bouteilles de bière uniques de Mark Hendrickx (Pays-Bas), qui possède **la ● plus grande collection de bouteilles de bière.** Celles-ci proviennent de 2 302 brasseries situées dans 120 pays.

★ DALMATIENS

Kazzy Ferrier (GB) collectionne depuis 1992 des objets en rapport avec les dalmatiens, depuis que Ditto, un véritable chiot dalmatien, est entré dans sa vie. Sa collection compte aujourd'hui plus de 5 000 objets, dont des théières, des boules à neige, des rideaux, des porte-clés, du papier toilette et 1 117 bibelots. Elle conduit même une Smart tachetée !

★ PANDAS

Janice Kennedy (Nouvelle-Zélande) collectionne des objets sur le thème du panda depuis 1960 et en possédait 252, le 27 août 2008.

★ PIÈCES EN ARGENT

La plus grande collection de pièces en argent se compose de 1 600 pièces originales du monde entier. Celle-ci – contrôlée en personne par un juge de Guinness World Records, le 1er juillet 2008 – appartient à un Mexicain qui souhaite conserver l'anonymat, car il craint d'être kidnappé ou que sa collection soit volée.

● BOULES À NEIGE

Wendy Suen (Chine) aime les boules à neige – en particulier les mini-globes de la taille d'une balle de golf. Sa collection est remarquable et en comptait 1 888, le 7 avril 2008.

★ TIMBRES AVEC DES LUNETTES

Jane Lippert Hushea (USA) de Pompano Beach (Floride, USA) possède 1 476 timbres représentant des personnes portant des lunettes, une collection originale commencée en 1952.

● SACS À VOMI

Niek Vermeulen (Pays-Bas) possède une incroyable collection de 5 468 sacs vomitoires. Il les réunit depuis les années 1970. Les sacs proviennent de 1 065 compagnies différentes – ainsi que de la navette spatiale américaine et d'*Air Force One*.

★ NOUVEAU RECORD
● MISE À JOUR

★ DÉS À COUDRE

Donna Decator (USA) collectionne les dés à coudre depuis 1986 et en possédait 4 930 exemplaires uniques, le 15 octobre 2008.

★ BROSSES À DENTS

Grigori Fleicher (Russie) possède 1 320 brosses à dents différentes ; il a également plus de 3 000 autres objets de soins dentaires.

● HORLOGES

Jack Schoff (USA) ne saurait ignorer l'heure. Le 17 juin 2008, il possédait 1 094 horloges différentes. “Collectionner des horloges est pour moi une saine occupation”, déclare-t-il.

TROLLS

Sophie Marie Cross (GB) possède la plus importante collection de trolls du monde composée de 490 pièces. Elle a commencé à réunir ces adorables créatures en 2003. Un troll est reconnaissable à ses longs cheveux colorés et ébouriffés, à son nez camus et ses oreilles pointues.

25 juill. Louise Brown (GB), **le premier bébé-éprouvette**, née par césarienne, a vu le jour en 1978. Sa mère, Lesley Brown (GB), a accouché à l'Oldham General Hospital (Lancashire, GB).

INGÉNIERIE & TECHNOLOGIE

1 000 m : hauteur que devrait atteindre la tour Nakheel, actuellement en construction à Dubaï (EAU).

SOMMAIRE

●LA CONSTRUCTION LA PLUS HAUTE

Le 17 janvier 2009, la Burj Dubai (tour de Dubaï ; architectes : Skidmore, Owings & Merrill LLP) à Dubaï (Émirats arabes unis) atteignait 818 m de haut, devenant **la ●construction humaine la plus haute** sur Terre. Elle dépasse le relais de KVLY-TV dans le Dakota du Nord (USA), qui mesure 628,8 m. C'est aussi **la ●construction humaine la plus haute de l'histoire** (elle dépasse les 646,38 m d'un relais radio installé à Varsovie (Pologne) qui s'est écroulé lors de sa rénovation en 1991) et **la ●construction autoportante la plus haute du monde** (elle dépasse les 553,34 m de la tour CN au Canada). Un autre record a été battu : celui de **la ●distance la plus grande sur laquelle du béton ait été pompé à la verticale** (601 m, soit plus que les 532 m atteints lors de la construction de la centrale hydroélectrique de Riva del Garda en Italie).

Au moment où nous mettons sous presse (mai 2009), la Burj Dubai était en passe de devenir **l'immeuble le plus haut du monde**, mais le critère retenu pour constituer un record GWR, en accord avec le Council on Tall Buildings and Urban Habitat, n'était pas encore rempli, puisqu'elle n'avait pas encore été inaugurée. Taipei 101 (Taïwan) détient donc toujours ce record, avec 508 m de hauteur.

100

ÉCO-TRANSPORTS

LE VOYAGE LE PLUS LONG POUR UN VÉHICULE ÉLECTRIQUE SOLAIRE

La Midnight Sun, une voiture solaire, a parcouru 15 070 km à travers le Canada et les États-Unis. L'équipage, appartenant à l'université de Waterloo (Ontario, Canada), parti de Waterloo le 7 août 2004, est arrivé à Ottawa le 15 septembre 2004.

★ LA CONSOMMATION DE CARBURANT LA PLUS FAIBLE

Entre les 3 et 25 septembre 2008, Helen et John Taylor (tous deux Australie) ont parcouru plus de 15 158 km à travers les 48 États contigus des États-Unis au volant d'une VW Jetta TDI 2009. Ils ont consommé en moyenne 3,99 l de carburant (du gazole Shell)/100 km.

Les Taylor ont aussi battu **le ★ record de la consommation de carburant la plus faible pour faire le tour de l'Australie**. Du 3 au 26 février 2008, ils ont parcouru 14 580 km à bord d'une Peugeot 308 HDi avec 453,94 l de gazole Shell, ce qui représente une consommation de 3,13 l/100 km.

● LE VÉHICULE À PÉDALES LE PLUS GRAND

Achevé le 22 septembre 2007, le plus grand véhicule à pédales peut transporter 104 cyclistes. Il a été construit par Alloy Fabweld en association avec le Great Dunmow Round Table à l'aérodrome de Duxford (Cambridgeshire, GB).

★ LE VOYAGE EN SCOOTER ÉLECTRIQUE LE PLUS LONG

John Duckworth (GB) a parcouru 2 662,8 km autour de la Grande-Bretagne sur un scooter électrique Horizon Mayan, du 20 juin au 27 juillet 2004. Il a terminé son périple à Hincaster (Cumbrie, GB).

★ LA MOTO ÉLECTRIQUE LA PLUS RAPIDE

La KillaCycle est une moto électrique qui peut passer de 0 à 96,56 km/h en moins de 1 s. Alimentée par une batterie lithium ion phosphate de fer, elle peut atteindre 270 km/h et parcourir 500 m en 9,85 s.

● LA VOITURE HYBRIDE LA PLUS VENDUE

1 028 000 Toyota Prius avaient été vendues à la fin avril 2008. En février 2009, les ventes atteignaient le million de véhicules aux États-Unis. Les hybrides, qui utilisent au moins deux sources d'énergie, disposent d'un moteur à combustion et d'un moteur électrique.

● LA VOITURE LA PLUS ÉCONOME EN CARBURANT

Le 26 juin 2005, la PAC-Car II de l'Institut fédéral de technologie de Zurich a consommé 0,01857 l d'essence pour parcourir 100 km.

26 juill. En 2002, **le plus grand plateau de Monopoly fixe**, qui mesure 9,44 x 9,44 m, a été inauguré à San Jose (Californie, USA).

3 264 : nombre de personnes qui ont participé au **plus grand Haka** de l'histoire, à Ngaaruawaahia (Waikato, Nouvelle-Zélande), le 16 février 2008.

★LE 40 T LE PLUS ÉCONOME EN CARBURANT

Lors de tests effectués en mai 2008 sur la piste de vitesse de Nardò à Brindisi (Italie), un Mercedes Benz Actros a consommé 19,44 l/100 km. Il s'agit d'une moyenne, le camion ayant parcouru plus de 12 728 km sur la piste en 1 semaine (24 h/24).

★LA 1RE VOITURE ÉQUIPÉE D'UNE PILE À COMBUSTIBLE À HYDROGÈNE

Conçue par Honda, la FCX Clarity a été mise sur le marché en 2008. Sa pile à combustible à hydrogène (le boîtier rouge sur la photo en bas à droite) n'émet ni monoxyde de carbone, ni dioxyde de carbone, ni hydrocarbure, ni oxyde d'azote ; elle ne rejette que de la chaleur et de la vapeur d'eau. Le constructeur prévoit de signer 200 contrats de leasing entre 2008 et 2010.

★LE 1ER VOL D'UN AVION COMMERCIAL FONCTIONNANT AU GAZ NATUREL

Le 1er février 2008, un Airbus A-380 MSN004 – **le plus grand avion de ligne du monde** – a accompli le premier vol d'un avion commercial fonctionnant avec un carburant liquide obtenu à partir du gaz (GTL). Le vol entre l'aéroport de Filton à Bristol (GB) et Toulouse (France) a duré 3 h. L'appareil est équipé de moteurs Rolls-Royce Trent 900. Shell a fourni le GTL. Durant le vol, l'un des moteurs a été alimenté avec un mélange de GTL et de kérosène, les trois autres restant alimentés avec du kérosène.

Ce vol marque le début d'un programme d'évaluation de l'impact écologique des carburants alternatifs. Selon Airbus, d'ici 2025, environ 25 % du carburant utilisé dans l'aviation proviendra de sources alternatives.

★LE 1ER JET FONCTIONNANT AU BIOGAZOLE

Le 2 octobre 2007, à Reno (Nevada, USA), a eu lieu le premier vol d'un avion de chasse fonctionnant uniquement au biogazole. L'avion, un Delfín L-29 (Albatross) tchèque non modifié, a atteint 5 181 m d'altitude sans que ses performances par rapport à un jet fonctionnant au carburant classique ne soient altérées.

Une série de tests avaient été effectués avec un mélange de kérosène et de biogazole ; la proportion de biogazole a été progressivement augmentée, jusqu'à ce qu'un test effectué avec 100 % de biodiesel (obtenu à partir d'huile végétale de friture) soit jugé satisfaisant.

LE BATEAU AU BIOGAZOLE LE PLUS RAPIDE

L'Earthrace, qui fonctionne entièrement au biogazole et qui utilise pour la première fois un composé du chanvre, est l'un des bateaux les plus écologiques du monde. Skippé par Pete Bethune (Nouvelle-Zélande), le trimaran "perceur de vagues" a achevé son tour du monde le 27 juin 2008 après 60 jours, 23 h et 49 min de navigation, battant de 13 jours le record des bateaux à moteur.

27 juill. En 2003, **la plus grande sucette du monde** (2,1 t) a été fabriquée par Franssons (Suède) à l'occasion d'un festival, à Gränna (Suède).

28 juill. Commencée le 23 juillet 2006, **la plus grande mosaïque en boutons** a été achevée au Maritime Square du district de Tsing Yi (Hong-Kong). Composée de 296 981 boutons, elle mesurait 66,89 m².

VOITURES & CYCLES

●LA VOITURE DE POLICE LA PLUS RAPIDE

La voiture de police la plus rapide est une Lamborghini Gallardo LP560-4 (vitesse maximale : 370 km/h, puissance effective : 372 kW) en service dans la police nationale italienne. Seuls 30 policiers – des hommes et des femmes ayant suivi un entraînement spécial – ont le droit de la conduire.

LA MOTO LA PLUS LONGUE

Colin Furze (GB) a construit une moto de 14,03 m de long. Elle a été mesurée à l'aérodrome de Saltby (Leicestershire, GB) le 14 octobre 2008. Sa fabrication, à partir de deux vélomoteurs 50cc Honda Sky et d'un treillage en aluminium, a été longue compte tenu des allées et venues que Furze devait faire entre les deux extrémités de l'engin !

★RECORD DE VITESSE SUR UN TOP-FUEL DRAGBIKE

Le 6 mars 2006, au South Georgia Motorsports Park de Valdosta (Géorgie, USA), le pilote de Top-Fuel Dragbike Larry "Spiderman" McBride (USA, photo) a atteint 394,87 km/h sur 440 m, un record en course de Top Fuel Dragbike.

★LE SAUT EN MARCHE ARRIÈRE LE PLUS LONG DEPUIS UNE RAMPE

Le 27 mai 2008, à Woolbridge (Suffolk, GB), un cascadeur a pris une rampe en marche arrière au volant d'une Austin Allegro et effectué un saut de 18,62 m au-dessus d'un tapis de voitures. La seule modification apportée à la voiture utilisée pour la cascade, filmée pour *Top Gear* (GB), une émission consacrée aux sports mécaniques, est l'ajout d'un arceau de sécurité. Elle a survolé 10 voitures avant de s'écraser sur la 11e. Le pilote (anonyme) s'en est sorti indemne.

LA VOITURE LA PLUS LONGUE

Jay Ohrberg, de Burbank (Californie, USA), a conçu une limousine à 26 roues de 30,5 m de long. Cette voiture luxueuse comprend une piscine avec plongeoir et un lit à eau king-size.

●LA VOITURE DE SÉRIE LA MOINS CHÈRE

La Tata Nano (4 portes, 5 places, 33 ch, moteur de 623 cm³ à l'arrière, vitesse maximale de 70 km/h) est disponible depuis le 23 mars 2009 pour 100 000 roupies (1 532 €). Tata Motors (Inde) a lancé cette voiture au 9e salon automobile de New Delhi (Inde), le 10 janvier 2008. L'objectif est de permettre à plusieurs millions de personnes des pays émergents d'avoir une voiture.

★LE CAMION AUTOMATISÉ LE PLUS GRAND

Dans le cadre du US Defence Advanced Research Projects Agency (DARPA) Urban Challenge, les ingénieurs de Caterpillar Inc. (USA) et des informaticiens de l'université Carnegie Mellon (USA) coopèrent sur un projet visant à automatiser des camions Caterpillar de 635 t conçus pour remorquer des charges allant jusqu'à 217,7 t. L'objectif est d'utiliser les techniques d'automatisation, notamment les GPS, pour améliorer les performances des camions et limiter les risques de blessures liés à la dangerosité des milieux dans lesquels ces camions de forte capacité interviennent.

LE MONSTER TRUCK LE PLUS GROS

Bigfoot 5, dont les pneus font 3 m de haut, mesure 4,7 m de haut pour 17 236 kg. Construit durant l'été 1986, ce monster truck fait partie de la flotte de 17 Bigfoot de Bob Chandler, à St Louis (Missouri, USA).

LA VOITURE DE SÉRIE LA PLUS PETITE

Plus petite qu'une auto-tamponneuse classique de fête foraine, la Peel P50 mesure 134 cm de long, 99 cm de large et 134 cm de haut. Cette voiture, qui ne pèse que 59 kg et dont la vitesse maximale est de 61 km/h, a été construite par Peel Engineering Co. à Peel (île de Man), entre 1962 et 1965.

29 juill. Balamurali Ambati (USA), **le plus jeune médecin du monde**, est né le 29 juillet 1977. Il avait 17 ans et 294 jours quand il est sorti de la faculté de médecine le 19 mai 1995.

4,749 t : poids de **la moto la plus lourde**, la Harzer Bike Schmiede, construite par Tilo et Wilfried Niebel, à Zilly (Allemagne).

★ LE PREMIER AVION ROUTIER

Le Terrafugia Transition, un avion qualifié par son constructeur, Terrafugia (USA), de routier parce qu'il peut se transformer en voiture, a effectué son premier vol depuis l'aéroport international de Plattsburgh, à New York (USA), le 5 mars 2009. Ce biplace a une autonomie de 724 km et une vitesse de pointe de 185 km/h. Il se transforme en voiture en 15 s, ses ailes se repliant automatiquement lorsqu'on appuie sur un bouton.

LA VOITURE DE SÉRIE LA PLUS RAPIDE

Le 13 septembre 2007, une Ultimate Aero TT Super Car, construite par Shelby Supercars (USA), a atteint 412 km/h (moyenne sur deux essais) sur l'autoroute 221, (Washington, USA).

100

RECORD DE VITESSE SUR TERRE

Le 15 octobre 1997, dans le désert de Black Rock (Nevada, USA), Andy Green (GB) a atteint 1 227,985 km/h sur 1 mile (1,61 km), au volant d'une Thrust SSC.

LA VOITURE À VAPEUR LA PLUS RAPIDE

Le 19 août 1985, Robert E Barber (USA) a battu le record – inégalé depuis 79 ans – de vitesse avec une voiture à vapeur. Construite par Barber-Nichols Engineering Co., sa Steamin'Demon a atteint 234,33 km/h sur le lac salé de Bonneville (Utah, USA).

LES PLUS GRANDES CONCENTRATIONS DE VOITURES

★Ferrari : Cornes & Company Ltd a rassemblé 490 Ferrari sur le circuit Fuji de Shizuoka (Japon), le 11 mai 2008.

★Mitsubishi : Mitsubishi Lancer Register (GB) a réuni 273 Mitsubishi à Chippenham (Wiltshire, GB), le 12 juillet 2008.

★Mustang : Michel Bourassa (Canada) a rassemblé 620 Mustang sur un parcours reliant St-Eulalie à Victoriaville (Québec, Canada), le 7 juin 2008.

★Mini : Le Dutch Mini People a rassemblé 884 Mini de versions différentes à Lelystad (Pays-Bas), le 11 mai 2008.

★LE VÉHICULE BLINDÉ TOUT TERRAIN LE PLUS PETIT

Construit par Howe and Howe Technologies, le PAV1 Badger mesure moins de 1 m de large, ce qui en fait le véhicule blindé tout-terrain le plus petit du monde. Assez puissant pour enfoncer des portes et assez petit pour se glisser dans un ascenseur, il a été conçu pour accroître la sécurité des agents des unités d'élite de la police américaine (SWAT). Il a été commandé par les services de la protection civile (CPS) de Californie (USA).

★ NOUVEAU RECORD
● MISE À JOUR

30 juill. En 2004, Martin Strel (Slovénie) a achevé sa descente à la nage du Yangtze (Chine), commencée le 10 juin, soit 4 003 km. C'est **la plus longue distance jamais parcourue à la nage.**

31 juill. En 2003, un aphrophore de l'espèce *Philaenus spumarius* a réalisé **le saut le plus haut jamais effectué par un insecte**, soit 70 cm. La puissance de son saut correspond à une accélération de 4 000 m/s.

BATEAUX

★LE BATEAU À MOTEUR DIESEL LE PLUS RAPIDE

Le bateau à moteur diesel le plus rapide actuellement en cours de fabrication est le XSR48, un monocoque de luxe en kevlar/fibre de carbone de 14,63 m qui peut dépasser 161 km/h grâce à son moteur de course de 1 900 ch. La production de ce bateau conçu par XSMG World Ltd (GB) et fabriqué à Lymington (Hampshire, GB) depuis décembre 2006 sera limitée à 100 exemplaires. Prix de départ : environ 1,12 million €.

★LE PREMIER CATAMARAN EN PLASTIQUE

Au printemps 2009, David de Rothschild (GB), fondateur d'Adventure Ecology, a pris la mer sur un catamaran de 18 m entièrement fabriqué avec des bouteilles en plastique, du plastique autorenforcé (polyéthylène téréphtalate) et des déchets recyclés. Au cours de son voyage de 19 446 km dans le Pacifique, entre San Francisco (USA) et Sydney (Australie), il va traverser une zone appelée "la grande poubelle du Pacifique". Cette masse de déchets flottant juste au-dessous de la surface de l'eau entre la Californie et Hawaï représente plus de 2 fois la superficie de la France. Objectif de cette opération : dénoncer la pollution.

★LE PLUS GRAND YACHT EN LOCATION

Le *Savarona*, un bateau de 124 m construit pour Emily Roebling Cadwallader (USA) en 1931, est le plus grand yacht privé qu'il soit possible de louer. Il a été vendu au gouvernement turc en 1938, qui l'a revendu en 1992. Il est doté d'une piscine, de jacuzzis, de saunas et de hammams, ainsi que d'un bain turc dont la réalisation a nécessité 260 t de marbre.

★LE PLUS GROS MOTEUR DE BATEAU

Le Wärtsilä RT-flex96C est un moteur alternatif turbo-diesel à deux temps conçu pour propulser les grands porte-conteneurs. Construit dans les ateliers d'Aioi de Diesel United Ltd (Japon), il mesure 27 m de long et 13,5 m de haut, et pèse plus de 2 300 t. En 2008, la puissance développée de la version 14 cylindres de ce moteur atteignait 84,42 mégawatts (114 800 ch.).

LE PLUS GRAND PORTE-CONTENEURS

L'*Emma Maersk*, qui mesure 397 m de long et 56 m de large, est le plus grand porte-conteneurs du monde. Ce navire de 20 étages peut dépasser 25 nœuds (46,2 km/h) en vitesse de pointe.

PLUS D'INFO

La classe *Visby* est destinée aux opérations anti-sous-marins. Chaque bâtiment, dont la vitesse de pointe est de 35 nœuds (64 km/h), coûte 111,86 millions €.

★LE PLUS GRAND BATEAU EN FIBRE DE CARBONE

Le premier des cinq bâtiments de la nouvelle classe de corvettes suédoise *Visby*, est entré en service en janvier 2009. Les essais en mer ont été effectués en 2008. C'est le plus grand bateau en fibre de carbone – un plastique dur et léger qui lui permet d'être plus rapide et plus léger que les bateaux classiques, ce qui en fait l'un des plus furtifs. Le *Visby* mesure 73 m de long, pèse 600 t – environ la moitié du poids d'une corvette classique – et peut accueillir 43 membres d'équipage.

★LE PREMIER NAVIRE DE COMBAT CÔTIER

Pour opérer plus facilement dans les eaux côtières, la marine américaine a créé une nouvelle classe de navires de combat côtier. La première version expérimentale, baptisée *Sea Fighter*, est un catamaran ultra-rapide en aluminium qui teste toutes sortes de technologies destinées à gagner en efficacité dans les eaux côtières. En service depuis mai 2005, le bateau pèse 950 t, mesure 79,9 m de long et 22 m de large ; sa vitesse de pointe est d'environ 50 nœuds (92,5 km/h).

LE PLUS GRAND BATEAU

Le plus grand bateau du monde, toutes catégories confondues, est le tanker *Knock Nevis* (anciennement *Jahre Viking*) qui affiche 564 763 t de port lourd et 260 815 t de jauge brute. Le navire-citerne mesure 458,45 m de long, 68,8 m de large pour un tirant d'eau de 24,61 m. Il n'est plus en service depuis 2004, mais sert actuellement de station de stockage.

1er août Partis le 6 juin 1896, George Harbo et Frank Samuelson (Norvège), **les premiers hommes à avoir traversé l'Atlantique à la rame**, sont arrivés de l'autre côté de l'océan le 1er août, après avoir ramé 5 262 km.

2 août 60 000 personnes – **le plus grand chœur**, en dehors des foules qui chantent dans les stades – ont chanté lors d'un concours de chorales à Breslau (Allemagne) (actuelle Wroclaw, en Pologne), en 1937.

275,97 nœuds (511,09 km/h) : record du monde de vitesse sur l'eau, détenu par Ken Warby (Australie) depuis le 8 octobre 1978.

★ NOUVEAU RECORD
● MISE À JOUR

100

●LE PLUS GRAND
BATEAU DE CROISIÈRE

L'*Independence of the Seas* – 160 000 t, 338,9 m de long, 72 m de haut, 15 ponts – est le plus grand paquebot du monde. Immatriculé à Nassau (Bahamas), il peut transporter 5 700 passagers et membres d'équipage. Les distractions sont nombreuses : théâtre, parc aquatique, simulateur de vagues, mur d'escalade, patinoire et ring de boxe. L'*Oasis of the Seas*, qui devrait faire son voyage inaugural le 1er décembre 2009, sera encore plus grand. Cette vraie ville flottante, avec jardins tropicaux, parc paysager de 100 m de long et sept "quartiers" pourra accueillir plus de 6 500 personnes. Certaines installations figurent sur la maquette ci-contre.

CÂBLE SUSPENDU *(non représenté)*
Les amateurs de sensations fortes pourront se laisser glisser sur ce câble de 25 m tendu 9 étages au-dessus de la promenade en bois.

2 700 CABINES
Le paquebot pourra accueillir 5 400 passagers en cabine.

MURS D'ESCALADE
L'*Oasis of the Seas* possèdera deux murs d'escalade, situés de part et d'autre du théâtre aquatique, à l'arrière.

RESTAURATION
Cafés, restaurants, jazz-bar, snack-bar, bar à vins, grill et bar à cocktail seront ouverts sur 3 niveaux.

PLONGEOIRS
Deux plongeoirs de 10 m de haut seront reliés par un pont auquel sera accroché un trapèze pour les représentations de cirque.

AMPHITHÉÂTRE
L'amphithéâtre extérieur, de la taille d'un terrain de football, bénéficiera d'un microclimat.

THÉÂTRE AQUATIQUE
Le jour, ce sera la piscine d'eau douce la plus grande et la plus profonde jamais installée sur un paquebot – 6,6 x 15,7 m, pour 5,4 m de profondeur.

SON & LUMIÈRE
La nuit, des jets programmables permettront de présenter des spectacles de ballets aquatiques en couleurs, avec des jets de 20 m de haut.

ÉCRANS GÉANTS
Deux écrans géants situés de part et d'autre du théâtre aquatique diffuseront des images filmées par des caméras installées sous l'eau.

3 août Creme Puff, **le plus vieux chat de l'histoire**, est né en 1967. Il a vécu avec son maître, Jake Perry, à Austin (Texas, USA), et est mort à 38 ans et 3 jours, le 6 août 2005.

AVIONS

★LA PLUS GRANDE PERTE FINANCIÈRE DUE À UN CRASH

Le 23 février 2008, un bombardier B-2 Spirit de l'armée de l'air américaine s'est écrasé, 3 des 24 capteurs chargés de mesurer la pression ayant transmis des données erronées à l'ordinateur de bord. C'était le premier crash d'un bombardier B-2. Mis en service en 1997 pour environ 737 millions $ pièce, cet avion est si cher qu'il a été fabriqué à seulement 21 exemplaires. Selon les experts, remplacer le B2 coûterait environ 1,4 milliard $.

★LE PREMIER VOL SUPERSONIQUE AVEC DES CARBURANTS DE SYNTHÈSE

Le 19 mars 2008, un bombardier Boeing B-1B du 9e escadron de bombardiers de la base aérienne de l'armée américaine de Dyess (Texas, USA) a été le premier avion, équipé d'un moteur alimenté par du carburant de synthèse, à franchir le mur du son. Ce carburant, composé de 50 % de gaz synthétique et 50 % de gaz issu du pétrole, a été testé dans le cadre d'un programme de l'US Air Force pour protéger l'environnement et réduire la dépendance vis-à-vis des carburants importés. Le vol a eu lieu au-dessus du Texas et du Nouveau-Mexique (USA).

★L'ALTITUDE LA PLUS ÉLEVÉE POUR UN AUTOGYRE

Le 20 avril 2004, à Frederick (Maryland, USA), Andrew Keech (USA) a atteint 8 049 m dans son autogyre Little Wing LW-5. L'autogyre, un avion à ailes rotatives, a été inventé par Juan de la Cierva.

★L'AVION MILITAIRE À LA PRODUCTION LA PLUS LONGUE

Le Lockheed C-130 a effectué son premier vol le 23 août 1954, avant d'être mis en service par l'armée de l'air américaine en décembre 1956. Depuis, la production n'a pas cessé et plus de 40 modèles différents ont été fabriqués pour l'armée de l'air de plus de 50 pays.

★ NOUVEAU RECORD
● MISE À JOUR

★RECORD DE MANCHOTS TRANSPORTÉS PAR HÉLICOPTÈRE

Le week-end des 1er et 2 juillet 2000, de 15 000 à 20 000 manchots ont été évacués par hélicoptère de la côte occidentale de l'Afrique du Sud menacée par une marée noire. L'opération, destinée à sauver une espèce rare, le manchot du Cap, a été organisée par le Fonds international pour la protection des animaux.

100

●LE JET PRIVÉ LE PLUS CHER

L'Airbus A380 acheté par SAR le prince Al-Walid Ben Talal Ibn Saoud (Arabie saoudite) en novembre 2007 pour son usage personnel (c'est le premier A320 vendu à un particulier) coûtait 319 millions $. Avec ses 79,8 m d'envergure et ses 560 t de poids maximal au décollage, c'est **le plus grand jet privé du monde**. La rumeur dit que le prince a demandé que cet avion de 2 étages soit équipé d'une salle à manger en marbre, d'un sauna et d'une salle de sport, et que l'extérieur soit recouvert de feuilles d'or.

GLOBEMASTER III

Le 21 décembre 2006, 20 C-17 Globemaster III de la base de l'armée de l'air de Charleston (Caroline du Sud, USA) ont participé à la ★plus grande formation d'avions cargo appartenant à la même base, afin de démontrer la puissance stratégique de l'US Air Force en matière de largage.

★LE PREMIER VOL ENTRE HAWAÏ ET L'AMÉRIQUE DU NORD

Le 11 janvier 1935, Amelia Earhart (USA) a effectué un vol en solo entre Wheeler Field (Honolulu, Hawaï) et l'aéroport d'Oakland (Californie, USA), à bord d'un Lockheed Vega 5b. Elle a parcouru 3 862 km. Le vol a duré 18 h et a rapporté à l'aviatrice la somme de 10 000 $. Deux ans plus tard, le 2 juillet 1937, Earhart disparaissait dans le Pacifique Sud en tentant de faire le tour du monde en avion.

4 août En 2004, Jeroni Fajardo et Toni Bou (tous deux Espagne) ont battu **le record du saut le plus long debout sur une moto**, qui est désormais de 4,2 m.

853 : nombre maximum de places assises qu'offrent les deux niveaux de l'Airbus 320 – **le plus gros avion de ligne du monde en poids et en capacité**.

★ L'AMERRISSAGE FORCÉ LE PLUS RÉUSSI

La réussite d'un amerrissage forcé se juge au nombre de survivants. Par conséquent, le plus réussi de l'histoire est celui qu'a effectué l'Airbus A320 du vol 1549 de l'US Airways, piloté par le commandant Chesley B "Sully" Sullenberger (en photo ci-contre) sur l'Hudson, à New York (USA), le 15 janvier 2009. Les 155 passagers et membres d'équipage ont tous survécu. Des oiseaux happés par les moteurs de l'avion sont à l'origine de cet incident.

PLUS D'INFO

Sullenberger, ex-pilote de chasse de l'US Air Force et pilote de planeur, a reçu la clé de la ville de New York en remerciement de son exploit.

● LA PLUS GRANDE COMPAGNIE AÉRIENNE

En juin 2007, American Airlines possédait la plus grosse flotte d'avions en service. Elle disposait de 978 appareils, dont 47 Boeing 777. Elle a aussi commandé 42 Boeing 787-9 Dreamliners pour 2012.

★ LA MAQUETTE LA PLUS LONGUE

Dyna Might est une maquette à l'échelle 1:4,9 du B-29 Superfortress construite par Bart Vercruyesse, Ignace Honore et Pieter Lamaire (tous Belgique). L'avion, qui a une envergure de 8,8 m, mesure 6,05 m de long et pèse 200 kg. Il a effectué son premier vol le 22 mai 1998.

★ LE PLUS PETIT HÉLICOPTÈRE COAXIAL

Construit par Gen Corporation (Japon), le rotor du GEN H-4 ne mesure que 4 m de diamètre. L'engin, qui pèse à peine 70 kg, est constitué d'un seul siège, d'un train d'atterrissage sommaire et d'une seule unité motrice. À la différence des hélicoptères traditionnels, il possède 2 rotors contrarotatifs coaxiaux (montés sur un axe commun), ce qui lui permet de garder l'équilibre sans rotor de queue.

★ LA PREMIÈRE TRAVERSÉE DE LA MANCHE EN AILE À RÉACTION

Le 26 septembre 2008, Yves "Jet Man" Rossy, pilote et inventeur suisse, a mis 9 min et 7 s pour traverser la Manche en aile à réaction. Au cours du vol, Rossy a atteint une vitesse de pointe de 299 km/h.

★ LE VOL LE PLUS LONG POUR UN DRONE

Le 21 mars 2001, un Northrop Grumman RQ-4A Global Hawk a volé 30 h, 24 min et 1 s sur la base de l'armée de l'air d'Edwards (Californie, USA). Il mesurait 13,5 m de long, pour une envergure de 35 m et 10 704 kg de poids maximum au décollage. Le Global Hawk est également le premier drone à avoir traversé le Pacifique.

★ LE PREMIER AVION À HYDROGÈNE HABITÉ

Entre février et mars 2008, un planeur biplace Dimona propulsé par un système hybride pile au lithium/pile à membrane d'échange de protons, conçu par Boeing Research and Technology Europe, a effectué plusieurs vols d'essai à Ocaña (Espagne).

★ LE CARGO MILITAIRE LE PLUS SOPHISTIQUÉ

Le C-17 Globemaster III est l'avion-cargo militaire le plus sophistiqué en service. Il a une autonomie de 2 400 miles nautiques (4 445 km), peut transporter une charge utile de 78 657 kg et atteindre 450 nœuds (Mach 0,76 ; 833 km/h). Il peut larguer 102 parachutistes avec leur équipement et opérer sur des terrains dont les pistes ne dépassent pas 1 066 m. Il existe environ 190 C-17 dans le monde. Ils mesurent 53 m de long pour une envergure de 51,75 m.

5 août 238 personnes : c'est **le record de musiciens dans un ensemble de didgeridoos**, atteint au Didge Fest UK d'Escot Park (Devon, GB), en 2006.

6 août **Le premier site web de l'histoire** – http://info.cern.ch/ – a été créé par Tim Berners-Lee (GB) pour expliquer comment fonctionnait Internet, en 1991.

TRAINS

★ LA VITESSE OPÉRATIONNELLE MAXIMALE POUR UN TRAIN

Sur les 114 km de la ligne Pékin–T'ien-tsin (Chine), les trains atteignent des pointes à 350 km/h. Les tests ont démontré une capacité constante de 394 km/h, mais la vitesse a été limitée pour des raisons de sécurité.

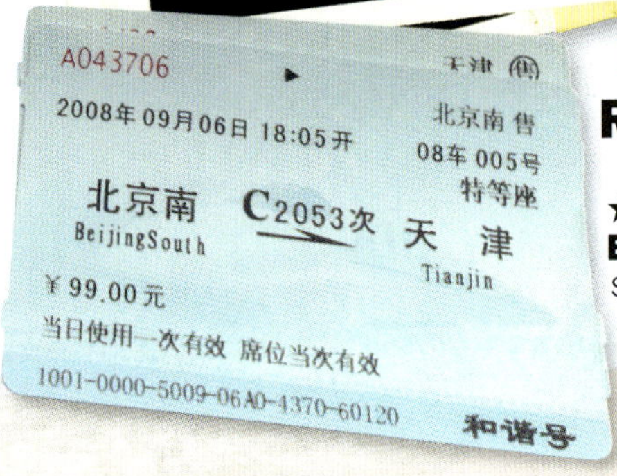

LES PLUS RAPIDES...

★ VITESSE ENTRE 2 GARES

Sur un tronçon de la ligne traversant la Lorraine et la Champagne-Ardennes, les trains atteignent une moyenne de 279,4 km/h, parcourant 167,6 km en 36 min, selon une enquête de *Railway Gazette International* de 2005. Bien que ce chiffre ne représente que la moitié du **record de vitesse** (574,8 km/h) réalisé par une version modifiée du TGV appelée V150 (dotée de roues plus larges et de 2 moteurs entraînant 3 voitures à étage), le 3 avril 2007, ce train offre une vitesse de pointe réalisable, abordable, sûre et silencieuse.

★ NOUVEAU RECORD
● MISE À JOUR

★ PERCEMENT DE TUNNEL

Lors de la construction d'un tunnel de 6,9 km entre les stations d'Atocha et de Chamartín à Madrid (Espagne), en août 2008, une vitesse record de percement de 92,8 m par jour a été atteinte à l'aide d'un tunnelier à bouclier mixte.

TRAIN MAGLEV

Le Maglev MLX01, un train à sustentation magnétique (de l'anglais "magnetic levitation") de la société ferroviaire japonaise et de l'Institut de recherche technique des chemins de fer, a atteint 581 km/h, sur la ligne de test Yamanashi Maglev (Yamanashi, Japon), le 2 décembre 2003.

TRAIN EN SERVICE PUBLIC RÉGULIER

Le train Maglev reliant l'aéroport international au quartier des finances de Shanghai (Chine) atteint 431 km/h sur chaque parcours de 30 km. Construit par Transrapid International (Allemagne), ce train a fait son voyage inaugural le 31 décembre 2002.

LES PLUS LONGS...

TRAIN D'EXPOSITION

L'Opel Millennium Express est le plus long train d'exposition du monde. Dévoilé à l'usine Opel de Russelsheim (Allemagne), le 28 juillet 1999, il mesure 284 m de long. Constitué de 14 voitures, le Millennium Express a été créé à l'occasion du 100e anniversaire du constructeur automobile Opel.

★ LA LIGNE DE CHEMIN DE FER GRANDE VITESSE LA PLUS COÛTEUSE

Le Channel Tunnel Rail Link (CTRL) reliant l'extrémité britannique du tunnel sous la Manche à Londres (GB), soit 108 km, a coûté 5,8 milliards £ (6,5 milliards €). C'est la ligne de chemin de fer à grande vitesse la plus chère du monde. Ces données ont été dévoilées après une enquête pour le compte de la Commission for Integrated Transport du Royaume-Uni.

SUR LES RAILS...

La ligne de Fortescue Metals Group, supportant le plus fort tonnage du monde, est une ligne à écartement standard de 1 435 mm constituée de 38 000 t de rails à soudure continue (68 kg/m). Elle a été intégralement réalisée en 18 mois.

★ LA LIGNE DE CHEMIN DE FER AU PLUS FORT TONNAGE

Le 14 mai 2008, le Fortescue Metals Group (Australie) a achevé 230 km de voie de chemin de fer simple reliant la mine de Cloudbreak (Pilbara, Australie) à Port Hedland. Cette ligne peut accueillir des trains de 2,5 km de long, pour une charge d'environ 38 400 t de minerai. Les 15 locomotives et 976 wagons de minerai constituent 4 convois, chaque wagon pouvant supporter 40 t.

7 août Long de 634,50 m, **le sandwich le plus long** a été confectionné par Pietro Catucci et Antonio Latte d'EuroSpin, à Mottola (Tarente, Italie), en 2004.

8 août **Le saut le plus long sur une rampe de skateboard** a été réalisé par Danny Way (USA) qui a exécuté un 360 air de 24 m, aux X-Games de Los Angeles (Californie, USA), en 2004.

15 545 t : poids du **train le plus lourd jamais tiré par un moteur unique**, sur la ligne Erie Railroad (USA), de 1914 à 1929.

GUINNESS WORLD RECORDS

TRAIN DE FRET

Un train de marchandises de 7,35 km, composé de 682 wagons de minerai, propulsé par 8 locomotives diesel électriques, a été assemblé par BHP Iron Ore. Le train a parcouru 275 km, des mines de la société Newman et Yandi à Port Hedland (Australie-Occidentale), le 21 juin 2001.

PÉRIPLE D'UN TRAIN-HÔPITAL

Dans le cadre des célébrations du jubilé d'or de l'Indépendance de l'Inde, l'armée indienne a affrété un train-hôpital offrant un traitement médical spécialisé aux militaires à la retraite des 11 États indiens. Le train a quitté New Delhi le 15 août 1997 pour y revenir 5 mois plus tard, le 13 janvier 1998.

MONORAIL SUSPENDU

Long de 15,2 km, le monorail suspendu Chiba, près de Tokyo (Japon), est le plus long monorail du monde. Le premier tronçon de 3,2 km a été inauguré le 20 mars 1979 ; la ligne a été allongée 3 fois depuis.

TRAIN DE PASSAGERS

Un train de passagers créé par la société des chemins de fer belges mesurait 1 732,9 m. Composé de 70 voitures tirées par une locomotive électrique, il a parcouru 62,5 km de Gand à Ostende (Belgique), le 27 avril 1991.

★ LA LOCOMOTIVE ÉLECTRIQUE LA PLUS RAPIDE

Appartenant aux chemins de fer fédéraux autrichiens (ÖBB), la locomotive électrique multisystème 1216 050 (type ES 64 U4) de Siemens est la plus rapide du monde. Conduite par Alex Dworaczek de Munich (Allemagne), sur la ligne grande vitesse reliant Ingolstadt à Nuremberg (Allemagne) elle a atteint 357 km/h, le 2 septembre 2006.

VOYAGE INTERNATIONAL EN TRAIN SANS ARRÊT

Parti de Londres (GB) à 9 h 40, le 16 mai 2006, un train Eurostar a effectué 1 421 km pour rejoindre Cannes (France), en 7 h et 25 min sans arrêt. Ce voyage a été organisé dans le cadre de la promotion du film *Da Vinci Code* (USA, 2006) de Ron Howard. Tom Hanks (USA) et Audrey Tautou (France) étaient du voyage.

PLUS D'INFO

La locomotive de Siemens (ci-dessus) a eu besoin de 30 km de voie pour atteindre 344 km/h, avant de battre ce record un peu plus tard, avec une pointe à 357 km/h.

DISTANCE PARCOURUE PAR UN TRAIN FOU

Une course folle de 161 km a eu lieu sur la ligne Chicago, Burlington & Quincy à l'est de Denver (Colorado, USA), le 26 mars 1884. Des vents violents avaient mis en marche un convoi de 8 wagons de charbon à Akron (Colorado, USA). Le train avait emprunté la ligne principale, poussé à 64 km/h par le vent. Une locomotive de fret a finalement pris le contrôle du train en un peu moins de 3 h.

SUPER PUISSANT

Chaque train de la ligne Pilbara-Port Hedland de la société Fortescue Metals Group (FMG) est équipé de 2 moteurs GE Dash 9-4400CW, avec 2 locomotives sur la portion Chichester, qui couvre 57 km. Au 200e km, les trains sont tractés par 2 locomotives de tête. Cette configuration en fait **le train avec locomotive de tête en activité le plus long et le plus lourd** du monde.

9 août Smokey Bear, ours mascotte de l'office des forêts des États-Unis, a participé à **la plus longue campagne de publicité**. Il est apparu sur une affiche de prévention des incendies en 1944.

ARMES

VITRES

Les vitres teintées sont suffisamment solides pour résister aux impacts de balles perforantes. Elles sont toutes scellées pour protéger les passagers d'attaques chimiques ou biologiques.

PORTES

Chaque porte serait équipée d'un blindage de 20 cm. Une plaque en acier spécial de 12,7 cm fixée sous la voiture la protégerait des bombes.

CARROSSERIE

La carrosserie est un mélange de métal et de titane conçu pour désintégrer les projectiles.

★ LE PREMIER DÉTECTEUR DE SNIPERS PORTABLE

EARS, système de détection de snipers, est conçu pour protéger les soldats des snipers ennemis, notamment en zone urbaine, en leur signalant leur présence. Il pèse moins de 170 g et fonctionne grâce à un détecteur acoustique miniature. Il n'a besoin que de 1 watt pour fournir au soldat des signaux audiovisuels qui l'aident à repérer la direction des tirs d'armes légères et la distance à laquelle celles-ci se trouvent.

★ LA PREMIÈRE ARME À ÉNERGIE DIRECTE DÉPLOYÉE SUR LE TERRAIN

Zeus est une arme laser qui neutralise les explosifs, tels que les bombes ou les mines qui n'ont pas encore explosé, à une distance où le risque est nul (300 m). Cette arme a été testée en Afghanistan en 2003, puis en Irak. Une douzaine devrait être déployée d'ici la fin 2009.

★ L'ÉCHANTILLON DE PLUTONIUM MILITAIRE LE PLUS ANCIEN

L'échantillon de plutonium militaire le plus ancien a été produit en 1944 sur le site nucléaire d'Hanford (Washington DC, USA) à partir de déchets provenant du X-10, un prototype de réacteur installé à Oak Ridge (Tennessee, USA). L'échantillon – un flacon de liquide blanc, qui avait été enfermé dans un coffre-fort et déposé dans une tranchée à Hanford – a été découvert en 2004 par des ouvriers chargés de la décontamination des lieux.

★ LE SYSTÈME DE VISION NOCTURNE LE PLUS SOPHISTIQUÉ

Développé par BAE Systems pour des applications de poursuite de missiles, BugEye fonctionne comme les yeux du mâle de *Xenos peckii*, un parasite de la guêpe. Grâce à un système unique, qui n'existe chez aucun autre être vivant, les yeux de ce parasite disposent de 50 lentilles lui donnant un champ visuel de 120°. Avec ses 9 lentilles, BugEye a une vision périphérique de 60°. Il est bien plus sophistiqué que la plupart des caméras actuelles, dont le champ visuel est limité à 20°.

★ LE FUSIL À LUNETTE LE PLUS SOPHISTIQUÉ

Le fusil à lunette L115A3 d'Accuracy International, utilisé pour la première fois par la 16e brigade aérienne d'assaut de l'armée britannique en mai 2008 en Afghanistan, pèse 6,8 kg. Il tire des balles de calibre 8,59 mm moins susceptibles d'être déviées de leur trajectoire sur de longues distances. Dans des conditions optimales, il permet un tir de précision à 600 m et un tir de couverture à plus de 1 100 m.

★ LA LIMOUSINE PRÉSIDENTIELLE LA PLUS SÛRE

La limousine de Barack Obama (USA), surnommée "Cadillac One" ou "the Beast", est une Cadillac DTS rallongée construite par General Motors. Les spécifications techniques sont confidentielles pour des raisons de sécurité, mais on sait que le système de protection comprend des pneus anticrevaison en kevlar résistant au déchirement et au poinçonnement, des portes blindées de 20 cm équipées de vitres pare-balles et un châssis en acier renforcé de 12,7 cm capable de résister à une bombe. L'habitacle serait scellé pour parer aux attaques chimiques. Il renferme aussi un système de communication inviolable. Cette forteresse roulante a néanmoins du mal à parcourir plus de 500 m avec 1 l de carburant.

★ LE ROBOT MILITAIRE LE PLUS RÉSISTANT

Dragon Runner est un robot de 9 kg, qui peut effectuer des opérations de déminage, de récupération de déchets et de reconnaissance. Son électronique, opérationnelle dans n'importe quelle position, est protégée par une coque en plastique. Il peut aussi être équipé d'un bras manipulateur avec épaule rotative, poignet et pince, de caméras à vision nocturne, de détecteurs de mouvement, d'un microphone et de chenilles.

10 août **La planche de surf la plus longue du monde** – 9,20 m – a été fabriquée à Hama Atsuma, près de Tomakomai (Japon), en 2008.

63 tonnes : poids du char MT A2 Abrams, **le char de combat le plus lourd en service**.

★ LA PREMIÈRE ARME AUTOMATIQUE

En 1883, Hiram Maxim (devenu par la suite sir Hiram Maxim) a construit et développé la première mitrailleuse autonome à un seul canon. Elle utilisait l'énergie du recul consécutif au tir pour extraire la douille et en placer une nouvelle dans la chambre. Tant que la détente n'était pas relâchée, elle tirait en continu.

★ LA PREMIÈRE MITRAILLEUSE

En 1862, Richard Gatling (USA) a conçu la première mitrailleuse. Elle a été utilisée pour la première fois pendant la guerre de Sécession (1861-1865). Elle fonctionnait avec une manivelle et possédait plusieurs canons. Depuis le chargeur, sorte d'entonnoir placé sur le dessus de l'arme, les cartouches descendaient sous l'effet de la gravité dans la culasse ouverte. Grâce à ce système, même un tireur malhabile pouvait tirer à une cadence élevée.

★ NOUVEAU RECORD
● MISE À JOUR

★ LE CHAR LE PLUS CHER

Conçu et fabriqué en Corée du Sud, le char de combat K2 Black Panther coûte environ 8 300 000 wons sud-coréens (6,3 millions €). Il nécessite un équipage de 3 hommes, a un moteur de 1 500 ch et peut atteindre 70 km/h sur route goudronnée et 50 km/h hors piste. L'armée de la république de Corée en a commandé 390 exemplaires.

★ L'APPLICATION POUR IPOD LA PLUS DANGEREUSE

Le 22 décembre 2008, Runaway Technology Inc. a lancé BulletFlight, une application pour iPhone et iPod Touch destinée à aider les tireurs d'élite. L'application transforme l'iPod en ordinateur balistique et permet à l'utilisateur d'entrer différentes données, comme les conditions météo et la distance. L'accéléromètre, qui mesure les angles par rapport à la cible, fournit des informations détaillées sur la façon de régler le tir idéal à une distance pouvant aller jusqu'à 2 000 m. Le programme dispose aussi de profils intégrés pour 3 fusils à lunette très répandus, notamment le M110 semi-automatique, et permet à l'utilisateur d'ajouter d'autres profils en fonction de ses besoins.

★ RECORD DE DRONES ABATTUS PAR UN SYSTÈME D'ARMES LASER

En décembre 2008, un système d'arme laser, baptisé Laser Avenger par son fabricant, Boeing Combat Systems, a abattu 3 petits drones dans la zone militaire de White Sands Missile Range (Nouveau-Mexique, USA).

11 août Ce jour de 2005, Martin Brady (GB) a présenté **le rythme cardiaque le plus faible jamais enregistré au repos**, avec 27 pulsations/min.

12 août Sergey Karjakin (Ukraine, né le 12 janvier 1990), âgé de 12 ans et 212 jours, est **le plus jeune joueur d'échec à avoir obtenu le titre de grand maître international**. C'était en 2002.

SUPERSTRUCTURES

DE GRANDES AMBITIONS

L'histoire des plus hauts édifices de la planète est le reflet des grandes ambitions humaines. Les premières superstructures consistaient en de grandioses sépultures où reposaient les pharaons de l'ancienne Égypte. Au Moyen-Âge, avec l'avènement de la chrétienté en Europe, se sont élevées de gigantesques églises et cathédrales, signes de dévotion à Dieu. Les gratte-ciel modernes rendent hommage à la technologie et au savoir-faire de l'homme. Donc, si les hauteurs vous subjuguent, admirez le panorama à couper le souffle que nous vous avons préparé. ***Les dates entre parenthèses indiquent la période durant laquelle le monument était le plus haut du monde.***

CATHÉDRALE DE COLOGNE (1880-1884)

Bien que la construction de la cathédrale de Cologne ait débuté en 1248, ce magnifique exemple d'architecture gothique n'a été achevé qu'en 1880. Pendant les 4 années qui ont suivi, la cathédrale est restée la structure la plus haute du monde, jusqu'à l'érection du Washington Monument. Seule la cathédrale d'Ulm possède une flèche centrale plus haute que celle de Cologne, qui culmine à 157 m. Elle est aujourd'hui inscrite au Patrimoine mondial de l'Unesco.

PYRAMIDE ROUGE DE SNÉFROU (VERS 2790-2590 AV. J.-C.)

Le nom vient du calcaire rosâtre avec lequel cette pyramide, haute de 104 m, a été construite. Elle fait partie des 3 pyramides de la nécropole de Dahshur (Égypte). Bâtie par la IVe dynastie de pharaons, les Snéfrou, qui ont régné vers 2613-2589 av. J.-C., cette pyramide est restée la plus haute structure du monde jusqu'à ce que la Grande Pyramide de Gizeh lui ravisse le titre.

ÉGLISE SAINTE-MARIE (1625-1647)

Située à Stralsund (Allemagne), l'église Sainte-Marie, d'une hauteur de 151 m, constitue un autre célèbre exemple d'architecture gothique. Cette construction, antérieure à 1400, a perdu son titre de plus haut monument du monde lorsque sa tour (pourtant déjà reconstruite après une tempête) a été détruite par la foudre en 1647. (Le titre est alors revenu à la cathédrale de Strasbourg.) Aujourd'hui, l'église culmine à 104 m.

TOUR EIFFEL (1889-1930)

Cette incontournable parisienne tient son nom de son concepteur, Gustave Eiffel (France). À l'origine, la tour ne devait servir que pour l'Exposition universelle organisée par la ville et ne rester que 20 ans. Sa construction a pris 2 ans et s'est achevée en 1889. En dépit des innombrables protestations outragées, la tour – 324 m de haut – est rapidement devenue un site touristique incontournable. La tour Chrysler lui a ravi sa couronne en 1930.

SAINT-NICOLAS (1874-1876)

À Hambourg (Allemagne), ce gigantesque monument gothique a conservé le record de plus haut monument pendant 2 ans, avant que la cathédrale de Rouen ne s'en empare. Plusieurs monuments dédiés à saint Nicolas ont été érigés sur les lieux de cette église – le premier remontant au e siècle. Cet édifice, dont la flèche centrale atteignait 147,3 m, a été construit entre 1846 et 1874.

TOUR OSTANKINO (1967-1975)

Premier bâtiment à dépasser 500 m de haut, cette tour autonome de télévision et de radio moscovite (Russie) reste avec ses 540 m le plus haut édifice d'Europe. Débutée en 1963, sa construction a duré 4 ans. Elle a finalement perdu son titre de plus haute structure du monde au profit de la tour CN de Toronto.

EMPIRE STATE BUILDING (1931-1967)

L'icône new-yorkaise a été le premier bâtiment de plus de 100 étages et est considérée depuis 1994 comme une des Sept Merveilles du monde moderne par l'American Society of Civil Engineers (Société américaine de génie civil). Achevé en 1931 et haut de 381 m, l'Empire State Building a été dépassé par la tour Ostankino en 1967.

PYRAMIDE DE DJOSER (VERS 2700-VERS 2600)

Située dans la nécropole égyptienne de Saqqara et bâtie pour le pharaon du même nom au e s. av. J.-C., cette pyramide atteignait 62 m de haut (soit la même hauteur que les sculptures du mont Rushmore représentant les visages de quatre présidents américains). Vers 2600 av. J.-C., elle a été supplantée par la pyramide rouge de Snéfrou.

CATHÉDRALE LINCOLN (1311-1549)

Grâce à sa flèche centrale de 160 m de haut, la cathédrale Lincoln, construite entre 1185 et 1311, a été le plus haut édifice du monde jusqu'en 1549. Cette année-là, sa flèche a brûlé et le record est passé à l'église Saint-Olaf à Tallinn (Estonie).

13 août Scott Hammell (Canada) a réalisé **l'évasion d'une camisole de force la plus en altitude**, depuis une montgolfière volant à 2 194,5 m, au-dessus de Knoxville (Tennessee, USA), en 2003.

320,94 m : hauteur du **plus haut hôtel**, le Burj Al Arab ("tour arabe"), en forme de voile géante et doté de 202 suites, à Dubaï (EAU).

★ NOUVEAU RECORD

● MISE À JOUR

BURJ DUBAI (DEPUIS 2009)

La ● plus haute structure du monde actuelle est Burj Dubai à Dubaï (Émirats arabes unis), qui atteignait 688 m de haut, le 1er septembre 2008, soit 2 fois la hauteur de la tour Eiffel ! À la fin de sa construction, prévue en septembre 2009, la structure devrait atteindre 818 m.

TOUR CN (1975-2009)

Du haut de ses 553,33 m, la tour CN de Toronto (Canada) a ravi le titre de plus haute structure à la tour Ostankino (Moscou) en 1975, durant sa construction. Achevée l'année suivante, elle a conservé son titre pendant 32 ans jusqu'à la construction du Burj de Dubaï. À l'instar de l'Empire State Building, la tour CN a été désignée comme une des Sept Merveilles du monde moderne.

CATHÉDRALE DE ROUEN (1876-1880)

Notre-Dame de Rouen, magnifique cathédrale gothique, a été construite entre 1202 et 1880. Elle a été considérée comme le plus haut bâtiment du monde de 1876 à 1880 avant d'être dépassée par la cathédrale de Cologne. Sa flèche centrale atteint 151 m.

TOUR CHRYSLER (1930-1931)

Chef-d'œuvre Art déco, ce célèbre gratte-ciel new-yorkais a été érigé entre 1928 et 1930. Sa hauteur atteint 318,9 m – 3 fois la hauteur de la pyramide rouge de Snéfrou. La tour Chrysler est restée moins de 1 an l'édifice le plus haut du monde, supplantée par une autre icône new-yorkaise : l'Empire State Building.

ÉGLISE SAINT-OLAF (1549-1625)

Datant du e s. et située à Tallinn (Estonie), l'église Saint-Olaf a été le monument le plus haut du monde de 1549 à 1625, année où l'église Sainte-Marie de Stralsund l'a détrônée. D'une hauteur initiale de 159 m, elle ne fait plus que 123 m, suite à la foudre et à des reconstructions répétées.

GRANDE PYRAMIDE DE GIZEH (VERS 2560 AV. J.-C.-1311)

La plus grande pyramide d'Égypte culminait à 146 m, avant que l'érosion ne réduise sa taille. Connue également sous le nom de pyramide de Khéops, elle fait partie des 3 pyramides de la nécropole de Gizeh près du Caire (Égypte). Achevée vers 2560 av. J.-C., elle est restée l'édifice le plus haut du monde pendant plus de 3 800 ans, jusqu'à la construction de la cathédrale Lincoln.

CATHÉDRALE DE STRASBOURG (1647-1874)

À 142 m, la flèche de la cathédrale de Strasbourg (France) est 3 m plus haute que le Harbour Bridge de Sydney (Australie). Le monument est resté la plus haute structure du monde de 1647 (lorsque l'église Sainte-Marie de Stralsund a perdu sa flèche) à 1874 (lorsque l'église Saint-Nikolai de Hambourg lui a ravi le titre). La construction de cette cathédrale gothique a débuté en 1015 pour s'achever en 1439.

WASHINGTON MONUMENT (1884-1889)

Ouvert au public en 1888, mais officiellement le plus haut édifice du monde 4 ans plus tôt, cet obélisque culmine à 169,29 m. En 1889, la tour Eiffel lui a ravi son record. *(Voir ci-dessous pour d'autres informations sur ce monument.)*

LIMITES URBAINES

Le Washington Monument est le bâtiment le plus haut de Washington DC (USA) et le restera. Pourquoi ? Parce que c'est la loi. Le Heights of Buildings Act de 1910 a restreint la hauteur de tout édifice érigé dans la ville à la largeur de la rue adjacente au monument, plus 6,1 m.

14 août Svetlana Masterkova (Russie) a établi **le record de vitesse féminin du mile** (1,6 km), avec 4 min et 12,56 s, à Zurich (Suisse), en 1996.

15 août Lors de son inauguration en 1956, le Drive-in Algiers de Detroit (Michigan, USA) possédait un écran de 65,8 m de large pour une surface de 445,9 m² – **le plus grand écran de cinéma en plein air.**

PARTICULES

100

★LA PLUS GROSSE MACHINE JAMAIS CONSTRUITE

Le Large Hadron Collider (ou grand collisionneur de hadrons) est **le plus grand accélérateur de particules** du monde, ainsi que la machine la plus grosse et la plus complexe (et **le plus gros réfrigérateur** !). Situé à la frontière franco-suisse, près de Genève (Suisse), il s'agit d'un tunnel circulaire souterrain de 27 km.

L'objectif du LHC est de provoquer des collisions entre deux faisceaux de protons à des énergies extrêmement hautes, puis d'observer les résultats. Il s'agirait en priorité de démontrer la théorie du boson d'Higgs – la fameuse particule divine – restée à ce jour à l'état de théorie. Le premier faisceau de protons a été envoyé vers le LHC le 10 septembre 2008, mais les opérations ont été interrompues le 19 septembre, en raison d'une défaillance technique.

Voici une sélection des records mondiaux établis par ce fabuleux projet scientifique.

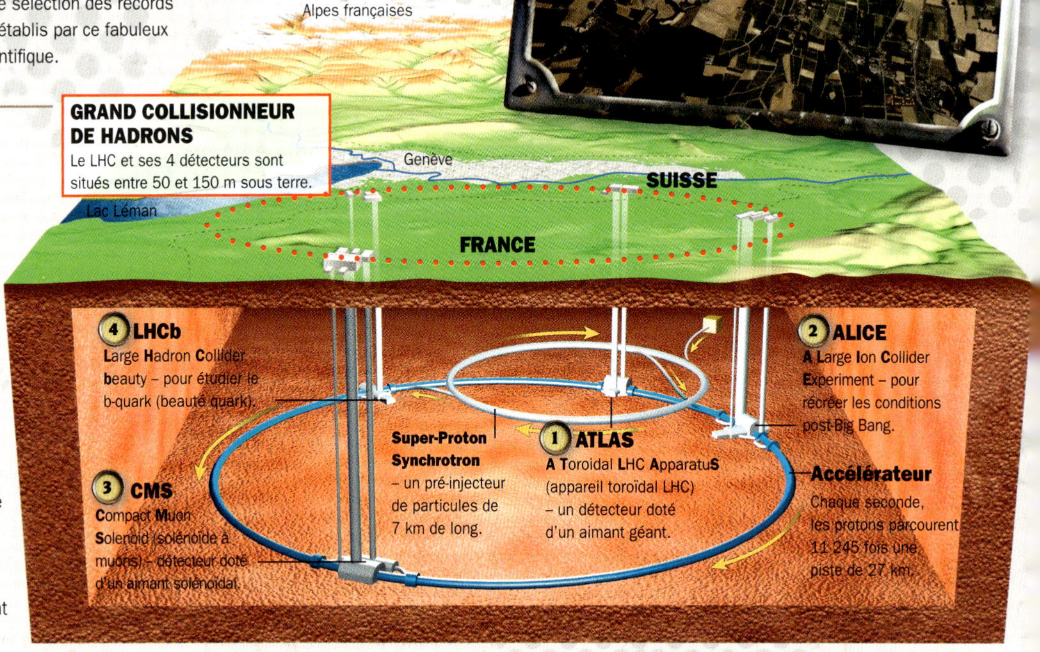

★LE DÉTECTEUR DE PARTICULES LE PLUS LOURD

Le Compact Muon Solenoid (CMS, solénoïde compact à muons) ***(3)***, est un des détecteurs génériques du LHC. Construit autour d'un gigantesque aimant solénoïde, le détecteur entier fait 21 m de long, 15 m de large et 15 m de haut, et pèse 12 500 t. Il a pour fonction d'observer les aspects de la physique des hautes énergies, notamment la possibilité de nouvelles dimensions.

★ NOUVEAU RECORD
● MISE À JOUR

★RECORD D'ÉNERGIE PARTICULAIRE DANS UN ACCÉLÉRATEUR DE PARTICULES

Les faisceaux de protons introduits dans le LHC sont accélérés par des aimants à une vitesse atteignant, à un millionième près, la vitesse de la lumière (299 792 458 m/s). Ils circulent dans le tunnel 11 245 fois par seconde. Autrement dit, chaque proton dispose d'environ 7 TeV d'énergie (7 téra électron volts), soit l'équivalent de l'énergie déployée par 7 moustiques en vol. Au total, tous les protons des faisceaux actifs disposent d'une énergie comparable à 900 voitures roulant à 100 km/h.

★LE PLUS GRAND DÉTECTEUR DE SILICONE

Le détecteur de silicone Compact Muon Solenoid 2 (CMS2 – solénoïde compact à muons) est conçu pour suivre les positions tridimensionnelles des particules produites par les collisions de protons dans le Compact Muon Solenoid du LHC ***(3)***. Le détecteur couvre 205 m² – environ la taille d'un court de tennis.

★LE PLUS GRAND AIMANT SUPRACONDUCTEUR

Le Barrel Toroid, qui pèse 100 t, comprend 8 bobines d'électroaimants d'une portée de 25 m de long et 5 m de large. Intégré dans le détecteur Atlas ***(1)***, il a été testé en 2006 à une température opérationnelle de – 269 °C. Il est conçu pour utiliser un champ magnétique 4-Tesla capable de dévier les itinéraires des particules produites dans les collisions créées dans le LHC.

★LA PLUS GRANDE GRILLE DE CALCUL

Afin d'analyser les données générées par le LHC, les scientifiques de la planète ont créé la Worldwide LHC Computing Grid, ou grille de calcul du LHC. Dévoilée en octobre 2008, cette grille comprend 100 000 ordinateurs rassemblés dans 140 centres informatiques de 33 pays. Les détecteurs du LHC doivent générer environ 300 gigaoctets de données (soit la capacité totale de 35 DVD) par seconde.

★LE PLUS GROS RÉFRIGÉRATEUR

Pour être opérationnels, les 9 300 aimants du Large Hadron Collider (grand collisionneur de hadrons) doivent être réfrigérés. Près de 10 080 t de nitrogène liquide sont nécessaires pour les refroidir à – 193,2 °C. Ils sont ensuite remplis de près de 60 t d'hélium liquide, ce qui les fait passer à – 271,3 °C.

★LA PLUS LONGUE POMPE À VIDE

Pour éviter les collisions avec des molécules gazeuses, la circulation des faisceaux de

16 août Usain Bolt (Jamaïque) a décroché **le record du 100 m hommes** avec 9,69 s, aux J.O. de Pékin (Chine), en 2008.

49,9 m : hauteur du *Kilimandjaro*, le plus haut **toboggan aquatique**, installé au Country Club d'Águas Quentes, à Rio de Janeiro (Brésil).

LA PLUS GROSSE TRONÇONNEUSE

Une tronçonneuse mesurant 6,98 m de long et 1,83 m de haut actionnée par un moteur V8 a été réalisée par Moran Iron Works, Inc., d'Onaway (Michigan, USA), en 1996. Baptisée "Big Gus", elle a été présentée par James A. DeCaine au Da Yoopers Tourist Trap, à Ishpeming (Michigan, USA). De Caine nomme ces objets des "Yoopervations" : originaux, inutiles, mais amusants.

● STRUCTURE EN BOÎTES DE CONSERVE

Le 4 juillet 2008, des étudiants de l'école d'architecture de l'université d'État du Montana (USA) – en partenariat avec l'association à but non lucratif Conscious Alliance (USA) – ont employé 45 725 boîtes de conserve pour bâtir une structure en forme de main humaine. La sculpture mesurait 9,75 m de long, 4,88 m de large et 3,05 m de haut.

★ FLÛTE DE VIN MOUSSEUX

La plus grande flûte a été remplie de 16,5 l de vin mousseux par Fede & Tinto, au cours de la fête des amateurs de vin Vini nel Mondo de 2008, se déroulant à Spoleto (Ombrie, Italie), le 30 mai 2008.

PAIRE DE CISEAUX

Une paire de ciseaux mesurant 1,78 m de la pointe à la poignée a été fabriquée par Michael Fish (Canada) et son équipe de Keir Surgical Ltd. Les ciseaux ont été exposés au cours de la 20e conférence nationale de l'ORNAC à Victoria (Canada), le 24 avril 2007.

★ CHOPE DE BIÈRE

Une chope de bière contenant 384,21 l de Budweiser a été fabriqué par les restaurants *Harry Caray* et *WLS AM 890* (tous deux USA), à Chicago (Illinois, USA), le 21 février 2008.

★ LANTERNE

Une lanterne en pierre de 12 m de haut et 7,4 m de large construite pour le temple Nenbutsushu Sanpouzan Muryojuji, à Kato City (Hyogo, Japon), a été mesurée le 10 mars 2008.

★ LA PLUS GROSSE CARABINE EN ÉTAT DE MARCHE

Présentée au Da Yoopers Tourist Trap, à Ishpeming (Michigan, USA), une carabine de 10,18 m appartenant à James A. DeCaine (USA) tire des projectiles en utilisant du propane et de l'oxygène. Elle peut propulser une roche enveloppée de ruban conducteur à 4 km.

★ AIGUILLES À TRICOTER

Ingrid Wagner a utilisé des aiguilles à tricoter de 3,5 m de long et 8 cm de diamètre pour tricoter un échantillon de 10 rangs de 10 points, au Metro Radio Arena de Newcastle upon Tyne (GB), le 10 mars 2008.

LE PLUS GRAND SKATE-BOARD

Un skate-board de 9,4 m de long, 2,4 m de large et 1,19 m de haut a été conçu et fabriqué par une équipe d'étudiants inscrits au cours de résolution de problèmes en équipe de Jerry Havill, à l'université de Bay de Nocc, à Escanaba (Michigan, USA), le 17 août 2007.

★ NOUVEAU RECORD
● MISE À JOUR

21 août **Le plus vieil athlète à décrocher une médaille olympique** était Patrick Joseph "Babe" McDonald (USA). Il a remporté le lancer de poids de 25,4 kg, à Anvers (Belgique), en 1920, à 42 ans et 26 jours.

ÉNERGIES DURABLES

UNE QUESTION DE WATT

Le watt est l'unité utilisée pour mesurer la puissance électrique du courant, par exemple, une ampoule de 100 watts dépense 100 joules d'énergie par seconde. Une centrale électrique de 100 mégawatts produit donc 100 000 000 joules d'énergie par seconde, soit de très nombreuses ampoules ! Voici un bref récapitulatif des puissances des énergies durables :

- **Éolienne : 1-5 MW**
- **Géothermique : 1-100 MW**
- **Solaire : 10-500 MW**
- **Hydroélectrique : 1-18 000 MW**

★ NOUVEAU RECORD
● MISE À JOUR

★ LA STATION DE POMPAGE LA PLUS PUISSANTE

La station de pompage du comté de Bath (Virginie, USA) comprend deux réservoirs, un des deux étant situé 380 m plus haut que l'autre. Lorsque la demande en électricité est faible, le surplus d'électricité est dirigé vers le réservoir supérieur. Et lorsque la demande est forte, l'eau est reversée dans le réservoir inférieur, via des turbines, permettant alors la génération de 2 100 mégawatts (au maximum) avec un débit de 915 m³ par seconde.

ÉNERGIE SOLAIRE

★ LES PLUS GROS INVESTISSEMENTS

En 2007, l'Allemagne a investi 25 milliards € dans les énergies renouvelables, et plus particulièrement dans les cellules photovoltaïques et les éoliennes.

★ RECORD DE CROISSANCE POUR UNE TECHNOLOGIE ÉNERGÉTIQUE

La technologie photovoltaïque à grille solaire a connu une croissance annuelle de 50 % en 2006-2007, avec une capacité énergétique estimée à 7,8 gigawatts (GW). L'hydroélectricité reste toutefois **l'★ énergie qui contribue le plus aux énergies renouvelables** avec une capacité de 770 GW en 2007.

★ LA TECHNOLOGIE SOLAIRE LA PLUS RÉPANDUE

Début 2007, la capacité du chauffage de l'eau par énergie solaire se montait à environ 154 GW. Israël a **la plus grande concentration de chauffe-eau solaires par habitant**, avec un appareil pour 10 habitants.

LA PLUS GRANDE INSTALLATION À ÉNERGIE SOLAIRE

Géré par UC Operating Services, le Harper Lake Site (LSP 8 & 9) dans le désert de Mojave (Californie, USA) est la plus grande centrale électrique solaire du monde. Ses deux stations électriques ont une capacité nominale de 160 mégawatts (80 mégawatts chacune). Le site, qui s'étend sur 5,2 km², compte 400 000 capteurs solaires (miroirs qui concentrent l'énergie du soleil).

★ LA PLUS GRANDE EFFICACITÉ SOLAIRE

En juillet 2007, une équipe de l'université du Delaware (USA) a présenté un système de cellules photovoltaïques à l'efficacité énergétique de 42,8 %. Actuellement, les cellules produites en série ont une efficacité de 15-20 % et les cellules haut de gamme environ 25 %.

L'agence pour les projets de recherche avancée de défense (DARPA) (USA) a initié un programme intitulé Very High Efficiency Solar Cell (VHESC) chargé de développer des cellules d'une efficacité minimale de 50 %. Le marché des cellules avoisine 100 millions $.

LE PLUS GRAND TOIT À PANNEAUX SOLAIRES

À Berne (Suisse), une ancienne grange a été dotée d'un toit de 2 050 m² composé de 16 650 tuiles incrustées de cellules photovoltaïques, baptisées ardoises solaires. Conçu par Atlantis Energy Ltd, le projet est supposé générer 167 000 kWh d'énergie électrique.

LA CHEMINÉE SOLAIRE LA PLUS PUISSANTE

Située à Manzanares (Espagne), la centrale électrique à cheminée solaire d'Enviromission (Australie) a produit 50 kilowatts entre 1982 et 1989. Cette centrale compte en fait de très nombreuses serres dans lesquelles l'air, chauffé par le soleil, est dirigé vers une tour centrale, fournissant alors de l'énergie aux turbines comme s'il s'échappait dans l'atmosphère.

★ RECORD DE PUISSANCE GÉNÉRÉE PAR UNE TURBINE MARÉMOTRICE

En décembre 2008, Marine Current Turbines (GB) a annoncé la mise en production de sa turbine SeaGen. Calquée sur une ferme éolienne sous-marine, ses deux gigantesques turbines sont actionnées par le mouvement des marées à Strangford Lough (GB). SeaGen peut produire jusqu'à 1,2 mégawatt d'électricité.

22 août En 2005, à 92 ans et 156 jours, Smoky Dawson (Australie, né le 19 mars 1913) est devenu **la personne la plus âgée à enregistrer un nouvel album de titres inédits**, *Homestead Of My Dreams*.

23 août Sponsorisée par Tums, **la plus grande vague mexicaine** comptait 157 574 participants, sur le circuit automobile de Bristol (Tennessee, USA), en 2008.

4 244 020 : nombre d'ampoules basse consommation gratuites distribuées par Scottish and Southern Energy, *The Sun* et Cool nrg au Royaume-Uni, le 19 janvier 2008.

★ LA CENTRALE ÉLECTRIQUE LA PLUS PUISSANTE FONCTIONNANT AUX DÉJECTIONS DE VOLAILLE

Ouverte en septembre 2008, la centrale bioénergétique de Moerdijk (Pays-Bas) transforme des déjections de volaille en électricité. Avec une capacité énergétique de 36,5 mégawatts, son quotient carbone est neutre, car la combustion des déjections dégage moins de gaz à effet de serre que lorsque celles-ci sont répandues dans les champs. La centrale consomme 440 000 t de déjections de volaille par an, soit un tiers de la production des Pays-Bas.

★ RECORD DE CAPACITÉ D'UNE FERME ÉOLIENNE

La Horse Hollow Wind Energy Center comprend 421 turbines éoliennes disséminées sur près de 190 km² au Texas (USA). À plein régime, la centrale produit 735,5 mégawatts d'électricité. La ferme éolienne appartient à Florida Power & Light (FPL) Energy qui possède 47 autres sites identiques, capables d'approvisionner presque 1 million de foyers américains.

★ LA TOUR SOLAIRE LA PLUS PUISSANTE

Près de Séville (Espagne), la centrale électrique PS10 utilise 624 miroirs mobiles (héliostats). Chaque miroir de 120 m² dirige la lumière du soleil vers le sommet d'une tour de 115 m, où la chaleur accumulée actionne une turbine qui produit de l'électricité. Forte d'une capacité de 11 mégawatts, la PS10, qui est opérationnelle depuis mars 2007, a le potentiel de fournir 60 000 foyers en électricité.

GÉO, HYDRO, MARÉMOTRICE & ÉOLIENNE

LA PLUS GRANDE CAPACITÉ GÉOTHERMIQUE

Les États-Unis possèdent la capacité géothermique la plus importante du monde. Ils peuvent produire 2 700 mégawatts d'électricité directement depuis le sol.

La Geysers Power Plant de Californie (USA) est **le plus grand complexe de centrales géothermiques** du monde. Les 22 centrales électriques du site utilisent l'eau de 350 puits de vapeur pour générer 1 700 mégawatts d'électricité.

LA STATION HYDROÉLECTRIQUE LA PLUS PUISSANTE

La centrale hydroélectrique Itaipu, à la frontière entre le Paraguay et le Brésil, peut générer 12 600 mégawatts d'électricité, soit l'approvisionnement de la Californie (USA).

PLUS D'INFO

La centrale Moerdm générera suffisamment d'énergie renouvelable pour 90 000 foyers. Chaque année, les Pays-Bas produisent environ 1,2 million t de déjections de volaille.

LA CENTRALE MARÉMOTRICE LA PLUS PUISSANTE

Situé à l'embouchure de la Rance (Bretagne, France), le barrage marémoteur de la Rance est opérationnel depuis 1966. Il génère 240 mégawatts d'électricité à partir de 24 turbines actionnées par les marées. L'électricité ainsi produite pourrait satisfaire les besoins d'une ville de 300 000 habitants.

LE PLUS GRAND GÉNÉRATEUR ÉOLIEN

Avec un mât de 135 m et un rotor de 127 m de diamètre, l'Enercon E-126 est l'éolienne la plus puissante du monde. Sa capacité s'élève à 6 mégawatts (ou 20 millions kilowattheures par an), suffisamment pour approvisionner 5 000 foyers européens de 4 personnes. Fabriqué par Enercon GmbH (Allemagne), à Rysumer Nacken (Emden, Allemagne), le générateur éolien est opérationnel depuis novembre 2007.

★ LA PLUS GRANDE FERME ÉOLIENNE

Altamont Pass (Californie, USA) possède la plus forte concentration d'éoliennes du monde. Disposant de 7 300 turbines disséminées sur 140 km² (2 fois la superficie de Manhattan), la centrale a une capacité maximale de 576 mégawatts, soit une production annuelle d'environ 1,1 térawatt-heure (TWh) d'électricité. La construction des premières turbines ayant débuté en 1981 à la suite de la crise énergétique des années 1970, cette centrale éolienne est la plus ancienne des États-Unis.

24 août Petar Stoychev (Bulgarie) détient **le record de temps pour traverser la Manche à la nage** : 6 h, 57 min et 50 s. Il a relié Shakespeare Beach (GB) au cap Gris-Nez (France), en 2007.

TECHNOLOGIES DE POINTE

★ LA PLUS PETITE NANOVOITURE

En 2005, James Tour et son équipe de chercheurs de l'université Rice au Texas (USA) ont dévoilé une voiture faite d'une molécule de plusieurs atomes (surtout du carbone). Le véhicule a un châssis, des essieux et 4 roues en fullerène de Buckminster (une sphère de 60 atomes de carbone). Selon Tour, l'assemblage, qui roule sur 4 roues dans une direction perpendiculaire à ses essieux, mesure 3-4 nanomètres de diamètre, à peine plus qu'un brin d'ADN. La voiture se déplace grâce à une sonde dotée d'un microscope à effet tunnel.

★ RECORD DE RPM (RÉVOLUTIONS PAR MINUTE)

Des chercheurs du département d'électro-énergie de l'Institut fédéral suisse de technologie, à Zurich, ont annoncé en novembre 2008 la création d'un système rotatif capable de réaliser 1 million de révolutions par minute. L'appareil, qui a des applications dans les technologies de forage et de compression, possède une coque en titane qui lui permet de ne pas se désagréger.

BASCULE ARRIÈRE

Le M-2000iA possède 6 axes de rotation, ce qui équivaut, selon Fanuc, à une taille, une épaule, un coude, un poignet et des doigts humains. Il est même plus souple qu'une épaule humaine, car il peut adopter n'importe quelle position.

● LE BRAS ROBOTISÉ LE PLUS PUISSANT

Présenté en octobre 2008, le M-2000iA/1,200, un robot industriel conçu par Fanuc Robotics (USA), peut soulever une charge de 1 199 kg. Armé de capteurs artificiels et de caméras vidéo, le M-2000iA est capable de soulever 1 t de métal 6 m au-dessus du sol.

★ LE TRANSISTOR LE PLUS RAPIDE

En 2007, l'entreprise de sécurité américaine Northrop Grumman a conçu un transistor doté d'une fréquence de plus de 1 000 gigahertz. Les transistors sont chargés d'amplifier, de détecter ou de dévier des signaux électriques. "De ces découvertes naîtra une nouvelle génération d'applications militaires et commerciales capables d'opérer à de plus hautes fréquences avec de meilleurs résultats", a expliqué Dwight Streit, vice-président, au département technique de sa société.

25 août Zach Spedden (USA, né le 8 juillet 1992) est **le plus jeune commentateur sportif**. Il a commenté les 9 manches d'un match de baseball à l'âge de 10 ans et 48 jours, en 2002.

6 milliards : nombre approximatif de "lettres" dans la composition génétique du Dr Craig Venter (USA), la première personne à publier le génome humain dans son intégralité, en septembre 2007.

★ NOUVEAU RECORD
● MISE À JOUR

★ LE SYSTÈME DE GRAVIMÉTRIE SPATIALE LE PLUS PRÉCIS

Patronné par l'Agence spatiale européenne, le lancement du satellite GOCE (explorateur de circulation océanique) a eu lieu le 17 mars 2009. Sa mission est de tourner autour de la Terre et de cartographier le champ de gravité terrestre à haute résolution. GOCE va rester 24 mois en orbite et fournira une carte de la géoïde terrestre (autrement dit, la surface de référence, lisse mais irrégulière, basée sur les variations de gravité autour du globe) avec une précision d'à peine 1-2 cm d'altitude et 100 km de diagonale. La carte de GOCE fournira une base de référence à partir de laquelle les chercheurs pourront surveiller avec une précision jamais encore atteinte les variations du niveau des océans et l'évolution des glaces de mer.

★ RECORD D'INTENSITÉ POUR UN FAISCEAU DE POSITRONS

Les positrons sont les équivalents antimatières des électrons, les deux s'annulant en cas de collision. Exploité par l'université de Caroline du Nord (USA), le réacteur nucléaire PULSTAR utilise les radiations intenses situées près du cœur du réacteur pour produire un faisceau de positrons à faible énergie, avec une intensité de 600 millions de positrons par seconde. Les positrons détectent les avaries des réacteurs nucléaires et sondent les matériaux nanotechnologiques.

NANOTECHNOLOGIE

★ LE PLUS PETIT MOTEUR ÉLECTRIQUE

En 2005, des chercheurs américains du laboratoire Lawrence Berkeley et de l'université de Californie à Berkeley ont présenté un moteur qui fonctionne en déplaçant des atomes entre deux vésicules de métal fondu. Entièrement ceint dans un nanotube de carbone, le moteur mesure moins de 200 nanomètres de diamètre, plusieurs centaines de fois plus fin qu'un cheveu.

★ LE GERRIS LACUSTRE ARTIFICIEL LE PLUS LOURD

En 2008, Wei Pan et son équipe de l'université de Tsinghua à Pékin (Chine) ont développé une technique pour recouvrir les pattes électriques d'un gerris lacustre (insecte) artificiel avec des nanofibres polymériques très imperméables. Ainsi, les pattes du gerris deviennent si hydrophobes qu'elles restent à la surface de l'eau même en portant 1 g, soit 100 fois le poids d'un véritable gerris lacustre.

★ LA PLUS PETITE CALLIGRAPHIE NANO

En 1991, des chercheurs du laboratoire central de recherche Hitachi (Japon) ont reproduit le message Peace 91 HCRL sur la surface d'un cristal de bisulfure de molybdène. Ils ont utilisé un microscope à effet tunnel, afin de libérer un par un les atomes de sulfure du cristal. Les lettres mesurent moins de 1,5 nanomètre.

★ LE NANOTUBE DE CARBONE LE PLUS SOLIDE

En 2008, une équipe de l'université de Cambridge dirigée par Alan Windle (GB) a développé une technique pour fabriquer des nanotubes de carbone de près de 1 cm de long et d'une résistance à la rupture de 9 gigapascals. Ce chiffre correspond à 4 fois la résistance du Kevlar, la fibre synthétique ultra-résistante utilisée dans les armures. Avec quelques ajustements, ce matériau pourrait théoriquement convenir à la fabrication d'un ascenseur spatial supposé atteindre l'espace sans fusées.

★ LA PLUS GRANDE FEUILLE DE GRAPHÈNE

Des chercheurs de l'UCLA ont fabriqué des feuilles de graphène de 800 microns de superficie. Constituées d'un seul atome de carbone, les feuilles ressemblent, à l'échelle atomique, à une clôture.

Le graphène, un nanotissu, est **le matériel le plus fin du monde**, son épaisseur se résumant à un atome de carbone. Le graphène ressemble aux nanotubes de carbone et au fullerène de Buckminster à 60 molécules de carbone, mais lui peut exister, en théorie, en feuilles de tailles infinies.

100

★ LE SYSTÈME LASER LE PLUS COMPLEXE

L'objectif du National Ignition Facility (NIF) au laboratoire Lawrence Livermore de Californie (USA) est de créer une étoile miniature sur Terre. 192 faisceaux laser situés dans des chambres à 10 étages vont concentrer 2 millions de joules d'énergie sur une cible contenant un combustible à base d'hydrogène. Ce processus devrait amorcer les noyaux des atomes et recréer les conditions qui existent au cœur des étoiles. L'application du projet est de générer une fusion nucléaire prolongée en laboratoire.

26 août **Le plus jeune DJ** s'appelle Jack Hill (GB, né le 20 mai 2000). Il a officié au CK's Bar and Club de Weston Super Mare (GB), en 2007, à l'âge de 7 ans et 98 jours.

27 août **Le bruit le plus fort jamais enregistré** a été produit par l'éruption du volcan de l'île Krakatoa (Indonésie) en 1883. On pouvait l'entendre à 5 000 km à la ronde.

INTERNET

●LA PLUS GROSSE AMENDE POUR SPAM

Trois sociétés américaines ont été condamnées à payer 1,08 milliard $ à Robert Kramer (USA) pour avoir spammé les clients de son fournisseur d'accès basé dans l'Iowa, entre août et décembre 2003, au mépris de la loi antispam en vigueur. Depuis l'introduction du CAN-SPAM Act dans la législation américaine en janvier 2004, la plus grosse amende pour spam a été de 873 millions $. Elle a été infligée à Adam Guerbuez (Canada) en 2008 au bénéfice de Facebook.

●LA BANDE PASSANTE LA PLUS LONGUE WI-FI CONNECTION

En avril 2007, Ermanno Pietrosemoli (Venezuela), président de l'association Escuela Latino-america de Redes, a lancé un signal wi-fi 802.11 à 382 km entre deux montagnes des Andes vénézuéliennes (débit de 3 Mb/s).

★LE RÉSEAU SOCIAL EN LIGNE LE PLUS DÉVELOPPÉ

En avril 2008, les sites de Facebook et MySpace comptaient 115 millions de visiteurs uniques. Le mois suivant, Facebook déclarait 132,1 millions d'utilisateurs, devançant alors son rival.

★RECORD DE CYBER-DISSIDENTS EMPRISONNÉS

Selon Reporters Sans Frontières, la Chine est le pays qui a emprisonné le plus de personnes pour violation des lois informatiques chinoises, soit 69 incarcérations au 13 mars 2009.

★RECORD D'ALTITUDE POUR UN VIRUS INFORMATIQUE

En août 2008, la NASA a révélé que des ordinateurs portables de la station spatiale internationale en orbite autour de la Terre à une altitude d'environ 350 km avaient été infectés par un virus. Les ordinateurs ne servaient qu'aux mails et expériences mineures et n'étaient pas intégrés directement à la station. Selon SpaceRef.com, le virus était le vers W32.Gammima.AG, qui installe des logiciels malveillants pouvant s'emparer des données de l'ordinateur.

★RECORD D'"AMIS" INTERNET

Tom Anderson (USA), président et cofondateur de MySpace, est automatiquement ajouté comme votre premier "ami" lorsque vous ouvrez un compte MySpace. Pour cette raison, Anderson possédait une liste de contacts de 260 274 990 "amis" au 25 mars 2009.

●LE SERVICE DE PARTAGE VIDÉOS LE PLUS GRAND

Fondé en février 2005 et racheté par Google en novembre 2006 pour 1,65 milliard $, YouTube permet aux internautes de poster des vidéos et de les regarder en ligne. En 2009, plus de 13 h de vidéo étaient chargées chaque minute sur le site. En juillet 2008, les utilisateurs américains ont regardé plus de 558 millions d'heures de vidéo sur YouTube.

★LE BLOG PERSONNEL LE PLUS VISITÉ EN 24 H

Le blog du présentateur télé Yusuke Kamiji (Japon) a attiré 230 755 visiteurs le 12 avril 2008.

●LA PLUS GRANDE COUVERTURE RÉSEAU PAR HABITANT

Selon l'Organisation de coopération et de développement économiques (OCDE) en juillet 2007, le Danemark a la couverture réseau la plus étendue par habitant, avec 34,3 % de la population disposant d'une connexion Internet avec des vitesses de téléchargement égales ou supérieures à 256 kbit/s.

YouTube
Broadcast Yourself™

C'EST TROP CHOU !

Sur la photo, la reine Elizabeth II (GB) durant sa visite des bureaux londoniens de Google en octobre 2008. On lui a présenté le clip vidéo de YouTube du bébé rieur (quelqu'un incite un enfant à rire en lui disant "boo"). "C'est chou, n'est-ce pas ?" a fait remarquer la reine.

YOUTUBE

Sa Majesté la reine Elizabeth II a lancé une chaîne YouTube dédiée à la monarchie britannique en décembre 2007, 50 ans après son premier message de Noël de 1957. Le contenu est régulièrement mis à jour avec des photographies des différentes manifestations royales.

28 août Dorothy Davenhill Hirsch (USA, née le 11 mai 1915) est **la personne la plus âgée à s'être rendue au pôle Nord.** Elle était à bord du brise-glace nucléaire russe, *Yamal*, en 2004.

97 : pourcentage de mails considérés comme spam par Microsoft UK. "La majeure partie de ces mails est stoppée à la source", affirme un porte-parole de Microsoft.

★ NOUVEAU RECORD
● MISE À JOUR

★ LA CONVENTION DE HACKERS LA PLUS PÉRENNE

Lancée en 1993 en tant que rassemblement de Platinum Net, un réseau de hacking basé au Canada aujourd'hui disparu, DEFCON est la plus ancienne convention de hackers. Elle a lieu au Riviera Hotel & Casino de Las Vegas (Nevada, USA) et attire de 5 000 à 7 000 personnes. L'entrée de 120 $ est réglée à la porte, en espèces, afin d'éviter que la police ne retrouve les participants grâce à leur carte bancaire.

★ LE PREMIER PRÉSIDENT AMÉRICAIN DISPOSANT D'UN MAIL RÉGULIER

Lorsque Barack Obama a pris ses fonctions en janvier 2009, il a été annoncé que le président utiliserait sa messagerie pour communiquer avec son équipe et ses amis durant son mandat.

Le titre de ★ **premier président américain à utiliser un mail durant sa présidence** revient à Bill Clinton (USA), qui a envoyé 2 mails à l'astronaute John Glenn, alors que celui-ci était en orbite autour de la Terre.

● LE NOUVEAU MOT-CLÉ LE PLUS RECHERCHÉ

La gouverneur de l'Alaska, Sarah Palin (USA, ci-dessous), a été déclarée personnalité la plus recherchée sur Internet en 2008, selon la liste Zeitgeist de Google, qui identifie les termes les plus recherchés à travers le monde. Palin, candidate républicaine au poste de vice-président aux élections présidentielles américaines 2009, a peut-être perdu les élections, mais elle a devancé Barrack Obama (USA) sur cette liste, tout en damnant le pion à Britney Spears (USA), la n° 1 de l'année précédente.

LE MILLIARDAIRE LE PLUS JEUNE

100

Mark Zuckerberg (USA, né le 14 mai 1984), président de Facebook, disposait d'un revenu de 1,5 milliard $ lorsqu'il a été listé sur Forbes.com le 5 mars 2008, à 23 ans et 296 jours.

PLUS D'INFO

DEFCON propose des ateliers, des conférences et même un réseau wi-fi où les participants peuvent montrer leurs aptitudes de hacking à leurs pairs.

★ LA CARTE INTERACTIVE EN LIGNE LA PLUS GRANDE

Lancée en 2005, Google Earth est une application en ligne capable de produire un globe virtuel en 3D à partir des données d'un satellite. Depuis 2005, Google Earth inclut aussi les fonds sous-marins et l'espace. De nouvelles applications ont vu le jour, dont Google Street View, qui fournit des photographies panoramiques à 360° horizontalement et 290° verticalement de rues des principales villes d'Australie, de France, d'Italie, du Japon, des Pays-Bas, de Nouvelle-Zélande, d'Espagne, d'Angleterre et des États-Unis.

★ RECORD DE TÉLÉCHARGEMENTS D'UN LOGICIEL EN 24 H

Le navigateur Internet de Mozilla, Firefox 3.0, a été téléchargé 8 002 530 fois les 17-18 juin 2008. Ce Jour du Téléchargement a marqué le lancement de la nouvelle version du navigateur.

★ LE PLUS GROS RICKROLL

Le rickrolling est un phénomène Internet où tous les liens supposés conduire à des contenus spécifiques mènent au clip de *Never Gonna Give You Up*, le tube des années 1980 de Rick Astley (GB). **Le ★ plus gros rickroll en ligne** a eu lieu le 1er avril 2008, lorsque tous les liens de la page d'accueil de YouTube ont été redirigés vers le clip en question. Le même mois, Survey USA a estimé que 18 millions d'Américains avaient été rickrollés.

29 août Sir Ranulph Fiennes et Charles Burton (tous deux GB) ont achevé **le premier tour du monde via les deux pôles géographiques** en 1982.

30 août Carl F Haupt (USA, né le 21 avril 1926) est devenu **l'alpiniste le plus âgé à gravir le Kilimandjaro** (Tanzanie), en 2004, à l'âge de 78 ans et 131 jours.

GADGETS

★ LE SMARTPHONE LE PLUS SÛR

Le Sectera Edge est le premier et unique smartphone/PDA certifié par l'US National Security Agency comme pouvant se connecter aux réseaux du gouvernement américain classés secret défense. L'utilisateur a juste à appuyer sur un bouton pour choisir entre le mode normal et le mode sécurisé grâce aux algorithmes de cryptage Type 1 de la NSA. Mis au point et construit par General Dynamics (USA), il répond aux normes de résistance de l'armée américaine, notamment à l'eau, aux chocs et aux températures extrêmes.

★ LE 1ER SYSTÈME DE POURSUITE PAR GPS

StarChase est un système de poursuite mis au point par la société américaine du même nom. Ce petit canon peut tirer un projectile adhésif de la taille d'une balle de golf sur un véhicule poursuivi par les forces de l'ordre. Le projectile contient un système de poursuite par GPS et un récepteur. Il permet à la police de traquer des fugitifs sans avoir à se lancer dans une course-poursuite.

★ LE LECTEUR BLU-RAY LE PLUS FIN

En janvier 2009, au Consumer Electronics Show de Las Vegas (Nevada, USA), Samsung (Corée du Sud) a présenté son lecteur Blu-ray BDP 4600. Équipé du Wi-Fi, il peut se fixer au mur et ne mesure que 39 mm d'épaisseur.

★ LA PLUS LONGUE DISTANCE PARCOURUE PAR UN ROBOT QUADRUPÈDE

Mis au point par Boston Dynamics (USA) en 2005, BigDog est un robot quadrupède conçu pour transporter l'équipement des soldats se déplaçant en terrain difficile. Il mesure 1 x 0,7 m et pèse 75 kg. En février 2009, les ingénieurs ont annoncé qu'il avait parcouru 20,5 km de façon autonome, guidé par GPS.

★ LA 1RE PROTHÈSE-CLÉ USB

En mai 2008, Jerry Jalava (Finlande), un programmeur informatique, a perdu une partie d'un doigt dans un accident de moto. Il l'a remplacée par une prothèse contenant une clé USB de 2-GB, ce qui lui permet d'avoir en permanence ses données sur lui. L'idée lui est venue quand les médecins, sachant la profession qu'il exerçait, lui ont suggéré en plaisantant d'équiper sa main d'une commande de doigt.

● L'ORDINATEUR LE PLUS RAPIDE

100

Le Roadrunner, construit par IBM (US) pour la US National Nuclear Security Administration et présenté le 10 juin 2008, peut effectuer un pétaflop (1 million de milliards d'opérations à virgule flottante par seconde).

★ NOUVEAU RECORD

● MISE À JOUR

● LE PLUS PETIT SCANNER COULEUR

Planon System Solutions (Canada) a créé un scanner couleur de la taille d'un crayon (226 x 12 mm) qui numérise une feuille de papier en 4 s. Le DocuPen RC800 est doté d'une mémoire flash de 8 MB et d'une carte micro SD de 1 GB.

★ BLUESNARFING À DISTANCE

Bluesnarfing désigne le vol de données – numéros de téléphone et adresses par exemple – depuis des systèmes Bluetooth non sécurisés. En 2004, un spécialiste de la sécurité des mobiles, John Hering (USA), a fait du bluesnarfing sur un mobile situé à 1,7 km. Dans le cadre de son expérience, il a utilisé des "exploits" (hacks pour téléphone mobile) pour attaquer le téléphone, voler sa liste de contacts et envoyer des messages à partir de celui-ci. L'attaque a visé un des téléphones de l'entreprise de recherche et développement sur les technologies sans fil à laquelle Hering appartient, afin de démontrer les failles des systèmes Bluetooth de l'époque.

31 août En 2006, Veljko Rogosic (Croatie) a battu **le record de distance à la nage en haute mer sans palmes**, soit 225 km dans la mer Adriatique entre Grado et Riccinoe (Italie). Il était parti le 29 de Grado.

1 milliard : nombre de téléchargements de logiciels iPod/iTouch effectués depuis l'App Store d'Apple en avril 2009, 9 mois seulement après son ouverture. Si vous voulez acheter les 25 000 App, il vous en coûtera 71 442 $.

L'AVION ESPION LE PLUS PETIT

En juillet 2008, des chercheurs de l'université de Delft (Pays-Bas) ont présenté le DelFly Micro. Ce prototype de drone en forme de libellule ne pèse que 3 g, pour une envergure de 10 cm. Il transporte une caméra qui transmet des images en direct à un contrôleur situé au sol. La caméra et l'émetteur ne pèsent que 0,4 g et la batterie lithium-ion embarquée permet au DelFly Micro de voler jusqu'à 3 min.

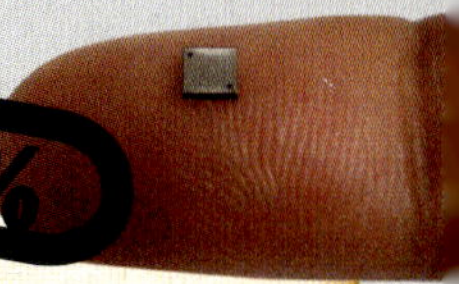

LA PILE À COMBUSTIBLE LA PLUS PETITE

En janvier 2009, des ingénieurs chimistes de l'université de l'Illinois (USA) ont présenté un prototype de pile à combustible qui ne mesure que 3 x 3 x 1 mm. Cette pile nickel-métal hydrure ne contient que 4 éléments : une chambre, un réservoir d'eau, une fine membrane entre les deux et un assemblage d'électrodes. Elle peut produire 0,7 volt et 0,2 milliamp pendant 30 h.

★LE PLUS GRAND SYSTÈME BLUETOOTH

En février 2007, le Tower Bridge de Londres a été transformé en système compatible Bluetooth. Des détecteurs Bluetooth installés sur le pont scannaient les passants 15 fois par seconde et affichaient les mouvements des porteurs de périphériques Bluetooth sous forme de pixels de couleur vive sur un dispositif lumineux monté sur la partie supérieure du pont, permettant ainsi aux spectateurs de suivre leur parcours sur le pont.

★RECORD DE SERVOCOMMANDES SUR UNE VESTE

Philips Electronics (Pays-Bas) a conçu un système d'asservissement haptique sur une veste. Cette veste est garnie de 64 servocommandes – des moteurs vibrants – qui donnent à la personne qui la porte la sensation d'être touchée, ce qui permet une plus grande interaction avec un film ou un jeu vidéo. Deux piles AA suffisent pour reproduire la sensation que provoquent un coup de poing, un frisson ou les battements du cœur.

●LE SMARTPHONE LE PLUS VENDU

Selon iSuppli, l'iPhone d'Apple a dépassé tous les modèles de smartphones du marché américain en juillet 2007, premier mois plein après sa mise en vente. Sur les 4 derniers mois de 2007, Apple en a vendu 2 315 000 unités, ce qui a contribué à faire grimper ses bénéfices trimestriels à 1,58 milliard $. Aucun autre téléphone ne s'était jamais vendu aussi rapidement. En mars 2009, les ventes mondiales ont atteint 17 millions d'unités.

★LA SORBETIÈRE LA PLUS CHÈRE

Les machines à fabriquer des glaces, série G, de NitroCream LLC (USA), sont personnalisées et signées par des artistes. Prix de départ de ces machines : 75 000 $. Elles utilisent de l'azote liquide pour fabriquer presque instantanément les glaces : l'azote, qui se transforme en gaz à – 196 °C, est incorporé au mélange constituant la crème glacée. La série G a été lancée en mars 2009. Les moins fortunés peuvent se tourner vers le N2-G4, qui ne coûte "que" 34 900 $.

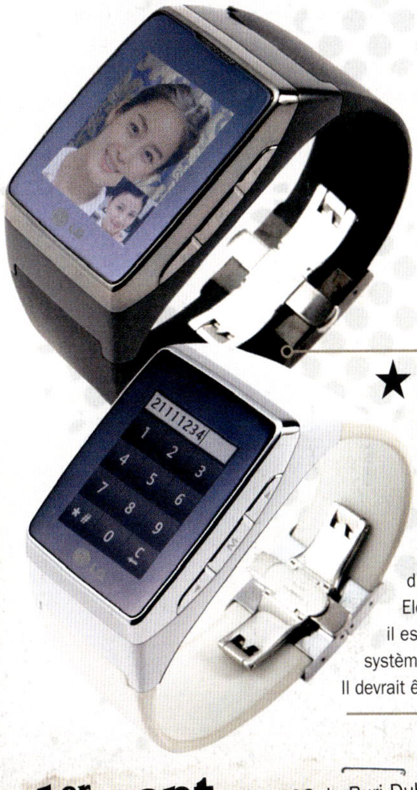

★LE 1ER TÉLÉPHONE-MONTRE DOTÉ D'UN MODE CONFÉRENCE

Le LG GD910 Watch Phone, qui mesure 1,39 cm d'épaisseur et dont l'écran couleur mesure 3,6 cm, est le premier téléphone doté d'un mode conférence. Présenté au Consumer Electronics Show de Las Vegas (Nevada, USA), il est notamment équipé d'un écran tactile, d'un système de reconnaissance vocale et du Bluetooth. Il devrait être accessible au grand public courant 2009.

●LA DISTANCE LA PLUS LONGUE AVEC UNE CEINTURE-FUSÉE

Le 24 novembre 2008, Eric Scott (USA) a effectué un vol de 457 m grâce à sa ceinture-fusée dans une partie de la Royal Gorge (Colorado, USA) qui mesure 320 m de profondeur. Il s'est posé sans parachute au bout de 21 s, avec encore 12 s de carburant en réserve.

1er sept. En 2008, la Burj Dubai, une tour en construction à Dubaï (Émirats arabes unis), a atteint 688 m de hauteur, devenant **l'immeuble le plus haut du monde.**

2 sept. En 2007, **la carotte la plus longue du monde** (5,841 m), cultivée par Joe Atherton (GB), a été mesurée dans le Somerset (GB).

ARTS & MÉDIAS

SOMMAIRE

8 361,31 m² : surface occupée par **le plus grand dessin réalisé à la craie dans une rue** par 5 678 écoliers d'Alameda (Californie, USA), en juin 2008.

★ LA PLUS GRANDE PEINTURE EN TROMPE-L'ŒIL

Couvrant une surface de 270 m², *Waterfall* est la plus grande œuvre d'art en 3-D jamais réalisée dans une rue. L'artiste Edgar Mueller (Allemagne) a transformé River Street à Moose Jaw (Saskatchewan, Canada), en un torrent déchaîné dans le cadre du Prairie Arts Festival, qui s'est tenu au cours de l'été 2008. Il a utilisé la technique de l'anamorphose consistant à créer une image déformée qui se recompose à partir d'un point de vue privilégié.

ART & SCULPTURE

★LE PLUS GRAND RASSEMBLEMENT DE PANDAS EN PAPIER MÂCHÉ

Le Fonds mondial pour la nature (WWF) a rassemblé 1 600 pandas en papier mâché à Paris, le 18 octobre 2008, pour sensibiliser le public à la disparition des pandas géants, emblème de l'institution, et pour inciter à la protection de leur environnement. Le nombre de pandas en papier mâché représentait le nombre d'animaux encore en vie dans la nature.

★LA PLUS FORTE ENCHÈRE POUR UNE ILLUSTRATION

Un collectionneur britannique anonyme a acquis une aquarelle de Beatrix Potter (GB) intitulée *The Rabbits' Christmas Party* (La fête de Noël des lapins) pour 289 250 £, chez Sotheby's, à Londres (GB), en juillet 2008. Peinte dans les années 1890, l'illustration faisait partie de la collection de Bertram Potter, le frère de l'artiste.

●LA PLUS GRANDE MOSAÏQUE EN ORIGAMI

Plus de 2 000 enfants aidés par 150 maîtres en origami ont assemblé une mosaïque de 320,87 m² lors d'une manifestation dédiée aux J.O. de Pékin (Chine) et organisée par l'association des arts visuels de la jeunesse de Hong Kong, le festival des arts chinois, la galerie d'art Lo Fung et l'union des artistes, au centre sportif de Kwun Tong (Hong Kong, Chine), le 26 juillet 2008.

MOSAÏQUES DE...

●PIERRE

Le 29 juillet 2001, une équipe de 2 001 élèves, enseignants et parents a réalisé une mosaïque de pierre représentant trois personnages main dans la main (parent, élève, enseignant) en train de danser sur 6 haricots, symbolisant la culture de la jeunesse. Créée par la fondation HK Talent et l'association de la jeunesse, la mosaïque occupe 4 720 m² dans le parc Luozuling, à Shiyan (Shenzhen, Chine).

●BONBONS

Le 2 novembre 2008, 5 000 élèves et clients ont créé une mosaïque du logo Haribo avec 350 000 bonbons. L'œuvre, de 15 m de long et 3 m de haut, était patronnée par le centre commercial Curno et Aldino (Italie) de Curno, à Bergame (Italie).

●VOITURES

L'organisateur de rallyes Tequenitune (Japon) a imaginé une mosaïque de voitures représentant le logo de la marque Subaru. La mosaïque de 3 795 m² comprenant 339 véhicules Subaru a vu le jour au terrain d'aviation de Ryugasaki (Ibaraki, Japon), le 7 mars 2009.

★BISCUITS

L'artiste Laurent Gagnon (Canada) a conçu une mosaïque de biscuits de 16,53 m² pour célébrer le 400e anniversaire de la ville de Québec. Il a utilisé des biscuits de la marque canadienne Leclerc et a achevé son œuvre à Saint-Augustin-de-Desmaures (Québec, Canada), le 26 juin 2008.

★CONFETTIS

Nikki Douthwaite (GB) a créé un portrait de 2,4 x 1,5 m de Lewis Hamilton (GB) avec 250 000 confettis en octobre 2008.

LES PLUS GRANDS...

●TOILE D'EMPREINTES DE MAIN

Erdem Örnek et les élèves de l'école élémentaire Tevfik Kusoglu (Turquie) ont créé une toile avec des empreintes de main de 2 944,62 m², le 20 juin 2008, à Kaysri (Turquie).

FRESQUE PAR UN SEUL ARTISTE

Pontus Andersson (Suède) a peint une fresque de 696,3 m² représentant les fronts de mer nord et sud de Göteborg, à Göteborg (Suède), le 4 septembre 2007.

●PEINTURE PAR NUMÉROS

2 409 volontaires ont terminé une peinture par numéros de 1 328,52 m², durant la journée d'action globale du groupe Lilly, le 15 mai 2008, à Indianapolis (Indiana, USA).

●FRESQUE EN PIÈCES DE MONNAIE

Jin Jeonggun (Corée du Sud) a créé une fresque représentant le drapeau sud-coréen avec 110 000 pièces de 10 wons. Achevée à Séoul (Corée du Sud), le 16 avril 2008, l'œuvre mesure 24 m².

★COMPÉTITION ARTISTIQUE

Le ministère des Transports, du Logement et de l'Urbanisme allemand a organisé un concours de dessin afin de promouvoir la sécurité routière auprès des enfants. 122 942 enfants de tout le pays y ont participé. Les dessins ont été exposés au stade olympique de Berlin (Allemagne), le 3 juin 2008, à l'occasion d'un rassemblement patronné par 2sense gmbh et Zeitgeist Media (Allemagne).

●SCULPTURE EN CARTON

Des volontaires de Cheney et ses alentours se sont alliés à Allpak Containers, Inc., à Cheney (Washington, USA) pour construire la réplique d'un château médiéval de 34,06 x 2,03 x 22,04 m à partir de boîtes en carton, le 18 août 2007. 147 cartons ont été utilisés.

3 sept. Joe Gans (USA) a battu Oscar Nelson (Danemark) à l'issue d'un match de boxe de 2 h et 6 min, en 42 rounds – **le plus long match de boxe** pour un titre –, à Goldfield (Nevada, USA), en 1906.

4 sept. Yannick Charles (France) détient **le record de rattrapés de boomerang consécutifs**, avec 555 à Strasbourg (France), en 1995. Il jonglait avec 2 boomerangs dont un était toujours en l'air.

3 398 m³ : volume de **la plus grosse sculpture en neige**, construite par 600 sculpteurs dans la province du Heilongjiang (Chine), en décembre 2007.

★ LA PLUS GRANDE MOSAÏQUE EN GOBELETS À CAFÉ

En septembre 2008, des documentaristes allemands ont créé une mosaïque représentant un gobelet à café. Ils ont utilisé 77 244 gobelets à café qu'ils ont montés devant la porte de Brandebourg à Berlin (Allemagne). L'objectif était de montrer la consommation de café d'un Allemand moyen au cours de sa vie.

● PEINTURE EN LITE-BRITE

Des représentants de l'agence de publicité Vitrorobertson LLC et la société ASICS America (USA) ont élaboré une peinture en Lite-Brite représentant la basket ASICS Gel-Lyte III. 347 004 pions ont été nécessaires à sa conception, à New York (USA), le 7 octobre 2008.

● SCULPTURE EN BOIS

Michel Schmid (Suisse) a créé une tête de Sioux en bois de 22,92 m, à Porrentruy (Suisse), le 19 août 2008.

LES PLUS HAUTS...

● SCULPTURE EN CHOCOLAT

Le chef pâtissier Justo Almendrote (Espagne) a élaboré un arbre de Noël en chocolat de 6,5 m de haut. La sculpture a été dévoilée à Madrid (Espagne), le 10 décembre 2008.

● LA PLUS GRANDE ŒUVRE EN CRAIE SUR TROTTOIR

Créé du 27 mai au 7 juin 2008 par 5 678 enfants des écoles d'Alameda (Californie, USA), pour le Kids' Chalk Art Project, le plus grand dessin à la craie sur un trottoir mesurait 8 361,31 m².

VITRAIL

Le plus haut vitrail mesure 41,14 x 9 m. Éclairé par l'arrière, le vitrail a été installé en 1979 dans l'atrium de l'hôtel Ramada de Dubaï (Émirats arabes unis).

LES PLUS LONGS...

● ROULEAU DE GRAFFITIS

Le plus long rouleau de graffitis mesure 700,92 m. Il a été fabriqué par une association caritative en faveur des enfants, lors d'une manifestation organisée par Anemos, à Kerkyra (Grèce), le 15 décembre 2008.

● PEINTURE PAR UN SEUL ARTISTE

Tommes Nentwig (Allemagne) est l'auteur de la plus longue peinture créée par un seul artiste, soit 2 008 m, à Vechta (Allemagne), le 10 juillet 2008.

CHAÎNE DE PAPIERS DE CHEWING-GUM

100

Depuis le 11 mars 1965, Gary Duschl (Virginie, USA) construit une chaîne faite de papiers de chewing-gum. Sa chaîne mesure actuellement 13 526 m et compte 2 071 148 boucles réalisées grâce à 1 036 574 emballages.

● BANDE DESSINÉE

Les élèves de l'école De Eindhovense (Pays-Bas) ont créé une bande dessinée de 309,90 m de long et 70 cm de haut, intitulée Regardez-nous, École De Eindhovense, le 25 janvier 2008.

★ RECORD D'ENCHÈRES POUR UN SEUL ARTISTE

Damien Hirst (GB) a récolté 200,8 millions $ lors d'une vente aux enchères de ses œuvres les 15-16 septembre 2008. À la fin des enchères, seules 3 des 167 pièces mises en vente chez Sotheby's à Londres (GB) n'avaient pas trouvé d'acquéreur.

★ NOUVEAU RECORD
● MISE À JOUR

● LE PLUS GRAND HÔTEL DE GLACE

100

La superficie de l'hôtel de glace de Jukkasjärvi en Suède varie entre 4 000 et 6 000 m². Durant l'hiver 2008-2009, l'hôtel possédait 80 chambres, nombre d'entre elles décorées de sculptures de glace, ainsi qu'un bar et une église de glace. Situé à 200 km au nord du cercle arctique, il est recréé (et agrandi) chaque mois de décembre pour la saison hivernale depuis 1990.

5 sept. Des employés de Pidy, une entreprise basée à Ypres (Belgique), ont élaboré **le plus long mille-feuille du monde**, soit 1 037,25 m, en 1992.

PHOTOGRAPHIE

● LA PHOTO LA PLUS ANCIENNE EXISTANTE

L'image granuleuse ci-contre est une vue prise de la fenêtre de l'inventeur Nicéphore Niépce (France, 1765-1833). À première vue, elle n'a rien de particulier, si ce n'est qu'elle a été prise en 1827 en utilisant une chambre noire. C'est la plus ancienne photo existante. Sous le cliché, on voit la plaque d'étain sur laquelle la photographie a été initialement exposée. Redécouverte par Helmut Gernsheim en 1952, elle appartient à la collection Gernsheim de l'université du Texas, à Austin (USA).

LA PLUS GRANDE COLLECTION D'APPAREILS PHOTO

Dilish Parekh de Mumbai (Inde) possède une collection de 4 425 appareils photo anciens qu'il accumule depuis 1977. Parekh, qui travaille comme journaliste photo, possède des appareils Rolliflex, Canon, Nikon, ainsi qu'un appareil Royal Mail Postage qui date de 1907.

CHAMBRE NOIRE

La photo ci-dessus a nécessité 8 h d'exposition. Elle a été réalisée avec une chambre noire, une boîte percée dotée d'une lentille convergente. La lumière entrait par le trou et dessinait l'image sur une plaque de bitume photosensible.

★ LE PLUS GRAND DAGUERRÉOTYPE

David Burder (GB) a fabriqué *Big Bertha*, un appareil photo de 2 m^2 capable de prendre des daguerréotypes de 0,6 x 2,12 m. Le daguerréotype – procédé inventé par Louis Jacques Daguerre (France, 1787-1851) – est la première forme de photographie opérationnelle, les sujets étant capturés sur des plaques de cuivre recouvertes d'argent et sensibles à la lumière.

● LA PLUS GRANDE PHOTOGRAPHIE NUMÉRIQUE PANORAMIQUE

Michael Høeltermand de SUN-ADvertising (Danemark) a pris un cliché numérique panoramique de 15,33 gigapixels – contenant donc 15,3 milliards de points. L'image, qui couvre 3 958,5 m^2 – la moitié d'un terrain de football – a été créée dans le cadre d'Event 2006, le 20 mai 2006, au Messecenter Herning (Danemark).

LES PREMIÈRES IMAGES JPEG

Très utilisé sur Internet et par les appareils photo numériques, le format d'image JPEG – Joint Photographic Experts Group – a été développé pour normaliser les techniques de compression des images numériques. Cette méthode de compression a été appliquée pour la 1re fois sur 4 images de tests utilisées par le groupe JPEG. Nommées *Boats*, *Barbara*, *Toys* et *Zelda*, elles ont été créées le 18 juin 1987, à Copenhague (Danemark).

● LA PLUS GRANDE EXPOSITION DE PHOTOGRAPHIES

The Running Line, une exposition de photographies, a rassemblé 138 355 photos, toutes prises par les habitants de Tyneside (GB) au cours du semi-marathon Great North Run de 2006. Les images ont été montées côte à côte sur un ruban et disposées autour de Saltwell Park à Gateshead (GB), le 19 octobre 2007.

6 sept. **La plus forte audience télévisée pour une retransmission en direct**, estimée à 2,5 milliards de personnes, est celle des funérailles de Diana, princesse de Galles (GB, 1961-1997), en 1997.

7 sept. **Le record de vitesse sur une moto conventionnelle** est de 406,62 km/h. Il a été réalisé par John Noonan (USA), à Bonneville Salt Flats (Utah, USA), en 2005.

11 811 : nombre de pièces de **la plus grande collection de photos de sport**, commencée par Alex McFadyen (Canada) en octobre 1977.

LENTILLE

La lentille a été récupérée dans une benne de pièces usagées de la ligne de production de la caméra Super 8 de Kodak. La résolution (0,01 mégapixel), soit 10 000 pixels de données, permettait de tirer une photo noir et blanc de 100 lignes.

BANDE MAGNÉTIQUE

Un enregistreur d'instrumentation numérique portable, c'est-à-dire un lecteur de cassettes classique, a été utilisé pour stocker les images. Il fallait 23 s pour enregistrer l'image sur la bande magnétique et de nouveau 23 s pour lire la bande et afficher l'image sur un écran de télévision.

CCD

Le *charge-coupled devices* (CCD, dispositif à transfert de charge), c'est-à-dire un ensemble de capteurs électroniques utilisés pour rassembler l'information optique, venait d'être inventé en 1973. Il est à la base de l'appareil photo numérique.

ENSEMBLE DE CIRCUITS

Steve Sasson, l'inventeur de cet appareil photo, a récupéré des dizaines de circuits analogiques et numériques, qu'il a connectés sur une demi-douzaine de cartes de circuit imprimé.

CONVERTISSEUR

Convertisseur analogique/numérique créé à partir d'un voltmètre numérique Motorola.

LA PLUS GRANDE PHOTO DE NUS

18 000 individus ont accepté de poser nus collectivement, sur le Zócalo (Mexico, Mexique), pour le photographe Spencer Tunick (USA), le 6 mai 2007.

★ NOUVEAU RECORD
● MISE À JOUR

★ LE PREMIER APPAREIL PHOTO NUMÉRIQUE

Employé chez Kodak, Steve Sasson (USA) a fabriqué le premier prototype d'appareil photo numérique en 1975. De la taille d'un grille-pain, l'appareil pesait 3,6 kg et réalisait des photos noir et blanc d'une résolution de 0,01 mégapixel. L'enregistrement de la photo se faisait sur une bande magnétique. L'image pouvait ensuite être visionnée en plaçant la bande dans un lecteur de cassettes qui affichait les images sur un écran de télévision.

●LA PHOTO LA PLUS CHÈRE AUX ENCHÈRES

99 Cent II, Diptych (2001) d'Andreas Gursky (Allemagne) est une impression couleur chromogène de l'intérieur d'un magasin discount, montrant des rayons d'alimentation. Un des 6 exemplaires de cette photo, de 206 x 341 cm, a été adjugé 1 700 000 £ (1 892 971 €), commission incluse, chez Sothebys, à Londres (GB), le 7 février 2007.

LE LIVRE DE PHOTOGRAPHE LE PLUS CHER

Helmut Newton's Sumo, une rétrospective de l'œuvre du photographe australien d'origine allemande Helmut Newton, est en vente 8 563 $ sur le site web de l'éditeur Taschen.

●L'APPAREIL PHOTO LE PLUS CHER AUX ENCHÈRES

Le 26 mai 2007, une chambre daguerrienne de 1839, fabriquée par les frères Susse, s'est vendue 588 613 € aux enchères à Vienne (Autriche).

La structure en bois, qui se trouvait dans son état d'origine, avait été oubliée dans un grenier de Munich (Allemagne) depuis 1940, jusqu'à ce que le propriétaire des lieux la retrouve par hasard.

★LES PHOTOS DE CÉLÉBRITÉS LES PLUS CHÈRES

Les magazines *People* et *Hello !* ont versé chacun 6,08 millions $ à Brad Pitt et Angelina Jolie (USA) pour publier des photos de leurs jumeaux, Vivienne et Knox Jolie-Pitt, alors qu'ils étaient âgés de 3 semaines, en juillet 2008. L'argent aurait été reversé à une fondation créée par les deux acteurs en faveur des enfants déshérités.

★LE PLUS GRAND APPAREIL À STÉNOPÉ

Un appareil à sténopé créé à partir d'un hangar à avions de 13,71 x 48,76 x 24,38 m, à El Toro (Californie, USA), a produit une photo de 9,62 x 33,83 m, en juin 2006. Un appareil à sténopé fonctionne sur le même principe que la chambre noire (voir page de gauche).

★LA CARRIÈRE DE PHOTOGRAPHE LA PLUS LONGUE

GHF Atkins (GB) a publié sa première photo en 1927. Il ne s'est pas passé une décennie sans qu'une de ses photos ne soit publiée jusqu'à ce qu'il prenne sa retraite en 2004. Il était spécialisé dans les photos de bus.

●LE PLUS GRAND ALBUM PHOTO

Créé par Johnson's Baby China, un album photo de 4 x 5 m a été dévoilé à Pékin (Chine), le 10 juin 2008.

L'APPAREIL PHOTO INSTANTANÉ AYANT REMPORTÉ LE PLUS GRAND SUCCÈS

En 1947, Edwin Land (USA) a créé l'appareil photo instantané Polaroid, qui utilise le principe du transfert de diffusion pour reproduire l'image enregistrée par la lentille directement sur une surface photosensible. La photo est ensuite instantanément éjectée par l'appareil. En 1998, la société Polaroid Corporation a généré un revenu de 1,86 milliard $, avec un record de ventes à 3 milliards $ en 1991. La société a cessé de produire le film utilisé dans les appareils photos en 2008, la photo numérique ayant rendu le Polaroid obsolète.

8 sept. Nicky Shane (USA) est **le joueur d'harmonica le plus rapide du monde.** Il a joué *Oh When the Saints Go Marching In* à la vitesse de 285 bpm, aux SRS Studios de Santa Barbara (Californie, USA), en 2005.

QUOI DE NEUF À LA TÉLÉ ?

★RECORD DE VICTOIRES D'ESPN CANAPÉ CHIPS

Le principe du trophée Canapé Chips de ESPN consiste à regarder en continu du sport à la télé, allongé sur un canapé, aussi longtemps que possible sans s'endormir. Trois Américains ont remporté le trophée 2 fois chacun : Jason Pisarik (32 h et 39 h et 55 min), Jeff Miller (40 h et 30 min et 39 h et 2 min) et Stan Friedman (sur la photo, 29 h et 19 h et 48 min).

★RECORD D'AUDIMAT POUR UNE SÉRIE DE SCIENCE-FICTION

Battlestar Galactica (2004-2009) est actuellement la série de science-fiction et de fantasy la plus suivie, selon la moyenne des sondages. Les trois dernières saisons (sur 4) apparaissent dans le top 10 catégorie science-fiction de metacritic.com, la saison 3 culminant à 9,4/10.

●L'ÉVÉNEMENT TÉLÉVISÉ LE PLUS REGARDÉ EN 2008

D'après Nielsen Company, près de 4,7 milliards de téléspectateurs ont suivi à un moment ou un autre les J.O. de Pékin, soit environ 70 % de la population mondiale.

L'émission la plus regardée de l'année au Royaume-Uni a été *Wallace and Gromit : A Matter of Loaf and Death* (BBC). Diffusé le jour de Noël, le dessin animé a attiré 16,15 millions de téléspectateurs.

Aux États-Unis, le Super Bowl XLII (Fox), qui a vu la victoire des New York Giants sur les New England Patriots, a été **le programme le plus regardé aux États-Unis**.

C'est **la plus grosse audience jamais enregistrée pour un Super Bowl**.

Avec 97,5 millions de téléspectateurs, ce Super Bowl représente la 2e audience derrière le dernier épisode de M*A*S*H (voir p. 200-201).

★RECORD D'AUDIMAT POUR UN PROGRAMME NATIONAL

Le gala de la veille du Nouvel An de la télévision centrale chinoise, ou festival de printemps, attire régulièrement plus de 300 millions de téléspectateurs. L'édition 2009 a rassemblé 95,6 % des familles chinoises présentes devant leur télé.

Les autres programmes de la télévision chinoise à concurrencer cette manifestation en termes d'audimat sont des retransmissions internationales comme *Live Aid* ou des manifestations sportives telles que le Mondial de football.

●LES GAINS PUBLICITAIRES LES PLUS ÉLEVÉS (PAR JOUR)

Le 1er février 2008, NBC Sports (USA) a récupéré 206 millions $ en publicités diffusées durant le Super Bowl XLIII qui opposait les Pittsburgh Steelers aux Arizona Cardinals. La plupart des 69 encarts de 30 s chacun se sont vendus 2-3 millions $. 32 sociétés se sont partagés les 69 encarts.

Ces recettes, ajoutées à celles des publicités diffusées juste avant et après le match, ont rapporté à la chaîne 261 millions $ en 1 jour.

●LES VEDETTES TV LES MIEUX PAYÉES

Charlie Sheen (USA), la vedette de *Mon Oncle Charlie* (CBS, USA, depuis 2003), est actuellement l'acteur télé le mieux payé, avec 20 millions $ pour son rôle de célibataire endurci, Charlie Harper, dans la série à succès.

L'actrice télé la mieux rémunérée sur la même période est Katherine Heigl (USA), alias Dr Izzie Stevens de *Grey's Anatomy* (ABC, USA, depuis 2005). D'après Forbes, elle aurait gagné 13 millions $ en 2007-2008.

★RECORD DE PLACEMENTS DE PRODUITS (SÉRIE TÉLÉ)

Le placement de produit consiste à promouvoir une marque ou un service de façon plus ou moins détournée dans le contexte d'une série télé. Selon une enquête Nielsen, en 2008, on a dénombré 6 248 placements de produits dans la série *Biggest Loser* (NBC, USA, depuis 2004). Dans ce jeu, des candidats obèses doivent perdre le plus de poids possible pour remporter des prix.

9 sept. **La plus longue distance parcourue sur des plaques chauffantes** est de 19,10 m. Rolf Iven (Allemagne) a réalisé cette performance à Cologne (Allemagne), en 2006.

635 : nombre de crises d'épilepsie dues à une émission TV. Les effets visuels d'un épisode de *Pokémon* (Japon) en décembre 1997 ont entraîné des dizaines d'hospitalisations.

LA SÉRIE DE SCIENCE-FICTION LA PLUS PÉRENNE

En avril 2007, 753 épisodes de *Doctor Who* (BBC, UK) avaient été tournés. Ce sont 204 intrigues, de nombreux hors-série, 2 séries dérivées et 10 médecins. La série devrait revenir pour la saison 5 au printemps 2010 avec dans le rôle du onzième, et plus jeune, docteur, Matt Smith (photo) âgé de 26 ans.

★LA PLUS LONGUE PUBLICITÉ

Pour le lancement de la nouvelle liaison Dubaï (EAU)-São Paulo (Brésil), la compagnie aérienne Emirates a conçu une publicité télévisée de 14 h et 40 min, soit la durée du voyage. Elle met en scène Fernando Ferreira (Brésil, alias Non-Stop Fernando), qui parle (sans pause) des merveilles de son pays natal et vante les mérites d'Emirates pendant toute la publicité.

★LE FILM DÉRIVÉ LE PLUS LUCRATIF

Transformers (USA, 2007), film dérivé d'une série télé diffusée en 1984-1987, détient le record d'exploitation. Ce film, qui a engendré plus de 700 millions $ à travers le monde, est une version cinématographique de la série de dessins animés des années 1980, elle-même inspirée d'une ligne de jouets Hasbro.

Le ★film dérivé d'une série télé non animée le plus populaire est *Mission Impossible II* (USA, 2000), basé sur la série *Mission Impossible* (USA, CBS 1966-1973 ; ABC 1988-1990). Ce deuxième volet a été le plus lucratif de la franchise, générant plus de 545 millions $ dans le monde.

Star Trek (USA, 2009) de JJ Abrams est bien parti pour lui ravir le titre car il rencontre un vif succès depuis janvier 2008.

★LE SUPER-HÉROS LE PLUS REPRÉSENTÉ À LA TÉLÉ

Superman est apparu dans 4 séries télévisées et a été joué par 5 acteurs américains différents : George Reeves (*Les Aventures de Superman*, diffusion 1951-1957, photo ci-dessus à gauche) ; John Haymes Newton et Gerard Christopher (*Superboy*, diffusion 1988-1991) ; Dean Cain (*Lois & Clark : Les Nouvelles Aventures de Superman*, ABC 1993-1997) ; et Tom Welling (*Smallville*, Warner Bros., puis CW, depuis 2001, photo ci-dessus à droite). Un 6e acteur, Johnny Rockwell (USA), a tenu le rôle de Superman dans *Les Aventures de Superboy* (1961), un épisode-pilote jamais diffusé pour une série jamais tournée. Superman et Batman figurent aussi dans de nombreuses adaptations cinématographiques et dessins animés.

★LE PLUS GRAND COFFRET DE DVD

Paru en 2007, *Prisoner – Cell Block H : The Complete Collection* (Australie, 1979-1986) comprend 179 DVD, soit 692 épisodes. La durée de cette série sur la vie des femmes en prison est de 22 jours, 14 h et 4 min.

●RECORD D'AUDIMAT POUR UNE SÉRIE

La saison 4 de la série policière dont l'intrigue se passe à Baltimore, *The Wire* (HBO, USA, 2002-2009), a atteint un audimat de 98/100 d'après le site metacritic.com, devenant la série télé la plus suivie. La saison 5 de la série figure également parmi les 10 meilleures audiences. Créée par David Simon (USA), la série aux multiples récompenses explore les crimes liés à la drogue. Elle a été sacrée meilleure série policière originale.

★ NOUVEAU RECORD
● MISE À JOUR

10 sept. Le plus long home run dans un match de ligue est de 193 m. Il a été marqué par Mickey Mantle (USA) pour les New York Yankees au Briggs Stadium de Detroit (Michigan, USA), en 1960.

11 sept. Le plus jeune astronaute est le major Gherman Stepanovich Titov (Russie, né le 11 septembre 1935). Il avait 25 ans et 329 jours lorsqu'il s'est envolé à bord de *Vostok 2*, le 6 août 1961.

FANS DE SÉRIES TÉLÉ

★LA SÉRIE TÉLÉ LA PLUS VENDUE EN DVD (2008)

En 2008, le coffret de la saison 6 de la série *Family Guy : Blue Harvest* (FOX, USA) s'est vendu à 1 141 575 d'exemplaires, dont un record de 442 000 en format Blu-ray. Le coffret de la saison 7 occupait la 2ᵉ place des meilleures ventes, faisant de *Family Guy* la série comique de l'année en termes de ventes au détail. "Blue Harvest" (moisson bleue) était le nom de code du tournage de *Star Wars VI : Le Retour du Jedi* (USA, 1983).

★ NOUVEAU RECORD
● MISE À JOUR

★LA PLUS LONGUE DIFFUSION ININTERROMPUE D'UNE SÉRIE TÉLÉ

Entre les 7 et 11 juin 2008, la chaîne payante allemande Sat.1 Comedy a diffusé sans aucune interruption les 236 épisodes de *Friends* (USA). Le marathon a été diffusé pour offrir aux téléspectateurs une alternative à l'Euro 2008 de football (championnats européens de football organisés par l'UEFA), où l'Allemagne a terminé 2ᵉ.

COMÉDIES

★LA 1RE SITCOM TÉLÉ

La première sitcom télévisée, *Pinwright's Progress* (BBC, GB, 1946-1947), mettait en scène l'acteur James Hayter (GB) dans le rôle de J Pinwright, le propriétaire de la plus petite chaîne de magasins du monde. La série comptait 10 épisodes de 30 min diffusés 2 fois par mois en direct des studios d'Alexandra Palace (Londres, GB).

★RECORD DE LONGÉVITÉ POUR UNE SITCOM

Last of the Summer Wine (BBC, GB) est diffusé depuis 1973. Au terme de la saison 30, elle compte 292 épisodes, tous écrits par son créateur, Roy Clarke.

★LA COMÉDIE LA PLUS POPULAIRE DE LA DÉCENNIE

D'après TV.com, *Scrubs* (NBC/ABC, USA, depuis 2001) est la série comique la plus populaire. La note moyenne attribuée par les téléspectateurs était de 9,2/10, un record que la série partageait avec *Friends* (NBC). En termes de notation du public recueillie sur metacritic.com, **la ★série comique la mieux notée de la décennie** reste la saison 5 de *Curb Your Enthusiasm* (HBO, USA, depuis 2000), une fiction qui met en scène le co-créateur de *Seinfeld*, Larry David (USA), dans son propre rôle.

★RECORD D'EMMY AWARDS POUR UNE SÉRIE COMIQUE

Frasier (NBC, USA, 1993-2004) a remporté 37 Emmys, dont 5 consécutifs pour la meilleure série comique. Sa vedette, Kelsey Grammer (USA), a endossé le rôle du Dr Frasier Crane dans 3 séries différentes et a été nommée pour chacune de ces séries aux Emmys : 2 fois pour *Cheers* (NBC, USA), 1 fois pour son apparition dans *Wings* (NBC, USA) et 9 fois (dont 4 victoires) pour *Frasier*, **un record de nominations pour un même personnage**.

RECORD D'AUDIENCE POUR UNE SÉRIE COMIQUE

Le dernier épisode de *M*A*S*H* (CBS, USA), *Goodbye, Farewell and Amen*, qui dure 2 h et 30 min, a attiré 125 millions de téléspectateurs (depuis 50,15 millions de foyers) le 28 février 1983. Cette comédie dramatique à l'humour noir narre les expériences de médecins pendant la guerre de Corée. Le dernier épisode a été regardé par 77 % du public, soit 60,2 % des foyers américains.

★RECORD DE LONGÉVITÉ POUR UNE SITCOM (EN ÉPISODES)

Durant la saison 20 (2008-2009), *Les Simpsons* (USA) est devenue la sitcom la plus longue en nombre d'épisodes diffusés. Le 1ᵉʳ épisode de ce dessin animé a été diffusé sur Fox (USA) le 17 décembre 1989. Avec 443 épisodes diffusés (et ce n'est pas fini), il détrône le tenant du titre, *The Adventures of Ozzie and Harriet* (ABC, USA), diffusé de 1952 à 1966.

100

12 sept. **Le plus long contrat de l'histoire de la National Hockey League** est de 15 ans. Il a été signé en 2006 par le gardien de but Rick DiPietro (USA) des New York Islanders (USA).

13 sept. **La voiture de série la plus rapide** est une Ultimate Aero TT Super Car qui a atteint 412 km/h sur la Highway 221 (Washington, USA), en 2007.

19 : nombre d'Emmys en prime-time remportés par le scénariste et producteur des *Simpsons*, James L Brookes, **le record d'Emmys obtenus par un individu**.

★ LA TELENOVELA LA PLUS POPULAIRE

En termes d'audience au niveau international, *Yo Soy Betty, La Fea* (*Ugly Betty*) est la *telenovela* qui a rencontré le plus de succès. Conçue par Fernando Gaitán (Colombie), la série a été diffusée par RCN, le réseau de télévision colombien, de 1999 à 2001. *Ugly Betty* est devenue la 1re *telenovela* planétaire puisqu'elle a été diffusée dans sa version originale en Amérique latine et en Espagne et dans sa version doublée dans plus de 15 pays. Elle a aussi inspiré adaptations et remakes dans 19 autres langues, la version américaine étant diffusée sur une cinquantaine de chaînes dans le monde.

SOAP OPERA

★ LE 1ER SOAP

Les *soap opera* ont vu le jour à la radio américaine dans les années 1930 ; leur nom vient des fabricants de savons (*soap*, "savon") qui sponsorisaient ces mélodrames. La mère du *soap opera*, Irna Phillips (USA, 1901-1973), a créé le 1er *soap* radiophonique, *Painted Dreams* le 20 octobre 1930. On lui doit également 3 *soaps* inédits en France : *The Guiding Light* (USA, NBC Radio, 1937-1956 ; CBS TV, depuis 1952), *As the World Turns* (USA, CBS TV, depuis 1956) et *Another World* (USA, NBC TV, depuis 1964).

★ LE 1ER SOAP TÉLÉVISÉ

En 1944, Lever Brothers a sponsorisé les versions télévisées de 2 *soaps* radiophoniques, *Big Sister* et *Aunt Jenny's True Life Stories*, sur la chaîne Dumont de New York. Deux ans plus tard, *Faraway Hill* (du 2 octobre au 18 décembre 1946) est devenu le 1er *soap* diffusé sur le réseau national.

★ LE SOAP LE PLUS PÉRENNE

The Guiding Light a débuté sur la radio NBC le 25 janvier 1937 et à la télévision le 30 juin 1952. Traitant les thèmes classiques du genre (famille, amour, romance, communauté et vicissitudes de la vie), il est toujours diffusé sur CBS.

Le record de longévité pour un *soap* britannique revient à *Coronation Street* (ITV), qui est diffusé depuis le 9 décembre 1960.

RECORD DE LONGÉVITÉ POUR UNE VEDETTE DE SOAP

Helen Wagner (USA) joue le rôle de Nancy McClosky dans *As the World Turns* (USA, CBS) depuis la création de la série, le 2 avril 1956. La vedette britannique la plus endurante est William Roache (GB), qui tient le rôle de Ken Barlow dans *Coronation Street* (ITV) depuis le 1er épisode, le 9 décembre 1960.

★ LE PRODUCTEUR DE SOAP LE PLUS PROLIFIQUE

Les *telenovelas* sont les émissions les plus regardées en Amérique latine et s'exportent dans de nombreux pays. Les chiffres montrent même que les *telenovelas* mexicaines et brésiliennes sont plus populaires que les *soap* américains, britanniques et australiens réunis. Le leader dans le genre est Televisa (Mexique), suivie de près par Globo (Brésil).

★ LE SOAP LE PLUS POPULAIRE

En 2007-2008, *Les Feux de l'Amour* (CBS, USA, depuis 1973) a été le *soap* le plus suivi aux États-Unis. Il est aussi **le *soap* le plus regardé de la décennie** (et des années 1990). Cela fait plus de 1 000 semaines consécutives que ce mélodrame, diffusé dans 22 pays, occupe la 1re place de l'audimat américain.

RECORDS DE NOMINATIONS AUX BAFTA

Les récompenses de l'académie britannique des arts cinématographiques et télévisuels (BAFTA) sont les équivalents britanniques des Emmys américains. La comédienne Victoria Wood (GB) est l'actrice la plus nominée, avec une 12e nomination en 2007 pour son rôle dans *Housewife, 49* (ITV, UK).

LE SOAP LE PLUS POPULAIRE

Dallas (CBS, USA) a débuté en 1978 comme minisérie avant de devenir le feuilleton le plus populaire de tous les temps. En 1980, 83 millions d'Américains le suivaient, soit 76 % de part d'audience. Il était également diffusé dans plus de 90 pays. Le dernier épisode a été diffusé aux États-Unis le 3 mai 1991.

14 sept. Edward Charon (USA) détient **le record masculin d'annuaires déchirés en 3 min.** Il en a déchiré 56, de 1 006 pages chacun, à Branson (Missouri, USA), en 2006.

JEUX TÉLÉVISÉS & TÉLÉ-RÉALITÉ

★ LE JEU LE PLUS DIFFUSÉ DANS LE MONDE

Créé par Celador (GB), *Qui veut gagner des millions ?* a été diffusé pour le première fois en 1998, à la télévision britannique. Aujourd'hui, le jeu existe dans plus de 100 pays. En photo, le présentateur américain Regis Philbin (USA), qui a remporté en 2001 l'Emmy du meilleur présentateur de jeu en journée. Plus récemment, la version indienne du jeu a inspiré le film oscarisé, *Slumdog Millionaire* (GB, 2008).

★ NOUVEAU RECORD

● MISE À JOUR

★ LE PREMIER JEU

Journaliste basé au Canada, ancien enseignant, Roy Ward Dickson (GB, 1910-1978) est à l'origine des jeux télévisés en ayant adapté pour la radio des quiz destinés à ses élèves. L'émission *Professor Dick and His Question Box* a été diffusée pour la première fois sur la radio CKCL le 15 mai 1935. Dickson a produit de nombreux autres jeux, parmi lesquels *Claim to Fame*, le premier jeu à jury.

★ LE PREMIER JEU TÉLÉVISÉ

Spelling Bee a été diffusé pour la première fois sur la BBC, à 22 h 00, le 31 mai 1938. Dans ce jeu de 15 min, en direct de l'Alexandra Palace (Londres, GB), Freddie Grisewood (GB) posait des questions d'orthographe à des candidats qui devaient épeler divers mots. Il s'inspirait d'un jeu radiophonique de la BBC, lui-même inspiré des concours d'orthographe des écoles américaines. Il s'est arrêté après 5 émissions.

★ LA PLUS GROSSE AMENDE INFLIGÉE PAR OFCOM

En mai 2008, Ofcom, l'organisme de régulation des industries de la communication britanniques, a infligé une amende de 5 675 000 £, à ITV (GB), pour irrégularités sur ses hotlines téléphoniques. "De sérieux dysfonctionnements" ont été observés sur plusieurs émissions : *Ant & Dec's Saturday Night Takeaway* (photo), *Gameshow Marathon* et *Soapstar Superstar*. Des votes représentant 7,8 millions £ n'avaient pas été comptabilisés. ITV a promis de verser cette somme à des associations caritatives.

★ L'ÉMISSION DE TÉLÉ-RÉALITÉ LA PLUS POPULAIRE

Le show britannique, *Strictly Come Dancing*, qui consiste à faire danser des célébrités avec des danseurs professionnels a généré plus d'émissions dérivées qu'aucun autre programme.

Ce concept de la BBC a ainsi été vendu à 38 pays sous le nom *Dancing With the Stars* (Danser avec les stars). Aux États-Unis, la première émission de la 8e saison a rassemblé 22,8 millions de téléspectateurs, le 9 mars 2009.

★ LE PREMIER CANDIDAT À GAGNER 100 000 $

Après une série de scandales dans les années 1950, les chaînes de télévision américaines ont été contraintes de limiter les gains des jeux. NBC a ainsi restreint le nombre de jeux auxquels les candidats pouvaient participer. Dans *Sale of the Century* (USA), version 1980, la candidate Barbara Phillips (USA) a empoché plus de 150 000 $.

Le ● plus gros pactole d'un jeu télévisé se monte à 2 520 700 $. L'heureux gagnant, Ken Jennings de Salt Lake City (Utah, USA), a remporté 74 manches au jeu de CBS *Jeopardy !*, du 2 juin au 30 novembre 2004.

★ LE PRÉSENTATEUR (USA) DE JEU TÉLÉVISÉ LE PLUS PROLIFIQUE

Au cours de ses 50 ans de carrière, Bill Cullen (USA, 1920-1990) a présenté 23 jeux, parmi lesquels *Winner Take All* (son tout premier jeu en 1952), *The Price is Right* (Le Juste Prix), *Blockbusters* et *The Joker's Wild*. Un trophée portant son nom est décerné par le Game Show Congress, une organisation à but non lucratif qui promeut l'industrie du jeu télévisé.

15 sept. 171 membres du Chilli Club International (Australie) se sont produits à l'ouverture des J.O. de Sydney (Australie), le 15 septembre 2000. Il s'agit du **plus grand rassemblement de cracheurs de feu**.

97 327 265 : nombre d'appels pour la finale de la saison 7 d'*American Idol*, les 20-21 mai 2008 – le **record de votes par téléphone pour une émission télé**.

★ L'ÉTUDE DE JEU TÉLÉVISÉ LA PLUS SYSTÉMATIQUE

Des économistes, soucieux de comprendre le processus de la prise de risque, ont analysé des séquences du jeu télévisé *Deal or No Deal* (*À prendre ou à laisser*) (Endemol, 2002). Le résultat de l'étude, *À Prendre ou à laisser, La prise de risque dans un jeu télévisé à argent* (Post, Van den Assem, Baltussen et Thaler ; mars 2008), décrypte les choix de 151 candidats. La conclusion ? Ceux qui ont connu des déboires au début du jeu prennent plus de risques par la suite – c'est le concept économique des probabilités.

★ LES PRODUCTEURS LES PLUS PROLIFIQUES

Mark Goodson et Bill Todman (tous deux USA) ont créé plus de 25 jeux télévisés, produisant plus de 21 830 h de programmes.

★ L'ERREUR LA PLUS COÛTEUSE DANS UN JEU TÉLÉVISÉ

Le jeu américain *Plinko* consiste à laisser tomber un gros jeton du haut d'un tableau parsemé de piquets. Le jeton est freiné et dévié dans sa chute par les piquets et finit sa course dans une case associée à un gain. Lors du tournage d'une émission, le 22 juillet 2008, les producteurs ont oublié que le tableau avait été truqué pour que le gain atteigne invariablement 10 000 $, si bien que le candidat a remporté 3 manches avant qu'on s'en aperçoive. Il a pu garder les 30 000 $.

RECORD DE DÉCÈS À CAUSE D'UN JEU

Le 4 février 2006, au moins 74 personnes ont péri dans une cohue en tentant d'obtenir des billets pour le jeu philippin, *Wowowee* (ABS-CBN). L'espoir d'un gain de 1 million de pesos (14 600 €) a conduit 30 000 candidats potentiels devant l'Ultra Stadium de Manille (Philippines). Lorsque les portes se sont ouvertes, plusieurs centaines de personnes ont été piétinées dans la mêlée.

★ LA PREMIÈRE SÉRIE DE TÉLÉ-RÉALITÉ

Tournée en 1971 et diffusée en 1973, la série en 12 épisodes *An American Family* (*Une famille américaine*), sur PBS, est considérée comme la première émission de télé-réalité, avec des personnes filmées en continu. Plus de 10 millions de téléspectateurs ont ainsi regardé chaque semaine les Louds, une famille de Santa Barbara (Californie, USA), vaquer à leurs occupations. L'audimat s'est envolé lorsque la mère, Ann, a demandé le divorce à son mari, Bill...

★ LA PREMIÈRE ÉMISSION DE TÉLÉ-RÉALITÉ

La caméra cachée américaine a été la première émission de télé-réalité à laisser la vedette à des inconnus. Elle a été diffusée pour la première fois en 1948. Le principe était de faire des farces aux spectateurs qui assistaient à l'émission et de filmer leurs réactions.

● RECORD DE TÉLÉCHARGEMENTS DE SINGLE (GB)

L'émission télévisée de radio crochet britannique, *X Factor*, détient plusieurs records depuis sa première diffusion sur le petit écran en 2004. Les gagnants de l'émission, Shayne Ward, Leona Lewis et Alexandra Burke (GB) ont tous connu des **records de ventes par téléchargement de single en Angleterre**, le titre de Burke (photo) *Hallelujah* étant en pole position avec 289 621 téléchargements vendus la semaine du 27 décembre 2008.

★ LE PLUS GRAND DÉCOR DE JEU TÉLÉVISÉ

Présenté par Richard O'Brien (GB, à gauche), le jeu télévisé britannique *The Crystal Maze* (*Le Labyrinthe de cristal*) (Chatsworth Television/Channel 4) possède le plus grand décor du monde pour un jeu et a même été le plus grand décor de télévision européen. Sans être un véritable labyrinthe, le Crystal Maze comprend 4 "zones temporelles" interconnectées. De la taille de deux terrains de football, sa construction a coûté 480 000 $.

16 sept. **La plus grande réunion d'anciens élèves** a eu lieu à la Stadium High School de Tacoma (Washington, USA) pour les 100 ans de l'établissement, en 2006. 3 299 anciens élèves y ont participé.

17 sept. Présentée par Maurie Sherman (Canada), *The Maurie Show* est **l'émission de radio la plus courte**. Diffusée pour la première fois en 2008, sur Virgin Radio Toronto (Canada), elle dure 1 min.

HÉROS D'HOLLYWOOD

SUCCÈS FOUDROYANT

Son rôle dans *Le Chevalier noir* (USA, 2008), son décès et son oscar posthume ont fait d'Heath Ledger (Australie) l'★homme dont la popularité sur Google (nombre de recherches) a augmenté le plus vite en 2008.

TOM CRUISE

Tom Cruise, qui a joué dans 20 blockbusters, détient **le ★record de participations à des films ayant rapporté plus de 100 millions $**. Le premier, *Top Gun* (USA, 1986), a rapporté 345 millions $; le plus récent, *Walkyrie* (USA/Allemagne, 2008), qui raconte la tentative d'attentat contre Adolf Hitler, a rapporté un peu plus de 165 millions $ seulement. Tom Cruise est néanmoins **l'★acteur le plus surpayé de l'année** (voir ci-dessous).

DANIEL RADCLIFFE

Daniel Radcliffe (GB) qui a tenu le rôle principal des 5 films de la saga d'Harry Potter – et joué dans *Le Tailleur de Panamá* (USA/Irlande, 2001) et *December Boys* (Australie, 2007) – reste **la ●star ayant rapporté en moyenne le plus au box-office pour un rôle principal**, avec environ 558 millions $ par film. Il est par conséquent **l'★acteur qui a généré le plus de recettes sur les 10 dernières années**.

MAGIQUE...

Selon le *Daily Mail*, son rôle d'Harry Potter dans les deux derniers films de la saga va rapporter 50 millions $ à Daniel Radcliffe – pas mal, quand on sait qu'il n'a touché "que" 362 000 $ pour le premier volet !

★L'ACTEUR LE PLUS SURPAYÉ

Le magazine *Forbes* a désigné Tom Cruise (USA) "acteur le plus surpayé du monde" en se basant sur le ratio rentabilité de ses films/montant de ses cachets. Cruise, acteur le plus influent d'Hollywood en 2008, a récemment tourné plusieurs films qui n'ont pas très bien marché au box-office, notamment *Lions et Agneaux* (USA, 2007), qui a rapporté 1,88 $ pour 1 $ de cachet. Pour ses 3 derniers films (en comptant les 3 premiers mois de ventes de DVD), Cruise a rapporté en moyenne 4 $ pour 1 $ de cachet. Voir p. 207 pour tout savoir sur la formule de calcul utilisée par *Forbes*.

●L'ACTEUR LE MIEUX PAYÉ

Keanu Reeves (USA) a perçu un cachet de 15 millions $ pour chacun des deux derniers films de la saga Matrix, *Reloaded* et *Revolutions* (USA/Australie, 2003), soit plus 15 % des recettes. *Matrix* (USA/Australie, 1999) a rapporté 10 millions $ à l'acteur, plus 10 % des recettes, ce qui représente un gain total pour la trilogie de 260 millions $ – soit 87 millions $ en moyenne par film.

JAMES DEAN & HEATH LEDGER

En 2009, Heath Ledger (Australie, 1979-2008, ci-dessous à gauche) est devenu le 2e acteur de l'histoire du cinéma à remporter un oscar après sa mort, pour *Le Chevalier noir* (USA, 2008). Peter Finch (GB) a été **le premier acteur à remporter un oscar à titre posthume** pour le rôle d'Howard Beale dans *Network* (USA, 1975). **Le ★record de nominations à titre posthume pour un acteur** est détenu par James Dean (USA, 1931-1955, ci-dessous), avec 2 nominations pour *À l'est d'Eden* (USA, 1955) et *Géant* (USA, 1956).

18 sept. En 2006, Anousheh Ansari (Iran) a dépensé 20 millions $ pour séjourner 8 jours à bord de la station spatiale internationale et être ainsi **la première touriste dans l'espace**.

12 : nombre de nominations aux oscars de Jack Nicholson (USA) – c'est **le record de nominations pour un acteur**.

MEILLEUR ACTEUR : RECORD DE NOMINATIONS AUX OSCARS POUR UN PERSONNAGE

Henry VIII d'Angleterre (1491-1547) est le personnage qui a suscité le plus de nominations aux oscars, dans la catégorie meilleur acteur. Ci-contre : Charles Laughton (GB) dans *La Vie privée d'Henry VIII* (GB, 1933), qui lui a valu l'oscar, Robert Shaw dans *Un homme pour l'éternité* (GB, 1966) et Richard Burton (GB) dans *Anne of the Thousand Days* (GB, 1969).

●RECORD D'OSCARS DU MEILLEUR ACTEUR

Sean Penn (USA) est devenu le 9e acteur à recevoir 2 oscars du meilleur acteur : le dernier pour le rôle de l'activiste gay Harvey Milk dans *Harvey Milk* (USA, 2008) et le précédent pour *Mystic River* (USA, 2003). Les 8 autres acteurs sont Marlon Brando (USA), Gary Cooper (USA), Daniel Day-Lewis (GB), Tom Hanks (USA), Dustin Hoffman (USA), Fredric March (USA), Jack Nicholson (USA) et Spencer Tracy (USA).

★L'APPARITION LA PLUS COURTE POUR L'OSCAR DU MEILLEUR ACTEUR

Anthony Hopkins (GB) a remporté l'oscar du meilleur acteur pour sa performance dans *Le Silence des agneaux* (USA, 1991), bien qu'on ne le voie qu'un peu plus de 16 min.

★RECORD DE NOMINATIONS AUX RAZZIES

Sylvester Stallone (USA) a "l'honneur" d'avoir été nommé 30 fois aux razzies (ou Golden Raspberry Awards) dans la catégorie du pire acteur. Il a remporté 10 fois le titre. Neuf des nominations (1984-1992) ont été consécutives, ce qui est aussi un record. Les razzies, parodie des oscars, ont été créés en 1981 par le publicitaire John Wilson (USA).

★RECORD DE NOMINATIONS AUX RAZZIES EN UNE ÉDITION

En 2004, Ben Stiller (USA) a été nommé 5 fois aux razzies, dans la catégorie du pire acteur, pour *Polly et moi*, *Présentateur vedette : la légende de Ron Burgundy*, *Même pas mal !*, *Envy* et *Starsky & Hutch* (USA). En 2007, Eddie Murphy (USA) avait été nommé 5 fois pour un seul film : *Norbert* (USA). Il y jouait 3 personnages, qui ont tous remporté le razzie du pire acteur ; 2 ont été nommés dans la catégorie pire couple et Murphy a été nommé dans la catégorie pire scénariste.

●RECORD DE RECETTES POUR UN ACTEUR

En 2008, Samuel L. Jackson (USA) a rapporté 150,3 millions $ de recettes, ce qui porte le total des recettes générées au cours de sa carrière à 7,57 milliards $.

100

MARLON BRANDO

Le ★premier acteur dont le cachet a franchi la barre du million de dollars est Marlon Brando (USA). Il a touché 1,25 million $ (8,8 millions $ actuels) pour son interprétation de Fletcher Christian dans *Les Révoltés du Bounty* (USA, 1962).

Pour son petit rôle (El-Jor) dans *Superman* (1978), il a franchi la barre des 3 millions $ tout en négociant une participation aux bénéfices, ce qui lui a permis de gagner 14 millions $ (46 millions $ actuels) pour 10 min à l'écran.

JOHNNY DEPP

La star des pirates, Johnny Depp (USA), a retrouvé sa place d'**●acteur le plus influent d'Hollywood**. L'évaluation des candidats se fait sur 12 mois et porte sur leur salaire, leur popularité sur le net, leurs apparitions dans la presse, la note attribuée par différents organismes, etc.

19 sept. Le record du lancer de citrouille a été établi grâce à un canon baptisé Aludium Q-36 Pumpkin Modulator, qui a propulsé une citrouille à 1 368 m, à Morton (Illinois, USA), en 1998.

20 sept. Le premier tour du monde en bateau a été achevé non pas par Ferdinand Magellan (il avait été tué aux Philippines), mais par l'un de ses marins, Juan Sebastián Elcano (Espagne), en 1522.

DÉESSES DE L'ÉCRAN

CAMERON DIAZ

Le ●plus gros revenu annuel pour une actrice en 2007-2008 était de 50 millions $ pour Cameron Diaz (USA, ci-dessous avec la princesse Fiona de *Shrek*). Depuis ses débuts dans *The Mask* (USA, 1994), Cameron Diaz a joué dans de nombreux films à succès, comme *Le Mariage de mon meilleur ami* (USA, 1997), *Drôles de dames* (USA, 2000) et sa suite, et, plus récemment, dans *Ce qui se passe à Vegas* (USA, 2008, encart), et a également été la voix de Fiona dans *Shrek*. (Voir page de droite la liste des 10 actrices les plus riches d'Hollywood.)

10 ANS DE SUCCÈS

En juin 2008, Emma Watson (GB, à droite), avait joué dans 6 films et gagné en moyenne 753 700 000 $ par film – **la ★plus grosse recette au box-office pour une actrice**. La raison d'une telle réussite ? Les cinq films d'*Harry Potter* dans lesquels elle a tourné depuis 2001, qui ont connu un succès phénoménal.

Keira Knightley (GB, à l'extrême droite) est apparue dans 15 films depuis 2000, dont la trilogie *Pirates des Caraïbes*. Selon Movie Database, base de données d'Internet sur le cinéma, ses recettes au box-office seraient de 3,42 milliards $ au cours de la dernière décennie, ce qui est **la ★plus grosse recette au box-office pour une actrice dans les années 2000**.

●L'ACTRICE LA PLUS INFLUENTE

Angelina Jolie (USA) a conservé sa position d'actrice la plus influente d'Hollywood grâce à sa performance dans *L'Échange* (USA, 2008) et à l'intérêt immodéré du public pour sa relation avec Brad Pitt (USA) et sa famille qui s'agrandit sans cesse – avec les deux derniers-nés du couple, les jumeaux Knox Léon et Vivienne Marcheline.

●RECORD DE FILMS CONSÉCUTIFS AYANT RAPPORTÉ 100 MILLIONS $

Jada Pinkett (USA) a participé à 7 films ayant rapporté plus de 100 millions $, dont 4 consécutifs : *Matrix Reloaded* (2003), *Matrix Revolutions* (2003), *Collateral* (2004) et *Madagascar* (2005). Ses autres films ayant rapporté 100 millions $ étaient *Scream 2* (1997), *Le Professeur Foldingue* (1996) et *Madagascar 2* (2008).

LE CACHET LE PLUS ÉLEVÉ POUR UN FILM

En février 2006, il a été révélé que Reese Witherspoon (USA) avait négocié un contrat de 29 millions $ pour jouer dans *Our Family Trouble* (USA, 2009). Le contrat inclut son salaire d'actrice, ainsi qu'un pourcentage des recettes au box-office. Elle a ainsi dépassé le record des 25 millions $ gagnés par Julia Roberts pour *Le Sourire de Mona Lisa* (2003).

★RECORD D'APPARITIONS À L'ÉCRAN POUR UNE ACTRICE VIVANTE

Marianne Stone (GB) a figuré dans 159 films, de 1943 à 1985. Interprétant généralement des rôles secondaires, elle est surtout connue pour avoir joué régulièrement dans la série des films *Carry On*...

OSCARS

★L'OSCAR DÉCERNÉ POUR LE RÔLE LE PLUS COURT

Beatrice Straight (USA, 1914-2001) a remporté l'oscar de la meilleure actrice dans un second rôle, aux American Academy Awards en 1977, pour son interprétation de Louise Schumacher dans *Network* (USA, 1976) – bien qu'elle ne soit apparue à l'écran que 5 min et 40 s.

21 sept. Adam Brodsky a donné un concert dans chacun des 50 États américains en 50 jours, du 3 août au 21 septembre 2003.

22 sept. 105 personnes ont exécuté un numéro de natation synchronisée au Big Sync, à Londres (GB), en 2007.

1965 : année où Diana Rigg (GB) a été la ★première actrice occidentale à faire du kung-fu, dans *Chapeau melon et Bottes de cuir.*

★ NOUVEAU RECORD
● MISE À JOUR

MILEY CYRUS

Miley Cyrus (USA, née le 23 novembre 1992) est actuellement **l'●actrice mineure gagnant le plus d'argent**. Selon *Forbes*, elle a gagné environ 25 millions $ en 2008. Son nom de baptême étant Destiny Hope Cyrus (son père est le chanteur de country Billy Ray Cyrus), la chanteuse et parolière est devenue célèbre en 2006 en jouant dans la série *Hannah Montana* sur Disney Channel. Elle a ensuite réalisé 2 albums studio en solo – *Meet Miley Cyrus* (2007) et *Breakout* (2008) – ayant figuré à la première place du Billboard 200. En 2008, *Time* indiquait qu'elle était l'une des 100 personnes les plus influentes du monde.

★RECORD DE NOMINATIONS POUR LE MÊME PERSONNAGE

Le personnage de Rose DeWit Bukater dans *Titanic* (1997) a valu la nomination aux oscars des actrices Kate Winslet (GB) et Gloria Stuart (USA) ; même privilège pour celui d'Iris Murdoch dans *Iris* (2001), interprété par Dame Judi Dench (GB) et Kate Winslet.

RECORD DE NOMINATIONS

Meryl Streep (USA, née le 22 juin 1949) a connu 15 nominations aux oscars de 1979 à 2008. 12 fois pour l'oscar de la meilleure actrice, qu'elle a remporté en 1983 pour *Le Choix de Sophie* (USA, 1982), et à 3 reprises pour l'oscar de la meilleure actrice dans un second rôle, qu'elle a remporté pour *Kramer contre Kramer* (USA, 1979). Elle a été nommée pour la 15e fois pour *Doubt* (USA, 2008).

RECORD D'OSCARS DE LA MEILLEURE ACTRICE

Katharine Hepburn (USA, 1907-2003) a remporté 4 oscars de la meilleure actrice, pour *Morning Glory* (USA, 1933) en 1934, *Devine qui vient dîner* (USA, 1967) en 1968, *Le Lion en hiver* (GB, 1968) en 1969 et *La Maison du lac* (USA, 1981) en 1982.

LA MEILLEURE ACTRICE LA PLUS ÂGÉE

Jessica Tandy (GB, 1909-1994) a reçu l'oscar de la meilleure actrice pour *Miss Daisy et son chauffeur* (USA, 1989), le 29 mars 1990, à 80 ans et 295 jours. Marlee Matlin (USA, née le 24 août 1965) a été **la plus jeune lauréate de l'oscar de la meilleure actrice**, le 30 mars 1987 pour son rôle dans *Les Enfants du silence* (USA, 1986), à 21 ans et 218 jours.

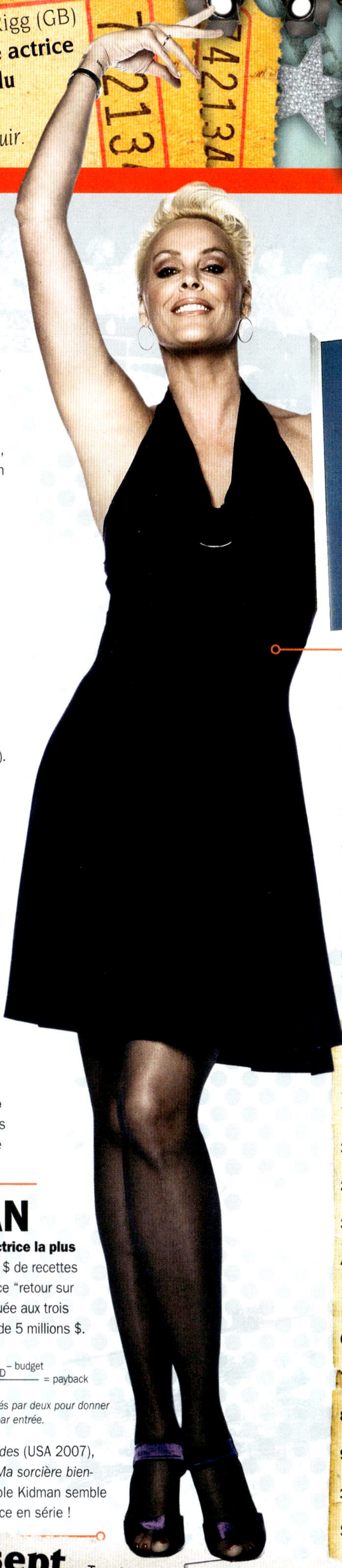

BRIGITTE NIELSEN

Brigitte Nielsen (Danemark, née le 15 juillet 1963) est l'une des actrices que l'on admire en levant la tête. Cette blonde sculpturale mesure 1,82 m, comme Sigourney Weaver (née le 8 octobre 1949), Margaux Hemingway (USA, 1955-1996) et Geena Davis (USA, née le 21 janvier 1957). Toutes détiennent le record de **la plus grande actrice ayant tenu un rôle principal**.

LES ACTRICES LES PLUS RICHES (2007-2008)

1 Cameron Diaz (USA) 50 millions $
2 Keira Knightley (GB) 32 millions $
3 Jennifer Aniston (USA) 27 millions $
4 = Reese Witherspoon Gwyneth Paltrow (toutes deux USA) 25 millions $
6 Jodie Foster (USA) 23 millions $
7 Sarah Jessica Parker (USA) 18 millions $
8 Meryl Streep (USA) 16 millions $
9 Amy Adams (USA) 14,5 millions $
10 Angelina Jolie (USA) 14 millions $

Source : *Forbes*

NICOLE KIDMAN

Selon des données provenant de *Forbes*, **l'★actrice la plus surpayée** est Nicole Kidman (Australie), avec 1 $ de recettes au box-office pour 1 $ de salaire. Pour calculer ce "retour sur investissement", la formule suivante est appliquée aux trois derniers films de l'actrice ayant rapporté plus de 5 millions $.

$$\frac{\left(\frac{\text{Box-office mondial}}{2}\right)^{*} + \text{3 premiers mois des ventes de DVD} - \text{budget}}{\text{Salaire}} = \text{payback}$$

* *Les chiffres du box-office sont divisés par deux pour donner le revenu approximatif des studios par entrée.*

Avec *À la croisée des mondes* (USA 2007), *Invasion* (USA 2007) et *Ma sorcière bien-aimée* (USA 2005), Nicole Kidman semble avoir eu de la malchance en série !

23 sept. Tom Morris Junior (GB, né le 20 avril 1851), **le plus jeune vainqueur de l'Open de golf**, avait 17 ans et 156 jours lorsqu'il a gagné l'Open au club de golf de Prestwick (GB), en 1868.

CINÉMA

★ LE 1ER FILM ENTIÈREMENT NUMÉRIQUE

Bernard et Bianca au pays des kangourous (USA, 1990) est la première suite d'un dessin animé Disney. Ce dessin animé est aussi le premier film à avoir bénéficié du Computer Animation Production System (CAPS), une technique numérique encre-peinture développée par Disney et Pixar (USA). CAPS a permis la colorisation numérique d'éléments scannés, la création de fonds et l'élaboration de mouvements de caméra complexes, jusqu'ici inédits en animation.

★ NOUVEAU RECORD
● MISE À JOUR

● LE FILM LE PLUS OSCARISÉ

Trois films ont chacun remporté 11 oscars. *Ben-Hur* (USA, 1959), fort de 12 nominations le 4 avril 1960, *Titanic* (USA, 1997) avec 14 nominations le 23 mars 1998 et *Le Seigneur des Anneaux : Le Retour du roi* (Nouvelle-Zélande/USA, 2003), qui a raflé la totalité de ses 11 nominations, le 29 février 2004.

100

★ RECORD DE RECETTES POUR UNE RÉALISATRICE

Avec des recettes dépassant 351 millions $, *Twilight* (USA, 2008), réalisé par Catherine Hardwicke (USA), est le film le plus rentable réalisé par une femme. Basé sur le best-seller de Stephenie Meyer, *Twilight* relate les relations d'une adolescente avec son petit ami vampire. Le 2e épisode de la saga, *The Twilight Saga : New Moon* (2009), est actuellement en production.

★ LE 1ER LONG-MÉTRAGE FILMÉ EN NUMÉRIQUE HD

Vidocq (France, 2001), film retraçant la vie d'Eugène François Vidocq, fondateur de la Sûreté nationale, a été le premier long-métrage filmé avec des caméras numériques en encodage 1080p24 (HD). Ce film révolutionnaire précède de 1 an la sortie de *Star Wars II – L'Attaque des clones* (USA, 2002).

● RECORD DE RECETTES POUR UN STUDIO

En 2008, avec plus de 248 millions de billets vendus, les 31 films produits par Warner Bros ont généré 1,78 milliard $ de recettes et une part de marché record de 18,13 %.

24 sept. Le tennisman Andy Roddick (USA) a effectué **le service le plus rapide** avec 249,4 km/h durant la demi-finale de la coupe Davis contre la Russie en 2006.

25 sept. **La plaque de chocolat la plus chère**, emportée en Antarctique par Robert Scott (GB) lors de son expédition *Discovery* (1901-1904), s'est vendue 470 £ (550 €) aux enchères de Londres (GB), en 2001.

300 millions $: montant des revenus 2008 de la créatrice d'*Harry Potter*, J. K. Rowling (GB). Ce sont **les plus hauts revenus annuels pour un écrivain**.

100

★LA BANDE ANNONCE LA PLUS TÉLÉCHARGÉE (24 H)

La bande-annonce du nouveau *Star Trek* (USA, 2009) de J. J. Abram (USA), disponible le 6 mars 2009, a été téléchargée depuis le site apple.com 1,8 million de fois en 24 h. Elle est ainsi devenue le téléchargement haute résolution (HD) le plus populaire de tous les temps, dépassant les 5 millions de téléchargements dans les 5 premiers jours. Sorti le 8 mai 2009, le film revient sur la genèse de la série télé en dévoilant la rencontre des protagonistes.

★LE GENRE LE PLUS POPULAIRE

30,26 % des films sortis en 2008 étaient des comédies, le genre cinématographique le plus prolifique. En analysant les résultats du box-office de cette année, le film hollywoodien idéal serait une comédie contemporaine tout public avec un scénario original.

●RECORD DE RECETTES POUR UN PRODUCTEUR DE FILM

Le producteur de télé et de cinéma Jerry Bruckheimer (USA), l'homme de *Pirates des Caraïbes : Jusqu'au bout du monde* (USA, 2008) et *Benjamin Gates et le livre des secrets* (USA, 2008) pour le grand écran, ainsi que des séries *Les Experts*, *Cold Case* et *FBI : portés disparus* pour la télévision, a détrôné Stephen Spielberg en devenant le nabab hollywoodien le plus riche. Le magazine *Forbes* a estimé ses revenus 2007-2008 à 145 millions $.

Toujours selon *Forbes*, Spielberg reste toutefois **la personnalité la plus influente de l'industrie cinématographique**, après avoir produit *Transformers* (USA, 2007) et réalisé *Indiana Jones : Le Royaume du crâne de cristal* (USA, 2008).

★LE 1ER FILM D'ANIMATION NOMINÉ POUR L'OSCAR DU MEILLEUR FILM ÉTRANGER

Valse avec Bashir (Israël/Allemagne/France/USA, 2008) est le premier film d'animation à avoir reçu une nomination pour le meilleur film étranger. Dans ce long-métrage, réalisé par Ari Folman (Israël), un ancien soldat israélien se remémore une mission militaire de la première guerre du Liban en 1982.

★RECORD DE FRAMBOISES D'OR

Trois œuvres cinématographiques ont eu l'insigne honneur de remporter 9 framboises d'or, les trophées qui récompensent les pires navets hollywoodiens : *I Know Who Killed Me* (USA, 2007), avec Lindsay Lohan (USA), qui a elle-même remporté 2 framboises pour sa performance dans *Battlefield Earth* (USA, 2000) avec John Travolta (USA) et *Showgirls* (USA, 1995).

100

●RECORD DE RECETTES (JOUR DE LA SORTIE)

Avec des recettes mondiales de 997 millions $, *Batman : Le Chevalier noir* (USA, 2008) est, après *Titanic* (USA, 1997), le film le plus rentable de tous les temps. Sorti le 18 juillet 2008, *Le Chevalier noir* a rapporté 66,4 millions $, établissant ainsi de nouveaux records de recettes pour **le ●jour de la sortie** et **●en une journée**. Voir le tableau de records du *Chevalier noir*, ci-dessous.

LE CHEVALIER NOIR EN RECORDS

●Plus fortes recettes le jour de la sortie	66,4 millions $
●Plus fortes recettes en 1 jour	66,4 millions $
●Plus fortes recettes en 1 week-end	158 millions $
●Plus fortes recettes à la séance de minuit	18,5 millions $
●Plus fortes recettes pour un film tout public	997 millions $
●Plus large distribution dans un pays	4 366 salles (USA)
●Plus fortes recettes pour un film original sur IMAX	55 millions $
●Record de temps pour atteindre 100 millions $	2 jours
●Record de temps pour atteindre 200 millions $	5 jours
●Record de temps pour atteindre 500 millions $	45 jours

26 sept. **Le plus long discours prononcé aux Nations unies** a duré 4 h et 29 min. On le doit au président Fidel Castro (Cuba), en 1960.

EFFETS SPÉCIAUX

★ LA 1RE UTILISATION DU LOGICIEL CARI

Spécialisée dans les effets spéciaux, la société Industrial Light and Magic (ILM) a créé le logiciel d'animation CARI (abréviation de "caricature") pour reproduire la peau et les muscles des personnages animés. Il a été utilisé pour la première fois dans *Cœur de dragon* (USA, 1996), où il donne vie à Draco, à qui Sean Connery (GB) prête sa voix dans la version originale.

★ NOUVEAU RECORD
● MISE À JOUR

LES 1ERS EFFETS SPÉCIAUX RÉALISÉS POUR UN FILM

The Execution of Mary, Queen of Scots (USA, 1895), film muet de 1 min, tourné dans les laboratoires Edison (New Jersey, USA) a été le 1er film tourné en stop-motion pour donner l'impression d'une vraie décapitation. La scène était si convaincante que certains spectateurs ont cru que l'actrice s'était sacrifiée pour le film !

★ LE 1ER PERSONNAGE VIRTUEL AVEC UN PELAGE RÉALISTE

Kitty, le tigre créé par Industrial Light & Magic pour la version cinématographique en live-action de *The Flintstones* (USA, 1994), a été le 1er personnage recouvert d'un pelage réaliste conçu par synthèse d'images 3D.

PLUS D'INFO

Industrial Light & Magic a utilisé le logiciel CARI pour créer les Martiens de *Mars Attacks !* (USA, 1996) de Tim Burton, entièrement réalisés en images de synthèse.

● RECORD DE NOMINATIONS AUX OSCARS DANS LA CATÉGORIE EFFETS SPÉCIAUX

Dennis Muren (USA) a été nommé 13 fois aux oscars : la 1re fois en 1982 pour *Le Dragon du lac de feu* (USA, 1981) et la dernière en 2006 pour *La Guerre des mondes* (USA, 2005). Il a reçu un prix spécial de l'Académie pour *Star Wars : Épisode V – L'Empire contre-attaque* (USA, 1980) en 1981 et un prix de la performance technique pour le développement du Motion Picture Figure Mover dans le cinéma d'animation en 1982. Il détient aussi **le record d'oscars d'un artiste spécialiste des effets spéciaux** (8) et est le seul dans cette catégorie à avoir son étoile sur la promenade de la Gloire à Hollywood.

★ LA 1re SÉRIE TÉLÉ METTANT EN SCÈNE DES MODÈLES VIRTUELS EN 3D

Les premiers vaisseaux spatiaux conçus par synthèse d'images 3D pour la télé sont ceux conçus par Ron Thornton (USA) et sa société Foundation Imaging for Babylon 5 (1993-1998). L'émission pilote, *The Gathering*, a remporté un Emmy Award pour ses effets spéciaux et un autre pour le maquillage.

★ LE 1ER FILM AVEC DE L'EAU VIRTUELLE

Le 1er film où un logiciel a été utilisé pour simuler les propriétés de l'eau est *Fourmiz* (USA, 1998), des studios Dreamworks. Auparavant, les effets numériques reproduisant la fluidité étaient dessinés image par image à l'aide de logiciels graphiques. Pour être réaliste, l'effet eau exige des simulations informatiques puissantes faisant appel à la physique. À l'époque où *Fourmiz* est sorti, les seules études approfondies sur la dynamique des fluides étaient menées par les scientifiques du laboratoire national de Los Alamos (Nouveau-Mexique, USA), qui travaillaient sur le flux de particules après une frappe nucléaire.

27 sept. En 2008, **le hot-dog le plus long du monde** (114,32 m) a été préparé par Empacadora Ponderosa (Mexique), à Monterrey (Mexique).

28 sept : En 2008, Haile Gebrselassie (Éthiopie) a battu **le record du monde de marathon** en courant le marathon de Berlin (Allemagne) en 2 h, 3 min et 59 s.

370 : nombre d'heures de tournage qu'a nécessité *King Kong* (2005) de Peter Jackson, soit plus de 609 km de pellicule. C'est 123 fois plus que la durée finale du film.

● RECORD DE MARQUEURS UTILISÉS POUR CAPTURER LES MOUVEMENTS DU VISAGE

Les expressions faciales du Dr Manhattan dans *Watchmen* (USA, 2009) ont été capturées par Sony Pictures Imageworks (USA) à l'aide de 165 marqueurs disposés sur le visage de l'acteur Billy Crudup (USA, en photo ci-dessus). Selon les spécialistes, le costume porté par l'acteur, couvert de 2 500 LED donnant au personnage sa couleur bleue, est le costume de capture de mouvement le plus original jamais conçu.

★ LA 1RE UTILISATION DU CLAYMATION

Closed Mondays (USA, 1975), film qui a reçu un oscar et a vu débuté Will Vinton (USA) comme réalisateur, a été le 1er film à utiliser le Claymation (des personnages en pâte à modeler sont filmés en stop-motion). L'œuvre de Vinton, qui a breveté ce procédé, couvre deux décennies, avec notamment de nombreuses publicités pour MTV.

TÉLÉVISION

★ LE PLUS GROS BUDGET MAQUILLAGE

Buffy contre les vampires (1997-2003) avait le plus gros budget maquillage d'une série télé, avec une moyenne hebdomadaire de 3 000 $ pour les lentilles, les accessoires et les fausses dents. Le coût total des transformations subies par l'actrice serait supérieur à 30 000 $.

Un budget de 1 million $ avait été prévu pour le maquillage de *La Planète des singes* (USA, 1968), soit **le plus gros budget maquillage de l'histoire du cinéma**. Cette somme, qui correspond à 4,95 millions $ actuels, représente environ 17 % du coût total de la production du film, qui se montait à 5,8 millions $, soit 28,71 millions $ actuels.

★ RECORD D'EFFETS SPÉCIAUX

Farscape (1999-2003) de Brian Henson (USA) faisait appel à 25 informaticiens pour créer les 40 à 50 effets spéciaux par épisode. L'équipe avait 7 jours pour préparer chaque épisode, à un rythme de 22 épisodes par an. La saison 3 a nécessité 1 109 effets spéciaux.

Dinotopia (2002), l'histoire d'un continent caché où cohabitent hommes et dinosaures, a nécessité 1 800 effets spéciaux : c'est **le ★ record d'effets spéciaux pour une mini-série télé**. Sa production a coûté 80 millions $. Les plus grands plateaux jamais construits en Europe à l'époque ont été utilisés.

★ LE 1ER EMMY POUR DES EFFETS SPÉCIAUX

Cosmos (1980), une série documentaire en 13 épisodes produite et présentée par l'astrophysicien Carl Sagan (USA), a fait appel à des techniciens spécialisés qui avaient travaillé sur *Star Wars* (1977) pour créer un vaisseau spatial. Ce plateau reproduisait une station spatiale avec des hublots donnant sur l'Univers. Le projet a nécessité 2 ans de préparation, ce qui lui a valu de remporter le 1er Emmy Award de l'histoire pour les effets spéciaux.

★ RECORD D'EFFETS SPÉCIAUX DANS UN FILM

King Kong (Nouvelle-Zélande/USA/Allemagne, 2005) de Peter Jackson compte 2 510 effets spéciaux, plus 279 pour la version DVD longue. Au total, 3 809 ont été réalisés mais tous n'ont pas été utilisés. Le film a remporté l'oscar des effets spéciaux en 2006.

★ L'ÊTRE VIRTUEL LE PLUS COMPLEXE

Aki Ross dans *Final Fantasy, Les Créatures de l'esprit* (USA, 2001) est constituée de plus de 100 000 polygones subdivisés. Elle possède 60 000 cheveux, modélisés et animés individuellement, mobilisant un quart de la puissance de l'ordinateur. Seize caméras permettant la capture du mouvement ont été utilisées pour créer et animer son corps.

PLUS D'INFO

Le Secret de la pyramide (USA/GB, 1985) a été **le 1er long-métrage à mettre en scène un personnage entièrement créé par ordinateur**. Pour obtenir l'effet du chevalier de verre émergeant d'une fenêtre, John Lassiter (USA), qui a par la suite créé *Toy Story* (USA, 1995), a uniquement eu recours à l'infographie.

29 sept. En 2005, **le plus gros bouquet du monde**, composé de 156 940 roses, a été créé et présenté dans la galerie commerciale NordWestZentrum de Francfort-sur-le-Main (Allemagne).

MON NOM EST BOND...

★LES PLUS BELLES CASCADES (selon *Radio Times*)

	FILM	CASCADE
1	*Casino Royale* (GB/USA, 2006)	Saut entre deux grues
2	*L'Espion qui m'aimait* (GB, 1977)	Saut à ski/Saut en parachute
3	*L'Homme au pistolet d'or* (GB, 1974)	Saut d'un pont avec tonneau en l'air
4	*Vivre et laisser mourir* (GB, 1973)	Saut en hors-bord
5	*Le monde ne suffit pas* (GB/USA, 1999)	Poursuite en hors-bord sur la Tamise
6	*Goldfinger* (GB, 1964)	Cascade du siège éjectable de l'Aston Martin
7	*GoldenEye* (GB/USA, 1995)	Plongée du barrage de Verzasca
8	*Au service secret de sa Majesté* (GB, 1969)	Poursuite à ski
9	*Vivre et laisser mourir* (GB, 1973)	Saut au-dessus de crocodiles
10	*Demain ne meurt jamais* (GB/USA, 1997)	Saut à moto au-dessus d'un hélicoptère

RECORD DE TONNEAUX

Le cascadeur Adam Kirley (GB, ci-dessus) a exécuté 7 tonneaux successifs au volant d'une Aston Martin DBS (ci-dessous), dans *Casino Royale* (2006). La cascade s'est déroulée sur le terrain d'essai de Milbrook à Milton Keynes (GB), en juillet 2006.

RECORD D'APPARITIONS DANS LE RÔLE DE JAMES BOND

Sean Connery et Roger Moore ont tous deux joué 7 fois le rôle du célèbre espion. Connery est apparu dans *Dr No* (GB, 1962) et Moore a débuté dans *Vivre et laisser mourir* (1973).

★LE PREMIER "ASTRO SPIRAL" DANS UN FILM

L'Homme au pistolet d'or (1974) mettait en scène un saut "astro spiral" : une voiture avec hayon AMC Hornet X franchit une rampe en tire-bouchon et tourne à 360° sur sa longueur, pour retomber sur une rampe sur l'autre rive d'une rivière. Loren "Bumps" Willert (USA) a accompli cette performance.

LE SAVIEZ-VOUS ?

La machine à écrire plaquée or de Ian Fleming a été vendue 56 250 £ (environ 80 000 €) chez Christie's à Londres (GB), en mai 1995 – c'est la machine à écrire la plus chère du monde !

LE PLUS LONG SAUT DE HORS-BORD DANS UN FILM

Dans *Vivre et laisser mourir* (1973), au cours d'une cascade spectaculaire, Jerry Comeaux (USA) a fait un saut de 36,5 m au-dessus d'une route aux commandes d'un hors-bord Glastron GT-150.

LE PLUS GRAND DÉCOR DE STUDIO

Le décor de James Bond aux studios de Pinewood à Iver Heath (GB) mesure 102 x 42 x 12 m. Conçu pour *L'Espion qui m'aimait* (1977), il contient 4,5 millions de litres d'eau, une section d'un superpétrolier à taille réelle de 600 000 t et 3 modèles réduits de sous-marins.

ROGER MOORE

(GB, né le 14 octobre 1927) est devenu célèbre dans les années 1960 pour son interprétation du héros de la série *Le Saint*. Il a joué le rôle de James Bond en 1973, et l'a incarné 12 ans – soit plus longtemps que tout autre acteur.

SEAN CONNERY

(GB, né le 25 août 1930) a joué Bond dans 6 des 7 premiers films officiels et dans le film non produit par EON *Jamais plus jamais* (GB, 1983).

GEORGE LAZENBY

(Australie, né le 5 septembre 1939) a la particularité d'être le seul acteur à n'avoir endossé le rôle de l'espion que dans des séries officielles – dans *Au service secret de sa Majesté* (1969).

30 sept. **Le premier service TV quotidien** a débuté en 1929. Les programmes de John Logie Baird (GB) étaient transmis par la BBC depuis les studios de Long Acre à Londres (GB).

1er oct. Inauguré en 1971, Disney World, **le plus grand parc de loisirs du monde**, occupe 12 140 ha dans les comtés d'Orange et d'Osceola (Floride, USA).

225 millions $: budget de *Quantum of Solace*, le film de James Bond le plus cher à ce jour.

DANIEL CRAIG
(GB, né le 2 mars 1968), le "Bond blond", a convaincu les plus dubitatifs par sa performance dans *Casino Royale* (2006).

LES PLUS GROSSES RECETTES POUR UN JAMES BOND

Depuis mars 2006, *Casino Royale* (2006) – le 21e épisode de la franchise James Bond d'EON Productions – a atteint des recettes mondiales de 587 607 184 millions $. Il s'agissait du premier film de James Bond dans lequel Daniel Craig (GB) jouait le rôle du célèbre espion.

● LE COLLECTOR LE PLUS CHER

Un collectionneur suisse a payé 1,9 million $ l'Aston Martin DB5 de 1965 de *Goldfinger* et *Thunderball*. La voiture truffée de gadgets a été vendue aux enchères à Phoenix (Arizona, USA), le 20 janvier 2006.

★ LE PREMIER THÈME DE BOND NOMMÉ POUR L'OSCAR DE LA MEILLEURE CHANSON

Avec *Live and Let Die*, Paul McCartney (GB) et les Wings – assistés du producteur George Martin (GB) – ont réalisé le premier thème de Bond nommé à l'oscar de la meilleure chanson (1973). La chanson a été au hit-parade, mais elle n'a pas eu d'oscar, de même qu'aucune autre musique de James Bond.

★ LE COMPOSITEUR LE PLUS PROLIFIQUE POUR JAMES BOND

Huit compositeurs ont créé des bandes son pour les James Bond. John Barry (GB) est le plus prolifique, avec 11 films (ainsi que son arrangement de l'ouverture classique de Monty Norman pour *Docteur No*, 1962).

★ L'AUTEUR DE JAMES BOND LE PLUS PROLIFIQUE

Curieusement, Ian Fleming n'a pas été l'auteur le plus prolifique de romans de James Bond. De 1981 à 1996, John Gardner (GB) a écrit 14 romans de James Bond et 2 adaptations scénaristiques, dépassant Fleming, auteur de 12 romans et 2 recueils de nouvelles.

TIMOTHY DALTON
(GB, né le 21 mars 1946) a joué 2 fois le rôle de Bond dans *Tuer n'est pas jouer* (GB/USA, 1987) et *Permis de tuer* (GB/USA, 1989). Il avait déjà été envisagé pour interpréter le rôle dans *Au service secret de sa Majesté*, en 1969.

PIERCE BROSNAN
(Irlande/USA, né le 16 mai 1953) a incarné 4 fois James Bond, relançant la série. Il a joué le rôle pour la dernière fois dans *Meurs un autre jour* (GB/USA), en 2002.

LE MEILLEUR BOND

D'après les chiffres du box-office, Sean Connery est le ★ **James Bond le plus populaire.** Il a rapporté environ 618,04 millions $ par film selon le cours de l'époque. Une performance comparable à celle de Daniel Craig, qui occupe la 2e place, avec 559,87 millions $.

★ NOUVEAU RECORD
● MISE À JOUR

2 oct. **La vitesse la plus élevée atteinte dans un avion à propulsion musculaire** est 44,26 km/h pour Holger Rochelt (Allemagne), à bord du *Musculair II*, à Oberschleissheim (Allemagne), en 1985.

3 oct. **La plus grande carte imprimée** mesurait 6 x 11 m et a été présentée en 2007 par l'administration géodésique nationale de Croatie, à Dubrovnik.

MUSIQUE 1

★ RECORD DE DURÉE D'UN GROUPE AU TOP 10 BRITANNIQUE

Après une série de 22 singles successifs au Top 10 britannique, le titre du groupe Oasis (GB) sorti en décembre 2008, *I'm Outta Time*, a fini n° 12. Oasis est le plus grand groupe britannique des années 1990. Leur album *Definitely Maybe* (1994) a atteint les meilleures ventes de l'histoire du Royaume-Uni pour un 1er disque lors de sa sortie. Photo à droite : Liam Gallagher (GB), le chanteur du groupe.

★ NOUVEAU RECORD
● MISE À JOUR

● LE 1ER SINGLE LE PLUS TÉLÉCHARGÉ (USA)

Low, des rappeurs Flo Rida et T-Pain (USA), en tête du classement en décembre 2007, a fait l'objet de plus de 4,4 millions de téléchargements payants aux États-Unis en décembre 2008. En tête du Hot Digital Songs pendant 13 semaines du 15 décembre 2007 au 8 mars 2008, le titre détient **le ★record de semaines en tête du classement américain des titres numériques**.

Right Round de Flo Rida a été téléchargé 636 000 fois dans la semaine qui a suivi sa sortie, ce qui en fait **le ●single téléchargé qui s'est le mieux vendu en 1 semaine aux États-Unis.** Il est devenu n° 1 au classement des titres numériques le 28 février 2009.

★ RECORD DE TÉLÉCHARGEMENTS GRATUIT EN 1 SEMAINE

Dans la semaine du 28 avril 2008, Coldplay (GB) a proposé son titre *Violet Hill* en téléchargement gratuit. Il a été téléchargé 2 millions de fois.

★ LE SINGLE NUMÉRIQUE LE PLUS VENDU EN 1 AN (USA)

En 2008, 1,04 milliard de titres numériques ont été vendus aux États-Unis. Le titre qui s'est le mieux vendu est *Bleeding Love* de Leona Lewis (GB) (3,3 millions d'exemplaires).

PLUS D'INFO

Si vous êtes joueur, ne manquez pas la double page consacrée aux jeux vidéo. Rendez-vous immédiatement p. 218 !

★ RECORD D'ENTRÉES SIMULTANÉES DANS LE HOT 100 POUR UN AUTEUR-COMPOSITEUR

David Cook (USA), gagnant d'*American Idol* (équivalent de *Nouvelle Star*), a fait 11 entrées simultanées dans le classement Billboard Hot 100 du 7 juin 2008. *The Time Of My Life* est entré en 3e place. Pour tout savoir sur les succès de David Cook, rendez-vous p. 216.

★ MEILLEUR DÉMARRAGE DE TITRES NUMÉRIQUES POUR UNE ARTISTE (USA)

Katy Perry (USA) est la seule artiste à avoir vendu ses deux premiers titres – *I Kissed A Girl* et *Hot N Cold*, sortis tous les deux en 2008 – à plus de 3 millions d'exemplaires sur le net.

★ RECORD DE N° 1 DÉCOUVERTS DANS UNE ÉMISSION DE TÉLÉVISION

Lorsque *The Time Of My Life* de David Cook (USA) a été classé n° 1 du Billboard's Hot Digital Songs et du Hot Digital Tracks, le total des n° 1 interprétés par des artistes issus de l'émission *American Idol* est passé à 179. Le premier a été celui de Kelly Clarkson (USA), *A Moment Like This*, en octobre 2002.

● RECORD DE SINGLES N° 1 CONSÉCUTIFS

100

28 singles consécutifs des KinKi Kids (Japon) ont démarré n° 1 au classement japonais du 28 juillet 1997 au 28 janvier 2009. Le duo a enregistré son 28e succès avec *Yakusoku* (*Promesse*).

4 oct. En 2006, Hou Xiaobin (Chine) a effectué **le plus long parcours à moto en marche arrière** (150 km), à Binzhou (Chine).

140 : nombre de guitares cassées en tournée par Matt Bellamy (GB), du groupe Muse, en 2004.

★RECORD DE SINGLES ENTRÉS DIRECTEMENT AU TOP 20 (USA) EN 1 AN POUR UN GROUPE

En 2008, les Jonas Brothers (USA, Kevin, Nick et Joe, photo ci-dessus de gauche à droite), révélés par Disney Channel, ont fait leur entrée au Top 20 du Hot 100 américain avec 5 titres : *Play My Music* (n° 20), *Pushin' Me Away* (n° 16), *Burnin' Up* (n° 5, qui était en avril 2009 leur plus gros tube aux États-Unis), *Tonight* (n° 8) et *A Little Bit Longer* (n° 11).

★RECORD DE TUBES AU BILLBOARD'S HOT 100 POUR UN MÊME PRODUCTEUR

Le Billboard Hot 100 du 7 juin 2008 comptait 17 titres produits par Simon Fuller (GB), 14 faisant leur entrée. Les 17 tubes étaient chantés par des artistes lancés par *American Idol* créée par Fuller.

★LES MEILLEURES VENTES POUR UN SINGLE FÉMININ (GB)

En 2008, Alexandra Burke (GB), la gagnante de *X Factor*, est la seule chanteuse à avoir vendu un single à plus de 1 million d'exemplaires au Royaume-Uni. C'était en janvier 2009 avec une reprise de *Hallelujah* de Leonard Cohen (Canada).

★RECORD DE SINGLES AU CLASSEMENT BRITANNIQUE

Cliff Richard (GB) a sorti son premier tube britannique en octobre 1958, avec *Move It !* Il a fait sa 134e entrée au classement 50 ans plus tard, avec *Thank You For A Lifetime* en septembre 2008 – également 123e entrée au Top 40 pour le chanteur, qui a vendu plus de 21 millions de singles au Royaume-Uni.

★RECORD D'ENTRÉES AU TOP 10 (USA)

Le 12 avril 2008, avec son titre *4 Minutes*, Madonna (USA) a fait sa 37e entrée au Top 10 du Hot 100 américain – record détenu par Elvis Presley pendant près de 36 ans. Le 9 août 2008, Madonna a décroché son 39e titre de n° 1 au Club Chart américain, avec son 6e tube successif, *Give It 2 Me*. Elle a ainsi battu **le ★record de titres en 1re place au classement américain Dance/Club Play**.

100

Sorti en 2008 et classé n° 39, son single *Miles Away* a mis fin à une série de 64 entrées successives au Top 20 britannique (dont 59 avaient atteint le Top 10) : **la ★plus longue série de tubes dans le Top 20 pour un artiste.**

●RECORD D'ALBUMS N° 1 POUR UN ARTISTE (COUNTRY)

George Strait (USA) a obtenu sa 22e 1re place au classement américain des albums de country le 19 avril 2008, avec *Troubadour*, qui lui a aussi offert sa 4e place de n° 1 des albums pop. Le 18 avril 2009, Strait a obtenu sa 44e place de n° 1 des singles avec *River of Love*, qui détient **le ●record d'entrées au classement américain des chansons country**.

★LE CHANTEUR (ALBUM) LE PLUS ÂGÉ À SON ENTRÉE DANS LE TOP 10 (GB)

Le chanteur de blues Seasick Steve (USA) a fait son entrée au Top 10 britannique (albums) le 11 octobre 2008, à 68 ans, avec *I Started Out With Nothin' And I Still Got Most Of It Left*.

★LE MEILLEUR DÉMARRAGE AU CLASSEMENT (COUNTRY) POUR UNE ARTISTE

Carrie Underwood (USA), gagnante d'*American Idol*, a obtenu sa 7e 1re place au classement de country en solo, avec *Just A Dream*, le 8 novembre 2008, 3 ans et 5 mois après sa 1re entrée dans le classement des chansons country en solo.

★RECORD DE TUBES SIMULTANÉS (R & B)

Le 9 août 2008, Lil Wayne (USA) avait 13 titres dans le Top 100 R & B (USA), dont 5 dans le Top 40.

●RECORD DE GAINS POUR UN GROUPE

D'après *Forbes*, les gains de Police (GB) en 2007-2008 sont estimés à 115 millions $.

●RECORD DE VENTE DE TÉLÉCHARGEMENTS

En juin 2008, Apple iTunes – qui a pris en février 2008 la place de Wal-Mart comme 1er diffuseur de musique aux États-Unis – a annoncé qu'il avait vendu 6 milliards de titres en téléchargement. Son catalogue compte plus de 8 millions de titres.

●LA PLUS JEUNE ARTISTE À AVOIR 5 ALBUMS STUDIO N° 1 (USA)

En décembre 2008, *Circus* était en tête du classement des albums aux États-Unis, faisant de Britney Spears (USA) la plus jeune artiste à avoir 5 albums n° 1. À 20 ans (qu'elle a fêtés le 2 décembre 2001), Spears avait déjà vendu 37 millions de disques dans le monde, ce qui représente **les meilleures ventes de l'histoire pour un adolescent**.

5 oct. Jackie Cooper (USA, né le 15 septembre 1922), **le plus jeune nominé pour l'oscar du meilleur acteur**, avait 9 ans et 20 jours en 1931, lorsqu'il a été nommé pour son rôle dans *Skippy* (USA, 1931).

MUSIQUE 2

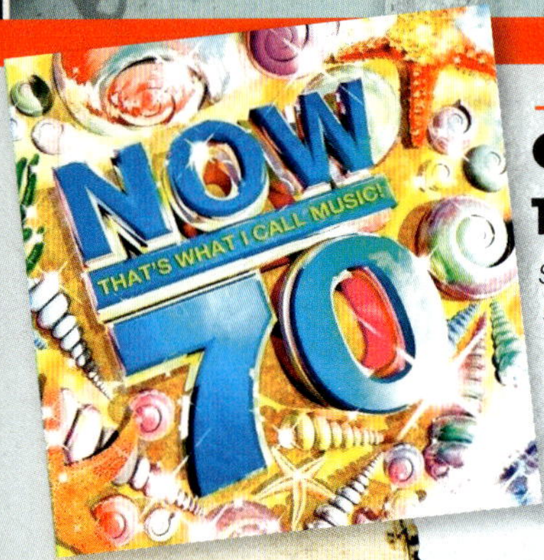

●LE SINGLE LE PLUS TÉLÉCHARGÉ (GB)

Sex On Fire des Kings of Leon (USA) s'est vendu à 560 000 exemplaires en ligne au Royaume-Uni en mars 2009. Sorti en 2008, leur album *Only By The Night* est **l'●album numérique qui s'est le mieux vendu au Royaume-Uni**, avec plus de 152 000 téléchargements.

●LES MEILLEURES VENTES POUR UNE COLLECTION D'ALBUMS (GB)

Les ventes des albums *Now !* (qui sont des compilations de tubes) ont dépassé la barre des 85 millions d'exemplaires en août 2008. 70 albums de cette collection, qui a commencé en octobre 1983, avaient été vendus. *Now ! 70* s'est vendu à 383 002 exemplaires la semaine de sa sortie. L'artiste le plus présent dans ces albums est Robbie Williams (GB), avec 28 titres.

★LE MEILLEUR CHANTEUR-COMPOSITEUR N'AYANT JAMAIS DONNÉ DE CONCERT

Le chanteur-compositeur Enva (Irlande), qui a vendu 70 millions d'albums à fin 2008, n'a jamais donné de concert en solo.

★L'ASCENSION LA PLUS RAPIDE À LA 1RE PLACE DU HOT 100

Le single de Kelly Clarkson (USA) *My Life Would Suck Without You* est passé de la 97e à la 1re place après avoir été téléchargé 280 000 fois la semaine de sa sortie, le 7 février 2009.

★RECORD DE NOUVELLES ENTRÉES AU HOT DIGITAL SONGS

14 titres de David Cook (USA) sont entrés dans le Hot Digital Songs du 7 juin 2008, dont le n° 1 *The Time Of My Life*, téléchargé 260 000 fois.

★RECORD D'APPARITIONS SIMULTANÉES AU TOP 10 DES ALBUMS POP

Le 8 novembre 2008, le groupe de hard-rock AC/DC (Australie) est devenu le premier groupe à occuper 5 des 6 premières places du US Pop Catalog album chart.

PLUS D'INFO

Si vous êtes plus fan de héros hollywoodiens que de pop stars, allez faire un tour du côté de notre promenade de la Gloire p. 204.

★RECORD D'ENTRÉES AU TOP 20 AMÉRICAIN EN 1 AN (ARTISTE SOLO)

En 2008, Taylor Swift (USA) a vu 6 de ses titres entrer au Top 20 la semaine de leur entrée dans le Hot 100 : *Change*, *Love Story*, *Fearless*, *You're Not Sorry*, *You Belong With Me* et *White Horse*. Cette année-là, Taylor a fait 13 entrées au Top 100.

★LE SINGLE QUI S'EST VENDU LE PLUS VITE (GB)

La semaine de sa sortie (le 27 décembre 2008), Alexandra Burke (GB), gagnante d'*X Factor*, a vendu 289 621 exemplaires de *Hallelujah*. Avant la fin de l'année, 409 002 téléchargements avaient été effectués. *Hallelujah* s'est vendu à 576 046 exemplaires (CD et téléchargements confondus) la semaine de son lancement : **un ●record féminin de ventes pour un single au Royaume-Uni en 1 semaine**.

★LES VENTES LES PLUS RAPIDES D'UNE B.O.

La bande originale (version longue) de *High School Musical 3* s'est vendue à 97 972 exemplaires la semaine de sa sortie (semaine qui s'est terminée le 1er novembre 2008). Les 3 opus de ce film ont rencontré un immense succès : le premier de la série est le film le plus populaire jamais produit par Disney Channel Original Movie (DCOM).

★ NOUVEAU RECORD
● MISE À JOUR

6 oct. En 2007, lors de son mariage avec Michael Stöpke, à Loxstedt-Dedesdorf (Allemagne), Ingrid Schlott (Allemagne) a porté **le voile de mariée le plus long** (3 168 m).

7 oct. En 2006, à 91 ans et 214 jours, Allan Stewart (Australie, né le 7 mars 1915) est devenu **le plus vieux licencié**, lorsqu'il a obtenu sa licence en droit à l'université de Nouvelle-Angleterre (Nouvelle-Galles du Sud, Australie).

13,5 millions : nombre d'albums *1* (Beatles) vendus le 1er mois : c'est **l'album qui s'est vendu le plus vite**.

★ RECORD DE TÉLÉCHARGEMENTS (GB)

Viva La Vida Or Death And All His Friends de Coldplay (GB) est l'album numérique qui s'est le mieux vendu au Royaume-Uni. Fin 2008, il avait été téléchargé 115 000 fois. L'album s'est vendu à 30 378 exemplaires dans la semaine qui a suivi sa sortie (semaine qui s'est terminée le 21 juin 2008).

★ LA TOURNÉE QUI S'EST VENDUE LE PLUS VITE (GB)

Les 600 000 billets de la tournée 2009 du groupe Take That (GB) ont tous été vendus dans les 5 h qui ont suivi leur mise en vente le 31 octobre 2008. Composé à l'origine de 5 membres, dont Robbie Williams (GB), le groupe en compte aujourd'hui 4 (photo, de gauche à droite) : Howard Donald, Mark Owen, Gary Barlow et Jason Orange (GB).

★ LA SEMAINE DES MEILLEURES VENTES DE SINGLES (GB)

Pour la première fois, 4,028 millions de singles ont été vendus au Royaume-Uni dans la semaine qui s'est achevée le 27 décembre 2007. Ce chiffre (représenté à 93,5 % par des téléchargements) incluait 338 203 téléchargements d'albums complets.

La même année, 115,1 millions de singles ont été vendus au Royaume-Uni, faisant de 2008 **une ★ année record pour les ventes de singles au Royaume-Uni**. Ce chiffre a battu le précédent record de 1979, qui était de 26 millions. Les téléchargements ont représenté 95,8 % du total de 2008.

★ RECORD DE TÉLÉCHARGEMENTS PAYANTS POUR UNE ARTISTE (GB)

Rihanna (Robyn Rihanna Fenty, La Barbade) a vendu plus de 2,5 millions de titres en ligne entre septembre 2005 et décembre 2008. Elle a été en tête des ventes de singles au Royaume-Uni et aux États-Unis avec *Umbrella* et *Take a Bow*, et n° 1 aux États-Unis avec *SOS* et *Disturbia*.

● LE CHANTEUR LE PLUS ÂGÉ N° 1 DU CLASSEMENT US DES ALBUMS AVEC UN NOUVEL ALBUM

À 67 ans, Bob Dylan (USA) est devenu n° 1 au Royaume-Uni et aux États-Unis avec *Together Through Life*, son 33e album studio, sorti le 28 avril 2009. Malgré ce succès international phénoménal, Dylan n'a jamais été n° 1 avec un single au Royaume-Uni.

★ L'ALBUM LE PLUS ANCIEN EN TÊTE DE CLASSEMENT

Le 9 août 2008, *Gold : Greatest Hits* d'Abba (Suède) a pris la 1re place du classement britannique 16 ans après sa sortie. Il avait déjà été n° 1 en 1992 et 1999.

8 oct. En 1998, Ken Blackburn (USA) a établi **le record de vol à l'horizontale d'un avion en papier** (27,6 s), au Georgia Dome d'Atlanta (Géorgie, USA).

JEUX VIDÉO

● L'HÉROÏNE DE JEUX VIDÉO LA PLUS REPRÉSENTÉE DANS LA VIE RÉELLE

Lara Croft, l'héroïne de *Tomb Raider*, a été représentée dans la vie réelle par 10 personnes différentes depuis 1996, dont l'actrice Rhona Mitra et la présentatrice de télévision Nell McAndrew (toutes deux GB). Lara Croft est actuellement incarnée par la gymnaste et modèle Allison Carroll (GB, à gauche).

★ LA SÉRIE D'INFILTRATION LA PLUS VENDUE

La série *Metal Gear* est la franchise de jeux vidéo d'infiltration qui a connu le plus gros succès. 22 millions d'exemplaires ont été vendus entre sa sortie en 1987 et mars 2009.

★ LA BANDE-SON LA PLUS LONGUE

100

La bande-son de *Grand Theft Auto IV* comprend 214 morceaux sous licence qui passent sur plus de 18 stations de radio. Elle est donc plus longue que la bande-son de *GTA : San Andreas* constituée de 156 chansons sous licence. *GTA IV* est aussi **le jeu qui a connu le lancement le plus réussi**, puisqu'il a rapporté 310 millions $ le premier jour de sa mise en vente.

★ LE MEILLEUR SCORE AU JEU D'ARCADE ORIGINAL *DONKEY KONG*

Le meilleur score jamais enregistré est de 1 050 200 points. Il a été établi par Billy Mitchell (USA) le 16 juillet 2007, au terme d'une partie de 2 h et 39 min. Celui-ci a battu le détenteur du précédent record, Steve Wiebe (USA), de 1 100 points, mais à la différence de Wiebe, il n'a pas terminé. La lutte titanesque que se livrent ces deux joueurs a aussi servi de base au film *The King of Kong* (USA, 2007). Mitchell, qui a établi le premier record sur la borne d'arcade originale Donkey Kong en 1982, avait offert 10 000 $ à quiconque le battrait lors de la Classing Gaming Expo en 2007.

★ RECORD DE VENTES DE JEUX D'AVENTURES POUR LA NINTENDO DS

Ace Attorney est le jeu d'aventures sur la Nintendo DS qui a eu le plus de succès. En mai 2008, plus de 2,8 millions d'exemplaires de ce jeu mettant en scène un avocat dans une salle d'audience fictive avaient été vendus.

★ LA PLUS GRANDE COLLECTION DE SYSTÈME DE JEUX

En août 2008, Richard Lecce (USA) possédait 483 systèmes de jeux vidéo, notamment une grande variété de consoles, de jeux portatifs et de mini-systèmes LCD.

★ LE MMORPG LE PLUS POPULAIRE

World of Warcraft est le jeu de rôle en ligne massivement multijoueur (MMORPG) le plus apprécié puisqu'il comptait 11,6 millions d'abonnés en ligne en janvier 2009. Selon ses développeurs (Blizzard Entertainment), ils seraient plus de 2 millions en Europe, plus de 2,5 millions aux États-Unis et près de 5,5 millions en Asie.

★ LE TEMPS D'EXÉCUTION LE PLUS RAPIDE D'UN JEU SUR H2OVERDRIVE

Kevin Williams (GB) a terminé le jeu *Frozen Tundra course* sur H2Overdrive (Arcade 2009) en 1 min et 34,35 s, lors de l'Arcades Trade Exhibition International (ATEI), à Londres (GB), le 27 janvier 2009.

9 oct. Réalisée avec une baguette, **la plus grosse bulle de savon flottante** avait un volume de 2,98 m³. Elle a été réalisée par XTREME Bubbles LLC, à Farmington (Minnesota, USA), en 2005.

10 oct. En 1993, 44 158 personnes se sont rendues à un barbecue géant, à la Warwick Farm Racecourse, à Sydney (Australie). Il s'agit du **record d'affluence à un barbecue**.

42 611 601 : nombre de téléchargements d'*America's Army*, un **record pour un jeu vidéo de guerre.**

★ MEILLEURES VENTES POUR UN JEU VIDÉO

Pré-installé sur la console Wii, *Wii Sports* a été vendu à plus de 43 millions d'exemplaires depuis sa sortie en 2006. Le précédent record, détenu pendant 20 ans par *Super Mario Bros*, un autre jeu de Nintendo qui s'était vendu à 40 millions d'exemplaires, a donc été battu.

★ RECORD DE VICTOIRES CONSÉCUTIVES À *STREET FIGHTER IV*

Zack Bennett (GB) a gagné 108 matchs consécutifs de *Street Fighter IV* à HMV, Oxford Street, à Londres (GB), le 20 février 2009.

★ LA PREMIÈRE PROTÉINE DU NOM D'UN PERSONNAGE DE JEU

En juillet 2008, des biologistes de l'institut de biologie d'Osaka à Suita (Japon) ont identifié une protéine servant à transmettre des informations visuelles au cerveau. Ils ont établi que cette protéine jouait un rôle déterminant dans la vision cinétique et l'ont baptisée pikachurine, en l'honneur de Pikachu, un Pokémon rapide comme l'éclair.

● LE MEILLEUR SCORE POUR UNE PISTE DE *GUITAR HERO III* (XBOX 360)

Danny Johnson (USA), le précédent joueur ayant obtenu le maximum de points dans *Guitar Hero III*, a récupéré son titre le 4 février 2009. Il a totalisé 965 364 points en jouant *Through the Fire and the Flames*, le morceau le plus difficile, sur le plateau de *Pix 11 Morning News*, à New York (USA). Il a encore battu son record en marquant 973 954 points au magasin d'électronique Best Buy de New York, un peu plus tard dans la même journée.

LE PLUS JEUNE JOUEUR PROFESSIONNEL

Né le 6 mai 1998, Victor De Leon III, alias Lil Poison, a commencé à jouer à 2 ans et a participé à sa première compétition à 4 ans. Il a signé un contrat avec les organisateurs de la Major league gaming à 6 ans, devenant ainsi le plus jeune joueur professionnel.

LE SIMULATEUR DE VOL AMATEUR LE PLUS CHER

Matthew Sheil (Australie) a mis 8 ans pour construire un simulateur de vol basé sur le 747-400. Le projet a coûté 300 000 $. Il comprend 12 ordinateurs contrôlant les mouvements et le son, et le simulateur du vol même. Un système hydraulique ajusté au cockpit assure le mouvement.

★ TEMPS RECORD POUR FINIR *SONIC THE HEDGEHOG 3*

James Richards (GB) de Maidstone (Kent, GB) a terminé *Sonic the Hedgehog 3* en 49 min et 1 s, sur la Sega Genesis/Mega Drive, en choisissant Sonic pour personnage, le 9 août 2008.

★ RECORD POUR FINIR *RESIDENT EVIL 4*

Derek Taylor (GB) a terminé *Resident Evil 4* (Wii) en 2 h et 12 s, au Nottingham GameCity event de Nottingham (GB), le 31 octobre 2008.

★ NOUVEAU RECORD
● MISE À JOUR

GUINNESS WORLD RECORDS : LE JEU VIDÉO

Les meilleurs sur Wii, au 9 mars 2009.

DÉFI	RECORD	DÉTENTEUR	PAYS	DATE
Écraser des melons en 1 min	198 melons écrasés	Romaap	Pays-Bas	13/12/2008
Manger un avion	*19,10 s*	DBER87	USA	27/02/2009
Lancer des pistons	157 pistons	CACA	GB	03/02/2009
Déchirer des annuaires	*29,44 s*	rsimpson	GB	14/01/2009
Les ongles les plus longs	*28,37 m*	siddie	GB	01/01/2009
Le boulet de canon humain	*790,02 m*	TITOU	France	30/12/2008
Tirer un avion	*11,62 m*	Wiinner	GB	23/11/2008
Plumer une dinde	*11,05 s*	CASE123	GB	03/01/2009
Avaler des cafards	*14,71 s*	MELLORS	GB	02/01/2009
La personne la plus tatouée	*5 001 cm²*	SANDRE	France	29/11/2008

11 oct. En 2006, Howard Helmer (USA) a été **le plus rapide à préparer une omelette**. Il a mis 49 s, sur le plateau de l'émission *This Morning* (ITV), à Londres (GB).

SPORTS

SOMMAIRE

30,62 m : longueur du **plus long glissé à skateboard**, réalisé par Rob Dyrdek (USA), le 17 septembre 2007.

● LE PLUS LONG SAUT DE RAMPE À RAMPE À QUAD

Jon Guetter (USA) a franchi 53,92 m d'une rampe à l'autre sur un quad, au Crusty Demons Night of World Records, sur le Calder Park Raceway de Melbourne (Victoria, Australie), le 29 mars 2008. Guetter a battu le record précédent de 45,38 m.

★ LE WHEELIE LATÉRAL EN QUAD LE PLUS RAPIDE

Travis Pastrana (USA) a réalisé un wheelie latéral sur un quad à 75,6 km/h, au Miller Motorsports Park de Tooele (Utah, USA), le 18 novembre 2008.

Lors du même événement, Pastrana et Jolene Van Vugt (USA) ont réalisé **le ★ plus long wheelie latéral en quad en tandem** sur 5,29 km.

QUADS ET UTILITAIRES

Un ATV («all-terrain vehicle») – véhicule tout-terrain, ou quad – est défini par l'American National Standards Institute (ANSI) comme un véhicule équipé de pneus basse pression, d'un siège de type moto et d'un guidon pour la direction. Un UTV («utility terrain vehicle») – véhicule utilitaire tout-terrain – est un croisement entre une camionnette et un ATV. L'UTV est utilisé dans les exploitations agricoles et sur les chantiers. Il est également utilisé pour réaliser des figures.

★ LE PLUS LONG WHEELIE EN UTV

Andy Bell (USA) a réalisé un wheelie sur 1 544,97 m, aux commandes d'un UTV, au Miller Motorsports Park de Tooele (Utah, USA), le 18 novembre 2008.

● LE PLUS LONG SAUT DE RAMPE À MOTO

Robbie Maddison (Australie) a réalisé un saut de rampe de 106,98 m, à Melbourne (Australie), le 29 mars 2008.

● LE COULOIR LE PLUS ÉTROIT PARCOURU SUR 2 ROUES

Lors de l'émission *Zheng Da Zong Yi – Guinness World Records Special*, l'école de conduite de Zhengzhi a parcouru sur 2 roues un couloir de 66 cm de large, à Linyi (province de Shandong, Chine), le 2 novembre 2008.

★ LE SAUT EN MINI-BIKE LE PLUS LONG AVEC BACK FLIP

Ben Fiez (Australie) a exécuté un saut de 20,21 m avec back flip, au guidon d'une Honda CRF, au Calder Park Raceway de Melbourne (Australie), le 29 mars 2008.

★ RECORD DE BACK-FLIPS CONSÉCUTIFS SUR ROLLLERS EN LIGNE (HALFPIPE)

Kevin Lopez (Belgique) a réalisé 31 back-flips consécutifs sur des rollers en ligne sur un halfpipe, dans le cadre des ZDF Inliner Days 2007, à Mayence (Allemagne), le 23 septembre 2007.

LE PLUS LONG WHEELIE À VÉLO

Kurt Osburn (USA) a parcouru 4 569 km du musée Guinness World of Records d'Hollywood (Californie, USA) au musée Guinness World of Records d'Orlando (Floride, USA), du 13 avril au 25 juin 1999. Sur une seule roue !

★ LE PLUS LONG WHEELIE SANS LES PIEDS À VÉLO

Le plus long wheelie sur un mountain bike est de 52,93 m. Il a été exécuté par Jim DeChamp (USA), au Miller Motorsports Park de Tooele (Utah, USA), le 18 novembre 2008, lors de l'émission *Nitro Circus* sur MTV.

★ LE PLUS LONG SAUT PÉRILLEUX ARRIÈRE DE RAMPE À RAMPE À MOTO

Cameron Sinclair (Australie) a réalisé un saut périlleux arrière de rampe à rampe à moto de 39,49 m, lors de la Crusty Demons Night of World Records, au Calder Park Raceway de Melbourne (Victoria, Australie), le 29 mars 2008.

9 déc. **Le plus grand rassemblement de pères Noël** comptait 13 000 participants. Il a eu lieu au Guildhall Square de Derry City (Irlande du Nord, GB), en 2007.

10 déc. **Le message à la mer le plus vieux** a passé 92 ans et 229 jours dans sa bouteille. Il a été lancé par le Marine Laboratory d'Aberdeen (GB) le 25 avril 1914 et a été trouvé par Mark Anderson (GB) en 2006.

X-GAMES

RECORD DE MÉDAILLES AUX X-GAMES D'HIVER (FEMME)

Entre 1997 et 2001, Barrett Christy (USA) a remporté 10 médailles en snowboard aux X-Games d'hiver : en Slopestyle (or en 1997, argent en 1998 et 1999 et bronze en 2000 et 2002), en Big Air (or en 1997 et 1999, argent en 1998 et 2001) et en SuperPipe (argent en 2000).

L'ATHLÈTE LE PLUS ÂGÉ DES X-GAMES

Angelika Casteneda (USA) avait 53 ans quand elle a participé à la X Venture Race en 1996. Angelika faisait partie (avec John Howard et Keith Murray, tous deux USA) de l'équipe qui a remporté cette épreuve de 563 km qui se court sur 6 jours, ce qui en fait **la médaillée d'or la plus âgée des X-Games**.

LE PLUS JEUNE ATHLÈTE DES X-GAMES

Nyjah Huston (né le 30 novembre 1994, USA) avait 11 ans et 246 jours quand il a fait ses débuts aux 12e X-Games de Los Angeles (Californie, USA), du 3 au 6 août 2006. Il a concouru en Skateboard Street masculin et s'est classé 8e sur 19 en finale.

●RECORD MASCULIN DE MÉDAILLES AUX X-GAMES D'HIVER

Entre 2002 et 2009, Shaun White (USA) a remporté 14 médailles en snowboard aux X-Games d'hiver : 1 d'argent (2002), 5 d'or (2003-2006 et 2009) et 2 de bronze en Slopestyle, plus 2 d'argent (2002, 2007) et 4 d'or (2003, 2006 et 2008-2009) en SuperPipe.

★RECORD DE KICK FLIPS EN 30 S

Zachary Kovacs (USA, à gauche) et Michael Sohheh (USA, à droite) ont réussi 13 kick flips chacun en 30 s, lors de la Guinness World Records Break Fest des 14e X-Games de Los Angeles (Californie, USA), le 2 août 2008.

LE PLUS JEUNE MÉDAILLÉ D'OR DES X-GAMES

Ryan Sheckler (USA, né le 30 décembre 1989) avait 13 ans et 230 jours quand il a remporté la médaille d'or en Skateboard Park aux 9e ESPN X-Games, à Los Angeles (Californie, USA), le 17 août 2003.

X GAMES

Guinness World Records est fier d'être partenaire des X-Games – le plus grand événement dans le domaine des sports d'action. Aux 14e X-Games, en août 2008, nous avons par exemple sponsorisé la GWR Break Fest et mis au défi des sportifs de tous horizons de battre le record de ollies en 30 s et celui de kick flips en 30 s.

11 déc. En 1852, le cirque Napoléon, actuel cirque d'Hiver, a été inauguré à Paris (France). C'est **le plus vieux cirque sédentaire du monde**.

12 déc. En 1989, **la plus grosse dinde farcie** – un mâle élevé par Philip Cook de Leacroft Turkeys Ltd, à Peterborough (GB) – a été présentée lors d'un concours. Elle pesait 39,09 kg.

295 milliards de yuans (33 milliards €) : coût des jeux Olympiques de Pékin 2008, **les J.O. les plus chers de l'histoire**.

●COMME L'ÉCLAIR

100

Ayant battu le record au 100 m, en 9,72 s, en mai 2008, le sprinter Usain Bolt (Jamaïque) partait favori aux jeux Olympiques de Pékin d'août 2008 pour la médaille d'or. Il n'a pas déçu le public. Le 16 août, il a amélioré son score du 100 m avec 9,69 s, même s'il s'est relâché avant la ligne d'arrivée (photo). La série de records de Bolt ne faisait que commencer. Le 20 août, **l'homme le plus rapide du monde** remportait la médaille d'or au 200 m avec un record de 19,30 s. Deux jours plus tard, il faisait partie de l'équipe jamaïquaine du relais 4 x 100 m (Bolt, Asafa Powell, Michael Frater, Nesta Carter), qui a obtenu l'or en battant un nouveau record de 37,10 s.

SPORTS EXTRÊMES

★ LE PLUS HAUT SAUT SUR DES CHAUSSURES À RESSORT

John Simkins (GB) de Team 101 a bondi à une hauteur de 4,57 m sur le plateau de *Guinness World Records*, à Madrid (Espagne), le 23 décembre 2008, à l'aide de chaussures à ressort. Les chaussures à ressort sont composées d'un support pour les pieds avec des fixations ressemblant à celles des skis, d'appuis en caoutchouc et d'un ressort à lame en fibres de verre. Elles existent depuis 1957. Les acrobates Bill Gafney et Tom Weaver faisaient alors la couverture du *Time* sur une sorte de bâton à ressort. Aujourd'hui, le sport a été baptisé "powerbocking", par Alexander Böck (Allemagne), qui en détient le brevet.

★ L'ADEPTE DE SAUT À L'ÉLASTIQUE LE PLUS ÂGÉ

Helmut Wirz (Allemagne, né le 2 décembre 1924) était âgé de 83 ans, 8 mois et 7 jours lorsqu'il a effectué son dernier saut à Duisburg (Allemagne), le 9 août 2008. Il est l'adepte du saut à l'élastique le plus âgé. Il a débuté ce sport extrême lorsqu'il a pris sa retraite et ne pouvait plus financer ses heures de vol sur un Cessna.

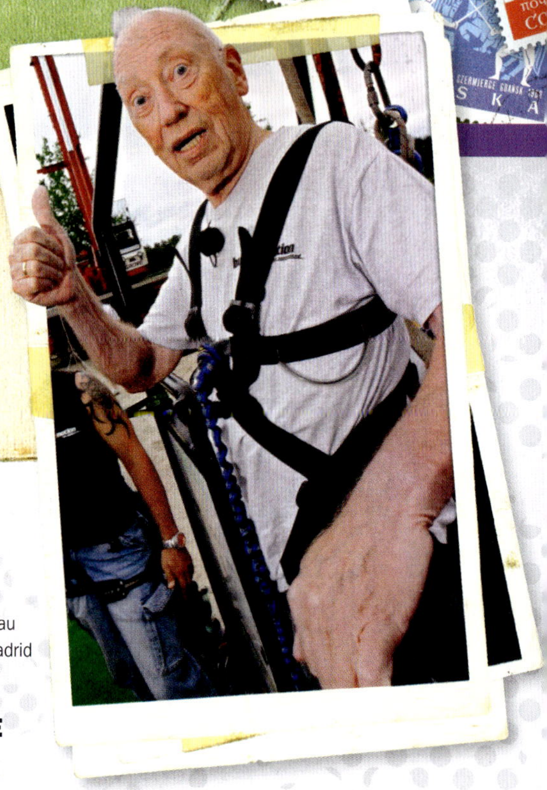

★ LE SLALOM LE PLUS RAPIDE ENTRE 20 CÔNES AVEC DES ROLLERS EN LIGNE

Guo Fang (Chine) a effectué un slalom entre 20 cônes en 5,04 s, sur des rollers en ligne sur le plateau de *Zheng Da Zong Yi* – une émission consacrée à Guinness World Records – à Pékin (Chine), le 14 novembre 2008.

● LE PLUS LONG TRAJET EN KITESURF (HOMME)

Le 6 novembre 2006, Philipp Knecht (Suisse) a accompli en 12 h et 9 min le plus long trajet continu en kitesurf pour un homme, soit 276,04 km, entre Cumbuco et Camocim (Brésil) via Jericoacoara.

★ RECORD DE TOURS CONTINUS EN PARAPENTE

Le multiple champion du monde de parapente Raúl Rodríguez (Espagne) a effectué 108 tours continus avec un parapente, à Passy-Plaine-Joux (France), le 15 juin 2006.

★ LE SAUT LE PLUS BAS EN PARACHUTE EN INTÉRIEUR

Le saut le plus bas en parachute a été effectué par Andy Smith et Paul Smith (tous deux USA) de 58,5 m de haut, dans l'Astrodome de Houston (Texas, USA), le 17 janvier 1982.

★ LE PLUS LONG GRIND SUR UNE RAMPE (SNOWBOARD)

Luis Chamarro "Toto" (Espagne) a glissé sur 59,10 m sur une rampe au cours de la Madrid SnowZone, à Madrid (Espagne), le 27 septembre 2008.

★ RECORD DE DISTANCE EN 24 H EN MOTONEIGE (FEMME)

Roxann Weider (USA) a parcouru 1 640,11 km en 24 h en motoneige sur un circuit à Tug Hill (New York, USA), du 24 au 25 janvier 2001. Elle a effectué 118 tours de circuit, qui ne mesurait que 14 km, à une vitesse moyenne de 68 km/h.

★ RECORD DE VITESSE EN MOTONEIGE

Chris Hanson (USA) a atteint 277,13 km/h sur le lac Nipissing à North Bay (Ontario, Canada), le 13 mars 2004.

● RECORD DE VITESSE EN PARAPENTE (PARCOURS DE 25 KM)

Charles Cazeaux (France) a atteint 41,15 km/h, sur un parcours triangulaire de 25 km dans le cadre d'un record du monde officiel de la Fédération aéronautique internationale (FAI), à Aiguebelette (France), le 23 juillet 2006.

SAUTS PÉRILLEUX ARRIÈRE...

Âgé de 16 ans, Aaron Fotheringham souffre de *spina bifida*. Il est en chaise roulante depuis l'âge de 13 ans et a commencé peu de temps après à faire des acrobaties. Son record non officiel est de 6 sauts périlleux arrière.

★ 1ER SAUT PÉRILLEUX ARRIÈRE EN CHAISE ROULANTE

Aaron Fotheringham (USA) a fait le premier saut périlleux arrière en chaise roulante au skate park Doc Romeo de Las Vegas (Nevada, USA), le 25 octobre 2008.

12 oct. Le record de représentations théâtrales est de 47 250 pour *Golden Horseshoe Review* mis en scène à Anaheim (Californie, USA), du 16 juillet 1955 au 12 octobre 1986.

34 000 : nombre de sauts en chute libre réalisés par Don Kellner (USA), soit **le record de sauts en parachute**.

RÈGLES D'ENGAGEMENT

Selon la Royal Air Force britannique, "le vol en formation en parachute est une discipline à fort impact visuel impliquant des collisions contrôlées intentionnelles des voilures, ou amarrages. Lorsque la voilure est ouverte, les parachutistes se rapprochent et volent en formation".

● LE SAUT LE PLUS HAUT SUR UN BÂTON À RESSORT

Étudiant en ingénierie mécanique, David Barabé (Canada) a effectué un saut de 243,84 cm avec un bâton à ressort personnalisé, à l'université de Sherbrooke (Québec, Canada), le 24 avril 2008. Le bâton était un Vurtego modifié par un système à injection d'air.

● RECORD DE VITESSE EN PARAPENTE (FEMME)

Fiona Macaskill (GB) a atteint 24,5 m/h, sur un parcours triangulaire de 25 km dans le cadre d'un record du monde officiel de la FAI, à Plaine-Joux (France), le 17 avril 2007.

LA PASSERELLE AÉRIENNE LA PLUS HAUTE ENTRE DEUX BALLONS

100

Mike Howard (GB) a marché sur une passerelle placée entre deux ballons à une altitude de 6 522 m, près de Yeovil (Somerset, GB), le 1er septembre 2004, dans le cadre de l'émission *Guinness World Records : 50 Years, 50 Records*.

★ RECORD DE VITESSE SUR UN SKATEBOARD REMORQUÉ

Le skateur professionnel Danny Way (USA) – première personne à avoir sauté au-dessus de la Grande Muraille de Chine avec un skateboard – a été remorqué à 119 km/h, à California City (Californie, USA), le 4 novembre 2008.

● RECORD DE VITESSE EN STREET LUGE SOUMISE À LA GRAVITÉ

Tom Mason (USA) a atteint 130,8 km/h, sur une street luge, à Mount Whitney (Californie, USA), le 29 mai 1998.

★ LE SLALOM LE PLUS RAPIDE ENTRE 50 CÔNES À SKATEBOARD

Martin Drayton (Trinité-et-Tobago) a parcouru un slalom de 50 cônes à skateboard en 12,83 s, à Hyde Park (Londres, GB), le 2 octobre 2007.

★ LE PLUS PETIT PARACHUTE

Le JVX–37, le plus petit parachute utilisé pour un saut, mesurait 3,43 m^2. Luigi Cani (Brésil) s'en est servi à Perris Valley (Californie, USA), le 1er février 2008.

● LE PLUS GRAND VOL EN FORMATION DE PARACHUTES

Le plus grand vol en formation de parachutes en comptait 100 et a été réalisé par une équipe internationale au-dessus de Lake Walls (Floride, USA), le 21 novembre 2007. La figure formée était un losange, chaque parachutiste étant en contact avec la voilure de la personne se trouvant sous lui.

13 oct. **Le record de matchs simultanés de conkers** (jeu consistant à frapper des marrons pour les briser) est de 197 (soit 394 joueurs). Il a été établi à la Redland High School de Bristol (GB), en 2006.

14 oct. **Le premier vol supersonique** a été accompli en 1947 par le capitaine Charles "Chuck" Elwood Yeager (USA), à une vitesse de 1 015 Mach (1 078 km/h).

FOOTBALL AMÉRICAIN

●LA PLUS LONGUE INTERCEPTION NFL

La plus longue interception de touchdown a été effectuée en 107 yards par Ed Reed (USA, à l'extrême droite), lorsqu'il jouait pour les Baltimore Ravens contre les Philadelphia Eagles (USA), le 23 novembre 2008. Reed a battu son précédent record, 106 yards, établi contre les Cleveland Browns (USA) le 7 novembre 2004.

★LE PLUS LONG TOUCHDOWN EN SUPER BOWL

Le touchdown le plus long en Super Bowl est de 100 yards. Il a été réalisé par James Harrison (USA) des Pittsburgh Steelers lors du Super Bowl XLIII, au Raymond James Stadium (Tampa, USA), le 2 février 2009. Le linebacker (seconde ligne) a intercepté une passe de Kurt Warner (USA) et a parcouru tout le terrain pour marquer à la fin de la première mi-temps. Pittsburgh a remporté le match 27-23.

RECORD DE MATCHS NFL CONSÉCUTIFS

Le punter (botteur de dégagement) Jeff Feagles (USA) a participé à 320 matchs NFL, pour les New England Patriots (1988-1989), les Philadelphia Eagles (1990-1993), les Arizona Cardinals (1994-1997), les Seattle Seahawks (1998-2002) et les New York Giants (2002-2007) (USA). Feagles est **le joueur le plus âgé de l'histoire du Super Bowl** : il avait 41 ans et 333 jours lorsqu'il a joué pour les New York Giants lors du Super Bowl XLII, le 3 février 2008.

★ NOUVEAU RECORD
● MISE À JOUR

★RECORD POUR ATTEINDRE 2 000 YARDS À LA COURSE EN NFL

Adrian Peterson (USA) des Minnesota Vikings (USA) a franchi les 2 000 yards à la course de sa carrière lors de la saison 2008. Peterson a atteint ce résultat en 21 jeux, devenant ainsi le joueur le plus rapide de la NFL à atteindre les 2 000 yards à la course.

Peterson détient aussi **le ●record de yards remportés à la course dans un match NFL** : il a couru 296 yards contre les San Diego Chargers (USA), au Metrodome de Minneapolis (Minnesota, USA), le 4 novembre 2007.

LA PREMIÈRE SAISON SANS DÉFAITE EN NFL

Les New England Patriots ont remporté les 16 matchs de la saison 2007, une première depuis que la League a opté pour des saisons de 16 matchs, en 1978.

LE PLUS JEUNE ENTRAÎNEUR NFL

Lane Kiffin (USA, né le 9 mai 1975) est le plus jeune entraîneur engagé par la NFL. Il avait 31 ans et 259 jours lorsqu'il a signé pour entraîner les Oakland Raiders (USA) le 23 janvier 2007. Son renvoi, controversé, a eu lieu en septembre 2008, après 15 défaites sur les 20 matchs de la saison régulière.

★RECORD DE SÉRIES ÉLIMINATOIRES CONSÉCUTIVES POUR UN ENTRAÎNEUR

Tony Dungy (USA) a mené 10 saisons de suite les Tampa Bay Buccaneers (1999-2001) et les Indianapolis Colts (2002-2008) jusqu'aux séries éliminatoires.

★RECORD DE SÉRIES ÉLIMINATOIRES CONSÉCUTIVES EN PASSES DE TOUCHDOWNS

Brett Favre (USA) a lancé au moins une passe de touchdown à chacun des 18 matchs qu'il a joués avec les Green Bay Packers (USA), de 1992 à 2007.

★RECORD DE MATCHS CONSÉCUTIFS NFL AVEC PLAQUAGES AU SOL

Deux joueurs se sont distingués en plaquant le quarterback dans 10 matchs consécutifs : DeMarcus Ware (USA) des Dallas Cowboys (USA) entre le 16 décembre 2007 et le 19 octobre 2008, et Simon Fletcher (USA) des Denver Broncos (USA) entre le 15 novembre 1992 et le 20 septembre 1993.

15 oct. **Le record officiel de vitesse au sol** (mesurée sur plus de 1,6 km) est de 1 227,985 km/h. Il a été établi par Andy Green (GB), dans le désert de Black Rock (Nevada, USA), en 1997.

16 oct. **La plus haute maison de cartes** mesurait 7,86 m. Elle a été construite par Bryan Berg (USA), à Dallas (Texas, USA), en 2007.

9 280 : record de tentatives de passes en une carrière NFL, établi par Brett Favre (USA), de 1992 à sa retraite en 2008.

★ RECORD DE RÉCEPTIONS EN POST-SAISON NFL

Le record de réceptions dans une post-saison est de 30. Son détenteur est Larry Fitzgerald (USA) qui jouait pour les Arizona Cardinals durant la post-saison 2008 (4 matchs).

★ RECORD DE RATTRAPAGE DE TOUCHDOWNS SUR RÉCEPTION EN POSTSAISON NFL

Lorsqu'il jouait pour les Arizona Cardinals, le receveur rapproché Larry Darnell Fitzgerald (USA) a marqué 7 touchdowns sur réception au cours des 4 matchs de la post-saison 2008.

●RECORD DE SAISONS AVEC 4 000 YARDS À LA PASSE EN NFL

Peyton Manning (USA) des Indianapolis Colts (USA) a atteint les 4 000 yards à la passe pour la 9e fois de sa carrière. La saison 2007 est la 11e année consécutive où Manning compte à son actif au moins 25 touchdowns.

★ LE MATCH DE NFL LE PLUS SUIVI À LA TÉLÉVISION

La victoire des New York Giants (17-14) sur les New England Patriots au Super Bowl XLII, le 3 février 2008, a été le match de NFL le plus regardé de l'histoire de la télévision. Selon Nielsen, il a été suivi par 97,5 millions de téléspectateurs. Ce match a effacé le record de 94,08 millions de télespectateurs du Super Bowl de 1996, alors que les Dallas Cowboys avaient battu les Pittsburgh Steelers en 1996.

RECORD DE VICTOIRES NFL POUR UN QUATERBACK DÉBUTANT

Brett Favre (USA) a connu 160 victoires comme quarterback débutant entre 1992 et 2008.

★ LA ROTATION LA PLUS FAIBLE EN UNE SAISON NFL (ÉQUIPE)

La rotation la plus faible par équipe dans une saison de 16 matchs est de 13. Ce record a été établi par les New York Giants (USA) et les Miami Dolphins (USA) en 2008.

★ LE JOUEUR LE PLUS ÂGÉ

Paul L Morton (USA, né le 12 janvier 1941) avait 67 ans lorsqu'il a joué en saison régulière pour l'équipe semi-professionnelle des Stateline Miners (USA), en 2008.

●RECORD DE VICTOIRES DE SUPER BOWL

Les Pittsburgh Steelers (USA) ont enregistré plus de victoires en Super Bowl qu'aucune autre équipe, avec un total de 6 titres : en 1974, 1975, 1978, 1979, 2005 et 2008.

Âgé de 36 ans et 323 jours, Mike Tomlin (USA, né le 15 mars 1972) des Steelers était **l'●entraîneur principal le plus jeune à mener une équipe à la victoire en Super Bowl**, lorsque les Steelers ont battu les Arizona Cardinals (USA) 27 à 23, à Tampa (Floride, USA), le 1er février 2009.

★ RECORD DE TOUCHDOWNS PAR UN AILIER RAPPROCHÉ EN NFL

L'ailier rapproché Tony Gonzalez (USA, à droite) des Kansas City Chiefs (USA) a marqué 76 touchdowns dans sa carrière qui s'est achevée à la fin de la saison 2008. Il détient également **le ●record de matchs par carrière** (916) et **de yards sur réception par un ailier rapproché** (10 940).

RECORD DE DÉFAITES

Les Detroit Lions détiennent le ●record de défaites en une saison NFL : ils ont terminé la saison 2008 sur 16 défaites en 16 matchs.

100 **17 oct.** 43 716 440 personnes, lors de 6 540 événements, ont pris part au **plus grand rassemblement** en 24 h. Il s'agissait du rassemblement contre la pauvreté 2007 organisé par les Nations unies.

●RECORD DE COUPES D'EUROPE PAR ÉQUIPE

Trois équipes ont remporté la coupe d'Europe 6 fois chacune : l'Allemagne de l'Est en 1970, 1975-1983 (lorsqu'elle avait lieu tous les 2 ans) ; l'Allemagne en 1994-1996, 1999 et 2004-2005 ; et le Royaume-Uni en 1989, 1997-1998, 2000, 2002 et 2008 (photo).

La Russie détient **le record de coupes d'Europe par équipe féminine** avec 14 victoires, en 1993, 1995, 1997-2008. Depuis 2009, la coupe d'Europe est remplacée par les championnats d'Europe par équipe.

Une liste complète des records d'athlétisme de l'IAAF figure p. 266-275.

★RECORD DE VICTOIRES DU 20 KM MARCHE (FEMME)

L'épreuve du 20 km femme de la coupe du monde de marche a été disputée 5 fois. Les 5 gagnantes sont Liu Hongyu (Chine) en 1999, Erica Alfridi (Italie) en 2002, Yelena Nikolayeva (Russie) en 2004, Ryta Turava (Biélorussie) en 2006 et Olga Kaniskina (Russie) en 2008.

★RECORD DE MÉDAILLES DE MARCHE EN INDIVIDUEL (PAR NATION)

Lors de la coupe du monde de marche 2008 à Chuvashia (Russie), la nation-hôte a engrangé 15 médailles sur les 20 possibles : en individuel, 6 d'or, 3 d'argent et 1 de bronze, auxquelles s'ajoutent 5 d'or en équipe.

★RECORD DE MÉDAILLES D'OR PAR ÉQUIPE AUX CHAMPIONNATS DU MONDE

Les championnats du monde d'athlétisme ont été inaugurés en 1983, à Helsinki (Finlande). Ils devaient avoir lieu tous les 4 ans, mais depuis 1991, ils se tiennent tous les 2 ans. Les États-Unis ont le record de médailles d'or par équipe avec 114 médailles de 1983 à 2007. Avec ses 33 médailles d'or, la Russie est loin derrière.

Les États-Unis détiennent également **le ★record de médailles remportées aux championnats du monde**, avec 234 médailles (contre 121 pour la Russie).

★RECORD D'ATHLÈTES À DES CHAMPIONNATS DU MONDE

1 978 athlètes ont participé aux 11e championnats du monde d'athlétisme d'Osaka (Japon), du 24 août au 2 septembre 2007.

RECORD DE RECORDS DU MONDE EN 1 JOUR

Jesse Owens (USA, 1913-1980) a établi 5 records mondiaux en 45 min, à Ann Arbor (Michigan, USA), le 25 mai 1935. À 15 h 15, il a égalé le record du 100 yards (91 m) avec 9,4 s ; à 15 h 25, il a fait un saut en longueur de 8,13 m ; à 15 h 45, il a mis 20,3 s aux 220 yards (équivalent du 200 m, même s'il s'agit d'une autre épreuve) ; et il a terminé à 16 h 00 par 22,6 s aux 220 yards haies (et 200 m).

●LE 50 KM MARCHE LE PLUS RAPIDE (HOMME)

Denis Nizhegorodov (Russie) a terminé les 50 km marche de la coupe du monde, à Cheboksary (Russie), en 3 h, 34 min et 14 s, le 11 mai 2008. Alex Schwazer (Italie) a terminé 2e, à 2 min et 50 s du vainqueur, mais a remporté la médaille d'or aux J.O. de Pékin.

●LE 110 M HAIES LE PLUS RAPIDE (HOMME)

Le 12 juin 2008, Dayron Robles (Cuba) a décroché à 0,01 s près le record du 110 m haies à Ostrava (République tchèque), établissant un nouveau record à 12,87 s. La même année, Robles a ajouté le titre olympique à son palmarès, en remportant en 12,93 s, la finale de l'épreuve lors des 29e J.O. qui se sont déroulés à Pékin (Chine), le 21 août 2008.

18 oct. **La plus grande toile d'araignée** a été découverte par Ken Thompson (GB) en 1998. Elle recouvrait les 4,54 ha du terrain de jeu de l'école Kineton, à Kineton (Warwick, GB).

19 oct. En 2002, **la plus longue chaîne de pétards**, qui mesurait 11 km de long, a été allumée à Sueca (Valence, Espagne).

30,86 s : temps de Philip Rabinowitz (Afrique du Sud), âgé de 100 ans, pour courir le 100 m, en juillet 2004.

● RECORD DE COUREURS DU 100 M DANS UN RELAIS DE 24 H

3 807 personnes ont participé au relais de 100 m en 24 h, à l'occasion du 90e anniversaire de la Lettonie, au stade Daugava de Riga (Lettonie), le 19 octobre 2008. Le plus jeune participant avait 1 an !

● RECORD DU 160 KM SUR TAPIS DE COURSE (ÉQUIPE)

Le 13 novembre 2008, une équipe de 12 sportifs – Adam Balmer, Anthony Battersby, Adam Bibby, Michael Dawes, Joseph Donald, Lee Double, Mark Foster, Ray Hill, Simon Holland, Farrell Kilbane, Mark Livingston et Steven Turnbull (tous GB) – a couru 160 km sur un tapis de course, en 9 h, 5 min et 17 s, à Bickershaw (Wigan, GB).

● LE PLUS HAUT SAUT À LA PERCHE (FEMME)

Après plusieurs records mondiaux (5,03 m, à Rome (Italie), le 11 juillet 2008, et 5,04 m, à Monaco, le 29 juillet 2008), Yelena Isinbayeva (Russie) a établi un nouveau record de saut à la perche en s'emparant de la médaille d'or aux J.O. de Pékin, avec un saut à 5,05 m, le 18 août 2008.

ÉPREUVES COMBINÉES

La coupe du monde des épreuves combinées est une compétition internationale de décathlon (hommes) et heptathlon (femmes). Les 3 meilleurs résultats de l'année sont additionnés pour déterminer le vainqueur.

- **Le ★record de points obtenus dans la coupe du monde des épreuves combinées (hommes)** est de 26 476 et a été obtenu par Tomáš Dvorák (République tchèque), en 1999.
- **Le ★score le plus élevé obtenu par une femme** est de 20 541 et a été décroché par Carolina Kluft (Suède), en 2004.
- **Le ★record de victoires féminines** est de 4, détenu par Carolina Kluft (Suède), de 2003 à 2006.
- **Le ★record de victoires masculines** est de 4, détenu par Roman Šebrle (République tchèque), en 2002, 2004-2005 et 2007.

★ **NOUVEAU RECORD**
● **MISE À JOUR**

● LE 5 000 M LE PLUS RAPIDE (FEMME)

Le 6 juin 2008, lors des Jeux Exxon Mobil Bislett à Oslo (Norvège), Tirunesh Dibaba (Éthiopie) a pulvérisé le record du 5 000 m en 14 min et 11,15 s. Dibaba a dépassé le record précédent, détenu par Meseret Defar (Éthiopie), de plus de 5 s.

● RECORD DE DISTANCE EN 48 H SUR TAPIS DE COURSE

Tony Mangan (Irlande) a parcouru 405,22 km sur un tapis de course, au collège de St Mel, à Longford (Irlande), du 22 au 24 août 2008.

● LE PLUS RAPIDE 1 000 X 400 M

Le record de vitesse pour 1 000 coureurs dans un relais 400 m est de 21 h, 57 min et 46 s. Il a été établi par Turn und Sportgemeinde (Allemagne), à Lollar (Allemagne), les 14 et 15 juillet 2008.

★ LE PLUS LONG LANCER DE MARTEAU

Bruce Aitken (GB) a décroché le record du plus long lancer de marteau léger (7,25 kg) à 47,76 m, aux jeux d'Aboyne (Aberdeenshire, GB), en août 2000. Les autres épreuves comprennent le caber (lancer d'un tronc d'arbre), le lancer de roc (semblable au lancer de poids mais avec des pierres réelles), le tir à la corde et la cornemuse.

● LE 3 000 M LE PLUS RAPIDE EN STEEPLE-CHASE (FEMME)

Dans cette nouvelle épreuve olympique, Gulnara Galkina (Russie, née Samitova) a remporté la finale du 3 000 m du steeple-chase, en 8 min et 58,81 s, aux J.O. de Pékin (Chine), le 17 août 2008.

20 oct. La note la plus basse émise par une voix humaine a été atteinte en 2000 par Tim Storms (USA). Il a émis une note B-2 distincte et mesurée électroniquement à 8 Hz.

MARATHONS

100

LE MARATHON LE PLUS RAPIDE (HOMME)

Le 28 septembre 2008, à l'âge de 35 ans, Haile Gebrselassie a remporté le marathon de Berlin (Allemagne). Il a établi un record mondial avec un temps de 2 h, 3 min et 59 s, améliorant son propre record de 27 s. C'était la première fois qu'un coureur terminait les 42,195 km en moins de 2 h et 4 min.

LE MARATHON LE PLUS RAPIDE (FEMME)

Paula Radcliffe (GB) a fini le marathon de Londres (GB) en 2 h, 15 min et 25 s, le 13 avril 2003.

● MEILLEUR TEMPS COMBINÉ POUR UN MARATHON SUR CHAQUE CONTINENT (HOMME)

David Smith (GB) a couru 7 marathons en 23 h, 43 min et 55 s, entre le 12 novembre 1995 et le 5 mars 2008. Avec un meilleur temps de 2 h, 52 min et 43 s et un moins bon de 3 h, 45 min et 19 s, la durée moyenne de chaque course est de 3 h et 23 min.

● LE PLUS JEUNE MARATHONIEN SUR LES 7 CONTINENTS (HOMME)

Timothy Harris (GB, né le 26 février 1983) avait 23 ans et 339 jours lorsqu'il a terminé le marathon de Marrakech (Maroc), le 28 janvier 2007, en 3 h et 34 min. Cette course clôturait les 7 marathons entrepris par Harris sur chacun des 7 continents. Harris avait terminé le premier, le marathon K42 Patagonia Mountain (Argentine), en 4 h et 45 min, le 29 octobre 2006.

★ NOUVEAU RECORD
● MISE À JOUR

★ RECORD DE MARATHONS COURUS CONSÉCUTIVEMENT (FEMME)

Michelle Atkins (GB) a couru 10 marathons en 10 jours consécutifs à Brathay (GB), entre les 9 et 18 mai 2008.

★ RECORD DE MARATHONS COURUS CONSÉCUTIVEMENT (HOMME)

Enzo Caporaso (Italie) a couru 51 marathons en 51 jours consécutifs à Turin (Italie), entre les 23 février et 13 avril 2008.

★ LE MARATHON À RECULONS SUR ROLLERS EN LIGNE LE PLUS RAPIDE

Werner Fischer (Allemagne) a effectué un marathon à reculons sur des rollers en ligne, en 1 h, 45 min et 56 s, au marathon de Berlin (Allemagne), le 23 septembre 2006.

★ RECORD DE POINTS AU WORLD MARATHON MAJORS

Inauguré en 2006, le World Marathon Majors tient compte des meilleurs scores des athlètes sur 2 années calendaires aux marathons de Boston (USA), Londres (GB), Berlin (Allemagne), Chicago (USA) et New York (USA). Le championnat du monde et le marathon olympique sont également inclus les années où ils ont lieu. Gete Wami (Éthiopie) a remporté le trophée 2006-2007 (femme) avec 80 points. Robert Cheruiyot (Kenya, ci-dessus) a remporté la compétition masculine 2006-2007, également avec 80 points.

LE PLUS RAPIDE SEMI-MARATHON AVEC UNE POUSSETTE (FEMME)

Nancy Schubring (USA) a couru un semi-marathon en 1 h, 30 min et 51 s, avec une poussette au semi-marathon Mike May Races de Vassar (Michigan, USA), le 15 septembre 2001. À titre de comparaison, Lornah Kiplagat (Pays-Bas) a établi **le meilleur temps au semi-marathon (femme)** en 1 h, 6 min et 25 s, à Udine (Italie), le 14 octobre 2007.

RECORDS DE TEMPS AUX 5 PRINCIPAUX MARATHONS

H : Homme
F : Femme

MARATHON	ATHLÈTE	TEMPS	DATE
Berlin (Allemagne)	H : Haile Gebrselassie (Éthiopie)	2:03:59	28 sept. 2008
	F : Mizuki Noguchi (Japon)	2:19:12	25 sept. 2005
Boston (USA)	H : Robert Cheruiyot (Kenya)	2:07:14	17 avr. 2006
	F : Margaret Okayo (Kenya)	2:20:43	15 avr. 2002
Chicago (USA)	H : Khalid Khannouchi (Maroc)	2:05:42	24 oct. 1999
	F : Paula Radcliffe (GB)	2:17:18	13 oct. 2002
Londres (GB)	H : Martin Lel (Kenya)	2:05:15	13 avr. 2008
	F : Paula Radcliffe (GB)	2:15:25	13 avr. 2003
New York (USA)	H : Tesfaye Jifar (Éthiopie)	2:07:43	4 nov. 2001
	F : Margaret Okayo (Kenya)	2:22:31	2 nov. 2003

21 oct. **La plus grande chaussure du monde** mesurait 2,37 m de large et 2,03 m de haut. Elle a été dévoilée à Marikina (Philippines) ce jour de 2002.

3 h, 50 min et 31 s : le ★marathon en uniforme le plus rapide, couru par Jennifer Jenks (GB), au marathon Flora de Londres, en 2009.

RECORD DE PERSONNES LIÉES

Neal Gardner (GB) et 29 de ses amis ont établi **le ●record de personnes liées dans un marathon**. Ils ont terminé la course en 6 h, 18 min et 41 s.

PÈRE NOËL ET PERSONNAGE DE DESSIN ANIMÉ

Paul Simons (GB, à gauche) a établi **le ●record de temps du marathon en père Noël**, soit 2 h, 55 min et 50 s. Ses 3 h, 36 min et 7 s valent à Bananaman Darren Stone (GB, ci-dessus à gauche) **le ★record du marathon en personnage de dessin animé**.

COSTUME ET PERSONNAGE DE FILM

Thomas Day (GB, à droite) a couru **le ★marathon le plus rapide en costume**, soit 4 h, 19 min et 37 s. Déguisé en Thunderbird, Ian Benskin (GB, à droite) a établi **le ●record de temps du marathon en costume de personnage de film (homme)**, soit 3 h, 11 min et 50 s.

Le marathon Flora de Londres s'est tenu le 27 avril 2009 dans les rues de Londres (GB). En cette journée caniculaire, les tentatives de records GWR n'ont pas manqué. Plus de 60 coureurs ont pris part aux 29 épreuves et 11 nouveaux records GWR ont été enregistrés. Cette page rend hommage aux nouveaux détenteurs de records : bravo à eux et à tous les autres participants.

FRUIT

Le ★meilleur temps au marathon déguisé en fruit revient à Sally Orange (GB) qui l'a couru en orange, en 4 h, 32 min et 28 s.

FARFADET

Jack Lyons (GB) a décroché **le ★record de temps du marathon déguisé en farfadet**, avec 4 h, 22 min et 8 s.

LÉGUME

C'est en carotte que Robert Prothero (GB) a établi **le ★record de temps du marathon en légume**, en 3 h, 34 min et 55 s.

ANIMAL

En autruche, Alastair Martin (GB) détient **le ★record de temps du marathon en animal (homme)**, avec 3 h, 42 min et 27 s.

SAC À DOS

En 5 h, 35 min et 19 s, Gordon Chaplin (GB) a établi **le ★record du marathon avec un sac à dos de 18 kg**.

22 oct. Darren Manning (GB) a atteint **la vitesse record en sens inverse** de 165,08 km/h dans une course Caterham 7 Fireblade à Gloucester (GB) en 2001.

23 oct. **Le plus gros döner kebab** pesait 413 kg. Il a été fabriqué par le Café libanais Maroosh au festival Applause, à Albury (Nouvelle-Galles du Sud, Australie) en 2004.

SPORTS AUTOMOBILES

FORMULE 1

• Jacques Villeneuve (Canada) est **le débutant qui a obtenu le plus de victoires en Formule 1 en une saison**. Il en a remporté 4 en 1996. Lewis Hamilton (GB) l'a égalé en 2007.

• Ferrari (Italie) a remporté 209 Grands Prix, **le ●record de victoires en Grands Prix pour un constructeur**, entre 1961 et 2008.

• Michael Schumacher (Allemagne) est **le pilote qui a marqué le plus grand nombre de points en une saison**, avec 148 points en 2004. Il a dominé la Formule 1 dans les années 1990 et 2000. Il détient **le record de victoires en Grands Prix**, avec 84 Grands Prix remportés entre 1991 et 2005. Enfin, il est **le pilote à avoir marqué le plus de points en une carrière**, soit 1 248 points, entre 1991 et 2005.

• Juan Manuel Fangio (Argentine, né le 24 juin 1911) est **le champion du monde de Formule 1 le plus âgé**. Il a remporté son dernier championnat du monde le 4 août 1957, à 46 ans et 41 jours.

• Rubens Barrichello (Brésil) détient **le ●record du nombre de départs de Grands Prix de Formule 1** de 1993 à 2008, soit 257. Il a couru pour Jordan (1993-1996), Stewart Grand Prix (1997-1999), Ferrari (2000-2005) et Honda (2006-2008) et marqué 519 points dans sa carrière, en remportant 9 victoires et en terminant 61 fois sur le podium. Il affirme qu'il a longtemps idolâtré son compatriote Ayrton Senna (1960-1994), plusieurs fois champion de Formule 1.

★ LA PREMIÈRE FEMME À AVOIR GAGNÉ L'INDYCAR

Danica Patrick (USA) a triomphé dans l'Indy 300 à Motegi (Japon), le 20 avril 2008. Elle est la première femme a avoir gagné une course de l'IndyCar. Elle est aussi **la première femme à avoir été en tête des 500 Miles d'Indianapolis**. Elle a réalisé 19 tours de piste à la première place, en mai 2005.

TRUCK SERIES DE LA NASCAR

• Ted Musgrave (USA) a remporté sa première victoire en NASCAR en 2005, en gagnant le championnat des Craftsman Truck Series de la NASCAR. C'était **la ★première fois qu'un véhicule portant le numéro "1" gagnait un championnat de la NASCAR** toutes catégories confondues.

• Jack Sprague (USA) a remporté 7 276 475 $ au cours de la saison 2008, soit **les ●gains les plus élevés obtenus dans une carrière en NASCAR**. Il a aussi empoché 93 375 $, soit **le ★prix le plus élevé pour une course**, à Daytona, le 16 février 2007.

• Mike Skinner (USA) a remporté **le plus de pole positions aux Truck Series de la NASCAR**, soit 47, au cours de la saison 2008. Véritable as de la discipline, il conduit actuellement la #5 Exide Toyota Tundra pour Randy Moss Motorsports dans le cadre des Camping World Truck Series de la NASCAR.

GLOSSAIRE

FIA : Fédération internationale de l'automobile
NASCAR : National Association for Stock Car Auto Racing
NHRA : National Hot Rod Association
TT : Touring Trophy

●RECORD DE TITRES CONSÉCUTIFS EN CHAMPIONNAT DU MONDE DES RALLYES

Sébastien Loeb (France) a remporté 5 fois le championnat du monde des rallyes de la FIA entre 2004 et 2008, en courant pour l'écurie Citroën.

COURSES TT

• Avec 26 victoires, Joey Dunlop (Irlande, 1952-2000) est **le pilote qui a remporté le plus de courses sur le circuit TT de l'île de Man**, entre 1977 et 2000.

• Le 8 juin 2004, Maria Costello (GB) a parcouru les 60,75 km du circuit TT de l'île de Man en 19 min et 43,8 s, à la vitesse moyenne de 184,64 km/h. Il s'agit du **★record de vitesse pour une femme pilote**.

★LA PREMIÈRE VICTOIRE D'UN CONSTRUCTEUR JAPONAIS EN NASCAR

Kyle Busch (USA) a permis à Toyota de remporter sa première victoire lors de la NASCAR Sprint Cup, en battant la Kobalt Tools 500 sur l'Atlanta Motor Speedway, le 9 mars 2008. Il s'agissait de la 40e course pour Toyota et de la première victoire en NASCAR d'un constructeur étranger depuis le triomphe d'Al Keller (USA) au volant d'une Jaguar (GB) dans une course sur route en 1954.

24 oct. En 1924, Fred Lindstrom (USA) est devenu **le plus jeune joueur de baseball en World Series**. Il avait 18 ans et 339 jours quand il a joué pour les New York Giants.

100 695 731 $: gains de Jeff Gordon (USA) en 2008, soit **les plus gros gains dans une carrière de pilote en NASCAR**.

★ NOUVEAU RECORD
● MISE À JOUR

●RECORD DE TITRES CONSÉCUTIFS EN NASCAR

Jimmy Johnson (à gauche) et Cale Yarborough (tous deux USA) sont les seuls pilotes à avoir gagné 3 fois d'affilée le championnat de la NASCAR Cup. Jimmy a décroché son dernier titre en 2008 ; Cale en 1978.

• Mike Ashley (USA) a atteint 573,02 km/h, sur 402 m, départ arrêté, en conduisant un Dodge Charger, à Las Vegas (Nevada, USA), le 13 avril 2007. Il s'agit de **la plus grande vitesse atteinte en Funny Car** (NHRA).

• Melanie Troxel (USA) a atteint 531,58 km/h, sur 402 m, départ arrêté, au Texas Motorplex de Dallas (USA), en octobre 2005. Il s'agit du **★record féminin de vitesse de drag racing dans la catégorie Top Fuel de la NHRA**.

• **La vitesse la plus élevée atteinte dans des courses TT sur le circuit de l'île de Man** est de 208,33 km/h. John McGuinness (GB), qui courait pour l'Angleterre, a réussi cet exploit sur une Honda CBR1000 Fireblade, le 9 juin 2006.

NHRA DRAG RACING

• John Force (USA) a effectué **le ★plus de tours de piste en une carrière dans la catégorie Funny Car**, avec 1 000 tours. Il a réussi cet exploit lors du Gateway International Raceway à Madison (Illinois, USA), le 4 mai 2008. C'est aussi **le ★pilote qui a participé au plus grand nombre de finales**, 202, et **le ★pilote qui a obtenu le plus de titres**, avec 126 victoires.

●LE PLUS JEUNE CHAMPION DU MONDE DE FORMULE 1

Lewis Hamilton (GB, né le 7 janvier 1985) a remporté son premier titre le 2 novembre 2008, à Interlagos (Brésil), à 23 ans et 298 jours. Il courait pour McLaren Mercedes et a gagné avec un point d'avance sur Felipe Massa (Brésil).

25 oct. En 2004, Verna van Schaik (Afrique du Sud) a plongé à 221 m de profondeur dans une grotte au nord de la province du Cap (Afrique du Sud). C'est **la plongée la plus profonde effectuée par une femme**.

26 oct. Gérard Bavato (France) a effectué **l'ascension la plus rapide du Kilimandjaro**. Il a parcouru les 34 km en 5 h, 26 min et 40 s, en 2007.

SPORTS DE BALLE

★ RECORD DE TITRES EUROPÉENS DE KORFBALL (ÉQUIPE)

Le korfball est pratiqué dans plus de 50 pays. Ce sport proche du netball, mais mixte, se joue sur un court rectangulaire, en salle ou en plein air. (Le terme "korf" fait référence au panier dans lequel les équipes lancent le ballon.) Les Pays-Bas ont remporté 3 fois le championnat d'Europe : en 1998, 2002 et 2006.

★ RECORD DE TITRES AUX CHAMPIONNATS DE L'ANZ

Le championnat de l'ANZ est une nouvelle compétition réservée à l'élite du netball en Australie et en Nouvelle-Zélande. Il remplace la coupe Commonwealth Bank d'Australie et le trophée National Bank de Nouvelle-Zélande.

Dix équipes ont participé à la première édition en 2008. Lors de cette inauguration, les New South Wales Swifts (Australie, en rouge) ont battu les Waikato-Bay of Plenty Magic (Nouvelle-Zélande, en noir), sur le score de 65 à 56.

FOOTBALL AUSTRALIEN

- Jock MacHale (Australie) détient **le ★record de matchs en tant qu'entraîneur**. Il a coaché Collingwood pendant 713 matchs entre 1912 et 1949.
- Charlie Ricketts (Australie) avait 24 ans et 91 jours quand il a entraîné l'équipe de South Melbourne en 1909, ce qui fait de lui **le ★plus jeune entraîneur**.
- Allan Jeans (Australie) était **le ★doyen des entraîneurs de l'AFL**. Il avait 56 ans et 9 jours en 1989 quand il a entraîné Hawthorn.
- Fred Fanning (Australie) est **le ★joueur qui a marqué le plus de buts en un match**, soit 18 pour Melbourne contre St Kilda, en 1947.

BEACH-VOLLEY

- Avec 105 victoires, Misty May-Treanor (USA) est **la ●joueuse qui a remporté le plus de tournois** entre 2000 et 2008.
- Créés en 1997, les championnats du monde ont lieu tous les 2 ans. L'équipe féminine des États-Unis détient **le ★record de victoires**, avec 4 titres, en 2003, 2005, 2007 et 2008.
- Le tandem Emanuel Rego et Ricardo Santos (tous deux Brésil) détient **le ●record de titres en championnat du monde de beach-volley**, avec 5 victoires de 2003 à 2007.
- Le beach-volley est un sport olympique depuis 1996. L'équipe masculine américaine détient **le ●record de titres olympiques** avec 3 médailles d'or : Karch Kiraly et Kent Steffes à Atlanta en 1996, Dain Balanton et Eric Fonoimoana à Sydney en 2000, et Phil Dalhausser et Todd Rogers à Pékin en 2008.

BEACH-HANDBALL

Les championnats du monde masculin ont eu lieu 3 fois et **le ●record de victoires** n'est que de 1, pour chaque vainqueur : l'Égypte (2004), le Brésil (2006) et la Croatie (2008).

FOOTBALL CANADIEN

- **Le ★record de coups bloqués au cours d'une carrière en CFL** (Ligue de football canadien) est de 12. Il est détenu par Gerald Vaughn (Canada) alors qu'il jouait pour les Calgary Stampeders, les Winnipeg Blue Bombers et les Hamilton Tiger-Cats, entre 1993 et 2004.
- La Grey Cup est un trophée décerné aux champions de la Ligue de football canadien. Doug Flutie (USA) est le joueur qui a obtenu **le ★plus de titres consécutifs de meilleur joueur en finale de la Grey Cup**. Il a été récompensé 2 fois pour les Toronto Argonauts, en 1996 et 1997.
- **Le ★record de touchdowns après avoir récupéré le ballon en une carrière** est de 5. Il est détenu par Michael Allen (USA) pour les Winnipeg Blue Bombers, de 1988 à 1993.

HANDBALL

- **Le plus gros score dans un match international** est celui du tournoi militaire amical, à Miskolc (Hongrie), en août 1981. L'ex-URSS a battu l'Afghanistan 86 à 2.
- La Norvège détient **le ●record de victoires en championnat d'Europe**, avec 4 titres décrochés en 1998, 2004, 2006 et 2008.

HOCKEY SUR GAZON

- Le Trophée des champions a eu lieu pour la première fois en 1978. Depuis 1980, il réunit chaque année les 6 meilleures équipes masculines de hockey sur gazon. L'Australie détient **le ●record de victoires** avec 9 titres, en 1983-1985, 1989-1990, 1993, 1999, 2005 et 2008.

L'Allemagne totalise aussi 9 titres, mais certains ont été obtenus avant la réunification. L'ex-RFA a triomphé de 1986 à 1988, puis l'Allemagne réunifiée en 1991-1992, 1995, 1997, 2001 et 2007.

27 oct. **Les applaudissements les plus forts** – 100 dB – ont été enregistrés lors de l'émission *Big Bash* de la BBC, du 24 au 27 octobre 1997, à la NEC, à Birmingham (GB).

1 109 : record de buts marqués dans un championnat du monde de korfball par l'équipe des Pays-Bas, entre 1978 et 2007.

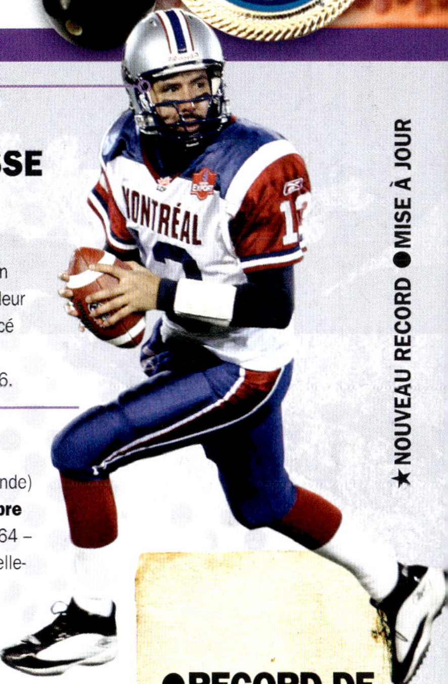

★ RECORD DE YARDS À LA PASSE EN FINALE DE LA GREY CUP

Le quarterback de football canadien Anthony Calvillo (USA) – sacré meilleur joueur de la Ligue en 2008 – a lancé pour 1 458 yards, lors de finales de la Grey Cup, entre 2000 et 2006.

NETBALL

● Irene van Dyck (Nouvelle-Zélande) a disputé **le ● plus grand nombre de matchs internationaux** – 164 – pour l'Afrique du Sud et la Nouvelle-Zélande, entre 1994 et 2008.

VOLLEY-BALL

● Le Brésil détient **le ● record de victoires au Grand Prix de volley-ball**, tournoi féminin annuel depuis 1993, avec 7 titres, en 1994, 1996, 1998, 2004-2006 et 2008.

● **Le ● record de titres olympiques chez les hommes** est de 3. Il est détenu par l'ex-URSS (1964, 1968 et 1980) et les États-Unis (1984, 1988 et 2008).

● L'Italie et le Brésil détiennent **le ● record de médailles en ligue mondiale de volley** – 13 –, mais c'est l'Italie qui a le plus de médailles : 8.

● RECORD DE VICTOIRES AU CHAMPIONNAT ALL-IRELAND DE HURLING

L'équipe de Kilkenny a remporté 31 fois le championnat All-Ireland de hurling entre 1904 et 2008.

PLUS D'INFO

Quatre pages sont entièrement consacrées aux records de football. Rendez-vous p. 246 !

KORFBALL

Avec 7 titres, les Pays-Bas détiennent **le ● record de victoires au championnat du monde de korfball par équipe** (créé en 1978), en 1978, 1984, 1987, 1995, 1999, 2003 et 2007.

● RECORD DE CHAMPIONNATS DE BEACH-HANDBALL (FEMMES)

Le championnat du monde de beach-handball féminin a eu lieu à 3 reprises. Trois pays l'ont remporté : la Russie en 2004, le Brésil en 2006 et la Croatie en 2008.

● L'Asia Cup a été créée par la Fondation de hockey d'Asie (ASHF) en 1982 (le premier tournoi féminin s'est disputé en 1985). L'équipe masculine du Pakistan a remporté **le ★ plus d'Asia Cup**, avec 3 coupes, en 1982, 1985 et 1989. Chez les femmes, le record est détenu par la Corée du Sud, qui s'est aussi imposée 3 fois, en 1985, 1993 et 1999.

● Anne Graves (GB, née le 5 mars 1935) est **la ● doyenne des hockeyeuses professionnelles**. À 74 ans, elle a joué pour les Stevenage Ladies 5s dans la Five Counties Division 7 Hockey League, en 2008-2009, à Stevenage (GB).

● LES PLUS GROS GAINS POUR UNE JOUEUSE DE BEACH-VOLLEY

Misty May-Treanor (USA) avait gagné 1 824 158 $ dans le cadre de l'Association of Volleyball Professionals (AVP) Tour, à la fin de la saison 2008.

28 oct. Avec 105 cerceaux, Jin Linlin (Chine) détient **le record de cerceaux tournés simultanément**. Elle a réalisé cet exploit sur le plateau de *Zheng Da Zong Yi – Guinness World Records Special*, à Pékin (Chine), en 2007.

29 oct. **La coupe de cheveux la plus chère** a été faite à Beverley Lateo (Italie) pour 16 420 $, au salon Stuart Phillips, à Covent Garden, Londres (GB), en 2007.

BASEBALL

★LE SALAIRE LE PLUS ÉLEVÉ D'UNE ÉQUIPE

Les New York Yankees (USA) ont gagné 218,3 millions $ en 2007. C'est un record en Major League américaine (MLB) pour une saison. L'équipe détient ce record depuis 9 années consécutives. Son salaire de 2006 était de 207,5 millions $.

★RECORDS DE MATCHS EN UNE CARRIÈRE

Omar Vizquel (Venezuela) a participé à 2 654 matchs avec les Seattle Mariners, les Cleveland Indians et les San Francisco Giants (tous USA), de 1989 à 2008.

★RECORD DE MATCHS CONSÉCUTIFS SANS FAUTE

Kevin Youkilis (USA) a participé à 238 matchs consécutifs au poste de joueur de première base pour les Boston Red Sox (USA) en 2007 et 2008. Youkilis détient aussi le record de chances consécutives en première base sans faute.

★LE RAMASSEUR DE BATTES LE PLUS ANCIEN

Stan Bronson Jr (USA) travaille pour les Memphis Tigers depuis le 15 février 1958 : il avait alors 29 ans et 211 jours.

★RECORD DE MATCHS SAUVÉS DANS UNE SAISON EN MAJOR LEAGUE

Francisco Rodríguez (Venezuela), qui jouait pour les Los Angeles Angels (USA), a sauvé 62 matchs en Major League (MLB) au cours de la saison 2008.

PLUS D'INFO
Le Fenway Park de Boston accueille les Red Sox depuis 1912. Depuis 2008, il a une capacité de 37 400 spectateurs le soir et de 36 984 le jour.

★RECORD DE MANCHES CONSÉCUTIVES SANS SCORE

Brad Ziegler (USA) a joué 39 manches sans obtenir de score pour les Oakland Athletics (USA) en 2008. Il détient aussi **le record du plus long blanchissage pour un lanceur en début de carrière**.

★RECORD DE MATCHS CONSÉCUTIFS À GUICHETS FERMÉS

Depuis le 15 mai 2003, les Boston Red Sox (USA) ont joué 468 fois consécutives à guichets fermés, à domicile, au Fenway park. Les Cleveland Indians (USA) détenaient le précédent record, avec 455 matchs à guichets fermés, au Jacobs Field, du 12 juin 1995 au 4 avril 2001.

★ NOUVEAU RECORD
● MISE À JOUR

★RECORD DE POINTS À LA BATTE

Bernie Williams (Porto Rico) a obtenu 80 points en post-saison durant sa carrière pour les Yankees de New York, de 1991 à 2006.

●RECORD DE MATCHS SAUVÉS EN UNE CARRIÈRE EN MLB

Trevor Hoffman (USA) a sauvé 554 matchs pour les Florida Marlins (USA) et les San Diego Padres (USA), de 1993 à 2008.

★RECORD DE SAISONS CONSÉCUTIVES EN FRAPPANT 35 HOME RUNS

Alex Rodriguez (USA) a joué 11 saisons consécutives en obtenant un score de 35 home runs, alors qu'il était batteur des Seattle Mariners, des Texas Rangers et des New York Yankees (tous USA), de 1994 à 2008.

●RECORD D'ÉLIMINATIONS EN MLB PAR UN LANCEUR GAUCHER

De 1988 à 2008, Randy Johnson (USA) a enregistré 4 789 éliminations avec les Expos de Montréal, les Mariners de Seattle, les Astros de Houston, les Diamondbacks d'Arizona et les Yankees de New York (tous USA).

★RECORD DE DOUBLES JEUX EN MLB PAR UN LANCEUR

Greg Maddux (USA) a participé à 98 doubles jeux avec les Chicago Cubs, les Atlanta Braves, les Los Angeles Dodgers et les San Diego Padres (tous USA), de 1986 à 2008.

★RECORD DE DOUBLES JEUX EN UNE CARRIÈRE PAR UN ARRÊT-COURT

De 1989 à 2008, Omar Vizquel (Venezuela) a participé à 1 698 doubles jeux avec les Seattle Mariners, les Cleveland Indians et les San Francisco Giants (tous USA).

30 oct. Matthew Cassiere (USA), alias "Matt the Knife", a été **le plus rapide à ôter des menottes**, soit 5 s, à Rhode-Island (Nouvelle-Angleterre, USA), en 2004.

31 oct. En 2005, Scott Cully (USA) a sculpté **la plus grosse lanterne d'Halloween**, dans la plus grosse citrouille du monde, qui pesait 666,32 kg, au nord du comté de Cambria (Pennsylvanie, USA).

1 406 : bases volées par Rickey Henderson (USA), qui a joué pour diverses équipes de 1979 à 2003.

●RECORD D'ÉLIMINATIONS PAR UN BATTEUR EN UN MATCH

Beaucoup de joueurs détiennent le record de 5 éliminations au cours d'un match. Le dernier en date est Craig Monroe (USA) des Detroit Tigers. Il est ici en photo en train de regarder l'arbitre après une seconde prise annoncée durant la 5e manche d'une défaite 6-5 en faveur des Milwaukee Brewers durant un match interligues, le 14 juin 2007.

★LANCER LE PLUS RAPIDE (FEMME)

Lauren Boden (USA) a effectué le lancer le plus rapide pour une femme, à 104,6 km/h, à la Lakeside High School d'Atlanta (USA), le 19 avril 2008.

●RECORD D'EXPULSIONS EN MLB

Entraîneur des Toronto Blue Jays (Canada) et des Atlanta Braves (USA) de 1978 à 2008, Bobby Cox (USA) a été expulsé 143 fois.

RECORD DE POINTS MARQUÉS EN UNE SAISON DE MLB PAR UN FRAPPEUR AMBIDEXTRE

Mark Teixeira (USA) a marqué 144 points pour les Texas Rangers (USA) en 2005.

★RECORD DE HOME RUNS AU DÉPART D'UN MATCH

Rickey Henderson (USA) a frappé 81 home runs au départ d'un match alors qu'il jouait pour les Oakland Athletics, les New York Yankees, les San Diego Padres, les Anaheim Angels, les New York Mets, les Seattle Mariners, les Boston Red Sox, les Los Angeles Dodgers (tous USA) et les Toronto Blue Jays (Canada), de 1979 à 2003.

●RECORD DE HOME RUNS POUR UN SEUL ENTRAÎNEUR EN UNE CARRIÈRE EN MLB

Chipper Jones (USA) a frappé tous les home runs de sa carrière en jouant pour Bobby Cox (USA), l'entraîneur des Atlanta Braves (USA), de 1993 à 2008. Ses 408 home runs sont les plus nombreux jamais frappés par un frappeur ambidextre de la Ligue nationale.

★RECORD DE HOME RUNS EN UNE POST-SAISON

Carlos Beltran (Porto Rico) a frappé 8 home runs en une post-saison, alors qu'il jouait pour les Houston Astros (USA), en 2004. Il partage ce record avec Barry Bonds (USA) qui jouait pour les San Francisco Giants (USA) en 2002.

●RECORD DE SAISONS CONSÉCUTIVES AVEC AU MOINS 200 FRAPPES

De 2001 à 2008, Ichiro Suzuki (Japon) a exécuté au moins 200 frappes au cours de 8 saisons consécutives, pour les Seattle Mariners (USA), égalant le record de Wee Willie Keeler (USA), de 1894 à 1901.

●RECORD D'ÉLIMINATIONS PAR UN BATTEUR EN UNE SAISON

Mark Reynolds (USA) a effectué 204 éliminations pour les Arizona Diamondbacks (USA) en 2008.

●RECORD DE HOME RUNS EN MLB PAR UN FRAPPEUR DÉSIGNÉ

Frank Thomas (USA) a effectué 269 home runs pour les Chicago White Sox, les Oakland Athletics (tous USA) et les Toronto Blue Jays (Canada), de 1990 à 2008.

★RECORD DE MAUVAIS LANCERS DANS UNE MANCHE

Ce record est détenu par différents lanceurs ayant effectué 4 mauvais lancers. Le dernier est R. A. Dickey (USA) pour les Seattle Mariners (USA) le 17 août 2008.

●RECORD DE HOME RUNS EN UNE CARRIÈRE

Manny Ramirez (République dominicaine) qui, depuis 1995, a joué pour les Cleveland Indians, les Boston Red Sox et les Los Angeles Dodgers (tous USA) a frappé 25 home runs en post-saison.

●RECORD DE FRAPPES PAR LA BALLE DURANT UN MATCH

Plusieurs joueurs ont été frappés 3 fois par une balle. Les derniers sont Nomar Garciaparra (USA) pour les Los Angeles Dodgers (USA), le 3 juillet 2006, Reed Johnson (USA), pour les Toronto Blue Jays (Canada), le 29 avril 2006, Manny Ramirez (République dominicaine), pour les Boston Red Sox (USA), le 5 juillet 2008, et Chase Utley (USA), pour les Philadelphia Phillies (USA), le 8 avril 2008.

L'ŒIL SUR LA BALLE...

Greg Maddux (USA, né le 14 avril 1966) a été le premier lanceur de l'histoire de la Major League à remporter le Cy Young Award 4 années consécutives (de 1992 à 1995).

●RECORD DE GANTS D'OR DANS UNE CARRIÈRE EN MLB

Le Rawlings Gold Glove Award (ou "Gant d'or") est décerné chaque année au joueur de MLB ayant fourni "la meilleure performance individuelle sur le terrain". Greg Maddux (USA) a obtenu 18 fois ce prix en jouant pour les Chicago Cubs, les Atlanta Braves, les Los Angeles Dodgers et les San Diego Padres (tous USA), de 1986 à 2008.

1er nov. Eugene Andreev (URSS) a fait **le plus long saut en chute libre**, soit 24 500 m, après avoir sauté d'un ballon à 25 458 m d'altitude, près de Saratov (Russie), en 1962.

BASKET-BALL

★1ERS JUMEAUX SÉLECTIONNÉS DANS LA 1RE MANCHE DE LA MÊME SÉLECTION NBA

Les jumeaux Brook (à droite) et Robin Lopez (à gauche) de North Hollywood (Californie, USA) sont les 1ers jumeaux à avoir été sélectionnés pour la 1re manche de la même sélection NBA. Brook était la 10e sélection générale des the New Jersey Nets et Robin la 15e des Phoenix Suns (USA).

NBA

★LA PROGRESSION LA PLUS IMPRESSIONNANTE PAR SAISON

La plus forte progression revient aux Boston Celtics (USA) pour la saison 2007-2008 où ils ont remporté 42 victoires. Ils avaient remporté 24 jeux en 2006-2007 mais 66 en 2007-2008.

★LE MEILLEUR DÉMARRAGE POUR UN 30E MATCH

Les Boston Celtics ont amélioré leur record de 27-3 grâce à leur victoire 97-93 sur les Houston Rockets (USA) le 2 janvier 2008. Ils partagent ce record avec 5 autres équipes qui ont toutes débuté la saison par le score 27-3 : les Philadelphia 76ers (1966-1967), les New York Knicks (1969-1970), les Los Angeles Lakers (1971-1972), les Portland Trail Blazers (1990-1991) et les Chicago Bulls (1995-1996) (USA).

★ NOUVEAU RECORD
● MISE À JOUR

●RECORD DE PANIERS À 3 POINTS DANS UN MATCH NBA

Les Orlando Magic ont marqué 23 paniers à 3 points lors d'un match contre les Sacramento Kings (USA), le 13 janvier 2009.

●LE TAUX LE PLUS ÉLEVÉ DE PANIERS À 3 POINTS

Depuis 2003, Jason Kapono (USA) a marqué 45,6 % des paniers qu'il a tentés pour les Cleveland Cavaliers, les Charlotte Hornets, les Miami Heat (USA) et les Toronto Raptors (Canada).

★LE MOINS DE PANIERS MARQUÉS EN UN MATCH

Les Miami Heat (USA) ont marqué 17 paniers dans leur défaite 88-62 contre les Boston Celtics, le 30 mars 2008.

●RECORD DE MATCHS EN SÉRIE ÉLIMINATOIRE REMPORTÉS PAR UN ENTRAÎNEUR

Phil Jackson (USA) a enregistré 193 victoires en série éliminatoire, avec les Chicago Bulls (1989-1997) et les Los Angeles Lakers (1999-2008).

LE MOINS DE POINTS MARQUÉS EN UNE PÉRIODE

Les New Orleans Hornets ont marqué 16 points dans la 2e manche de leur défaite 89-67 contre les Los Angeles Clippers (USA), le 1er mars 2006.

★RECORD DE PARTICIPATIONS À DES SÉRIES ÉLIMINATOIRES

Robert Horry (USA) a joué 244 fois pour les Houston Rockets, les Los Angeles Lakers et les San Antonio Spurs (USA), de 1992 à 2008.

★RECORD D'INTERCEPTIONS DANS UNE FINALE

Les Boston Celtics ont eu à leur actif 18 interceptions dans la 7e manche de la finale NBA face aux Los Angeles Lakers, le 17 juin 2008.

100

RECORD DE PANIERS À 3 POINTS

Reggie Miller (USA) a marqué 2 560 paniers à 3 points pour les Indiana Pacers entre 1987 et 2005, un record absolu pour un joueur NBA.

★LE PLUS JEUNE JOUEUR À DISPUTER 1 000 MATCHS NBA (CARRIÈRE)

À 32 ans et 165 jours, Kevin Garnett (USA, né le 19 mai 1976) est devenu le plus jeune joueur à avoir participé à 1 000 matchs NBA. Il a atteint ce record le 31 octobre 2008 lors de la victoire de son équipe, les Boston Celtics, 96-80, contre les Chicago Bulls (USA), dépassant le record que Shawn Kemp (USA), âgé de 33 ans et 24 jours, avait établi en décembre 2002.

●RECORD DE BLOCAGES EN WNBA (CARRIÈRE)

Margo Dydek (Pologne) a réussi 877 blocages dans les 323 matchs qu'elle a joués pour les Utah Starzz (1998-2002), les San Antonio Silver Stars (2003-2004), les Connecticut Sun (2005-2007) et les Los Angeles Sparks (2008). Elle détient également **le record de blocages par match**, avec une moyenne de 2,72.

2 nov. **La plus grosse truffe du monde** est une truffe blanche de 1,31 kg, trouvée par Giancarlo Zigante (Croatie) en 1999. Son prix a été estimé à 3 175 £.

34 : nombre de points marqués dans un 1er match WNBA, par Candace Parker (USA), pour les Los Angeles Sparks, le 18 mai 2008.

★ LE PLUS JEUNE JOUEUR À MARQUER 12 000 POINTS

Âgé de 24 ans et 35 jours, Lebron James (USA, né le 30 décembre 1984) est le plus jeune joueur de l'histoire de la NBA à avoir marqué 12 000 points dans sa carrière. James a établi ce record avec les Cleveland Cavaliers (USA), le 3 février 2009.

WNBA

●RECORDS DE MATCHS DISPUTÉS

Vickie Johnson (USA) a disputé 378 matchs durant sa carrière en WNBA, avec les New York Liberty (USA) de 1997 à 2005 et les San Antonio Silver Stars (USA) de 2006 à 2008. Johnson détient aussi **le ●record de minutes jouées en WNBA** avec 11 698 min sur la même période.

★LA PLUS HAUTE MOYENNE DE POINTS

Nommée recrue de l'année pour sa 1re saison 2006, Seimone Augustus (USA) a marqué 2 104 points dans les 99 matchs qu'elle a joués pour les Minnesota Lynx (USA), ce qui lui donne une moyenne de marque de 21,3.

●RECORD DE PASSES DÉCISIVES

Ticha Penicheiro (Portugal) a exécuté 2 023 passes décisives dans les 339 jeux qu'elle a disputés avec les Sacramento Monarchs (USA) entre 1998 et 2008.

★ L'ENTRAÎNEUR NBA TITULAIRE LE PLUS PÉRENNE

Jerry Sloan (USA) a entraîné les Utah Jazz (USA) pendant 22 saisons, depuis son arrivée dans l'équipe en 1988. Jerry détient également **le record de fautes techniques dans une carrière NBA**. Au 15 mars 2007, il avait écopé de 413 fautes en tant que joueur des Baltimore Bullets (USA) et des Chicago Bulls et en tant qu'entraîneur des Bulls et des Utah Jazz.

●RECORDS DE POINTS MARQUÉS

Lisa Leslie (USA) détient le record de points marqués, avec 5 909 points remportés pour les Los Angeles Sparks (USA), de 1997 à 2008. Quatre fois médaillée d'or olympique en basket-ball, Leslie détient 3 autres records : **le ●record de lancers au panier** (2 188) ; **le ●record de lancers francs** (1 412) et **le ●record de récupérations** (3 156), tous décrochés chez les Los Angeles Sparks (USA).

●RECORD DE MINUTES JOUÉES PAR MATCH

La vétéran WNBA Katie Smith (USA) a joué en moyenne 34,8 min par match pour tous ceux qu'elle a disputés dans sa carrière pour les Minnesota Lynx (USA) entre 1995 et 2005 et les Detroit Shock (USA) de 2005 à 2008. Elle a également établi **le ●record de paniers à 3 points en WNBA** (674 paniers) sur la même période.

LEBRON ET SES RECORDS

Lebron James (ci-dessus en jaune) détient 6 records, y compris celui du plus jeune joueur à remporter le trophée de meilleur joueur dans un match All-Star (il avait 21 ans et 51 jours le 19 février 2006) et celui du plus jeune joueur à marquer 50 points dans un match NBA (il avait 20 ans et 80 jours lorsqu'il a établi ce record le 20 mars 2005).

★ RECORD DE POINTS MARQUÉS EN 1 MANCHE PAR UN JOUEUR EN NBA

Carmelo Anthony (USA) a marqué 33 points dans la 3e manche pour les Denver Nuggets contre les Minnesota Timberwolves (USA), le 10 décembre 2008. Anthony a égalisé le record établi par George Gervin (USA) pour les San Antonio Spurs contre les New Orleans Jazz (USA), le 9 avril 1978.

3 nov. **La première attaque connue d'un drone** a eu lieu au Yémen en 2002, lorsque la CIA a lancé un missile AGM-114 sur 6 activistes présumés d'Al-Qaida.

4 nov. Eric Lindeen (Suède) a établi **le record de yo-yo lancés simultanément**. Il a actionné 9 yo-yo sur crochets à Stockholm (Suède), en 2006.

NBA ALL-STAR JAM SESSION

Sponsorisée par Adidas, **la NBA All-Star Jam Session** propose aux fans de basket-ball d'assister et de participer à des événements NBA All-Star, où ils peuvent rencontrer des joueurs et des légendes NBA et gagner des autographes. La Jam Session NBA All-Star se déroule sur plus de 46 451 m², de quoi jouer au basket non-stop ! Les fans de tout âge peuvent ainsi marquer des paniers, faire des smashs ou dribler sur différents courts, lancer des défis à leurs amis, admirer les mascottes ou encore assister à des matchs et glaner quelques conseils auprès de joueurs de la NBA.

★ LE PLUS LONG DRIBBLE LIGNE DE FOND À LIGNE DE FOND

Le basketteur professionnel Devin Harris (USA) des New Jersey Nets (USA) a démontré ses capacités athlétiques en dribblant sur la longueur d'un terrain de basket, ligne de fond à ligne de fond, en 3,93 s, au cours de la NBA All-Star Jam Session du 16 février 2009.

LES PLUS RAPIDES...

★ ROTATION D'UN BALLON DE BASKET SUR LA TÊTE

Le Harlem Globetrotter, Scooter Christensen (USA), a fait tourner un ballon de basket-ball sur sa tête pendant 6,07 s, à la NBA All-Star Jam Session de Phoenix (Arizona, USA), le 12 février 2009. Christensen détient aussi **le ●record de temps de rotation d'un ballon de basket-ball sur le nez** : 5 s.

● ROTATION D'UN BALLON DE BASKET SUR UN DOIGT

Joseph Odhiambo (USA) a fait tourner un ballon de basket-ball sur un doigt avec une seule main, pendant 1 min et 54,88 s, le 14 février 2009, à la NBA All-Star Jam Session de Phoenix (Arizona, USA), dépassant son record (37,46 s) de 2008.

Basketteur freestyle renommé, Odhiambo détient plusieurs records, dont celui du **temps de rotation d'un ballon de basket sur un doigt** : 4 h et 15 min, le 19 février 2006, durant la NBA All-Star Jam Session de Houston (Texas, USA).

RECORDS DE...

★ LANCERS FRANCS YEUX BANDÉS EN 2 MIN

Ed Palubinskas (Australie) est si célèbre pour ses paniers qu'il a créé l'académie de basket Palubinskas pour aider les joueurs à améliorer leurs tirs. À la NBA All-Star Jam Session de Phoenix (Arizona, USA), le 16 février 2009, il s'est donné à fond en enregistrant un record de 8 lancers francs en 2 min... les yeux bandés !

DEUX BALLONS EN ROTATION

Le basketteur acrobate Tommy Baker (GB) a établi **le ★record de temps de rotation de 2 ballons de basket sur une main**, soit 32,88 s, à la NBA All-Star Jam Session de Phoenix (Arizona, USA), le 14 février 2009.

★ PLUS HAUT SMASH AVEC UN SAUT ARRIÈRE

Jerry Burrell (USA), membre du groupe de basket-ball acrobatique Acrodunk, a enchanté le public de la NBA All-Star Jam Session de Phoenix (Arizona, USA) lorsqu'il a fait un smash tout en exécutant un saut périlleux arrière depuis une plate-forme située à 4,67 m de haut, le 16 février 2009.

BALLONS ACROBATIQUES

Les basketteurs acrobates de l'équipe Acrodunk (USA) ont établi deux records à la NBA All-Star Jam Session : **le ★record de smashs avec passes par le panneau en 30 s sur un trampoline (par équipe)** (4 personnes ont effectué 35 passes sur le trampoline avant de faire un smash) et **le ★record de distance d'un tandem 6 personnes avec un trampoline** (l'équipe s'est passé le ballon sur un trampoline situé à 6 m du panier avant de faire un smash).

5 nov. En 2001, Tesfaye Jifar (Éthiopie) a établi **le meilleur temps masculin du marathon de New York**, en terminant la course en 2 h, 7 min et 43 s.

38 : nombre de lancers francs en 1 min (femme), établi par Becky Hammon (USA) des San Antonio Silver Stars, à la NBA All-Star Jam Session de 2008.

★ RECORD DE PANIERS À 3 POINTS CONSÉCUTIFS SUR *NBA 2K9*

La 2K Sports Gaming Area est une salle de jeu très prisée des gamers durant la NBA All-Star Jam Session. Marcus Platt (USA, ci-dessus à gauche) y a établi un nouveau record en marquant 8 paniers à 3 points au jeu vidéo *NBA 2K9*, le 14 février 2009.

★ TÊTES DE BASKET EN FAISANT TOURNER 2 BALLONS

Le basketteur acrobate Tommy Baker (GB, photo à l'extrême gauche) a réussi 40 têtes de basket tout en faisant tourner un autre ballon de basket sur chacune de ses mains à la Jam Session NBA All-Star de Phoenix (Arizona, USA), le 16 février 2009.

Baker y a également établi **le ★record de feintes de la tête et de la poitrine consécutives avec 3 ballons,** en faisant tourner simultanément 3 ballons dans un mouvement circulaire (autour des bras, sur les épaules et sur sa tête) pendant 10 tours.

★ RATTRAPÉS DE BALLONS DE BASKET AVEC LE COU EN 1 MIN

Luis "Trikz" Da Silva Jr (USA) en a eu plein le cou à la NBA All-Star Jam Session : il a rattrapé 24 ballons avec le cou en 1 min, le 14 février 2009.

LANCERS FRANCS CONSÉCUTIFS DEPUIS UNE CHAISE ROULANTE

Jeff Griffin (USA), le joueur de l'association nationale de basket-ball en fauteuil roulant (NWBA), a marqué 3 lancers francs consécutifs depuis une chaise roulante à la NBA All-Star Jam Session de Phoenix (Arizona, USA), le 12 février 2009.

★ PANIERS À 3 POINTS EN 1 MIN SUR *NBA 2K9*

Chad Heathcote (USA) a marqué 26 paniers à 3 points en 1 min au jeu vidéo *NBA 2K9*, à la NBA All-Star Jam Session de Phoenix (Arizona, USA), le 12 février 2009. Heathcote avait choisi le joueur Steve Nash pour triompher.

★ LANCERS FRANCS CONSÉCUTIFS SUR *NBA 2K9*

Blaine Griffin (USA) a démontré ses dons de gamer en marquant 15 lancers francs consécutifs sur *NBA 2K9*, à la NBA All-Star Jam Session de Phoenix (Arizona, USA), le 15 février 2009.

★ LANCERS FRANCS MARQUÉS EN 1 MIN SUR *NBA 2K9*

Il a fallu 1 min à Phil Ramirez (USA) pour marquer 13 lancers francs sur *NBA 2K9*, à la Jam Session NBA All-Star, le 13 février 2009.

● RECORD DE LANCERS FRANCS YEUX BANDÉS EN 1 MIN

Chauncey Billups (USA) a égalé le record de Jack Ryan (USA) avec 5 lancers francs en 1 min, yeux bandés, à la NBA All-Star Jam Session de Phoenix (Arizona, USA), le 14 février 2009.

6 nov. Inauguré ce jour de 2005, **le plus grand temple hindou du monde**, le BAPS Swaminarayan Akshardham de New Delhi (Inde), couvre 8 021,43 m².

7 nov. **Le dessert le plus cher du monde** est le sundae glacé Frrrozen Haute Chocolate, ajouté à la carte du Serendipity 3 à New York (USA), en 2007, pour la modique somme de 25 000 $!

SPORTS DE COMBAT

●RECORD DE MÉDAILLES D'OR OLYMPIQUES EN LUTTE (HOMME)

Cinq hommes ont été 3 fois champions olympiques de lutte : Carl Westergren (Suède) en 1920, 1924 et 1932 ; Ivar Johansson (Suède) en 1932 (2 fois) et 1936 ; Aleksandr Vasilyevich Medved (ex-URSS) en 1964, 1968 et 1972 ; Aleksandr Karelin (Russie) en 1988, 1992 et 1996 ; et Buvaysa Saytiev (Russie) en 1996, 2004 et 2008.

PLUS D'INFO

Sur cette photographie, le lutteur Buvaysa Saytiev (Russie, en bleu) est opposé à Soslan Tigiev (Ouzbékistan, en rouge) aux J. O. de Pékin en 2008.

LE PLUS LONG MATCH DE BOXE

Il a opposé Andy Bowen et Jack Burke (tous deux USA), à la Nouvelle-Orléans (Louisiane, USA), les 6 et 7 avril 1893. Avec 110 rounds, il a duré 7 h et 19 min avant d'être déclaré nul.

KARATÉ

●RECORD DE VICTOIRES EN CHAMPIONNAT DU MONDE DE KATA PAR ÉQUIPE (FEMME)

Le kata est un enchaînement codifié de mouvements exécutés par une ou deux personnes. Le Japon a gagné le championnat du monde de kata à 8 reprises entre 1988 et 2008.

★RECORD DE VICTOIRES CONSÉCUTIVES EN CHAMPIONNAT DU MONDE

Atsuko Wakai (Japon) a remporté 4 fois de suite le championnat du monde de kata en 1998, 2000, 2002 et 2004.

●TEST LE PLUS RAPIDE DE KARATÉ KUMITÉ CONTRE 100 PERSONNES

Le test de kumité en 100 combats est l'épreuve suprême de full-contact. Inventé par Masutatsu Oyama, il consiste à effectuer 100 combats de 2 min. Le 9 juin 2002, Paddy Doyle (GB) a triomphé de ses 100 adversaires en 3 h et 6 min. Il a gagné 59 combats par ippon (K.O.) et 29 sur décision. 12 combats ont été des matchs nuls.

JUDO

★LE JUDOKA LE PLUS MÉDAILLÉ EN CHAMPIONNAT DU MONDE

Le judo utilise uniquement des techniques de projection. Il est interdit de donner des coups de poing ou de pied à son adversaire. Deux judokas détiennent le record de 7 médailles en championnat du monde. Naoya Ogawa (Japon) a décroché 4 fois l'or et 3 fois le bronze, entre 1987 et 1995 ; Robert Van de Walle (Belgique) 2 fois l'argent et 5 fois le bronze, entre 1979 et 1989.

★LA JUDOKA LA PLUS MÉDAILLÉE EN CHAMPIONNAT DU MONDE

Ingrid Berghmans (Belgique) a remporté 11 médailles de championne du monde : 6 d'or, 4 d'argent et 1 de bronze, entre 1980 et 1989. Ryoko Tani (Japon) détient le record féminin de titres mondiaux, avec ses 7 victoires dans la catégorie des moins de 48 kg, entre 1993 et 2007.

TAEKWONDO

★RECORD DE TITRES DE CHAMPION DU MONDE EN POIDS LOURD (HOMME)

Sport national en Corée, le taekwondo est l'un des sports les plus pratiqués dans le monde. Pascal Gentil (France) a décroché 3 fois la coupe du monde dans la catégorie des poids lourds, de 2000 à 2002.

★RECORD DE TITRES DE CHAMPION DU MONDE EN POIDS LOURD (FEMME)

Myoung Sook Jung (Corée) a remporté 3 coupes du monde dans la catégorie poids lourd, en 1997, 2000 et 2001.

●RECORD DE DÉFENSES CONSÉCUTIVES D'UN TITRE MONDIAL DANS LA CATÉGORIE SUPER-MOYEN

Joe Calzaghe (GB, à droite) a défendu son titre 21 fois consécutives. La dernière fois, c'était à Cardiff (GB), le 3 novembre 2007, lorsqu'il a battu aux points Mikkel Kessler (Danemark).

8 nov. **Le plus petit journal**, qui mesure 32 x 22 mm, a été imprimé par First News Newspaper, à West Horsley (Surrey, GB), en 2007.

9 nov. **Le bureau le plus rapide** a été créé et conduit par Edd China (GB), à Londres (GB), en 2006. Conforme aux normes de sécurité, il peut se déplacer à la vitesse maximale de 140 km/h.

30 648 : nombre de participants à **la plus grande exhibition d'arts martiaux**, en Chine, le 10 avril 2004.

★ NOUVEAU RECORD
● MISE À JOUR

●RECORD DE TITRES MONDIAUX PAR ÉQUIPES EN JUDO (FEMME)

L'équipe féminine du Japon a été 2 fois championne du monde de judo, en 2002 et 2008 (photo ci-dessus).

★RECORD DE TITRES DE CHAMPION DU MONDE EN POIDS LÉGER (HOMME)

Hadi Saeibonehkohal (Iran) détient le record de victoires en coupe du monde dans la catégorie poids léger. Il en a gagné 4 : en 1998, puis de 2000 à 2002.

★RECORD DE TITRES DE CHAMPION DU MONDE EN POIDS LÉGER (FEMME)

Eun Kyung Jun (Corée du Sud) s'est imposée à 2 reprises, en 2002 et 2006.

●RECORD DE NATIONS À UN CHAMPIONNAT DU MONDE DE TAEKWONDO

Le 18e (11e pour les femmes) championnat du monde de taekwondo, qui a eu lieu du 18 au 22 mai 2007, à Pékin (Chine), a rassemblé 116 pays.

UFC

●RECORD DE TITRES DE CHAMPION D'UFC (POIDS LOURD)

L'Ultimate Fighting Championship (UFC) est une compétition américaine mêlant plusieurs arts martiaux. Randy Couture (USA) a obtenu 7 titres de champion d'Ultimate Fighting dans la catégorie poids lourd, entre 1997 et 2008.

●LE COMBATTANT LE PLUS LOURD

Teila Tuli (USA) pesait 188 kg lors du seul combat de sa carrière en UFC. Il a été battu par Gerard Gordeau (Pays-Bas), pourtant plus léger que lui, le 12 novembre 1993.

●LE COMBATTANT LE PLUS LÉGER

Avec 63,5 kg, Thiago Alves (Brésil), Jeff Curran, Jens Pulver et Leonard Garcia (tous USA) sont les plus légers.

●RECORD DE TITRES UFC EN POIDS MOYEN

Anderson Silva (Brésil) a remporté 5 fois l'UFC dans la catégorie poids moyen. Il a établi ce dernier entre 2006 et 2008. Le championnat UFC des poids moyens a été réintroduit en 2001 quand l'ancien championnat portant ce nom est devenu le championnat des poids mi-lourds.

★RECORD D'AUDIENCE POUR UN SPECTACLE TÉLÉVISÉ D'UFC

L'UFC 66, qui a eu lieu au MGM Arena à Las Vegas (Nevada, USA), le 30 décembre 2006, a attiré 1 million de téléspectateurs sur une chaîne de télévision payante. Un combat entre Chuck Liddell et Tito Ortiz (tous deux USA) a défrayé la chronique. Liddell a vaincu Ortiz pour conserver son titre dans la catégorie poids lourd.

★RECORD DE TITRES DE KARATÉ DANS LA CATÉGORIE KATA (HOMME)

Trois karatékas en détiennent 3 : Tsuguo Sakumoto (Japon) a été champion en 1984, 1986 et 1988 ; Michael Milan (France) en 1994, 1996 et 2000 ; et Luca Valdesi (Italie, ci-dessus) en 2004, 2006 et 2008.

●RECORD DE TITRES EN CHAMPIONNAT DE CATCH WWE (HOMME)

Un homme a remporté 8 fois le championnat américain de catch WWE (World Wrestling Entertainment) : Paul Levesque, alias Triple H (USA, à droite), a conservé son titre entre 1999 et 2008.

10 nov. L'association agricole de Sde Warburg (Israël) a fait pousser **la plus grande salade**, à Sde Warburg, en 2007. Elle pesait 10,260 kg.

CRICKET

★LA JOUEUSE LA PLUS JEUNE AYANT MARQUÉ 1 000 RUNS (ODI)

Le 1er septembre 2008, en marquant son 1 000e run dans le championnat féminin (One Day Internationals, ou ODI), Sarah Taylor (GB, née le 20 mai 1989), 19 ans et 104 jours, est devenue la plus jeune joueuse à atteindre cette barre en ODI. Le match, qui s'est déroulé au County Ground de Taunton (Somerset, GB), opposait l'Angleterre à l'Inde.

★ NOUVEAU RECORD
● MISE À JOUR

MATCHS DE TWENTY20

★LE MEILLEUR SCORE INDIVIDUEL EN 1 MANCHE

Le 18 avril 2008, à Bangalore (Inde), Brendon McCullum (Nouvelle-Zélande) a marqué 158 not out (en 73 lancers) pour les Kolkata Knight Riders contre les Bangalore Royal Challengers.

★LE MEILLEUR SCORE INDIVIDUEL EN 1 SÉRIE EN TWENTY20 INTERNATIONAL

Chris Gayle (Jamaïque) a marqué 117 (en 57 lancers) pour les Antilles britanniques, lors d'un match contre l'Afrique du Sud, à Johannesburg (Afrique du Sud), le 11 septembre 2007. En marquant 10 sixes dans sa manche, Gayle a battu **le ★record de sixes marqués en une série en Twenty20 international**.

●RECORD DE CAPTÉS PAR UN JOUEUR DE CHAMP

Entre 2006 et 2008, Ross Taylor (Nouvelle-Zélande) a réalisé 13 captés pour la Nouvelle-Zélande en 17 matchs internationaux.

★RECORD DE SIXES EN 1 SÉRIE

Graham Napier (GB) a marqué 16 sixes sur 152 not out (en 58 lancers) pour les Essex Eagles, contre les Sussex Sharks, à Chelmsford (GB), le 24 juin 2008.

★RECORD DE GUICHETS EN UNE CARRIÈRE DE TWENTY20

Tyron Henderson (Afrique du Sud) a pris 74 guichets sur les 62 matchs qu'il a joués du 13 avril 2004 au 30 octobre 2008.

●RECORD DE GUICHETS EN UNE CARRIÈRE INTERNATIONALE (TWENTY20)

Daniel Vettori (Nouvelle-Zélande, à gauche) a pris 21 guichets pour la Nouvelle-Zélande en Twenty20 international, entre 2007 et 2009.

MATCHS DE ONE DAY INTERNATIONAL (ODI)

●LA VICTOIRE LA PLUS ÉCRASANTE (RUNS)

Le 1er juillet 2008, à Aberdeen (GB), en match d'ODI, la Nouvelle-Zélande a marqué 402-3, battant l'Irlande (112 all out) par 290 points.

●RECORD DE CAPTÉS PAR UN JOUEUR DE CHAMP EN UNE CARRIÈRE D'ODI

Mahela Jayawardene (Sri Lanka) a effectué 159 captés en 299 matchs d'ODI entre 1998 et 2009, soit une moyenne de 0,535 capté par match.

●RECORD DE MATCHS D'ODI JOUÉS

Sanath Jayasuriya (Sri Lanka) a participé à 432 matchs d'ODI entre 1989 et 2009.

●RECORD D'ÉLIMINATIONS PAR UN GARDIEN DE GUICHET EN UNE CARRIÈRE D'ODI

Le gardien de guichet Adam Gilchrist (Australie) a réussi 472 éliminations (417 captés, 55 brisés) en 287 matchs d'ODI entre 1996 et 2008.

Il détient aussi **le record d'éliminations par un gardien de guichet en une carrière en coupe du monde de cricket**, soit 52 en 31 matchs, entre 1992 et 2007

●RECORD DE GUICHET PRIS EN UNE CARRIÈRE D'ODI

Muttiah "Murali" Muralitharan (Sri Lanka) a pris 505 guichets (avec une moyenne de 22,74 par guichet) en 329 matchs d'ODI pour le Sri Lanka, l'Asie et l'ICC World XI, entre le 12 août 1993 et le 8 février 2009.

●RECORD DE CAPTÉS PAR UN GARDIEN DE GUICHET EN UNE CARRIÈRE (TEST-MATCH)

Le gardien de guichet Mark Boucher (Afrique du Sud) a effectué 453 captés pour l'Afrique du Sud en 126 matchs, entre octobre 1997 et mars 2009.

Si l'on ajoute 22 brisés à ce chiffre, cela donne 475 éliminations sur toute sa carrière. C'est **le ●gardien de guichet qui a effectué le plus d'éliminations au cours d'une carrière en test-cricket**.

11 nov. Créée par Milka (Allemagne), **la plus grande sculpture animale** (une vache de 14,18 m de haut, 11,77 m de large et 21,24 m de long), a été présentée à Berlin en 2007.

52 : nombre de brisés attribués à William Oldfield (Australie) pour 54 matchs en test-match entre 1920 et 1937.

★RECORD DE FOURS EN 1 MANCHE DE MATCH INTERNATIONAL (TWENTY20)

Herschelle Gibbs (Afrique du Sud) a marqué 14 fours (4 points) sur 90 points dans sa série (pour 55 lancers) pour l'Afrique du Sud, lors du match contre les Antilles britanniques, à Johannesburg (Afrique du Sud), le 11 septembre 2007. Aucun joueur n'a marqué plus de fours en une manche en Twenty20 international.

LES NATIONS DU TEST-MATCH

Elles sont actuellement 10 : Australie, Bangladesh, Angleterre, Inde, Nouvelle-Zélande, Pakistan, Sri Lanka, Afrique du Sud, Antilles britanniques et Zimbabwe (le Zimbabwe n'a pas joué en test-match depuis 2005).

TEST-MATCHS

★RECORD DE DOUBLES CENTURIES

Sir Donald Bradman (Australie) a marqué 3 doubles centuries lors des Ashes de 1930 contre l'Angleterre : un record pour un seul batteur en test-match.

★RECORD D'ARBITRAGES

Ranjan Madugalle (Sri Lanka) a arbitré 110 matchs en test-match entre 1993 et 2009.

●RECORD DE 90

Le record individuel de 90 en test-match pour un batteur est de 10. Il a été obtenu par "Iceman" Steve Waugh (Australie) entre 1985 et 2004, et Rahul Dravid (Inde) entre 1996 et 2009. Le score de 90 (points) n'a rien d'honorable, puisqu'il signifie que le joueur s'est fait éliminer avant d'avoir atteint 100 points (century).

●RECORD DE GUICHETS PRIS

Muttiah Muralitharan (Sri Lanka) détient le record de guichets pris en test-match, avec 770 guichets (soit une moyenne de 22,18 runs par guichet) en 127 matchs, entre le 28 août 1992 et le 5 mars 2009.

PLUS D'INFO

Gibbs (ci-dessus) a marqué 6 sixes en un over contre les Pays-Bas lors de la coupe du monde 2007, à St Kitts. Il est le premier à avoir accompli cet exploit en match international.

★RECORD DE CENTURIES

Clyde Walcott (Barbade) a marqué 5 centuries pour les Antilles britanniques contre l'Australie lors du championnat de 1955 (26 mars-17 juin).

★RECORD DE MANCHES AVANT UN DUCK

AB de Villiers (Afrique du Sud) a été batteur pendant 78 manches avant de marquer son 1er duck (zéro point) entre le 17 décembre 2004 et le 27 novembre 2008.

●RECORD DE TRIPLES CENTURIES EN UNE CARRIÈRE

Dans l'histoire du test-match, seuls 3 batteurs ont réussi 2 manches de plus de 300 runs : sir Don Bradman (Australie) a marqué 334 en 1930 et 304 en 1934, contre l'Angleterre, à Leeds (GB) ; Brian Lara (Trinité et Tobago), jouant pour les Antilles britanniques, a marqué 375 en 1994 et 400 en 2004, contre l'Angleterre, à St Johns (Antigua) ; et Virender Sehwag (Inde) a marqué 309 contre le Pakistan en 2004, à Multan (Pakistan), et 319 contre l'Afrique du Sud en 2009, à Chennai (Inde).

●RECORDS DE TITRES D'HOMME DU MATCH

Jaques Kallis (Afrique du Sud) a été nommé 20 fois Homme du match entre 1985 et 2009.

RECORD DE CENTURIES EN UNE CARRIÈRE

Au cours des 425 matchs de sa carrière en One-day International (ODI), entre décembre 1989 et mars 2009, la petite merveille du cricket contemporain, Sachin Tendulkar (Inde) a marqué 43 centuries. C'est **le ●joueur qui a marqué le plus de centuries dans une carrière en ODI**.

Surnommé "Little Master" par ses supporters, il détient aussi **le ●record de centuries marqués par un batteur en test-matchs**, soit 42 en 159 matchs entre novembre 1989 et avril 2009.

UNE MACHINE À MARQUER DES POINTS...

Au cours de son incroyable carrière, Sachin Tendulkar est l'homme qui a marqué le plus de points en ODI (16 684 points), en test-match (12 773 points) et en coupe du monde (1 796 points marqués entre 1992 et 2007).

12 nov. En 2005, Paul McCartney (GB) a envoyé un message de réveil à la station spatiale internationale au cours d'un concert, devenant **le premier chanteur à émettre en direct vers l'espace**.

13 nov. En 2004, **le plus grand tipi du monde** – 15,61 m de haut et 16,34 m de diamètre – a été construit par les pompiers d'Horgenberg (Suisse).

CYCLISME

★RECORD DE DISTANCE EN 24 H

Marko Baloh (Slovénie), le cycliste de l'extrême, a parcouru 890,2 km en solitaire en 24 h, à Lenart (Slovénie), les 6 et 7 septembre 2008.

●RECORD DE TITRES BMX DE L'UCI (HOMMES)

Kyle Bennett (USA, ci-dessus) a remporté 3 fois les championnats du monde de BMX de l'UCI (Union cycliste internationale), en 2002, 2003 et 2007. Bennett détient également **le ●record de titres consécutifs aux championnats du monde de BMX** avec Gary Ellis (USA), qui a remporté le titre en 1987 et 1988. Gabriela Diaz (Argentine) détient **le record de victoires aux championnats du monde BMX de l'UCI (femmes)**, avec 3 victoires, en 2001, 2002 et 2004.

★ NOUVEAU RECORD
● MISE À JOUR

CYCLISME OLYMPIQUE

● **Le ●record de médailles de cyclisme olympique (hommes)** est de 5. Ce record est détenu par Daniel Morelon (France) et Chris Hoy (GB). Hoy détient aussi **le ★record du kilomètre départ arrêté olympique le plus rapide**, en 1 min et 0,711 s.

● Leontien Zijlaard-Van Moorsel (Pays-Bas) a gagné 4 médailles d'or individuelles en 2 Olympiades – **le record de médailles d'or en cyclisme olympique (femmes)**. Elle a remporté l'or dans les catégories course sur route, contre-la-montre et poursuite aux J.O. de Sydney (Australie) en 2000 et au contre-la-montre aux J.O. d'Athènes (Grèce) en 2004. Ses 6 médailles lui valent **le record du nombre de médailles olympiques**.

TOUT-TERRAIN

● Nicolas Vouilloz (France) détient **le record de victoires en championnat du monde de descente (hommes)** avec 10 titres – 3 en championnat junior (de 1992 à 1994) et 7 en classe senior (de 1995 à 1999, en 2001 et 2002). Vouilloz détient aussi **le record de titres en coupe du monde de descente (hommes)**, avec 5 titres en 1995, 1996, 1998, 1999 et 2000.

● **Le record de victoires en championnat du monde de cross-country (femmes)** est de 4. Il est détenu par Gunn-Rita Dahle Flesjå (Norvège) qui l'a remporté en 2002, 2004, 2005 et 2006. Elle détient aussi **le record de victoires de coupe du monde de cross-country (femmes)**, avec 4 victoires consécutives de 2003 à 2006.

En cross-country, son titre n'est menacé que par Pia Sundstedt (Finlande), qui détient **le record de victoires de coupe du monde Mountain Bike Marathon de l'UCI (femmes)** avec 3 victoires de 2006 à 2008.

● Dans la catégorie marathon hommes, Thomas Frischknecht (Suisse) a été victorieux en 2003 et 2005, **le record de victoires du championnat du monde Mountain Bike Marathon de l'UCI (hommes)**. Leonardo Paez (Colombie) peut se targuer de détenir **le record de victoires en coupe du monde Mountain Bike Marathon de l'UCI (hommes)**, avec des titres en 2006 et 2008.

● En 4-cross féminin, Jill Kintner (USA) et Anneke Beerten (Pays-Bas) sont en tête, avec 2 coupes du monde chacune, Kintner en 2005 et 2006 et Beerten en 2007 et 2008. Elles détiennent donc conjointement **le ●record de titres de coupe du monde de 4-cross en VTT (femmes)**.

RECORD DE COUPES DU MONDE DE 4-CROSS EN VTT (HOMMES)

Au 4-cross en VTT, 4 cyclistes descendent simultanément une piste préparée, le premier arrivé remporte la course. Brian Lopes (USA) a remporté 3 coupes du monde de 4-cross, en 2002, 2005 et 2007. Il est détenteur du **●record de titres de championnat du monde de 4-cross en VTT par un homme**, avec 3 victoires, en 2002, 2005 et 2007.

14 nov. Frank Brown, Marcelo Prieto et Rafael Monteiro Saladini (tous Brésil) détiennent **le record de distance en parapente**, avec 461,6 km, en 2007.

48 615 : nombre de participants à l'Udine Pedala 2000, **le plus grand rassemblement cycliste du monde**, à Udine (Italie).

★LE PREMIER CYCLISTE ANOBLI

Figurant dans la promotion 2009, Chris Hoy (UK) est le premier cycliste professionnel à être anobli par la reine Elizabeth II. Il a reçu ce privilège après avoir remporté 3 médailles d'or aux J. O. de Pékin, en 2008, en reconnaissance des services rendus au sport.

ROUTE

- Rubén Plaza Molina (Espagne), de l'équipe Comunidad Valenciana-Puerta Castalla, a parcouru 38,9 km à la vitesse moyenne de 56,218 km/h, au contre-la-montre, de Guadalajara à Alcalá de Henares, au cours du Tour d'Espagne 2005 : **le contre-la-montre le plus rapide de tous les grands Tours**.

- **Le record d'étapes remportées au Tour d'Espagne** est de 39. Il a été établi par Delio Rodríguez (Espagne), entre 1941 et 1947. **Le record de victoires au Tour d'Espagne** est de 3, cet exploit a été réalisé par Tony Rominger (Suisse), victorieux en 1992, 1993 et 1994, et Roberto Heras Hernández (Espagne), en 2000, 2003 et 2004. Heras Hernández a également remporté la course en 2005, mais il a été testé positif. La victoire est donc revenue cette année-là à Denis Menchov (Russie).

- Mathias Clemens (Luxembourg) a remporté 5 Tours du Luxembourg (1935, 1936, 1937, 1939 et 1947) – **le ★record de victoires au Tour du Luxembourg**.

PLUS D'INFO

Bien avant son succès olympique, alors qu'il était adolescent, Chris Hoy (GB) s'était distingué comme champion de BMX.

100

- Lance Armstrong (USA) détient **le record de victoires au Tour de France**, avec 7 titres entre 1999 et 2005.

- Trois cyclistes détiennent **le record de victoires au Tour d'Italie**, avec 5 victoires : Alfredo Binda (Italie, 1925, 1927, 1928, 1929, 1933) ; Fausto Coppi (Italie, 1940, 1947, 1949, 1952, 1953) et Eddy Merckx (Belgique, 1968, 1970, 1972, 1973, 1974). Dans la course aux points, 2 cyclistes détiennent le record de 4 victoires. Francesco Moser (Italie) en 1976, 1977, 1978 et 1982 et Giuseppe Saronni (Italie) en 1979, 1980, 1981 et 1983 peuvent prétendre au **★record de victoires à la course aux points au Tour d'Italie**.

CYCLO-CROSS

- Hanka Kupfernagel (Allemagne) a remporté **le plus de championnats du monde de cyclo-cross (femmes)**, avec 4 victoires, en 2000, 2001, 2005 et 2008.

- Eric De Vlaeminck (Belgique) détient toujours **le record de victoires au championnat du monde de cyclo-cross (hommes)**, avec 7 victoires, en 1966 et de 1968 à 1973.

TRIAL

- Karin Moor (Suisse) a été 7 fois de suite championne du monde de cyclisme, de 2001 à 2007, **le record du nombre de victoires au championnat du monde de trial (femmes)**.

- Benito Ros Charral (Espagne) a décroché **le plus de victoires au championnat du monde masculin de trial Elite**. Il a remporté 5 titres, en 2003, 2004, 2005, 2007 et 2008.

★RECORD DE TITRES MONDIAUX EN VTT (FEMMES)

Gunn-Rita Dahle Flesjå (Norvège) a remporté 4 fois la coupe de monde de VTT de l'UCI. Flesjå a décroché le titre en 2004, 2005 et 2006 et, bien qu'affaiblie par une maladie en 2007, elle a décroché la victoire en 2008.

●RECORD DE POURSUITE PAR ÉQUIPE

L'équipe composée d'Ed Clancy, Bradley Wiggins, Paul Manning et Geraint Thomas (tous GB) a remporté la médaille d'or olympique, tout en établissant un record du monde avec 3 min et 53,31 s, à Pékin (Chine), le 18 août 2008.

15 nov. En 2005, un collectionneur américain a déboursé 690 000 $ pour l'affiche originale de *Metropolis* (Allemagne, 1927), **l'affiche la plus chère du monde**.

16 nov. **La plus grande pluie de météorites** enregistrée s'est produite en 1966 : Leonid était visible de l'ouest de l'Amérique du Nord à l'est de la Russie.

SPORTS

FOOTBALL

★ NOUVEAU RECORD
● MISE À JOUR

CLUBS

●RECORD DE BUTS EN CHAMPIONS LEAGUE (UEFA)

Raúl González Blanco (Espagne) a marqué 64 buts en Champions League pour le Real Madrid (Espagne) entre 1995 et 2009. Raúl détient également **le ●record d'apparitions en Champions League**, avec 125 matchs joués depuis ses débuts, le 13 septembre 1995.

●RECORD DE BUTS EN UNE CARRIÈRE EN MLS

Jamie Moreno (Bolivie) a marqué 112 buts en 295 matchs de Major League Soccer (MLS, ligue professionnelle de soccer) pour les D C United et les MetroStars (USA), entre 1996 et 2007.

RECORD INDIVIDUEL DE VICTOIRES EN CHAMPIONS LEAGUE

Clarence Seedorf (Surinam) a remporté sa 4e victoire en Champions League à titre individuel lorsque son équipe, l'AC Milan (Italie), a battu Liverpool à Athènes (Grèce), le 23 mai 2007. Seedorf a aussi gagné avec l'AC Milan en 2003, avec l'Ajax (Pays-Bas) en 1995 et avec le Real Madrid (Espagne) en 1998.

★LE JOUEUR LE PLUS JEUNE DE LA CHAMPIONS LEAGUE

Celestine Babayaro (Nigeria) avait 16 ans et 87 jours lorsqu'il a joué pour Anderlecht (Belgique) contre Steaua Bucharest (Roumanie) en match de la Champions League, le 23 novembre 1994. **Le joueur le plus âgé de la Champions League** est Marco Ballota (Italie), âgé de 43 ans et 252 jours lorsqu'il a joué pour la Lazio (Rome) contre le Real Madrid (Espagne), le 11 décembre 2007.

★RECORD D'APPARITIONS EN CHAMPIONNAT D'EUROPE DE L'UEFA

Le défenseur Lilian Thuram (France) et le gardien de but Edwin van der Sar (Pays-Bas, ci-dessus) ont joué 16 matchs de championnat d'Europe. La carrière internationale des deux joueurs couvre les championnats qui ont eu lieu entre 1996 et 2008.

LE TRANSFERT LE PLUS CHER

100

Zinedine Zidane (France) aurait quitté la Juventus de Turin (Italie) pour le Real Madrid (Espagne) pour 13 033 000 000 pesetas (61,1 millions €), le 9 juillet 2001.

★RECORD DE MATCHS JOUÉS EN CHAMPIONNAT D'EUROPE

Le record de matchs joués par une équipe en championnat d'Europe est détenu par l'Allemagne (RFA entre 1960 et 1988), qui en a joué 38 entre 1960 et 2008.

L'équipe d'Allemagne détient aussi **le ★record de matchs remportés par une équipe en championnat d'Europe**, avec 19 victoires, dont le titre de champion d'Europe en 1972, 1980 et 1996.

★RECORDS DE VICTOIRES EN 1RE DIVISION DE FOOTBALL FÉMININ

La FA Women's Premier League est la première division en compétition féminine de la ligue de football britannique. Elle a été remportée 11 fois par les Arsenal Ladies entre 1993 et 2009.

●RECORDS D'APPARITIONS CONSÉCUTIVES EN ENGLISH PREMIER LEAGUE

Le gardien de but et vétéran Brad Friedel (USA, ci-contre, à gauche) a fait 188 apparitions consécutives en English Premier League entre le 14 août 2004 et le 31 janvier 2009. Il a joué successivement pour Blackburn Rovers et Aston Villa.

17 nov. En 1980, Vincent Pilkington de Cootehill Co. Cavan (Irlande) a battu **le record de temps pour plumer une dinde** (1 min et 30 s), sur RTE Television, à Dublin (Irlande).

31-0 : score le plus élevé marqué en match international. Il a été atteint lors du match Australie-Samoa américaines, à Coffs Harbour (Australie), le 11 avril 2001.

★LE JOUEUR LE PLUS JEUNE EN ENGLISH LEAGUE

Reuben Noble-Lazarus (GB, né le 16 août 1993, ci-contre à droite, en noir) a joué comme remplaçant pour Barnsley, le 30 septembre 2008, à Portman Road (Ipswitch, GB), alors qu'il avait 15 ans et 45 jours. Il est ainsi devenu le plus jeune joueur à apparaître en match de l'English League.

LE JOUEUR LE PLUS JEUNE EN 1RE DIVISION DE FOOTBALL

Le joueur le plus jeune de l'histoire de l'English Premier League (1re division du football professionnel britannique) est Matthew Briggs (GB, né le 9 mars 1991). Il a joué comme remplaçant pour Fulham lors de sa défaite 3-1 contre Middlesborough, le 13 mai 2007, à 16 ans et 65 jours.

★RECORD DE CARTONS ROUGES EN PREMIER LEAGUE

Trois joueurs détiennent le record de cartons rouges reçus par un joueur en English Premier League, soit 8 : Richard Dunne (Irlande) qui a joué pour Everton et Manchester City entre 1996 et 2008 ; Duncan Ferguson (GB) qui a joué pour Everton et Newcastle entre 1994 et 2006 ; et Patrick Vieira (France) qui a joué pour Arsenal entre 1996 et 2005.

MATCHS INTERNATIONAUX

★RECORD INDIVIDUEL DE BUTS EN COUPE DES CONFÉDÉRATIONS DE LA FIFA

Ce record est détenu par Romario (Brésil) avec 7 buts marqués en 1997.

★RECORD INDIVIDUEL DE BUTS EN CHAMPIONNAT D'EUROPE

Michel Platini (France) a marqué 9 buts en tant que milieu de terrain en phase finale du championnat d'Europe de l'UEFA. Il les a tous marqués pour la France lors de l'édition 1984 de ce championnat, qui a eu lieu en France du 12 au 27 juin 1984.

●RECORD D'APPARITIONS EN MATCH INTERNATIONAL

Kristine Lilly (USA, née le 22 juillet 1971) a disputé 342 matchs internationaux pour l'équipe américaine de soccer, ce qui est un record pour un footballeur international, les deux sexes confondus. Elle a fait ses débuts le 3 août 1987, 12 jours après son 16e anniversaire, dans un match contre la Chine.

LA PLUS ANCIENNE COMPÉTITION DE FOOTBALL RÉUNISSANT DES ÉQUIPES NATIONALES

La plus ancienne compétition de football internationale opposant des équipes nationales est le championnat d'Amérique du Sud (Copa America depuis 1975), organisé par la Conmebol (confédération sud-américaine de football). La première édition a eu lieu en Argentine en 1916. Le Venezuela a accueilli la 42e édition en 2007. L'Argentine et l'Uruguay ont gagné ce tournoi 14 fois chacun.

★LE TERRAIN INTERNATIONAL DE FOOTBALL LE PLUS ANCIEN

Le Racecourse Ground de Wrexham (pays de Galles, GB) est le plus vieux terrain de football encore utilisé. Le 1er match international y a eu lieu le 5 mars 1877. L'Écosse avait alors battu le pays de Galles 2-0.

Le pays de Galles est la 3e équipe internationale la plus ancienne après l'Angleterre et l'Écosse.

●RECORD DE BUTS EN COUPE D'EUROPE DES CLUBS

Entre 1995 et le 19 février 2009, Filippo Inzaghi (Italie) a marqué 66 buts en coupe d'Europe des clubs. Il a joué successivement pour Parme, la Juventus de Turin et l'AC Milan (Italie).

18 nov. En 2007, **le record de couples s'étreignant en même temps** (1 451) a été établi lors du World Children's Day, une manifestation caritative qui a eu lieu au Taipei Arena (Taïwan).

19 nov. En 2005, 1,6 million de billets d'une valeur de 80 millions £ (57,51 millions €) ont été vendus pour la tournée 2006 de Robbie Williams : **record pour une seule journée de vente de billets.**

FOOTBALL : COUPE DU MONDE

RECORD DE VICTOIRES EN COUPE DU MONDE DE LA FIFA

La première coupe du monde organisée par la Fédération internationale de football (FIFA) a débuté le 13 juillet 1930 à Montevideo (Uruguay).

Ce tournoi, qui a lieu tous les 4 ans, a été remporté par le Brésil à 5 reprises : en 1958, 1962, 1970, 1994 et 2002. Après son 3e titre, le Brésil a reçu le trophée Jules Rimet (ci-contre, à gauche), remplacé en 1974 par le trophée de la coupe du monde (ci-contre, à droite).

★NOUVEAU RECORD ●MISE À JOUR

RECORD DE VICTOIRES CONSÉCUTIVES EN COUPE DU MONDE

Entre 2002 et 2006, le Brésil a remporté 11 matchs d'affilée en phase finale de la coupe du monde. La série a commencé le 3 juin 2002 avec une victoire 2-1 contre la Turquie à Ulsan (Corée du Sud) et s'est terminée le 27 juin 2006 avec une victoire 3-0 contre le Ghana à Dortmund (Allemagne). Entre les deux, le Brésil a notamment battu l'Allemagne 2-0 en finale à Tokyo (Japon), le 30 juin 2002, remportant ainsi sa 5e coupe (photo).

★1ER HAT-TRICK MARQUÉ EN COUPE DU MONDE

Bert Patenaude (USA) a été le 1er joueur à faire un hat-trick (3 buts) en coupe du monde. Il a marqué pour les États-Unis contre le Paraguay à Montevideo (Uruguay), le 17 juillet 1930. Jusqu'en 2006, le détenteur de ce record était Guillermo Stabile (Argentine), qui avait marqué 3 fois pour son pays lors de sa victoire 6-3 contre le Mexique, le 19 juillet 1930. Des recherches ont permis à la FIFA d'établir qu'un but attribué à Tom Florie (USA) lors du match contre le Paraguay devait en fait être attribué à Patenaude, qui a donc bien marqué un hat-trick.

●RECORD DE MATCHS SANS ENCAISSER DE BUTS

Deux gardiens de but ont à leur actif 10 matchs sans encaisser un seul but en phase finale de la coupe du monde. Peter Shilton (GB) a réalisé cet exploit pour l'Angleterre entre 1982 et 1990 et Fabien Barthez (France) entre 1998 et 2006 pour la France.

★LA MEILLEURE MOYENNE DE BUTS EN COUPE DU MONDE

Lors de la coupe du monde 1954 en Suisse, 16 équipes ont joué 26 matchs, pour 140 buts marqués, soit une moyenne de 5,38 buts par match. À elle seule, la Hongrie a marqué 25 buts en 4 matchs, avant d'arriver en finale, qu'elle a perdue 3-2 contre l'ex-RFA.

La ★moyenne de buts par match la plus basse (2,21) a été atteinte en 1990 en Italie. La moyenne sur les 18 coupes du monde est de 2,91 buts par match.

20 nov. En 2008, à Wolfsburg (Allemagne), **la plus grosse part de saucisse au curry** (150,07 kg) a été présentée lors d'une manifestation organisée par Volkswagen AG (Allemagne).

21 nov. En 1980, Harry Bidwell (East Sussex, GB), 101 ans, a divorcé de sa femme âgée de 65 ans, devenant **le plus vieux divorcé de l'histoire**.

11 : nombre de secondes nécessaires à Hakan Suker (Turquie) pour marquer contre la Corée du Sud lors de la coupe 2002. C'est **le but le plus rapide en coupe du monde.**

★LE 1ER BUT EN COUPE DU MONDE

Lucien Laurent (France, dans le cercle à gauche), qui jouait pour la France, a marqué le premier but de l'histoire de la coupe du monde, le 13 juillet 1930, à Montevideo (Uruguay). Le but, marqué par une reprise de volée à la 19e min, a ouvert la marque contre le Mexique, la France ayant finalement gagné 4-1. Elle a perdu les matchs des deux groupes restants et a été éliminée du tournoi après les phases de qualification.

★L'ARBITRE LE PLUS ÂGÉ EN COUPE DU MONDE

George Reader (GB) avait 53 ans et 236 jours lorsqu'il a arbitré la finale de la coupe du monde 1950 au stade de Maracana, à Rio de Janeiro (Brésil), le 16 juillet 1950. Le match a été gagné par l'Uruguay 2-1 face au Brésil.

★RECORD DE COUPES DU MONDE ARBITRÉES

Au cours de sa carrière, Joël Quiniou (France) a arbitré 8 matchs de coupe du monde, en 1986, 1990 et 1994.

Quiniou a arbitré son 1er match le 13 juin 1986, à l'issue duquel l'Uruguay a fait match nul contre l'Écosse. Il avait expulsé Jose Batista (Uruguay) au bout de 1 min, ce qui constitue **le record de rapidité pour une expulsion en coupe du monde**.

LE 1ER VAINQUEUR DE LA COUPE DU MONDE EN TANT QUE CAPITAINE ET QU'ENTRAÎNEUR

Franz Beckenbauer (Allemagne), capitaine de l'équipe de l'ex-RFA, a remporté la finale de la coupe du monde 1974 2-1 contre les Pays-Bas, à Munich (Allemagne). Le 8 juillet 1990, alors qu'il était entraîneur de l'équipe d'Allemagne, celle-ci a remporté la finale de la coupe du monde 1-0 contre l'Argentine, à Rome (Italie).

★RECORD DE SPECTATEURS POUR UNE COUPE DU MONDE

Les 52 matchs joués lors de la coupe du monde de 1994, qui a eu lieu aux États-Unis du 17 juin au 17 juillet, ont attiré 3 587 538 spectateurs, ce qui fait une moyenne de 68 991 spectateurs par match.

La coupe du monde 1994 a également obtenu **la ★plus forte audience télé de toutes les coupes du monde**, avec 32 115 652 téléspectateurs répartis dans 188 pays, qui ont regardé les matchs pendant 16 392 h et 37 min.

RECORD DE MINUTES JOUÉES EN FINALE DE COUPE DU MONDE

Au total, le défenseur Paolo Maldini (Italie) a été présent 2 217 min sur le terrain en matchs de coupe du monde, pour l'Italie, en 1990, 1994, 1998 et 2002.

RECORD DE CARTONS

EN FINALE DE COUPE DU MONDE

20 cartons (16 jaunes et 4 rouges) ont été distribués lors du match Portugal-Pays-Bas, qui s'est déroulé à Nuremberg (Allemagne), le 25 juin 2006, lors de la coupe du monde 2006. Les 4 cartons rouges constituent **le record d'expulsions lors d'un match de coupe du monde**. Chaque équipe a eu 2 joueurs expulsés.

22 nov. En 2006, **le record de vitesse moyenne atteinte en planeur par une femme** a été battu par Ghislaine Falcon (France), à Chos Malal (Argentine), avec une vitesse de 227,8 km/h.

★ RECORD DE VICTOIRES DANS LES GRANDS TOURNOIS DU PGA CHAMPIONS TOUR

Jack Nicklaus (USA) a remporté 8 tournois majeurs dans le Champions Tour de la PGA entre 1990 et 1996.

★ RECORD DE GAINS EN UNE CARRIÈRE EN EUROPEAN SENIOR TOUR

Carl Mason (GB) a remporté 1 799 375 € dans des tournois du circuit européen senior entre 2003 et 2008.

● LES GAINS LES PLUS ÉLEVÉS EN UNE SAISON (US LPGA)

Durant la saison 2007, Lorena Ochoa (Mexique) a gagné 4 364 994 $, sur le circuit de l'US Ladies Professional Golf Association (LPGA).

● LA PLUS GRANDE RÉCOMPENSE DANS UN TOURNOI DE GOLF

Le championnat des joueurs du circuit PGA qui s'est tenu du 8 au 11 mai 2008, à Sawgrass (Floride, USA) était doté d'un prix de 9 500 000 $, dont 1 710 000 $ pour le vainqueur.

● LA PARTIE DE GOLF LA PLUS RAPIDE (ÉQUIPE)

La partie de golf la plus courte a duré 7 min et 56 s. Elle a été disputée par l'équipe de golfeurs News/Talk 760 WJR (USA) sur le parcours Monument, à Boyne Mountain (Michigan, USA), le 20 juillet 2008. Ce sont 22 golfeurs et 19 volontaires qui ont pris part à l'événement.

★ RECORD DE VICTOIRES DANS LE CHAMPIONS TOUR DU PGA

Entre 1995 et 2008, Hale Irwin (USA) a remporté 45 victoires dans le Champions Tour de la Professional Golfers' Association (PGA). Ouverte aux golfeurs de plus de 50 ans, cette compétition se tient au Royaume-Uni et aux États-Unis. Irwin est aussi **le ★ plus vieux champion de l'US Open**. Il avait 45 ans et 15 jours quand il a gagné le tournoi au Medinah Country Club (Illinois, USA), en 1990.

★ NOUVEAU RECORD
● MISE À JOUR

L'OPEN/US OPEN

★ RECORD DE PARTICIPATIONS À L'OPEN BRITANNIQUE

Entre 1956 et 2001, Gary Player (Afrique du Sud) a participé 46 fois à l'Open (aussi appelé Open britannique hors du Royaume-Uni). L'Open est le seul tournoi de golf majeur qui n'ait pas lieu aux États-Unis.

★ LE TERRAIN DE GOLF AYANT ACCUEILLI LE PLUS DE FOIS L'OPEN BRITANNIQUE

Le terrain de golf de St Andrews (GB) a accueilli l'Open britannique à 27 reprises, entre 1873 et 2005.

★ LE PLUS VIEUX CHAMPION

Né le 16 juin 1821, Tom Morris (GB) a remporté l'Open britannique à l'âge de 46 ans et 99 jours, au Prestwick Golf Club, à Prestwick, (GB), le 26 septembre 1867.

★ LE PLUS JEUNE CHAMPION

Né le 20 avril 1851, Tom Morris Jr (GB) a remporté l'Open britannique à l'âge de 17 ans et 156 jours, à Prestwick (GB), le 23 septembre 1868. Il détient aussi **le ★ record de victoires consécutives**, avec 4 titres de 1868 à 1872 (il n'y a pas eu de compétition en 1871).

★ LE PLUS VIEUX PARTICIPANT

Né le 27 février 1902, Gene Sarazen (USA) a participé à 74 ans et 132 jours à l'Open de 1976 qui a eu lieu sur le terrain de golf de Royal Birkdale, à Southport (GB), le 10 juillet 1976.

RECORD DE LONGUEUR

Le parcours du club de golf international de Boston (Massachusetts, USA) est le plus long avec un par global de 77 pour une longueur de 7 612 m. Le terrain a été remodelé en 1969 par l'architecte Robert Trent Jones (USA).

● LES GAINS LES PLUS ÉLEVÉS EN TOURNOIS EUROPÉENS EN UNE CARRIÈRE

Entre 1986 et 2009, Colin Montgomerie (GB) a remporté 23 595 864 € au cours de sa carrière en Europe.

LE PUTT LE PLUS LONG

Jack Nicklaus (USA) a réussi le plus long putt en tournoi. Il a frappé la balle à 33,5 m, lors du tournoi des Champions de 1964. Nick Price (Zimbabwe) a accompli le même exploit au cours de l'US PGA en 1992. Bob Cook (USA) a réalisé un putt à 42,74 m lors du tournoi international Pro-Am à 4 balles en 1976.

23 nov. Dave Spathaky (GB) a fait tourner simultanément 108 assiettes pour le programme télévisé *Tarm Pai Du*, en Thaïlande, le 23 novembre 1992.

24 nov. Ron van Bruchem (Pays-Bas) a mis 9,55 s pour résoudre un Rubik's Cube, lors du championnat néerlandais de Rubik's Cube de 2007.

4 ans et 195 jours : âge de Christian Carpenter (USA, né le 6 juin 1995) lorsqu'il est devenu **le plus jeune golfeur à marquer un hole-in-one**.

●RECORD DE VICTOIRES PAR ÉQUIPE EN CURTIS CUP

La Curtis Cup est une compétition féminine opposant les États-Unis à une équipe anglo-irlandaise. Sa première édition en 1932 a été remportée par les États-Unis, qui ont gagné cette compétition 27 fois jusqu'en 2008.

★RECORD DE VICTOIRES À L'OPEN BRITANNIQUE SENIOR

Deux golfeurs détiennent ce record. Gary Player (Afrique du Sud) a remporté la compétition 3 fois : en 1988, 1990 et 1997. Tom Watson (USA) a accompli le même exploit en 2003, 2005 et 2007.

★RECORD DE VICTOIRES CONSÉCUTIVES (EN INDIVIDUEL)

Deux golfeurs partagent ce record, chacun ayant gagné 12 parties consécutives. Lee Westwood (GB) est resté invaincu de 2002 à 2008 et Arnold Palmer (USA) de 1965 à 1971.

★RECORD DE MATCHS PARTAGÉS PAR UN JOUEUR

Deux golfeurs ont à leur actif 8 matchs partagés en Ryder Cup. Tony Jacklin (GB) de 1967 à 1979 et Gene Littler (USA) de 1961 à 1975. Un match est partagé quand tous les participants ont marqué le même score et obtenu le même nombre de points.

★LE PLUS JEUNE CAPITAINE

Arnold Palmer (USA) a été capitaine de l'équipe américaine à l'âge de 34 ans, 1 mois et 1 jour, à l'East Lake Country Club d'Atlanta (Géorgie, USA), au cours de la Ryder Cup de 1963.

●LES GAINS LES PLUS ÉLEVÉS EN UNE CARRIÈRE (US PGA)

Tiger Woods (USA) a remporté 82 354 376 $ entre 1996 et 2009, soit les plus gros gains jamais obtenus.
Il a obtenu **le ★score le plus bas par rapport au par en 4 parties à l'Open** (–19), à St Andrews (GB), le 23 juillet 2000.

RECORD DE TITRES À L'US OPEN

Quatre golfeurs américains ont remporté 4 fois l'US Open : Willie Anderson (1901, 1903-1905), Bobby Jones Jr (1923, 1926, 1929, 1930), Ben Hogan (1948, 1950, 1951, 1953) et Jack Nicklaus (1962, 1967, 1972, 1980).

Deux femmes détiennent **le record de titres à l'US Open** : Betsy Earle-Rawls (USA) s'est imposée en 1951, 1953, 1957 et 1960, et Mickey Wright (USA) en 1958, 1959, 1961 et 1964.

Avec ses 4 victoires (1958, 1960-1961, 1963), Wright détient **le record de titres (en individuel) sur le circuit LPGA**.

RYDER CUP

●RECORD DE MATCHS GAGNÉS (ÉQUIPE)

Créée en 1927, la Ryder Cup oppose tous les 2 ans les États-Unis à l'Europe (aux îles Britanniques ou à la Grande-Bretagne avant 1979). Les États-Unis ont gagné 25 parties et en ont perdu 10. Ils sont arrivés 2 fois à égalité avec leurs adversaires.

★RECORD DE VICTOIRES CONSÉCUTIVES (ÉQUIPE)

À deux occasions, les États-Unis ont remporté 7 fois d'affilée la Ryder Cup, de 1935 à 1955 et, plus récemment, de 1971 à 1983.

RECORD DE MATCHS REMPORTÉS (EN INDIVIDUEL)

Nick Faldo (GB) a gagné 23 parties sur 46. Il détient aussi **le record de participations à la Ryder Cup** : 11 (Billy Casper, Ray Floyd et Lanny Wadkins, tous USA, ont participé 8 fois à la compétition).

100

●LES GAINS LES PLUS ÉLEVÉS EN UNE CARRIÈRE SUR LE CIRCUIT DE L'US LPGA

Annika Sorenstam (Suède) a gagné 22 573 192 $, sur le circuit de l'US LPGA, entre 1993 et 2009.

25 nov. Joakim Lundblad (Suède) a confectionné **le plus grand nombre de norimaki sushis en 2 min**, soit 12, à Stockholm (Suède), en 2001.

HOCKEY SUR GLACE

●MARATHON DE HOCKEY SUR GLACE

Brent Saik (Canada) et ses amis du Saiker's Acres de Strathcona (Alberta, Canada) ont joué au hockey sur glace pendant 241 h et 21 min, entre les 8 et 18 février 2008.

●LE SCORE LE PLUS ELEVÉ

Le 6 septembre 2008, à Liepaja (Lettonie), lors d'un match de qualification pour les J.O., l'équipe féminine de Slovaquie a battu celle de Bulgarie 82 à 0. C'est le score le plus élevé jamais enregistré en match international de hockey sur glace.

★LE PLUS JEUNE JOUEUR COMPTANT 200 MATCHS DE NHL

À 20 ans et 111 jours, Jordan Staal (Canada, né le 10 septembre 1988) est devenu le plus jeune joueur à avoir joué 200 matchs de la ligue nationale de hockey. Il joue chez les Pittsburgh Penguins (USA) depuis 2006-2007. Il est aussi le débutant ayant marqué le plus de buts en infériorité numérique en une saison, 7 en 2006-2007.

●LE TOURNOI AYANT RASSEMBLÉ LE PLUS DE JOUEURS

Le 37e tournoi junior annuel de l'association Hockey Calgary a rassemblé sur une semaine 664 équipes, soit 10 922 joueurs, à Calgary (Alberta, Canada), du 5 au 13 janvier 2007.

LE PLUS DE…

★MATCHS DE PLAYOFFS JOUÉS EN COUPE STANLEY

Chris Chelios (USA) a joué 248 matchs de playoffs en coupe Stanley chez les Montréal Canadiens (Canada), les Chicago Blackhawks et les Detroit Red Wings (USA) en ligue nationale de hockey (NHL) depuis 1984. Il détient aussi **le ●record de saisons en post-saison** (23).

Entre le début de son extraordinaire carrière et le 8 février 2009, Chelios a joué 1 629 matchs en NHL ; c'est **le ●record de matchs joué en NHL par un Américain**.

★BUTS MARQUÉS PAR UN JOUEUR LORS DE SON PREMIER MATCH DE NHL

Le 15 octobre 2008, Fabian Brunnstrom (Suède), des Dallas Stars (USA), a marqué 3 buts lors de son premier match en NHL, contre les Nashville Predators (USA). Seuls 2 joueurs (des Canadiens) avaient auparavant marqué un hat-trick lors de leur premier match : Alex Smart des Montreal Canadiens (Canada), le 14 janvier 1943, et Real Cloutier des Québec Nordiques (Canada), le 10 octobre 1979.

●TITRES DE CHAMPION DU MONDE (HOMME)

Le Canada a remporté 24 titres de champion du monde : en 1920, 1924, 1928, 1930-1932, 1934-1935, 1937-1939, 1948, 1950-1952, 1955, 1958-1959, 1961, 1994, 1997, 2003-2004 et 2007.

LA PLUS LONGUE CARRIÈRE

John Burnosky (USA) a joué régulièrement au hockey sur glace pendant 76 ans. Il a commencé à jouer à la Kelvin Technical High School de Winnipeg (Manitoba, Canada) en 1929 et ne s'est arrêté qu'en 2005.

BUTS MARQUÉS EN UNE SAISON

Avec 65 buts marqués en 2007-2008 pour les Washington Capitols (USA), Alex Ovechkin (Russie) a battu **le ●record de buts marqués par un ailier gauche en une saison**.

Avec 86 buts marqués en 1990-1991 pour les St Louis Blues (USA), Brett Hull (Canada) a battu **le ●record de buts marqués par un ailier droit en une saison**.

Avec 92 buts marqués en 1981-1982 pour les Edmonton Oilers (Canada), Wayne Gretzky (Canada) a battu **le ●record de buts marqués par un centre en une saison**.

★RECORD DE BUTS EN PROLONGATION (SAISON)

Daniel Sedin (Suède, à gauche), qui jouait chez les Vancouver Canucks (Canada) pendant la saison 2006-2007, et Patrik Elias (République tchèque), qui jouait chez les New Jersey Devils (USA) en 2003-2004, ont marqué chacun 4 buts en prolongation en match de NHL.

26 nov. Un plat de risotto de 7,51 t – **le plus grand plat de risotto de l'histoire** – a été préparé par l'Association des riziculteurs australiens, en 2004.

27 nov. En 1987 a eu lieu le premier marathon de l'Éverest, **le marathon qui se court le plus haut**, puisque la course a lieu entre Gorak Shep, à 5 212 m d'altitude, et Namche Bazar, à 3 444 m d'altitude.

2,06 m : taille de Zdeno Chara (République tchèque) des Boston Bruins (USA), le **plus grand joueur de l'histoire de la NHL**.

★NOUVEAU RECORD
●MISE À JOUR

★LE TIR LE PLUS RAPIDE DE L'HISTOIRE DE LA NHL

Zdeno Chara (République tchèque), des Boston Bruins (USA), a effectué un tir frappé chronométré à 169,7 km/h, lors des SuperSkills, une compétition qui a eu lieu dans le cadre du Weekend NHL All-Star, à Montréal (Canada), le 25 janvier 2009. Il a battu le record vieux de 16 ans d'Al Iafrate (169,3 km/h).

★VICTOIRES PAR TIRS AU BUT EN UNE SAISON (ÉQUIPE)

Au cours de la saison 2007-2008 de la NHL, les Edmonton Oilers (Canada) ont remporté 15 victoires par tirs au but.

★BLANCHISSAGES SUBIS EN UNE SAISON (ÉQUIPE)

Les Columbus Blue Jackets (USA) ont subi 16 blanchissages en 2006-2007.

BUTS MARQUÉS PAR UN JOUEUR EN MATCH INTERNATIONAL

Le 26 décembre 2005, lors du championnat du monde Junior de la fédération internationale de hockey sur glace à Vancouver (Canada), Chris Bourque (USA) a marqué 5 buts qui ont aidé les États-Unis à battre la Norvège 11 à 2, égalant le record américain établi par Wally Chapman (USA) en janvier 1984.

★RECORD DE SAISONS DE 40 MATCHS GAGNANTS CONSÉCUTIVES POUR UN GARDIEN

Martin Brodeur (Canada), gardien des New Jersey Devils (USA), a joué 3 saisons consécutives en gagnant au moins 40 matchs, en 2005-2006, 2006-2007 et 2007-2008. Il détient aussi **le ★record de saisons avec 40 matchs gagnants pour un gardien**, soit 7, en 1997-1998, 1999-2000, 2000-2001, 2002-2003, 2005-2006, 2006-2007 et 2007-2008.

★BUTS EN PROLONGATIONS EN UNE CARRIÈRE

Trois joueurs se partagent le record de buts marqués en prolongation en une carrière en NHL, soit 15 buts : Patrik Elias (République tchèque), qui a débuté en 1997-1998 chez les New Jersey Devils (USA) ; Mats Sundin (Suède), qui s'est lancé en 1990-1991 chez les Québec Nordiques (Canada) et qui joue actuellement chez les Toronto Maple Leafs (Canada) ; et Jaromir Jagr (République tchèque) qui a joué entre 1990-1991 et 2007-2008 chez les Pittsburgh Penguins, les Washington Capitols et les New York Rangers (USA).

RECORD DE TROPHÉES ART ROSS

Le trophée Art Ross est décerné chaque année au joueur ayant marqué le plus de points lors des matchs de saison régulière de la NHL. Avec 10 trophées entre 1981 et 1994, Wayne Gretsky (Canada) détient le record individuel du nombre de trophées Art Ross remportés.

ARRÊTS LORS D'UN BLANCHISSAGE

Le gardien Craig Anderson (USA) a effectué 53 arrêts pour les Florida Panthers (USA) lors d'une victoire 1 à 0 sur les New York Islanders (USA), le 2 mars 2008. Il détient aussi **le record d'arrêts effectués lors de blanchissages consécutifs**, soit 93, avec 40 autres arrêts lors d'une victoire 1 à 0 sur les Boston Bruins (USA), le 4 mars 2008.

★MEILLEURE ÉQUIPE SUR LES 30 PREMIERS MATCHS

En 2008-2009, les San Jose Sharks (USA) ont effectué le meilleur début de saison sur 30 matchs, avec 52 points. Les Sharks ont gagné 25 matchs, égalant les Boston Bruins (USA) de 1929-1930 pour **le record de victoires sur les 30 premiers matchs de la saison**.

28 nov. En 2000, Madonna (USA) a donné un concert retransmis en direct sur Internet par Microsoft Network devant 11 millions d'internautes, ce qui en fait **le plus grand concert pop jamais diffusé sur Internet**.

RUGBY

★RECORD D'ESSAIS EN SUPER LEAGUE

Keith Senior (GB), surnommé la "machine à essais", a marqué 169 essais pour les Sheffield Eagles et les Leeds Rhinos au cours de sa carrière en Super League, de 1996 à 2009.

RUGBY À 15

★L'ESSAI LE PLUS RAPIDE EN ENGLISH PREMIERSHIP

Lee Blackett (GB) a marqué un essai après 8,28 s de jeu pour les Leeds Carnegie contre les Newcastle Falcons, à Leeds (GB), le 21 mars 2008. Leeds a gagné le match 16 à 15.

★RECORD DE PÉNALTIES EN UNE CARRIÈRE

Neil Jenkins (pays de Galles) a tiré 248 pénalties en 91 matchs, entre 1991 et 2002.

★LE JOUEUR DE RUGBY À 13 LE PLUS ÂGÉ

Dennis Gleeson (né le 17 août 1936, Australie) avait 70 ans et 9 jours quand il a joué pour les State Rail Apprentice RLFC, lors d'une compétition de rugby à 13 réunissant des étudiants de Nouvelle-Galles du Sud, au stade Peter Hislop, à Auburn (Australie), le 26 août 2006.

●RECORD DE VICTOIRES AU HONG KONG SEVENS

Le Hong Kong Sevens, tournoi de rugby à 7 créé en 1976, a été remporté 12 fois par les Fidji, en 1977-1978, 1980, 1984, 1990-1992, 1997-1999, 2005 et 2009.

★RECORD DE TRANSFORMATIONS EN 1 H (PAR UNE ÉQUIPE)

Le Haddington Rugby Football Club des moins de 17 ans a transformé 374 essais en 1 h, au Neilson Park, à Haddington (Écosse, GB), le 15 novembre 2008. Il a battu le précédent record de 124 transformations, détenu par le Bicester Rugby Union Club des moins de 12 ans.

★RECORD D'ESSAIS EN TOURNOIS LIONS & IRISH LIONS

Tony O'Reilly (Irlande) a marqué 6 essais dans des matchs de qualification du British & Irish Lions Tour, entre 1955 et 1959.

●RECORD D'ESSAIS EN UNE CARRIÈRE EN IRB SEVENS

Santiago Gómez Cora (Argentine) a marqué 213 essais dans des tournois de l'International Rugby Board (IRB) Sevens, entre 1999 et 2009. C'est toutefois Ben Gollings (GB) qui détient **le ●record de points en une carrière en IRB Sevens**, avec 1 907 points marqués pour l'Angleterre de 2001 à 2009.

★LE PLUS DE SPECTATEURS POUR UN MATCH DE RUGBY À 15 DU GUINNESS PREMIERSHIP

50 000 personnes ont assisté à un match du Guinness Premiership opposant les Harlequins à Leicester (sur la photographie), le 27 décembre 2008.

★RECORD D'ESSAIS DANS UN MATCH DES TRI-NATIONS

Jongikhaya "Jongi" Nokwe (Afrique du Sud) a marqué 4 essais contre l'Australie à Ellis Park, Johannesburg (Afrique du Sud), le 30 août 2008. Les Springboks ont remporté une victoire écrasante sur les Wallabies avec un score de 53 à 8.

29 nov. Rajat Kumar Mishra (Inde, né le 28 novembre 1992) a joué du tabla (instrument traditionnel indien), en direct sur les ondes de All India, à l'âge de 7 ans. Il est **le plus jeune joueur de tabla**.

30 nov. N Karthik (Inde) détient **le record de concerts en 24 h**, avec 50 représentations données à Bangalore (Inde) et dans sa périphérie, les 29 et 30 novembre 2005.

7 337 : nombre de points marqués par William Henry Dusty Hare (GB) dans sa carrière, **un record pour un joueur de rugby à 15**.

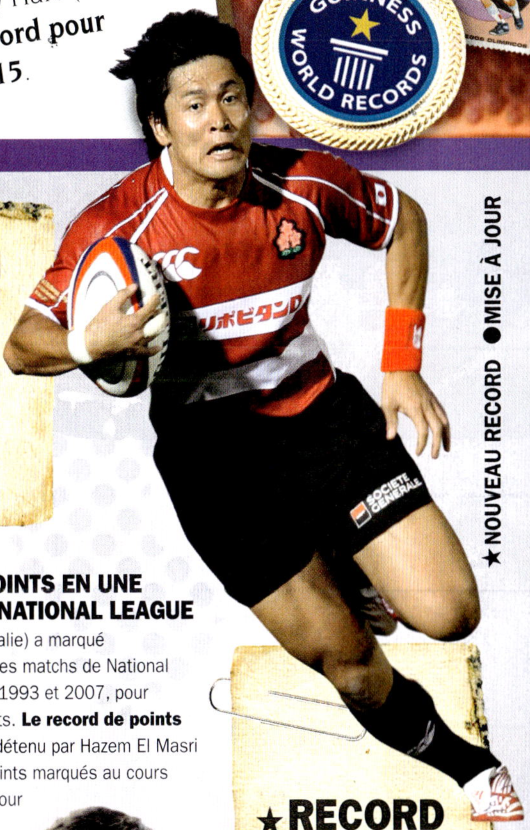

★ LE PLUS DE POINTS EN UNE CARRIÈRE EN ENGLISH PREMIERSHIP

Charlie Hodgson (GB) a battu le record détenu par son rival, le demi d'ouverture Jonny Wilkinson, en réussissant un coup de pied de pénalité à la 65e min pour les Sale Sharks opposés aux Newcastle Falcons (l'équipe de Wilkinson), à Edgeley Park, à Newcastle (GB), le 8 mars 2009. À la fin du match, Hodgson avait marqué 1 492 points dans sa carrière dans des tournois de l'English Premiership. Malgré cet exploit, les Sale Sharks ont perdu 32 à 25.

★ NOUVEAU RECORD ● MISE À JOUR

● RECORD DE VICTOIRES AU SUPER RUGBY

Les Canterbury Crusaders (Nouvelle-Zélande) ont remporté 7 Super Rugby entre 1998 et 2008. Le Super Rugby est le plus grand tournoi de rugby de l'hémisphère Sud. Depuis 2006 et l'arrivée de deux nouvelles équipes, le Super 12 est devenu le Super 14.

● RECORD DE TITRES EN TOURNOI DES 6 NATIONS

Les Cinq Nations, le plus important tournoi de rugby de l'hémisphère Nord, est devenu le tournoi des Six Nations en 2000, quand l'Italie a rejoint la compétition. L'Angleterre, qui a remporté 25 fois ce tournoi, détient **le ● record de grands chelems** (victoires sur toutes les autres équipes), qui est de 12.

★ RECORD DE SPECTATEURS À UN MATCH DE CLUB

81 600 personnes ont assisté à la finale du Guinness Premiership entre les clubs britanniques de Leicester Tigers et les London Wasps, au stade de Twickenham, à Londres (GB), le 31 mai 2008. Les Wasps ont gagné 26 à 16.

★ LE PLUS DE TRANSFORMATIONS EN UNE CARRIÈRE INTERNATIONALE

Andrew Mehrtens (Nouvelle-Zélande) a réussi 169 transformations en 70 matchs pour les All Blacks entre 1995 et 2004.

RUGBY À 13

RECORD DE HAT-TRICKS

Richard Lopag des Deighton New Saracens est le seul joueur à avoir réussi 3 essais dans chacun des 12 matchs consécutifs qu'il a disputés à Huddersfield (GB), en 2000-2001.

★ LE PLUS D'ESSAIS DANS UNE SAISON DE RUGBY À 13

Terry Lamb (Australie) a marqué 38 essais pour les Eastern Suburbs en 1938.

★ RECORD D'APPARITIONS INTERNATIONALES

Ruben Wiki (Nouvelle-Zélande) a participé à 55 matchs internationaux pour son pays entre 1994 et 2006.

★ RECORD D'APPARITIONS EN UNE SAISON

Dave Brown (Australie) a participé à 349 matchs pour les Western Suburbs et les Canterbury-Bankstown, entre 1980 et 1996.

● RECORD DE VICTOIRES DANS LA SÉRIE DE LA STATE OF ORIGIN

La série de la State of Origin d'Australie est une compétition annuelle qui oppose le Queensland à la Nouvelle-Galles du Sud. Le Queensland l'a remportée 17 fois entre 1980 et 2008.

LE PLUS DE POINTS EN UNE CARRIÈRE EN NATIONAL LEAGUE

Andrew Johns (Australie) a marqué 2 176 points dans des matchs de National Rugby League entre 1993 et 2007, pour les Newcastle Knights. **Le record de points en une saison** est détenu par Hazem El Masri (Liban), avec 342 points marqués au cours de la saison 2004 pour les Canterbury Bulldogs.

★ RECORD D'ESSAIS EN UNE CARRIÈRE INTERNATIONALE DE RUGBY À 15

L'ailier Daisuke Ohata (Japon), qui a débuté en jouant au rugby à 7, a marqué 65 essais pour son pays en 68 rencontres internationales entre 1996 et 2006, soit en moyenne plus d'un essai par match. Depuis 2006, il a été blessé plusieurs fois, d'abord au tendon d'Achille du pied gauche, puis à celui du pied droit. Sa première blessure l'a empêché de participer à la coupe du monde de rugby en 2007.

RECORD DE TITRES EN COUPE HEINEKEN

Inaugurée en 1995, la coupe Heineken, ou H-cup, est la première compétition réunissant des clubs européens de rugby à 15. L'équipe de Toulouse (France) l'a gagnée 3 fois, en 1996, 2003 et 2005.

1er déc. Ashrita Furman (USA) a parcouru 1,61 km en portant sur son dos Bipin Larkin, en 13 min et 1 s, au complexe sportif d'Egilshöll, à Reykjavik (Islande), en 2006.

TENNIS & SPORTS DE RAQUETTE

★ NOUVEAU RECORD
● MISE À JOUR

●RECORD DE TITRES DE BADMINTON EN SIMPLE MESSIEURS

Deux joueurs ont été 2 fois champions du monde de badminton : Yang Yang (Chine) en 1987 et 1989 et, plus récemment, Lin Dan (Chine, ci-dessus) en 2006 et 2007.

COMPÉTITION PAR ÉQUIPE

La ●plus grande compétition annuelle de tennis par équipe est la coupe Davis, organisée par la Fédération internationale de tennis (ITF), qui se trouve à Londres (GB). 137 pays ont participé à l'édition 2007, qui a vu la victoire de l'Espagne.

BADMINTON

LE MATCH LE PLUS LONG

Le 1er juin 1997, Peter Rasmussen (Danemark) a battu Sun Jun (Chine) sur le score de 16-17, 18-13, 15-10, en 2 h et 4 min, en finale des championnats du monde de badminton, à Glasgow (GB).

★RECORD DE NATIONS À LA COUPE SUDIRMAN

En 1997, 59 nations ont participé à la coupe Sudirman, ainsi baptisée en l'honneur du joueur Dick Sudirman (Indonésie).

RECORD DE VICTOIRES...

- **Championnats du monde :** Park Joo-bong (Corée du Sud) les a gagné 5 fois, en double messieurs (1985, 1991) et en double mixte (1985, 1989, 1991).
- **Championnats du monde de badminton (simple dames) :** ils ont été remportés 2 fois par Li Lingwei (1983, 1989), Han Aiping (1985, 1987), Ye Zhaoying (1995, 1997) et Xie Xingfang (2005, 2006), toutes Chine.
- **Coupe Sudirman (championnat du monde en double mixte) :** créée en 1989, elle a lieu tous les 2 ans. La Chine s'est imposée 6 fois de 1995 à 2001.
- **●Coupe Uber (championnat du monde féminin de badminton par équipe) :** créée en 1956, elle a été remportée 11 fois par la Chine, entre 1984 et 2008.

JEU DE PAUME

●RECORD DE VICTOIRES AUX CHAMPIONNATS DU MONDE (HOMME)

Jacques Edmond Barre (France) a obtenu le plus de titres en 33 ans, entre 1829 et 1862. Clerg (France) est devenu **le premier champion du monde de jeu de paume** vers 1740. Depuis 1996, la compétition a lieu chaque année paire. Robert Fahey (Australie) détient **le ●record de défenses de son titre de champion du monde**, avec 9 victoires entre 1994 et 2008.

★RECORD DE GAINS EN UNE CARRIÈRE DE TENNIS (FEMME)

Lindsay Davenport (USA) est la joueuse qui a obtenu les plus gros gains dans sa carrière. Elle a empoché la somme impressionnante de 22 144 735 $ en disputant des tournois, entre 1993 et 2008.

RECORD DE TITRES AUX CHAMPIONNATS DU MONDE (FEMME)

Penny Lumley, née Fellows (GB), a remporté 6 fois le championnat du monde féminin de jeu de paume créé en 1985, entre 1989 et 2003.

TENNIS DE TABLE

JEUX OLYMPIQUES

Le record de médailles (femme) est de 4 : Deng Yaping (Chine) a décroché 4 fois l'or entre 1992 et 1996 et détient ainsi également **le record de médailles d'or (femme)** et Yoo Nam-kyu (Corée du Sud) a obtenu 1 médaille d'or et 3 de bronze entre 1988 et 1996. **Le ●record de médailles d'or (homme)** est de 2 : Liu Guoliang

●LE PLUS VIEUX JOUEUR DE TENNIS DE TABLE

Née le 5 octobre 1910, Dorothy de Low (Australie) avait 97 ans et 232 jours lorsqu'elle a représenté l'Australie au XIVe championnat de tennis de table des vétérans, à Rio de Janeiro (Brésil), le 25 mai 2008. Elle a gagné la médaille d'or au championnat de Dublin (Irlande) en 1992, en simple dames, dans la catégorie des plus de 80 ans.

2 déc. **Le plus grand jeu de bingo** a réuni 70 080 personnes, à l'occasion d'un événement organisé par Almacenes Éxito S.A. à Bogotá (Colombie), en 2006.

3 déc. 7 514 personnes ont entonné des chants de Noël à l'université Bob Jones (Caroline du Sud, USA), en 2004.

16 ans et 182 jours : âge de Martina Hingis (Suisse) lorsqu'elle est devenue **la plus jeune joueuse de tennis numéro un mondial**.

●LE PLUS LONG RALLYE

Ettore Rossetti et Angelo Rossetti (tous deux USA, ici avec Stuart Claxton de GWR) ont échangé 25 944 coups au North Haven Tennis & Racquet, à North Haven (Connecticut, USA), le 9 août 2008.

PLUS D'INFO

Si vous aimez les chiffres, reportez-vous aux nombreux tableaux sportifs, pages 266-275. Vous y trouverez tous les derniers records.

(Chine) en simple et en double, en 1996, et Ma Lin (Chine) en simple et par équipe, en 2008. **Le ●record de médailles d'or (homme, par équipe)** est de 8 pour la Chine, entre 1988 et 2008. **Le ●record de médailles d'or (femme, par équipe)** est de 9 pour la Chine, entre 1988 et 2008.

TITRES EN CHAMPIONNATS DU MONDE PAR ÉQUIPE

La Chine, qui s'est distinguée aux J.O., domine aussi les championnats du monde. Entre 1961 et 2008, elle a remporté 17 fois la coupe Swaythling créée en 1926. Il s'agit du **●record masculin de titres par équipe**.

Elle a aussi gagné 18 fois la coupe Corbillon (créée en 1926), entre 1965 et 2008. Elle détient donc **le ●record féminin de titres par équipe**.

TENNIS

★RECORD DE GAINS ANNUELS (TOUTES COMPÉTITIONS CONFONDUES)

Roger Federer (Suisse) aurait gagné 35 millions $, entre juin 2007 et juin 2008. Il est **le ●joueur de tennis qui a gagné le plus d'argent en une carrière**, soit 44 644 857 $ entre 1998 et 2008.

Maria Sharapova (Russie) détient **le ★record de gains annuels pour une joueuse de tennis**. Elle aurait empoché 26 millions $ entre juin 2007 et juin 2008.

★RECORD DE TITRES CONSÉCUTIFS EN SIMPLE MESSIEURS À L'US OPEN

Richard Dudley "Dick" Sears (USA) a remporté 7 titres consécutifs en simple messieurs, de 1881 à 1887, quand il était encore étudiant. Son record de 18 matchs consécutifs disputés sans concéder une défaite est resté inégalé jusqu'en 1921.

RECORD DE TITRES À ROLAND-GARROS

Entre 1962 et 1973, Margaret Court (Australie) a obtenu 13 titres à l'Open français en remportant 5 fois le simple, 4 fois le double et 4 fois le double mixte.

Henry Cochet (France) détient **le record de titres décrochés à Roland-Garros :** 9 en tout, 4 en simple, 3 en double et 2 en double mixte, entre 1926 et 1930.

LE PLUS GRAND ?

Roger Federer détient le record de victoires consécutives en finale (24 entre octobre 2003 et septembre 2005). Cet exploit fait partie des 100 plus grands records de la décennie.

100

★RECORD DE TITRES CONSÉCUTIFS EN SIMPLE DAMES À L'US OPEN

Trois femmes ont remporté 4 fois de suite l'US Open : Molla Mallory (Norvège), de 1915 à 1918, Helen Jacobs (USA), de 1932 à 1935, et Chris Evert (USA), de 1975 à 1978.

RECORD DE TITRES EN SIMPLE À WIMBLEDON

Martina Navratilova (USA) s'est imposée 9 fois en simple à Wimbledon, en 1978 et 1979, de 1982 à 1987 et en 1990. Chez les hommes, 2 joueurs détiennent **le record de titres en simple à Wimbledon** : W C Renshaw (GB) a remporté 7 victoires, de 1881 à 1886 et en 1889. Pete Sampras (USA) l'a égalé en s'imposant de 1993 1995 et de 1997 à 2000.

★LA PLUS LONGUE FINALE (SIMPLE MESSIEURS)

Le 6 juillet 2008, Rafael Nadal (Espagne) a battu Roger Federer (Suisse) 6-4, 6-4, 6-7 (5), 6-7 (8), 9-7, au cours d'un match qui a duré 4 h et 48 min, à Wimbledon (GB).

TENNIS EN CHAISE ROULANTE

60 joueurs en chaise roulante ont pris part au tournoi de tennis organisé par le Business Clubs of America (USA), à San Diego (Californie, USA), le 20 juin 2008. Il s'agit du ★plus grand tournoi de tennis en chaise roulante.

- **Avec 9 victoires entre 2000 et 2008, Esther Vergeer (Pays-Bas) détient le ★record de victoires au championnat du monde de tennis en chaise roulante de la Fédération internationale de tennis.**

★RECORD DE TITRES CONSÉCUTIFS EN SIMPLE MESSIEURS À ROLAND-GARROS

Deux joueurs se sont imposés 4 fois de suite à Roland-Garros : Björn Borg (Suède) entre 1978 et 1981 et Rafael Nadal (Espagne, à gauche) entre 2005 et 2008. Nadal détient également **le record de victoires consécutives en simple sur terre battue**, avec 60 victoires.

4 déc. Mario Trindade (Portugal) a parcouru **la plus grande distance en chaise roulante en 24 h**, soit 182,4 km, au stade Vila Real de Vila Real (Portugal), les 3 et 4 décembre 2007.

SPORTS AQUATIQUES

★ NOUVEAU RECORD
● MISE À JOUR

★ RECORD DE MÉDAILLES D'OR EN UNE OLYMPIADE (MESSIEURS)

Le record de médailles d'or obtenues en une seule olympiade est détenu par Michael Phelps (USA), entre le 9 et le 17 août 2008, avec 8 médailles aux J.O. de Pékin : 400 m 4 nages, relais 4 x 100 m nage libre, 200 m nage libre, 200 m papillon, relais 4 x 200 m nage libre, 200 m 4 nages, 100 m papillon et relais 4 x 100 m 4 nages.

RECORD DE VITESSE DU 800 M NAGE LIBRE (FEMME)

Rebecca Adlington (GB) a réalisé un temps de 8 min et 14,10 s sur 800 m, aux J.O. de Pékin, le 16 août 2008. Elle est arrivée avec 6 s d'avance sur la médaillée d'argent et a battu de 2 s l'ancien record du monde détenu par Janet Evans (USA) depuis 1989, année de sa naissance.

PLONGEON

RECORD DE TITRES DE CHAMPION DU MONDE

Greg Louganis (USA) détient le record de titres de champion du monde, avec 5 victoires : haut vol 10 m en 1978 et doublé tremplin 3 m/haut vol 10 m en 1982 et 1986. Louganis partage **le ★record de titres consécutifs de champion du monde FINA** avec Philip Boggs (USA) : 3 titres en tremplin 3 m, en 1973, 1975 et 1978.

LE PLONGEON LE PLUS HAUT DEPUIS UN PLONGEOIR

Le record du monde masculin a été établi par Olivier Favre (Suisse), à Villers-le-Lac (France), le 30 août 1987, avec un plongeon de 53,9 m. **Le record du monde féminin de plongeon depuis un plongeoir** a été réalisé par Lucy Wardle (USA) à l'Ocean Park de Hong Kong (Chine), le 6 avril 1985, avec un plongeon de 36,80 m.

RECORD DE TITRES EN TREMPLIN (HOMME)

Le record individuel masculin de titres en tremplin 3 m en Grand Prix de la Fédération internationale de natation est détenu par Dmitri Sautin (Russie) avec 7 victoires entre 1995 et 2001. Sautin détient aussi **le ★record masculin de titres en haut vol 10 m en Grand Prix FINA** : 4, en 1995, 1996, 1998 et 2000.

PLUS D'INFO

Les contrats publicitaires signés par Phelps, notamment pour représenter Mazda en Chine, lui rapporteraient 5 millions $ par an.

●RECORD MASCULIN DE MÉDAILLES D'OR

Le nageur Michael Phelps (USA) détient le record de médailles d'or aux J.O., avec 14 victoires : 6 en 2004 et 8 en 2008.

★RECORD DE TITRES EN HAUT VOL (FEMME)

Na Li (Chine) a remporté 3 fois le Grand Prix en haut vol 10 m (1999, 2000 et 2002).

RECORD DE MÉDAILLES OLYMPIQUES EN PLONGEON (HOMMES)

Dmitri Sautin (Russie) a remporté 8 médailles olympiques entre 1992 et 2008 : 2 en or, 2 en argent et 4 en bronze. Dernièrement, il a obtenu l'argent en plongeon synchronisé (tremplin).

LE MÉDAILLÉ D'OR LE PLUS JEUNE

Le plus jeune médaillé d'or en individuel de l'histoire des J.O. est Marjorie Gestring (USA, née le 18 novembre 1922). Elle a remporté le titre en tremplin à Berlin (Allemagne), le 12 août 1936, à 13 ans et 268 jours.

★RECORD DE TITRES OLYMPIQUES EN WATER-POLO (FEMMES)

Depuis que les femmes participent aux épreuves olympiques de water-polo (2000), celles-ci ont successivement été remportées par les équipes d'Australie en 2000, d'Italie en 2004 (dont Manuela Zanchi, ci-dessous à droite) et des Pays-Bas (dont Danielle de Bruijn, ci-dessous à gauche) en 2008.

WATER-POLO

●RECORD DE TITRES AUX J.O.

L'équipe masculine de Hongrie détient le record de titres aux J.O., avec 9 victoires entre 1932 et 2008. Avec les 3 médailles d'argent et les 3 de bronze qu'elle a gagnées, elle détient aussi le record de médailles olympiques en water-polo, soit 15.

5 déc. 23 930 personnes ont assisté à **la plus grande première cinématographique de l'histoire**, celle de *Brewster McCloud* (USA, 1970), à l'astrodrome de Houston (Texas, USA), en 1970.

6 : record de médailles d'or olympiques en natation synchronisée, remportées par la Russie entre 1984 et 2008.

100

AVIRON

●RECORD DE VITESSE EN HUIT BARRÉ (FEMMES)

Le 27 août 2006, à Eton (GB), l'équipe américaine de huit barré a battu le record de vitesse sur 2 000 m en eau douce, en 5 min et 55,50 s.

●RECORD DE MÉDAILLES D'OR OLYMPIQUES (FEMME)

Deux sportives partagent le record féminin de médailles d'or en aviron, avec 5 chacune : Elisabeta Lipa (Roumanie) en 1984, 1992, 1996, 2000 et 2004, et Georgeta Damian (Roumanie) en 2000, 2004 et 2008.

PLANCHE À VOILE

★RECORD DE TITRES MONDIAUX EN FORMULA RACING (HOMME)

La Formula Racing est une régate en planche à voile qui existe depuis 15 ans. Elle permet de courir par vent léger. Le record de victoires en championnat du monde de cette discipline est détenu par 4 marins, avec 2 victoires chacun : Wojtek Brzozowski (Pologne) en 2000 et 2008 ; Kevin Pritchard (USA) en 2001 et 2002 ; Steve Allen (Australie) en 2003 et 2006 et Antoine Albeau (France) en 2005 et 2007.

Le ★record féminin de titres en Formula Racing est détenu par Dorota Staszewska (Pologne), avec 4 victoires, en 2000, 2001, 2002 et 2004.

RECORD DE VITESSE MASCULIN EN CANOË-KAYAK (K1 500 M) EN EAU PLATE

Le 19 août 2008, aux J.O. de Pékin (Chine), Adam van Koeverden (Canada) a remporté l'épreuve masculine de K1 500 m en eau plate en 1 min et 35,55 s.

RECORD DE VITESSE EN RELAIS 4 X 100 M NAGE LIBRE (FEMMES)

Le 18 mars 2008, à Eindhoven (Pays-Bas), l'équipe féminine néerlandaise (Inge Dekker, Ranomi Kromowidjojo, Femke Heemskerk et Marleen Veldhuis) a nagé le relais 4 x 100 m nage libre en 3 min et 33,62 s.

6 déc. Avec 81 noix de coco, Muhamed Kahrimanovic (Allemagne) a battu **le record d'ouverture de noix de coco à la main en 1 min**, à Hambourg (Allemagne), en 2007.

7 déc. En 2002, le groupe Grabowsky (Allemagne) a été applaudi 1 h et 30 min, à l'issue de son spectacle à l'Altes-Brauhaus-Musicclub de Frankenthal (Allemagne) : **les applaudissements les plus longs**.

ACROBATIES SUR ROUES

★LE CRÉNEAU LE PLUS SERRÉ

Terry Grant (GB) a garé une Renault Twingo GT en marche arrière dans un espace de 15 cm supérieur à la longueur de la voiture, dans le parking d'ExCel, à Londres (GB), le 3 février 2008.

★LA PREMIÈRE FIGURE DE SKATEBOARD

L'ollie est une figure de skateboard dans laquelle le skateur propulse sa planche dans les airs tout en restant debout dessus, comme si elle était fixée à ses pieds. Initialement appelée "no-hands aerial" (figure aérienne sans les mains), cette figure a été réalisée pour la première fois par Alan "Ollie" Gelfand (USA) en 1976.

★RECORDS D'OLLIES EN 1 MIN

Rob Dyrdek (USA) a réalisé 42 ollies en 1 min dans l'émission *The Rob & Big Show* sur MTV, à Los Angeles (Californie, USA), le 17 septembre 2007. Au cours de la même émission, Rob a réalisé **le ★record d'ollies consécutifs** avec 215 ollies non-stop, **le ★record de frontside ollies en 1 min**, soit 32, et **le ★record de back-side, back-foot ollies impossibles**, soit 15.

★RECORD DE KICKFLIPS CONSÉCUTIFS À SKATEBOARD

Zach Kral (USA) a réalisé 1 546 kickflips consécutifs, au 4 Seasons Skate Park de Milwaukee (Wisconsin, USA), le 30 novembre 2008.

LE PLUS LONG WHEELIE

Stefan Akesson (Suède) a réalisé un wheelie de 68,54 m, au centre commercial Gallerian de Stockholm (Suède), le 2 novembre 2007.

★LE PLUS LONG TRAJET CONTINU EN MONOCYCLE

Le 18 octobre 2004, Joze Voros (Slovénie) a parcouru 143,46 km en monocycle sans poser pied à terre.

RECORD DU 100 M À MONOCYCLE

Peter Rosendahl (Suède) a parcouru 100 m à monocycle en 12,11 s (29,72 km/h), à Las Vegas (Nevada, USA), le 25 mars 1994.

●RECORD DE VITESSE À SKATEBOARD (DEBOUT)

Douglas da Silva (Brésil) a atteint 113 km/h sur un skateboard en position debout, à Teutonia (Rio Grande do Sul, Brésil), le 20 octobre 2007. Il s'agissait d'un test de qualification pour l'International Downhill Malarrara Pro Teutonia. Ce record a été mesuré à l'aide d'un pistolet radar.

★ NOUVEAU RECORD
● MISE À JOUR

★LE HANDLEBAR WHEELIE À MOTO LE PLUS RAPIDE

Enda Wright (Irlande) a atteint 173,81 km/h, en effectuant un handlebar wheelie, ou highchair wheelie, à Elvington (York, GB), le 11 juillet 2006. Pour exécuter un handlebar wheelie, le pilote s'asseoit sur le réservoir et met ses jambes sur le guidon.

8 déc. **Le meilleur score d'un match de la Fédération de football américain** est de 73. Il a été marqué par les Chicago Bears contre les Washington Redskins (0), à Washington (USA), en 1940.

9 : nombre de médailles obtenues en ski aux X-Games d'hiver, par Tanner Hall (USA).

★ NOUVEAU RECORD
● MISE À JOUR

RECORD DE MÉDAILLES EN WAKEBOARD

Darin Shapiro (à gauche), Dallas Friday et Tara Hamilton (à droite) (tous USA) ont remporté chacun 6 médailles aux X-Games d'hiver en wakeboard, un sport aquatique qui mélange les techniques du ski nautique, du snowboard et du surf.

RECORD DE OLLIES EN 30 S

Willy Apodaca (USA) a réussi 33 ollies (saut avec une planche, sans les mains) en 30 s, à la Guinness World Records Break Fest des 14e X-Games, à Los Angeles (Californie, USA), le 2 août 2008.

LE SAUT À 360° SUR RAMPE LE PLUS LONG (BMX)

Mike Escamilla (USA), alias "Rooftop", a réussi un saut à 360° sur rampe de 15,39 m en BMX sur Mega Ramp aux 11e X-Games, à Los Angeles (Californie, USA), le 3 août 2005.

L'ÉQUILIBRE SUR LES MAINS LE PLUS LONG (SNOWSKATE)

Trenton R Schindler (USA) a tenu en équilibre sur les mains pendant 4,38 s, lors de la GWR Break Fest des 14e X-Games d'hiver, à Aspen (Colorado, USA), le 28 janvier 2007.

PLUS D'INFO

Vous vous intéressez aux exploits qui ont pour thème l'eau ? Rendez-vous p. 258-259 pour découvrir les records des Sports aquatiques.

LE 1ER "900" (SKATEBOARD)

Tony Hawk (USA), légende du skateboard, a été le premier à réussir un "900" (2,5 rotations en plein vol) en compétition lors des 5e ESPN X-Games, à San Francisco (Californie, USA) le 27 juin 1999. Le "900" est considéré comme une des figures les plus difficiles en catégorie verte.

RECORD DE MÉDAILLES AUX X-GAMES (SKATEBOARD)

100

Le skate-boarder Andy Macdonald (USA) a remporté entre 1999 et 2008 17 médailles aux ESPN X-Games d'été.

LE 1ER SNOWBOARDER NON AMÉRICAIN À REMPORTER L'OR EN SUPERPIPE

Antii Autti (Finlande) est le 1er snowboarder non américain à remporter une médaille d'or en SuperPipe. Il a enchaîné plusieurs 1 080 back-to-back (3 rotations complètes à 360°), à Aspen (Colorado, USA), en 2005, lors des 9e X-Games d'hiver, l'emportant ainsi sur Danny Kass et Shaun White (tous deux USA).

LE SAUT LE PLUS HAUT EN STEP UP (MOTO X)

Lors des X-Games d'août 2000, Tommy Clowers (USA) a effectué le saut le plus haut en Moto X (Step Up) à 10,67 m. Le Step Up est une épreuve de saut en hauteur : le but est de franchir une barre placée en haut de la rampe très pentue sur laquelle les motards prennent leur élan.

LE ROI DU SNOWSKATE

En janvier 2007, Phil Smage (USA), spécialiste du snowskate, a battu 3 nouveaux records de ollies en 3 jours consécutifs, lors de la GWR Break Fest des 11e X-Games d'hiver, à Aspen (Colorado, USA). Le 25 janvier, Smage a battu **le record de ollies consécutifs en snowskate** (14). Le lendemain, il a réussi **le ollie en snowskate le plus haut**, avec un saut de 70,5 cm. Le 27 janvier, il a effectué **le ollie le plus long en snowskate**, soit 3,45 m.

LE BACK FLIP DIRT-TO-DIRT LE PLUS LONG (MOTO X)

Jeremy Stenberg et Nate Adams (tous deux USA) ont réussi un back-flip dirt-to-dirt (saut périlleux arrière entre 2 terrains de bosses) de 30,48 m de long en finale de Moto X (Freestyle) aux 11e X-Games de Los Angeles (Californie, USA), le 6 août 2005.

LE SAUT SUR RAMPE LE PLUS LONG (SKATEBOARD)

Le skateboarder professionnel Danny Way (USA) a réussi le saut sur rampe le plus long, avec un 360° sur 24 m sur Mega Ramp aux 10e X-Games de Los Angeles (Californie, USA), le 8 août 2004.

13 déc. En 2007, *Cristóvão Colombo – O Enigma* est sorti en salle, alors que Manoel de Oliveira (Portugal) – **le réalisateur le plus âgé** – avait 99 ans et 2 jours.

DRÔLES DE COMPÉTITIONS

ENLISÉS ET SALES

La plongée avec tuba dans la boue est un défi au cours duquel les participants "nagent" sur deux longueurs d'un bassin rempli d'eau et de boue, creusé dans une tourbière. Les concurrents doivent achever le parcours en s'aidant uniquement de leurs palmes sans effectuer de mouvements de natation.

Le championnat du monde de plongée avec tuba dans la boue est organisé chaque année à la tourbière de Waen Rhydd, à Llanwrtyd Wells (Powys, GB), depuis 1985. Récemment, le triathlon de plongée avec tuba dans la boue a été ajouté au programme. Il commence par une course de 12 km, suivie de deux longueurs de plongée avec tuba dans la boue et de 30,5 km de vélo en montagne.

●RECORD DE PERSONNES COURANT EN TALONS HAUTS

Au cours d'un événement organisé par Gillette Venus Embrace et le magazine *Shop Til you Drop*, 265 personnes ont pris part à une course de 150 m avec des chaussures à talons hauts. La course s'est déroulée à Sydney (Australie), le 2 septembre 2008. Les talons devaient mesurer au moins 7 cm et leur pointe ne devait pas excéder 1,5 cm de large.

L'ESCARGOT DE COURSE LE PLUS RAPIDE

Le championnat du monde de course d'escargots est organisé chaque année en juillet, à Congham (Norfolk, GB), depuis 1970. La course a lieu sur un parcours de 33 cm près de l'église locale. Entraîné par Carl Bramham (GB), Archie est à ce jour l'escargot le plus rapide. Il a franchi la ligne d'arrivée au bout de 2 min et 20 s, en 1995.

★RECORD DE VITESSE SUR 150 M AVEC DES TALONS HAUTS

Jill Stamison (USA) a couru 150 m avec des talons hauts en 21,95 s dans l'émission *Live with Regis and Kelly*, le 9 juillet 2008, à New York (USA).

RECORD DE VERS CHARMÉS

Durant le premier championnat de charmeurs de vers organisé à Cheshire (GB), le 5 juillet 1980, Tom Shufflebotham (GB) a charmé 511 vers sur un espace de 3 m^2, en 30 min.

●LA VICTOIRE LA PLUS RAPIDE AUX CHAMPIONNATS DE TRANSPORT D'ÉPOUSE

Depuis 1992, les championnats mondiaux de transport d'épouse ont lieu chaque année à Sonkajärvi (Finlande). Chaque concurrent(e) doit porter son épouse le plus rapidement possible sur un parcours d'obstacles de 253,5 m. Margo Uusarj et Sandra Kullas (toutes deux Estonie) ont réalisé le meilleur temps, 56,9 s, le 1er juillet 2006. C'est le meilleur temps depuis l'introduction en 2002 d'une règle stipulant que l'épouse doit peser au moins 49 kg.

★RECORD DE VICTOIRES AU CHAMPIONNAT DU MONDE DE SAUNA

Organisé à Heinola (Finlande), le championnat du monde de sauna met au défi ses participants de rester le plus longtemps possible dans un sauna. Deux hommes ont gagné 4 fois : Leo Pusa (Finlande, en photo) de 2000 à 2002 et en 2004 ; et Timo Kaukonen (Finlande) en 2003 et de 2005 à 2007.

●LE PLUS GRAND TOURNOI DE PIERRE, PAPIER, CISEAUX

Un tournoi du jeu "pierre, papier, ciseaux" réunissant 793 participants a été organisé par Renee Tomas à l'université Brigham Young de Provo (Utah, USA), le 11 avril 2008.

★RECORD DE VITESSE AU TRIATHLON DE PLONGÉE AVEC TUBA DANS LA BOUE

Natalie Bent (GB, en photo) est la femme ayant achevé le plus rapidement le triathlon de plongée avec tuba dans la boue. Elle a relevé le défi en 3 h, 9 min et 59 s, au World Bog Snorkelling Triathlon, à Llanwrtyd Wells (GB), le 6 juillet 2008. Son frère, Daniel Bent (GB), détient le record masculin pour cette épreuve, avec 2 h, 23 min et 46 s, le même jour.

14 déc. Le pôle Sud a été atteint pour la première fois en 1911 par 5 Norvégiens dirigés par le capitaine Roald Amundsen (Norvège) au terme de 53 jours de marche avec des traîneaux à chiens.

15 déc. Peter Terry (Australie) a réalisé **le tir à l'arc le plus précis** à 200 m, au Pau Kalamunda Governor Stirling Archery Club de Perth (Australie), en 2005.

5 : nombre de victoires d'Alan "Nasty" Nash (GB) au championnat de combats d'orteils.

RECORD DE VICTOIRES AU CHAMPIONNAT DU MONDE D'AIR GUITAR

Le championnat du monde d'air guitar du festival d'Oulu a lieu chaque année en Finlande depuis 1996. Zac "the Magnet" Monro (GB), qui a obtenu le titre en 2001 et 2002, est la seule personne à avoir remporté le championnat plus d'une fois depuis sa création.

★ NOUVEAU RECORD
● MISE À JOUR

● LA PLUS GRANDE COURSE EN BOTTES DE CAOUTCHOUC

1 022 participants ont couru 2 km en bottes de caoutchouc, au Callender Park, à Fallkirk (GB), dans le cadre d'un événement organisé par Kidney Kids Scotland, le 17 mai 2007.

● RECORD D'HUÎTRES CONSOMMÉES EN 3 MIN

Colin Shirlow (GB) a mangé 233 huîtres en 3 min, au championnat du monde de consommation d'huîtres organisé à Hillsborough (Down, GB), le 3 septembre 2005.

● LE CRACHAT DE GRAIN DE RAISIN LE PLUS LONG

Anders Rasmussen (Norvège) a craché un grain de raisin à 8,72 m, à Myra (Arendal, Norvège), le 4 septembre 2004.

★ LE LANCER D'ALLUMETTE LE PLUS LOINTAIN

Michael Ottosson (Suède) a jeté une allumette de 4,7 cm de long pesant 4,8 g à 18,75 m, sur le court de tennis de Smögens, à Stockholm (Suède), le 31 janvier 2001.

LE CRACHAT DE TABAC LE PLUS LONG

David O'Dell (USA) a craché une chique de tabac à 16,23 m, au championnat du monde de crachat de tabac organisé en Californie (USA), le 22 mars 1997.

★ LES PLUS ANCIENNES COURSES DE CAFARDS

Les courses de cafards de l'hôtel Story Bridge seraient nées d'une querelle entre deux habitués du bar qui péroraient sur la banlieue où proliféraient les cafards les plus gros et les plus rapides. Des courses ont aujourd'hui lieu chaque année depuis 28 ans à l'hôtel de Brisbane (Australie), le 26 janvier (fête nationale). Elles sont organisées sur une piste circulaire. Le cafard qui parvient le premier au bord gagne la course.

RECORD DE VITESSE DE TRANSMISSION EN MORSE

Le 6 mai 2003, Andrei Bindasov (Biélorussie) a transmis 216 signes de texte en morse en 1 min, dans le cadre du 5e championnat du monde de télégraphie rapide de l'International Amateur Radio Union.

LE PLUS LONG LANCER DE BOUSE

Au lancer de bouse, le projectile peut ou non être "moulé sous forme sphérique". Steve Urner (USA) a projeté à 81,1 m de distance une bouse 100 % naturelle et non moulée (conformément à la règle de 1970), au Mountain Festival de Tehachapi (Californie, USA), le 14 août 1981.

LE PREMIER CHAMPIONNAT DE COMPTAGE DE MOUTONS

Le premier championnat de comptage de moutons a eu lieu en Nouvelle-Galles du Sud (Australie), les 14-15 septembre 2002. Les moutons sont placés devant les concurrents qui tentent de deviner leur nombre précis. Peter Desailly (Australie), premier gagnant, a donné le chiffre exact de 277 moutons.

RECORD DE VITESSE POUR FAIRE BOUILLIR UNE CASSEROLE EN ALUMINIUM

Frank Ryder (Australie) a fait bouillir une casserole légère en aluminium utilisable sur un feu de camp, contenant 2 l d'eau, en 7 min et 29,3 s, au cours d'une compétition organisée au Queensland (Australie), le 3 juin 1989.

RECORD DE VICTOIRES AU CHAMPIONNAT DU MONDE DE POLO SUR ÉLÉPHANT

Les Tiger Top Tuskers ont remporté le championnat de la World Elephant Polo Association à 8 reprises : de 1983 à 1985, en 1987, 1992, 1998, 2000 et 2003. Le tournoi organisé sur invitation se déroule chaque année en décembre à Megauly, en bordure du parc national royal de Chitwan (Népal).

16 déc. Dexter Dunworth (Australie), **le boxeur licencié le plus âgé**, a enregistré de bons résultats en ce jour. Il avait 52 ans et 139 jours lors de son combat le plus récent, en mai 2008.

TABLEAUX SPORTIFS

●RELAIS 4 X 100 M HOMMES

Asafa Powell, Nesta Carter, Michael Frater et Usain Bolt (Jamaïque) viennent de remporter la médaille d'or en finale du relais 4 x 100 m, le 22 août 2008 aux J.O. de Pékin (Chine).

●1 HEURE FEMMES

Dire Tune (Éthiopie) lors de l'épreuve de l'heure du Grand Prix IAAF, le 12 juin 2008, à Ostrava (Rép. tchèque), où elle a couru 18 517 m.

ATHLÉTISME – EN PLEIN AIR SUR PISTE

HOMMES	TEMPS/DISTANCE	NOM ET NATIONALITÉ	LIEU	DATE
●100 m	9"69	Usain Bolt (Jamaïque)	Pékin (Chine)	16 août 2008
●200 m	19"30	Usain Bolt (Jamaïque)	Pékin (Chine)	20 août 2008
400 m	43"18	Michael Johnson (USA)	Séville (Espagne)	26 août 1999
800 m	1'41"11	Wilson Kipketer (Danemark)	Cologne (Allemagne)	24 août 1997
1 000 m	2'11"96	Noah Ngeny (Kenya)	Rieti (Italie)	5 sept. 1999
1 500 m	3'26"00	Hicham El Guerrouj (Maroc)	Rome (Italie)	14 juill. 1998
1 mile	3'43"13	Hicham El Guerrouj (Maroc)	Rome (Italie)	7 juill. 1999
2 000 m	4'44"79	Hicham El Guerrouj (Maroc)	Berlin (Allemagne)	7 sept. 1999
3 000 m	7'20"67	Daniel Komen (Kenya)	Rieti (Italie)	1er sept. 1996
5 000 m	12'37"35	Kenenisa Bekele (Éthiopie)	Hengelo (Pays-Bas)	31 mai 2004
10 000 m	26'17"53	Kenenisa Bekele (Éthiopie)	Bruxelles (Belgique)	26 août 2005
20 000 m	56'26"00	Haile Gebrselassie (Éthiopie)	Ostrava (Rép. tchèque)	26 juin 2007
1 h	21 285 m	Haile Gebrselassie (Éthiopie)	Ostrava (Rép. tchèque)	27 juin 2007
25 000 m	1 h 13'55"80	Toshihiko Seko (Japon)	Christchurch (N.-Zélande)	22 mars 1981
30 000 m	1 h 29'18"80	Toshihiko Seko (Japon)	Christchurch (N.-Zélande)	22 mars 1981
3 000 m steeple	7'53"63	Saif Saaeed Shaheen (Qatar)	Bruxelles (Belgique)	3 sept. 2004
●110 m haies	12"87	Dayron Robles (Cuba)	Ostrava (Rép. tchèque)	12 juin 2008
400 m haies	46"78	Kevin Young (USA)	Barcelone (Espagne)	6 août 1992
●Relais 4 x 100 m	37"10	Jamaïque (Asafa Powell, Nesta Carter, Michael Frater, Usain Bolt)	Pékin (Chine)	22 août 2008
Relais 4 x 200 m	1'18"68	Santa Monica Track Club (USA) (Michael Marsh, Leroy Burrell, Floyd Heard, Carl Lewis)	Walnut (USA)	17 avr. 1994
Relais 4 x 400 m	2'54"29	USA (Andrew Valmon, Quincy Watts, Harry Reynolds, Michael Johnson)	Stuttgart (Allemagne)	22 août 1993
Relais 4 x 800 m	7'02"43	Kenya (Joseph Mutua, William Yiampoy, Ismael Kombich, Wilfred Bungeï)	Bruxelles (Belgique)	25 août 2006
Relais 4 x 1 500 m	14'38"80	ex-RFA (Thomas Wessinghage, Harald Hudak, Michael Lederer, Karl Fleschen)	Cologne (Allemagne)	17 août 1977

FEMMES	TEMPS/DISTANCE	NOM ET NATIONALITÉ	LIEU	DATE
100 m	10"49	Florence Griffith-Joyner (USA)	Indianapolis (USA)	16 juill. 1988
200 m	21"34	Florence Griffith-Joyner (USA)	Séoul (Corée du Sud)	29 sept. 1988
400 m	47"60	Marita Koch (ex-RDA)	Canberra (Australie)	6 oct. 1985
800 m	1'53"28	Jarmila Kratochvílová (ex-Tchécoslovaquie)	Munich (Allemagne)	26 juill. 1983
1 000 m	2'28"98	Svetlana Masterkova (Russie)	Bruxelles (Belgique)	23 août 1996
1 500 m	3'50"46	Qu Yunxia (Chine)	Pékin (Chine)	11 sept. 1993
1 mile	4'12"56	Svetlana Masterkova (Russie)	Zürich (Suisse)	14 août 1996
2 000 m	5'25"36	Sonia O'Sullivan (Irlande)	Édimbourg (GB)	8 juill. 1994
3 000 m	8'06"11	Wang Junxia (Chine)	Pékin (Chine)	13 sept. 1993
●5 000 m	14'11"15	Tirunesh Dibaba (Éthiopie)	Oslo (Norvège)	6 juin 2008
10 000 m	29'31"78	Wang Junxia (Chine)	Pékin (Chine)	8 sept. 1993
20 000 m	1 h 05'26"60	Tegla Loroupe (Kenya)	Borgholzhausen (All.)	3 sept. 2000
●1 h	18 517 m	Dire Tune (Éthiopie)	Ostrava (Rép. tchèque)	12 juin 2008
25 000 m	1 h 27'05"90	Tegla Loroupe (Kenya)	Mengerskirchen (All.)	21 sept. 2002
30 000 m	1 h 45'50"00	Tegla Loroupe (Kenya)	Warstein (Allemagne)	6 juin 2003
●3 000 m steeple	8'58"81	Gulnara Samitova-Galkina (Russie)	Pékin (Chine)	17 août 2008
100 m haies	12"21	Yordanka Donkova (Bulgarie)	Stara Zagora (Bulgarie)	20 août 1988
400 m haies	52"34	Yuliya Pechonkina (Russie)	Tula (Russie)	8 août 2003
Relais 4 x 100 m	41"37	ex-RDA (Silke Gladisch, Sabine Rieger, Ingrid Auerswald, Marlies Göhr)	Canberra (Australie)	6 oct. 1985
Relais 4 x 200 m	1'27"46	United States "Blue" (LaTasha Jenkins, LaTasha Colander-Richardson, Nanceen Perry, Marion Jones)	Philadelphie (USA)	29 avr. 2000
Relais 4 x 400 m	3'15"17	ex-URSS (Tatyana Ledovskaya, Olga Nazarova, Maria Pinigina, Olga Bryzgina)	Séoul (Corée du Sud)	1 oct. 1988
Relais 4 x 800 m	7'50"17	ex-URSS (Nadezhda Olizarenko, Lyubov Gurina, Lyudmila Borisova, Irina Podyalovskaya)	Moscou (Russie)	5 août 1984

18 déc. En 2008, **le plus grand jeu du père Noël secret** (*Secret Santa*) a réuni 1 270 participants, lors d'un événement organisé par Boots GB Limited, à Nottingham (GB).

17 déc. En 1903, à 10 h 35, Orville Wright (USA) a fait voler son *Flyer I* de 9 kW (12 ch) sur une distance de 36,5 m. C'est **le premier vol contrôlé de l'histoire sur un engin motorisé**.

29 : nombre d'années pendant lesquelles le coureur Jeff Norman (GB) a détenu le record du 50 km sur piste (2 h 48' 6").

ATHLÉTISME – EN SALLE SUR PISTE

HOMMES	TEMPS/DISTANCE	NOM ET NATIONALITÉ	LIEU	DATE
50 m	5"56	Donovan Bailey (Canada)	Reno (USA)	9 févr. 1996
60 m	6"39	Maurice Green (USA)	Madrid (Espagne)	3 févr. 1998
	6"39	Maurice Green (USA)	Atlanta (USA)	3 mars 2001
200 m	19"92	Frankie Fredericks (Namibie)	Liévin (France)	18 févr. 1996
400 m	44"57	Kerron Clement (USA)	Fayetteville (USA)	12 mars 2005
800 m	1'42"67	Wilson Kipketer (Danemark)	Paris (France)	9 mars 1997
1 000 m	2'14"96	Wilson Kipketer (Danemark)	Birmingham (GB)	20 févr. 2000
1 500 m	3'31"18	Hicham El Guerrouj (Maroc)	Stuttgart (Allemagne)	2 févr. 1997
1 mile	3'48"45	Hicham El Guerrouj (Maroc)	Ghent (Belgique)	12 févr. 1997
3 000 m	7'24"90	Daniel Komen (Kenya)	Budapest (Hongrie)	6 févr. 1998
5 000 m	12'49"60	Kenenisa Bekele (Éthiopie)	Birmingham (GB)	20 févr. 2004
50 m haies	6"25	Mark McKoy (Canada)	Kobe (Japon)	5 mars 1986
60 m haies	7"30	Colin Jackson (GB)	Sindelfingen (Allemagne)	6 mars 1994
Relais 4 x 200 m	1'22"11	GB & Irlande du Nord (Linford Christie, Darren Braithwaite, Ade Mafe, John Regis)	Glasgow (GB)	3 mars 1991
Relais 4 x 400 m	3'02"83	USA (Andre Morris, Dameon Johnson, Deon Minor, Milton Campbell)	Maebashi (Japon)	7 mars 1999
Relais 4 x 800 m	7'13"94	Global Athletics & marsketing (USA) (Joey Woody, Karl Paranya, Rich Kenah, David Krummenacker)	Boston (USA)	6 févr. 2000
Marche 5 000 m	18'07"08	Mikhail Shchennikov (Russie)	Moscou (Russie)	14 févr. 1995

FEMMES	TEMPS/DISTANCE	NOM ET NATIONALITÉ	LIEU	DATE
50 m	5"96	Irina Privalova (Russie)	Madrid (Espagne)	9 févr. 1995
60 m	6"92	Irina Privalova (Russie)	Madrid (Espagne)	11 févr. 1993
	6"92	Irina Privalova (Russie)	Madrid (Espagne)	9 févr. 1995
200 m	21"87	Merlene Ottey (Jamaïque)	Liévin (France)	13 févr. 1993
400 m	49"59	Jarmila Kratochvílová (ex-Tchécoslovaquie)	Milan (Italie)	7 mars 1982
800 m	1'55"82	Jolanda Ceplak (Slovénie)	Vienne (Autriche)	3 mars 2002
1 000 m	2'30"94	Maria de Lurdes Mutola (Mozambique)	Stockholm (Suède)	25 févr. 1999
● 1 500 m	3'58"28	Yelena Soboleva (Russie)	Moscou (Russie)	18 févr. 2006
1 mile	4'17"14	Doina Melinte (Roumanie)	East Rutherford (USA)	9 févr. 1990
3 000 m	8'23"72	Meseret Defar (Éthiopie)	Stuttgart (Allemagne)	3 févr. 2007
● 5 000 m	14'24"37	Meseret Defar (Éthiopie)	Stockholm (Suède)	18 févr. 2009
50 m haies	6"58	Cornelia Oschkenat (ex-RDA)	Berlin (Allemagne)	20 févr. 1988
60 m haies	7"68	Susanna Kallur (Suède)	Karlsruhe (Allemagne)	10 févr. 2008
Relais 4 x 200 m	1'32"41	Russie (Yekaterina Kondratyeva, Irina Khabarova, Yuliya Pechonkina, Yulia Gushchina)	Glasgow (GB)	29 janv. 2005
Relais 4 x 400 m	3'23"37	Russie (Yulia Gushchina, Olga Kotlyarova, Olga Zaytseva, Olesya Krasnomovets)	Glasgow (GB)	28 janv. 2006
Relais 4 x 800 m	8'18"54	Moskovskaya Region (Anna Balakshina, Natalya Pantelyeva, Anna Emashova, Olesya Chumakova)	Volgograd (Russie)	11 févr. 2007
Marche 3 000 m	11'40"33	Claudia Stef (Roumanie)	Bucarest (Roumanie)	30 janv. 1999

ATHLÉTISME – LONGUE DISTANCE (PISTE)

HOMMES	TEMPS/DISTANCE	NOM ET NATIONALITÉ	LIEU	DATE
50 km	2 h 48'06"	Jeff Norman (GB)	Timperley (GB)	7 juin 1980
100 km	6 h 10'20"	Donald Ritchie (GB)	Londres (GB)	28 oct. 1978
100 miles	11 h 28'03"	Oleg Kharitonov (Russie)	Londres (GB)	20 oct. 2002
● 1 000 km	5 jours 16 h 17'00"	Yiannis Kouros (Grèce)	Colac (Australie)	26 nov.-1er déc. 1984
1 000 miles	11 jours 13 h 54'58"	Peter Silkinas (Lituanie)	Nanango (Australie)	11-23 mars 1998
● 6 h	97,2 km	Donald Ritchie (GB)	Londres (GB)	28 oct. 1978
● 12 h	162,4 km	Yiannis Kouros (Grèce)	Montauban (France)	15-16 mars 1985
24 h	303,506 km	Yiannis Kouros (Grèce)	Adelaïde (Australie)	4-5 oct. 1997
48 h	473,495 km	Yiannis Kouros (Grèce)	Surgères (France)	3-5 mai 1996
● 6 jours	1 038,851 km	Yiannis Kouros (Grèce)	Colac (Australie)	20-25 nov. 2005

FEMMES	TEMPS/DISTANCE	NOM ET NATIONALITÉ	LIEU	DATE
50 km	3 h 18'52"	Carolyn Hunter-Rowe (GB)	Barry (Galles du Sud, GB)	3 mars 1996
● 100 km	7 h 00'27"	Norimi Sakurai (Japon)	Winschoten (Pays-Bas)	8 sept. 2007
100 miles	14 h 25'45"	Edit Berces (Hongrie)	Vérone (Italie)	21-22 sept. 2002
● 1 000 km	7 jours 1 h 28'29"	Eleanor Robinson (GB)	Nanango (Australie)	11-18 mars 1998
1 000 miles	13 jours 1 h 54'02"	Eleanor Robinson (GB)	Nanango (Australie)	11-23 mars 1998
● 6 h	83,2 km	Norimi Sakurai (Japon)	Vérone (Italie)	27 sept. 2003
12 h	147,6 km	Ann Trason (USA)	Hayward (USA)	3-4 août 1991
24 h	250,106 km	Edit Berces (Hongrie)	Vérone (Italie)	21-22 sept. 2002
● 48 h	382,777 km	Inagaki Sumie (Japon)	Surgères (France)	16-18 mai 2008
6 jours	883,631 km	Sandra Barwick (N.-Zélande)	Campbelltown (Australie)	18-24 nov. 1990

SITES OFFICIELS

Athlétisme :
www.iaaf.org

Ultra longue distance :
www.iau.org.tw

★ NOUVEAU RECORD
● MISE À JOUR

19 déc. **La plus grande distance parcourue par un véhicule électrique en 24 h** est de 2 142,317 km, les 19 et 20 décembre 1999 par le FTO-EV de Mitsubishi.

TABLEAUX SPORTIFS

ATHLÉTISME – COURSE SUR ROUTE

HOMMES	TEMPS	NOM ET NATIONALITÉ	LIEU	DATE
10 km	27'02	Haile Gebrselassie (Éthiopie)	Hoha (Qatar)	11 déc. 2002
15 km	41'29	Felix Limo (Kenya)	Nijmegen (Pays-Bas)	11 nov. 2001
●	•41'29	Deriba Merga (Éthiopie)	Ras Al Khaimah (EAU)	20 févr. 2009
20 km	55'48	Haile Gebrselassie (Éthiopie)	Phoenix (USA)	15 janv. 2006
Semi-marathon	58'33	Samuel Wanjiru (Kenya)	The Hague (Pays-Bas)	17 mars 2007
25 km	1 h 12'45	Paul Malakwen Kosgei (Kenya)	Berlin (Allemagne)	9 mai 2004
30 km	1 h 28'00	Takayuki Matsumiya (Japon)	Kumamoto (Japon)	27 févr. 2005
●Marathon	2 h 03'59	Haile Gebrselassie (Éthiopie)	Berlin (Allemagne)	28 sept. 2008
100 km	6 h 13'33	Takahiro Sunada (Japon)	Tokoro (Japon)	21 juin 1998
Relais sur route	1 h 57'06	Kenya (Josephat Ndambiri, Martin Mathathi, Daniel Mwangi, Mekubo Mogusu, Onesmus Nyerere, John Kariuki)	Chiba (Japon)	23 nov. 2005

FEMMES	TEMPS	NOM ET NATIONALITÉ	LIEU	DATE
10 km	30'21	Paula Radcliffe (GB)	San Juan (Porto Rico)	23 févr. 2003
15 km	46'55	Kayoko Fukushi (Japon)	Marugame (Japon)	5 févr. 2006
20 km	1 h 02'57	Lornah Kiplagat (Pays-Bas)	Udine (Italie)	14 oct. 2007
Semi-marathon	1 h 06'25	Lornah Kiplagat (Pays-Bas)	Udine (Italie)	14 oct. 2007
25 km	1 h 22'13	Mizuki Noguchi (Japon)	Berlin (Allemagne)	25 sept. 2005
30 km	1 h 38'49	Mizuki Noguchi (Japon)	Berlin (Allemagne)	25 sept. 2005
Marathon	2 h 15'25	Paula Radcliffe (GB)	Londres (GB)	13 avr. 2003
100 km	6 h 33'11	Tomoe Abe (Japon)	Tokoro (Japon)	25 juin 2000
Relais sur route	2 h 11'41	Chine (Jiang Bo, Dong Yanmei, Zhao Fengdi, Ma Zaijie, Lan Lixin, Li Na)	Pékin (Chine)	28 févr. 1998

• Records en attente d'homologation au moment de la mise sous presse.

●15 KM MARCHE ROUTE

Deriba Merga (Éthiopie) pendant le marathon des J.O. 2008, à Pékin (Chine). Le 20 février 2009, à Ras Al Khaimah (EAU), Merga a égalé le record du 15 km sur route détenu par Felix Limo (Kenya), soit 41'29".

ATHLÉTISME – MARCHE

HOMMES	TEMPS	NOM ET NATIONALITÉ	LIEU	DATE
20 000 m	1 h 17'25"6	Bernardo Segura (Mexique)	Bergen (Norvège)	7 mai 1994
20 km (route)	1 h 17'16"	Vladimir Kanaykin (Russie)	Saransk (Russie)	29 sept. 2007
30 000 m	2 h 1'44"1	Maurizio Damilano (Italie)	Cuneo (Italie)	3 oct. 1992
50 000 m	3 h 40'57"9	Thierry Toutain (France)	Héricourt (France)	29 sept. 1996
●50 km (route)	3 h 34'14"	Denis Nizhegorodov (Russie)	Cheboksary (Russie)	11 mai 2008

FEMMES	TEMPS	NOM ET NATIONALITÉ	LIEU	DATE
10 000 m	41'56"23	Nadezhda Ryashkina (ex-URSS)	Seattle (USA)	24 juill. 1990
20 000 m	1 h 26'52"3	Olimpiada Ivanova (Russie)	Brisbane (Australie)	6 sept. 2001
20 km (route)	1 h 25'41"	Olimpiada Ivanova (Russie)	Helsinki (Finlande)	7 août 2005

ATHLÉTISME – INDOOR

HOMMES	RECORD	NOM ET NATIONALITÉ	LIEU	DATE
Saut en hauteur	2,43 m	Javier Sotomayor (Cuba)	Budapest (Hongrie)	4 mars 1989
Saut à la perche	6,15 m	Sergei Bubka (Ukraine)	Donetsk (Ukraine)	21 févr. 1993
Saut en longueur	8,79 m	Carl Lewis (USA)	New York (USA)	27 janv. 1984
Triple saut	17,83 m	Aliecer Urrutia (Cuba)	Sindelfingen (Allemagne)	1er mars 1997
	17,83 m	Christian Olsson (Suède)	Budapest (Hongrie)	7 mars 2004
Lancer du poids	22,66 m	Randy Barnes (USA)	Los Angeles (USA)	20 janv. 1989
Heptathlon*	6 476 points	Dan O'Brien (USA)	Toronto (Canada)	14 mars 1993

** 60 m : 6,67 s ; saut en longueur : 7,84 m ; lancer du poids : 16,02 m ; saut en hauteur : 2,13 m ; 60 m haies : 7,85 s ; saut à la perche : 5,20 m ; 1 000 m : 2 min et 57,96 s.*

FEMMES	RECORD	NOM ET NATIONALITÉ	LIEU	DATE
Saut en hauteur	2,08 m	Kajsa Bergqvist (Suède)	Arnstadt (Allemagne)	4 févr. 2006
●Saut à la perche	•5,00 m	Yelena Isinbayeva (Russie)	Donetsk (Ukraine)	15 févr. 2009
Saut en longueur	7,37 m	Heike Drechsler (ex-RDA)	Vienne (Autriche)	13 févr. 1988
Triple saut	15,36 m	Tatyana Lebedeva (Russie)	Budapest (Hongrie)	6 mars 2004
Lancer du poids	22,50 m	Helena Fibingerová (ex-Tchécoslovaquie)	Jablonec (ex-Tchécoslovaquie)	19 févr. 1977
Pentathlon†	4 991 points	Irina Belova (Russie)	Berlin (Allemagne)	15 févr. 1992

† 60 m haies : 8,22 s ; saut en hauteur : 1,93 m ; lancer du poids : 13,25 m ; saut en longueur : 6,67 m ; 800 m : 2 min et 10,26 s.

• Records en attente d'homologation au moment de la mise sous presse.

20 déc. En 2001, **le plus gros sablé de Noël** a été fabriqué à la Ley Hill School de Chesham (Buckinghamshire, GB). Il mesurait 63,1 m de long et 4 m de diamètre.

21 déc. En 1913, **la première définition de mots croisés** a été publiée dans le journal américain *New York World*.

26 : nombre de records GWR établis par Haile Gebrselassie (Éthiopie), ce qui en fait un des plus grands coureurs de fond.

ATHLÉTISME – OUTDOOR

HOMMES	RECORD	NOM ET NATIONALITÉ	LIEU	DATE
Saut en hauteur	2,45 m	Javier Sotomayor (Cuba)	Salamanque (Espagne)	27 juill. 1993
Saut à la perche	6,14 m	Sergei Bubka (Ukraine)	Sestriere (Italie)	31 juill. 1994
Saut en longueur	8,95 m	Mike Powell (USA)	Tokyo (Japon)	30 août 1991
Triple saut	18,29 m	Jonathan Edwards (GB)	Gothenburg (Suède)	7 août 1995
Lancer du poids	23,12 m	Randy Barnes (USA)	Los Angeles (USA)	20 mai 1990
Disque	74,08 m	Jürgen Schult (ex-URSS)	Neubrandenburg (Allemagne)	6 juin 1986
Marteau	86,74 m	Yuriy Sedykh (ex-URSS)	Stuttgart (Allemagne)	30 août 1986
Javelot	98,48 m	Jan Železný (Rép. tchèque)	Jena (Allemagne)	25 mai 1996
Décathlon*	9 026 points	Roman Šebrle (Rép. tchèque)	Götzis (Autriche)	27 mai 2001

** 100 m : 10,64 s ; saut en longueur : 8,11 m ; lancer du poids : 15,33 m ; saut en hauteur : 2,12 m ; 400 m : 47,79 s ; 110 m haies : 13,92 s ; disque : 47,92 m ; saut à la perche : 4,80 m ; javelot : 70,16 m ; 1 500 m : 4 min et 21,98 s.*

FEMMES	RECORD	NOM ET NATIONALITÉ	LIEU	DATE
Saut en hauteur	2,09 m	Stefka Kostadinova (Bulgarie)	Rome (Italie)	30 août 1987
● Saut à la perche	5,05 m	Yelena Isinbayeva (Russie)	Pékin (Chine)	18 août 2008
Saut en longueur	7,52 m	Galina Chistyakova (ex-URSS)	Saint-Pétersbourg (Russie)	11 juin 1988
Triple saut	15,50 m	Inessa Kravets (Ukraine)	Gothenburg (Suède)	10 août 1995
Lancer du poids	22,63 m	Natalya Lisovskaya (ex-URSS)	Moscou (Russie)	7 juin 1987
Disque	76,80 m	Gabriele Reinsch (ex-RDA)	Neubrandenburg (Allemagne)	9 juill. 1988
Marteau	77,80 m	Tatyana Lysenko (Russie)	Tallinn (Estonie)	15 août 2006
● Javelot	72,28 m	Barbora Spotáková (Rép. tchèque)	Stuttgart (Allemagne)	13 sept. 2008
Heptathlon†	7 291 points	Jacqueline Joyner-Kersee (USA)	Séoul (Corée du Sud)	24 sept. 1988
Décathlon**	8 358 points	Austra Skujyte (Lituanie)	Columbia (USA)	15 avr. 2005

† 100 m haies : 12,69 s ; saut en hauteur : 1,86 m ; lancer du poids : 15,80 m ; 200 m : 22,56 s ; saut en longueur : 7,27 m ; javelot : 45,66 m ; 800 m : 2 min et 8,51 s.

*** 100 m : 12,49 s ; saut en longueur : 6,12 m ; lancer du poids : 16,42 m ; saut en hauteur : 1,78 m ; 400 m : 57,19 s ; 100 m haies : 14,22 s ; disque : 46,19 m ; saut à la perche : 3,10 m ; javelot : 48,78 m ; 1 500 m : 5 min et 15,86 s.*

CYCLISME SUR PISTE

HOMMES	TEMPS/DISTANCE	NOM ET NATIONALITÉ	LIEU	DATE
200 m (*départ lancé*)	9"772	Theo Bos (Pays-Bas)	Moscou (Russie)	16 déc. 2006
500 m (*départ lancé*)	24"758	Chris Hoy (GB)	La Paz (Bolivie)	13 mai 2007
1 km (*départ arrêté*)	58"875	Arnaud Tournant (France)	La Paz (Bolivie)	10 oct. 2001
4 km (*départ arrêté*)	4'11"114	Christopher Boardman (GB)	Manchester (GB)	29 août 1996
● Équipe 4 km (*départ arrêté*)	3'53"314	GB (Ed Clancy, Paul Manning, Geraint Thomas, Bradley Wiggins)	Pékin (Chine)	18 août 2008
1 h	*49,7 km	Ondrej Sosenka (Rép. tchèque)	Moscou (Russie)	19 juill. 2005

FEMMES	TEMPS/DISTANCE	NOM ET NATIONALITÉ	LIEU	DATE
200 m (*départ lancé*)	10"831	Olga Slioussareva (Russie)	Moscou (Russie)	25 avr. 1993
500 m (*départ lancé*)	29"655	Erika Salumäe (Estonie)	Moscou (Russie)	6 août 1987
500 m (*départ arrêté*)	33"588	Anna Meares (Australie)	Palma (Espagne)	31 mars 2007
3 km (*départ arrêté*)	3'24"537	Sarah Ulmer (Nouvelle-Zélande)	Athènes (Grèce)	22 août 2004
1 h	*46,065 km	Leontien Zijlaard-Van Moorsel (Pays-Bas)	Mexico (Mexique)	1er oct. 2003

**Certains athlètes obtiennent de meilleures performances sur 1 h avec des vélos qui ne sont plus autorisés par l'Union cycliste internationale (UCI).*

SITES OFFICIELS

Athlétisme et marche : www.iaaf.org

Cyclisme : www.uci.ch

★ NOUVEAU RECORD
● MISE À JOUR

● 4 KM PAR ÉQUIPE (CYCLISME)

Paul Manning, Ed Clancy, Geraint Thomas et Bradley Wiggins (GB) fêtent leur médaille d'or après la finale de l'épreuve masculine de poursuite par équipe au vélodrome de Laoshan, au 10e jour des J.O., le 18 août 2008, à Pékin (Chine). Ils ont réalisé un temps de 3 min et 53,314 s.

22 déc. En 2006, RTL Television GmbH (Allemagne) a établi **le record de lampes allumées simultanément sur un sapin de Noël** (150 000), à la cathédrale de Cologne (Allemagne).

PLONGÉE EN APNÉE, AVIRON, PATINAGE DE VITESSE

TABLEAUX SPORTIFS

●IMMERSION HOMMES
Herbert Nitsch (Autriche) en train de plonger au Dean's Blue Hole (Bahamas). Il détient le record dans trois disciplines en immersion : poids constant avec palmes, poids constant sans palmes et immersion libre.

PLONGÉE EN APNÉE

IMMERSION (HOMMES)	PROF./TEMPS	NOM ET NATIONALITÉ	LIEU	DATE
●Poids constant avec palmes	120 m	Herbert Nitsch (Autriche)	Bahamas	11 avr. 2009
●Poids constant sans palmes	88 m	William Trubridge (N.-Zélande)	Bahamas	10 avr. 2009
Poids variable	140 m	Carlos Coste (Venezuela)	Sharm el Sheikh (Égypte)	9 mai 2006
No limit	214 m	Herbert Nitsch (Autriche)	Spetses (Grèce)	14 juin 2007
●Immersion libre	109 m	Herbert Nitsch (Autriche)	Bahamas	6 avr. 2009
APNÉE DYNAMIQUE (HOMMES)				
●Avec palmes	250 m	Alexey Molchanov (Russie)	Lignano (Italie)	5 oct. 2008
●Sans palmes	213 m	Tom Sietas (Allemagne)	Hamburg (Allemagne)	2 juill. 2008
●	213 m	Dave Mullins (N.-Zélande)	Wellington (N.-Zélande)	12 août 2008
APNÉE STATIQUE (HOMMES)				
●Durée	10 min et 12 s	Tom Sietas (Allemagne)	Athènes (Grèce)	7 juin 2008
IMMERSION (FEMMES)				
●Poids constant avec palmes	96 m	Sara Campbell (GB)	Bahamas	2 avr. 2009
●Poids constant sans palmes	60 m	Natalia Molchanova (Russie)	Dahab (Égypte)	12 juin 2008
Poids variable	122 m	Tanya Streeter (USA)	Îles Turks et Caicos	19 juill. 2003
No limit	160 m	Tanya Streeter (USA)	Îles Turks et Caicos	17 août 2002
●Immersion libre	85 m	Natalia Molchanova (Russie)	Crète (Grèce)	27 juill. 2008
APNÉE DYNAMIQUE (FEMMES)				
●Avec palmes	214 m	Natalia Molchanova (Russie)	Lignano (Italie)	5 oct. 2008
●Sans palmes	151 m	Kathryn McPhee (N.-Zélande)	Wellington (N.-Zélande)	9 août 2008
APNÉE STATIQUE (FEMMES)				
Durée	8 min	Natalia Molchanova (Russie)	Maribor (Slovénie)	6 juill. 2007

AVIRON

HOMMES	TEMPS	NOM ET NATIONALITÉ	LIEU	DATE
Skiff	6'35"40	Mahe Drysdale (N.-Zélande)	Eton (GB)	26 août 2006
2 de couple	6'03"25	Jean-Baptiste Macquet, Adrien Hardy (France)	Poznan (Pologne)	17 juin 2006
●4 de couple	5'36"20	Christopher Morgan, James McRae, Brendan Long, Daniel Noonan (Australie)	Pékin (Chine)	10 août 2008
2 sans barreur	6'14"27	Matthew Pinsent, James Cracknell (GB)	Séville (Espagne)	21 sept. 2002
4 sans barreur	5'41"35	Sebastian Thormann, Paul Dienstbach, Philipp Stüer, Bernd Heidicker (Allemagne)	Séville (Espagne)	21 sept. 2002
2 barré*	6'42"16	Igor Boraska, Tihomir Frankovic, Milan Razov (Croatie)	Indianapolis (USA)	18 sept. 1994
4 barré*	5'58"96	Matthias Ungemach, Armin Eichholz, Armin Weyrauch, Bahne Rabe, Jörg Dederding (Allemagne)	Vienne (Autriche)	24 août 1991
8 barré	5'19"85	Deakin, Beery, Hoopman, Volpenhein, Cipollone, Read, Allen, Ahrens, Hansen (USA)	Athènes (Grèce)	15 août 2004
POIDS LÉGERS				
Skiff*	6'47"82	Zac Purchase (GB)	Eton (GB)	26 août 2006
2 de couple	6'10"02	Mads Rasmussen, Rasmus Quist (Danemark)	Amsterdam (Pays-Bas)	23 juin 2007
4 de couple*	5'45"18	Francesco Esposito, Massimo Lana, Michaelangelo Crispi, Massimo Guglielmi (Italie)	Montréal (Canada)	août 1992
2 sans barreur*	6'26"61	Tony O'Connor, Neville Maxwell (Irlande)	Paris (France)	1994
4 sans barreur	5'45"60	Thomas Poulsen, Thomas Ebert, Eskild Ebbesen, Victor Feddersen (Danemark)	Lucerne (Suisse)	9 juill. 1999
8 barré*	5'30"24	Altena, Dahlke, Kobor, Stomporowski, Melges, März, Buchheit, Von Warburg, Kaska (Allemagne)	Montréal (Canada)	août 1992
FEMMES				
Skiff	7'07"71	Rumyana Neykova (Bulgarie)	Séville (Espagne)	21 sept. 2002
2 de couple	6'38"78	Georgina and Caroline Evers-Swindell (Nouvelle-Zélande)	Séville (Espagne)	21 sept. 2002
4 de couple	6'10"80	Kathrin Boron, Katrin Rutschow-Stomporowski, Jana Sorgers, Kerstin Köppen (Allemagne)	Duisburg (Allemagne)	19 mai 1996
2 sans barreur	6'53"80	Georgeta Andrunache, Viorica Susanu (Roumanie)	Séville (Espagne)	21 sept. 2002
4 sans barreur*	6'25"35	Robyn Selby Smith, Jo Lutz, Amber Bradley, Kate Hornsey (Australie)	Eton (GB)	26 août 2006
8 barré	5'55"50	Mickelson, Whipple, Lind, Goodale, Sickler, Cooke, Shoop, Francia, Davies (USA)	Eton (GB)	27 août 2006
POIDS LÉGERS				
Skiff*	7'28"15	Constanta Pipota (Roumanie)	Paris (France)	19 juin 1994
2 de couple	6'49"77	Dongxiang Xu, Shimin Yan (Chine)	Poznan (Pologne)	17 juin 2006
4 de couple*	6'23"95	Hua Yu, Haixia Chen, Xuefei Fan, Jing Liu (Chine)	Eton (GB)	27 août 2006
2 sans barreur*	7'18"32	Eliza Blair, Justine Joyce (Australie)	Aiguebelette-le-Lac (France)	7 sept. 1997

**Désigne des catégories d'embarcations non olympiques.*

23 déc. En 2004, *I Like Fat Chicks* de Who's Ya Daddy ? (Australie ; moyenne d'âge 12 ans et 26 jours) a été interdit à la radio. C'est **le groupe le plus jeune à avoir été interdit d'antenne**.

24 déc. En 1801, **la première voiture de transport**, un véhicule à vapeur pouvant transporter 8 passagers, construite par Richard Trevithick (GB), a roulé à Camborne (Cornouailles, GB).

8 : nombre de minutes pendant lesquelles Natalia Molchanova (Russie) peut rester en apnée totale.

PATINAGE DE VITESSE – PISTE LONGUE

HOMMES	TEMPS/POINTS	NOM ET NATIONALITÉ	LIEU	DATE
500 m	34"03	Jeremy Wotherspoon (Canada)	Salt Lake City (USA)	9 nov. 2007
2 x 500 m	68"31	Jeremy Wotherspoon (Canada)	Calgary (Canada)	15 mars 2008
●1 000 m	1'06"42	Shani Davis (USA)	Salt Lake City (USA)	7 mars 2009
●1 500 m	1'41"80	Shani Davis (USA)	Salt Lake City (USA)	6 mars 2009
3 000 m	3'37"28	Eskil Ervik (Norvège)	Calgary (Canada)	5 nov. 2005
5 000 m	6'03"32	Sven Kramer (Pays-Bas)	Calgary (Canada)	17 nov. 2007
10 000 m	12'41"69	Sven Kramer (Pays-Bas)	Salt Lake City (USA)	10 mars 2007
500/1 000/500/1 000 m	137,230 points	Jeremy Wotherspoon (Canada)	Calgary (Canada)	18-19 janv. 2003
500/3 000/1 500/5 000 m	146,365 points	Erben Wennemars (Pays-Bas)	Calgary (Canada)	12-13 août 2005
500/5 000/1 500/10,000 m	145,742 points	Shani Davis (USA)	Calgary (Canada)	18-19 mars 2006
Poursuite par équipe (8 tours)	3'37"80	Pays-Bas (Sven Kramer, Carl Verheijen, Erben Wennemars)	Salt Lake City (USA)	11 mars 2007

FEMMES	TEMPS/POINTS	NOM ET NATIONALITÉ	LIEU	DATE
500 m	37"02	Jenny Wolf (Allemagne)	Calgary (Canada)	16 nov. 2007
2 x 500 m	74"42	Jenny Wolf (Allemagne)	Salt Lake City (USA)	10 mars 2007
1,000 m	1'13"11	Cindy Klassen (Canada)	Calgary (Canada)	25 mars 2006
1 500 m	1'51"79	Cindy Klassen (Canada)	Salt Lake City (USA)	20 nov. 2005
3 000 m	3'53"34	Cindy Klassen (Canada)	Calgary (Canada)	18 mars 2006
5 000 m	6'45"61	Martina Sáblíková (Rép. tchèque)	Salt Lake City (USA)	11 mars 2007
500/1 000/500/1 000 m	149,305 points	Monique Garbrecht-Enfeldt (Allemagne)	Salt Lake City (USA)	11-12 janv. 2003
	149,305 points	Cindy Klassen (Canada)	Calgary (Canada)	24-25 mars 2006
500/1 500/1 000/3 000 m	155,576 points	Cindy Klassen (Canada)	Calgary (Canada)	15-17 mars 2001
500/3 000/1 500/5 000 m	154,580 points	Cindy Klassen (Canada)	Calgary (Canada)	18-19 mars 2006
Poursuite par équipe (8 tours)	2'56"04	Allemagne (Daniela Anschütz, Anni Friesinger, Claudia Pechstein)	Calgary (Canada)	13 nov. 2005

500 M PISTE COURTE (HOMMES)

Sung Si-Bak (Corée du Sud) lors de la coupe du monde Samsung ISU sur piste courte 2008/2009, à Nagano (Japon). Le 10 février 2008, il a réalisé un temps de 41,051 s sur 500 m. Il fait également partie de l'équipe qui détient le record du relais sur 5 000 m.

PATINAGE DE VITESSE – PISTE COURTE

HOMMES	TEMPS/POINTS	NOM ET NATIONALITÉ	LIEU	DATE
500 m	41"051	Sung Si-Bak (Corée du Sud)	Salt Lake City (USA)	10 févr. 2008
●1 000 m	•1'23"454	Charles Hamelin (Canada)	Montréal (Canada)	18 janv. 2009
1 500 m	2'10"639	Ahn Hyun-Soo (Corée du Sud)	Marquette (USA)	24 oct. 2003
3 000 m	4'32"646	Ahn Hyun-Soo (Corée du Sud)	Pékin (Chine)	7 déc. 2003
●Relais 5 000 m	•6'38"486	Corée du Sud (Kwak Yoon-Gy, Lee Ho-Suk, Lee Jung-Su, Sung Si-Bak)	Salt Lake City (USA)	19 oct. 2008

FEMMES	TEMPS/POINTS	NOM ET NATIONALITÉ	LIEU	DATE
●500 m	•42"609	Wang Meng (Chine)	Pékin (Chine)	29 nov. 2008
1 000 m	1'29"495	Wang Meng (Chine)	Harbin (Chine)	15 mars 2008
1 500 m	2'16"729	Zhou Yang (Chine)	Salt Lake City (USA)	9 févr. 2008
3 000 m	4'46"983	Jung Eun-Ju (Corée du Sud)	Harbin (Chine)	15 mars 2008
●Relais 3 000 m	•4'07"179	Chine (Liu Qiuhong, Wang Meng, Zhang Hui, Zhou Yang)	Salt Lake City (USA)	18 oct. 2008

•Records en attente d'homologation au moment de la mise sous presse.

SITES OFFICIELS

Plongée en apnée : www.aida-international.org

Aviron : www.worldrowing.com

Patinage de vitesse : www.isu.org

★ NOUVEAU RECORD
● MISE À JOUR

●1 500 M PISTE COURTE (FEMMES)

Zhou Yang (Chine) mène, suivie de Katherine Reutter (USA) et de Jung Eun-Ju (Corée du Sud), lors de la finale du 1 500 m de la coupe du monde ISU piste courte 2008, le 9 février 2008. Elle a remporté l'épreuve en 2 min et 16,729 s.

25 déc. Entre 1922 et le 25 décembre 1973, Tommy Chambers (GB, 1903-1984) a parcouru 1 286 517 km à vélo. Il détient **le record de kilomètres parcourus à vélo pendant toute une vie.**

TABLEAUX SPORTIFS

●100 M NAGE LIBRE (HOMMES)
Le nageur Alain Bernard (France, ci-dessus) vient de réaliser un temps de 46,94 s en demi-finale du 100 m nage libre (grand bassin), lors des championnats de France de natation, le 23 avril 2009, à Montpellier (France).

Trois jours plus tard, lors de la même compétition, Frédéric Bousquet (France) a établi un nouveau record du monde en 50 m nage libre, avec 20,94 s.

NATATION – COURSE LONGUE (BASSIN DE 50 M)

HOMMES	TEMPS	NOM ET NATIONALITÉ	LIEU	DATE
●50 m nage libre	•20"94	Frédéric Bousquet (France)	Montpellier (France)	26 avr. 2009
●100 m nage libre	•46"94	Alain Bernard (France)	Montpellier (France)	23 avr. 2009
●200 m nage libre	1'42"96	Michael Phelps (USA)	Pékin (Chine)	12 août 2008
400 m nage libre	3'40"08	Ian Thorpe (Australie)	Manchester (GB)	30 juill. 2002
800 m nage libre	7'38"65	Grant Hackett (Australie)	Montréal (Canada)	27 juill. 2005
1 500 m nage libre	14'34"56	Grant Hackett (Australie)	Fukuoka (Japon)	29 juill. 2001
●Relais 4 x 100 m nage libre	3'08"24	USA (Michael Phelps, Garrett Weber-Gale, Cullen Jones, Jason Lezak)	Pékin (Chine)	11 août 2008
●Relais 4 x 200 m nage libre	6'58"56	USA (Michael Phelps, Ryan Lochte, Ricky Berens, Peter Vanderkaay)	Pékin (Chine)	13 août 2008
50 m papillon	•22"43	Rafael Munoz (Espagne)	Malaga (Espagne)	5 avr. 2009
100 m papillon	50"40	Ian Crocker (USA)	Montréal (Canada)	30 juill. 2005
●200 m papillon	1'52"03	Michael Phelps (USA)	Pékin (Chine)	13 août 2008
●50 m dos	24"33	Randall Bal (USA)	Eindhoven (Pays-Bas)	5 déc. 2008
●100 m dos	52"54	Aaron Peirsol (USA)	Pékin (Chine)	12 août 2008
●200 m dos	•1'52"86	Ryosuke Irie (Japon)	Canberra (Australie)	10 mai 2009
50 m brasse	•27"06	Cameron van der Burgh (Afrique du Sud)	Durban (Afrique du Sud)	18 avr. 2009
●100 m brasse	58"91	Kosuke Kitajima (Japon)	Pékin (Chine)	11 août 2008
●200 m brasse	2'07"51	Kosuke Kitajima (Japon)	Tokyo (Japon)	8 juin 2008
●200 m 4 nages	1'54"23	Michael Phelps (USA)	Pékin (Chine)	15 août 2008
●400 m 4 nages	4'03"84	Michael Phelps (USA)	Pékin (Chine)	10 août 2008
●Relais 4 x 100 m 4 nages	3'29"34	USA (Aaron Peirsol, Brendan Hansen, Michael Phelps, Jason Lezak)	Pékin (Chine)	17 août 2008

FEMMES	TEMPS	NOM ET NATIONALITÉ	LIEU	DATE
●50 m nage libre	•23"96	Marleen Veldhuis (Pays-Bas)	Amsterdam (Pays-Bas)	19 avr. 2009
●100 m nage libre	52"88	Lisbeth Trickett (Australie)	Sydney (Australie)	27 mars 2008
●200 m nage libre	•1'54"47	Federica Pellegrini (Italie)	Riccione (Italie)	8 mars 2009
●400 m nage libre	•4'00"66	Joanne Jackson (GB)	Sheffield (GB)	16 mars 2009
●800 m nage libre	8'14"10	Rebecca Adlington (GB)	Pékin (Chine)	16 août 2008
1 500 m nage libre	15'42"54	Kate Ziegler (USA)	Mission Viejo (USA)	17 juin 2007
●Relais 4 x 100 m nage libre	3'33"62	Pays-Bas (Inge Dekker, Ranomi Kromowidjojo, Femke Heemskerk, Marleen Veldhuis)	Eindhoven (Pays-Bas)	18 mars 2008
●Relais 4 x 200 m nage libre	7'44"31	Australie (Stephanie Rice, Bronte Barratt, Kylie Palmer, Linda Mackenzie)	Pékin (Chine)	13 août 2008
50 m papillon	•25"33	Marleen Veldhuis (Pays-Bas)	Amsterdam (Pays-Bas)	19 avr. 2009
100 m papillon	56"61	Inge de Bruijn (Pays-Bas)	Sydney (Australie)	17 sept. 2000
●200 m papillon	2'04"18	Liu Zige (Chine)	Pékin (Chine)	14 août 2008
●50 m dos	27"67	Sophie Edington (Australie)	Sydney (Australie)	23 mars 2008
●100 m dos	58"77	Kirsty Coventry (Zimbabwe)	Pékin (Chine)	11 août 2008
●200 m dos	2'05"24	Kirsty Coventry (Zimbabwe)	Pékin (Chine)	16 août 2008
50 m brasse	30"31	Jade Edmistone (Australie)	Melbourne (Australie)	30 janv. 2006
100 m brasse	1'05"09	Leisel Jones (Australie)	Melbourne (Australie)	20 mars 2006
●200 m brasse	2'20"22	Rebecca Soni (USA)	Pékin (Chine)	15 août 2008
●200 m 4 nages	2'08"45	Stephanie Rice (Australie)	Pékin (Chine)	13 août 2008
●400 m 4 nages	4'29"45	Stephanie Rice (Australie)	Pékin (Chine)	10 août 2008
●Relais 4 x 100 m 4 nages	3'52"69	Australie (Emily Seebohm, Leisel Jones, Jessicah Schipper, Lisbeth Trickett)	Pékin (Chine)	17 août 2008

• Record en attente d'homologation au moment de la mise sous presse.

●200 M PAPILLON (FEMMES)
Liu Zige (Chine) est photographiée ici lors de la finale du 200 m papillon, le 14 août 2008, aux J.O. de Pékin (Chine). Elle a remporté l'épreuve et établi un nouveau record du monde à 2 min et 4,18 s.

26 déc. En 2005, au cirque Royale de Lanarkshire (GB), Cranston Chipperfield (GB), alors âgée de 3 ans, est devenu **le plus jeune Monsieur Loyal de l'histoire**.

27 déc. En 1995, à Tampa (Floride, USA), Vesta Gueschkova (Bulgarie) a été propulsée à 22,9 m par une arbalète, soit **la plus grande distance à laquelle un humain ait été lancé**.

25 : nombre de records du monde de natation battus aux J.O. de Pékin (Chine), en août 2008

NATATION – COURSE COURTE (BASSIN DE 25 M)

HOMMES	TEMPS	NOM ET NATIONALITÉ	LIEU	DATE
●50 m nage libre	20"48	Amaury Leveaux (France)	Rijeka (Croatie)	11 déc. 2008
●100 m nage libre	44"94	Amaury Leveaux (France)	Rijeka (Croatie)	13 déc. 2008
●200 m nage libre	1'40"83	Paul Biederman (Allemagne)	Berlin (Allemagne)	16 nov. 2008
400 m nage libre	3'34"58	Grant Hackett (Australie)	Sydney (Australie)	18 juill. 2002
●800 m nage libre	7'23"42	Grant Hackett (Australie)	Melbourne (Australie)	20 juill. 2008
1 500 m nage libre	14'10"10	Grant Hackett (Australie)	Perth (Australie)	7 août 2001
●Relais 4 x 100 m nage libre	3'04"98	France (Grégory Mallet, Fabien Gilot, William Meynard, Frédéric Bousquet)	Istres (France)	20 déc. 2008
Relais 4 x 200 m nage libre	6'52"66	Australie (Kirk Palmer, Grant Hackett, Grant Brits, Kenrick Monk)	Melbourne (Australie)	31 juill. 2007
●50 m papillon	22"18	Amaury Leveaux (France)	Rijeka (Croatie)	14 déc. 2008
100 m papillon	49"07	Ian Crocker (USA)	New York (USA)	26 mars 2004
●200 m papillon	•1'50"53	Nikolay Skvortsov (Russie)	Saint-Petersbourg (Russie)	11 févr. 2009
●50 m dos	22"87	Randall Bal (USA)	Berlin (Allemagne)	16 nov. 2008
●100 m dos	•49"20	Aschwin Wildeboer (Espagne)	Madrid (Espagne)	21 déc. 2008
●200 m dos	1'47"84	Markus Rogan (Australie)	Manchester (GB)	13 avr. 2008
●50 m brasse	25"94	Cameron van der Burgh (Afrique du Sud)	Stockholm (Suède)	11 nov. 2008
●100 m brasse	56"88	Cameron van der Burgh (Afrique du Sud)	Moscou (Russie)	9 nov. 2008
200 m brasse	2'02"92	Ed Moses (USA)	Berlin (Allemagne)	17 janv. 2004
●100 m 4 nages	51"15	Ryan Lochte (USA)	Manchester (GB)	13 avr. 2008
●200 m 4 nages	1'51"56	Ryan Lochte (USA)	Manchester (GB)	11 avr. 2008
400 m 4 nages	3'59"33	Laszlo Cseh (Hongrie)	Debrecen (Hongrie)	14 déc. 2007
●Relais 4 x 100 m 4 nages	3'24"29	Russie (Stanislav Donets, Sergey Geybel, Evgeny Korotyshkin, Alexander Sukhorukov)	Manchester (GB)	13 avr. 2008

FEMMES	TEMPS	NOM ET NATIONALITÉ	LIEU	DATE
●50 m nage libre	23"25	Marleen Veldhuis (Pays-Bas)	Manchester (GB)	13 avr. 2008
100 m nage libre	51"70	Lisbeth Lenton (devenue Trickett) (Australie)	Melbourne (Australie)	9 août 2005
●200 m nage libre	1'51"85	Federica Pellegrini (Italie)	Rijeka (Croatie)	14 déc. 2008
400 m nage libre	3'56"09	Laure Manaudou (France)	Helsinki (Finlande)	9 déc. 2006
●800 m nage libre	8'04"53	Alessia Filippi (Italie)	Rijeka (Croatie)	12 déc. 2008
1 500 m nage libre	15'32"90	Kate Ziegler (USA)	Essen (Allemagne)	19 oct. 2007
●Relais 4 x 100 m nage libre	3'28"22	Pays-Bas (Hinkelien Schreuder, Inge Dekker, Ranomi Kromowidjojo, Marleen Veldhuis)	Amsterdam (Pays-Bas)	19 déc. 2008
●Relais 4 x 200 m nage libre	7'38"90	Pays-Bas (Inge Dekker, Femke Heemskerk, Marleen Veldhuis, Ranomi Kromowidjojo)	Manchester (GB)	9 avr. 2008
●50 m papillon	24"99	Marieke Guehrer (Australie)	Berlin (Allemagne)	16 nov. 2008
●100 m papillon	55"74	Lisbeth Trickett (Australie)	Canberra (Australie)	26 avr. 2008
●200 m papillon	2'03"12	Nakanishi Yuko (Japon)	Tokyo (Japon)	23 févr. 2008
●50 m dos	26"23	Sanja Jovanovic (Croatie)	Rijeka (Croatie)	13 déc. 2008
●100 m dos	56"15	Sakai Shiho (Japon)	Tokyo (Japon)	22 févr. 2009
●200 m dos	2'00"91	Kirsty Coventry (Zimbabwe)	Manchester (GB)	11 avr. 2008
●50 m brasse	29"58	Jessica Hardy (USA)	Manchester (GB)	10 avr. 2008
●100 m brasse	1'03"72	Leisel Jones (Australie)	Canberra (Australie)	26 avr. 2008
●200 m brasse	•2'17"50	Annamay Pierse (Canada)	Toronto (Canada)	14 mars 2009
100 m 4 nages	58"80	Natalie Coughlin (USA)	New York (USA)	23 nov. 2002
●200 m 4 nages	2'06"13	Kirsty Coventry (Zimbabwe)	Manchester (GB)	12 avr. 2008
●400 m 4 nages	4'25"06	Mireia Belmonte (Espagne)	Rijeka (Croatie)	14 déc. 2008
●Relais 4 x 100 m 4 nages	3'51"36	USA (Margaret Hoelzer, Jessica Hardy, Rachel Komisarz, Kara Denby)	Manchester (GB)	11 avr. 2008

• Record en attente d'homologation au moment de la mise sous presse.

●50 M ET 100 M BRASSE (HOMMES)

Cameron van der Burgh (Afrique du Sud) plonge au départ du 50 m brasse, le 11 novembre 2008, lors de la coupe du monde en petit bassin à Stockholm (Suède). Il a réalisé un temps de 25,94 s. Deux jours plus tard, le 9 novembre 2008, à Moscou (Russie), van der Burgh a aussi battu le record du 100 m brasse (petit bassin), en 56,88 s.

★ NOUVEAU RECORD
● MISE À JOUR

●50 M PAPILLON (FEMMES)

Marieke Guehrer (Australie) laisse éclater sa joie après avoir nagé le 50 m papillon femmes en 24,99 s, lors de la coupe du monde de natation en petit bassin, le 16 novembre 2008, à Berlin (Allemagne).

SITE OFFICIEL

Natation : www.fina.org

28 déc. En 1895, **la première salle de cinéma en exploitation**, le cinématographe Lumière, a ouvert ses portes au Salon indien à Paris (France), sous la direction de Clément Maurice (France).

TABLEAUX SPORTIFS

●ARRACHÉ 105 KG (HOMMES)
Andrei Aramnau (Biélorussie) en compétition dans l'épreuve du 105 kg, catégorie arraché (homme), aux J.O. 2008 à Pékin (Chine). Il détient deux records : 200 kg (arraché) et 436 kg (total), battus tous les deux aux J.O. de Pékin, le 18 août 2008.

★ NOUVEAU RECORD
● MISE À JOUR

HALTÉROPHILIE

HOMMES	CATÉGORIE	CHARGE	NOM ET NATIONALITÉ	LIEU	DATE
56 kg	Arraché	138 kg	Halil Mutlu (Turquie)	Antalya (Turquie)	4 nov. 2001
	Épaulé-jeté	168 kg	Halil Mutlu (Turquie)	Trencín (Slovaquie)	24 avr. 2001
	Total	306 kg	Halil Mutlu (Turquie)	Sydney (Australie)	16 sept. 2000
62 kg	Arraché	153 kg	Shi Zhiyong (Chine)	Izmir (Turquie)	28 juin 2002
	Épaulé-jeté	182 kg	Le Maosheng (Chine)	Busan (Corée du Sud)	2 oct. 2002
	●Total	326 kg	Zhang Jie (Chine)	Kanazawa (Japon)	28 avr. 2008
69 kg	Arraché	165 kg	Georgi Markov (Bulgarie)	Sydney (Australie)	20 sept. 2000
	Épaulé-jeté	197 kg	Zhang Guozheng (Chine)	Qinhuangdao (Chine)	11 sept. 2003
	Total	357 kg	Galabin Boevski (Bulgarie)	Athènes (Grèce)	24 nov. 1999
77 kg	Arraché	173 kg	Sergey Filimonov (Kazakhstan)	Almaty (Kazakhstan)	9 avr. 2004
	Épaulé-jeté	210 kg	Oleg Perepetchenov (Russie)	Trencín (Slovaquie)	27 avr. 2001
	Total	377 kg	Plamen Jelyazkov (Bulgarie)	Doha (Qatar)	27 mars 2002
85 kg	Arraché	187 kg	Andrei Rybakou (Biélorussie)	Chiang Mai (Thaïlande)	22 sept. 2007
	Épaulé-jeté	218 kg	Zhang Yong (Chine)	Ramat Gan (Israël)	25 avr. 1998
	●Total	394 kg	Andrei Rybakou (Biélorussie)	Pékin (Chine)	15 août 2008
94 kg	Arraché	188 kg	Akakios Kakhiasvilis (Grèce)	Athènes (Grèce)	27 nov. 1999
	Épaulé-jeté	232 kg	Szymon Kolecki (Pologne)	Sofia (Bulgarie)	29 avr. 2000
	●Total	412 kg	Akakios Kakhiasvilis (Grèce)	Athènes (Grèce)	27 nov. 1999
105 kg	●Arraché	200 kg	Andrei Aramnau (Biélorussie)	Pékin (Chine)	18 août 2008
	●Épaulé-jeté	237 kg	Alan Tsagaev (Bulgarie)	Kiev (Ukraine)	25 avr. 2004
	●Total	436 kg	Andrei Aramnau (Biélorussie)	Pékin (Chine)	18 août 2008
105+ kg	Arraché	213 kg	Hossein Rezazadeh (Iran)	Qinhuangdao (Chine)	14 sept. 2003
	Épaulé-jeté	263 kg	Hossein Rezazadeh (Iran)	Athènes (Grèce)	25 août 2004
	Total	476 kg	Hossein Rezazadeh (Iran)	Sydney (Australie)	26 sept. 2000
FEMMES	**CATÉGORIE**	**CHARGE**	**NOM ET NATIONALITÉ**	**LIEU**	**DATE**
48 kg	Arraché	98 kg	Yang Lian (Chine)	Saint-Domingue (République dominicaine)	1er oct. 2006
	Épaulé-jeté	120 kg	Chen Xiexia (Chine)	Taian (Chine)	21 avr. 2007
	Total	217 kg	Yang Lian (Chine)	Saint-Domingue (République dominicaine)	1er oct. 2006
53 kg	Arraché	102 kg	Ri Song-Hui (Corée du Nord)	Busan (Corée du Sud)	1er oct. 2002
	Épaulé-jeté	129 kg	Li Ping (Chine)	Taian (Chine)	22 avr. 2007
	Total	226 kg	Qiu Hongxia (Chine)	Saint-Domingue (République dominicaine)	2 oct. 2006
58 kg	Arraché	111 kg	Chen Yanqing (Chine)	Doha (Qatar)	3 déc. 2006
	Épaulé-jeté	141 kg	Qiu Hongmei (Chine)	Taian (Chine)	23 avr. 2007
	Total	251 kg	Chen Yanqing (Chine)	Doha (Qatar)	3 déc. 2006
63 kg	Arraché	116 kg	Pawina Thongsuk (Thaïlande)	Doha (Qatar)	12 nov. 2005
	Épaulé-jeté	142 kg	Pawina Thongsuk (Thaïlande)	Doha (Qatar)	4 déc. 2006
	Total	257 kg	Liu Haixia (Chine)	Chiang Mai (Thaïlande)	23 sept. 2007
69 kg	●Arraché	128 kg	Liu Chunhong (Chine)	Pékin (Chine)	13 août 2008
	●Épaulé-jeté	158 kg	Liu Chunhong (Chine)	Pékin (Chine)	13 août 2008
	●Total	286 kg	Liu Chunhong (Chine)	Pékin (Chine)	13 août 2008
75 kg	Arraché	131 kg	Natalia Zabolotnaia (Russie)	Chiang Mai (Thaïlande)	25 sept. 2007
	Épaulé-jeté	159 kg	Liu Chunhong (Chine)	Doha (Qatar)	13 nov. 2005
	Total	286 kg	Svetlana Podobedova (Russie)	Hangzhou (Chine)	2 juin 2006
75+ kg	●Arraché	140 kg	Jang Mi-Ran (Corée du Sud)	Pékin (Chine)	16 août 2008
	●Épaulé-jeté	186 kg	Jang Mi-Ran (Corée du Sud)	Pékin (Chine)	16 août 2008
	●Total	326 kg	Jang Mi-Ran (Corée du Sud)	Pékin (Chine)	16 août 2008

• Records en attente d'homologation au moment de la mise sous presse.

●69 KG (FEMMES)
L'haltérophile Liu Chunhong (Chine) montre la médaille d'or qu'elle a gagnée en soulevant 128 kg à l'arraché en catégorie 69 kg femmes, au 5e jour des J.O. 2008, à Pékin (Chine), le 13 août 2008. Elle détient tous les records du monde dans cette catégorie : elle a également soulevé 158 kg à l'épaulé-jeté lors de cette compétition, atteignant ainsi un total de 286 kg.

SITES OFFICIELS

Haltérophilie : www.iwf.net

Ski nautique : www.iwsf.com

29 déc. En 2006, María del Carmen Bousada Lara (Espagne), âgée de 66 ans et 358 jours, a donné naissance à des jumeaux (Christián et Pau), à Barcelone (Espagne), devenant ainsi **la maman la plus âgée**.

30 déc. Dans la semaine qui s'est achevée le 30 décembre 2007, 43 millions de titres ont été téléchargés légalement aux États-Unis, soit 42,5 % de plus que le record établi la même semaine l'année précédente.

56 : nombre d'heures consécutives pendant lesquelles Michael Kinzel (Allemagne) a fait du toboggan, à Kirchhundem (Allemagne), du 4 au 6 mai 2002.

SKI NAUTIQUE

HOMMES	RECORD	NOM ET NATIONALITÉ	LIEU	DATE
Slalom	1,5 bouée | 9,75 m de corde	Chris Parrish (USA)	Trophy Lakes (USA)	28 août 2005
Slalom barefoot	20,6 traversées du sillage en 30 s	Keith St Onge (USA)	Bronkhorstspruit (Afrique du Sud)	6 janv. 2006
Figures	12 400 points	Nicolas Le Forestier (France)	Lac de Joux (Suisse)	4 sept. 2005
Figures barefoot	10 880 points	Keith St Onge (USA)	Adna (USA)	17 sept. 2006
Saut	74,2 m	Freddy Krueger (USA)	Seffner (USA)	5 nov. 2006
Saut barefoot	27,4 m	David Small (GB)	Mulwala (Australie)	8 févr. 2004
Vol à skis	91,1 m	Jaret Llewellyn (Canada)	Orlando (USA)	14 mai 2000
Combiné	2 818,01 points*	Jaret Llewellyn (Canada)	Seffner (USA)	29 sept. 2002
FEMMES	**RECORD**	**NOM ET NATIONALITÉ**	**LIEU**	**DATE**
Slalom	1 bouée | 10,25 m de corde	Kristi Overton Johnson (USA)	West Palm Beach (USA)	14 sept. 1996
●		Karina Nowlan (Australie)	Sacramento (USA)	22 sept. 2008
Slalom barefoot	17 traversées du sillage en 30 s	Nadine de Villiers (Afrique du Sud)	Withank (Afrique du Sud)	5 janv. 2001
Figures	8 740 points	Mandy Nightingale (USA)	Santa Rosa (USA)	10 juin 2006
Figures barefoot	4 400 points	Nadine de Villiers (Afrique du Sud)	Witbank (Afrique du Sud)	5 janv. 2001
Saut	56,6 m	Elena Milakova (Russie)	Rio Linda (USA)	21 juill. 2002
Saut barefoot	20,6 m	Nadine de Villiers (Afrique du Sud)	Pretoria (Afrique du Sud)	4 mars 2000
Vol à skis	69,4 m	Elena Milakova (Russie)	Pine Mountain (USA)	26 mai 2002
Combiné	2 850,11 points**	Clémentine Lucine (France)	Lacanau (France)	9 juill. 2006

** 511,25 m ; figures : 10 730 ; saut : 71,7 m. **411,25 m ; figures : 8 680 ; saut : 52,1 m ; nouvelle méthode de calcul des points 2006.*

●SLALOM (FEMMES)

Karina Nowlan (Australie), ci-dessus en compétition aux championnats du monde de ski nautique 2007. Elle a égalé le record du monde de Kristi Overton Johnson (USA) en slalom femmes, le 22 septembre 2008, à Sacramento (USA).

LES PLUS LONGS MARATHONS SPORTIFS

SPORT	TEMPS	NOM ET NATIONALITÉ	LIEU	DATE
Aérobic	24 h	Duberney Trujillo (Colombie)	Dosquebradas (Colombie)	26-27 févr. 2005
Tir à l'arc	27 h	Micheal Henri Dames (Afrique du Sud)	Grahamstown (Afrique du Sud)	8-9 août 2005
●Baseball	33 h, 15 min et 45 s	Boys of Slumber (USA)	Long Island (USA)	24-26 mai 2008
●Basket-ball	81 h et 1 min	Centro juvenil de La Cuesta (Espagne)	Tenerife (Espagne)	1er-4 juill. 2008
Basket-ball (fauteuil roulant)	26 h et 3 min	University of Omaha étudiants et personnel (USA)	Omaha (Nebraska, USA)	24-25 sept. 2004
Bowling (10 quilles)	120 h	Andy Milne (Canada)	Mississauga (Ontario, Canada)	24-29 oct. 2005
Boules (en salle)	36 h	Arnos Bowling Club (GB)	Southgate (GB)	20-21 avr. 2002
●Boules (extérieur)	168 h	Lloyd Hotel Bowling Club (GB)	Manchester (GB)	25 oct.-1er nov. 2008
●Cricket	66 h et 16 min	Raymond Terrace District Cricket Club (Australie)	Raymond Terrace (Australie)	24-27 janv. 2009
Curling	40 h et 23 min	B. Huston, C. McCarthy, G. Poole, K. McCarthy, K. Martin, M. Witherspoon, R. Martin, T. Gouldie, T. Teskey, W. From (Canada)	Brandon (Manitoba, Canada)	9-10 mars 2007
●Fléchettes (double)	27 h et 22 min	Jeff Garland, Tony Gafa, Ian van Veen, John Goggin (Australie)	Wyee Point (Australie)	30–31 août 2008
●Fléchettes (individuel)	26 h et 42 min	Stephen Wilson et Robert Henderson (GB)	Palnackie (Écosse, GB)	20–21 juin 2008
Fistball (en salle)	24 h	TG 1855 Neustadt bei Coburg e.V. (Allemagne)	Frankehalle (Neustadt, Allemagne)	16–17 avr. 2005
Unihockey (floorball)	24 h et 15 min	TRM Floorball et Hornets Regio Moosseedorf Worblental (Suisse)	Zollikofen (Suisse)	27-28 avr. 2007
●Football	33 h et 36 min	équipes Adesa & Stantec (Canada)	Edmonton (Alberta, Canada)	9-10 août 2008
Football (à 5)	24 h et 30 min	Rossendale Mavericks et the Fearns Community Sports College (GB)	Waterfoot Rossendale (GB)	23-24 nov. 2007
Handball	70 h	HV Mighty/Stevo team (Pays-Bas)	Tubbergen (Pays-Bas)	30 août-2 sept. 2001
●Hockey sur glace	241 h et 21 min	Brent Saik & Co. (Canada)	Strathcona (Alberta, Canada)	8-18 févr. 2008
●Hockey (en salle)	50 h	Bert & Macs et Mid-Town Certigard (Canada)	Lethbridge (Alberta, Canada)	25-27 mars 2008
Hockey (roller/en ligne)	24 h	8K Roller Hockey League (USA)	Eastpointe (Michigan, USA)	13-14 sept. 2002
●Hockey (rue)	105 h et 17 min	Molson Canadian et Canadian Tire (Canada)	Lethbridge (Alberta, Canada)	20-24 août 2008
●Korfball	30 h et 2 min	Kingfisher Korfball Club (GB)	Larkfield (Kent, GB)	14-15 juin 2008
●Netball	58 h	Sleaford Netball Club (GB)	Sleaford (Lincolnshire, GB)	25-27 juill. 2008
Parachutisme ascens.	24 h et 10 min	Berne Persson (Suède)	Lac Graningesjön (Suède)	19-20 juill. 2002
Pétanque (boules)	40 h et 9 min	Bevenser Boule-Freunde (Allemagne)	Bad Bevensen (Allemagne)	22-23 juill. 2006
●Billard (individuel)	53 h et 25 min	Brian Lilly et Daniel Maloney (USA)	Spring Lake (Caroline du Nord, USA)	10-12 oct. 2008
Ski	202 h et 1 min	Nicky Willey (Australie)	Thredbo (N.-Galles du Sud, Australie)	2-10 sept. 2005
Snowboard	180 h et 34 min	Bernhard Mair (Autriche)	Bad Kleinkirchheim (Autriche)	9-16 janv. 2004
●Spinning (vélo d'appart.)	185 h et 42 min	Tom Seabourne (USA)	Mt Pleasant (Texas, USA)	5-12 déc. 2008
●Baby-foot	51 h et 52 min	Alexander Gruber, Roman Schelling, Enrico Lechtaler, Christian Nägele (Autriche)	Bregenz (Autriche)	27-29 juin 2008
Tennis de table (double)	101 h, 1 min et 11 s	Lance, Phil et Mark Warren et Bill Weir (USA)	Sacramento (Californie, USA)	9-13 avr. 1979
Tennis de table (indiv.)	132 h et 31 min	Danny Price et Randy Nunes (USA)	Cherry Hill (New Jersey, USA)	20-26 août 1978
Taï-chi	25 h et 5 min	Ken Dickenson et Kevin Bartolo (Australie)	Sutherland (N.-Galles du Sud, Australie)	17-18 mars 2006
●Tennis (double)	50 h et 8 s	Vince Johnson, Bill Geideman, Brad Ansley et Allen Finley (USA)	Hickory (Caroline du Nord, USA)	7-9 nov. 2008
●Tennis (simple)	31 h, 35 min et 30 s	George L. Bolter et Athos Rostan III (USA)	Hickory (Caroline du Nord, USA)	8-9 nov. 2008
●Beach-volley	24 h et 10 min	K Garbulski, M Fuks, A Jankowski et T Konior (Pologne)	Ustka (Pologne)	27-28 juin 2008
●Volley-ball (en salle)	55 h et 3 min	SVU Volleybal (Pays-Bas)	Amsterdam (Pays-Bas)	20-22 déc. 2008
Wakeboard	6 h et 17 min	Ian Taylor (GB)	Milton Keynes (GB)	1er sept. 2004

***ATTENTION :** les règles des marathons sportifs du GWR sont constamment actualisées : contactez-nous avant de tenter d'établir un record.*

31 déc. Le vol du premier avion supersonique, un Tupolev soviétique Tu-144, a eu lieu en 1968.

REMERCIEMENTS/CRÉDITS

Guinness World Records souhaite remercier les individus, entreprises, groupes, sites Internet, sociétés, écoles, établissements d'enseignement supérieur et universités suivants pour l'aide qu'ils ont fournie dans la création de cette édition 2010 : 3run, Brenden Adams et sa famille, Willie Adams, Bender Helper Impact (Susan Bender, Adam Fenton, Mark Karges, Chrissy Kelleher, Brian Reinert, Shannon Swaggerty et Sally Triebel), Oliver Blagden, Blue Peter Production, BBC 1, Luke et Joseph Boatfield, Book Marketing Ltd (Steve Bohme et Rachel Levin), Alfie Boulton-Fay, Ceri, Katie et Georgie Boulton, Olivia Boulton, Box Office Mojo, Brand Museum, Notting Hill, CCTV (Guo Tong), hôpital Chulalongkorn, Bankgkok, Thaïlande, Clara et Camille Chambers, ChartTrack, Edd & Imogen China, Adam Cloke, Cobourg Fire Department, Ontario, Canada, Collaboration Inc (Miho Goto, Suzuki san), Mark Collins, Creo (Richard Saysell et Iain Johnstone), Kenneth et Tatiana Crutchlow (Ocean Rowing Society), Josh Cushins, Gordner Dan (X Games), Chi Danny (X Games), Davies Media (Ceri Davies et Charlotte O'Brien), Bryn Downing (INP Media), Malee Duangdee et sa famille, Louis Epstein, Ermanno Pietrosemoli Escuela Latino-américa de Redes, Europroducciones (Marco Fernández de Araoz, Mar Izquierdo, Sheila Izquierdo, María Ligues, Stefano Torrisi, Gabriela Ventura), Amelia Ewen, Toby Ewen, explorersweb.com, Debbie Ezel, Rachel Falikoff, Imageworks, Molly et Isobel Fay, Flora London Marathon (Natasha Grainger et Nicola Okey), Kate Fisher (St Pancras Press Officer), Rob Fraser, Ansley Fuks, Thomasina Gibson, Dorotka Girton, Gladstone Skate Park, Michigan, USA, Ryan, Brandon et Jordan Greenwood, Victoria Grimsell, Greg Grusby (Industrial Light & Magic), Michael Hebranko, Stuart Hendry Hit Entertainment, Japan (Jun Otsuki et Frank Foley), Marsha Hoover, Anne-Mareike Homfeld (Agence spatiale européenne), Hotel Arts, Barcelone, Bill Hughes (consultant en ingénierie non officiel), Simon Hughes (consultant en automobiles non officiel), Caroline Iggulden (*The Sun*), imdb. com, Panoula Ioannidou (Manager, 40 Savile Row), ITV Productions (Laurence Blyth, Malcolm Donkin, Paul Ritz, Emma Wilkinson), Lodato Jason (NBA), Stokel John (Rob Dyrdek's Fantasy Factory), Richard Johnston, Simon Jones, Barberan Karen (NBA), Robshaw Kelly (X Games), Sultan Kosen et sa famille, Lacey Leavitt, Don Levy (Sony Pictures, London Aquarium, All at Macmillan Distribution, Manda (Carey et Nick), Jim Manion (International Federation of Body Builders), Carla Maroussas (Ascent Media), metacritic. com, Morgan Middle School, Ellensburgh, WA, Motion Capture Society, Murphy Marc (X Games), Lori Mezhoff, Blackwell Michelle (NBA), aéroport de Myrtle Beach, Caroline du Sud, USA, Nationmaster. com, Nitro Circus (Smoler Barry et Zablow Shanna), Norddeich TV (York Altendorf, Thomas Goseberg, Rainer Noseck, Ollie Wieberg), Olga TV (Jude, Bert et Paul O'Grady), Outline Productions (Rainer Chapman, Selina Ferguson, Ian Homans, Diana Hunter, Steve Kidgell, Laura Mansfield, Jamie Starr, Janine Terry, Helen Veale), Sullivan Patrick (NBA), Kate Perkins, Daniel Phillips, Julia Pistor, POD Worldwide (Yip Cheong, Christy Chin, Alex Liew), Sean Porter, The Queens Head & Artichoke Public House, London, Buchholz Rachel (NGK), R & G Productions (Stéphane Gateau, Patrice Parmentier, Jean-François Peralta, Jérôme Revon), Martyn Richards Research (Martyn Richards), Michael Rummery, Anna Rutherford, Sassy (Nikki Gillespie et Steve Kemsley), Robyn Scott, Austin Scott, Thomas Sergeant, Sky1 (Helen Devonald, Kirsty Howell, Emma Read, Louise Snell, Ben Tattersal-Smith, James Townley, Sophie Turner-Laing, Nicky White), Marcela Soukupova, Wacharasindhu Suttipong (hôpital Chulalongkorn, Thaïlande), Charlie Taylor, Holly Taylor, Television News Release (Amanda et Claire), Hand Theo (www.dannyway.com), Simon Thompson, TIHE (Peter Harper), Twin Galaxies, Jessica, Isabel et Samuel Way, Weezer, Kate White, Daniel Woods, Claire Woodward.

IN MEMORIAM

Amy, **le plus long lièvre** ; Sandy Allen, **la plus grande femme vivante** ; María de Jesús, **la femme la plus âgée** ; Edna Parker, **la femme la plus âgée**.

CRÉDITS PHOTOGRAPHIQUES

2 Rex Features ; Rex Features/Maurice McDonald/PA **3** Getty Images ; NASA/AP/PA **5** Paul Michael Hughes/GWR ; Nick Garbutt/NHPA **6** Ronald Mackechnie/GWR ; S Blair Hedges ; Richard Bradbury/GWR ; Rick & Nora Bowers/Alamy **7** Getty Images ; Getty Images ; Ronald Mackechnie/GWR ; Getty Images ; Drew Gardner/GWR

INTRODUCTION FRANCE

8 Paul Michael Hughes/GWR
9 Paul Michael Hughes/GWR
10 Paul Michael Hughes/GWR
11 CHU Amiens/Getty Images ; Fred Tanneau/Getty Images ; Darren Walsh/Getty Images ; Valéry Hache/Getty Images ; Julien Hekimian/Getty Images

12 Mary Evans Picture Library ; Getty Images ; Alamy ; Charles Walker/Topfoto ; J Wood/showhistory. com ; Getty Images ; Patrice Fury/Rex Features ; Getty Images **13** Jeff Haynes/Getty Images ; Getty Images ; Getty Images ; Getty Images ; Getty Images **14** Paul Michael Hughes/GWR **15** Paul Michael Hughes/GWR **16** Griff Stefan Gregorowius/RTL ; Stefan Gregorowius/RTL ; Andi Southam/Sky1 ; Paul Michael Hughes/GWR ; Paul Michael Hughes/GWR **17** Yolanda de Santos ; John Wright/GWR ; Paul Michael Hughes/GWR **18** Paul Michael Hughes/GWR ; Nick Hannes/Panos/GWR **19** Dave Nelson ; PA **20** NASA **22** Astrium (P Dumas) ; NASA ; Melinda Podor/Alamy **23** NASA ; NASA ; NASA ; NASA **24** NASA **25** NASA ; D Ducros/CNES ; NASA **26** NASA ; NASA ; Ralph Morse/Getty Images **27** NASA ; NASA ; NASA **28** NASA ; NASA ; NASA ; Getty Images **29** Detlev Van Ravenswaay/Science Photo Library ; NASA ; NASA ; NASA **30** David Welling/Nature PL **32** Adam Woolfitt/Robert Harding ; Science Photo Library ; Alamy **33** Stephen Alvarez/National Geographic ; Fabrizio Villa/Getty Images **34** Bill Frymire/Alamy ; Paiwei Wei/Getty Images ; W Robert Moore/Getty Images **35** Kevin Schafer/NHPA ; Photolibrary ; Dennis Flaherty/Getty Images **36** Galen Rowell/Alamy ; Walter Bibikow/Reflex Stock ; Rex Features **37** Yoshio Tomii/Photolibrary ; Dr George Beccaloni/Science Photo Library ; David Madison/Getty Images **38** NASA ; Getty Images ; Alamy ; Getty Images **39** Philippe Bourseiller/Getty Images ; David Tipling/Alamy ; Alamy **40** Bruno Morandi/Photolibrary ; John Pennock/Getty Images ; Alamy ; Alexander Walter/Getty Images **41** Pavel Filatov/Alamy ; Jeff Foott/Getty Images **42** David B Fleetham/Photolibrary ; Robin Smith/Photolibrary ; Seapics **43** Getty Images ; Geoscience Australie ; Pete Atkinson/Getty Images **44** Science Photo Library ; Fred Olivier/Nature PL **45** Denis Sarrazin/ArcticNet/Centre d'études nordiques ; Gordon Wiltsie/National Geographic **46** Richard Du Toit/FLPA **48** Rob Lind ; Natural History Museum/PA ; Daniel Heuclin/NHPA ; John S Ascher ; Bruce Beehler/NHPA **49** Mark Webster/Photolibrary ; Satoshi Kuribayashi/Photolibrary **50** David Bickford ; Alamy ; Lynda Richardson/Corbis **51** Mark Moffett/FLPA ; Geoff Brightling/Getty Images ; Geoff Brightling/Getty Images **52** S Blair Hedges ; Juan Carlos Ulate/Reuters Tony Crocetta/NHPA **53** David A Northcott/Corbis Nick Garbutt/NHPA ; Gabriele Gentile **54** Johnny Jensen/Image Quest Marine ; Burt Jones & Maurine Shimlock/NHPA ; Jonathan Bird/SeaPics **55** R Nicholls ; Peter Arnold/Alamy ; William West/Getty Images **56** Lee Dalton/Photoshot ; Ben Osborne/Getty Images ; Joseph Van Os/Getty Images **57** Mike Briner/Alamy ; Dave King/Getty Images ; Peter Dazeley/Getty Images ; Jeff Harris/Getty Images ; Alex Cao/Getty Images ; Catherine Ledner/Getty Images ; Igor Shpilenok/Nature PL **58** Andrea Ferrari/NHPA ; Yves Lefevre/Still Pictures ; Reuters **59** Bela Szandelszky/Getty Images ; Morales/Photolibrary ; Rick & Nora Bowers/Alamy ; Getty Images **60** Ronald Mackechnie/GWR **62** Chris Stowers/Panos **63** Paul Michael Hughes/GWR ; Ronald Mackechnie/GWR ; Richard Bradbury/GWR **64** Paul Michael Hughes/GWR ; Richard Bradbury/GWR **65** George Legeros ; John Wright/GWR **66** Survival International ; Carol Becker/Angela Fisher/Getty Images **67** Getty Images ; Getty Images ; Gavin Hellier/Robert Harding ; Tengku Bahar/Getty Images **68** Photolibrary ; Rex Features ; Splash News **69** ABC News ; Jane Stockman/Getty Images **70** Polaris/Eyevine ; Frazer Harrison/Getty Images ; Barcroft Media **71** Adam Bouska ; AP/PA Sanjit Das/Barcroft Media **72** Richard Bradbury/GWR ; Patrick Brown/GWR **73** Nir Elias/Reuters ; Rob Fraser/GWR **74** Ronald Mackechnie/GWR **76** John Wright/GWR ; John Wright/GWR ; Ronald Mackechnie/GWR **77** John Wright/GWR **78** John Wright/GWR ; John Wright/GWR ; John Wright/GWR **79** John Wright/GWR ; Fahad Shadeed/Reuters ; John Wright/GWR **80** Paul Michael Hughes/GWR ; John Wright/GWR **83** Ian West/PA **85** Bjoern Sigurdsoen/Getty Images **87** Warren Lynam ; Ken Platt Sr **88** Richard Bradbury/GWR **90** John Wright/GWR **92** Rex Features ; Reuters ; Ole Morte Aanestad/Getty Images **93** Sebastian D'Souza/Getty Images ; Gordon Sinclair/Rex Features ; Getty Images **94** Marcel Mochet/Getty Images ; Yvan Zedda/Gitana SA **95** odger Bosch/Getty Images ; Guy Salter/Getty Images ; Vivek Prakash/Reuters **96** Adrian Bitoiu **97** Michael Maloney/Corbis ; Michael Maloney/Corbis ; David Paterson/Alamy **98** Getty Images ; AP/PA ; Rex Features **99** Thierry Martinez/Getty Images ; Joe Raedle/Getty Images **102** Chuck Kennedy/Getty Images ; Robert Nickelsberg/Getty Images **104** John Wright/GWR ; Nate Christenson ; Wally Pacholka **105** Richard Bradbury/GWR **106** John Wright/GWR ; Mireille Vautier/Alamy ; Alamy ; Holly Stein/Getty Images ; Moviestore Collection **107** Roberto Schmidt/Getty Images ; Corbis ; Brad Mangin/Getty Images ; Alamy ; Yuri Cortez/Getty Images **108** Patrick Landmann/Science Photo Library ; Eliseo Fernandez/Reuters **109** Mariana Bazo/Reuters ; Pilar Olivares/Reuters ; Paul Souders/Getty Images **110** Alamy ; Mauro Azzura **111** Bill Zygmant/Rex Features ; Andre Jenny/Alamy **112** WENN ; Joe McGorty/GWR **113** Rex Features ; Darren Staples/Reuters **114** Franck Fife/Getty Images ; Frank Micelotta/Getty Images **115** Clive Rose/Getty Images **116** PA Jasper Juinen/Getty Images **118** Peter Adams/Getty Images **119** WENN ; Nils-Johan Norenlind/Getty Images **120** John Wright/GWR ; John Wright/GWR **121** Hoge Noorden/EPA ; Alamy **124** Rex Features ; Kazbek Basayev/Getty Images ; Ziyah Gafic/Getty Images **125** Eliana Aponte/Reuters **126** Khaled al-Harir/Reuters **128** Euan Denholm/Reuters ; Dave M. Benett/Getty Images ; Robert Hollingworth/Alamy **129** David Preston/Alamy ; David Sacks/Getty Imagcs ; Schalk van Zuydam/AP/PA **131** Ray Tang/Rex Features **132** Chris Jackson/Getty Images **133** Roslan Rahman/Getty Images ; David Longstreath/AP/PA **134** Rex Features **135** Menard Cosmetic Co. Ltd ; Yoshikazu Tsuno/Getty Images **136** William West/Getty Images **137** Cameron Spencer/Getty Images ; Adam Butler ; Richard G Robinson **138** Ronald Mackechnie/GWR **140** Ronald Mackechnie/GWR ; Ronald Mackechnie/GWR ; Ronald Mackechnie/GWR **141** John Wright/GWR **142** Guy Harrop/Barcroft Media ; Warren Allott/MaxPPP **143** Luis Acosta/Getty Images ; Ronald Mackechnie/GWR **144** Ray Tang/Rex Features **146** WENN **147** Paul Michael Hughes/GWR ; Shaun Curry/Getty Images **148** Issouf Sanogo/Getty Images ; Judith Erawati/Getty Images ; James Balog/Getty Images ; Mary Plage/Photolibrary ; Eugenio Opitz/Alamy **149** Getty Images

3 000 000 : nombre de participants à **la plus grande manifestation pacifiste** à Rome (Italie), le 15 février 2003, en réaction à l'invasion américaine en Iraq.

150 Richard Drew/AP/PA ; Craig Ruttle/AP/PA ; Michael Buckner/Getty Images ; Mario Tama/Getty Images **151** Mike Clarke/Getty Images ; Nigel R Barklie/Rex Features ; Tsvangirayi Mukwazhi/AP/PA **152** AP/PA ; Timothy A Clary/Getty Images ; Corbis **153** Michael Kooren/Getty Images ; John D McHugh/Getty Images **154** Getty Images ; South West News Service ; Carlos Laprida/South West News Service ; Alfred de Montesquiou/AP/PA **155** Susan Walsh/AP/PA ; Qassim Abdul-Zahra/AP/PA ; Getty Images **156** Getty Images ; Getty Images ; WENN ; Kin Cheung/AP/PA **157** Karim Sahib/Getty Images ; Rex Features **159** Leonhard Foeger/Reuters **160** Paul Michael Hughes/GWR ; Bart Joosen ; John Wright/GWR **161** Mariana Bazo/Reuters ; John Wright/GWR **162** Ranald Mackechnie/GWR **163** Rex Features **164** Alexander Hassenstein/Getty Images **167** Barcroft Media ; **168** Mykel Nicolaou ; Shelley Mays/AP/PA **171** Chris Ison/PA **172** Mark Wagner/aviation-images.com ; IFAW ; Getty Images **173** Steven Day/AP/PA ; David Paul Morris/Getty Images ; Fabrice Coffrini/Getty Images ; aviation-images.com **174** China Photos/Getty Images ; Gareth Fuller/PA **176** Ho New/Reuters ; QinetiQ ; QinetiQ **177** Linda Sikes/Alamy **178** Rex Features ; Rex Features ; Darkone ; Lola Katania/Getty Images ; Alamy ; Mathias Beinling/Alamy ; David Parker/Alamy ; Paul Thompson/Photolibrary **179** Rex Features ; Roy Rainford/Getty Images ; Alamy ; David Shankbone ; Nina Aldin Thune ; Paul Springett/Alamy ; Allan Baxter/Getty Images ; Jonathan Martz **180** Martial Trezzini/AP/PA ; Valentin Flauraud/Reuters **181** Science & Society **182** Ranald Mackechnie/GWR ; Pat Wellenbach/AP/PA ; Mykel Nicolaou/GWR **183** Ranald Mackechnie/GWR ; Ranald Mackechnie/GWR ; Ranald Mackechnie/GWR **184** Dominion ; Dr I J Stevenson ; Dr I J Stevenson **185** Kevin Foy/Alamy ; Susan Vogel/Getty Images **187** ESA - AOES Medialab **188** Reuters ; Anwar Hussein/WENN **189** Jae C Hong/AP/PA ; Andre Csillag/Rex Features ; Chip Somodevilla/Getty Images ; Ron Sachs/Getty Images **190** Paul Melcher/Rex Features **191** Ed Oudenaarden/Getty Images ; Saeed Moghaddam ; WENN ; Denver Post **192** Edgar Mueller/Rex Features **194** Frederick Warne & Co./Sotheby's Francois Guillot/Getty Images **195** Herbert Knosowski/AP/PA ; Shaun Curry/Getty Images ; Ragnar Th. Sigurdsson/Robert Harding ; Ragnar Th. Sigurdsson/Robert Harding ; Ragnar Th. Sigurdsson/Robert Harding **196** J Paul Getty Museum ; North News **197** Kodak ; Nicholas Kamm/Getty Images **198** Lester Cohen/Getty Images ; Frank Micelotta/Getty Images ; Sci Fi Channel/Kobal **199** BBC ; Getty Images ; Sergei Bachlakov/Getty Images ; Rex Features **200** NBC/Rex Features ; 20th Century Fox/Rex Features **201** ABC/Rex Features ; Dave Hogan/Getty Images ; John Wright/GWR **202** Rex Features ; Ken McKay/Rex Features ; Shirlaine Forrest/Getty Images ; Getty Images **203** ITV/Rex Features ; Rex Features ; Rex Features ; Ken McKay/Rex Features **204** United Artists ; Rex Features ; J Vespa/Getty Images ; Getty Images **205** Moviestore Collection ; Moviestore Collection ; Moviestore Collection ; Ian West/PA ; PA **206** Jason LaVeris/Getty Images ; Jon Furniss/Getty Images ; DreamWorks ; 20th Century Fox **207** Mike Marsland/Getty Images ; John Wright/GWR ; Jon Kopaloff/Getty Images **208** Disney/Moviestore Collection ; AFP ; Summit Entertainment **209** Paramount Pictures ; Bridgit Folman Film Gang ; Warner Bros/Kobal **210** Rex Features ; Rex Features ; Dreamworks/Ronald Grant **211** Warner Bros. ; Clay Enos/Warner Brothers ; Moviestore Collection ; Moviestore Collection ; Columbia Pictures **212** Scott Myers/Rex Features ; United Artists ; Eon Productions/Ronald Grant ; United Artists/Kobal ; Eon Productions/Ronald Grant ; Moviestore Collection ; Rex Features ; Rex Features ; Rex Features **213** Rex Features ; Rex Features ; Moviestore Collection **214** Gregg Delman/Rex Features ; Joe Kohen/Getty Images ; Rex Features ; Michael Caulfield/Getty Images **215** WENN ; Stefan Jeremiah/Getty Images ; Frank Micelotta/Getty Images **216** Dave Hogan/Getty Images ; Walt Disney Pictures/Kobal **217** George Pimentel/Getty Images ; Patricio Garcia/Getty Images ; John Wright/GWR **219** Paul Michael Hughes/GWR **220** Adam Pretty/Getty Images **222** Paul Michael Hughes/GWR ; Stephen Sylvanie **223** Norman Kent/Barcroft Media **224** Paul Spinelli/Getty Images ; Jim McIsaac/Getty Images ; Mike Roemer/AP/PA **225** Kevin Terrell/Getty Images ; Ben Liebenberg/Getty Images ; Jamie Squire/Getty Images **226** Oleg Nikishin/Getty Images ; Michael Steele/Getty Images ; Vladislav Galgonek/AP/PA **227** Nicolas Asfouri/Getty Images ; Michael Steele/Getty Images ; Mark Dadswell/Getty Images **228** Getty Images ; Timothy A Clary/Getty Images ; Ranald Mackechnie/GWR **230** Jonathan Ferrey/Getty Images ; Chris Graythen/Getty Images ; Ross Land/Getty Images **231** Rusty Jarrett/Getty Images ; Corbis ; Clive Mason/Getty Images **232** Marco Spelten ; Matt King/Getty Images **233** Reuters ; Troy Fleece/AP/PA ; Christian Petersen/Getty Images ; International Handball Federation **234** Jeff Gross/Getty Images ; Damian Strohmeyer/Getty Images ; Al Bello/Getty Images **235** Duane Burleson/AP/PA ; John R McCutchen/Getty Images **236** Fernando Medina/Getty Images ; D Clarke Evans/Getty Images ; Brian Babineau/Getty Images **237** Noah Graham/Getty Images ; David Liam Kyle/Getty Images ; Garrett W Ellwood/Getty Images **238** Joe Murphy/Getty Images **239** Christopher Ivey/Getty Images ; Joe Murphy/Getty Images **240** Toshifumi Kitamura/Getty Images ; John Gichigi/Getty Images **241** Kazuhiro Nogi/Getty Images ; Pekka Sakki/Getty Images ; George Pimentel/Getty Images **242** Stephen Pond/PA ; Marty Melville/Getty Images ; Shakil Adil/AP/PA **243** Duif du Toit/Getty Images ; Simon Baker/Reuters **244** Steve Buddendeck/ESPN **245** Stefan Rousseau/PA ; Michael Kappeler/Getty Images ; Phil Walter/Getty Images ; Mike Hewitt/Getty Images **246** Doug Pensinger/Getty Images ; Patrick Hertzog/Getty Images ; Glyn Kirk/Getty Images ; Patrick Hertzog/Getty Images **247** Keith Turner/Turning Images ; Ronald Martinez/Getty Images ; Paul Michael Hughes/GWR **248** Getty Images ; Itsuo Inouye/AP/PA ; Reuters ; Darren Walsh/Action Images/Reuters **249** PA ; Matthew Ashton/PA ; Mirrorpix ; Patrik Stollarz/Getty Images **250** Andy Lyons/Getty Images ; Andrew Redington/Getty Images **251** David Cannon/Getty Images ; Robert Laberge/Getty Images ; Ross Kinnaird/Getty Images **252** Jim McIsaac/Getty Images ; Jeff Vinnick/Getty Images **253** Andre Ringuette/Getty Images ; Jim McIsaac/Getty Images ; Scott Audette/Getty Images **254** Warren Little/Getty Images ; Clive Rose/Getty Images ; David Rogers/Getty Images **255** Warren Little/Getty Images ; Toshifumi Kitamura/Getty Images ; Lionel Bonaventure/Getty Images **256** Laurent Fievet/Getty Images ; Don Emmert/Getty Images **257** Pierre Verdy/Getty Images **258** Shaun Botterill/Getty Images ; Mark Ralston/Getty Images ; Speedo **259** Getty Images ; Manan Vatsyayana/Getty Images ; François-Xavier Marit/Getty Images **260** David Shepherd **261** Courtney Crow/Sport The Library ; Jeff Crow/Sport The Library **262** Jed Jacobsohn/Getty Images ; Christian Pondella/ESPN **263** Tony Donaldson/Icon SMI/ESPN ; Tony Donaldson/Icon SMI/ESPN **264** Barry Batchelor/PA ; Gaye Gerard/Getty Images ; Maiju Saari **265** Paul Michael Hughes/GWR ; Bradley Kanaris/Getty Images ; Bradley Kanaris/Getty Images **266** Michael Steele/Getty Images ; Samuel Kuban/Getty Images **268** Mark Dadswell/Getty Images **269** Bob Thomas/Getty Images **271** Kiyoshi Ota/Getty Images ; George Frey/Reuters **272** Gerard Julien/Getty Images ; Clive Brunskill/Getty Images **273** Olivier Morin/Getty Images ; Andreas Rentz/Getty Images **274** Shaun Botterill/Getty Images ; Clive Brunskill/Getty Images **275** IWSF **284** Sang Tan/AP/PA ; Ronaldo Schemidt/Getty Images **285** David Levenson/Getty Images **286** Gerry Penny/Getty Images ; Getty Images ; The Art Archive ; AKG Images ; Adrian Dennis/Getty Images **287** Corbis ; Oxford University Museum of Natural History ; NASA

PAGES DE GARDE : GARDE AVANT

(de gauche à droite)
La plus longue cascade continue de dominos, piñata de la société Carnival à Philadelphie, la plus grosse tourte aux pommes de terre, la plus grosse cafetière, la course la plus rapide à travers le Canada par une femme, le plus long trajet sur un véhicule électrique (scooter), le plus grand tournoi de golf d'une journée, record de personnes se brossant les dents au même endroit, la tessiture vocale la plus étendue chez une femme, le plus grand buffet, le crachement de pépins de raisin le plus lointain, record de personnes pratiquant la marche nordique simultanément, le plus grand pantalon, record de châteaux de sable bâtis en 1 h, le plus gros œuf de Pâques, le plus grand jeu de téléphone arabe (téléphone), le plus grand waterslide, record de coupes de cheveux consécutives par une équipe en 24 h, la plus grande tour en morceaux de sucre, la 1re équipe mère-fils à atteindre un pôle, la plus grande collection de jetons de casino, la plus haute altitude pour un concert sur Terre, record de chopes de bière portées sur 40 m, le plus gros document légal, les plus grandes acclamations de supporters, le voyage au Royaume-Uni le plus vite vendu, record de vitesse pour enfiler une housse de couette, le plus gros jambon cuit, record de vitesse atteinte avec un mini-bob, la plus grosse bouteille de shampooing, la plus grande danse de Mai, le plus grand slip, la plus grande leçon de ski, record de personnes tapotant leur tête et frottant leur estomac, la plus grande collection de consoles de jeux, la plus grande démonstration d'aérobic aquatique.

GARDE ARRIÈRE

(de gauche à droite)
Le plus grand café du matin (au même endroit), le plus grand verre de bière, le plus grand ensemble d'ocarinas, le hula-hoop géant (record de tours en 1 min), la plus longue peinture collective, la plus grande mosaïque de biscuits, la plus grande pile de poppadums, la plus grande botte de cow-boy, record de personnes agitant un cocktail Diablo, le plus long ruban de réglisse, la plus longue file de sandwichs, record de personnes courant un 100 m en relais en 24 h, la plus grande dégustation de vin (en plusieurs endroits), la plus grande structure en boîtes de conserve, la plus grande danse de Bollywood, le plus grand quadrille (en plusieurs endroits), le plus grand jeu de téléphone arabe (téléphone), la plus grande mosaïque de bonbons, la plus grande coupe de champagne, record de personnes recevant une séance de réflexologie, la plus grande pile de biscuits, la plus longue biographie en un volume, le plus grand nombre de blocs de béton empilés cassés avec la tête, la plus grande mosaïque de bouchons, le plus grand tournoi de « papier, pierre, ciseaux », record de vitesse pour tirer un bus articulé sur 50 m, le plus grand gaspacho, la plus grande distance parcourue avec « trois » jambes en 24 h, la plus grande *warp dance*, record de trous de minigolf joués en 24 h, record de personnes suçant des sucettes, la plus grande collection d'objets Donald Duck, équipe de moisson combinée (blé) en 8 h, la plus grande empreinte de main, le plus gros oreiller, la plus grosse clé.

INDEX

Cette édition comprend deux index : un index thématique et un index des superlatifs. Dans l'index thématique, les entrées principales figurent en gras, tandis que les titres de chapitres apparaissent en capitales et en gras. Les noms de personnes ne sont pas indexés.

Index thématique

32,2 cm : largeur du **livre le plus épais**, *The Complete Miss Marple* d'Agatha Christie, publié par Harper Collins et dévoilé au public le 20 mai 2009.

Index des superlatifs

Pour les records sportifs (meilleurs temps, meilleures scores, meilleures performances, meilleurs revenus, les sportifs les plus jeunes, les plus âgés, records de titres), voir le chapitre Sports, p. 220 et suivantes.

DERNIÈRE MINUTE

●RECORD DE MAÎTRISE D'UN BALLON DE FOOT (HOMME)

Au cours d'un événement organisé par Sony PlayStation à Covent Garden, à Londres (GB), du 30 avril au 1er mai 2009, Dan Magness (GB) a contrôlé un ballon de football en le gardant en l'air et en mouvement constant pendant 24 h. Il aurait effectué 250 000 touches.

★LA PLUS GRANDE BOUTEILLE DE SHAMPOOING

Le 19 mars 2009, une bouteille de shampooing de 4,70 x 1,54 m et 1 045 kg a été fabriquée par Ismail Abu Dawood Trading Co. à l'hypermarché Panda d'Al-Andalus à Jeddah (Arabie saoudite).

●LE PLUS GRAND BOL DE PÂTES

Les restaurants Sbarro de Wataniya (Qatar) ont préparé un bol de pâtes de 4 430 kg au club de golf de Doha (Qatar), le 28 mars 2009.

●LA PLUS GRANDE COLLECTION DE CRÈCHES

Elle se composait de 1 802 pièces différentes, le 14 mars 2009. Elle se trouve au Museo dei Sogni e Della Memoria à Feltre (Italie).

★LE PLUS LONG SPECTACLE DE COMÉDIE EN SOLO

Le comique Tommy Tiernan (Irlande) a présenté un spectacle en solo de 36 h et 15 min, au Nuns Island Theatre de Galway (Irlande). Son spectacle a débuté à 15 h le vendredi 10 avril 2009 et s'est achevé à 3 h 15 le dimanche 12 avril.

★LE SLALOM ARRIÈRE À ROLLERS LE PLUS RAPIDE ENTRE 20 CÔNES

Sur le plateau de *Guinness World Records* à Madrid (Espagne), le 23 janvier 2009, Paul Randles (GB) a réalisé un slalom arrière entre 20 cônes sur des rollers en ligne en 5,62 s.

●LE PLUS GROS BUFFET

L'association de chefs professionnels de Kuşadası (Turquie) a présenté un buffet de 1 028 plats différents, à l'occasion de la 5e fête annuelle de la cuisine, organisée au complexe touristique de Pine Bay à Kuşadası, le 18 avril 2009.

●RECORD D'ALTITUDE EN MOTO

La plus haute altitude atteinte de façon autonome en motocyclette est de 6 245 m. Cet exploit a été réalisé par une équipe de 6 personnes (toutes Inde) du club de moto Disha, du nord de Calcutta, sur des Honda Hero, dans la chaîne de Changchemno près de Marsemikla (Inde), le 29 août 2008.

PLUS D'INFO

Le club de sports de Fenerbahçe inclut des équipes de football, d'athlétisme, de basket-ball masculin et féminin, de natation et de divers autres sports.

●LE PLUS GRAND MAILLOT DE FOOTBALL

Un maillot de football de Fenerbahçe de 71,35 m sur 79,15 m a été créé par AVEA au cours d'un événement organisé par Efor Turizm Organizasyon VE TIC Ltd, au stade Sükrü Saracoglu d'Istanbul (Turquie), le 5 avril 2009.

●RECORD POUR ENFILER UNE HOUSSE DE COUETTE

En 42,97 s, Alan Hughues (Irlande) a enfilé une housse de couette sur le plateau d'*Ireland AM*, sur TV3 à Dublin (Irlande), le 17 septembre 2008.

★LA CHAMPIONNE DU MONDE DE BOXE LA PLUS ÂGÉE

Terri Moss (USA, née le 25 janvier 1966) avait 41 ans et 105 jours lorsqu'elle a vaincu Stephanie Dobbs (USA) et remporté le titre de poids minime de la Women's International Boxing Federation (WIBF) à Tulsa (Oklahoma, USA), le 10 mai 2007.

●RECORD DE BAISERS SIMULTANÉS

39 879 personnes se sont embrassées en même temps au cours d'un événement organisé par le Gobierno del Distrito Federal à Mexico (Mexique), le 14 février 2009. Le nombre est impair car les baisers impliquant plus de 2 personnes (comme 2 enfants embrassant un parent) ont été autorisés.

42,69 m² : taille de **la plus grande carte postale du monde**, un record établi à Krefeld (Allemagne), le 10 mai 2009.

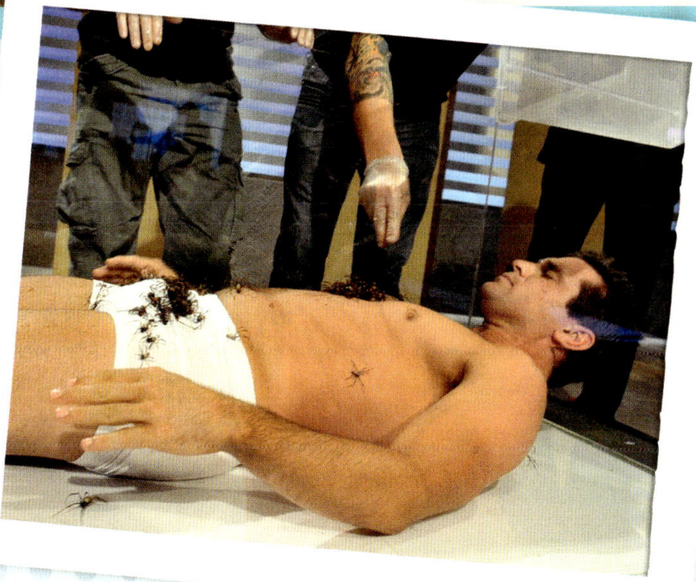

●RECORD D'ARAIGNÉES SUR LE CORPS DURANT 30 S

Shane Crawford (Australie), un ancien sportif professionnel et champion de l'AFL, a gardé sur le corps 153 araignées durant 30 s, sur le plateau de *The Footy Show*, aux studios de Nine Network à Melbourne (Victoria, Australie), le 23 avril 2009.

●LE PLUS GRAND CHŒUR

Le 12 mai 2009, un chœur confirmé de 100 000 personnes (plus 60 000 chanteurs non confirmés) s'est réuni à Hyderabad (Andhra Pradesh, Inde). Le chœur a chanté en telugu, la langue de l'Andhra Pradesh, et battu le précédent record de 72 ans détenu par un chœur de 60 000 personnes au cours d'une compétition organisée à Wroclaw (Pologne).

★LE PLUS GRAND COURS DE PHYSIQUE

5 401 étudiants ont assisté à un cours de physique lors de l'émission *Steve Spangler Science* (USA) à Denver (Colorado, USA), le 7 mai 2009.

★RECORD DE VITESSE POUR TRIER 500 G DE M&MS

Debbie Nugent (GB) a accompli cette prouesse en 2 min et 37 s, aux Pinewood studios (GB), le 23 avril 2009.

●LE PLUS D'ESCARGOTS SUR LE VISAGE

Mike Dilger (GB) a conservé 37 escargots sur le visage durant 10 s, dans *The One Show* (BBC), à Covent Garden, à Londres (GB), le 13 mai 2009.

★LE SINGLE VENDU AUX ENCHÈRES LE PLUS CHER

Un exemplaire rare d'un 45 tours de 17 cm de 1965, qui n'est pas sorti, *Do I LoveYou (Indeed I Do)* de Frank Wilson (USA), a été vendu aux enchères 39 294 $ à un acquéreur resté anonyme, en avril 2009.

★NOUVEAU RECORD
● MISE À JOUR

●LE PLUS LONG LAPIN

Alice, un lapin géant des Flandres appartenant à Annette Edwards (GB) et mesurant 98 cm, a acquis le statut de plus long lapin après la mort d'Amy, précédente détentrice du record et appartenant aussi à Annette. Alice a été mesurée au centre vétérinaire de Lowesmoor House à Worcester (GB), le 29 avril 2009.

●RECORD DE STEPS EN 1 H EN PORTANT 18 KG

Le record de steps en 1 h en portant un sac de 18 kg est de 1 824. Robin Simpson (GB) a établi ce record au cours de la BT Heroes of Sport Exhibition au GMEX Centre, à Manchester (GB), le 25 octobre 2008. Ce record a été battu 3 fois cette année. Il avait initialement été établi par Paddy Doyle, détenteur de multiples records, le 9 novembre 2006.

●LE PLUS GRAND DÎNER AVEC SERVICE À L'ANGLAISE

Un dîner avec service à l'anglaise a eu lieu le 17 juillet 2008. Il a rassemblé 16 206 convives pour le dîner du centenaire de l'Alpha Kappa Alpha Sorority Inc. organisé au Walter E. Washington Convention Center (USA), à Washington DC (USA).

●LE PLUS LONG CONCERT D'UN ARTISTE SOLO

Le pianiste Jason Beck (Canada), alias Gonzales, a donné un concert solo de 27 h, 3 min et 44 s, au Ciné 13 de Paris (France), le 18 mai 2009. Jason ne voulait pas répéter de morceaux durant son concert et avait promis à son public qu'il allait "battre le record sans donner l'impression d'être un disque rayé".

★RECORD D'APPARITIONS DANS LA LISTE DES BEST-SELLERS DU *NEW YORK TIMES*

43 livres de l'auteur de thrillers James Patterson (USA) ont figuré dans la liste des best-sellers du *New York Times*. 31 ont occupé la première place. Patterson est photographié ci-dessous, après avoir reçu son certificat de la part de Sam Fay de GWR.

100

LES DERNIERS…

★SURVIVANT DU *TITANIC*

Elizabeth Gladys "Millvina" Dean (GB, 2 février 1912-31 mai 2009), âgée de 69 jours au moment du naufrage, est la dernière rescapée du *Titanic* encore en vie. Elle voyageait en 3ᵉ classe avec ses parents et son frère de 18 mois. Sa mère, son frère et elle-même ont survécu au naufrage du paquebot qui a sombré le 14 avril 1912, mais son père, Bert, compte parmi les 1 517 passagers qui ont péri au cours de cette terrible tragédie.

★PIGEON MIGRATEUR

Martha, le dernier pigeon migrateur (*Ectopistes migratorius*), est morte au zoo de Cincinnati (USA) le 1ᵉʳ septembre 1914. Elle était âgée de 29 ans. C'était le tout dernier pigeon migrateur, l'homme en ayant tué des milliards en moins d'un siècle.

Il est impossible de déterminer le nombre exact de pigeons migrateurs à gorge rouge ayant existé, mais il semblerait que 40 % de la population d'oiseaux d'Amérique du Nord faisait partie de cette espèce. Cet oiseau était tué pour sa chair. Un seul chasseur pouvait facilement en abattre 1 000 en une partie de chasse ! À l'époque, le tir aux pigeons était considéré comme un sport…

★VOL DU CONCORDE

À 16 h 05 (GMT +1), le 24 octobre 2003, le Concorde a effectué son dernier atterrissage à l'aéroport d'Heathrow (GB). Au cours de son ultime vol transatlantique, il a transporté 100 célébrités depuis New York (USA) pour marquer la fin de ses 27 années de service. Avant le vol, le capitaine de bord Mike Bannister a déclaré : "Nous voulions fêter dignement le départ à la retraite du Concorde."

★VÉTÉRAN DE LA SECONDE GUERRE MONDIALE À SE RENDRE

Le soldat Teruo Nakamura (Taïwan), qui servait pendant la Seconde Guerre mondiale sous le drapeau japonais, a attendu 1974 pour se rendre. Il se trouvait sur l'île Morotai (Indonésie), qui a été prise par les Alliés en septembre 1944. Nakamura a continué à vivre caché longtemps après le départ des Alliés.

★SOLDAT À AVOIR ASSISTÉ AUX 2 GUERRES MONDIALES

Francesco Domenico Chiarello (Italie, 1898-2008) a été appelé sous les drapeaux en 1918, lors de la Première Guerre mondiale, en tant que fantassin. Il a notamment participé à des combats dans le Trentin (Italie).

En 1940, il a été rappelé à l'âge de 42 ans, à Reggio Calabria (Italie), mais a été réformé au bout de quelques mois.

★TIR AUX PIGEONS OLYMPIQUE

Une épreuve de tir aux pigeons vivants a été organisée pour la 1ʳᵉ (et unique) fois aux J.O. d'été de Paris, en 1900. Léon de Lunden (Belgique) a décroché la médaille d'or en tuant 21 oiseaux. Maurice Faure (France) en a abattu 20, tandis que Donald Mackintosh et Crittenden Robinson (tous deux USA) se partageaient la 3ᵉ marche du podium avec 18 volatiles chacun.

★MORT DE LA VARIOLE

Le dernier cas mortel de variole est survenu en août 1978, lorsque le photographe médical de l'université de Birmingham (GB) a été infecté par un échantillon conservé à des fins de recherche. Aucun cas de maladie n'a été déclaré depuis.

★JEUX OLYMPIQUES ANTIQUES

Les derniers jeux Olympiques de l'Antiquité se sont déroulés en 393 apr. J.-C. Ils avaient été célébrés pour la première fois en 776 av. J.-C. L'empereur chrétien Théodose Iᵉʳ désapprouvant leurs origines païennes les a en effet supprimé en 394 pour non conformité à la religion chrétienne. C'est à Olympie, sur la péninsule grecque du Péloponnèse, le site où se sont tenus les premiers jeux, qu'est allumée la flamme des jeux de l'ère moderne.

1890 : année de **la dernière bataille sur le sol américain**. Elle opposait la cavalerie américaine aux Sioux, à Wounded Knee.

★ DODO

Le dernier spécimen connu du dodo de l'île Maurice (*Raphus cucullatus*, autrefois *Didus ineptus*) est mort en 1681. Son parent le plus proche, le solitaire de Rodrigues, de l'île Rodrigues, s'est éteint en 1790. La disparition du dodo est due à son inaptitude à voler et à son tempérament peu farouche qui l'incitait à s'approcher d'autres animaux, y compris ses prédateurs. Malheureusement pour lui, il avait la chair tendre…

PREMIER MINISTRE BRITANNIQUE À AVOIR ÉTÉ ASSASSINÉ

Spencer Perceval (GB, 1762-1812) est le dernier – et, à ce jour, le seul – Premier ministre britannique à avoir été assassiné. Il a été tué à l'entrée de la Chambre des communes, à Londres (GB), par John Bellinghamon (GB), le 11 mai 1812.

★ NOUVEAU RECORD
● MISE À JOUR

★ PURÉE DE POIS

À Londres (GB), quand la fumée des feux au charbon se mêlait au *fog*, il se formait une épaisse couche de brouillard, connue sur le nom de *pea souper* (purée de pois). En décembre 1952, la dernière *pea souper* causa la mort de 3 500 à 4 000 personnes, victimes d'une bronchite chronique. La visibilité dans les rues ne dépassait pas 30 cm. Les cinémas durent fermer leurs portes, l'écran n'étant pas visible.

PLUS D'INFO

Vous avez lu les derniers du genre ? Découvrez vite les premiers du genre, p. 2-3 !

★ HIÉROGLYPHE

Les derniers hiéroglyphes – ces signes des plus anciennes écritures égyptiennes – connus et datables sont ceux qui figurent sur la porte d'Hadrien du temple de Philae, sur l'île de Philae (Égypte). Ils datent du 24 août 394.

UTILISATION DE LA GUILLOTINE

La guillotine a été utilisée pour la dernière fois en France, avant son abolition le 9 septembre 1981, pour l'exécution d'Hamida Djandoubi, un meurtrier de 28 ans, à la prison des Baumettes (Marseille, France), le 10 septembre 1977.

EXÉCUTION D'UNE SORCIÈRE

La dernière exécution légale d'une sorcière est celle d'Anna Göldi à Glarus (Suisse), le 18 juin 1782.

CASTRAT

La mode des castrats, ces chanteurs émasculés dès l'enfance afin qu'ils gardent leur voix angélique de jeune garçon, commença à décliner au début du xxe siècle. Alessandro Moreschi (Italie), mort en 1922, fut le dernier d'entre eux. Et, dans le même registre…

★ EUNUQUE

Mort en 1996, Sun Yaoting (Chine) fut le dernier eunuque de cour, un homme châtré destiné à garder les femmes dans les harems sans succomber à la tentation sexuelle.

★ HOMME SUR LA LUNE

Le 14 décembre 1972, le programme américain de l'exploration de la Lune par l'homme prit fin lorsque Gene Cernan, le commandant de la mission Apollo XVII, fit son dernier pas sur la Lune avant de remonter à bord du véhicule d'exploration lunaire, *Challenger*. C'était le dernier des 6 alunissages réussis. Depuis, aucun homme n'a reposé le pied sur la Lune.

WORLD RECORD...
most holes of mini-golf in 24 hours
4729
MAXBO
A.V.S. RAJU